U. Krystek • E. Zur (Hrsg.)

Internationalisierung

Springer
Berlin
Heidelberg
New York
Barcelona
Budapest
Hongkong
London
Mailand
Paris
Santa Clara
Singapur
Tokio

Ulrich Krystek · Eberhard Zur (Hrsg.)

Internationalisierung

Eine Herausforderung für die Unternehmensführung

Redaktion: Gertrud Ohling

Mit 128 Abbildungen

Springer

Professor Dr. Ulrich Krystek
Fachbereich Internationale Betriebswirtschaft
Fachhochschule Worms;
Fachbereich Wirtschaft und Management
Technische Universität Berlin

Dr. Eberhard Zur
President und Chief Executive Officer
AEG Electrocom International, Irving TX, USA;
Vorsitzender der Geschäftsführung
AEG Electrocom GmbH, Konstanz, D

ISBN 3-540-61843-0 Springer-Verlag Berlin Heidelberg New York

Die deutsche Bibliothek - CIP-Einheitsaufnahme
Krystek, Ulrich:
Internationalisierung: Eine Herausforderung für die Unternehmensführung / Ulrich Krystek; Eberhard Zur.-Berlin; Heidelberg; New York; Barcelona; Budapest; Hongkong; London; Mailand; Paris; Santa Clara; Singapur; Tokio:
Springer, 1997
ISBN: 3-540-61843-0
NE. Zur, Eberhard

Satz, Umbruch und Grafik: Gudrun Freudenberg
Umschlaggestaltung: de'blik, Berlin

SPIN: 10539784 7/3020 - 5 4 3 2 1 0 - Gedruckt auf säurefreiem Papier

Geleitwort

J. Schrempp

Wer im Wettbewerb steht, muß sich heute an globalen Kriterien messen. Wahrnehmung von Zukunftschancen bedeutet deswegen unweigerlich Internationalisierung.

So beantwortet sich die Frage, ob für die deutschen Unternehmen Internationalisierung überhaupt notwendig ist, von selbst. Und es nimmt wunder, daß Internationalisierungsanstrengungen deutscher Gesellschaften von Teilen der Öffentlichkeit zunehmend kritisch beurteilt werden. Werden sie doch verantwortlich gemacht für die Arbeitsmarktmisere hierzulande, voreilig schuldig gesprochen für wirtschaftliche, soziale und ökologische Fehlentscheidungen in jenen Ländern, in denen investiert wird.

Wer im globalen Wettlauf bestehen will, kann sich schon lange nicht mehr eine ausschließlich auf den Heimatmarkt zielende Unternehmenspolitik leisten. Dies gilt zunehmend auch für mittlere und kleine Unternehmen. Keiner kann sich mehr erlauben, die Konkurrenz aus aufstrebenden Regionen auf dem Inlandsmarkt zu ignorieren, die Chancen in prosperierend Märkten der Welt auszublenden. So ist Internationalisierung weder unternehmerischer Selbstzweck noch standortbedingter Exodus. Internationalisierung ist festes Datum im Aktionsrahmen jedes Unternehmers.

Die wichtigsten Gründe dafür sind klar. Wir suchen die Kundennähe im jeweiligen Markt und lösen Kundenprobleme dort, wo sie entstehen. Mit der internationalen Erschließung und Sicherung von Markanteilen können wir als global tätiges Unternehmen Handelsbarrieren überwinden und Local-Content-Forderungen erfüllen. Natürlich nutzen wir dabei auch komparative Kostenvorteile und vermindern unsere Wechselkursrisiken.

Eine bewußte Internationalisierung drückt sich durch das Zusammenwachsen von Produktmärkten und Unternehmensverflechtungen aus. Angefangen haben wir in Form von Global Sourcing, Direktinvestitionen und strategischen Allianzen. Wenn es uns gelingt, unser Denken in gleicher Form zu internationalisieren, dann bin ich zuversichtlich für den Standort Deutschland und unsere erfolgreiche Stellung im globalen Wettbewerb.

Schon Michael J. Porter schrieb: „Companies, not nations, are in the forefront of international competition.“ Den Unternehmen kommt somit gesellschaftspolitische Bedeutung in der weltweiten Zusammenarbeit zu, da der Staat seine standortgebundene Grenzziehung und die nationalen ordnungspolitischen Rahmenbedingungen nicht verlassen kann. Nicht zuletzt garantieren uns die internationalen Verflechtungen auch sicherheitspolitische Stabilität als Basis von Wachstum und Wohlstand.

Internationalisierung beschränkt sich nicht auf die Suche nach Marktchancen im Ausland. Sie dient damit zugleich in großem Maße der Jobsicherung im Inland.

Die Wettbewerbsfähigkeit des Stammunternehmens wird durch zusätzliche Zulieferumfänge verbessert, und eigene Produktion im Ausland kann in den inländischen Produktionsverbund integriert werden. Damit ist der Schluß unzulässig, daß durch Internationalisierung Arbeitsplätze in Deutschland entfallen. Vielmehr können nur international wettbewerbsfähige Unternehmen zukunftssichere Arbeitsplätze anbieten.

Für mich ist Internationalisierung allerdings immer auch ein wesentliches Mittel für die Unternehmenswertsteigerung. Die dazu notwendige, erfolgsorientierte Vernetzung von Kunde, Mitarbeiter und Aktionär erhält die erforderliche globale Gültigkeit.

Um Internationalisierung zu einem erfolgreichen Instrument der Zielerreichung werden zu lassen, müssen wir in besonderem Maße die mentalen Voraussetzungen für internationales Arbeiten zu schaffen. Während Produktionsfaktoren wie Kapital, Know-how und Information durch moderne Kommunikationstechnik mittlerweile zeitgleich überall auf der Welt verfügbar sind, gibt es offenbar noch Defizite im interkulturellen Lernen und Verstehen. Wir sollten deshalb die Internationalisierung auch als eine Chance der Selbsthilfe zur kulturellen Umgestaltung des Unternehmens nutzen.

Damit ist Internationalisierung nicht mit isolierten Einzelvorhaben gleichzusetzen. Hier ist der kollektive Wille zur grenzüberschreitenden Öffnung entscheidend, nicht die Methodik. Wir sollten verstehen lernen, unsere Orientierung an Landes- und Unternehmensgrenzen einzutauschen gegen die Arbeit in international besetzten Projektgruppen und Netzwerken.

Internationalisierter Geist schafft Beziehungen. Wenn wir uns die Ideen der Welt zu eigen machen, können wir gezielt lernen und verstehen, wie unsere Mitbewerber ihre Wettbewerbspositionen gestalten.

Internationalisierung fängt zu Hause an. Die Anerkennung der Gleichwertigkeit kultureller Unterschiede ist für mich gleichbedeutend mit dem Verständnis der Subjektivität und Relativität eigener Standpunkte, der Voraussetzung für erfolgreiches globales Arbeiten.

Ich lade Sie ein, die Farbigkeit und Vielfältigkeit von Internationalisierung zu erleben. Wenn Sie dieses Buch zur Hand nehmen, erforschen Sie die Pluralität und gewinnen einen Eindruck des Facetten- und Gestaltungsreichtums von Internationalisierung.

Stuttgart, im Oktober 1996

Preface

J. Schrempp

In today's world, any valid estimation of competitiveness must be measured according to global criteria. In this respect, it is undeniable that the key to being able to seize the opportunities presented by the future comes down to one word: internationalization. Indeed, the question of whether German companies must internationalize no longer needs to be seriously posed. All the more strange, therefore, that certain sections of the public have come increasingly to criticize the moves towards internationalization on the part of German companies. Such companies are not only responsible for the miserable state of the labor market at home – so the argument hurriedly concludes – but must also take the blame for the bad economic, social, and ecological decisions taken in the countries where they are investing. Nevertheless, the fact remains that whoever wants to compete on the global stage can no longer afford to concentrate company policy exclusively upon the domestic market. In fact, this is also increasingly the case for medium-sized and small companies too. Long gone are the days when a company might have reasonably ignored the competition offered on the home market by up-and-coming regions, or turned a blind eye to the chances opening up in the prospering markets around the world. In this light, internationalization is neither something which a company does as a means to an end, nor an exodus enforced by the prevalent conditions operative in one particular location.

Instead, internationalization must be seen as a key facet within any corporate strategy. The most important reasons for this are evident. Not only do we want to be close to the customer in each respective market, but it also makes sense to solve customer problems at the place where these arise. Moreover, as we develop and secure certain sectors of the market on an international level, we move into the position – as a globally-operative company – of being able to overcome trade barriers and fulfill the kind of local demands which our customers make in specific markets. Last but not least, we also profit from comparative cost advantages and reduce exchange rate risks.

Any measured and deliberate internationalization strategy is characterized by two factors: bringing together individual product markets and integrating activities on the corporate level. For us, the road towards internationalization began with global sourcing, direct investment, and strategic alliances. And if we can succeed in internationalizing corporate mentality along the same lines, I have every confidence in both Germany as an economic locality for our company, and our ability to compete on the global stage.

It was Michael J. Porter who wrote that "Companies, not nations, are in the forefront of international competition." And in this respect, companies take on a socio-political significance on the level of global cooperation that is denied to the state, which remains bound to sovereign territory and the exercise of political power within national borders. Of no little importance, too, is the way in which international integration on the company level also guarantees us global stability as the necessary basis of growth and prosperity. Internationalization is therefore not merely restricted to the search for market opportunities abroad; it is also to a large extent that which serves to safeguard jobs at home.

In fact, the competitiveness of the parent company is increased by improved opportunities with regard to supply, plus production abroad can be integrated in the domestic production complex. In this respect, it is wrong to say that internationalization creates job losses in Germany. Indeed, the opposite is true: only internationally competitive companies can offer job security for the future.

In my opinion, internationalization is also an essential means for increasing company value. For it necessarily requires the construction of a successful network of customer, employee and shareholder, without which the company could not attain a global renown.

For internationalization to be able to take its place as part of a successful corporate strategy, it is especially important to create the right mental conditions to function on the international stage. Although factors relevant to production, such as capital, know how, and information, are now - thanks to modern communications technology - available simultaneously anywhere in the world, there still remain deficits in the areas of intercultural learning and understanding. We ought therefore to seize the opportunity presented by internationalization as a chance to undertake cultural engineering of corporate life.

But this doesn't mean that the movement towards internationalization is to be equated with individual and piecemeal actions. More important than the method with which this movement is accomplished is a collective will towards global openess. We should reorient ourselves away from national and corporate boundaries, and learn how to function within international project groups and networks.

The spirit of internationalization creates bonds. And when we finally make the ideas of the world our own, we can learn and understand how our fellow competitors shape their competitive strategies.

Internationalization begins at home. The recognition that no one cultural position has superior value to another means nothing else but the ability to understand that one's own position is subjective and relative. And it is precisely this which is the condition of being able to function successfully on the global stage.

In conclusion, I would like to take this opportunity to invite you to sample some of the colour and variety that go to make up the spirit of internationalization. To take up this book is to discover the richness and the inventiveness with which the spirit of internationalization is currently being shaped in all its facets.

Stuttgart, October 1996

Inhaltsverzeichnis

Teil I
Ausgangspunkte der Internationalisierung

Internationalisierung als Herausforderung für die Unternehmensführung: Eine Einführung

U. Krystek, E. Zur

1 Internationalisierung: Ambivalent – aber unausweichlich

Wie kaum ein anderes Stichwort und Problemfeld beherrscht „Internationalisierung" mit ihren vielfältigen Aspekten direkt und indirekt die Diskussion in Politik und Wirtschaft am Ausgang dieses Jahrhunderts. Ähnlich populär erscheint der Begriff „Globalisierung", der als die regional weitreichendste Form von „Internationalisierung" im Sinne weltweiter Unternehmensaktivitäten verstanden werden kann.

Für viele gilt „Internationalisierung" als Segen, als Wegbereiter in hoffnungsvollere Zukünfte. Für andere verknüpfen sich mit diesem Stichwort allerdings auch Ängste und Sorgen. Ihnen scheint „Internationalisierung" eher ein Fluch zu sein.

Direkt sehen wir das Stichwort „Internationalisierung" verknüpft z.B. mit allenthalben erkennbaren Tendenzen einer *Globalisierung von Märkten*, mit der rapiden *Veränderung von Wirtschaftsordnungen* wie etwa durch die dramatischen Vorgänge in Osteuropa und der *Bildung gigantischer Wirtschaftsblöcke* (z.B. EG-Binnenmarkt, NAFTA, ASEAN-Staaten). Nicht zuletzt sehen wir „Internationalisierung" beschleunigt und begünstigt durch eine in ihren Möglichkeiten unbegrenzt erscheinende *Informations- und Kommunikationstechnologie*. Sie wird ebenso zur Triebfeder von Internationalisierungsprozessen wie ein an keine Grenzen mehr gebundener *Kapitalverkehr*, der weltweit seine günstigsten Anlagemöglichkeiten sucht.

Indirekt kommen Facetten des Generalthemas „Internationalisierung" aber auch in scheinbar ganz anderen Themen zum Ausdruck, die uns ebenfalls auf dem Weg in das kommende Jahrtausend begleiten. So wird das ernste Problem der *Arbeitsplatzsicherung* gerade am Standort Deutschland in der Diskussion eindeutig verknüpft mit Internationalisierungsprozessen von Unternehmen. Sie werden vorschnell häufig als eine Vernichtung einheimischer Arbeitsplätze mißdeutet. Auch das fast schon zu einer Zauberformel stilisierte *„Business Reengineering"* hat starke Bezüge zu diesem Generalthema: Ohne extensive internationale Kooperationen wären die gravierenden Veränderungen von Geschäftsprozessen in Unternehmen kaum vorstellbar. Schließlich schwingt selbst in der Sorge um die Erhaltung der *Umwelt* und ihres ökologischen Gleichgewichts der Aspekt der Internationalisierung von Unternehmen mit. Deren ausufernde internationale Betätigung gerade in Ländern der sog. Dritten Welt wird von vielen als eine der größten, wenn nicht als die größte Bedrohung und als schwere Hypothek für das zweite Jahrtausend gesehen.

Dies sind gewiß nur ausschnitthaft und unvollständig skizzierte Assoziationen, die sich uns zu dem Begriff „Internationalisierung" aufdrängen. Aber schon sie machen die *Ambivalenz* von „Internationalisierung" deutlich, die eine hoffnungsvolle Zukunft und die Lösung gegenwärtiger Probleme ebenso verheißen kann, wie sie gleichzeitig als weltweite Bedrohung kommender Entwicklungen gesehen werden mag.

Das Kommuniqué des G-7-Gipfeltreffens von Lyon 1996 verspricht z.B. erheblich mehr Wohlstand und Prosperität durch Globalisierung nicht nur für Industrienationen, sondern auch für alle anderen Länder. „Die Globalisierung eröffnet große Chancen für die Zukunft, nicht nur für unsere Länder, sondern auch für alle anderen. Zu ihren zahlreichen positiven Aspekten gehören eine beispiellose Ausweitung von Investitionen und Handel, die Öffnung der bevölkerungsreichsten Regionen der Welt für den internationalen Handel und die Chance für eine größere Zahl von Entwicklungsländern, ihren Lebensstandard zu erhöhen, die immer schnellere Verbreitung von Informationen, technologische Neuerungen sowie die Zunahme qualifizierter Arbeitsplätze. ... Wir sind daher überzeugt, daß der Prozeß der Globalisierung eine Quelle der Hoffnung für die Zukunft darstellt" (Presse- und Informationsamt der Bundesregierung, 1996, S. 629).

Eine extrem entgegengesetzte Position ist allerdings der Auffassung, daß die gegenwärtig zu beobachtenden Internationalisierungsprozesse eine ernste Gefahr für Demokratie und Wohlstand darstellen: In einem internationalen Kampf um Lohn und Arbeit bahnt sich nach Meinung der Skeptiker eine Entwicklung an, die in der erschreckenden Formel 20 zu 80 ihren Ausdruck findet (bereits zwanzig Prozent der arbeitsfähigen Bevölkerung reichen aus, um die Weltwirtschaft zu versorgen). Zudem führen, diesem Szenarium folgend, die auf nationale Interessen bedachten Staaten und deren Regierungen einen zunehmend aussichtsloseren Kampf gegen international planende und agierende Unternehmen, die als die wahren „global player" dargestellt werden (Martin/Schuhmann, 1996). Schließlich unterstützen die weltweit entfesselten Märkte möglicherweise die brutale Durchsetzung der Stärkeren, sogar mit mehr und mehr kriminellen Zügen (Weizsäcker, v., 1996).

In diesem Buch kann und soll „Internationalisierung" nicht als Fluch oder Segen gewertet werden. Vielmehr müssen wir aus einzelwirtschaftlicher Sicht „Internationalisierung" als ein Datum, als eine Tatsache von zunehmend größerer, ja überlebenskritischer Bedeutung hinnehmen und uns darauf einstellen. Es besteht nach unserer Auffassung in der Tat ein unausweichlicher *Zwang* zur Internationalisierung von Unternehmen, auch wenn die Schattenseiten und möglichen Gefahren keinesfalls geleugnet werden sollen.

Im Grundlagenteil dieses Buches (Teil I) finden sich eine Vielzahl von Argumenten für die Notwendigkeit einer zunehmenden Internationalisierung aus unterschiedlichen Sichtweisen, die wir an dieser Stelle nicht vorwegnehmen wollen.

Notwendig erscheint allerdings eine Konkretisierung des Phänomens „Internationalisierung".

2 Zum Begriff „Internationalisierung"

Der Begriff „Internationalisierung" läßt unterschiedliche Deutungen zu und steht als *Sammelbegriff* für eine Vielzahl von Aktivitäten und Prozessen.

In einem bewußt weiten Begriffsverständnis soll „Internationalisierung" gleichgesetzt werden mit nachhaltiger und für das Unternehmen insgesamt bedeutsamer Auslandstätigkeit. Sie kann von einem hohen Exportanteil am (Gesamt-) Umsatz bis hin zu einem weltumspannenden Netz von Direktinvestitionen reichen, mit Tochtergesellschaften, eigenen Produktionsstätten und Allianzpartnern in allen Regionen der Erde (Globalisierung).

Fast zwangsläufig drängt sich dabei der Wunsch nach Quantifizierung und Messung des Grades der Internationalisierung auf. Dazu sind vielfältige Vorschläge aus der Literatur seit langem bekannt, ohne daß es zu einheitlichen Definitionen kommen konnte (Fayerweather, 1969, 1989; Schmidt, 1981; Pausenberger, 1982; Barlett, 1986; Dülfer, 1991; Macharzina, 1992; Perlitz, 1995). Zu den bekanntesten Indikatoren für Internationalisierung gehören:

- Im Ausland erbrachte Umsätze/Wertschöpfung,
- Anzahl der Mitarbeiter im Ausland,
- Beteiligung von Ausländern an der Führung,
- Anzahl der ausländischen Tochtergesellschaften,
- Höhe der ausländischen Direktinvestitionen,
- Exportanteil.

Auf alle diese Möglichkeiten der Begriffsklärung durch Quantifizierung von Einzelmerkmalen soll hier nicht eingegangen werden. Sie erscheinen zu punktuell und stehen in der Gefahr, von dem gesamtunternehmensbezogenen Charakter der Internationalisierung eher abzulenken: „Internationalisierung ist ein Phänomen, das - zumindest konzeptionell - das Unternehmen als Ganzes erfaßt" (Perlitz, 1995, S. 9).

Das Ausmaß der Internationalisierung von Unternehmen zeigt sich dabei in deren Kultur, Zielsetzung, Strategien sowie den Denk- und Handlungsweisen des Managements weit mehr als in Exportquoten oder ausländischen Direktinvestitionen. Internationalisierung ist zugleich eine Unternehmensphilosophie, nach der Unternehmenssicherung und -wachstum nur durch nachhaltige und ausgebaute Auslandsaktivitäten gesichert werden können. Zu dieser Philosophie gehört auch eine mentale Öffnung gegenüber anderen Ländern und Kulturen im Sinne eines Wunsches nach partnerschaftlicher Zusammenarbeit, die als *„mentale Internationalisierung"* (Simon, 1996, S. 32) bezeichnet werden kann.

In einem solchen Begriffsverständnis deuten sich zugleich auch neue Akzente und Schwerpunktverlagerungen des gesamten Problemfeldes „Internationalisierung" an. Sie führen weg von Einzelbetrachtungen und rücken die Gesamthaftigkeit des Internationalisierungs-Phänomens in den Vordergrund. Internationalisierung als Oberbegriff für sämtliche Formen internationaler Unternehmenstätigkeit umfaßt - wie bereits erwähnt - „Globalisierung" als die extensivste Form unternehmerischer Betätigung auf dem Weltmarkt. Wenn auch derzeit deutliche Zeichen erkennbar sind, die für Globalisierung als der zukunftsweisenden Form von Internationalisierung sprechen, so bleiben die generelle Einstellung zu internationaler Geschäftstätigkeit, die Bereitschaft und Fähigkeit zu grenzüberschreitender Kooperation und Konkurrenz das wichtigere Merkmal gegenüber den Distanzen, über die hinweg gearbeitet wird, und der Anzahl von Ländern, zu denen Geschäftsbeziehungen bestehen. Auch Internationalisierungsbestrebungen von „nur" regiozentrischer Ausdehnung haben ihre spezifischen Problemlagen und sind eine Herausforderung für das gesamte Unternehmen und seine Führung. Zudem sind kulturelle und mentale Probleme der Internationalisierung in ihrer Bedeutung nicht zwingend eine Funktion der räumlichen Entfernungen.

Damit wird ein weiterer Aspekt von Internationalisierung angedeutet: Sie ist weder ein Vorrecht noch ein Merkmal allein von Großunternehmen. In einer Zeit, in der für kleine und mittlere Unternehmen (KMU) Internationalisierungsprozesse scheinbar erst Relevanz gewinnen, zeichnen sich einige unter ihnen bereits durch einen höheren Internationalisierungsgrad aus, als dies für manche Großunternehmen trotz langjähriger internationaler Praxis gelten kann.

3 Zur Rolle der Unternehmensführung im Prozeß der Internationalisierung

Internationalisierung gehört zu den wohl größten Herausforderungen für die Unternehmensführung (das Management) an der Schwelle zum 21. Jahrhundert. So lautet nicht nur der Tenor des hier vorgelegten Buches; dies ist auch einhellige Auffassung der Literatur (Perlitz, 1995) und übereinstimmende Aussage der Akteure in Unternehmen aller Größen und Branchen. Welcher *Art* im einzelnen diese Herausforderungen in den jeweiligen Problemfeldern sowie den Rahmenbedingungen der Internationalisierung sind, wird von den Autoren dieses Buches aus ihrer jeweiligen Perspektive dargestellt werden und entzieht sich in seiner Vielfalt einer einführenden Darstellung.

An dieser Stelle erscheint daher die Beschränkung auf einige generelle Aspekte ausreichend.

3.1. Internationalisierung tangiert Führung als Institution, Prozeß und System

Unternehmensführung kann in drei Dimensionen dargestellt und thematisiert werden (Abb. 1):

- *Führung als Institution* (zur Führung legitimierte Personen/-gruppen und hierarchische Ebenen interner und externer Führung),
- *Führung als Prozeß* (Planung, Steuerung und Kontrolle),
- *Führung als System* (mit Führungselementen, z. B. Informationssystem, Planungs- und Kontrollsystem, Personalsystem und zwischen ihnen bestehenden Beziehungen).

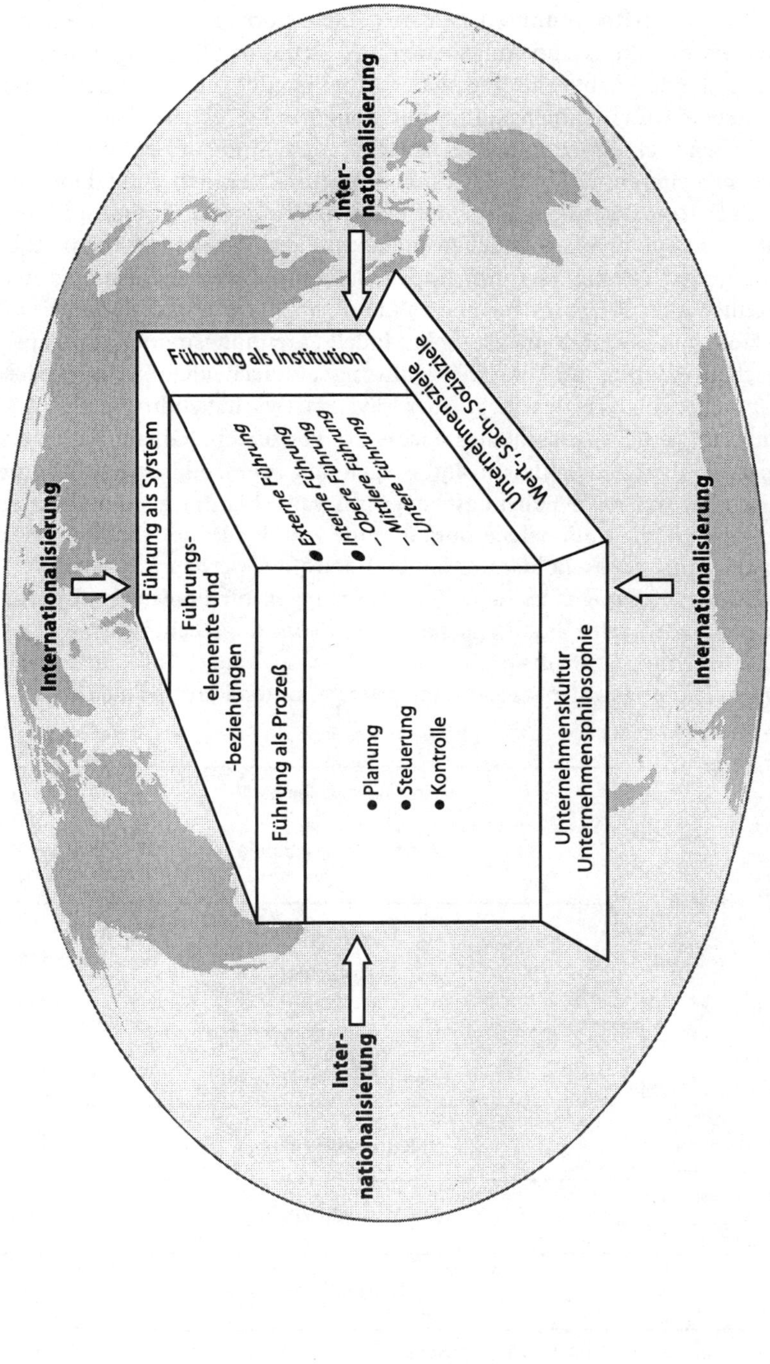

Abb. 1. Unternehmensführung und Internationalisierung in dreidimensionaler Betrachtung

In all diesen Betrachtungsebenen wird Internationalisierung zu einem spezifischen Problemkreis und Aufgabenfeld. Als Basis der Führung in dreidimensionaler Sicht sind dabei eine gegenüber Aspekten der Internationalisierung aufgeschlossene Unternehmenskultur und -philosophie ebenso bedeutsam wie die generellen Wert-, Sach- und Sozialziele mit dem Motiv der Erhaltung und erfolgreichen Weiterentwicklung des Unternehmens als Mittelpunkt (Hahn, 1996).

Als *Institution* beschreibt Unternehmensführung die Summe aller Führungskräfte, die auf unterschiedlichen hierarchischen Führungsebenen (Abb. 2) berechtigt sind, einzeln oder in Gruppen anderen Personen Weisungen zu erteilen, und die dafür die Verantwortung zu übernehmen haben. Nach deutschem Recht ist dabei von einem doppelstufigen Modell (Trennungsmodell) auszugehen, das zwischen externer und interner Führung unterscheidet. Im angelsächsischen Raum werden nach dem sog. Board-System Geschäftsführungs- und Überwachungsaufgaben (Vorstand, Aufsichtsrat) von einem Organ (Board) wahrgenommen. Unabhängig davon sind Fragen und Problemlösungen der Internationalisierung auf allen Führungsebenen relevant, bis hin zu Grundsatzentscheidungen der Internationalisierung, die nur von der Haupt- oder Gesellschafterversammlung (Shareholders Assembly) getroffen werden können. Die Konzentration von Kompetenzen und Verantwortungen für Fragen der Internationalisierung auf einzelne Führungsebenen ist dabei ungerechtfertigt und sogar gefährlich: Internationalisierung ist – wenn auch in unterschiedlichen Konkretisierungsstufen – Gegenstand der gesamten Führung als Institution.

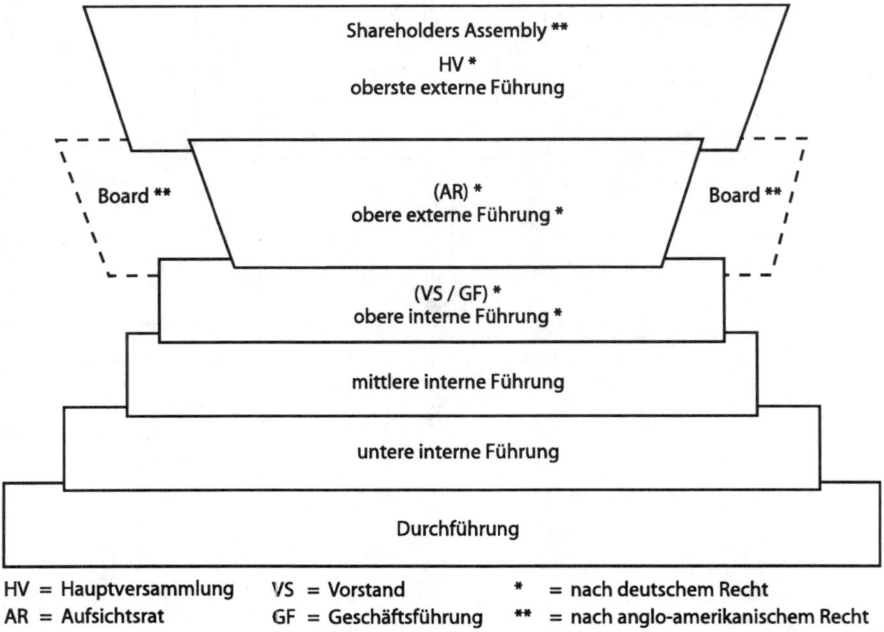

Abb. 2. Führungsinstitutionen der Unternehmen (Quelle: ähnlich Hahn, D. 1996, S. 35)

Der *Prozeß* der Unternehmensführung als ein mehrstufiger Problemlösungsprozeß (Abb. 3) der Willensbildung und Willensdurchsetzung (Hahn, 1996) wird in allen seinen (sechs) Phasen von Aspekten der Internationalisierung tangiert. Dabei sind Fragen z.B. der *Planung* internationaler Strategien und Maßnahmen ebenso bedeutsam wie deren *Umsetzung* (Steuerung und Kontrolle). Probleme des *Führungsverhaltens* (der Menschenführung) gewinnen zusätzlich gerade in Hinblick auf Führungsprozesse in international tätigen Unternehmen besondere Bedeutung.

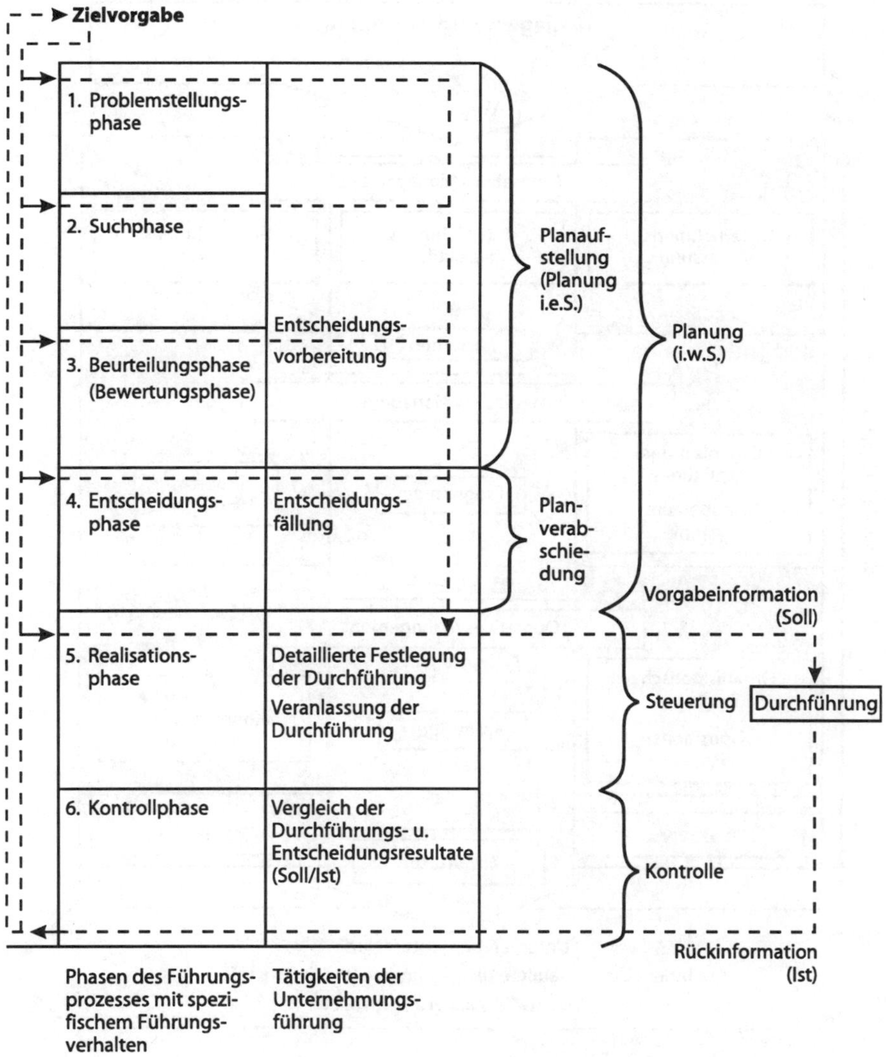

Abb. 3. Planung, Steuerung und Kontrolle als Führungstätigkeiten im Unternehmen (Quelle: Hahn, D. 1996, S. 46)

Systeme der Unternehmensführung (Managementsysteme) werden durch ihre Elemente und die zwischen ihnen bestehenden Beziehungen gekennzeichnet. Elemente von Führungssystemen können unterschiedlicher Art sein, wie etwa das Informations(sub-)-system, das Planungs- und Kontroll(sub-)-system und das Organisations(sub-)-system. Als ein Führungssystem, das als integriertes Management-Konzept in besonderer Weise die *Ganzheitlichkeit* von Unternehmensführung zum Ausdruck bringt, sei auf das St. Galler Management-Konzept verwiesen (Abb. 4).

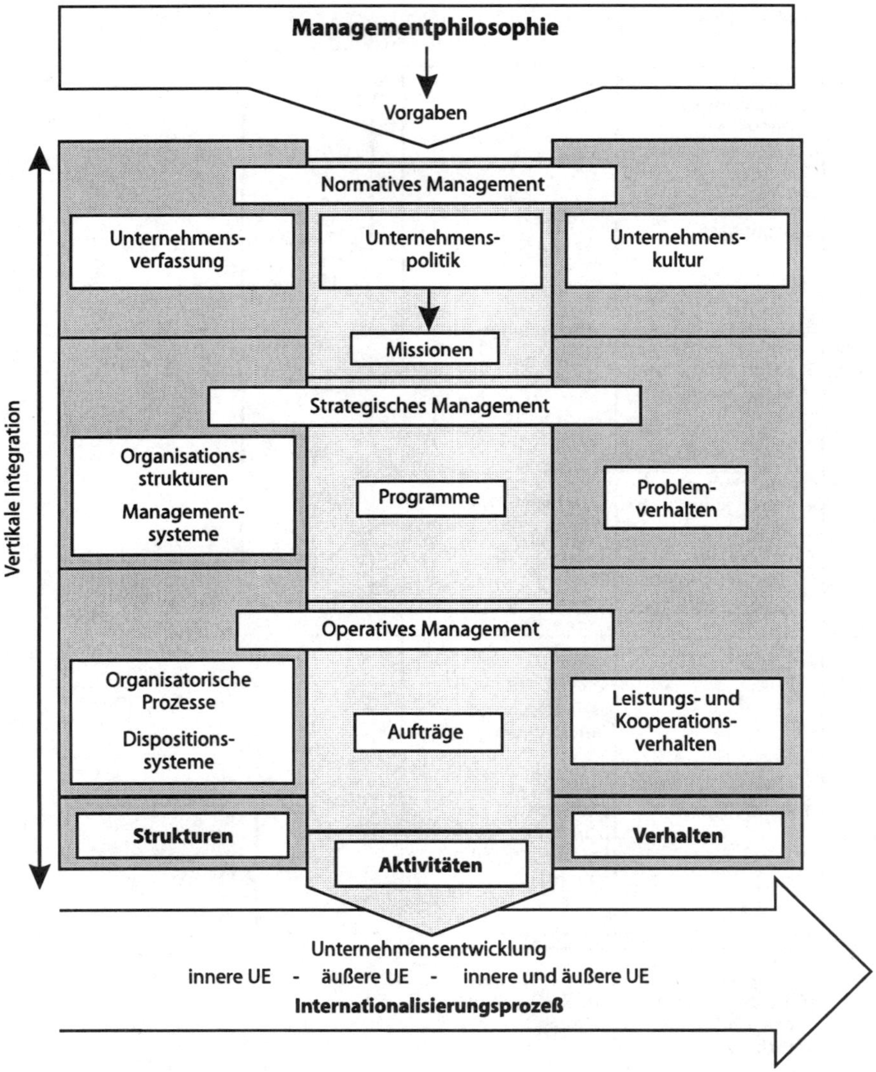

Abb. 4. Zusammenhang von normativem, strategischem und operativem Management in vertikaler Sicht (Quelle: Bleicher, K. 1995, S.77)

Der durch dieses Konzept vorgegebene Bezugsrahmen ermöglicht eine stets auf die Gesamtheit von Fragen der Internationalisierung bezogene Betrachtung, Diagnose und Lösung von Managementproblemen als *„Leerstellengerüst für Sinnvolles und Ganzheitliches"* (Bleicher, 1995, S. 57). Auch hier gilt, daß der Internationalisierungs-Aspekt integraler Bestandteil aller Elemente dieses Systems werden muß.

3.2 Herausforderung der Unternehmensführung durch Internationalisierung

Bereits eine freie etymologische Interpretation von „Herausforderung" deutet etwas von dem an, was dieser Begriff im hier interessierenden Zusammenhang ausdrücken will. Als eine Veranlassung zur Reaktion, ja zum Kampf und zugleich als eine Aufforderung zum Ortswechsel (hervorkommen, den bisherigen Standort verlassen) ist Internationalisierung in der Tat Herausforderung für die Unternehmensführung. Von ihr geht ein starker Impuls auf das Management aus, Außergewöhnliches zu wagen und dafür die Verantwortung zu übernehmen.

Internationalisierung stellt die Unternehmensführung vor *neuartige* Probleme, die sich allein aus dem Kontakt mit fremden Ländern, Kulturen, Wirtschafts- und Sozialsystemen ergeben.

Da Internationalisierung in den meisten Fällen als ein Prozeß zu sehen ist, der sich aus angestammter, nationaler Unternehmenstätigkeit heraus entwickelt, sind Führungsprobleme im Rahmen des Internationalisierungsprozesses rein quantitativ immer *zusätzlich* zu den weiterhin bestehenden, nationalen Problemstellungen und -lösungen zu sehen. Eine einseitige Konzentration auf ausländische Belange wäre ebenso fatal wie die ungenügende Berücksichtigung von Internationalisierungsaspekten in einem solchen Prozeß. Erst in sehr späten Stadien der Internationalisierung, in denen das Unternehmen seine nationale Identität völlig aufgibt, löst sich dieses Spannungsverhältnis (scheinbar). Es geht dann auf in einer entsprechend komplexeren, globalen Unternehmensführung, die nicht mehr zwischen In- und Ausland unterscheidet und von der Skeptiker sagen, Unternehmensführung als Institution hätte dann ihre „Heimat" überall und nirgends zugleich auf dieser Welt.

In jedem Fall bedeutet Internationalisierung neben einer *quantitativen* Vergrößerung der zu bewältigenden Führungsaufgaben eine *qualitative* Anreicherung der Problemstellungen und Lösungsanforderungen.

Eher noch als bei der quantitativen Dimension sind Engpässe in der Erfassung und Bewältigung der neuartigen *Qualitäten* internationaler Unternehmensführung zu erwarten und zu befürchten. Neben einer erheblich ausgeweiteten *Sachkompetenz* ist es hier besonders die an internationalen Gegebenheiten und Erfordernissen orientierte und geschulte *Sozialkompetenz*, die das Anforderungsprofil für international tätige Unternehmensführungen prägt.

Das Besondere der Herausforderung Internationalisierung liegt schließlich in einer *Ausweitung des Chancen- und Risikopotentials* vor dem Hintergrund erhöht unsicherer Erwartungen. Angesichts der vielfältigen Unwägbarkeiten internationaler Unternehmenstätigkeit kann von einer Gleichverteilung der Chancen und Risiken oder einer hinreichenden Einschätzung ihrer Eintrittswahrscheinlichkeiten kaum mehr gesprochen werden.

Damit wird Internationalisierung zu unternehmerischer Herausforderung im ursprünglichsten Sinne, und Pioniergeist sowie Risikofreude werden Tugenden, die analytischem Denken und der Beherrschung moderner Managementinstrumente in nichts nachstehen.

4 Zu diesem Buch

Der hier vorgelegte Sammelband ist gewiß nicht der erste dieser Art. Er reiht sich vielmehr in eine bemerkenswert lange Kette von Veröffentlichungen im deutschsprachigen Raum, die sich – interessanterweise mit auffallend vielen Gemeinschaftsarbeiten – dem Themenkreis der Internationalisierung (Globalisierung) widmen (s. Literatur).

4.1 Glied in einer Kette

Während im anglo-amerikanischen Sprachraum Fragen des internationalen Managements schon eine lange Tradition haben, gilt hier für viele die Tagung des Verbandes der Hochschullehrer für Betriebswirtschaftslehre im Jahre 1982 als die „Geburtsstunde" einer grundlegenden und systematischen Aufarbeitung des Forschungsbereiches „Internationalisierung" in Deutschland (Perlitz, 1995). Sie stand damals unter dem Generalthema „Internationalisierung der Unternehmung als Problem der Betriebswirtschaftslehre" (Lück/Trommsdorf, 1982). Allerdings geht die Forschung und Lehre speziell zu Fragen der Internationalisierung weiter zurück, z.B. bis zur Einrichtung des ersten Lehrstuhls für Internationale Unternehmungen an der Universität Gießen im Jahre 1973. Als ein weiterer Meilenstein mag vielleicht der 46. Deutsche Betriebswirtschafter-Tag des Jahres 1992 gesehen werden, der ein ähnliches Generalthema wählte: „Internationalisierung der Wirtschaft – Eine Herausforderung an Betriebswirtschaft und Unternehmenspraxis" (Schmalenbach-Gesellschaft – Deutsche Gesellschaft für Betriebswirtschaft, 1993). In der Zwischenzeit hatte sich eine kaum mehr zu übersehene Fülle von Veröffentlichungen zu diesem Themenkomplex etabliert, unter denen stellvertretend für viele das Handwörterbuch Export und Internationale Unternehmung (Macharzina/Welge, 1989) erwähnt sei. Bis in die jüngste Zeit setzt sich dieser Strom von Veröffentlichungen fort.

Die Frage ist daher zu stellen, was die hier vorgelegte Schrift noch zu dem Thema „Internationalisierung" beitragen kann und worin sie sich von anderen unterscheidet.

4.2 Vielfalt als Anliegen

Der Internationalisierungsprozeß von Unternehmen, der immer schneller immer mehr Wirtschaftseinheiten unterschiedlichster Branchen erfaßt und längst nicht mehr eine Domäne großer Konzerne darstellt, sondern selbst Handwerksbetriebe herausfordert (König/Müller, 1994), ist ein Phänomen, das sich kaum noch in Monographien selbst großen Umfanges abhandeln läßt. Als eine Art „never ending story" wird die Darstellung seiner vielfältigen Problemfelder und Lösungsansätze, seiner konzeptionellen Grundlagen und Rahmenbedingungen zugleich wohl noch auf absehbare Zeit Realitäten beschreiben, die sich in ihrer extremen Dynamik vorauseilend in der Praxis internationaler Unternehmenstätigkeiten vollziehen. Deshalb wird in einer stets aktuellen Auswahl von Einzelbeiträgen der Unternehmenspraxis sowie aus Gebieten der angewandten Forschung zu diesem Themenkomplex eine gute Möglichkeit gesehen, jeweils *neue Entwicklungen* in diesem Bereich zu beschreiben, neue *Problemlösungen* vorzustellen und bisherige *Erfahrungen* zu dokumentieren. Dies sind denn auch die Ziele, die mit diesem Sammelband verfolgt werden. Ein besonderes Anliegen ist es dabei, durch die Auswahl von Themen und Autoren die *Vielfalt* der „Herausforderung Internationalisierung" zu verdeutlichen. Deshalb sind Führungskräfte von Unternehmen unterschiedlicher Größe und Branche neben Vertretern der Politik, staatlicher und privater Institutionen und von Verbänden ebenso vertreten wie das Spektrum des sog. „tertiären Bildungsbereiches" mit Universitäten, Fachhochschulen und Berufsakademien.

Eine solche Auswahl mag willkürlich erscheinen, und Kritiker werden schnell Lücken entdecken können. Dennoch ist die hier erfolgte Zusammenstellung nicht zufällig. Sie entstand aus einem internationalen *Netzwerk* persönlicher und fachlicher Beziehungen zwischen den Autoren und Herausgebern sowie zwischen den Firmen und Institutionen, die sie repräsentieren.

Mit dieser *Netzwerk-Idee* wird zugleich einer der Trends im Prozeß internationaler Unternehmenstätigkeit angesprochen, der sich wie ein roter Faden durch fast alle Themenbereiche zieht und seinen Kulminationspunkt in der Vorstellung von global tätigen, virtuellen Unternehmen findet.

Als ein weiterer Trend zeichnet sich die verstärkte Berücksichtigung der sog. „Soft-Facts" ab. Sie rücken Führungskräfte/Mitarbeiter als die eigentlichen Träger der Internationalisierung mehr in den Mittelpunkt und akzentuieren kulturelle und ethische Gesichtspunkte stärker als zuvor. Dies sogar bis hin zu der „Kehrseite von Internationalisierung", der rasanten Internationalisierung von Kriminalität. Wichtig erscheint dabei allerdings, daß die „Soft-Facts" nicht traditionell im Mittelpunkt stehende „Hard-Facts" verdrängen und so die Illusion erwecken, Internationalisierung sei nunmehr in die angenehmen Sphären quantifizierungsfreier Beschreibung entrückt.

Vielmehr haben sich gerade in den „Hard-Facts" viele neue Probleme und Lösungsansätze ergeben, speziell auch in Standardbereichen, wie z.B. Controlling, Finanzierung, Absatz, Produktion und Beschaffung, Information und Kommunikation, und nicht zuletzt in Fragen von Internationalisierungsstrategien mit ihrem Schwerpunkt der Kooperationsstrategien im weitesten Sinne.

Die *Vielfalt* des Internationalisierungsprozesses drückt sich insgesamt nicht nur in der Tatsache aus, daß zwangsläufig immer neue Themenbereiche integriert werden, sondern auch darin, daß bereits bekannte und schon häufig thematisierte Problemfelder aktuell bleiben und jeweils neue Fragen und Antworten herausfordern.

Mit dem zunehmenden Schatz an Erfahrungen, die insbesondere große Unternehmen in ihrer (zeitlichen) Vorreiterrolle gewonnen haben, werden *Erfahrungsberichte* aus unterschiedlichen Bereichen zu Lehrstücken für andere, die den Prozeß der Internationalisierung erst beginnen, und/oder auf dem einen oder anderen Spezialgebiet noch von dem Wissen anderer profitieren möchten.

4.3 Leserkreis

Der Leserkreis, den dieses Buch erreichen will, ist damit grob umrissen. Es wendet sich an Führungskräfte und Mitarbeiter, die vor Problemen der Internationalisierung stehen und deren Unternehmen erst an der Schwelle zu internationaler Unternehmenstätigkeit stehen ebenso wie an diejenigen, die in Internationalen Unternehmen tätig sind und nach Neu- und Weiterentwicklungstendenzen in jeweiligen Problemstellungen und Lösungsansätzen suchen. Für Forscher, Forschungsinstitutionen und Berater, die den Prozeß der Internationalisierung begleiten, mag die Lektüre dieses Sammelbandes eine Hilfe beim Erkennen neuer Trends und Zusammenhänge sein.

Nicht zuletzt soll dieses Buch für Studentinnen/-ten von Universitäten, Fachhochschulen und Berufsakademien einen Eindruck von der Vielfalt und Farbigkeit internationaler Unternehmenstätigkeit vermitteln. In ihnen Interesse, vielleicht sogar Begeisterung für eine internationale Ausrichtung ihrer beruflichen (und privaten) Perspektiven zu wecken, ist ein besonderer Wunsch der Herausgeber, in dem sich sie sich mit allen Autoren einig wissen. Zu den großen Hoffnungen gehört gerade die Generation der jetzt Studierenden, die mit guter fachlicher und mentaler Vorbereitung die Herausforderung der Internationalisierung annehmen und - dies ist unsere feste Überzeugung - trotz schwieriger werdender Rahmenbedingungen meistern werden.

Summary

The concept of "Internationalization" covers a multitude of different activities and processes. In this paper, we propose to follow a consciously broad definition of the concept and take it to be the general equivalent of all enduring and important foreign activities undertaken by an enterprise. In addition, the degree of internationalization at any company is reflected far less in export figures or direct foreign investment than in the culture, goals, and strategy of that company as well as in the thinking and policy of its management. In this respect, internationalization is therefore a central tenant of the corporate philosophy that says that a company's future and growth can only be secured on the back of sustainable and extensive foreign activity. So defined, internationalization truly belongs to the greatest challenges facing companies as we approach the next millennium. It is therefore wrong and even dangerous to concentrate the kind of competence and responsibility required to deal with the questions thrown up by internationalization upon a few, individual management levels. Although the process of internationalization may pose a variety of differing concrete tasks, it is important to see it as the province of the institution of management taken as a whole. The special nature of the challenge posed by internationalization is, finally, that it represents increased opportunities and indeed risks at a time when expectations in this quarter are exceptionally uncertain. The present book charts new developments, proposes new solutions to common problems, and documents previous experience in this field. It is addressed to those in both management and the workforce who are facing up to the problems associated with internationalization – as well as to those already working in international companies who are on the lookout for new and improved trends in the approach to such problems and the kind of solutions they demand.

Literatur

Albach, H. (1981): Die internationale Unternehmung als Gegenstand betriebswirtschaftlicher Forschung. In: Zeitschrift für Betriebswirtschaft, Ergänzungsheft 1/81, S. 13 ff.

Barlett, C. A. (1986): Building and Managing the Transnational: The New Organizational Challenge. In: Porter, M.E. (Hrsg.): Competition in Global Industries. Boston 1986, S. 367 ff.

Barlett, C. A./Ghoshal, S. (1990): Internationale Unternehmensführung. Frankfurt, M./ New York.

Behrmann, J. N. (1970): National Interests and the Multinational Enterprise. Englewood Cliffs, N.J.

Berndt, R. (Hrsg.) (1996): Global Management. Heidelberg.

Bleicher, K. (1989): Chancen für Europas Zukunft. Führung als internationaler Wettbewerbsfaktor. Frankfurt, M./Wiesbaden.

Bleicher, K. (1995): Das Konzept Integriertes Management. Das St. Galler Management-Konzept. 3. Aufl., Frankfurt, M./New York.

Buckley, P. J./Casson, M. C. (1973): The Future of the Multinatinal Enterprise. London.

Carl. V. (1989): Problemfelder des Internationalen Managements. München.

Clement, W. (Hrsg.) (1992): Internationalisierung, Bd. VI: Neue Entwicklungen – neue Formen – neue Herausforderungen. Industriewissenschaftliches Institut, Wien.

Dichtl, E./Issing, O. (Hrsg.) (1992): Exportnation Deutschland. 2. Aufl., München.

Dülfer, E. (1991): Internationales Management in unterschiedlichen Kulturbereichen. München/Wien/Oldenburg.

Fayerweather, J. (1969): International Business Management. A Conceptual Frame Work. New York.

Fayerweather, J. (1989): Begriff der Internationalen Unternehmung. In: Macharzina/Welge (Hrsg.) (1989), a.a.O., Sp. 926 ff.

Hahn, D. (1996): PuK-Controllingkonzepte. 5. Aufl., Wiesbaden.

Kaufmann, F. (1996): Internationalisierung mittelständischer Unternehmen. In: Die Unternehmung, S. 201 ff.

König, W./Müller, K. (1994): Grenzüberschreitende Handwerkskooperationen. In: Göttinger Handwerkswirtschaftliche Arbeitshefte, Nr. 48, hrsg. vom Seminar für Handwerkswesen an der Universität Göttingen, Forschungsinstitut im Deutschen Handwerksinstitut e.V., Göttingen.

Kortzfleisch v., G./Kaluza, B. (Hrsg.) (1984): Internationale und nationale Problemfelder der Betriebswirtschaftslehre. Berlin.

Kumar, B./Haussmann, H. (Hrsg.) (1992): Handbuch der Internationalen Unternehmenstätigkeit. München.

Lück, W./Trommsdorff, V. (Hrsg.) (1982): Internationalisierung der Unternehmung als Problem der Betriebswirtschaftslehre. Berlin.

Macharzina, K. (1992): Internationalisierung und Organisation. In: Zeitschrift für Organisation und Führung (ZfO), S. 4 ff.

Macharzina, K./Engelhard, I. (1987): Internationales Management. In: Die Betriebswirtschaft (DBW), S. 319 ff.

Macharzina, K./Welge, M. (Hrsg.) (1989): Handwörterbuch Export und Internationale Unternehmung. Stuttgart.

Ohmae, K. (1985): Macht der Triade. Wiesbaden.

Pausenberger, E. (Hrsg.) (1981): Internationales Management. Stuttgart.

Pausenberger, E. (1982): Die internationale Unternehmung: Begriff, Bedeutung und Entstehungsgründe (Teile 1-3). In: Wisu, S. 118 ff.; S. 332 ff.; S. 385 ff.

Pausenberger, E. (Hrsg.) (1994): Internationalisierung von Unternehmungen. Strategien und Probleme ihrer Umsetzung. Stuttgart.

Perlitz, M. (1995): Internationales Management. 2. Aufl., Stuttgart/Jena.

Porter, M. (Hrsg.) (1989): Globaler Wettbewerb, Strategien der neuen Internationalisierung. Wiesbaden.

Presse- und Informationsamt der Bundesregierung (Hrsg.) (1996): Bulletin „Wirtschaftsgipfel Lyon“, Nr. 59, vom 12.7.1996, S. 629 ff.

Schmalenbach-Gesellschaft/Deutsche Gesellschaft für Betriebswirtschaft e.V. (Hrsg.) (1993): Internationalisierung der Wirtschaft – Eine Herausforderung an Betriebswirtschaft und Unternehmenspraxis. Stuttgart.

Schmidt, R. (1981): Zur Messung des Internationalisierungsgrades von Unternehmen. In: Wacker/Haussmann/Kumar (Hrsg.) (1981), a.a.O., S. 57 ff.

Schoppe, S. (Hrsg.) (1991): Kompendium der Internationalen Betriebswirtschaftslehre. München/Wien.

Schumann, H./Martin, H.-P. (1996): Die Globalisierungsfalle. Reinbek bei Hamburg

Simon, H. (1996): Die rigorose Globalisierung ist der einzige Weg. In: Welt am Sonntag, Nr. 29 vom 21.7.1996, S. 32.

Steinmann, H./Kumar, B./Wasner, A. (1977): Die Internationalisierung von Mittelbetrieben. Wiesbaden.

Wacker, W. H./Hausmann, H./Kumar, B. (Hrsg.) (1981): Internationale Unternehmensführung. Managementprobleme international tätiger Unternehmen. Berlin.

Weizsäcker v., E. U. (1996): Im Turbokapitalismus herrschen die Gesetze des Dschungels. In: Süddeutsche Zeitung, Nr. 237, vom 14.10.1996, S. 30.

Welge, M. (Hrsg.) (1990): Globales Management. Erfolgreiche Strategien für den Weltmarkt. Stuttgart.

Chancen und Risiken der Internationalisierung aus Sicht des Standortes Deutschland

R. Berger

1 Der Internationalisierung kann sich kein Wirtschaftsstandort und kein Unternehmen mehr entziehen

Eines der Stichworte für die Veränderungen, welche die Weltwirtschaft seit einiger Zeit durchläuft, heißt Internationalisierung. Mit großer Selbstverständlichkeit hat sich eine globale Arbeitsteilung etabliert, die es zum Beispiel einem koreanischen Autohersteller erlaubt, sich bei der Entwicklung eines neuen Sportwagens die Finanzierung aus Japan, das Design aus Italien, Motor und Getriebe aus Deutschland zu holen; zusammengebaut wird der Wagen in England mit lohnintensiven Schlüsselkomponenten aus Korea und elektronischen Einrichtungen, die in den USA entwickelt und in Taiwan gefertigt werden.

Die Zeit der geschützten Märkte mit jeweils spezifischen Preisen ist endgültig vorbei und sie wird auch nicht wiederkehren. Darauf muß sich die deutsche Wirtschaft einstellen. Was früher einzelne Staaten waren, die über mehr oder minder intensive, bi- oder multilaterale Beziehungen verfügten, wächst inzwischen zu einem System vernetzter, interdependenter Volkswirtschaften zusammen. Märkte und Produktion in verschiedenen Ländern werden immer mehr voneinander abhängig – dank der Dynamik des Handels mit Gütern und Dienstleistungen und durch die Bewegungen von Kapital und Technologie. „Die Welt wird eine einzige große Einkaufspassage, in der die Unternehmer sich aussuchen können, was sie gerade brauchen", beschreibt die Harvard-Professorin Rosabeth Moss Kanter die Situation.

Seit 1950 ist das Weltsozialprodukt mit einer Jahresrate von durchschnittlich 4 % gewachsen, der Welthandel jedoch mit über 6 %. 1994 legte der Welthandel um 9,5 % zu, dreimal soviel wie das Weltsozialprodukt. Die Summe, die Unternehmer jährlich im Ausland investieren, hat sich seit den achtziger Jahren vervierfacht. 1994 waren es 220 Mrd. Dollar.

Die wesentlichste Triebkraft der Umwälzung ist die politische Öffnung der gesamten Welt. War der Wettbewerb innerhalb der Triade bis 1990 relativ friedlich, da er von einem gemeinsamen Interesse – der Blockbildung gegen die Sowjetunion – geleitet war, so haben die jüngsten historischen Ereignisse dazu geführt, daß zahlreiche weitere Volkswirtschaften am internationalen Wettbewerb teilnehmen: China ist auf den Weltmarkt getreten, und die mittel- und osteuropäischen Wirtschaften üben eine starke Kostenkonkurrenz auf Westeuropa und insbesondere Deutschland aus. Diese politisch-historischen Vorgänge erfolgten parallel zur Ausbildung großer Binnenmärkte in den westlichen und asiatischen Regionen, durch die harmonisierte Wettbewerbsbedingungen entstehen. Auch die Deregulierung sowie die Liberalisierung der Kapitalmärkte haben bei der Integration von Wirtschaftsräumen eine maßgebliche Rolle gespielt. War früher der Kapitalverkehr zwischen vielen Wirtschaftsräumen abgeschlossen, ist er heute mehr oder weniger frei. Zu all dem tritt der technologische Fortschritt hinzu, der durch die Entwicklungen in den Informationstechnologien die Mobilität von Know-how und die Möglichkeiten der Produktivitätssteigerung beschleunigt hat.

Die Internationalisierung hat dazu geführt, daß sich einzelwirtschaftliche und gesamtwirtschaftliche Entwicklung voneinander abkoppeln können. Der Standort Deutschland muß seine Wettbewerbsnachteile abbauen, um eine Entwicklung zu verhindern, wie sie beispielsweise in Großbritannien zu beobachten war (vgl. Abb. 1 u. 2). Während es den einzelnen britischen Unternehmen wirtschaftlich gut ging, kämpfte der Standort Großbritannien mit strukturellen Problemen. Wer etwas über die deutsche Zukunft wissen möchte, der studiere die neueste Bilanz der Deutschen Bank. Das größte heimische Kreditinstitut erzielte 1995 mit 4,2 Mrd. DM das zweitbeste Betriebsergebnis seiner Geschichte – und zahlte dennoch 377 Mio. DM weniger Ertragsteuern als im Vorjahr. Die Zahl der Mitarbeiter stieg – in London, New York und Tokio. Zu Hause ging sie um 2527 zurück. Das Signal ist eindeutig: Die Deutsche Bank macht sich vom Standort Deutschland unabhängig. ABB reduzierte ihre Mitarbeiterzahl in westlichen Ländern seit 1990 um 54.000 und baute andererseits 46.000 Arbeitsplätze in Asien auf. Ohne die kostengünstigen Standorte in Mittel- und Osteuropa wäre der Arbeitsplatzabbau im Westen noch höher ausgefallen. Fazit: Nationalstaaten werden zu „Wirten", die das mobile Kapital über die Schwelle des eigenen Landes locken müssen.

Die Internationalisierung ist eine Herausforderung für Unternehmen und für die Politik. Jeder fundamentale Wandel beinhaltet zur gleichen Zeit Chancen wie auch Risiken. Es gilt, jetzt die Weichen zu stellen, um auch künftig noch an der Weltspitze zu sein. Die Aufgabe der Politik heißt, die momentan gravierenden Wettbewerbsnachteile des Standortes Deutschland in den Rahmenbedingungen zu reduzieren. Für die Unternehmen lautet die Aufgabe, sich in Kosten, Qualität und Effizienz den Vorgaben anzupassen, die vom globalen Markt gegeben werden. Beide gemeinsam müssen darüber hinaus eine Innovations-Offensive starten. Nur durch sie wird sich Deutschland seinen Platz an der Weltspitze dauerhaft sichern können, da nach Innovationen keine Marktsättigung eintritt, sondern potentiell Übernachfrage besteht, die ihrerseits die Basis für hohe Löhne und damit den Wohlstand entwickelter Industrienationen bildet.

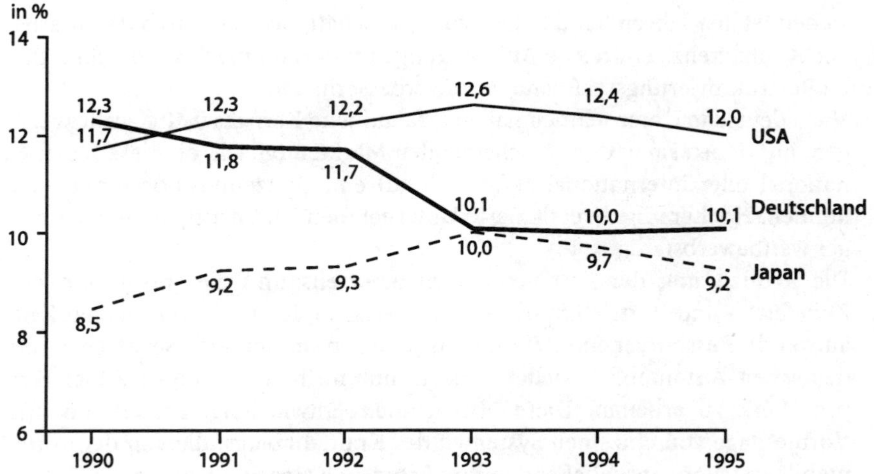

Abb. 1. Anteil am gesamten Welthandel (Quelle: OECD, WTO)

2 Deutsche Unternehmen: In immer mehr Fällen werden die Chancen, die sich aus der Internationalisierung ergeben, genutzt

Internationalisierung meint mehr als einfach nur Güter oder Dienstleistungen zu exportieren. Internationalisierung erfordert eine langfristig angelegte Strategie, die alle Unternehmensbereiche und -funktionen erfaßt, d.h. außer den „klassischen" Feldern Einkauf, Produktion und Distribution auch Recruiting, Marketing, Forschung und Entwicklung oder Finanzierung. Neben dem Außenhandel meint die Internationalisierung den Aufbau von weltweiten Unternehmensnetzwerken auf allen relevanten Märkten durch folgende Aktivitäten:

- Kapitalverflechtungen zwischen Unternehmen in verschiedenen Ländern
- strategische Allianzen mit ausländischen Unternehmen
- Direktinvestitionen im Ausland zum Aufbau eigener Produktions-, Vertriebs- oder Forschungsstätten
- weltweiter Einkauf von Vorleistungen oder Vorprodukten („global sourcing")

Der Leitsatz der Internationalisierung lautet: „Think global, act local". Er zielt auf das eigentlich Neuartige, das veränderte Verständnis vom Unternehmen: Aus der multinationalen wird eine transnationale Firma. Diese teilt die Wertschöpfungsaktivitäten weltweit auf, produziert, forscht und entwickelt, kauft und verkauft dort, wo sie die günstigsten Bedingungen vorfindet, und ist sehr genau über die Wünsche ihrer Kunden auf den jeweiligen Märkten informiert. Damit werden Währungsrisiken und die Abhängigkeit von Leitmärkten minimiert und das Unternehmen ist in der Lage, flexibel auf Veränderungen regionaler Märkte zu reagieren und last but not least im Wettbewerb zu wachsen.

In den letzten Jahren hat die deutsche Wirtschaft, bedingt durch die internationale Konkurrenz, zahlreiche Anstrengungen unternommen, um die Situation durch Restrukturierungsmaßnahmen zu verbessern:

- Viele deutsche Unternehmen haben sich auf jene Kerngeschäfte zurückgezogen, mit denen sie in den entscheidenden Märkten (gleich, ob diese regional, national oder international definiert sind) eine Spitzenposition einnehmen können. Hochgradig diversifizierte Unternehmen sind dagegen immer weniger wettbewerbsfähig.
- Die Reduzierung der Fertigungstiefen einerseits und die Integration von Zulieferern und Vertrieb in die eigene Wertschöpfung andererseits hat Zeitaufwand, Ressourceneinsatz und Stückkosten minimiert. So streben die deutschen Automobilhersteller danach, nur noch mit wenigen Zulieferern pro Werk zu arbeiten. Diese übernehmen Entwicklung, Produktion und Vormontage von einzelnen Systemen des Kraftfahrzeugs, die von den Automobilherstellern anschließend in ihre Fahrzeuge eingebaut werden.
- Durch Konsolidierung und Konzentration vor allem in reifen Märkten haben Unternehmen die Maximierung der economies of scale forciert.
- Deutsche Unternehmen haben eine neue Marketing- und Entwicklungs-Philosophie entwickelt. Die deutsche Wirtschaft fertigt heute nicht mehr so sehr Top-, End- oder Nischenprodukte, sondern versucht, mit stärker standardisierten Lösungen und Massenprodukten in die Wachstumsmärkte Asiens, Lateinamerikas und der mittel- und osteuropäischen Staaten sowie die Volumenmärkte Japans und Nordamerikas vorzudringen. Statt „overengineering“ ist es heute wichtiger, Entwicklungszeiten zu minimieren und schnell am Markt zu sein und „user economics“, also Kundennutzen, zum günstigsten Preis zu bieten.
- Die Wertschöpfungskette wird globalisiert, und dabei werden die Wettbewerbsvorteile der einzelnen Länder genützt. Produktion wird in Länder mit niedrigen Arbeitskosten oder hohen Wachstumsaussichten verlegt, während die Systemkopfaktivitäten (Entwicklung, Projektmanagement, globales Marketing, Logistik, Qualitätsmanagement, Pre-/After-Sales-Service usw.) in Deutschland verbleiben.
- Durch die interne Reorganisation nach Prozessen anstelle von Funktionen wurden Durchlaufzeiten verkürzt, Lager abgebaut und Stückkosten gesenkt.
- Deutsche Unternehmen haben dezentrale Organisationen eingeführt. Strategische Geschäftseinheiten werden nach markt- oder technologieorientierten strategischen Feldern gebildet, mit dezentraler unternehmerischer Verantwortung ausgestattet und, wo möglich, juristisch verselbständigt. Sie können somit flexibler und schneller auf sich wandelnde Erfordernisse der jeweiligen Märkte reagieren.
- Die Hierarchien-Ebenen wurden zurückgeschnitten, das Mittelmanagement um bis zu 50 % ausgedünnt und statt mit Stabs- mit operativen Aufgaben betraut. Dadurch werden Informationswege zwischen Führung und operativer Ebene verkürzt, die operativen Mitarbeiter sind höher motiviert, und die Qualität der Entscheidungen des Top-Managements nimmt zu.

- Durch die Delegation von Verantwortung auf die operative Ebene und deren ständige Qualifizierung kommt es zu erheblichen Verbesserungen bei Service, Prozeßinnovation, Produktivität und Kundenzufriedenheit.
- Die Overheads wurden verschlankt und in ihrer Effizienz gesteigert.

Intensiver als früher haben deutsche Unternehmen die neuen Wachstumsmärkte im Blick. Sie lassen sich in fünf Kategorien einteilen:

1. Märkte mit hohem Wirtschaftswachstum und hoher Arbeitsmotivation vornehmlich in Südostasien
2. Märkte mit aufstrebenden starken Eliten, jedoch immer noch fragilen Volkswirtschaften, wie die Länder Lateinamerikas
3. Im Wiederaufbau befindliche Volkswirtschaften der früheren kommunistischen Länder, bei denen sich während des Aufbaus der Marktwirtschaft jedoch nur geringe Wachstumschancen abzeichnen
4. Gigantische Volkswirtschaften wie China, Indien und Brasilien, die in der Welt von morgen als riesige Märkte mit großen Wachstumschancen eine rechtzeitige Positionierung verlangen
5. Schließlich die schlafenden Volkswirtschaften vor allem in Afrika, denen in vielen Fällen noch die makroökonomische Grundlage für die Dynamisierung marktwirtschaftlicher Kräfte fehlt. Allerdings haben findige Investmentbanker hier schon die ersten Aufstiegskandidaten ausgemacht: Südafrika, Uganda, Ghana, Tunesien, Marokko.

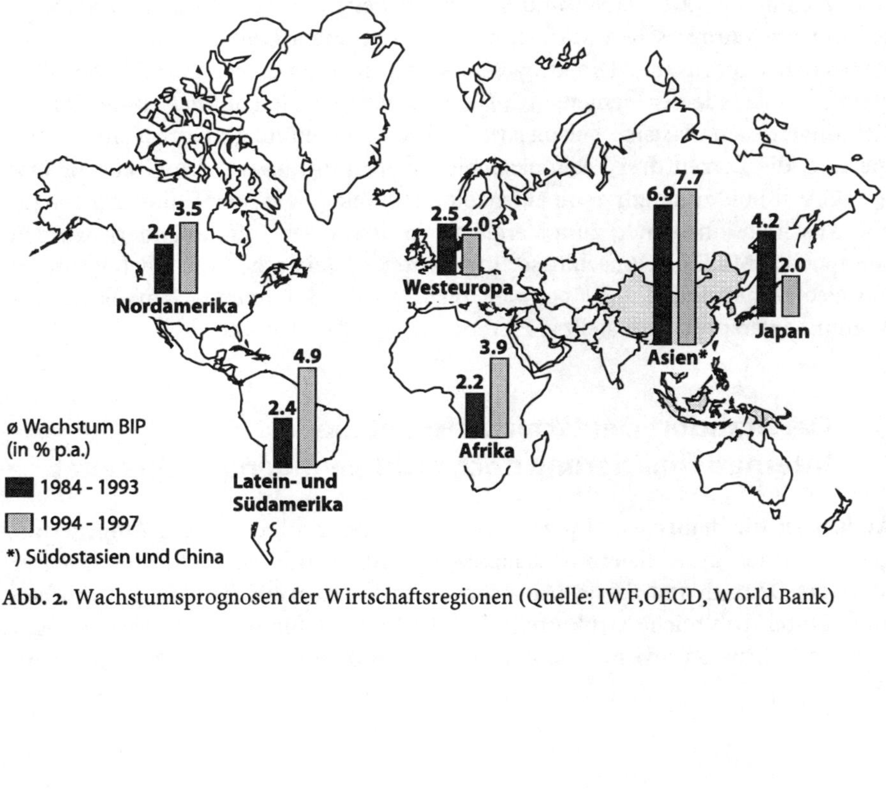

Abb. 2. Wachstumsprognosen der Wirtschaftsregionen (Quelle: IWF,OECD, World Bank)

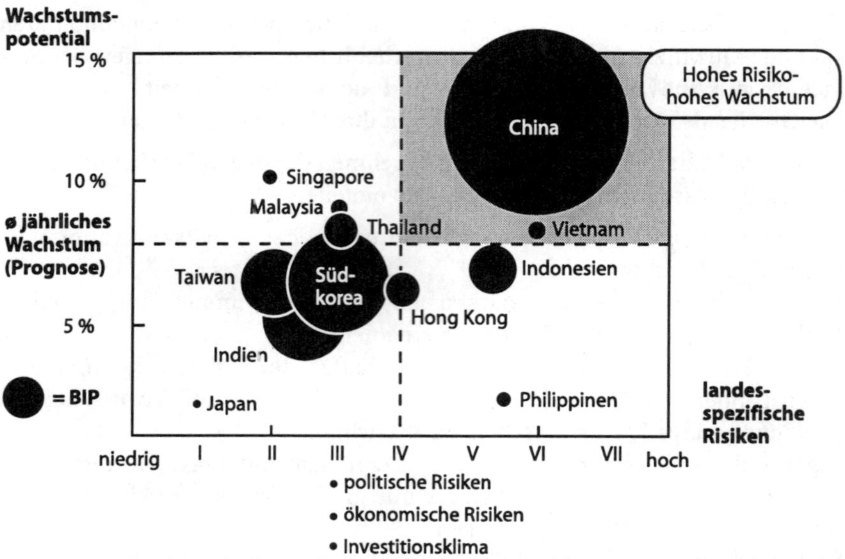

Abb. 3. Beispiel: Wachstumspotential und Risiken in Asien (Quelle: DB Capital Market, Roland Berger & Partner Berechnungen

Entscheidend für die deutsche Wirtschaft wird es sein, ihre Aktivitäten sowohl auf den Wachstumsmärkten Asiens (vgl. Abb. 3) und Südamerikas als auch auf den Volumenmärkten Japan und USA auszuweiten, da die Wachstumsaussichten der westeuropäischen Märkte, an die im Moment beinahe zwei Drittel der deutschen Exporte und Direktinvestitionen gehen, zu schwach sind. Der Vorstandsvorsitzende der Siemens AG, Heinrich v. Pierer, hat auf das riesige Potential hingewiesen, das sich beispielsweise in China ankündigt: Dort plant die Regierung, die derzeit drei Telefonanschlüsse pro 100 Einwohnern (Deutschland: 45; USA: 58) bis zum Jahr 2000 auf zwölf zu erhöhen, was 100 Millionen zusätzliche Anschlüsse bedeutet; zum Vergleich: in den neuen Bundesländern wurden seit 1990 4,5 Millionen Anschlüsse eingerichtet. „Allein schon der Nachholbedarf hat also Dimensionen, die über weit mehr als das kommende Jahrzehnt hohe Volumina versprechen", stellt v. Pierer fest.

3 Der Standort Deutschland ist auf die Internationalisierung noch nicht genügend vorbereitet

Anders als die deutschen Unternehmen, die dabei sind, durch die Anforderungen der Internationalisierung schlank und zukunftsfähig zu werden, ist der Standort Deutschland diesen Ansprüchen bisher ausgewichen, so gut es eben ging. Durch zahlreiche strukturelle Probleme ist er für internationale Anleger wenig attraktiv. So investierten deutsche Unternehmen von 1990 bis 1995 rund

205 Mrd. DM im Ausland, ausländische Unternehmen in Deutschland dagegen nur 31,6 Mrd. DM, wobei mehr als 40 % dieser Summe (12,9 Mrd. DM) auf 1995 entfallen (vgl. Abb. 4). Im internationalen Vergleich steht Deutschland damit im Mittelfeld, so in einem OECD-Ranking für 1993, auf dem 25. Platz.
Die Gründe für die fehlende Wettbewerbsfähigkeit des Standorts Deutschland im internationalen Maßstab sind vielfältig:

- Die deutschen Arbeits- und Lohnstückkosten sind international auf dem höchsten Niveau (vgl. Abb. 5). Bei durchschnittlicher Produktivität sind Deutschlands Stundenlöhne weltweit die zweithöchsten, bei den Lohnzusatzkosten führt Deutschland mit deutlichem Abstand zum nächsten Wettbewerber.
- Die Lohnstückkostensituation benachteiligt Deutschland insbesondere durch die jüngeren historischen Umwälzungen. Mit dem Fall des Eisernen Vorhangs liegen in unmittelbarer Nähe zu den Grenzen der Bundesrepublik Wirtschaftsregionen, die die asiatischen Tiger als Billiglohnländer abgelöst haben. Während das Wachstum des Sozialprodukts in Südostasien dazu führt, daß die Lohn- und Personalkosten dort steigen, treten in Mitteleuropa Länder auf die ökonomische Landkarte, die über einen absehbar längeren Zeitraum zu Bruchteilen der deutschen Lohnsätze produzieren werden. Sie verfügen über ein gutes Know-how speziell in der industriellen Fertigung; es finden sich zahlreiche Beispiele, daß Qualität und Produktivität der geleisteten Arbeit durch Investitionen und Übertragung von Know-how relativ rasch auf das Niveau Westeuropas gebracht werden können. Arbeitsintensive Wertschöpfung wandert deshalb zunehmend ins nahe mittel- und osteuropäische Ausland ab.

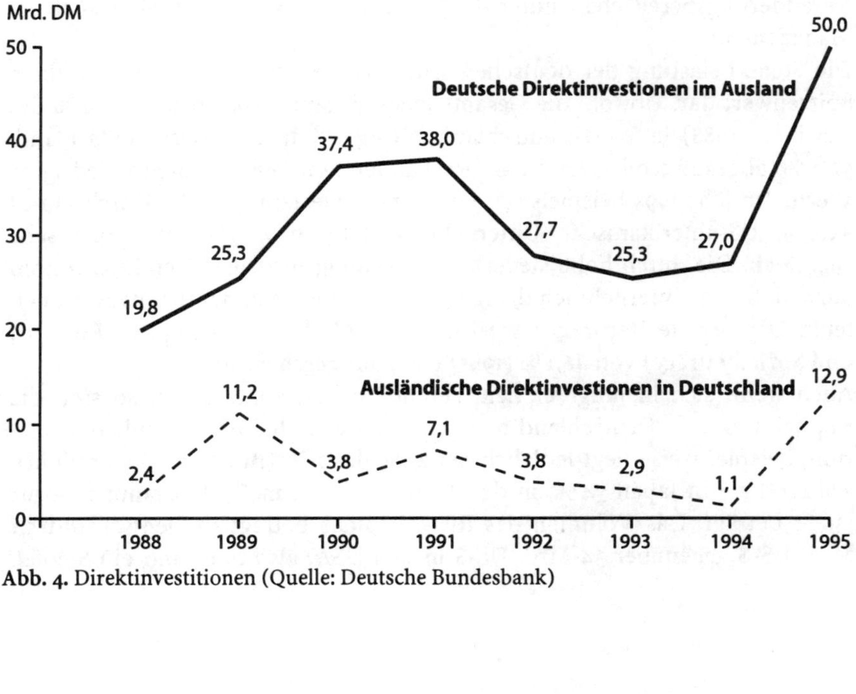

Abb. 4. Direktinvestitionen (Quelle: Deutsche Bundesbank)

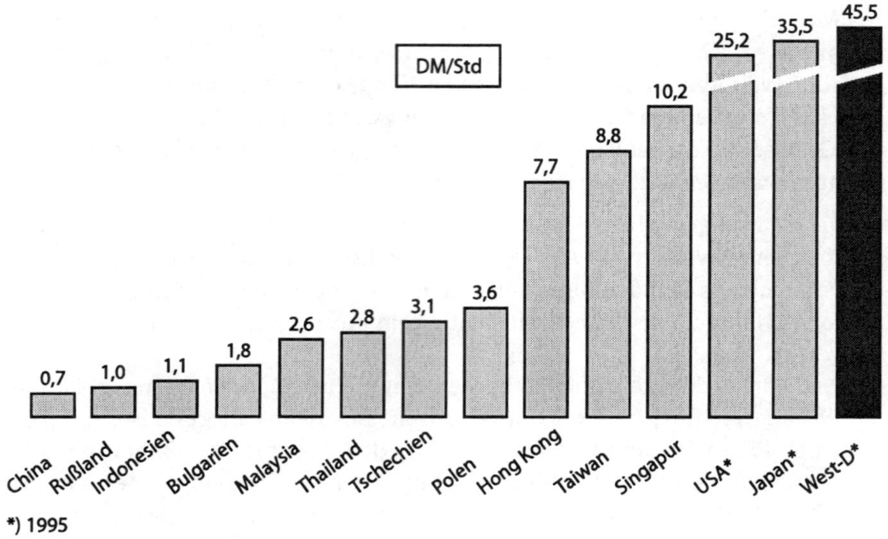

Abb. 5. Arbeitskosten in der Verarbeitenden Industrie, 1994 (Quelle: IW, Roland Berger & Partner Berechnungen)

- Nach wie vor verhindern arbeitsrechtliche Rahmenbedingungen ein flexibles Reagieren auf veränderte Rahmenbedingungen in den Betrieben. Auch wenn einzelne Unternehmen in jüngerer Zeit mit ihrem Betriebsrat spezielle Vereinbarungen erzielen konnten (Flexibilisierung der Arbeitszeit und Verlängerung der Maschinenlaufzeiten, Lohnzurückhaltung), finden sich beim Gros immer noch die starren Regeln der Flächentarifverträge und eine nur geringe Veränderungsbereitschaft unter den Arbeitnehmervertretern, aber auch im Management.
- Die Steuerbelastung der deutschen Unternehmen stellt international einen Spitzenwert dar. Obwohl die Gesamtsteuerbelastung von mehr als 70 % des Gewinns (1988) in West-Deutschland auf 64,9 % in 1995 (Ost-Deutschland: 57,0 %) abgesunken ist, zeigen andere Länder zum Teil bedeutend niedrigere Werte. Im Jahr 1995 beispielsweise betrug der westeuropäische Durchschnitt 44,5 %, US-amerikanische Unternehmen führten 45,3 % und japanische 59,2 % ab. Die durch hohe steuerliche Belastung niedrigen Renditen führen dazu, daß den Unternehmen dringend notwendiges Kapital für Investitionen fehlt. Der private Verbrauch wird durch die hohe Abgabenquote (Steuern und Sozialbeiträge) von 46,1 % (1995) ebenfalls geschwächt.
- Auch wenn sich in jüngerer Zeit Veränderungen ankündigen, so sind die Kapitalmärkte in Deutschland nur gering entwickelt. Die Börsenkapitalisierung beispielsweise liegt lediglich bei 27 % des BIP (Bruttoinlandsprodukt), während sie in Japan 74 %, in den USA 93 % und in Großbritannien sogar 130 % beträgt. Das Volumen des Risikokapitals beträgt in Deutschland 5,1 Mrd. US-$ gegenüber 34 Mrd. US-$ in den USA, also nur rund ein Siebtel.

Deutschland hat dadurch eine zu geringe Attraktivität, um die globalen Kapitalströme anlocken zu können.

- Der Strukturwandel ist in Deutschland nicht ausreichend weit fortgeschritten. Der private tertiäre Sektor, in dem das größte Beschäftigungspotential liegt, ist im Vergleich zu anderen Volkswirtschaften nur schwach ausgeprägt (45,8 % der Gesamtbeschäftigten gegenüber 53,4 % in Japan und 60,7 % in den USA).
- Die Öffnung der Grenzen und technologische Neuerungen haben dazu geführt, daß nach den übrigen Faktormärkten nun auch der Arbeitsmarkt internationalisiert wurde. Telekommunikation macht es etwa möglich, Forschung und Entwicklung an jedem Ort der Welt zu betreiben. So gibt es in China rund 350.000 Ingenieure für Informationstechnologien, die zu einem Monatseinkommen von 105 US-$ arbeiten; Indien hat den größten Bestand an englischsprechenden Wissenschaftlern außerhalb der USA, die zu Monatslöhnen von 300 US-$ auch noch 200 Stunden mehr pro Jahr arbeiten als ihre deutschen Kollegen. Im Wachstumsbereich Softwareentwicklung verlagern inzwischen auch wichtige deutsche Unternehmen hochqualifizierte Tätigkeiten in diese Länder. Die Globalisierung des Arbeitsmarktes richtet sich somit nicht mehr ausschließlich auf die arbeitsintensiven Tätigkeiten, sondern betrifft zunehmend auch Berufe, die sich bislang sicher fühlen durften.

4 Innovation: Schlüssel für erfolgreiche Internationalisierung

Neben den strukturellen Veränderungen liegt die Lösung, Deutschland als Standort wieder attraktiv und wettbewerbsfähig zu machen, in der permanenten Konzentration auf Innovation. Das, was die Stärke Deutschlands im 19. Jahrhundert ausmachte, hat nachgelassen: die Fähigkeit, den Fortschritt in der Wissenschaft zu erfassen, ihn technisch umzusetzen und wirtschaftlich zu nutzen. Langfristige Unternehmensprofitabilität wie auch der Leistungsvorsprung von Volkswirtschaften im internationalen Benchmarking setzt Wachstum durch Innovation – gleich, ob Produkt- oder Dienstleistungsinnovation – voraus. Hier jedoch zeigen viele deutsche Unternehmen im Augenblick ihren schwachen Punkt. Entweder gelingt es ihnen nicht, das kreative Potential ihrer Mitarbeiter in ausreichendem Maße in Innovationen umzusetzen, oder sie scheitern an der konsequenten Umsetzung von technologisch und wissenschaftlich tragfähigen Ideen in marktfähige Produkte. Nur über innovative Produkte und Angebote aber werden Märkte gehalten, neue Märkte erschlossen und wird Beschäftigung durch die Ausweitung des Arbeitsvolumens gesichert. Mehr noch: Forschung und Entwicklung sind ein Fokus der wissenschaftlich-technischen Problemlösungskompetenz einer Gesellschaft. In einer Volkswirtschaft, die in großem Umfang forschungsintensive Produkte herstellt und anwendet sowie innovative Dienstleistungen anbietet, ist die Basis für Differenzierung im globalen Wettbewerb und damit in Einkommensniveau und Wohlstand auf Dauer gegeben.

Einen Anhaltspunkt für den aktuellen Stand einer Volkswirtschaft in diesem Punkt liefern die jährlichen Ausgaben für Forschung und Entwicklung (F&E) in Relation zum BIP. In Deutschland sind sie seit mehreren Jahren rückläufig, und zwar sowohl seitens der öffentlichen Hand als auch der Privatwirtschaft. Inzwischen werden nur noch 2,33 % (1995) des BIP für F&E aufgewendet, nachdem dieser Wert vor der Vereinigung noch 2,8 % betrug. Damit befindet sich Deutschland international auf dem vierten Platz hinter Japan (2,94 %), den USA (2,54 %) und neuerdings Frankreich (2,38 %) (vgl. Abb. 6). Da F&E-Ausgaben stets nur langfristig wirksam werden, verschlechtert sich durch den Rückgang der Investitionen Deutschlands internationale Position ebenfalls langfristig, sofern man annimmt (und nichts spricht dagegen), daß auch künftig die technologische Leistungsfähigkeit und damit das Potential für internationalen Tauschhandel eine der zentralen Größen für den Erfolg von Volkswirtschaften darstellt.

Die Folgen nachlassender Forschungs- und Entwicklungsaktivitäten zeigen sich im Innovations-Output. In der Spitzentechnologie hat Deutschland vieles versäumt. Nuklear-, Bio- und Gentechnologie gewinnen auf den internationalen Märkten an Bedeutung, Elektronik verdrängt die Mechanik. Allein die Elektronik, als Querschnittstechnologie überall in der Produktion, im Büro wie zu Hause eingesetzt, wird bis zum Ende des Jahrzehnts einen Anteil von rund 10 % am Bruttosozialprodukt halten. Circa 30 % aller industriellen Produkte werden bis zum Ende des Jahrhunderts einen dominierenden Elektronikanteil haben, rund 90 % der industriellen Fertigungsprozesse werden auf elektronischen Komponenten basieren.

Die deutsche Industrie hinkt in der Elektronik den Marktführern erkennbar hinterher. Unterteilt man in die drei Bereiche Halbleiter, Hardware und Software, so ergibt sich, daß die japanische Industrie den Komponentenmarkt mit einem Weltproduktionsanteil von über 40 % dominiert. Die amerikanische Industrie ist mit einem Produktionsanteil von fast 50 % im Softwaremarkt führend. Die USA und Japan zusammen teilen sich zwei Drittel des Hardwaremarktes untereinander auf.

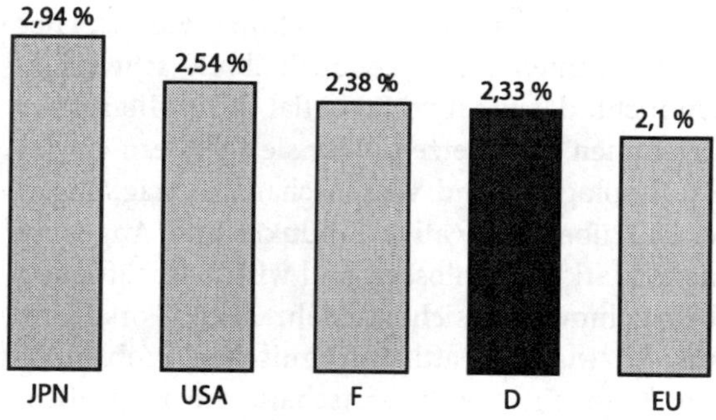

Abb. 6. Anteil F&E-Ausgaben am BIP, 1995 (Quelle: OECD, BMBF, Roland Berger & Partner Schätzung)

Die deutsche Industrie ist demgegenüber in allen drei Teilmärkten mit einem Anteil von weniger als 10 % vertreten. In der Mikroelektronik drohen die Hardware-Produzenten Südkorea und Malaysia, im Softwarebereich Indien bedeutender zu werden als Deutschland.

Zwar ist Deutschlands Anteil an Hochtechnologiegütern an den Gesamtexporten der OECD-Länder im Zeitraum von 1980 bis 1992 von 1,5 % auf 2,1 % gestiegen, was einem Zuwachs von 38 % entspricht. Im Vergleich zu unseren internationalen Konkurrenten aber war diese Zunahme weit unter Durchschnitt, nahm doch der Anteil von Hochtechnologie-Gütern an den gesamten Exporten der 24 OECD-Länder im selben Zeitraum um 56 % (von 10,7 % auf 16,7 %) zu. Die USA erhöhten den High-Tech-Anteil von 3,1 % auf 4,4 % (ein Plus von 40,8 %), Japan konnte seinen Beitrag von 1,4 % auf 3,3 % verdoppeln, ein Zuwachs von 143 %. Auch bezogen auf die deutschen Exporte haben sich die Hochtechnologie-Ausfuhren unterdurchschnittlich entwickelt: sie nahmen um 33,3 % zu (von 9,6 % auf 12,8 %), der OECD-Durchschnitt liegt bei 56 %. Wir können dies in einer anderen Zahl ausdrücken: Das unterdurchschnittliche Wachstum hat zu einem Verlust des Hochtechnologie-Exportmarktanteils von 14,4 % auf 12,7 % geführt, während Japan seine Stellung in diesem wichtigen Zukunftsbereich von 12,9 % auf 20 % ausbauen konnte (vgl. Abb. 7).

Ähnlich sieht es bei der Patentstatistik aus. Die Zahl der Patentanmeldungen von inländischen Erfindern gibt recht zuverlässige Anhaltswerte über das zur Verfügung stehende Innovationspotential einer Volkswirtschaft und über das vorhandene Tauschpotential, wenn es um den Zugang zu notwendiger fremder Technologie geht.

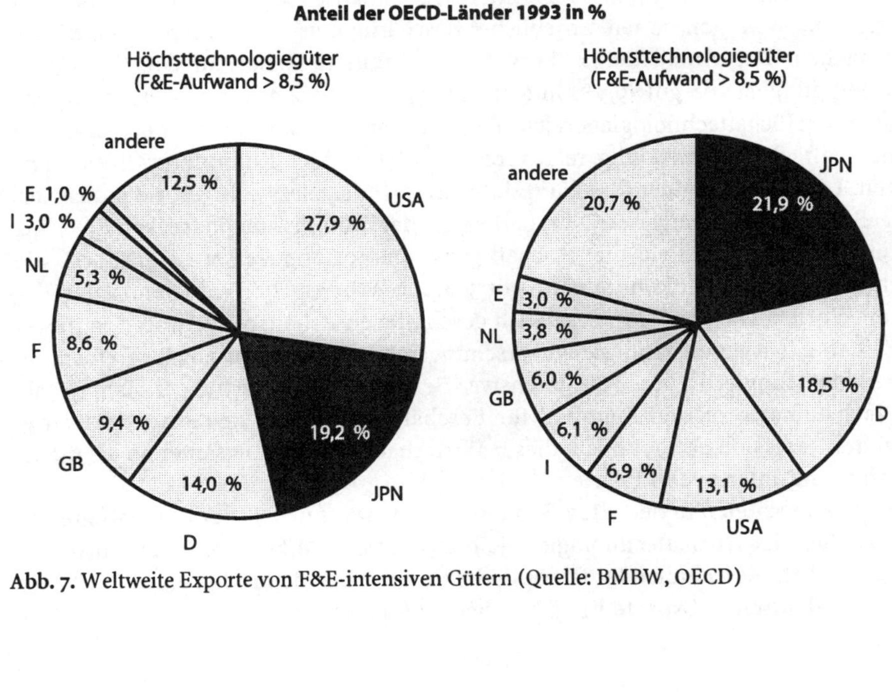

Abb. 7. Weltweite Exporte von F&E-intensiven Gütern (Quelle: BMBW, OECD)

Nach jahrelangem Rückgang des Anteils inländischer Patentanmeldungen in Deutschland sind seit 1990 Anzeichen einer Trendwende zu erkennen. Die Zahl der Patentanmeldungen ist seitdem von 31.307 auf 38.377 (+ 23 %) im Jahr 1995 gestiegen, doch belaufen sich die deutschen Anmeldungen 1994 auf lediglich 34 % der in den USA und 11,5 % der in Japan getätigten.

Neben diesen Zahlen ist es von besonderer Relevanz, in welchen Bereichen die Patente beantragt werden. Eine Volkswirtschaft, die ihre innovativen Energien auf zukunftsträchtige Technologien konzentriert, erhält einen Vorsprung vor anderen, die dies (noch) nicht können, aber brauchen und aus diesem Grund bereit sind, sie teuer zu bezahlen. Auch bei diesem Aspekt steht der Standort Deutschland international nicht gut da, da Ressourcen für Bereiche aufgewendet werden, die eine geringere Wachstumsdynamik aufweisen; andersherum sind zuwenig Aktivitäten in jenen Bereichen vorhanden, in denen weltweit insgesamt intensiv geforscht wird. Wurden beispielsweise 1973 noch 17 % aller neuen Arzneimittel in Deutschland entwickelt, so halbierte sich dieser Anteil bis 1993 auf nur noch 8 %. Den Japanern gelang es im selben Zeitraum, ihren Anteil an neu entwickelten Arzneimitteln von 10 % auf 22 % mehr als zu verdoppeln, die USA haben ihren Anteil bei 25 % gehalten. In der Zukunftsbranche Nachrichtentechnik nahmen zwischen 1982 und 1992 die Erfindungen in Japan jährlich um 4,6 % und in den USA um 5,2 % zu; Deutschland legte dagegen nur 1,8 % zu. Bei Bauelementen der Elektronik hat Deutschland eine jährliche Wachstumsrate bei Erfindungen von 1,4 %, Japan kommt auf 5,3 %. In der Biotechnologie meldeten japanische Forscher zwischen 1988 und 1995 jährlich im Durchschnitt 2992 Patente an, gegenüber 884 in den USA und 199 in Deutschland.

Forschung und Entwicklung sind nicht nur für die Zukunftsfähigkeit einer Volkswirtschaft maßgebend. F&E-intensive Industrien sind gesamtwirtschaftlich relevant, weil von ihnen erhebliche Beschäftigungs- und Investitionseffekte ausgehen. Der Anteil der F&E-intensiven Industriezweige an der Gesamtbeschäftigung ist von gut 39,5 % in 1978 auf 45,5 % in 1994 angewachsen. Insbesondere im Höchsttechnologiebereich (F&E-Aufwand am Umsatz über 8,5 %) ist die Beschäftigungsentwicklung relativ resistent gegenüber Konjunkturschwankungen. Die Bedeutung der forschungsintensiven Industriezweige für die industrielle Beschäftigung zeigte sich besonders in der Aufschwungphase von 1984 bis 1989. Hier konnten sie die Beschäftigung um 302.000 Personen erhöhen, die Industrie insgesamt konnte netto gut 304.000 Arbeitsplätze anbieten. Mit anderen Worten: Die per Saldo zusätzlich geschaffenen Arbeitsplätze waren in dieser Zeit so gut wie vollständig dem forschungsintensiven Sektor zuzuschreiben. So gesehen fungierte der F&E-intensive Bereich in den achtziger Jahren als Wachstumsmotor und Zugpferd für Beschäftigung in der deutschen Industrie. In der Rezession ab 1991 baute dieser Wirtschaftsbereich langsamer ab als nichtforschungsintensive Industrien.

1991 arbeiteten in den alten Bundesländern zwar nur 2 % der Beschäftigten in Branchen der Höchsttechnologie, wie beispielsweise Mikroelektronik, Luft- und Raumfahrt, Biotechnik oder feinoptische Geräte, aber sie produzierten 13,5 % der bundesdeutschen Exporte bei jährlichen Zuwachsraten von rund 10 %. Im Bereich der höherwertigen Technologien wie Konsumelektronik, Maschinenbau oder Automobilindustrie arbeiteten 1991 9 % der Beschäftigten und produzierten rund 32 % der deutschen Exporte. Damit kommt knapp die Hälfte der bundesdeutschen Exporte aus den technologieintensiven Bereichen.

Nachteile bei zukunftsträchtigen Technologien hat Deutschland nicht zuletzt durch die öffentliche Meinung. Wenn weniger als 50 % der Bevölkerung den technologischen Fortschritt und die damit verbundenen Risiken akzeptieren, wenn erhebliche Vorbehalte gegenüber Zukunftsbranchen wie Gen- oder Kerntechnologie bestehen, dann bedarf es noch großer Veränderungen in den Köpfen, ehe Deutschland für jene Märkte bereit ist, die auch in Zukunft das gegenwärtige Wohlstandsniveau sichern können.

5 Veränderung der Mentalitäten und Strukturen: Deutschland hat gute Aussichten, von der Internationalisierung zu profitieren

In der sich internationalisierenden Wirtschaft hat der Standort Deutschland eine gute Ausgangsposition: Eine überdurchschnittliche und moderne Infrastrukturausstattung, ein hohes Bildungsniveau, soziale und politische Stabilität gehören dazu. Deutschland hat aber auch erhebliche strukturelle Nachteile, deren Beseitigung von Politik, Wirtschaft und Gewerkschaften endlich angegangen werden muß:

1. Die Überregulierung muß abgebaut werden, mehr Handlungsfreiheit und Flexibilität für unternehmerische Initiativen müssen entstehen.
2. Die Arbeitskosten müssen gesenkt werden. Dies beinhaltet, daß Mindestlöhne, Sozialkosten und Lohnnebenkosten reduziert werden und daß Tarifabschlüsse auf absehbare Zeit unterhalb der Produktivitätssteigerung liegen müssen.
3. Der Sozialstaat muß eingeschränkt werden. Diejenigen, die es sich leisten können, müssen ihre Versorgung eigenverantwortlich regeln. Außer einer Grundsicherung für jeden können nur wirklich Bedürftige staatlich unterstützt werden. Das Ziel lautet, die Lohnnebenkosten auf 30 % zu senken.
4. In einer Steuerreform müssen Substanzsteuern sowie Steuervergünstigungen aller Art gestrichen werden. Ziel muß es sein, Gewinne und Einkommen niedriger und transparenter zu besteuern.
5. Die Staatsquote muß – durch Reduktionen der Subventionen und Sozialbudgets sowie Privatisierungen – auf unter 40 % gesenkt werden.
6. Der Strukturwandel von der Industrie- zur Informations- und Dienstleistungsgesellschaft muß beschleunigt vorangetrieben werden.
7. Durch steuerliche Vergünstigungen, ein öffentliches/privates Risk-Sharing und durch den Einsatz der öffentlichen Beschaffungspolitik muß die Innovation gefördert werden, da sie mittel- und langfristig unseren Hochlohn-Status sichert.

8. Die Selbständigkeit muß weiterhin auf breiter Front gefördert werden. Hierfür ist es notwendig, daß Qualifizierungsprogramme gestartet werden und daß Gründer, Investoren und Innovatoren steuerlich begünstigt werden.
9. Die Kapitalmärkte müssen aktiviert und stärker auf die internationalen Finanzströme ausgerichtet werden.
10. Der europäische Binnenmarkt muß als Basis für die weltweite Wettbewerbsfähigkeit des Standorts vollendet werden.

Neben solchen „harten" Faktoren, die den Standort Deutschland international attraktiv und wettbewerbsfähig machen können, bedarf es zahlreicher Veränderungen in den Köpfen der Bürger:

- Der erste Punkt betrifft das Stichwort „Vollkaskogesellschaft". Die Deutschen gehen im Vergleich zu anderen Ländern weniger Risiken ein. Zwei Zahlen: 1995 waren nur noch 9 % der Deutschen selbständig gegenüber 22 % in 1960, mehr als 50 % der Hochschulabgänger ziehen die Sicherheit des öffentlichen Dienstes bei der Berufswahl vor. Innovation aber entsteht nicht aus dem Beharren auf dem Bewährten, sondern dadurch, daß man neue Wege gehen will – und das auch kann.
- Die Mobilität muß steigen. Es ist beinahe symptomatisch für die Anspruchshaltung der deutschen Gesellschaft, daß man trotz der bekannten Krisenzeichen darauf wartet, daß die Arbeit zum Arbeitnehmer kommt, anstatt daß er dorthin geht, wo es Arbeit gibt. Anders dagegen die US-Amerikaner: Sie sind deutlich weniger ortsgebunden und ziehen dorthin, wo sie individuell Perspektiven sehen.
- Die Änderungsbereitschaft muß zunehmen. Die Diskussion um das Ladenschlußgesetz ist ein Symbol, wie man hierzulande glaubt, Altes konservieren zu können, anstatt es den Gegebenheiten einer sich wandelnden Welt anzupassen. So wenig wie wichtige Interessengruppen die Schließzeiten der Geschäfte an die veränderte gesellschaftliche Umwelt anpassen wollen, so wenig scheint die Orientierung hin zu Leistungs- und Verantwortungsbereitschaft ausgeprägt zu sein.
- Die Internationalisierung erfordert lebenslange Qualifizierung als Basis, um die veränderten Arbeitsanforderungen bewältigen zu können. Die berufliche Weiterqualifizierung ist in den deutschen Unternehmen aber noch unterentwickelt. So bildeten sich 1995 lediglich 42 % der Führungskräfte und 26 % der Fachkräfte fort. Um den schnellen Entwicklungen bei Technologien, Produkten oder Verfahren Schritt zu halten, muß künftig sehr viel mehr Wert auf permanente Fortbildung gelegt werden; auch kulturelle Fähigkeiten haben große Bedeutung erlangt. Die Unternehmen und die Karrieren werden internationaler werden. Dies erfordert Mitarbeiter, die kulturell sensibel sind und so früh wie möglich den Kontakt mit Fremden (und mit deren Sprachen) erlernen. Qualifizierung dieser Art ist aber Unternehmensaufgabe. Die Unternehmen brauchen den qualifizierten Mitarbeiter. Die Unternehmen wissen, welche Qualifikationen am Arbeitsmarkt von heute und morgen gefragt sind. Sie haben die soziale Verantwortung, ihre Mitarbeiter „fit" zu halten für

den Arbeitsmarkt, falls Entlassungen einmal unumgänglich werden. Daß die Gewerkschaften dabei mitwirken müssen, ist selbstverständlich!

Internationalisierung bedeutet, daß immer mehr Menschen in die weltweite Arbeitsteilung einbezogen werden. Dies treibt den Fortschritt von Technik und Produktivität an und verschärft den Strukturwandel. Alte Arbeitsplätze fallen schneller weg als früher, neue müssen schneller entstehen. Zeit wird knapper, Kapital wird mächtiger. Der Standort Deutschland ist nicht durch die Internationalisierung direkt bedroht, sondern dadurch, daß Politik, Wirtschaft, Gewerkschaften und Gesellschaft auf diesen Tempowechsel nicht vorbereitet sind. Klar ist: Gegen die Internationalisierung zu sein ist so sinnvoll, wie sich über das Wetter oder die Jahreszeiten zu beschweren. Der Strukturwandel muß bewältigt werden. Wer vor der Internationalisierung die Augen verschließt, spürt später die negativen Folgen mit besonderer Härte. Aber wer sie nutzt, kann gewinnen. Schließlich leben in der Welt nicht nur Konkurrenten, sondern auch Kunden.

Summary

Any move towards internationalization demands a long-term strategy that draws not only the "classical" areas and functions of the corporate world into the equation – such as purchasing, production, or distribution – but also factors such as recruitment, marketing, research and development, and financing. Only then may a truly transnational firm arise from a multinational. In stark contrast to those German firms which, faced with the demands of internationalization, are in the process of becoming leaner and fitter to survive in tomorrow's industrial world, Germany itself as a corporate location has as yet to take on this challenge. Discouraged by numerous structural problems, international investors still find the country a less than attractive proposition. Structural change is evidently one way of reversing this trend and transforming Germany into an attractive and competitive corporate location; equally important, however, is to encourage a permanent climate of innovation. The development of innovative products and packages is absolutely essential to the retention of existing markets, to the creation of new ones, and to the consolidation of jobs through an expansion in the volume of work available. In this sense, a national economy, which manufactures and develops a high proportion of research-intensive products, and which offers a range of innovative services, provides a solid basis upon which a country may attain the requisite profile in the face of global competition, and thereby indefinitely secure for its inhabitants good incomes and a comfortable standard of living. Yet research and development are not only crucial to the ability of a national economy to be able to respond to the challenges of the coming years. R&D-intensive industries are also significant for all strata of economic life, because they stimulate employment and attract investment. If Germany as a corporate location is under threat, the origin of this danger is less the fact of internationalization itself, than the extent to which politics, business, trade unions, and society itself are unprepared for it.

Internationalisierung aus Sicht der Deutschen Telekom

E. J. Nederkoorn

1 Warum Internationalisierung?

Die Verflechtung der Welt-Wirtschaftsräume ist ohne leistungsfähige Kommunikations-Infrastrukturen nicht vorstellbar. Dabei werden in den Industrieländern die Unternehmen in ihren Forderungen nach weltumspannenden, hochwertigen und vor allem kostengünstigen Telekommunikations-Dienstleistungen immer anspruchsvoller, während in den Schwellenländern und den sich entwikkelnden Regionen noch erhebliche Aufbauarbeit für eine Telekommunikations-Grundversorgung geleistet werden muß. Für global orientierte Telekommunikationsanbieter bedeutet dies einerseits, die technologischen Fortschritte immer schneller in immer leistungsfähigere Produkte umzusetzen, um ihre Geschäftskunden bei ihren internationalen Aktivitäten optimal zu unterstützen. Andererseits gilt es, die Liberalisierungstendenzen, wie sie heute in nahezu allen Teilen der Welt zu beobachten sind, für Engagement außerhalb ihrer nationalen Märkte zu nutzen, um langfristig neue Absatz- und Tätigkeitsfelder zu erschließen. Hinzu kommt, daß die traditionellen Grenzen zwischen der Kommunikations- und Informationstechnik, der Medien- und Unterhaltungsbranche immer mehr verwischen. So entstehen völlig neue Produkte und Dienstleistungen, die wiederum überall auf der Welt in vergleichbarer Qualität nachgefragt werden. Multimedia-, Internet- und Online-Dienste beispielsweise sind schon heute dabei, die Telekommunikation einschneidend zu verändern und neu zu prägen.

Der Weltmarkt der Telekommunikation wird nach Einschätzung der ITU im Jahr 2000 ein Volumen von 797 Milliarden US-Dollar erreichen. Davon entfallen 15 % (122 Milliarden Dollar) auf die Verkehrsflüsse zwischen den Ländern, 85 %, also 677 Milliarden Dollar, werden jedoch auf den nationalen Märkten erwirtschaftet. Betrachtet man die Wachstumsgeschwindigkeit beispielsweise der Märkte in Japan, den USA und in Westeuropa zwischen 1994 und dem Jahr 2000, so hat, Studien der European Information Technology Observations (EITO) zufolge, Europa die größten Zuwächse zu erwarten. Hier wird sich der Markt im angegebenen Zeitraum um 68 Prozent auf 252 Milliarden Dollar vergrößern, während die USA und Japan um 35 bzw. 31 % zulegen werden. Die dynamischste Entwicklung insgesamt wird jedoch im südostasiatischen Raum stattfinden.

1.1 Vier Faktoren werden die Entwicklung des internationalen Telekommunikationsmarktes maßgeblich beeinflussen

1. die Anforderungen der Kunden,
2. die internationale Liberalisierung,
3. der technologische Fortschritt und
4. die neuen Carrierformationen.

1. Die Anforderungen der Kunden

Die Globalisierung des Wirtschaftslebens ist eine treibende Kraft für die Telekommunikation. Für Geschäftskunden in aller Welt ist sie die Schlüsseltechnologie schlechthin, um kostengünstig und damit wettbewerbsfähig auf dem Weltmarkt zu agieren. International organisierte Unternehmen fordern darum hochqualitative, preiswerte und weltweit verfügbare Dienste – und das aus einer Hand, auf einer Rechnung: "One-Stop-Shopping, One-Stop-Billing". Einerseits schafft also die Telekommunikation die Voraussetzungen für immer mehr Unternehmen, weltweit präsent zu sein. Gleichzeitig zwingt die Wirtschaft die Telekommunikationsanbieter, alle Leistungen und Dienste, die ihre Globalisierung unterstützen, ständig zu verbessern und weiterzuentwickeln.

Auch die Privatkunden in den hochentwickelten Ländern wünschen sich preiswerte, intelligente, komfortable netzgebundene und mobile Kommunikation, die unkompliziert ist in der Anwendung und die das Leben in vielen Situationen vereinfacht. In den Schwellenländern benötigen Privatkunden zunächst einmal den Zugang zum weltweiten Telekommunikationsnetz, wobei dann auch sehr bald der Wunsch nach der gesamten Palette innovativer Dienstleistungen entsteht. Das heißt, die Bedarfslage dort gleicht sich der in den Industrieländern sehr schnell an.

Moderne Telekommunikation wird also mehr und mehr zum zentralen Erfolgsfaktor – für einzelne Unternehmen, für ganze Branchen, für gesamte Wirtschaftsräume.

2. Die Liberalisierung in der Telekommunikation

Wettbewerb und Privatisierung haben in den hochentwickelten Telekommunikationsmärkten dazu geführt, daß die Nutzung steigt und die Preise sinken. Wettbewerb fördert zudem auf Seiten der Anbieter die Kreativität der Dienste- und Produktentwicklung, was den Privatkunden und der Wirtschaft gleichermaßen zugute kommt. Rund um die Telekommunikation entstehen zudem zahlreiche neue Unternehmen und damit Arbeitsplätze.

Auch in Schwellenländern erkennen die politisch Verantwortlichen, daß die Telekommunikation ein Schlüssel zum Wirtschaftswachstum ist. Zahlreiche Länder in Asien, Osteuropa und in Afrika haben deshalb die Liberalisierung des Telekommunikationsmarktes bereits eingeleitet und zu seiner Erschließung für ausländisches Kapital geöffnet. Weitere werden in den nächsten Jahren folgen.

3. Der technologische Fortschritt

Durch die Digitalisierung entstehen in der Telekommunikation leistungsfähige Netze, die nicht mehr nur für eine bestimmte Anwendung ausgelegt sind – also

Management braucht
Technik. Jetzt.
„Überzeugen kann nur,
wer selbst überzeugt ist."
ipl. -Ing. E. Klaiber
Management
Technik
Präzise. Klar.
Pragmatisch.
Erfolgreiche
Managementliteratur.
Springer

Allgemeines

W. Eversheim, G. Schuh (Hrsg.)

HÜTTE - Produktion und Management

Betriebshütte

7., vollständig neubearb. Aufl. 1996. L, 1838 S. 1342 Abb. (in 2 Teilen, die nur zusammen abgegeben werden) Geb.
DM 198,-; öS 1445,40; sFr 173,-
ISBN 3-540-59360-8

E. Hering, W. Draeger

Führung und Management

Praxis für Ingenieure

2. Aufl. 1996. 720 S. 303 Bilder, 349 Tab. (VDI-Buch)* Geb.
DM 98,-; öS 715,40; sFr 86,50
ISBN 3-540-62253-5

J.M. Higgins, G.G. Wiese

Innovationsmanagement

Kreativitätstechniken für den unternehmerischen Erfolg

1996. XIII, 266 S. 41 Abb. Brosch.
DM 39,80; öS 290,60; sFr 35,50
ISBN 3-540-60572-X

Horn

Innovation pragmatisch steigern

1996. (VDI-Buch)* Brosch.
DM 38,-; öS 277,40; sFr 34,-
ISBN 3-540-62360-4

F. Käppeler

Leitfaden für Existenzgründer

Was Ingenieure wissen müssen

2. Aufl. 1994. VIII, 293 S. 10 Abb., 8 Tab. (VDI-Buch)* Brosch.
DM 38,-; öS 277,40; sFr 34,-
ISBN 3-540-62174-1

S.-H. Lee

Asiengeschäfte mit Erfolg

Leitfaden und Checklisten

China, Hongkong, Indonesien, Japan, Malaysia, Singapur, Südkorea, Taiwan, Thailand, Vietnam.

1997. X, 150 S. Brosch.
DM 39,80; öS 290,60; sFr 35,50
ISBN 3-540-61758-2

Organisation

H. Balck (Hrsg.)

Networking und Projektorientierung

Gestaltung des Wandels in Unternehmen und Märkten

1996. XIV, 226 S. 21 Abb. Geb.
DM 68,-; öS 496,40; sFr 60,-
ISBN 3-540-60076-0

H.-J. Bullinger, H.-J. Warnecke (Hrsg.)

Neue Organisationsformen im Unternehmen

Ein Handbuch für das moderne Management

1996. XXXIV, 1128 S. 508 Abb. Geb. **DM 198,-**; öS 1445,40; sFr 173,-
ISBN 3-540-60263-1

W. Eversheim (Hrsg.)

Prozeßorientierte Unternehmensorganisation

Konzepte und Methoden zur Gestaltung „schlanker" Organisationen

2. Aufl. 1996. VIII, 184 S. 112 Abb. Geb. **DM 58,-**; öS 423,40; sFr 51,50
ISBN 3-540-61231-9

W. Eversheim, W. Bochtler, L. Laufenberg

Simultaneous Engineering

Erfahrungen aus der Industrie für die Industrie

1995. IX, 144 S. 86 Abb. Geb.
DM 58,-; öS 423,40; sFr 51,50
ISBN 3-540-57882-X

A. Gerhardt, H. Schmied

Externes Simultanes Engineering

Der neue Dialog zwischen Kunde und Lieferant

1996. X, 101 S. 23 Abb. Brosch.
DM 39,80; öS 290,60; sFr 35,50
ISBN 3-540-61054-5

H. Hirsch-Kreinsen (Hrsg.)

Organisation und Mitarbeiter im TQM

Wechselwirkung von Qualitätsmanagement, Qualifikation und Prozeßorganisation

1997. XIII, 293 S. 60 Abb. (Qualitätsmanagement) Geb.
DM 78,-; öS 569,40; sFr 69,-
ISBN 3-540-60970-9

G.F. Kamiske (Hrsg.)

Die Hohe Schule des Total Quality Management

1994. X, 393 S. 159 Abb. Geb.
DM 78,-; öS 569,40; sFr 69,-
ISBN 3-540-57726-2

G.F. Kamiske (Hrsg.)

Rentabel durch Total Quality Management

1996. XIV, 355 S. 201 Abb. Geb.
DM 78,-; öS 569,40; sFr 69,-
ISBN 3-540-59125-7

J. Krottmaier

Leitfaden Simultaneous Engineering

Kurze Entwicklungszeiten. Niedrige Kosten. Hohe Qualität

1995. X, 111 S. 35 Abb. Brosch.
DM 29,-; öS 211,70; sFr 26,-
ISBN 3-540-58636-9

G. Lay, C. Mies

Erfolgreich reorganisieren

Unternehmenskonzepte aus der Praxis

1997. Etwa 290 S. 66 Abb.
Brosch. ca. **DM 68,-**
ISBN 3-540-62014-1

W. Lux, P. Schön

Outsourcing der Datenverarbeitung

Von der Idee zur Umsetzung

1997. XII, 169 S. 20 Abb. Geb.
DM 58,-; öS 423,40; sFr 51,50
ISBN 3-540-61456-7

H. Österle

Business Engineering

Prozeß- und Systementwicklung

Band 1: Entwurfstechniken

2. verb. Aufl. 1995. XVI, 375 S.
193 Abb. Brosch. **DM 49,80**;
öS 363,60; sFr 44,50
ISBN 3-540-60048-5

H. Österle, C. Brenner, C. Gaßner, T. Gutzwiller, T. Hess

Business Engineering

Prozeß- und Systementwicklung

Band 2: Fallbeispiel

2. verb. Aufl. 1996. XII, 174 S.
70 Abb. Brosch. **DM 32,80**;
öS 239,50; sFr 29,50
ISBN 3-540-60694-7

H. Österle

Business Engineering

Prozeß- und Systementwicklung

1995. VHS-Video mit Spielszenen, Schaubildern, Interviews und Kommentaren, Animation und Trick. Laufzeit: 26'11". **DM 85,-**
ISBN 3-540-92627-5

Unverbindliche Preisempfehlung zzgl. 15% MWSt. In anderen EU-Ländern zzgl. landesüblicher MWSt.

U. Jürgens, **K. Shimokawa**, **T. Fujimoto** (Eds.)

Transforming Auto Assembly

Experience in Automation and Work Organization

1997. X, 414 pp. 140 figs. Hardcover **DM 98,-**; öS 715,40; sFr 86,50 ISBN 3-540-60506-1

F. Kramer, **M. Kramer**

Bausteine der Unternehmensführung

Kundenzufriedenheit und Unternehmenserfolg

2. Aufl. 1997. Etwa 340 S. 194 Abb. (Innovations- und Technologiemanagement) Geb. **DM 88,-**; öS 642,40; sFr 77,50 ISBN 3-540-61625-X

M.S. Kramer

Produkterfolg durch Customer Focus

1996. IX, 281 S. 124 Abb. (Innovations- und Technologiemanagement) Geb. **DM 78,-**; öS 569,40; sFr 69,- ISBN 3-540-59411-6

U. Krystek, **E. Zur** (Hrsg.)

Internationalisierung - Eine Herausforderung für die Unternehmensführung

1997. Etwa 650 S. 150 Abb. Geb. **DM 168,-**; öS 1226,40; sFr 147,- ISBN 3-540-61843-0

K. Mertins, **G.E. Siebert**, **S. Kempf** (Hrsg.)

Benchmarking

Praxis in deutschen Unternehmen

1995. XVIII, 168 S. 67 Abb. Geb. **DM 78,-**; öS 569,40; sFr 69,- ISBN 3-540-58685-7

C. Nedeß, **J. Mallon**, **C. Strosina**

Die Neue Fabrik

Handlungsleitfaden zur Gestaltung integrierter Produktionssysteme

1995. VI, 115 S. 30 Abb. Brosch. **DM 29,-**; öS 211,70; sFr 26,- ISBN 3-540-59493-0

W. Pietsch, D. Steinbauer (Hrsg.)

Reengineering und Wirtschaftlichkeit

1997. Etwa 230 S. Brosch.
DM 58,-; öS 423,40; sFr 51,50
ISBN 3-540-60603-3

R. Reichwald, K. Möslein, S.H. Oldenburg

Telearbeit, Telekooperation und virtuelle Unternehmung

1997. Etwa 250 S. Geb. ca.
DM 78,-; ISBN 3-540-62013-3

T. Stein

PPS-Systeme und organisatorische Veränderungen

Ein Vorgehensmodell zum wirtschaftlichen Systemeinsatz

1996. XIX, 265 S. 53 Abb., 25 Tab. Geb. **DM 68,-**;
öS 496,40; sFr 60,-
ISBN 3-540-60799-4

H.-J. Warnecke

Revolution der Unternehmenskultur

Das Fraktale Unternehmen

Unter Mitarbeit von **M. Hüser**

2. Aufl. 1993. XXV, 280 S. 96 Abb.
Brosch. **DM 39,80**; öS 290,60;
sFr 35,50 ISBN 3-540-57196-5

H.J. Warnecke (Hrsg.)

Aufbruch zum Fraktalen Unternehmen

Praxisbeispiele für neues Denken und Handeln

1995. VII, 473 S. 209 Abb.
Brosch. **DM 39,80**; öS 290,60;
sFr 35,50 ISBN 3-540-58668-7

VDI-Zentrum Wertanalyse (Hrsg.)

Wertanalyse

Idee Methode System

5., völlig neubearb. u. erw. Aufl.
1995. XVI, 573 S. 180 Abb. (VDI-Buch)* Brosch. **DM 98,-**;
öS 715,40; sFr 86,50
ISBN 3-540-62197-0

G. Winter (Hrsg.)

Ökologische Unternehmensentwicklung

Management im dynamischen Umfeld

1997. XIII, 322 S. 100 Abb. Geb.
DM 98,-; öS 715,40; sFr 86,50
ISBN 3-540-61790-6

K. Müller

Management für Ingenieure

Grundlagen, Techniken, Instrumente

2. Aufl. 1995. XVI, 409 S. 105 Abb. Geb. **DM 78,-**; öS 569,40; sFr 69,-
ISBN 3-540-55197-2

A. Ottnad, S. Wahl, R. Grünewald

Risse im Fundament

Die deutsche Wirtschaft bis 2005

1995. XIII, 220 S. 16 Abb. Brosch. **DM 39,80**; öS 290,60; sFr 35,50
ISBN 3-540-60302-6

A. Sattler, H.-P. Verspay

Der Ingenieur als GmbH-Geschäftsführer

2., überarb. u. erw. Aufl. 1995. VIII, 96 S. (VDI-Buch)* Brosch. **DM 48,-**; öS 350,40; sFr 43,-
ISBN 3-540-62198-9

L. Schultz-Wild, B. Lutz

Industrie vor dem Quantensprung

Eine Zukunft für die Produktion in Deutschland

1997. X, 202 S. 10 Abb. Brosch. **DM 36,-**; öS 262,80; sFr 32,50 ISBN 3-540-61246-7

Managementperspektiven

R. Berndt (Hrsg.)

Business Reengineering

Effizientes Neugestalten von Geschäftsprozessen

1997. Etwa 350 S. 80 Abb., 12 Tab. (Herausforderungen an das Management, Bd. 4) Geb. **DM 98,-**; öS 715,40; sFr 86,50
ISBN 3-540-62546-1

H. Drüke

Kompetenz im Zeitwettbewerb

Politik und Strategien bei der Entwicklung neuer Produkte

1997. X, 248 S. 23 Abb. Geb. **DM 148,-**; öS 1080,40; sFr 130,50 ISBN 3-540-62458-9

P. Eyerer (Hrsg.)

Ganzheitliche Bilanzierung

Werkzeug zum Planen und Wirtschaften in Kreisläufen

1996. XVIII, 692 S. 255 Abb. Geb.
DM 148,-; öS 1080,40;
sFr 130,50 ISBN 3-540-59356-X

S.L. Goldman, **R.N. Nagel**, **K. Preiss**, **H.-J. Warnecke**

Agil im Wettbewerb

Die Strategie der virtuellen Organisation zum Nutzen des Kunden

1996. XV, 415 S.
45 Abb. Brosch.
DM 78,-; öS 569,40; sFr 69,-
ISBN 3-540-60644-0

W.F. Große-Oetringhaus

Strategische Identität - Orientierung im Wandel

Ganzheitliche Transformation zu Spitzenleistungen

1996. XIV, 508 S.
148 Abb. Geb.
DM 78,-;
öS 569,40; sFr 69,
ISBN 3-540-61375-7

H.-D. Haasis

Betriebliche Umweltökonomie

Bewerten - Optimieren - Entscheiden

1996. XII, 229 S. 73 Abb. Geb.
DM 68,-; öS 496,40; sFr 60,-
ISBN 3-540-60312-3

D. Hahn, **B. Taylor** (Hrsg.)

Strategische Unternehmungsplanung - Strategische Unternehmungsführung

Stand und Entwicklungstendenzen

7., völlig neubearb. u. erw. Aufl.
1997. Etwa 1100 S. 365 Abb. Geb.
DM 298,-; öS 2175,40; sFr 260,-
ISBN 3-7908-0934-9
Physica-Verlag

F+E Management

C.-O. Bauer, C. Hinsch, G. Eidam, G. Otto

Produkthaftung

Herausforderung an Manager und Ingenieure

Herausgeber: **C.-O. Bauer, C. Hinsch**

1994. XIII, 410 S. 150 Abb. Geb.
DM 98,-; öS 715,40; sFr 86,50
ISBN 3-540-55519-6

S. Haasis

Integrierte CAD-Anwendungen

Rationalisierungspotentiale und zukünftige Einsatzgebiete

1995. IX, 194 S. 124 Abb. Brosch.
DM 68,-; öS 496,40; sFr 60,-
ISBN 3-540-59145-1

J. Holst

Lean Development

Kostengünstige Prozeßgestaltung

1996. VIII, 242 S. 39 Abb. (Innovations- und Technologiemanagement) Geb.
DM 58,-; öS 423,40; sFr 51,50
ISBN 3-540-57520-0

B. LeMar-Klughardt

Erfolgsfaktor Kommunikation

1997. Etwa 300 S. 150 Abb. (Innovations- und Technologiemanagement) Geb.
ca. **DM 78,-**
ISBN 3-540-59384-5

H. Sabisch, C. Tintelnot

Integriertes Benchmarking

für Produkte und Produktentwicklungsprozesse

1997. Etwa 400 S. (Innovations- und Technologiemanagement) Geb. ca. **DM 88,-**
ISBN 3-540-61963-1

E.J. Kleinschmidt, H. Geschka, R.G. Cooper

Erfolgsfaktor Markt

Kundenorientierte Produktinnovation

1996. VIII, 233 S. 42 Abb. (Innovations- und Technologiemanagement) Geb.
DM 78,-; öS 569,40; sFr 69,-
ISBN 3-540-57519-7

Marketing/Vertrieb

A. Berres

Marketing und Vertrieb mit dem Internet

Ein Leitfaden für mittelständische Unternehmen

1997. VIII, 267 S. 54 Abb. Geb.
DM 48,-; öS 350,40; sFr 43,-
ISBN 3-540-61808-2

P. Alpar

Kommerzielle Nutzung des Internet

Unterstützung von Marketing, Produktion, Logistik und Querschnittsfunktionen durch Internet und kommerzielle Online-Dienste

1996. XI, 297 S. 77 Abb., 30 Tab.
Geb. **DM 68,-**; öS 496,40;
sFr 60,- ISBN 3-540-60861-3

M. Kleinaltenkamp, W. Plinke, B. Preß, S. Rieker, R. Weiber

Geschäftsbeziehungsmanagement im Technischen Vertrieb

Herausgeber:
M. Kleinaltenkamp, W. Plinke

1997. X, 357 S.
65 Abb. Geb.
DM 68,-;
öS 496,40;
sFr 60,- ISBN 3-540-61663-2

M. Kleinaltenkamp, W. Plinke (Hrsg.)

Technischer Vertrieb - Grundlagen

1995. IX, 1032 S. Geb. **DM 148,-**;
öS 1080,40; sFr 130,50
ISBN 3-540-58684-9

U. Koppelmann

Beschaffungsmarketing

2., überarb. u. erw. Aufl. 1995. X,
416 S. 212 Abb. Brosch. **DM 55,-**
; öS 401,50; sFr 48,50
ISBN 3-540-60376-X

E. Hering, J. Triemel, H.-P. Blank (Hrsg.)

Qualitätsmanagement für Ingenieure

3., überarb. Aufl. 1996. Etwa 524 S. 295 Bilder, 122 Tab. (VDI-Buch)* Geb. **DM 98,-**; öS 715,40; sFr 86,50 ISBN 3-540-62255-1

T. Pfeifer, D. Leutner (Hrsg.)

Qualitätsmanagement multimedial vermitteln

Entwicklung, Gestaltung und Einsatz computerbasierter Lernmedien

1997. X, 219 S. 71 Abb., mit 2 3 1/2" Disketten. Geb. **DM 58,-**; öS 423,40; sFr 51,50 ISBN 3-540-61295-5

T. Pfeifer (Hrsg.)

Wissensbasierte Systeme in der Qualitätssicherung

Methoden zur Nutzung verteilten Wissens

1996. XII, 239 S. 56 Abb. (Qualitätsmanagement) Geb. **DM 78,-**; öS 569,40; sFr 69,- ISBN 3-540-60493-6

W. Hansen, H.H. Jansen, G.F. Kamiske (Hrsg.)

Qualitätsmanagement im Unternehmen

Grundlagen, Methoden und Werkzeuge, Praxisbeispiele Grundwerk + 1.-9. Nachlieferung

Stand Dezember 1996

1997. 1770 S. (Springer Loseblattsysteme) **DM 248,-**; öS 1810,40; sFr 216,- ISBN 3-540-62500-3

A.Q. Quartapelle, G. Larsen

Kundenzufriedenheit

Wie Kundentreue im Dienstleistungsbereich die Rentabilität steigert

1996. XI, 209 S. 66 Abb. Geb. **DM 68,-**; öS 496,40; sFr 60,- ISBN 3-540-59398-5

G. Reinhart, U. Lindemann, J. Heinzl

Qualitätsmanagement

Ein Kurs für Studium und Praxis

1996. XVI, 315 S. 171 Abb. Brosch. **DM 48,-**; öS 350,40; sFr 43,- ISBN 3-540-61078-2

A.-W. Scheer, **H. Trumpold** (Hrsg.)

Qualitätsinformationssysteme

Modell und technische Implementierung

1996. XVIII, 277 S. 120 Abb. (Qualitätsmanagement) Geb. **DM 78,-**; öS 569,40; sFr 69,- ISBN 3-540-60524-X

H. Schnauber, **S. Grabowski**, **S. Schlaeger**, **J. Zülch**

Total Quality Learning

Ein Leitfaden für lernende Unternehmen

1997. XVI, 222 S. 59 Abb. Geb. **DM 58,-**; öS 423,40; sFr 51,50 ISBN 3-540-61408-7

E. Westkämper (Hrsg.)

Null-Fehler-Produktion in Prozeßketten

Maßnahmen zur Fehlervermeidung und -kompensation

1997. XIII, 292 S. 135 Abb., 6 Tab. (Qualitätsmanagement) Geb. **DM 78,-**; öS 569,40; sFr 69,- ISBN 3-540-60504-5

H.-P. Wiendahl (Hrsg.)

Erfolgsfaktor Logistikqualität

Vorgehen, Methoden und Werkzeuge zur Verbesserung der Logistikleistung

1996. XII, 358 S. 132 Abb. (Qualitätsmanagement) Geb. **DM 86,-**; öS 627,80; sFr 76,- ISBN 3-540-59400-0

H. Wildemann (Hrsg.)

Controlling im TQM

Methoden und Instrumente zur Verbesserung der Unternehmensqualität

1996. XVI, 218 S. 86 Abb. (Qualitätsmanagement) Geb. **DM 68,-**; öS 496,40; sFr 60,- ISBN 3-540-60969-5

K.J. Zink (Hrsg.)

Qualitätswissen

Lernkonzepte für moderne Unternehmen

1997. XVI, 282 S. 120 Abb. (Qualitätsmanagement) Geb. **DM 78,-**; öS 569,40; sFr 69,- ISBN 3-540-60968-7

K.J. Zink, **A. Schmidt**, **T. Bäuerle**

Train-the-Trainer-Konzepte

Arbeitsmaterialien zur Vermittlung von Qualitätswissen

1997. Etwa 410 S. 30 Abb., 1 Diskette **DM 148,-**; öS 1080,40; sFr 130,50 ISBN 3-540-61297-1

M. Bruhn

Qualitätsmanagement für Dienstleistungen

Grundlagen, Konzepte, Methoden

2., neu bearb. u. erw. Aufl. 1997. XIII, 401 S. 133 Abb. Geb. **DM 78,-**; öS 569,40; sFr 69,- ISBN 3-540-61420-6

R. Bühner

Der Mitarbeiter im Total Quality Management

1993. VIII, 180 S. 74 Tab. (VDI-Buch)* Geb. **DM 98,-**; öS 715,40; sFr 86,50 ISBN 3-540-62317-5

J. Ensthaler, **A. Füßler**, **D. Nuissl**

Juristische Aspekte des Qualitätsmanagements

1997. 319 S. 30 Abb. Geb. **DM 78,-**; öS 569,40; sFr 69, ISBN 3-540-61296-3

W. Eversheim (Hrsg.)

Qualitätsmanagement für Dienstleister

Grundlagen - Selbstanalyse - Umsetzungshilfen

1997. X, 205 S. 120 Abb., 2 Disketten. (Qualitätsmanagement) Geb. **DM 68,-**; öS 496,40; sFr 60,- ISBN 3-540-60967-9

W. Eversheim, **C. Jaschinski**, **A. Reddemann**

Qualitätsmanagement für Verbände und Wirtschaftsorganisationen

Ein Leitfaden zur Einführung von TQM in Non-Profit-Organisationen

1997. Etwa 200 S. 90 Abb. Geb. ca. **DM 58,-** ISBN 3-540-62016-8

E. Hering, **W. Steparsch**, **M. Linder**

Zertifizierung nach DIN EN ISO 9000

Prozeßoptimierung und Steigerung der Wertschöpfung

2. Aufl. 1997. Etwa 230 S. 81 Abb., 20 Tab. (VDI-Buch)* Geb. **DM 98,-**; öS 715,40; sFr 86,50 ISBN 3-540-62443-0

beispielsweise die Sprach-, die Daten- oder die Mobilkommunikation – sondern vielseitig eingesetzt werden können. Das führt zum Aufbau von Infobahnen, über die sich unterschiedliche Dienste und Anwendungen übertragen lassen. Breitbandige Übertragungskapazität direkt bis zum Konsumenten wird kostengünstig möglich. Immer mehr Intelligenz gelangt ins Netz und in die Endgeräte. Die Kommunikation wird individueller, innovativer und multimedialer.

4. Die neuen Carrierformationen
Die großen Telekommunikationsunternehmen, von denen nach Einschätzung der Marktanalysten am Ende des Jahrhunderts vielleicht nur drei oder vier den Anspruch eines „Global Player" wirklich erfüllen können, reagieren auf all diese Entwicklungen, indem sie sich national und international neu positionieren. In den Lokalmärkten treten neue Wettbewerber auf den Plan. Diese Lokalcarrier suchen für ihre Kunden globale Service-Reichweite und Netzverfügbarkeit. Es bilden sich global agierende Carrier-Allianzen, mit dem Ziel, Synergien bei Produktion, Vertrieb und Netzmanagement für internationale Dienstleistungen zu gewinnen und durch strategische Partnerschaften Zugang zu anderen nationalen Märkten zu erreichen.

1.2 Liberalisierung und Internationalisierung bedingen sich gegenseitig

Der Auslöser der weltweiten Liberalisierung war der US-Markt. Dort begann das neue Zeitalter 1984 – mit der "Divestiture", d.h. der Zerstückelung von AT&T und der Umgestaltung eines Monopolmarktes in einen Wettbewerbsmarkt. Relativ früh folgte Großbritannien der Liberalisierung. Deutschland gehörte nicht zu den Pionierländern der Deregulierung. Aber immerhin wurde 1989 mit der Vergabe einer privaten Lizenz der erste Teilmarkt, der Mobilfunk, liberalisiert. Zur gleichen Zeit fiel auch das Endgerätemonopol. Corporate Networks sowie Mehrwertdienste und Satellitenkommunikation sind ebenfalls seit Jahren für den Wettbewerb geöffnet. Mitte 1996 erfolgte zudem die Freigabe von Aufbau und Betrieb privater Netz-Infrastrukturen. Betreiber wie die Stromversorger in Deutschland, die seit langem als Ausnahme vom Monopol für den Eigenbedarf Netze aufbauen und betreiben durften, können diese nun an Dritte vermarkten oder mit anderen Carriern Joint Ventures eingehen.

Inzwischen hat sich Deutschland mit seinem neuen Telekommunikationsgesetz den Ruf erworben, weltweit einer der am weitesten entwickelten Wettbewerbsmärkte in der Telekommunikation zu sein. Wettbewerb hieß hier bereits seit der ersten Stunde nicht nur nationaler Wettbewerb, sondern man gab ausländischen Interessenten freizügig Zugang.

Jede Öffnung in den Wettbewerb ist für einen ehemaligen Monopolisten einerseits schmerzlich. Auch die Deutsche Telekom, hervorgegangen aus der Deutschen Bundespost, wird Marktanteile an Wettbewerber verlieren. Andererseits profitiert sie deutlich von der Liberalisierung, durch die es ihr seit 1995 beispielsweise möglich wurde, ihr Geschäft über die Grenzen Deutschlands hinaus auf internationaler Ebene zu betreiben.

2 Die Internationalisierung der Deutschen Telekom

Der Weg vom staatlichen Telekommunikations-Verwalter zu einem markt- und kundenorientierten, inzwischen international agierenden Unternehmen begann für die Deutsche Telekom 1990 - mit der Aufteilung der ehemaligen Deutschen Bundespost in drei unabhängig voneinander operierende Einheiten. Die Umwandlung in eine Aktiengesellschaft zu Jahresbeginn 1995 und der Börsengang Ende 1996 sind weitere Meilensteine in der Geschichte der Deutschen Telekom. Jetzt sind Voraussetzungen erfüllt, sich als Global Player zu positionieren, der seine Bedeutung nicht nur durch die heute existierende Umsatzgröße definiert, sondern der aktiv neue Marktchancen im Ausland entwickelt und erfolgreich wahrnimmt.

2.1 Die Doppelstrategie der Deutschen Telekom

Auf dem Heimatmarkt einem starken Wettbewerb ausgesetzt, wird die Deutsche Telekom in den nächsten Jahren zusätzlich Wachstumsquellen im internationalen Geschäft erschließen. Dabei stehen zwei Aspekte im Vordergrund: die Kundenanforderungen nach internationalen und globalen Dienstleistungen zu erfüllen und gleichzeitig Kompetenz und Ressourcen auf fremden Märkten einzusetzen und auszubauen. Die Grundpfeiler der internationalen Aktivitäten der Deutschen Telekom sind

- die globale Reichweite der Produkte und
- die lokale Kundennähe bei Betreuung und Service.

Die Internationalisierungs-Strategie der Deutschen Telekom hat daher zwei Stoßrichtungen:

1. das Angebot von internationalen, globalen, nahtlosen Diensten für Geschäftskunden, vielreisende Privatkunden und andere Carrier zu vermarkten. Das wesentliche Instrument hierfür ist das globale Joint Venture Global One.
2. Geschäftsaktivitäten in ausländischen Märkten zu entwickeln und auszubauen. Beispiele dafür sind die Joint Ventures und Beteiligungen an Sprint Corporation in den USA, MATAV in Ungarn und Satelindo in Indonesien, TRI in Malaysia, Islacom auf den Philippinen sowie unsere jüngsten Mobilfunkaktivitäten in den USA, Österreich, Polen und Tschechien.

Der regionale Fokus liegt auf den Weltwirtschaftszentren in Nordamerika, Asien und Europa, wobei die Deutsche Telekom ihre Aktivitäten auf selektive, sich rasch entwickelnde Märkte mit hohem Wachstumspotential ausdehnt.

2.1.1 Erste Komponente: Global One

Über die Beteiligung an Global One als Joint Venture von France Telecom, Sprint und Deutscher Telekom hat sich die Deutsche Telekom zum Global Player entwickelt. Global One ist ein weltweit tätiges Unternehmens mit eigener unternehmerischer Verantwortung. Die Beteiligungsstruktur der drei Mutterunternehmen und die Organisationsstruktur des Joint Venture-Unternehmens sichern einen schnellen Entscheidungsprozeß mit einer soliden finanziellen Basis für zukünftige Investitions-Projekte.

Global One startete am 1. Februar 1996. Mit mehr als 1200 „points of presence" in über 65 Ländern der Welt bietet das Joint Venture eine derzeit konkurrenzlose Reichweite mit Abdeckung aller wichtigen Märkte.
Nicht zuletzt besitzt Global One starke Eltern, die mit ihren eigenen internationalen Aktivitäten auch Markteintritte für die Produkte von Global One vorbereiten können, wodurch sich Größen- und Preisvorteile ergeben.

Global One verfügt über eine breite Produktpalette von weltweiten Dienstleistungen für Geschäftskunden ("corporate services") über Karten-Dienstleistungen für vielreisende Privatkunden ("consumer services") bis zu Transport- und Hubbing-Leistungen für andere Carrier ("carrier services").

Der Vertrieb von Global One-Produkten erfolgt in den Heimatländern Deutschland, Frankreich und USA jeweils über die Partner Deutsche Telekom, France Telecom sowie Sprint. In anderen Ländern wird Global One entweder mit eigenen 100 %iger Töchtern oder über nationale Vertriebspartner bzw. Joint Ventures aktiv.

Plattform für diese Geschäftsaktivitäten ist das von den drei Partnern technisch und vertriebstechnisch integriertes Netz, das von Global One gemanagt wird. Vor dem Hintergrund des erwarteten harten Wettbewerbs im Telekommunikationsgeschäft ist das integrierte Netz vor allem ein interessantes Angebot für die neuen Carrier in Europa. Denn nahtlose, globale Services sind nicht durch eine Aneinanderreihung von bilateralen Verkehrsabkommen zu erbringen. Aufgrund der Polarisierungen von Allianzen und Joint Ventures im Rahmen des lokalen und globalen Wettbewerbs werden bilaterale internationale Telekommunikationsverkehrsabkommen mehr und mehr erudieren und der internationale Verkehrsaustausch sich zunehmend zum Wettbewerbsgeschäft entwickeln.

Gleichzeitig wird ein Überangebot an Übertragungswegen bei den internationalen und weltweiten Verbindungen zu einem drastischen Preisverfall bei der Bereitstellung von Übertragungskapazität führen, so daß nur Kosten- und Qualitätsführer in diesem Marktsegment erfolgreich bestehen können.

2.1.2 Zweite Komponente: Selektive Auslands-Investitionen

Die Bedeutung dieser zweiten Komponente der Doppelstrategie wird klar, vor dem Hintergrund, daß heute und auch künftig der bei weitem größte Teil des TK-Marktpotentials - rund 85 Prozent des Weltmarktes - in den nationalen Märkten liegt. Aus diesem Grunde hat die Deutsche Telekom die Regionen Europa, Südostasien und Nordamerika mit höchster Priorität belegt. Um eine Region hinsichtlich ihrer strategischen Bedeutung bewerten zu können, wurden Kriterien entwickelt. Zu diesen Kriterien zählen z.B. prognostiziertes Marktwachstum, Stabilität des politischen und unternehmerischen Umfeldes, Regulierungsstand im Bereich der Telekommunikation und der "best fit", d.h. paßt das Know-how-Profil der Deutschen Telekom auf die Anforderungen des jeweiligen Telekommunikationsmarktes.

Mit Global One wurde der wichtige Aspekt des globalen Service-Angebots erfolgversprechend umgesetzt. Ergänzend dazu steht das Ziel, als Deutsche Telekom einen aktiven Part als internationaler Carrier in nationalen Märkten zu übernehmen und so ein führender Anbieter von Telekommunikations-Dienstleistungen in Europa und weltweit zu werden.

Um ihr Ziel zu erreichen, hat die Deutsche Telekom bereits in eine Reihe ausgewählter Telekommunikationskonzerne in Europa und Asien investiert und im Zusammenhang mit Global One eine 10 %ige Beteiligung an Sprint, also einer der Muttergesellschaften von Global One, erworben,

Dazu werden künftig in nationalen Märkten verstärkt mit ausländischen Carriern bilaterale Vereinbarungen abgeschlossen. Wann immer es sinnvoll ist, wird die Deutsche Telekom sich auch an national tätigen Betreibern beteiligen – wie bereits geschehen bei Matav in Ungarn oder Satelindo in Indonesien. Der Wertzuwachs für unsere Aktionäre und die Managementkontrolle über das globale Geschäft der Joint Ventures sind unbedingte Voraussetzungen für diese internationalen Investitionen.

Die Internationalisierungs-Strategie der Deutschen Telekom orientiert sich an den wachsenden globalen Bedürfnissen unserer Kunden und an dem attraktiven Wachstumspotential der sich weltweit öffnenden Märkte. Obgleich generell ein Aufbrechen der nationalen Festnetz- und Telefondienstmonopole zu beobachten ist, so verlaufen diese Entwicklungen mit unterschiedlichen Geschwindigkeiten. Nahm beispielsweise die Liberalisierung in Deutschland wie in anderen entwickelten Märkten von ihren ersten Ansätzen bis zum endgültigen Vollzug einen Zeitraum von etwa zehn Jahren in Anspruch, so wird sie in den Schwellenländern Asiens und Lateinamerikas – dort also, wo mittelfristig die größten Wachstumsraten zu erwarten sind – in wesentlich kürzerer Zeit vonstatten gehen. Das bedeutet, daß die Planungs- und Entscheidungsfristen über mögliche Aktivitäten in diesen Ländern zunehmend geringer werden. Es gilt also, rechtzeitig die Weichen zu stellen.

Die Deutsche Telekom hat sich sehr frühzeitig auf diese Entwicklung vorbereitet. Heute ist das Unternehmen weltweit bereits in mehr als 70 Ländern präsent, entweder mit eigenen Niederlassungen oder in Form von Kooperationen mit inländischen Betreibern oder durch Global One.

2.2 Internationalisierung erfordert Forcierung der Investitionen

Auch beim Aufbau der Netzinfrastruktur ist für die Deutsche Telekom die internationale Komponente ein wesentlicher Faktor. Schon seit vielen Jahren beteiligt sie sich gemeinschaftlich mit anderen Betreibern an internationalen Kabel- und Seekabelprojekten. Die Deutsche Telekom ist beispielsweise der Gesamtkoordinator und der Know-how-Vermittler bei einem der größten Kabelprojekte weltweit, dem Trans-Asia-Europe Optical Fibre Cable Network. 24.000 Kilometer Landkabel verbinden Shanghai in der Volksrepublik China mit Frankfurt am Main. Durch den Aufbau solcher Netze schafft die Deutsche Telekom die Basis für den effizienten und ständig wachsenden Telekommunikationsverkehr zwischen Asien und Europa.

Die umfassende Erfahrung im Erschließen qualitativ hochstehender Telekommunikations-Infrastrukturen bildet die Basis für die Internationalisierung des Unternehmens.

Die Erschließung von internationalen Märkten erfordert erhebliche Vorleistungen, beispielsweise für den Aufbau der Infrastruktur. Entscheidende Referenzen, die die Deutsche Telekom hier vorweisen kann, sind Matav in Ungarn, Satelindo in Indonesien sowie das Projekt „Telekom 2000“ in den Neuen Bundesländern. Seit der Wiedervereinigung Deutschlands hat die Deutsche Telekom bisher 40 Milliarden DM in den Aufbau eines der weltweit modernsten Netze investiert und bietet - selbst für den individuellen Telefonanschluß - Glasfaser- und Funktechnologie an. Kein anderes Telekommunikations-Unternehmen hat bisher vergleichbare Projekte für ISDN und ATM realisiert.

Um leistungsfähige Kommunikations-Standards wie GSM, ISDN und ATM international umzusetzen und durchzusetzen, hat die Deutsche Telekom ihre Aufwendungen für Forschung und Entwicklung auf rund 2 Prozent ihres Umsatzes erhöht.

3 Kundennähe mit dem Aufbau eines weltweiten Vertriebsnetzes

Auslandsinvestitionen und Direktvertrieb für In-Country-Operations zielen auf Geschäftskunden und - mit speziellen Produkten - auch auf Privatkunden in Ballungszentren. Dabei stehen langfristige Partnerschaften mit lokalen Carriern im Vordergrund, die ein wesentliches Element der Strategie sind - und über Verbundeffekte auch zum Vorteil von Global One im Rahmen von Service- und Vertriebspartnerschaften eingesetzt werden können.

Als internationaler Carrier gestaltet die Deutsche Telekom für ihre Kunden innovative Produkte und Dienste, die über den expandierenden weltweiten Verbund von Niederlassungen und Beteiligungen im lokalen Markt direkt vermarktet werden. Dabei geht es beispielsweise um Angebote wie Metropolitan Area Network Services für Geschäftskunden und Zukunftsmärkte wie Internet/Intranet und Multimedia. Sie integrieren aber auch Mobilfunk und Festnetzanwendungen - Leistungen, die erfolgreiche TK-Unternehmen künftig erfüllen müssen.

4 Ausblick

Nicht zuletzt die Kenntnisse und Erfahrungen aus den zahlreichen Märkten sind für die Deutsche Telekom eine solide Grundlage, um ihre Ziele zu formulieren und konsequent zu verfolgen:

Die Deutsche Telekom ist auf dem besten Wege, sich zu einem Weltcarrier mit Fokus auf die Wachstumsregionen Asien, Europa und Nordamerika zu entwickeln und das eigene Geschäft als Full-Service-Carrier im Bereich Festnetz und Mobilfunk international auszubauen. Die Deutsche Telekom setzt dabei auch auf Beteiligungen und Partnerschaften in den lokalen Märkten.

In den wenigen Jahren des Bestehens der Deutschen Telekom AG wurden bereits wichtige Voraussetzungen für die Realisierung der ehrgeizigen Ziele geschaffen. Denn das Unternehmen verfügt über die notwendigen Ressourcen, die effektiven Verbindungen und die Fähigkeit, Synergieeffekte zu nutzen. Die Deutsche Telekom positioniert sich in einem Umfeld, das von Co-Opetition – also Cooperation und Competition – geprägt ist, als ein globaler Anbieter von weltumspannenden Diensten, als ein bilateral offener Betreiber und als ein multinational engagierter Partner.

Summary
In today's dynamic world of telecommunications, more and more companies are pressing to operate on a truly global level. In the wake of this process of globalization, such companies are under constant economic pressure to improve and optimize the services they offer. Four factors will be decisive in influencing the future direction taken by the international telecommunications market: customer demands, international liberalization of the telecommunications market, technological progress, and the new kinds of service provider entering the market. In order to tap new sources of growth in the international market, Deutsche Telekom has a two-pronged strategy up its sleeve: on the one hand, to continue to meet customer demand for international and global services; on the other, to deploy its know-how and resources in foreign markets and thereby consolidate its position on the international stage. With this in mind, Deutsche Telekom has already turned itself into a global player with a specifically European focus through its participation in the joint-venture Global One, which has been set up in partnership with France Télécom and Sprint. With plans to strengthen its presence in the groth regions Asia, Europe and Northamerica as a full service provider in the fixed-network and mobile-radio sectors, Deutsche Telekom is aiming at establishing partnerships and participating in holdings in local markets.

Kleine und mittlere Unternehmen im Prozeß der Internationalisierung

H. Eden

1 Internationalisierung als aktuelle Herausforderung der kleinen und mittleren Unternehmen (KMU)

1.1 Stellenwert der KMU

Zurecht gelten die KMU als tragende Pfeiler der europäischen Wirtschaft. Nach der bislang üblichen Abgrenzung gehören dazu alle Unternehmen aus Industrie, Handel, Dienstleistung und Handwerk, die weniger als 500 Mitarbeiter beschäftigen. Bei bis zu neun Mitarbeitern spricht man von Kleinstunternehmen, bei 10 bis 99 von kleinen Unternehmen und bei 100 bis 499 Mitarbeitern von mittleren Unternehmen. Bisweilen modifiziert man zusätzlich nach Wirtschaftsbereichen; so gelten im Handel Unternehmen mit 10 bis unter 100 Beschäftigten als Mittelbetriebe. Kleinere Länder ziehen auch bei der mittelständischen Industrie schon hier das Limit. Häufig nimmt man als zusätzliches Kriterium wechselnde Obergrenzen für den Jahresumsatz hinzu, im Großhandel etwa DM 50 Millionen, in der Industrie DM 25 Millionen.

Um all diese Differenzierungen von Branche zu Branche und Land zu Land zu vermeiden, hat sich die Europäische Kommission zu Beginn des Jahres 1996 entschlossen, gemeinschaftsweit eine neue einheitliche Definition einzuführen. Danach haben

- mittlere Unternehmen weniger als 250 Beschäftigte, einen Jahresumsatz bis zu 40 Mio. ECU oder eine Bilanzsumme bis 27 Mio. ECU;
- kleine Unternehmen weniger als 50 Beschäftigte, einen Jahresumsatz von höchstens 7 Mio. ECU oder eine Bilanzsumme von max. 5 Mio. ECU;
- „sehr kleine“ Unternehmen weniger als 10 Beschäftigte.

In Abgrenzung zu den Großunternehmen lassen sich die KMU im Regelfall zusätzlich durch drei qualitative Kriterien kennzeichnen, nämlich

- die Personenbezogenheit der Unternehmensführung,
- die weitgehende rechtliche und wirtschaftliche Selbständigkeit,
- einen relativ überschaubaren Marktanteil.

Das Kriterium der Unabhängigkeit ist nach der neuen Definition der Europäischen Kommission auch dann erfüllt, wenn Großunternehmen mit maximal 25 % an einem KMU beteiligt sind. Die Überschaubarkeit des Marktanteils bedeutet nicht regionale Begrenzung. Weltmarktorientierte KMU definieren ihre Marktsegmente – zumeist im Sinne von Nischenmärkten – relativ eng. Mit dieser Fokussierung gelingt es ihnen, zu internationaler Marktführerschaft zu gelangen (Simon, 1996). Nach Schätzungen des 1991 von der EU-Kommission begründeten Europäischen Beobachtungsnetzes für KMU beschäftigen 99,9 Prozent der mehr als 17 Millionen europäischen Unternehmen weniger als 500 Mitarbeiter. 93 % zählen zu den Kleinstunternehmen. Durchschnittlich beschäftigt ein KMU ca. vier Personen. Rechnet man die großen Unternehmen hinzu, so erhöht sich dieser Durchschnittswert auf etwa 6 Personen.

Die KMU sichern im europäischen nicht primären privaten Sektor mehr als 70 Millionen Arbeitsplätze, d.h. 71 % der Gesamtheit (Europäische Kommission, 1995). In der Zeit von 1988 bis 1995 haben sie die großen Firmen sowohl bei der realen Umsatzentwicklung als auch bei der Zunahme an Arbeitsplätzen übertroffen. Hierbei zeichneten sich gerade die Kleinstunternehmen aus, die zu einer beträchtlichen Nettogründung von Arbeitsplätzen in der Lage waren. Die Europäische Kommission geht davon aus, daß das Wachstum der KMU die Gesamtwirtschaft stark stimuliert und gründet darauf ihre Politik der KMU-Unterstützung. Eine Analyse des Schweizer Bankvereins kommt zu dem Schluß, daß sich die KMU auch zukünftig als Beschäftigungsstabilisator bewähren werden. Dies folgt zwar auch aus eingeschränkten Rationalisierungsmöglichkeiten. (Walz/Gattiker, 1996). Die hohe Leistungskraft erklärt sich aber vor allem aus der sprichwörtlichen Flexibilität. Überschaubare Strukturen erlauben eine bessere und schnellere Anpassung an sich verändernde Bedingungen. Hinzu kommt das erwiesene hohe Potential an Innovationskraft (Mugler, 1995).

Neben diesen offenkundigen Stärken weisen die KMU verallgemeinernd Schwächen bei der Umsetzung der Internationalisierung auf.

„Der Anteil der Klein- und Mittelbetriebe am direkten Export ist zwar gering, muß aber unter Berücksichtigung des indirekten Anteils (Zulieferungen) und der dominanten Nahversorgungsorientierung beurteilt werden. Durch die Neigung zur Produktion hochspezialisierter Produkte verfügen aber auch Klein- und Mittelbetriebe über ein bedeutendes Exportpotential" (Mugler, 1995).

Diese Aussage steht im Einklang mit den Feststellungen des 3. Berichts über die Lage und die Aussichten für die KMU und die entsprechenden Kommentierungen der Kommission der Europäischen Gemeinschaft vom November 1995. Die EU-Analysen stellen fest, daß in allen Wirtschaftszweigen der Anteil der exportierenden Unternehmen mit der Größenklasse steigt, so daß Großfirmen generell eine größere Exportorientierung aufweisen (Mugler, 1995).

Das Bonner Institut für Mittelstandsforschung kommt zu gleichen Ergebnissen. Im Durchschnitt aller Unternehmen aus verarbeitendem Gewerbe und Bergbau der westlichen Bundesländer ergibt sich eine Exportquote (Auslandsumsatz zu Gesamtumsatz) von gut 29 %. In der Größenklasse von 1 bis 19 Beschäftigten liegt diese bei 9,5 % und erhöht sich stufenweise bis zur Klasse von 200 bis 499 Beschäftigten auf 24,3 %, während sie ab 500 Mitarbeitern 37,4 % erreicht (Institut für Mittelstandsforschung, 1993). Auf EU-Seite wird beobachtet, daß stark innovative Kleinunternehmen zusehends schon bald nach der Markteinführung im eigenen Land mit ihren Erzeugnissen auf Exportmärkte drängen. Dabei scheint die technologische Intensität der KMU eine Schlüsselgröße für außenwirtschaftliche Aktivitäten zu sein. In wachsendem Maße betreten auch Einzelhändler und Dienstleistungsunternehmen Auslandsmärkte, häufig im Zusammenhang mit produktionsorientierten Geschäftsverbindungen. Vorreiter bei dieser Entwicklung sind vor allem Betriebe aus kleineren Volkswirtschaften Europas, deren Heimatmarkt relativ begrenzt ist (Europäische Kommission, 1995).

1.2 Notwendigkeit der Internationalisierung

In außenwirtschaftsorientierten Ländern Europas gehören bei vielen Unternehmen grenzüberschreitende Aktivitäten zum festen Bestandteil der betrieblichen Tätigkeiten. Eine solche Internationalisierung kennzeichnet nahezu alle Großunternehmen. Eine Orientierung über die nationalen Grenzen hinaus ist bei den KMU weniger umfassend. Nach einer Repräsentativbefragung der Bundesstelle für Außenhandelsinformation (BfAI) aus dem Jahre 1984 unterhielten damals von den mittelgroßen Unternehmen mit 100 bis 500 Beschäftigten 56 % Engagements mit dem Ausland (BfAI, 1985). Bezogen auf reine Exportaktivitäten hat eine Umfrage bei 40.000 europäischen KMU 1996 ergeben, daß 54 % der Firmen (in Deutschland 52 %) ihre Erzeugnisse ausführen, überwiegend in andere EU-Mitgliedstaaten (Grant Thornton International, 1996).

Nimmt man die weiteren Auslandsaktivitäten hinzu, so kann geschätzt werden, daß heute weit über 80 % der ca. 3,1 Mio. deutschen Unternehmen aus Industrie, Handel und Dienstleistung direkt - mehr oder weniger stark - außenwirtschaftliche Beziehungen pflegen. Deren Intensität wird steigen, denn 79 % der deutschen Unternehmen planen für die nächsten fünf Jahre verstärkte Aktivitäten auf den internationalen Märkten (Prognos-Consult, 1996)

Diese Entwicklung spiegelt wider, daß der Prozeß der Globalisierung, der seit einigen Jahren in eine neue Dimension vorgestoßen ist, enorme Schwungkraft hat. Die Größenordnungen werden durch folgende Vergleichswerte deutlich: Im Jahre 1820 kam 1 % der in aller Welt erzeugten Güter in den internationalen Handel. 1995 sind es 15 %. Die Weltwirtschaftsleistung ist in dieser Zeit um das 44fache, das Welthandelsvolumen um das 600fache gestiegen. Der erste Welthandelsbericht der Welthandelsorganisation (WTO) von Ende 1995 unterstreicht die wachsende Abkehr vom Primat nationaler Wirtschaftsräume mit dem Hinweis, daß der Welthandel seit 1950 jährlich real um 6 %, die Weltproduktion dagegen um 4 % stieg. Der globale Handel ist mithin in 45 Jahren um das 14fache, die entsprechende Produktion (nur) um das 5½fache gewachsen (Wartenweiler, 1995).

Dieser Trend wird sich fortsetzen und ein beachtliches Wachstumspotential für die Weltwirtschaft erschließen. In nahezu allen Wirtschaftsbereichen folgt daraus wachsender Handlungsbedarf. Die Unternehmen müssen sich gegen eine steigende Anzahl von in- und ausländischen Konkurrenten behaupten. Erhöhter Wettbewerbsdruck - vor allem über Preise - verschont die KMU nicht, wirkt sich allerdings in einzelnen Branchen recht unterschiedlich aus. Dabei erfahren die KMU immer deutlicher, daß sich die weltwirtschaftliche Integration nicht nur auf Absatz- und Beschaffungsmärkte beschränkt. Sie erfaßt in wachsendem Maße auch Forschung und Entwicklung, Produktion, Management-Ressourcen und Kapitalmärkte. Zunehmend werden immer weniger Produkte nur noch an einem Ort entwickelt, finanziert, produziert und verkauft. Internationale Prozesse werden zur Regel (Walz/Gattiker, 1996; de Pury, 1994).

In diesem Umfeld ist es für die KMU unerläßlich, systematisch eigene betriebsindividuelle Internationalisierungskonzepte in Betracht zu ziehen und zu entwickeln. Je nach dem Grad der Betroffenheit kann dies eine strategische Neuorientierung erfordern. Diese muß sich an den Chancen und Risiken orientieren. Sie setzt eine fundierte Analyse der Bestimmungsfaktoren der wachsenden Internationalisierung voraus.

Drei Entwicklungen prägen die neuen Rahmenbedingungen:

- Die Weltwirtschaft erlebt seit Ende der 80er Jahre einen regelrechten Liberalisierungsrausch. Dieser konkretisiert sich im Abschluß der Uruguay-Runde des GATT Ende 1993, der zu einem umfassenden Abbau von Zöllen und nichttarifären Handelshemmnissen führte. Sie konkretisiert sich gleichzeitig in dem weltweiten Trend, durch politische Initiativen größere Märkte zu schaffen. Vorreiter dieser Integrationswelle ist seit 1993 der europäische Binnenmarkt mit heute 15 Teilnehmerstaaten und ca. 370 Mio. Konsumenten. Die Europäische Union bildet den Kern des zusammen mit EFTA-Staaten vereinbarten Europäischen Wirtschaftsraums EWR. Daneben entwickelt sich die Liberalisierung der mittel- und osteuropäischen Wirtschafts- und Gesellschaftssysteme, die gemeinsam die zentraleuropäische Freihandelsvereinbarung (CEFTA) realisieren wollen.

  Im Sinne der Triade ist auf dem amerikanischen Kontinent die mittel- und nordamerikanische Freihandelszone NAFTA entstanden, die durch regionale Integrationsabkommen in Mittel- und Südamerika, z.B. MERCOSUR, ergänzt wird. Demgegenüber bildet sich im Asien-Pazifik-Raum die südostasiatische Wirtschaftsregion Asian Free Trade Area (AFTA) heraus.

  Hinzu kommt das Bemühen der sieben wichtigsten Industriestaaten der Erde (G 7), eine globale Partnerschaft zwischen Entwicklungsländern, entwickelten Staaten und den multilateralen Institutionen zu schaffen, wie anläßlich des Weltwirtschaftsgipfels im Juni 1996 in Lyon vereinbart.

  Die Weltwirtschaft wird um neue wettbewerbsstarke Akteure bereichert, die ihrerseits teilweise beachtliche Marktpotentiale bieten. Sie beschränkt sich nicht mehr wie bis anhin auf die OECD-Region. Zu den verstärkten Außenhandelsaktivitäten Japans treten diejenigen der sog. NICS (Newly Industrialized Countries) des südostasiatischen Raumes hinzu, nämlich Taiwan, Südkorea, Hongkong und Singapur. Als neuer wachstumsstarker Konkurrent schiebt sich die Volksrepublik China unaufhaltsam nach vorne. Aber auch Indonesien, Malaysia und Indien, Brasilien, Chile und Mexiko, Mittel- und Osteuropa wie auch der mittlere Osten spielen neben anderen eine zuneh-

mende Rolle auf dem internationalen Wirtschaftsparkett. Es ist vor allem die sog. „Neue Welt", die drei Viertel der Weltbevölkerung umfaßt, die Produkt- und Dienstleistungen in einem gigantischen Ausmaß braucht, diese aber zunehmend auch selbst herzustellen und zu liefern vermag.
Viele KMU müssen dabei feststellen, daß Produkte aus diesen Regionen beileibe nicht mehr lediglich aus Preisvorteilen ihre Wettbewerbsfähigkeit ableiten. Länderspezifische Vorteile bei den Faktorkosten, vor allem den Lohn- und Lohnnebenkosten, der Besteuerung und der geringeren Regelungsdichte, wirken sich im Verein mit Währungsvorteilen per se im Wettbewerb günstig aus, zusätzlich aber gewinnen die Produkte aus diesen Regionen immer stärker qualitatives Niveau.

- Überdies hat der technische Fortschritt die wachsende Internationalisierung beschleunigt. Neue Technologien lassen die Märkte auf unserem Globus enger zusammenrücken. Moderne Methoden im Transportwesen erleichtern den Warenaustausch selbst über lange Distanzen. Die Mikroelektronik hat seit den 80er Jahren einen bedeutenden Beitrag zur Globalisierung der Märkte geleistet. Sie stellt die Grundlage für den Siegeszug der elektronischen Datenverarbeitung in weiten Teilen der Wirtschaft und für die neuartigen Informations- und Kommunikationstechnologien dar. Wort- und Bildübertragungen von einem zum anderen Ende der Welt können in Sekundenbruchteilen erfolgen. Die Produktion wird durch computergesteuerte Maschinen automatisiert und rationalisiert. Ein integrierter Verbund von Entwicklung und Produktion (CIM) und eine Verkettung von Fertigungssystemen sind Stand der Technik. Dies ermöglicht eine effiziente Zusammenarbeit von Fertigungsstätten an verschiedenen Standorten der Welt.

Kein KMU kann es sich heute leisten, diese Entwicklungen zu ignorieren. Sie haben die Rahmenbedingungen neu gestaltet, die Standortqualitäten verändert und die Grundlagen im weltweiten Wettbewerb fundamental gewandelt. Innovationsfreude und Flexibilität der KMU sind gute Voraussetzungen, entsprechend den Erfordernissen der jeweiligen Branche am Prozeß der Internationalisierung teilzunehmen.

Dies kann einen erheblichen Einfluß auf das Unternehmensleitbild ausüben. So bekennen international ausgerichtete Industrieunternehmen zunehmend, daß sie vom bislang prägenden Produktlabel „Made in Germany" auf das firmentypische „Made by ..." übergehen, ohne einen besonderen Produktionsstandort zu bezeichnen. Dies setzt ein internationales Qualitätsmanagementsystem voraus, um das firmenbezogene Qualitätsimage „Made by Boss" oder „Made by Stihl" auch weltweit garantieren zu können (Salz/Triller 1996; Stihl 1994).

2 Strategische Ansätze für ein Internationalisierungskonzept

Wesentliche Kernfragen für ein strategisches Internationalisierungskonzept lauten zusammengefaßt (Zentes, 1995):

- Mit welchen Maßnahmen kann die Wettbewerbsposition auf dem angestammten - lokalen, nationalen, internationalen - Markt, auf dem zunehmend neue Anbieter auftreten, gesichert und verbessert werden?
- Ist es sinnvoll, zur Sicherung der Wettbewerbsposition neue ausländische Märkte zu erschließen?
- Kann die Wettbewerbsposition verbessert werden, indem die Wertschöpfungskette durch Beschaffung und/oder Fertigung im Ausland internationalisiert wird?
- Welche organisatorischen Anpassungen sind ratsam, um die Internationalisierung zu meistern?

2.1 Optimierung der Wertschöpfungskette

Bevor ein KMU Auslandsaktivitäten aufnimmt bzw. intensiviert, empfiehlt es sich, alle betrieblichen Wertschöpfungsaktivitäten in Personalwesen und Organisation, Finanzierung, Forschung und Entwicklung, Beschaffung, Produktion, Logistik und Vertrieb ganzheitlich zu optimieren (Zentes, 1995). Jede Neuorientierung darf also nicht nur den Aspekt der Internationalisierung herausgreifen. Sie muß gleichzeitig die Innovationskraft forcieren, das Qualitätsmanagement verbessern, die Kostenseite optimieren und schließlich auch Aus- und Weiterbildung, Mobilität und kulturelle Anpassungsfähigkeit der Mitarbeiter fördern. Es kann sinnvoll sein, nicht wertschöpfende Aktivitäten zu eliminieren, einzelne Aktivitäten im Wege eines Outsourcing auszulagern oder an Dritte zu vergeben oder die Wertekette des eigenen Unternehmens mit denjenigen vor- oder nachgelagerter Stufen zu verknüpfen.

Ein erfolgreiches Business-Reengineering muß immer in Rechnung stellen, daß normalerweise nur 40 bis 50 % der Wertzunahme eines Produktes im eigenen Unternehmen stattfindet. Logistik und Technologie der Lieferanten sind also frühestmöglich in das eigene Konzept zu integrieren. Gleichfalls ist die Distribution mittels neuer Systeme zu entfalten (Stremler, 1996). Besonderes Augenmerk ist auf die Modernisierung der Kommunikationstechnik zu richten. So können elektronische Datenaustausch-, Quick-Response- oder computergestützte Warenwirtschaftssysteme erhebliche Effizienzsteigerungen auslösen. Je nach Branche sollten auch anstehende Fragen der Entsorgung und des Recycling gelöst werden (Zentes, 1995).

2.2 Internationale Ausrichtung der Unternehmensaktivitäten

Wettbewerbsvorteile können heutzutage vielfach nur durch ein strategisches „Going International" gewonnen werden. Ein Teil der Unternehmensaktivitäten wird also geographisch auf verschiedene Regionen oder Länder verteilt. Dabei geht es um Vertrieb, Beschaffung oder andere Aktivitäten der Wertkette. Treibende Kraft kann einerseits der Markt sein, dessen externe Ansprüche das strategische Management der Unternehmung von der Absatzseite her bestimmen. Treibende Kraft kann andererseits die spezifische Kompetenz des Personals sein, das die Wertschöpfungs-Aktivitäten nach unternehmensinternen Kriterien ausrichtet. Bei erfolgreichen Wettbewerbsstrategien ergänzen und verstärken sich beide Impulse gegenseitig (Scholz, 1995).

Unterschiedliche Motive sind für die Entscheidung, die Wertkette zu internationalisieren, verantwortlich.

Export wird häufig dadurch stimuliert, daß der angestammte Markt an Sättigungsgrenzen stößt oder konjunkturell nicht aufnahmefähig genug ist. Um Umsatz oder Wachstum zu sichern, müssen neue Märkte gesucht werden. Auslösender Faktor kann auch der vom internationalen Wettbewerb angeregte technische Fortschritt sein, der zu immer kürzeren Produktzyklen führt. Diese verlangen eine schnellere Amortisation von Forschungs- und Entwicklungsaufwendungen, die durch eine dynamische internationale Verbreitung erreicht werden kann.

Für die Wettbewerbsfähigkeit auf internationalen Märkten reicht es indes immer häufiger nicht mehr aus, es bei Exporten aus Deutschland bewenden zu lassen. Eine frühzeitige Beteiligung am technischen Fortschritt kann zum bestimmenden Faktor für den wirtschaftlichen Erfolg werden und eine direkte Präsenz mit Verkaufsniederlassungen in den technologischen Zentren und kaufkräftigsten Märkten der Welt erfordern. Erfahrungen auf Auslandsmärkten stärken Unternehmen auch im Wettbewerb mit internationalen Konkurrenten an ihren inländischen Standorten. Aus diesen und weiteren Gründen geht auch die mittelständische deutsche Wirtschaft mehr und mehr dazu über, ihre aktive Präsenz auf den Auslandsmärkten über ihre traditionellen Export-Lieferbeziehungen hinaus auszubauen. Neben alleinigen Engagements wählt sie dazu auch Kooperationen mit ausländischen Partnern, strategische Allianzen, grenzüberschreitende Beteiligungen und Ausgründungen. Dies sind vor allem für mittelgroße Unternehmen alternative Möglichkeiten zur Markterschließung, Leistungsergänzung, Innovation und Risikostreuung (Prognos-Consult, 1996).

Der Deutsche Industrie- und Handelstag (DIHT) hat in seinem Herbstgutachten 1995 und bei der Umfrage bei den deutschen Auslandshandelskammern im Juni 1996 festgestellt, daß sich der starke Trend zu deutschen Direktinvestitionen im Ausland fortsetzt. Für 1996 plant deutlich mehr als ein Drittel der westdeutschen Industrieunternehmen, sich mit Investitionen im Ausland zu engagieren.

Die Markterschließung ist ein bestimmendes Motiv. Traditionell exportorientierte Unternehmen halten eine Präsenz mit Tochtergesellschaften im Ausland zunehmend für erforderlich. Vor allem auf außereuropäischen Wachstumsmärkten zeigt sich ein starker Nachholbedarf. Häufig erscheint es notwendig, den Vorsprung der Konkurrenten aus Japan, USA und einigen europäischen Ländern aufzuholen. Folglich gewinnen absatzorientierte Auslandsinvestitionen im Zuge einer verstärkten Internationalisierung im Jahre 1996 gegenüber Exportstrategien an Gewicht (DIHT-Umfrage, Auslandsinvestitionen, 1996, S. 2). Eine eigene Niederlassung ermöglicht eine bessere Anpassung der Leistungen an die spezifischen Erfordernisse im Ausland und gewährleistet die erwartete Kundennähe. Die Errichtung von Vertriebszentren im Ausland hilft, die Serviceleistungen zu beschleunigen und zu verbessern. Bisweilen dient die Fertigung im Ausland auch dem Zweck, Handelshemmnisse zu überwinden oder Local-Content-Forderungen zu erfüllen.

Laut DIHT wächst in jüngster Zeit auch die Bereitschaft mittlerer Unternehmen zu Auslandsinvestitionen erkennbar an. Dabei ist ein klassisches Entwicklungsmuster in einer ganz anderen Intensität als bisher zu beobachten: Kleinere Vertriebsniederlassungen werden schon seit Jahren von Unternehmen eröffnet, jetzt erfolgt aber viel häufiger als früher schon nach relativ kurzer Erkundungszeit auch der Aufbau bzw. der Kauf von Produktionsstätten. Sehr häufig ziehen große Investitionen anschließend Investitionen kleinerer und mittlerer Unternehmen aus Deutschland nach (Deutscher Industrie- und Handelstag, Auslandsinvestitionen, 1996). Eine wesentliche Rolle spielt dabei, daß mittelständische Zuliefererunternehmen, insbesondere in der Investitionsgüter- und Automobilindustrie, oft keine Alternative zur Verlagerung eines Teils der Produktion ins Ausland sehen. Hierbei spielen nicht nur Just-in-Time-Aspekte eine Rolle, sondern auch die Bewahrung der Konkurrenzfähigkeit gegenüber leistungsfähigen Wettbewerbern vor Ort oder aus Drittländern (DIHT, 1995).

Gegenüber dem Absatzmotiv gewinnt die Nutzung von Produktionskostenvorteilen im Ausland zunehmend an Gewicht. Insbesondere arbeitsintensive Produktionen werden an kostengünstigere ausländische Standorte verlagert. Aus diesen Gründen erfolgt bei vielen Unternehmen, auch KMU, eine Aufstockung des Personalbestandes kaum noch im Inland, sondern vor allem im Ausland. In Anbetracht der teilweise erheblich geringeren Lohn- und Lohnzusatzkosten im Ausland sind bei annehmbarer Produktivität Rationalisierungseffekte möglich, die im Wege der Mischkalkulation auch den deutschen Standort sichern. Dieses Konzept bewährt sich vor allem in der mittelständisch geprägten Textil- und Bekleidungsindustrie. In dieser Branche lag die Auslandsfertigungsquote (Produktionswert am Umsatz) 1980 bei 6 %, erhöhte sich bis 1994 auf 16 % und liegt 1996 bereits bei 21 %. Etwa 46.000 Menschen arbeiten für die deutsche Textilindustrie im Ausland, d.h. 34 % der inländischen Beschäftigung (Glabus, 1996).

Nimmt man nur die mittelständisch geprägte Bekleidungsindustrie, so ist der Grad der Internationalisierung noch deutlicher: von dem in Deutschland registrierten Gesamtumsatz wird nur noch 20 % im Lande selbst produziert. Weitere 50 % werden unter deutscher Verantwortung oder als Lohnaufträge im Ausland gefertigt. Die restlichen 30 % werden als Fertigware vorwiegend im Ausland zugekauft (Goost, 1996).

Aber auch der Dienstleistungsbereich geht diesen Weg. So ist zu beobachten, daß das Güterkraftverkehrsgewerbe in Anbetracht günstigerer Konditionen in großem Stil in das benachbarte EU-Ausland ausflaggt.

Ein drittes Motiv für Auslandsinvestitionen besteht darin, negative Auswirkungen von Wechselkursschwankungen auf das Unternehmensergebnis zu vermeiden. Dieses Motiv ist insbesondere während der Turbulenzen an den Devisenmärkten im Laufe des Jahres 1995 stärker hervorgetreten. Dementsprechend formulieren einige Unternehmen als Ziel einer neuen Strategie, den Produktionsanteil ausländischer Standorte jeweils an den Anteil des betreffenden Marktes am eigenen Umsatz anzunähern, um Wechselkursschwankungen ausgleichen zu können.

Die jeweils adäquate Internationalisierungsstrategie wird beeinflußt von der Gewichtung der genannten Motive, den Entwicklungen der Technologie, der Märkte und Kundenbedürfnisse, den komparativen Kostenunterschieden in den Standorten sowie den oszillierenden Währungsrelationen. Daraus resultiert für das mittelständische Unternehmen die Aufgabe, Wettbewerbsvorteile aus unternehmerischen Leistungen, unterschiedlicher Aufnahmebereitschaft der Märkte und alternativen Kostensituationen abzuleiten. In diesem Sinne verbinden sich Wachstumsstrategie und Überlebensstrategie.

2.3 Internationalisierungsformen

Eng verknüpft mit der unternehmerischen Entscheidung, welche Aktivitäten der Wertkette geographisch über die Landesgrenzen hinaus entfaltet werden sollen, steht die bereits angeschnittene Wahl der zweckmäßigsten Transaktionsform. Diese liegt, wie Abb. 1 verdeutlicht, zwischen den beiden Polen Markt und Integration. Bei reinen Export-Import-Aktivitäten steht die Externalisierung im Vordergrund, der Preis wirkt als zentraler Koordinator. Bei zunehmender Internalisierung bestimmen unterschiedliche Formen der Kooperation die außenwirtschaftlichen Beziehungen. Die Errichtung einer hundertprozentigen Tochtergesellschaft im Ausland bewirkt, daß alle Prozesse organisationsintern und integriert ablaufen können; sie bildet den Zustand der vollkommenen Internalisierung ab. Die Übergänge zwischen diesen Internationalisierungsformen sind fließend, es bestehen vielfältige Mischformen (Zentes, 1995).

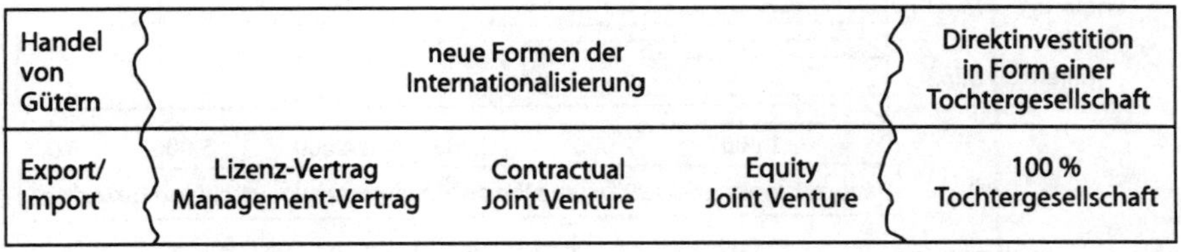

Abb. 1. Internationalisierungsformen (Zentes, 1995)

Ein und dasselbe Unternehmen kann sich, wie Vernon in seiner Produktlebenszyklus-Theorie erläutert, im Zeitablauf von einer zur anderen Internationalisierungsform bewegen. Seine Fallbeschreibung illustriert markant die aufeinanderfolgenden strategischen Etappen, die für mittelständische Unternehmen typisch sein können, wenn sie über besondere Managementfähigkeiten, technologisches Know-how oder Patente verfügen. Das Unternehmen fertigt zunächst sein innovatives Produkt marktnah im Industrieland. Es genügt hochentwickelten Käuferwünschen und erzielt optimale Gewinne. Durch nachstoßenden Wettbewerb wird das Unternehmen gezwungen, die „Economies of Scale" auszunutzen. Deshalb nimmt es den Export in andere Industrieländer auf. Schließlich wird eine Produktion im Exportland aufgezogen, um der steigenden Nachfrage zu genügen und Kostenvorteile zu nutzen. Die Produktion am Stammsitz kann nur noch national und in Entwicklungsländern abgesetzt werden. In einer dritten Phase kann es sich als notwendig erweisen, die Produktion am Stammsitz einzustellen und den Heimatmarkt durch Exporte aus den Tochterbetrieben in ausländischen Industrieländern zu versorgen. In einer vierten Etappe kann es schließlich dazu kommen, die Produktion in Entwicklungsländer zu verlagern und die Industrieländer von dort aus zu beliefern (Albach, 1981).

Die aktuellen Statistiken über Außenhandel und Direktinvestitionen weisen darauf hin, daß sich weltweit ein Trend von Markt zu Integration vollzieht. Nach wie vor kommt aber den Marktvarianten Export und Import die höchste Priorität zu. Wenngleich Deutschland seine Rolle als „Exportweltmeister" in den letzten Jahren an die USA verloren hat, u.a. auch wegen Verschiebungen in den Währungsrelationen, so zeichnet es sich nach wie vor weltweit durch den höchsten Pro-Kopf-Export (Abb. 2) aus (Simon, 1996).

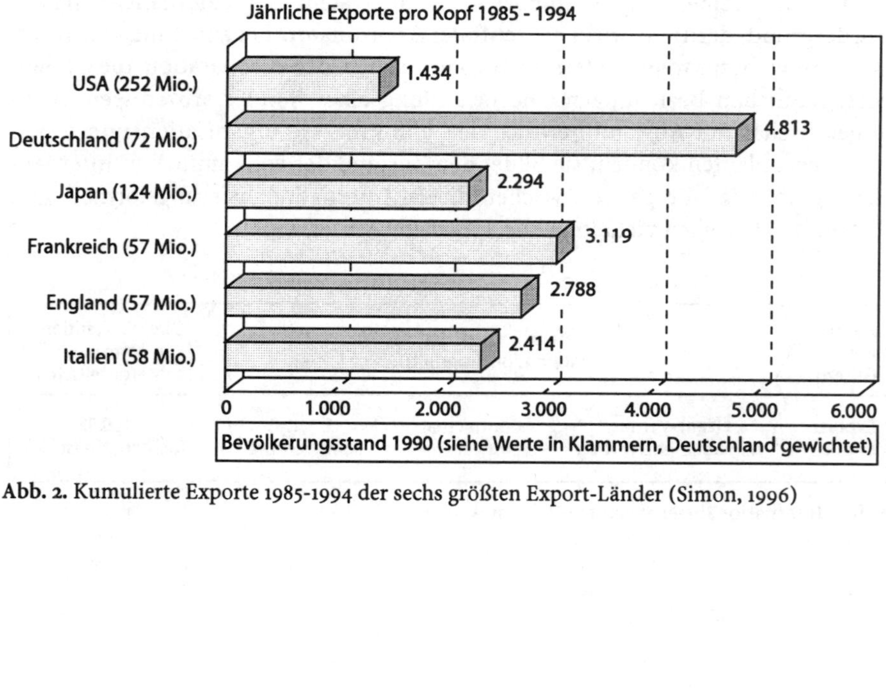

Abb. 2. Kumulierte Exporte 1985-1994 der sechs größten Export-Länder (Simon, 1996)

Einen hohen Anteil an dieser beachtlichen Performance haben KMU. Um das noch nicht erschlossene Potential weiter auszuschöpfen, kommt deren internationalem Marketingmanagement in Zukunft ein wachsender Stellenwert zu.

Beim Beschaffungsmanagement sind die Vorteile sog. Y-Kooperationen in Erwägung zu ziehen. Zwei oder mehrere Unternehmen verbinden sich, um die kritische Masse in der Beschaffung zu vergrößern. KMU können sich die immer häufiger praktizierte europaweite oder weltweite Einkaufbündelung von Handelsunternehmen zum Vorbild nehmen (Eurozentralisierung des Einkaufs, Eurokontore, Überseeeinkaufkooperationen) (Zentes, 1995). Gerade bei mittelständischen Zuliefererunternehmen können ähnliche Formen gemeinsamer Internationalisierung zu Rationalisierungseffekten führen. Das hat das 1995 durchgeführte Verbundprojekt „Einkaufkooperationen mittelständischer Unternehmen in Baden-Württemberg" unter Beweis gestellt, an dem sich dreizehn Firmen der Automobilzulieferer- und metallverarbeitenden Industrie beteiligt haben. Den Kooperationspartnern ist es gelungen, ein dichtes Netzwerk von wechselseitigen Informations- und Kommunikationsbeziehungen aufzubauen. Die Prozeßeffizienz der einzelnen beschaffungswirtschaftlichen Teilschritte konnte deutlich gesteigert werden. Zugleich verbesserten sich die Produkt- und Markttransparenz für alle Partner. Die teilweise Spezialisierung der Partner auf bestimmte Märkte förderte die Einbeziehung internationaler Beschaffungsquellen. Die Volumenbündelung bewirkte eine deutlich gestärkte Verhandlungsposition. Das Niveau der Einkaufspreise reduzierte sich von 1 bis 15 % bei den gemeinsam bearbeiteten Warengruppen (Voegele, 1996). Ähnliche Effekte können bei kooperativen Forschungs- und Entwicklungsprojekten erzielt werden, um steigende F- und E-Investitionen bei Verkürzung der Produktlebenszeiten aufzufangen. In der Großindustrie gibt es bereits vielfältige Beispiele, so im Bereich der Halbleitertechnik, der Automobil-, Luft- und Raumfahrtindustrie (Zentes, 1995).

Von KMU bereits seit einem Vierteljahrhundert entwickelt, hat die kosteninduzierte Verlagerungsstrategie auch heute noch ihre Bedeutung. Vor allem in der Textil- und Bekleidungswirtschaft, der lederverarbeitenden Industrie und in Feinmechanik und Elektrotechnik hat es sich – insbesondere bei lohnintensiven Fertigungen – bewährt, nach dem Modell der sog. verlängerten Werkbank Vorprodukte an kostengünstige Standorte zu exportieren, um die Fertigprodukte nach erfolgter Veredelung zu reimportieren. Den Weg hierfür haben Assoziierungs- und Freihandelsabkommen zolltechnisch geebnet. Nicht selten beginnt ein Unternehmen zunächst mit der Vergabe von Lohnaufträgen an einen Geschäftspartner im Ausland. Um die Fertigungskapazität, die Produktqualität und Lieferbereitschaft zu sichern, evtl. um Steuerbegünstigungen auszuschöpfen, kann sich aus einer solchen Zusammenarbeit eine Kooperation entwickeln. Aus dieser kann aus vielerlei Motiven schließlich eine Direktinvestition in Form einer hundertprozentigen Tochtergesellschaft erwachsen. Häufig werden diese Umwege vermieden und es kommt gleich zur Form des alleinigen Investments.

Die Praxis zeigt, daß die Wahl der Form häufig intuitiv erfolgt und von Zufällen abhängig ist. In den letzten Jahren hat die Zahl der Ost-West-Joint Ventures vor allem in Polen, Tschechien und Ungarn stark zugenommen. Aus der Beratungspraxis der deutsch-ungarischen Industrie- und Handelskammer, Budapest, haben sich Kriterien herauskristallisiert, die für ein Engagement in Gestalt eines Joint Venture sprechen, und solche, die eine hundertprozentige Tochtergesellschaft vorteilhafter erscheinen lassen (Abb. 3). Diese Kriterien eignen sich für alle Auslandsengagements und verdienen deshalb Berücksichtigung.

Nach den Erfahrungen der deutsch-ungarischen Industrie- und Handelskammer besteht eine eindeutige Tendenz hin zur hundertprozentigen Tochtergesellschaft. So produziert die deutsche Textilindustrie, die vor allem in Mittel- und Osteuropa aktiv ist, 63 % ihrer Auslandsproduktion in eigenen Betriebsstätten, 13 % in Gemeinschaftsunternehmen und den Rest im Wege der Lohnveredelung oder in ähnlichen Kooperationen (FAZ, 26. Juni 1996). Die Vorbehalte gegen Joint Ventures rühren vor allem aus dem nicht unbeträchtlichen Konfliktpotential her. Interessengegensätze können entstehen bei der Kompetenzverteilung, der strategischen Ausrichtung und der Gewinnverwendung. Fällt trotzdem die Entscheidung zugunsten einer Kooperation, so empfiehlt sich ein gut ausgereifter Gesellschaftsvertrag. Dabei wird dann überwiegend eine Mehrheitsbeteiligung angestrebt. Diese Grundsätze sind gültig für Projekte in europäischen Standorten, vor allem in Mittel- und Osteuropa.

In weiter entfernten Regionen mit andersartigen Mentalitäten und auch kooperationsbegünstigenden rechtlichen Regelungen wächst die Tendenz zu Joint Ventures. Dies gilt vor allem für den asiatisch-pazifischen Raum. Die EU-Kommission rät generell den KMU, bei Internationalisierungsvorhaben Kooperationsmöglichkeiten auszuschöpfen.

Zusätzlich stehen KMU immer wieder vor der Frage, ob sie das geplante Auslandsengagement durch Unternehmenskauf bzw. -übernahme oder durch Neugründung vollziehen sollen.

Auch hier hat die deutsche Auslandshandelskammer in Ungarn zutreffende Kriterien (Abb. 4) ermittelt. Dabei erscheinen die Vorteile einer Neugründung als die Nachteile einer Übernahme und umgekehrt.

Nach Feststellungen der Kammer ziehen 80 % der deutschen Investoren eine Neugründung vor. Sie wollen es vermeiden, alte Einrichtungen und Organisationen, eventuell gar alte Seilschaften zu übernehmen. Sie wollen auch Restrukturierungsmaßnahmen nicht auf sich nehmen, die häufig mit Entlassungen verbunden sind. Wenn allerdings die Altlasten sicher überschaubar sind und die Übernahme einen konkreten strategischen Vorteil aufgrund eines Markennamens, eines bestehenden Vertriebsnetzes oder einer Monopolstellung verschafft, kann auch Kauf oder Übernahme einer Firma eine interessante Alternative sein.

Gründe für die Wahl eines Joint Ventures (nach Rangfolge):	Gründe für eine hundertprozentige Tochtergesellschaft (nach Rangfolge):
1. Nutzung des Know-hows des Partners im ausländischen Standort	1. Ausreichendes Know-how im Betrieb vorhanden, um eigenes Konzept zu verwirklichen
2. Geringerer Kapitalaufwand und damit Risikominderung	2. Alleinbeherrschung der Tochter im Ausland
3. Erleichterter Zugang zu Lieferanten, Abnehmern, lokalem Kapitalmarkt und Behörden	3. Übertragung der Unternehmensphilosophie
4. Langjährige Geschäftsbeziehung zu ausländischem Partner	4. Einfachere Integration in den Unternehmensverbund
5. Herantasten an den Markt vor größeren Investitionen	5. Geheimhaltung der Produkte/Dienstleistungen
6. Aufbau eines „nationalen Images"	6. Umstrukturierung eines bestehenden Unternehmens zu aufwendig und zu risikoreich
7. Vermeidung von Vorbehalten gegen Engagements ausländischer Unternehmen	7. Adäquater Joint Venture-Partner nicht gefunden
8. Rechtliche Gründe (sofern Begrenzung von Mehrheits- oder Alleineigentum)	

Abb. 3. Entscheidungskriterien für die Eigentumsform (Deutsch-ungarische Industrie- und Handelskammer, 1995, S. 44-45)

Gründe für den Markteintritt durch Unternehmenskauf bzw. -übernahme (nach Rangfolge):	Gründe für den Markteintritt durch Neugründung (nach Rangfolge):
1. Schnellerer Markteintritt	1. Einfachere Übertragung der Unternehmensphilosophie
2. Nutzung der vorhandenen Ressourcen	2. Ausreichendes Know-how für eigenes Konzept im Betrieb vorhanden
3. Einfachere Integration in das Gastland	3. Einfachere Integration in den Unternehmensverbund
4. Übernahme von bestehenden Marken	4. Umstrukturierung eines bestehenden Betriebs zu aufwendig und zu riskant
5. Nutzung der vorhandenen Lieferanten und Abnehmer bzw. allgemeiner Kontakte	5. Kein geeigneter Betrieb zum Aufkauf vorhanden
6. Tradition	
7. Niedriger Kaufpreis	

Abb. 4. Entscheidungskriterien für den Markteintritt (Deutsch-ungarische Industrie- und Handelskammer, 1995, S. 46-47)

2.4 Zielregionen

2.4.1 Entwicklungsphasen und Internationalisierungsetappen

Für ein KMU ist es angesichts begrenzter Ressourcen bei den Management-Kapazitäten und Finanzen ausgeschlossen, gleichzeitig oder in kurzer Zeitabfolge die Internationalisierung auf eine größere Anzahl von Zielregionen zu erstrecken. Wichtig ist es deshalb, Prioritäten zu setzen und die grenzüberschreitenden Aktivitäten schrittweise zu intensivieren. Kriterien für das Vorgehen ergeben sich aus den vorstehend aufgeführten Motiven in Verbindung mit den alternativen Transaktionsformen. Bei der ausländischen Investitionstätigkeit deutscher Unternehmen kristallisieren sich regionale Schwerpunkte deutlich in Abhängigkeit vom Investitionsmotiv heraus. Dominiert das Absatzmotiv, dann orientieren sich die Unternehmen auf Nordamerika, auf westeuropäische Länder sowie zunehmend auch auf Länder in Asien. Im Vordergrund steht dabei der Zugang zu großen Märkten. Ist hingegen eine Produktionsverlagerung aus Kostengründen für die Investitionsentscheidung maßgeblich, dann wählen deutsche Unternehmen bevorzugt mittel- und osteuropäische Länder sowie einige ausgewählte kostengünstige Länder in Asien als Zielregion. Für viele Zielländer von Direktinvestitionen lassen sich die Motive jedoch nicht scharf voneinander trennen. So gewinnen z.B. auch in der Tschechischen Republik inzwischen absatzorientierte Auslandsinvestitionen erkennbar eine hohe Bedeutung. Eine besonders günstige Motivkonstellation trifft für deutsche Direktinvestitionen in Großbritannien zu. Deshalb war und bleibt Großbritannien der bevorzugte Standort für deutsche Unternehmen.

Diese Alternativen unterstreichen, daß sich die Internationalisierungsstrategie durch eine hohe Komplexität der Entscheidungsparameter auszeichnet, zumal wir uns bereits in der vierten Phase der Internationalisierung befinden (Scholz, 1995).

Während der ersten Phase in den 60er Jahren wurden die nationalen Verhaltensmuster noch ohne große Adaption auf den internationalen Bereich übertragen. Neue Märkte wurden mit den geltenden Strategien vor allem im Wege des Außenhandels erreicht. Direktinvestitionen konzentrierten sich vor allem auf Entwicklungsländer. Seit Mitte der 70er Jahre traten in der zweiten Phase die spezifischen Unterschiede der jeweiligen Zielregionen stärker in den Vordergrund und bestimmten eine angepaßte Wettbewerbsstrategie. Die dritte Phase war durch die Triade-These beherrscht und stellte die Auseinandersetzung der drei Wirtschaftsräume Europa, Nordamerika und Asien, speziell Japan, in den Mittelpunkt. Nicht zuletzt dieser Ansatz hat die Harmonisierung innerhalb des EG-Wirtschaftsraumes vorangetrieben. Dieser Prozeß hat auch die KMU veranlaßt, sich vorrangig innerhalb dieses Raumes zu bewegen und damit den Intra-EG-Handel zu stärken.

In der heutigen vierten Phase nun erweitert sich der Horizont: Im Sinne konzentrischer Kreise liegt jenseits des Heimatmarktes zunächst der europäische Markt. Dieser zerfällt in Teilmärkte mit unterschiedlichen Integrationsniveaus: Europäische Union, Europäischer Wirtschaftsraum (EWR), Rest-Efta-Staaten und mittel- und osteuropäische Staaten. Der weitere Kreis außerhalb Europas umfaßt alle Zielregionen, die für Globalisierungsaktivitäten in Frage kommen.

Dieses Bild verdeutlicht die Notwendigkeit, die Europäisierung und Globalisierung als komplexe Herausforderung mit einer schrittweisen, in sich stimmigen Internationalisierungsstrategie zu bewältigen (Scholz, 1995).

Aus diesem Gesichtspunkt heraus hat die Europäische Union zusammen mit ihren Mitgliedsstaaten die Unterstützungsprogramme für die KMU bewußt so angelegt, daß diese vorrangig befähigt werden, auf dem Binnenmarkt selbst Fuß zu fassen, bevor sie dessen Grenzen überschreiten.

Die Eroberung des Binnenmarktes soll für KMU also regelmäßig der erste Schritt auf dem Wege zur Internationalisierung sein. Die EU will sie ermutigen, Nationalgrenzen zu überschreiten, um ihre Produkte zu verkaufen, ihre Dienstleistungen im Ausland zu erbringen, oder strategische Allianzen mit anderen Unternehmen in der EU zu schmieden, mit anderen Worten, sich im Wege der Europäisierung zu internationalisieren. Erst der zweite Schritt auf dem Weg zur Internationalisierung - ein Schritt, der tatsächlich manchmal als erster unternommen wird - soll dann darin bestehen, dritte Märkte zu erobern. Aus der Einsicht heraus, daß Europas Zukunft auch in Geschäftsbeziehungen liegt, die auf den Rest der Welt orientiert sind, erwartet die EU, daß die KMU in dieser Hinsicht eine wachsende Rolle spielen (Verdin, 1995).

2.4.2 Markt- und Standortpräferenzen

Um die Akzente richtig setzen zu können, müssen die Marktpotentiale und deren Entwicklung verglichen werden. Auf der Exportseite verdienen hierbei nach den EU-Ländern sowie den mittel- und osteuropäischen und den EFTA-Staaten vor allem der wachstumsstarke asiatisch-pazifische Raum und Nordamerika (NAFTA) Beachtung.

Die Struktur des deutschen Exports weist auf, daß die verschiedenen Branchen unterschiedlich exportstark sind. Innerhalb der einzelnen Branchen ist überdies die Abhängigkeit von Auslandsmärkten sehr verschieden ausgeprägt. In 10 Branchen geht mehr als die Hälfte der Produktion auf Auslandsmärkte. Hohe Exportanteile am Gesamtumsatz haben vor allem Textilien (73 %), Datenverarbeitungsgeräte (72 %), Feinmechanik, Optik (63 %) und Musikinstrumente, Spielwaren (60 %).

Die Importe aus den einzelnen Weltregionen ergeben ein ähnliches Bild wie die entsprechenden Exporte. Die Prozentanteile bei den Beschaffungen aus MOE-Ländern und aus dem asiatisch-pazifischen Raum übersteigen allerdings nicht unwesentlich die Ausfuhranteile.

Die Präferenzen für Direktinvestitionen liegen nach Werten von 1994 schwergewichtig in den USA (76,4 Mrd. DM Bestand). Auf den nächsten Plätzen folgen neun europäische Standorte. Zweitbedeutendstes außereuropäisches Investitionsland ist Brasilien mit einem Bestand von 10,6 Mrd. DM. Danach folgen Japan (8 Mrd. DM), Kanada (7,8 Mrd. DM), Mexiko (4,1 Mrd. DM), Australien (3,3 Mrd. DM), Südafrika (2,4 Mrd. DM) und Argentinien (2,0 Mrd. DM).

Hinter allen diesen Zahlenwerten verbergen sich auch Engagements von KMU, wenngleich diese ihr Potential bislang bei weitem nicht so intensiv wie die Großunternehmen genutzt haben und an den Wachstumsmärkten dieser Welt recht unterschiedlich partizipieren. Als vorbildhaft können hier die besonders weltmarktorientierten mittelständischen „Hidden Champions“ (Abb. 5) bewertet werden.

Diese ca. 500 dynamischen deutschen Unternehmen weisen im Durchschnitt 9,6 eigene ausländische Niederlassungen auf. Die Schwerpunkte solcher Produktions- bzw. Verkaufs- und Serviceniederlassungen sind über den ganzen Globus verteilt (Simon, 1996).

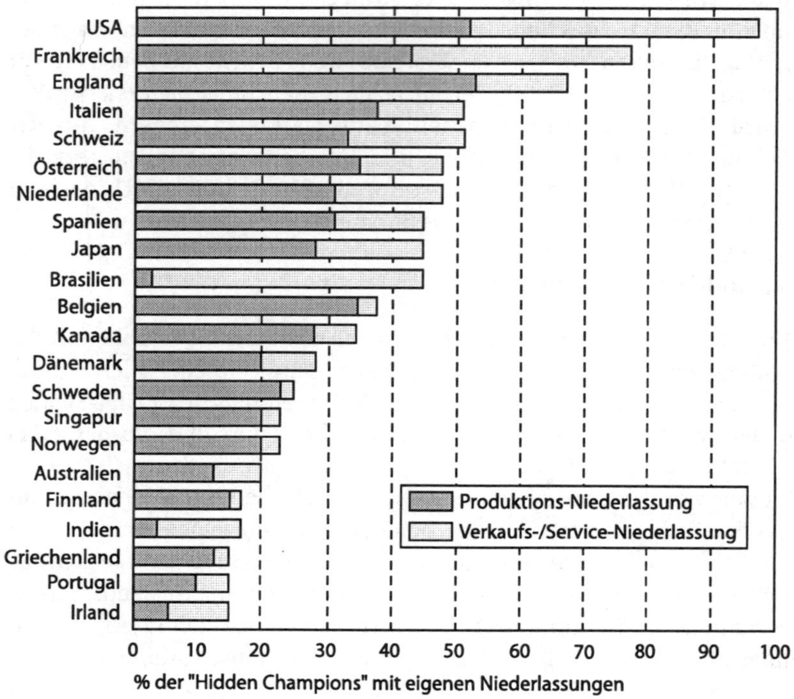

Abb. 5. Auslandsniederlassungen der „Hidden Champions“, (Simon, 1996)

2.4.3 Aspekte für einzelne Zielregionen

Europa

Immer wieder diskutiert wird die Frage, ob es schon einen „europäischen Konsumenten“ gibt. Bei Bejahung wäre es nicht erforderlich, vor dem Export in einen europäischen Nachbarmarkt Produktanpassungen vorzunehmen. Es ist wohl richtig, daß sich eine solche Nivellierung, wie sie zwischen den einzelnen Staaten der USA gang und gäbe ist, in Europa noch nicht eingestellt hat. Gleichwohl erscheint ein „Euro-Marketing“ überall dort praktikabel, wo es sich um weitestgehend standardisierte Produkte handelt und wo deren Bedienung einfach ist. Seit Einführung einer europäischen Marke gemäß Verordnung vom Januar 1994 wird der Trend zur Vereinheitlichung zunehmen. In vielen Fällen müssen aber andersartige Erwartungen, produktbezogene Werthaltungen und Entscheidungskriterien wie auch regionale Verbrauchergewohnheiten berücksichtigt werden. Dabei wird sich häufig herausstellen, daß die anvisierte Zielgruppe im Ausland eine Modifikation des deutschen Standards erwartet. Vor allem bei hochwertigen Investitionsgütern kommt ein Euro-Marketing nur unter Vorbehalt in Betracht. Hier sind auf die Ansprüche des Kunden zugeschnittene Serviceleistungen häufig für den Markterfolg bestimmend.

Während das Wachstum der deutschen Ausfuhren in die EU-Länder 1995 lediglich 3,6 % betrug, nahm der Export in die Länder Mittel- und Osteuropas um 13,4 % zu. Dieses unterschiedliche Entwicklungsmuster wird sich voraussichtlich fortsetzen. Gerade auch für KMU bietet der Transformationsprozeß in den MOE-Staaten weiterhin gute Chancen für die Lieferung ihrer Produkte. Besondere Aufmerksamkeit verdienen Polen, Tschechien und Ungarn mit Exportsteigerungen 1995 gegenüber dem Vorjahr in Höhe von fast 23 % bei den ersten beiden, von gut 10 % beim letzten Wirtschaftspartner. Hinzukommen neuerdings auch Kroatien und Slowenien. Dies zeigt, daß die wirtschaftliche Öffnung der Reformstaaten von der deutschen Wirtschaft positiv angenommen wird. Dies bestätigt die Prognos-Studie 1996, wonach lediglich 32 % der Unternehmen, die neue Exportbeziehungen schaffen wollen, sich dabei nach Westeuropa orientieren, 58 % indes nach Osteuropa. Hierbei geht es vor allem um die Branchen Chemie, Pharma, Elektrotechnik, Maschinenbau, Bauwirtschaft sowie Straßenfahrzeugbau und industrienahe Dienstleistungen (Prognos-Consult, 1996).

Bei der Erschließung neuer Beschaffungsquellen dominiert laut Prognos ebenfalls das Interesse an Osteuropa; vor allem die Industriebranchen und die Bauwirtschaft wollen zunehmend ergiebige Beschaffungsmärkte dieser Region nutzen.

Auch bei den Produktionsverlagerungen, die 27 % der Unternehmen im Zeitraum von 1996 bis 2000 planen, liegt Osteuropa als Zielregion mit 61 % weit vor China (34 %), Westeuropa (23 %) und Indien (21 %).

Unter den Investitionsmotiven in Osteuropa stehen nach einer Studie der IHK zu Münster die niedrigen Arbeitskosten bei 90 % der Unternehmen an erster Stelle. Dabei messen den niedrigen Löhnen in den osteuropäischen Transformationsländern auch in Zukunft noch 72 % der Befragten große bzw. sehr große Bedeutung bei Investitionsentscheidungen bei. Für 67 % der befragten Unternehmen stellt die Sicherung bestehender Märkte ein wichtiges Argument für ihre Entscheidung dar. Hinzu kommen die Erschließung neuer Märkte (52 %), bessere Einkaufs- und Beschaffungsmöglichkeiten (43 %) sowie die Nutzung des Standorts als Exportbasis (34 %). Ein hohes Verlagerungsinteresse Richtung Osteuropa ist bei Straßenfahrzeugbau, Maschinenbau, Elektrotechnik und Chemie/Pharma vorhanden. Mit Abstand beliebteste Standorte sind Polen, Tschechien und Ungarn mit einem Kapitalstand 1995 an deutschen Investitionen von 1,8 Mrd., 4,5 Mrd. bzw. 5,1 Mrd. DM. 80 % der Firmen sind mit ihrer Entscheidung zufrieden und loben Engagement und Ausbildung der dortigen Arbeitnehmer. Als Problembereiche werden Bürokratie, Zoll- und Versandverfahren erwähnt (Wettwer, 1996; Prognos-Consult, 1996, S. B 87).

Beim Aufbau neuer Kapazitäten liegt Osteuropa nach China und noch vor Nordamerika und dem übrigen Südostasien auf dem 2. Rang. Auf Westeuropa richten sich die Investitionsabsichten zahlreicher industrienaher Dienstleister, gefolgt von Osteuropa und dem übrigen Südostasien. In West- und Osteuropa liegen auch geplante Investitionsschwerpunkte der Bauwirtschaft, der Kredit- und Versicherungswirtschaft sowie der Verkehrsdienstleister. Diese Branchen einschließlich der Medienunternehmen sind es, zu deren bevorzugten Strategien strategische Allianzen gehören, um die europäischen Märkte zu erschließen. Westeuropäische Partner stehen dabei an erster Stelle, gefolgt von osteuropäischen Unternehmen (Prognos-Consult, 1996).

Diese Internationalisierungsaktivitäten werden laut DIHT insbesondere im europäischen Ausland zunehmend von KMU getragen. Darin kommt ein Unterschied zu amerikanischen Unternehmen zum Ausdruck, die sich in mittel- und osteuropäischen Ländern zumeist auf große Projekte beschränken.

Asien-Pazifik

Der Raum Asien-Pazifik gewinnt wachsende Bedeutung. Der Anteil dieser Zielregion am deutschen Export hat sich zielstrebig bis auf 11,7 % (1995) ausgeweitet und wächst im Jahresdurchschnitt um mehr als 10 %. Dementsprechend ist es deutschen Unternehmen gelungen, den seit 1990 geschrumpften Marktanteil 1995 wieder auf 4,8 % auszubauen. Verstärkt haben auch die KMU am hohen Wirtschaftswachstum in der asiatisch-pazifischen Weltregion und den sich daraus ergebenden Lieferchancen teil. Die Absatzerfolge in Asien gewinnen dadurch an Gewicht, daß der Anteil der asiatischen Importmärkte am Welthandel ständig zunimmt. Das enorme Marktpotential, das diese Region der deutschen Wirtschaft bietet, wird durch den Vergleich deutlich, daß die Unternehmen aus den USA einen Marktanteil von fast 17 %, aus Japan von 22 % erobert haben.

Das große Interesse, das der überproportional wachsende chinesische Markt für deutsche Lieferungen vor allem aus den Branchen Maschinenbau, Elektrotechnik und Chemie/Pharma auf sich zieht, darf nicht dazu verleiten, das um ein vielfaches höhere Marktpotential Japans zu übersehen. Dessen Anteil am deutschen Export liegt 1995 unverändert bei 2,6 % gegenüber China mit 1,5 % und Korea mit 1,2 %.

Diese drei Länder sind es auch, die in der deutschen Importstatistik die Hauptrolle spielen. So liegen die Beschaffungen aus Japan bei 5,5 %, aus China bei 2 % und aus Korea bei 1,2 % der deutschen Importe, während der gesamte asiatisch-pazifische Raum mit beachtlichen 15,2 % fast den doppelten Wert der Importe aus Nordamerika (NAFTA) erreicht.

Anläßlich eines Mitte Juni 1996 von DIHT und BDI veranstalteten Mittelstandsforums wurde deutlich, daß eine eigene Präsenz in Japan vorteilhaft ist, um den Marktanteil der Wettbewerber in Grenzen halten zu können. Nach Erfahrungen des badischen Unternehmers Gustav Eirich wirken japanische Referenzen in den übrigen Ländern Ost- und Südostasiens als „Türöffner" (Stüwe,

FAZ, 26. Juni 1996). Andererseits ergeben sich für deutsche Unternehmen nach Feststellung des DIHT besondere Investitionschancen durch Bestrebungen einzelner Länder, von dem sehr starken Engagement japanischer Unternehmen nicht allzu abhängig zu werden. So können deutsche Unternehmen vor allem in Korea, Taiwan und Vietnam davon ausgehen, von den jeweiligen Regierungen präferiert zu werden (Europäische Kommission, 1996).

Nachdem in den vergangenen Jahren vor allem die deutschen Großunternehmen in großem Stil im Asien-Pazifik-Raum investiert haben – 1995 gibt es z.B. bereits rund 1.200 deutsch-chinesische Gemeinschaftsunternehmen mit einer Investitionssumme von 631 Mio. DM –, beginnen auch die KMU, die steigenden Exporte in die Wachstumsmärkte Südostasiens durch Direktinvestitionen in Service-Niederlassungen und Produktionsstätten zu flankieren. Wegen der großen geographischen Distanz ist es verständlich, daß deren Investitionsbereitschaft in dieser Zielregion deutlich geringer als in Mittel- und Osteuropa ausfällt. Die begrenzten Management-Ressourcen und die geringere Investitionsstärke mittelständischer Unternehmen wirken sich hier hemmend aus. Die begrenzten Finanzmittel führen häufig dazu, das Engagement durch die Lieferung von Investitionsgütern aus Deutschland zu kapitalisieren (Europäische Kommission, 1996).

Diese Schwächen können in dieser Weltregion, wie die deutschen Unternehmer Heraeus und Eirich betonen, am ehesten durch Kooperationen oder Allianzen mit Partnern ausgeglichen werden (Lawaczek, 1996; Stüwe, FAZ, 26. Juni 1996). Ein bewährtes Modell stellt dabei laut Eirich die Gründung von Gemeinschaftsfirmen für Vertrieb und Service durch mehrere deutsche Hersteller dar, deren Produkte sich ergänzen (Eirich, 1996).

Zusätzlich ist es gerade für mittelständische Unternehmen besonders schwierig, die mentalitätsbedingten und sprachlichen Probleme eines unternehmerischen Engagements in einer fremden Region mit völlig anderen gesellschaftlichen und historischen Entwicklungen zu beherrschen. Ein Lösungsansatz besteht darin, geeignete Mitarbeiter vor Ort zu rekrutieren und diese in einem Joint-Venture-Unternehmen noch vor deutschen Mitarbeitern in höchste Führungsverantwortung einzusetzen (Lawaczek, 1996).

Mit solcherart Maßnahmen können auch die deutschen KMU verstärkt zu Investitionsengagements im Asien-Pazifik-Raum übergehen und dazu beitragen, den unterdurchschnittlichen Anteil dieser Region an den deutschen Direktinvestitionen zu erhöhen. Dieser liegt bei weniger als 4 %, während 16 % auf die USA und 63 % auf Europa entfallen. Das verstärkte Engagement ist schon deshalb nötig, da Deutschland auf die Absatzmärkte in Fernost angewiesen ist, um Arbeitsplätze im eigenen Land zu sichern. Weil sich aber diese asiatisch-pazifischen Märkte auf Dauer nur von der Region aus erfolgreich bearbeiten lassen, sind eigene Stützpunkte vor Ort notwendig. Nur so kann auch eine Schwachstelle der deutschen Außenwirtschaft, nämlich verbesserungswürdiger „After-Sales-Service", behoben werden. Dies kann nach Leibinger am ehesten mit einheimischen Kräften vor Ort geschehen (Stüwe, FAZ, 26. Juni 1996).

Mittelständische Unternehmen sollten ein Engagement im südostasiatischen Raum nicht auf die lange Bank schieben, sondern möglichst in nächster Zukunft ihre Präsenz aufbauen. Gleichwohl ist die für China formulierte Empfehlung des ostasiatischen Vereins (OAV) allgemein zutreffend, zunächst den Markt und den potentiellen Partner durch Handelsgeschäfte kennenzulernen, bevor ein gemeinsames Unternehmen gegründet wird. Dabei wird es für alle Branchen immer schwieriger, mit China reine Handelsgeschäfte zu betreiben. Die Regierung in Peking versucht nämlich, systematisch Importe durch Ansiedlung ausländischer Unternehmen, bevorzugt in Form von Gemeinschaftsunternehmen, zu ersetzen. Die Produktionsstätten werden dann durch hohe Importsteuern und ein Ansiedlungsverbot für weitere ausländische Unternehmen geschützt. Dies gilt z.B. für die Autoindustrie und ist für die Autozulieferer und die Computerindustrie zu erwarten. Schwierigkeiten bereitet allerdings der Umstand, daß es mittelständische Partnerfirmen in China nur in den Sonderwirtschaftszonen gibt. Geeignete Partnerunternehmen sind überdies schwierig zu finden (OAV – FAZ 3. Juli 1996 „Mittelständler haben es in China schwer"). Kontaktmöglichkeiten bieten sich bei Fachmessen und Symposien, wie der deutsch-chinesischen Mittelstandskonferenz, die im September 1995 in Peking stattfand (Wirtschaft und Markt, 1996).

Motivierend ist immerhin die Feststellung des Asien-Pazifik-Ausschusses der deutschen Wirtschaft, daß 81 % der in China tätigen deutschen Unternehmen noch einmal in dem Land investieren und daß sich 58 % für denselben Kooperationspartner entscheiden würden (Stüwe, FAZ, 3. Juli 1996). Voraussetzung für die Zufriedenheit ist unter anderem die Qualifikation der Mitarbeiter und die Seriosität der Partner, die bisweilen ein unternehmerisches Interesse an der Kooperation vermissen lassen (Lawaczek, 1996).

Nordamerika (NAFTA)

Der wirtschaftsstarke nordamerikanische Markt verdient auch bei den KMU erhöhte Zuwendung. Der Anteil dieser Weltregion am deutschen Export ist 1995 auf 8,5 % abgesunken. Eine wesentliche Ursache für diese Exportschwäche liegt in den überraschenden Wechselkursveränderungen gegenüber dem US-Dollar vom Frühjahr 1995. Es kann davon ausgegangen werden, daß die deutschen Exporte nach Nordamerika ab 1996 wieder stärker zunehmen. Dafür spricht auch die erwartete Fortsetzung der grundsätzlich positiven Wirtschaftsentwicklung, vor allem in den USA und Kanada. Dagegen werden die deutschen Exporte nach Mexiko durch die Nachwirkungen der dortigen Finanzkrise nach wie vor beeinträchtigt.

Um verlorengegangene Marktanteile zurückzugewinnen – diese lagen 1987 in Nordamerika (ohne Mexiko) noch bei 6,1 %, sind 1994 bis auf 4,3 % abgesunken und haben sich 1995 leicht auf 4,4 % erhöht –, sind in erster Linie neben wettbewerbsfähigen Preisen auf den US-Markt zugeschnittene Produkte und Marktbearbeitungsstrategien erforderlich. Die deutsch-amerikanische Handelskammer berichtet, daß sich das Marketing deutscher Unternehmen seit kurzem verbessert hat. Dies wird nicht zuletzt auf die zunehmende Marktpräsenz mit eigenen

Vertriebsniederlassungen und Produktionsstätten zurückgeführt. Diese vermitteln den Unternehmen eine größere Marktkenntnis. Fertigende Tochtergesellschaften vermindern das Wechselkursrisiko und stärken die Position im Preiswettbewerb.

Gerade auf dem nordamerikanischen Markt ziehen - wie erwähnt - häufig große Investitionen anschließend Investitionen deutscher KMU nach sich. In den meisten Fällen sehen Zulieferunternehmen in diesem Schritt eine wesentliche Chance, ihre bisherigen Geschäftsbeziehungen aufrechtzuerhalten. Dieser Zusammenhang wird bei den jüngsten Engagements deutscher Automobilunternehmen in den USA deutlich.

Hinzu kommt, daß die fortschreitende Integration in der nordamerikanischen Freihandelszone NAFTA den Wettbewerb für Exportlieferungen aus Drittländern erschwert, während sich für die Unternehmen der beteiligten Partnerländer Wettbewerbsvorteile gegenüber Lieferungen aus Drittstaaten ergeben. So konnte sich Mexiko in der kanadischen Außenhandelsstatistik 1995 erstmals vor Deutschland plazieren. In Mexiko wiederum wird die USA-Präsenz zunehmend intensiver. Auch deshalb sehen sich deutsche Unternehmen - auch KMU - vor der Herausforderung, investive Engagements in einem Land innerhalb der Freihandelsgemeinschaft NAFTA vorzunehmen, um von dort aus die anderen Länder beliefern zu können (Europäische Kommission, 1996).

Auch als Beschaffungsmarkt darf Nordamerika, insbesondere die USA, nicht gering geschätzt werden. Zwar hat sich der Anteil Amerikas am deutschen Import so gut wie nicht verändert. Der NAFTA-Raum, in der letzten Zeit durch die niedrige Dollarbewertung begünstigt, hat immerhin einen Anteil von gut 8 % am deutschen Import 1995, mithin etwa gleich viel wie Japan und China zusammengenommen. Die aktivere Einstellung zum Export in Nordamerikas Wirtschaft und Verwaltung bietet auch den KMU eine Chance zur Diversifizierung der Beschaffungsquellen.

Lateinamerika (ohne Mexiko)

Ein KMU, das aus gesättigten Märkten ausbrechen und Wachstumsmärkte erschließen möchte, kommt früher oder später an Lateinamerika nicht vorbei. Zwar liegt der Anteil dieser Region am deutschen Export 1995 erst bei 2,1 %. Die überdurchschnittlichen Wachstumsraten dieser Region erschließen jedoch ein beachtliches Zukunftspotential. Brasilien, Argentinien und Chile stehen dabei im Vordergrund, gefolgt von Kolumbien und Venezuela. Aufschlußreiche Details über die Wettbewerbsposition der deutschen Wirtschaft in Lateinamerika ergeben sich aus einer Untersuchung der Econ-Consult, Köln (Econ-Consult, 1996).

80 % der in dieser Studie befragten Unternehmen gehören zu den KMU mit maximal 500 Mitarbeitern, 33 % zählen zu Kleinunternehmen mit höchstens 50 Beschäftigten. Bei diesen Firmen ist die EU nach wie vor der bedeutendste Zielmarkt mit einem Anteil von ca. 50 % an den außenwirtschaftlichen Aktivitäten, jedoch mit abnehmender Tendenz. Auf Rang 2 folgen mit 15 % bereits die Märkte in Fernost, mit 10 % die USA mit Kanada und Osteuropa mit 9 %.

Lateinamerika wurde mit durchschnittlich 6 % angegeben. Dieser um den Faktor 3 über dem Exportanteil der Bundesstatistik liegende Wert erklärt sich dadurch, daß 40 % der befragten Unternehmen noch nicht oder nur mit weniger als 2 % in Lateinamerika tätig sind. Dies gilt insbesondere für die Gruppe der kleinen Unternehmen mit einem Umsatz bis zu 10 Mio. DM. Andererseits ist gerade in dieser Gruppe auch eine Vielzahl von Unternehmen enthalten, die in Lateinamerika bereits mit einer Exportquote von über 10 % aktiv sind. Dies beweist, daß kleinere Spezialisten durchaus Marktchancen in Lateinamerika erfolgreich wahrnehmen können.

Als Stärke deutscher Unternehmen im Lateinamerika-Geschäft werden Technologie, Qualität der Produkte und Dienstleistungen sowie Lieferzuverlässigkeit hervorgehoben. Zu den typischen Schwächen rechnen mangelnde Einstellung auf die Mentalität der Geschäftspartner, unzureichende Präsenz vor Ort und nicht marktgerechte Finanzkonzepte einschließlich Preispolitik. Der Vorsprung der wichtigsten Mitbewerber aus den USA und aus anderen europäischen Ländern wird dadurch erklärt, daß deren Stärken/Schwächen-Profil genau umgekehrt gestaltet ist.

Für ca. 60 % der befragten Unternehmen besitzt das Marketinginstrument „Beteiligung an einer Auslandsmesse" eine große, wenn nicht gar die ausschlaggebende Bedeutung. Dies gilt bei den KMU in der Umsatzgröße von 21 bis 50 Mio. DM sogar für 77 %. Als Hauptschwierigkeit im Lateinamerika-Geschäft wird Suche und Auswahl eines geeigneten Vertreters bezeichnet.

Für die Zukunft wird ein deutlicher Anstieg der Exporte in einer Größenordnung von durchschnittlich 20 %/Jahr erwartet. Besondere Chancen werden der Umwelttechnik, der Telekommunikation und dem Transport gegeben. Positive Geschäftsentwicklungen im Südamerika-Geschäft erwarten aber auch Maschinen- und Anlagenbau, metallverarbeitende Industrie, Kfz-Industrie und Zulieferunternehmen sowie Chemie. Aus ähnlichen Gründen wie im Nordamerika-Geschäft wachsen auch die deutschen Direktinvestitionen in Lateinamerika spürbar. Auch hier stimuliert der südamerikanische gemeinsame Markt MERCOSUR investive Engagements. Diese ersetzen in 7 % der Fälle Exporte, ergänzen diese in ca. 26 % der Fälle. Der Gesamtbestand an deutschen Direktinvestitionen von ca. 26 Mrd. DM Ende 1994 (einschließlich Mexiko) wird sich unzweifelhaft nachhaltig erhöhen. Brasilien liegt dabei im Zentrum des Interesses und vereinigt auf sich fast die Hälfte dieses Wertes (Econ-Consult, 1996).

2.5 Koordination der Auslandsaktivitäten

Die wachsende Bedeutung der grenzüberschreitenden Aktivitäten verlangt auch von den KMU, ihre Wettbewerbspositionen durch systematische Internationalisierung zu sichern. Die daraus resultierende Notwendigkeit, in größeren Marktzusammenhängen zu agieren, erhöht den unternehmerischen Koordinationsaufwand beträchtlich (Zentes, 1995). Das Global-Sourcing mag dabei am ehesten beherrschbar erscheinen. Aber schon hier können Logistik, Vertragsgestaltung und Abwicklung, Finanzierung und Qualitätssicherung nicht unbeträchtliche

Probleme mit sich führen. Nicht zu unterschätzen sind die Abstimmungsprozesse bei grenzüberschreitenden Forschungs- und Entwicklungaktivitäten, bei denen es auch um Normung, Patentwesen und Datenbankrecherchen geht.

Bei Verteilung der Fertigung auf verschiedene internationale Standorte muß sich ein KMU dessen bewußt sein, daß hier ein besonderes Maß an Koordinationsaufwand erforderlich wird. Beispielgebend ist die Organisation des Fertigungsverbundes der Firmengruppe Stihl. Alle Produkte und Produktionsverfahren werden zentral im deutschen Stammhaus entwickelt. Die Fertigung erfolgt dezentral, um die jeweiligen Standortvorteile auszuschöpfen und die Chancen einer marktnahen Herstellung wahrzunehmen. Voraussetzung und zugleich Ergebnis dieser Strategie ist ein permanenter Erfahrungsaustausch und Know-how-Transfer innerhalb der Firmengruppe. Durch eine reibungslose Koordination des Fertigungsverbundes werden Wettbewerbsvorteile erschlossen. Bedingung sind gleiche Qualitätsstandards für alle Produkte und sämtliche Teile. Für die in- und ausländischen Fertigungsstätten muß deshalb das gleiche Qualitätsmanagementsystem mit einheitlichen Maßstäben angewendet werden. Hier empfiehlt sich ein durchgängiges unabhängiges Qualitäts-System-Audit. Das gleichartige Qualitätsniveau kann dadurch gesichert werden, daß auch in den ausländischen Fertigungsbetrieben das duale System der deutschen Facharbeiterausbildung praktiziert wird. Dies kann im Regelfall nur mit Hilfestellung durch das deutsche Stammhaus realisiert werden. Die für die Auslandstöchter adäquaten Ausbildungssysteme und -pläne können in Zusammenarbeit mit Colleges und innerbetrieblichen Ausbildern entwickelt und gemeinsam durchgeführt werden. Vorteilhaft kann es sein, neben der Produktentwicklung auch den Sondermaschinenbau im deutschen Stammsitz zu konzentrieren. Weitere unabdingbare Voraussetzung für das Funktionieren eines internationalen Fertigungsverbundes ist ein moderner, weltweit integrierter Datenverbund.

Ein beachtliches Koordinationsproblem stellt die Aufteilung der Fertigungskapazitäten auf die einzelnen Produktlinien dar. Hier kann sich eine differenzierte Gestaltung bewähren, bei der gleiche Produkttypen und Teile an zwei oder drei Standorten weltweit hergestellt werden. Ein solches vielseitiges Beziehungsgeflecht ermöglicht eine kostengünstigere und risikolose Produktion, da auf den Verbund zur Befriedigung eines möglichen zusätzlichen Bedarfs auf einem Markt zurückgegriffen werden kann. Aus der Parallelität der Produktion an verschiedenen Standorten folgt indes ein weiteres Problem, da diese untereinander im Wettbewerb um das Produktionsvolumen der Firmengruppe stehen. Dieser firmeninterne Konkurrenzkampf setzt kreative Kräfte frei. Das eigene Interesse der einzelnen Standorte kann sich jedoch mit dem Gesamtinteresse der Firmengruppe reiben. Die Koordinationsaufgabe – eine Chefsache ersten Ranges – besteht darin, zwischen beiden Polen eine Synthese zu finden, die eine optimale Leistung gewährleistet. Im Ergebnis muß demzufolge das Individualinteresse hinter dem Gesamtinteresse zurücktreten. Die Entscheidungen in den einzelnen Betrieben sind dem Gruppenzusammenhang unterzuordnen (Stihl, 1994).

Der Grad der erforderlichen Koordinierung hängt schließlich maßgeblich auch davon ab, ob eine Auslandsfertigung in eigenen Tochtergesellschaften erfolgt oder ob statt dessen Kooperationsformen vorgezogen werden. Die Koordinationsnotwendigkeit bezieht sich auch auf Produktgestaltung und Werbestrategie. In beiden Bereichen ist zu entscheiden, ob eine Standardisierung ausreicht oder ob der Markterfolg durch eine Differenzierung bei vertretbaren Mehrkosten nennenswert erhöht werden kann. Hier gelten die oben angestellten Überlegungen zum „Europäischen Konsumenten". Während auf dem Europäischen Binnenmarkt fortbestehende soziokulturelle Unterschiede mit Auswirkungen auf Produktgestaltung und -werbung in Rechnung gestellt werden müssen, zeichnen sich die amerikanischen und asiatischen Binnenmärkte ähnlicher Größe durch von deutschen Vorstellungen zwar verschiedene, in sich jedoch geschlossenere Nachfragementalitäten aus (Seidel, 1995).

3 Informations- und Beratungsstrukturen für KMU

Internationalisierungsentscheidungen stellen für KMU somit eine besondere Herausforderung dar. Häufig fehlen ihnen internationale Erfahrung und qualifiziertes, mit Auslandsmärkten vertrautes Personal. Die erforderliche Anpassungsbereitschaft an neuartige Marktbedingungen ist noch nicht ausreichend entwickelt. Besonders für diejenigen Unternehmen, die erst am Beginn der Internationalisierung stehen, stellt die Informationsbeschaffung ein Hauptproblem dar. Im einzelnen fehlen Informationen z.B. über Auslandsmärkte, mögliche Geschäftspartner und Konkurrenten, über das Geschäftsgebaren im Ausland, alternative Absatzwege und Finanzierungsmöglichkeiten (Rohrmeier, 1987). Karla H. Beijs, Präsidentin des KMU-Ausschusses des Europäischen Parlaments, bestätigt, daß sich ein exportinteressiertes Kleinunternehmen weniger um Investitionskapital Sorgen macht, als z.B. um Informationen über den Markt in Thailand. Es fragt sich, weshalb ein KMU aus Taiwan derart leicht Zugang zum europäischen Markt findet, während der Export nach Taiwan so schwierig erscheint. Ein europäisches KMU will daher wissen, wie der jeweilige Markt aussieht und wie er erreicht werden kann („Partnership '95", S. 17).
Sobald allerdings KMU bereits im Ausland operieren und ihre Aktivitäten lediglich ausbauen wollen, wirkt sich das Informationsproblem erfahrungsgemäß weniger hinderlich aus. Aufgrund der vorhandenen Auslandserfahrungen ist die Methodik der Informationsgewinnung über Auslandsmärkte zumindest in Grundzügen bereits vorhanden.

Insgesamt gesehen sind die Schwierigkeiten der KMU bei der Informationsbeschaffung über Auslandsmärkte größer als bei Firmen mit mehr als 500 Beschäftigten (Rohrmeier, 1987).

Hinzu kommt, daß die KMU gegenwärtig noch nicht so häufig von den neuen Kommunikations- und Informationstechnologien Gebrauch machen wie Großunternehmen. Als Hemmnis für die Nutzung dieser neuen technologischen nstrumente erweisen sich die Einstiegskosten sowie fehlende Qualifikationen (Europäische Kommission, 1995).

Aus allem folgt, daß KMU, um das Internationalisierungspotential umfassend ausschöpfen zu können, im Vergleich zu Großunternehmen in erhöhtem Maße auf Information, Beratung und Unterstützung angewiesen sind. Die erforderlichen Strukturen hierfür sind vorhanden.

3.1 Industrie- und Handelskammernetz

Die 83 deutschen Industrie- und Handelskammern bilden zusammen mit den 50 deutschen Auslandshandelskammern, den 10 Delegiertenbüros und 12 Repräsentanzen der deutschen Wirtschaft in 67 Ländern ein in Außenwirtschaftsthemen kompetentes Informations- und Beratungsnetz, dessen Dienstleistungen vor allem auf KMU ausgerichtet sind. Die Kammern informieren über alle Gesetze, Verordnungen und sonstigen amtlichen Bestimmungen des In- und Auslandes, die für die Anbahnung und Durchführung von Außenhandelsgeschäften wichtig sind. Dazu gehören Handelsverträge und internationale handelspolitische Abkommen, Außenwirtschaftsvorschriften und Verfahrensregelungen sowie Steuer- und Finanzbestimmungen im Außenwirtschaftsverkehr. Kammerzeitschriften, Rundschreiben und Merkblätter sowie Vortragsveranstaltungen über außenwirtschaftliche Themen, Auslandshandelskammer- Sprechtage und Seminare informieren über alle Fragestellungen im Zusammenhang mit Internationalisierungsvorhaben, wie Marktdaten, Absatz-, Beschaffungs- und Investitionsmöglichkeiten, Kooperationsmodelle etc..

Zusätzlich forcieren die Kammern im In- und Ausland Vermittlungsaktivitäten. Im Rahmen von Firmenkontakttreffen werden ausländische Unternehmen bestimmter Branchen nach Deutschland bzw. deutsche Unternehmen ins Ausland eingeladen, um gezielt mit kooperationsbereiten Firmen über neue Geschäftsmöglichkeiten verhandeln zu können. Mit ähnlicher Zielsetzung organisieren die Kammern auch Auslandsdelegationsreisen und Beteiligungen an Auslandsmessen. Hinzu kommt die Vermittlung von Warenangeboten und -nachfragen aus dem Ausland, von in- und ausländischen Vertriebs- und Fertigungspartnern, von Auskünften und Unterstützungen bei Messebeteiligungen. In einer Schiedsrichterfunktion vermitteln und schlichten die Kammern bei Meinungsverschiedenheiten zwischen in- und ausländischen Firmen. Mit ihrer Expertise ebnen sie den KMU den Weg auf Auslandsmärkte und tragen Sorge für Exporterfolge, Erschließung neuer Beschaffungsquellen, Etablierung von Joint Ventures und Tochtergesellschaften.

Um mittelständischen Unternehmen der Umwelttechnik zu helfen, sich stärker in Wachstumsmärkte zu integrieren und die dort vorhandenen starken Barrieren für den Mittelstand zu überwinden, sind gemeinsam mit dem Bundeswirtschaftsministerium bei den Auslandshandelskammern in Bangkok, Bombay, Jakarta, Kuala Lumpur und Shanghai seit Mitte 1996 Umweltmanager eingesetzt worden. Sie sollen deutsche Unternehmen über Marktchancen informieren und den Weg für Geschäftsabschlüsse ebnen. Berater mit gleichen Aufgaben sind seit kurzem auch in den osteuropäischen Wachstumsmärkten bei den Kammern in

Polen, Tschechien und Ungarn sowie im größten lateinamerikanischen Markt Brasilien in Sao Paulo tätig.

Ein neues Instrument zur Förderung von KMU stellt die Organisation sog. Firmenpools dar. Kammern sensibilisieren nach diesem Konzept sich ergänzende und gleichgesinnte deutsche Unternehmen, zusammen neue Märkte im Ausland anzugehen. Mehrere Pilotprojekte, z.B. der IHK Düsseldorf in der Ukraine, zeigen, daß die Bündelung von Interessen durch Errichtung eines gemeinsamen Stützpunktes die Markterschließung für alle Mitglieder des Firmenpools erleichtert. Informationsbeschaffung und auch Vermittlung von Fördermöglichkeiten können bei dieser Form der Zusammenarbeit optimiert werden. Bisweilen etablieren sich derartige Firmenpools unter der Schirmherrschaft der jeweiligen Auslandshandelskammer im Zielland.

Die Inanspruchnahme des Kammernetzes gewährleistet für das beratene Unternehmen, daß neueste Informationstechnologien genutzt werden, die den umfassenden Zugriff auf aktuelle Unternehmens- und Marktdaten der Auslandsmärkte ermöglichen.

3.2 Außenwirtschaftspolitische Maßnahmen des Bundes und der Länder

Neben dem Wettbewerb der Standorte etabliert sich zunehmend auch ein Wettbewerb der Außenwirtschaftsförderung. Auf Auslandsmärkten konkurrierende Unternehmen aus anderen Staaten konnten bis Anfang der 90er Jahre im Unterschied zu deutschen KMU nennenswerte Förderpräferenzen nutzen. Seit etwa vier Jahren kommen auch deutsche Unternehmen in den Genuß einer aktivierten Außenwirtschaftspolitik. Vor allem das Auswärtige Amt und das Bundeswirtschaftsministerium bieten neue Konzepte und profilieren sich stärker als bisher als Begleiter der Wirtschaft auf dem steinigen Weg in neue Märkte. Ein interministerieller Ausschuß sorgt für die Koordination zwischen beiden Ministerien, einbezogen sind zusätzlich die Ministerien für Wirtschaftliche Zusammenarbeit, Bildung und Forschung sowie die Bundesländer. Nach ihrem neuen Aufgabenverständnis stehen die Botschaften und Generalkonsulate seitdem mehr und mehr für die Belange gerade auch der mittelständischen Wirtschaft zur Verfügung. Ein eigenes Referat im Auswärtigen Amt ist eingerichtet, um Einzelunternehmen behilflich zu sein.

Das Bundesministerium für Wirtschaft widmet sich in dieser Zielsetzung einer aktiven Betreuung von Unternehmensprojekten und organisiert mit der Wirtschaft gemeinsame Reisen in interessante Märkte. Gerade im Asiengeschäft wird die Partnerschaft von Bundesregierung und Wirtschaft, die die Position der Unternehmen aufwertet, begrüßt. Ergänzt werden diese Aktivitäten durch wirksame Maßnahmen der Außenwirtschaftsförderung einzelner Bundesländer, allen voran Baden-Württemberg, Bayern und Nordrhein-Westfalen.

In diese Optik passen die integrierten Regionalkonzepte der Bundesregierung. Dazu gehört das Asienkonzept vom Oktober 1993, das eine in sich abgestimmte und von entsprechenden Maßnahmen begleitete Orientierung auf den wichtigen asiatisch-pazifischen Raum vermittelt (Winter, 1996). Entsprechende Konzepte sind mittlerweile für andere Regionen entwickelt.

Nach dem Vorbild des bewährten Ostausschusses der deutschen Wirtschaft wurde 1993 der Asien-Pazifik-Ausschuß (APA) als gemeinsame Institution von DIHT, BDI und Ostasiatischem Verein gegründet. Er wird gemeinsam von Inhabern und Führungskräften mittelständischer und großer Unternehmen geleitet und verfolgt zwei Grundzielsetzungen:

- Das Bewußtsein deutscher Unternehmer für den asiatisch-pazifischen Raum soll gefördert und die Relevanz der asiatisch-pazifischen Entwicklung für jeden Unternehmer klar verdeutlicht werden.
- Die ökonomischen Rahmenbedingungen für ein Engagement deutscher Unternehmen im asiatisch-pazifischen Raum sollen verbessert werden.

Aus dieser Arbeit, der Bündelung der Kräfte und dem Ausbau der Informations- und Beratungsnetze können die KMU in beträchtlichem Umfang Nutzen ziehen.

Zu diesem Beratungs- und Servicenetz zählen seit Jahren die Bundesstelle für Außenhandelsinformationen (BfAI) in Köln und deren Korrespondenten in allen wichtigen Märkten. Hier erhält die Wirtschaft aktuelle und gut recherchierte Informationen für ihre Internationalisierungsaktivitäten.

Als Ansprechpartner und Wegbegleiter, insbesondere bei Delegationsreisen, empfehlen sich auch die in einzelnen Bundesländern aktiven Gesellschaften für Außenwirtschaftsförderung, wie beispielsweise die Gesellschaft für internationale wirtschaftliche Zusammenarbeit Baden-Württemberg GmbH (GWZ) in Stuttgart.

3.3 Auslandsmessen, Deutsche Häuser, Verbände und SES

Auslandsmessen werden immer wieder als ein wichtiger „Schlüssel für das Auslandsgeschäft" empfohlen. Zu Recht gewinnen sie im Marketingmix mittelständischer Unternehmen immer stärker an Bedeutung. Um eine Beteiligung zu erleichtern, organisieren Bund, Länder, Kammern und Verbände an wichtigen Messeplätzen im Ausland Gemeinschaftsstände. Vielfach wird die Teilnahme durch Bundes- oder Länderförderprogramme nennenswert unterstützt. Für interessierte KMU empfiehlt sich eine gezielte Beratung durch die IHK oder den zuständigen Fachverband. Die regionalen Schwerpunkte dieser Messeförderung liegen neben Südamerika vor allem in Südostasien. In diesen schwierigen Auslandsmärkten ist nicht nur die Finanzierung firmenübergreifender Aufwendungen willkommen, sondern vor allem die organisatorisch-technische Abwicklung. Als Vorstufe von Produktausstellungen haben sich im Sinne von praxisbezogenen Markttests technische Symposien und Prospektausstellungen auf Auslandsmessen gut bewährt. Bei dieser schlichten Präsentation erhält die mittelständische Wirtschaft die Chance, ohne große Kosten und Risiken einen möglichen Einstieg in attraktive Märkte und die Resonanz des eigenen Produktionsprogramms zu testen.

Wirtschaftsverbänden, die ohnehin für ihre Mitgliedsfirmen einen hochkompetenten Beratungsservice bieten und vor allem auch immer wieder erfolgversprechende Symposien und Delegationsreisen organisieren, kommt der Verdienst zu, maßgeblich das Konzept für die „Deutschen Industrie- und Handelszentren“ bzw. die „Deutschen Häuser“ gemeinsam mit außenwirtschaftlich engagierten Bundesländern entwickelt zu haben. Deren authentische Zielgruppe sind die KMU, denen der Markteintritt am jeweiligen Standort erleichtert werden soll. So bietet das aus einer Initiative des VDMA entwickelte „Deutsche Haus“ in Singapur in einem Gebäudekomplex mit einer Gesamtnutzfläche von ca. 20.000 qm für interessierte Firmen Büro- und Ausstellungsflächen, Konferenz- und Schulungsräume sowie Montage-, Service-, Produktions- und Lagerräume. Da mittlerweile auch die deutschen Auslandshandelskammern und Delegiertenbüros der deutschen Wirtschaft diese Einrichtungen mittragen, kommt nun ergänzend die Beratungskomponente hinzu. So kann etwa Fachpersonal für Service, Applikation, Marketing, Produktion und Einkauf vermittelt werden. Diese Zentren stehen als Stützpunkte für mittelständische Produktions- und Dienstleistungsunternehmen aus ganz Deutschland offen, sind privatwirtschaftlich organisiert und bieten kostengünstige Miet- und Betreuungskonditionen. Weitere „Deutsche Häuser“ sind an anderen Standorten in den Wachstumsmärkten der asiatisch-pazifischen Region und in Lateinamerika vorhanden, im Entstehen oder in Planung, so in Bangkok, Bombay, Jakarta, Seoul und Peking. Sie erleichtern vor allem mittelständischen Unternehmen den Sprung in die jeweilige Region und ersparen Kosten für die Errichtung einer eigenen Niederlassung.

Der deutsche Senior-Expert-Service, der über 3.000 Experten zum Einsatz bringt, bietet sich zunehmend auch als aktiver Dienstleister für mittelständische Unternehmen im schwierigen Auslandsgeschäft an. KMU können sowohl im technischen als auch im kaufmännischen Bereich auf die Auslandserfahrungen der Seniorexperten zurückgreifen.

3.4 Maßnahmen der Europäischen Union

Am 20. März 1996 hat die Kommission der Europäischen Gemeinschaften einen Vorschlag für einen Beschluß des Rates über ein drittes Mehrjahresprogramm für kleine und mittlere Unternehmen in der Europäischen Union (1997 bis 2000) vorgelegt. Eines der fünf mit diesem Programm verfolgten Ziele lautet: „Unterstützung der Europäisierung und Internationalisierung der Unternehmensstrategien von KMU, insbesondere durch bessere Information“ (Europäische Kommission, März 1996, S. 45 ff).

Grundlage für diesen Vorschlag ist die Erkenntnis der Kommission, daß die Globalisierung der Märkte wachsenden Einfluß auf die Wettbewerbslage bei den europäischen KMU hat. Deshalb soll erreicht werden, daß sie ihre Strategien auf der Grundlage besserer Kenntnisse sowohl des strategischen Vorsprungs ausländischer Konkurrenten als auch der Besonderheiten der avisierten Märkte anpassen können. Gedacht ist insbesondere an die neu entstehenden und schnell wachsenden asiatischen und pazifischen Märkte.

Nach Ansicht der Kommission muß ein Großteil der Anstrengungen auf der Ebene der Mitgliedsstaaten geleistet werden. Doch will auch die Gemeinschaft selbst eine wesentliche Rolle spielen. Sie hat vor, Gemeinschaftsprogramme mit der Zielsetzung, die internationale Zusammenarbeit zu unterstützen, stärker auf KMU auszurichten. Dies betrifft u.a. die Erleichterung von Partnerschaften und Joint Ventures mit Unternehmen in Drittländern.

Zusätzlich zu den im integrierten Programm für die KMU vorgeschlagenen Maßnahmen möchte die Kommission den Zugang zu Marktinformationen erleichtern, die Netze und Partnerschaftsprogramme für die Unternehmenskooperation verbessern und Pilotaktionen entwickeln. Fact-Finding-Missionen sollen durchgeführt, Kooperationsmodelle für die Erschließung von Drittlandsmärkten getestet und schließlich die Teilnahme kleiner Unternehmen an Handelsmessen in Drittländern, zumindest mit gemeinsamen Ständen, gefördert werden.

Das Maßnahmenpaket hat im einzelnen sechs Stoßrichtungen. Dabei wird der Stärkung der Euro-Info-Center (EIC) als alleiniger erster Anlaufstelle hohe Bedeutung beigemessen. Sie haben die Aufgabe, den KMU einen besseren Zugang zu Informationen über Gemeinschaftsaktionen zu verschaffen. Ihr Informationsdienst soll unter Einbeziehung proaktiver Informationsmittel neu ausgerichtet werden und auch den Zugang von KMU zu globalen oder regionalen Marktinformationen erleichtern. Dabei ist vorgesehen, die Partnerschaft der EICs mit den nationalen und lokalen Einrichtungen, insbesondere den Industrie- und Handelskammern, Entwicklungsbüros und nationalen Behörden zu erweitern. Überdies möchte die Kommission Stellen in Drittländern, z.B. in Asien oder Lateinamerika, einbinden, zu denen einige EICs bereits Arbeitsbeziehungen unterhalten und die den europäischen KMU bei der Suche von Absatzmärkten helfen können (Europäische Kommission, September 1995, S. 35).

Es hat den Anschein, als nutzten deutsche KMU dieses EIC-Netzwerk noch nicht in ausreichendem Maße. Da es eng mit dem Informations- und Beratungsservice der Industrie- und Handelskammern verbunden ist, kann es auch über diese erschlossen werden. Das gleiche gilt für die weiteren Haupt-Netzwerke (Abb. 6) der Gemeinschaft, die auf die Internationalisierung der KMU ausgerichtet sind.

Die EU-Programme zur Förderung der Zusammenarbeit mit Drittländern, wie Phare (Länder Mittel- und Osteuropas), Tacis (GUS und Mongolei), Med-Invest (Drittländer der Mittelmeerregion) und AL-Invest (lateinamerikanische Länder), sollen es vorrangig den beteiligten Ländern ermöglichen, unternehmenspolitisches Know-how und bestehende Vermittlungsnetze zu nutzen. Umgekehrt bieten diese Programme aber auch den KMU aus der EU Gelegenheit, die durch die Gemeinschaftsprogramme für sie in den Drittländern gebotenen Möglichkeiten zu erschließen.

Name	Anzahl der Mitglieder und geographische Ausdehnung	Funktion
EIC DG XXIII	229 EU + EFTA 20 Korrespondenzzentren in MOL, Mittelmeerländer	Information und Beratung für Unternehmen, insbesondere KMU, über Gemeinschaftsrecht und -programme
BC-Net DG XXIII	300 Berater in 38 Ländern weltweit	Unterstützung von Unternehmen bei der Etablierung internationaler Partnerschaften durch entsprechende Beratung vor, bei und nach der Partnersuche
BRE DG XXIII	500 Korrespondenten in 70 Ländern weltweit	Unterstützung der KMU bei der Partnersuche durch eine sehr weite Verbreitung von Kooperationswünschen
Europartenariat DG XXIII	60 nationale Berater in 60 Ländern (EU, Mittelmeerraum, MOL, Lateinamerika, Asien) arbeiten für 2 Europartenariatsveranstaltungen pro Jahr	Anregung von Kooperationen zwischen Unternehmen aus Förderregionen (Ziel 1, 2, 5b + 6) und Unternehmen aus anderen EU- und Nicht-EU Staaten
INTERPRISE DG XXIII	200 (wechselnde) Partner innerhalb der EU sind mit der Organisation von 40 bis 50 Veranstaltungen pro Jahr beschäftigt	Förderung der grenzüberschreitenden Kooperation zwischen KMU in Europa

Abb. 6. Haupt-Netzwerke der Gemeinschaft (Europäische Kommission, März, 1996)

4 Regionalisierung als Ergänzungsstrategie

Dieser Beitrag soll nicht zu der Schlußfolgerung verleiten, als sei für KMU allein eine Internationalisierungsstrategie der richtige Ansatz, um die Unternehmenszukunft zu sichern. So dynamisch der Prozeß der Globalisierung der Märkte gegenwärtig auch verläuft, er wird innerhalb der europäischen Länder und auch längs der nationalstaatlichen Grenzen gleichzeitig durch eine gegenläufige, nicht minder wesentliche Tendenz begleitet: die Rückbesinnung auf die Region als historisch-kulturell und wirtschaftsgeographisch definierten überschaubaren und identitätsstiftenden Raum. Mit dieser Renaissance der Regionen geht ein sich verstärkender Wettbewerb der Regionen untereinander einher. Es liegt im ureigensten Interesse jedes auch noch so kleinen Unternehmens, Teil eines möglichst wettbewerbsstarken Standortes zu sein. Dem dient es, wenn die Beziehungen innerhalb der Region gegenüber denjenigen nach außen erhöhten Stellenwert haben. Regionen fördern daher eine intensivierte Zusammenarbeit bei Forschung und Entwicklung, im Beschaffungs- und Vertriebsbereich, sie stimulieren in ihrem Rahmen Joint Ventures und verstärkte Zulieferbeziehungen in der Produktion. Sie bemühen sich um optimierte Kommunikationsbeziehungen (Electronic Mall) und vorteilhafte, gut vernetzte Infrastrukturen im Ausbildungs- und Verkehrsbereich.

Parallel zu Internationalisierungsvorhaben sollte ein KMU also auch Regionalisierungsstrategien entwickeln. Es muß sich mit der Frage auseinandersetzen, ob mit ähnlichem Wirkungsgrad nicht anstelle von Auslandsbeziehungen oder aber ergänzend dazu Geschäftsbeziehungen im engeren Umfeld der Region verstärkt werden können. Dafür sprechen häufig auch übergeordnete Erwägungen. Eine Bevorzugung der Region erspart es, Versorgungsströme von weither zu leiten, und vermindert die Abhängigkeit von fernen Standorten. Eine Regionalisierung kann auch aus ökologischer Rücksichtnahme sinnvoll sein, wenn Auslandsaktivitäten zu nennenswerten Transporten führen würden (Mayer/Tasch, 1996).

Letztlich kommt es darauf an, die beiden Strategien im Rahmen eines harmonischen Konzepts betriebsindividuell in Einklang zu bringen. Ein solches Konzept wird dann auch hohen Maßstäben einer modernen Unternehmensethik gerecht. Es berücksichtigt regionale Belange wie die Schaffung von Arbeitsplätzen und Einkommen ebenso wie das unternehmerische Interesse an langfristiger Sicherung der Wettbewerbsfähigkeit.

Summary

In those countries of Europe geared up to foreign trade, many companies are involved as a matter of course in commercial activities which transcend national boundaries. Almost all large-scale enterprises are indelibly marked by such an internationalization. Today, the SME (small and medium-sized enterprise) too is forced to focus upon and develop in a systematic way an internationalization concept tailored to its own commercial needs. When an SME takes the decision to engage in foreign operations, or moves to step up already existing ones, it is highly recommended that it takes an integral approach towards optimizing all those commercial aspects which have an effect on value added, such as personnel and administration, finance, research and development, procurement, production, logistics, and marketing. In this sense, it is important that any such reorientation strategy does not simply single out the aspect of internationalization. Essential too is that innovation is increased, quality-control management improved, and that a sharp eye kept on costs. Finally, workforce training and further training must be promoted, as must employees mobility and their ability to adapt to different cultural attitudes. The German Chamber of Industry and Commerce caters in the main to the needs of the SME , and has a range of information on such topics as foreign markets, potential commercial partners and competitors, commercial conduct abroad, alternative market outlets and financing possibilities, as well as briefings on all the laws, regulations, and other bureaucratic hurdles both at home and abroad. Any move towards internationalizing an SME should always be accompanied by an analysis of the question of whether, instead of – or, indeed, supplementary to – building up foreign relations, a strengthening of commercial contacts closer to home might bring about a similar effect. In the end it is a question of harmonizing the two strategies within a coherent concept which fits the individual needs of the company. If this is achieved, the concept will also live up to the demands of a modern corporate ethics.

Literatur

Aargauische Industrie- und Handelskammer (Juni 1996): KMU: Thesen zur volkswirtschaftlichen und gesellschaftlichen Bedeutung der KMU. 78. Jahrgang. Aarau.

Albach, Horst (1981): Die Internationale Unternehmung als Gegenstand betriebswirtschaftlicher Forschung. In: Internationale Betriebswirtschaftslehre. Wiesbaden.

Altmann, Jörn (1993): Außenwirtschaft für Unternehmen. Stuttgart/Jena.

BfAI (1985): Informationsbedarf und Informationsverhalten ausgewählter Wirtschaftszweige bezüglich außenwirtschaftlicher Information. Köln.

Deutsch-Ungarische Industrie- und Handelskammer (1995): Direktinvestitionen in Ungarn. Budapest.

Deutscher Industrie- und Handelstag (November 1995): Investitionen im Ausland, Investitionsabsichten deutscher Industrieunternehmen im Herbst 1995 für 1996, Ergebnisse einer Unternehmensbefragung. Bonn.

Deutscher Industrie- und Handelstag (Juni 1996): Außenhandel und Wettbewerbsfähigkeit, DIHT-Umfrage bei deutschen Auslandshandelskammern. Bonn.

Deutscher Industrie- und Handelstag (Juli 1996): Auslandsinvestitionen der deutschen Wirtschaft, DIHT-Umfrage bei deutschen Auslandshandelskammern. Bonn.

ECON-Consult (1996): Die Wettbewerbsposition der deutschen Wirtschaft in Lateinamerika, Untersuchung im Auftrag des Bundesministeriums für Wirtschaft, Abschlussbericht, Mai 1996, Köln.

Europäische Kommission, (8. September 1995): Bericht über die Koordinierung der Maßnahmen für die KMU und das Handwerk. Brüssel.

Europäische Kommission (08. November 1995): Das Beobachtungsnetz für KMU. Brüssel.

Europäische Kommission, (20. März 1996): Bericht über die Europäischen Unternehmen und ihr Potential für Beschäftigung, Wachstum und Wettbewerbsfähigkeit - Bedingungen für eine optimale Entfaltung. Brüssel.

Europäische Kommission (8. und 9. Juni 1995): Bericht über die Konferenz „Partnership '95 - Internationalization of SMES in the context of global economy, Stockholm". Brüssel.

Glabus, Wolfgang (1996): Das Tempo der Verlagerung steigt, die deutsche Textilindustrie schafft immer mehr Arbeitsplätze ins Ausland, Frankfurter Allgemeine Zeitung, Wirtschaft, 26.7.1996.

Goost, Fritz (1996): Die De-Industrialisierung schreitet voran. Frankfurter Allgemeine Zeitung, Wirtschaft, 11. Juni 1996.

Grant Thornton International (1996): Studie zur Geschäftslage europäischer KMU, Europas Mittelstand zuversichlich. Wirtschaft Regional, Nr. 7, 1996, S. 52-53.

Institut für Mittelstandsforschung (März 1993): Unternehmensgrößenstatistik 1992/93, Daten und Fakten, Bonn.

Lawaczek, Ralf (1996): Jürgen Heräus, Strategische Optionen für die Präsenz in den wachsenden Märkten Asiens, Signale 1/1996, S. 34-35.

Mayer-Tasch, Peter-Cornelius (10. Juni 1996): Europäischer Regionalismus: Das Netz mit vielen Knoten. Neue Zürcher Zeitung, S. 24.

Mugler, Josef (1995): Betriebswirtschaftslehre der Klein- und Mittelbetriebe, 2. Auflage, Wien/New York.

Perlitz, Manfred (1993): Internationales Management. Stuttgart/Jena.

Prognos-Consult GmbH (1996): Die Standortfrage aus der Sicht der Unternehmen; Jedes Vierte Unternehmen erwägt Verlagerung. Die Mehrheit sieht Europa als Chance. Handelsblatt, Sonderausgabe, 50 Jahre Handelsblatt, 15. Mai 1996, S. B 87

de Pury, David (1994): Wirtschaftliche und politische Herausforderungen für die Schweiz. In: VSIG-Mitteilungen, Vereinigung des Schweizerischen Import- und Großhandels, Heft 12, S. 11-14.

Rohrmeier, Dieter (1987): Die Bedeutung der Internationalisierung von Klein- und Mittelbetrieben für das Bankmarketing. München.

Salz, Jürgen/Triller, Ursula (1996): Neuer Auftritt, Trainingsplatz Deutschland. Wirtschaftswoche Nr. 29, 11.7.1996, S. 40-45.

Scholz, Christian (1995): Strategisches Euro-Management. In: Strategisches Euro-Management. Stuttgart.

Seidel, Fred (1995): Interkulturelles Marketing im Europäischen Kontext. In: Strategisches Euro-Management. Stuttgart.

Simon, Hermann (1996): Die heimlichen Gewinner. Frankfurt/New York.

Stihl, Geschäftsbericht für das Jahr 1994. Waiblingen.

Stremler, Alfons (1996): Business-Reengineering. In: Wirtschaft im Südwesten, Heft 6, Monatszeitschrift der IHK Hochrhein-Bodensee, Konstanz.

Stüwe, Heinz (1996): Leibinger: Unternehmer treten im Ausland für westliche Werte ein, Frankfurter Allgemeine Zeitung, Wirschaft, 26.Juni, 1996.

Stüwe, Heinz (1996): Mittelständler haben es in China schwer, Frankfurter Allgemeine Zeitung, Wirschaft, 3.7.1996.

Verdin, Christian (1995): Conference „Partnership '95 - Internationalization of SMES in the context of global economy", Stockholm, 8 and 9 June 1995, European Commission. Brüssel.

Voegele, Andreas R. (1996): Chancen und Grenzen mittelständischer Einkaufkooperationen, Vortrag bei der IHK Hochrhein-Bodensee, Konstanz, am 22. Mai 1996.

Walz, Friedrich und Gattiker, Christian (1996): Im Zeichen des Wettbewerbs. 17. Umfrage bei kleinen und mittleren Unternehmen (KMU), Der Monat, Heft 6, S. 28-29.

Wartenweiler, Roland (1995): Regionalisierung und Globalisierung, Erster Welthandelsbericht der Welthandelsorganisation, Neue Züricher Zeitung, 15.11.1995, S. 25.

Wettwer, Brigitte (1996): IHK-Umfrage, Engagement gelobt, Wirschaftswoche Nr. 29, 11.7.1996, S. 8-9.

Winter, Stefan (1996): Mitspieler oder Zaungäste? – Deutsche Unternehmen im asiatisch-pazifischen Zeitalter, Vortrag beim Asienkreis der Berliner Wirtschaft bei der BAO GmbH, Berlin, am 20. Juni 1996.

Wirtschaft und Markt (07/1996): Wirtschaftswunder im Reich der Mitte: Investitionen explodieren, S. 68-69.

Zentes, Joachim (1995): Wettbewerbsstrategien auf europäischen Märkten. In: Strategisches Euro-Management. Stuttgart.

American Subsidiaries of Foreign Business as Seen by the Hosting Country: Opportunities and Risks/ Experiences/Developments

P. D. Coverdell

1 History of Foreign Investment in the United States

Foreign investment in the United States has a long history. From the inception of the Republic, and particularly throughout the 19th century, foreign capital played a key role in the development of the American economy and in the emergence of the country's nascent industrial sector. The factors which attracted foreign capital from overseas then are remarkably similar to those drawing foreign investors to the United States today: an entrepreneurial society, a highly motivated and flexiblc workforce, and a business-friendly environment. What is also similar today is the fact that the United States finds itself dependent on foreign capital, albeit for different reasons than was the case a century or two ago.

The United States' historic open-door policy on foreign investment must also be seen in the context of America's ideological commitment to free trade in the 20th century. As the world's preponderant economic power at the end of World War II, the United States strove to expand opportunities for the export of American products and capital to all four corners of the globe. This policy was dictated not only by economic self-interest, but also by Cold War geopolitical considerations – principally the desire to bring Third World nations into the global free market system. Many of these nations were in fact hostile to or suspicious of multinational corporations, which they regarded more as economic predators than as sources of jobs and income for their peoples. Fortunately, these attitudes have undergone a revolutionary transformation over the past decade, as the reality of the global economy is obliging all nations – both developed and developing – to compete to attract foreign investment and the substantial economic benefits that come with it.

The United States, for its part, has practiced at home what it has preached around the world: U.S. legislation has consistently respected the principle of "national" – i.e., non-discriminatory – treatment of foreign firms (Jackson, Foreign Direct Investment, 1996). The actual American experience with foreign investment, however, has varied from one period in the nation's history to another. For example, by the turn of the 20th century, the U.S. had grown less dependent on foreign capital for its internal development – indeed, in 1900 American direct investment abroad actually surpassed foreign direct investment in the U.S. The two world wars only accentuated this trend, as the major industrial powers – Germany, Japan, the United Kingdom and France – were exhausted and in a weak position to export capital. The United States, meanwhile, was flush with capital to expend overseas.

This asymmetrical pattern began to change, however, in the decades following the second world war with the reemergence of parity among the world's major economic powers and with the increasing integration of world markets. As of 1980, direct foreign investment in U.S. businesses and real estate had thus reached $83 billion. Also as of 1980, overall foreign investment (including portfolio investment – U.S. Treasury securities and corporate stocks and bonds) – had reached $500 billion (Jackson, 1991). Nevertheless, the United States still remained the world's largest net creditor: in 1980, the assets Americans owned abroad exceeded the value of assets owned by foreigners in the U.S. by $187 billion (Jackson, Foreign Direct Investment, 1996).

Then in the 1980s occurred perhaps the most rapid and astonishing change ever to affect the global financial system: the United States almost overnight became the world's largest net international debtor, with foreigners holding by the end of the decade $664 billion more in U.S. assets than Americans held overseas – and $904 billion more by 1994. Not coincidentally, this shift was accompanied by a fourfold increase in foreign investment in the U.S. economy, which reached $2 trillion in 1989 (including $401 billion of direct foreign investment) – and surpassed $3 trillion by 1994 (Jackson, Foreign Direct Investment, 1996). Why this sudden and radical change? According to the Congressional Research Service:

> Economists generally believe that the surge in the foreign ownership of assets in the United States was driven by comparatively high real interest rates in the United States that resulted from Federal Reserve policies and the Federal Government's budget deficits, which raised the capital requirements of the United States. Foreign capital inflows allowed the United Staates to finance its allowed the United States to finance its consumption of foreign goods and (the) Federal Government's budget deficits at interest rates that were lower than would have been possible using strictly domestically available credit (Jackson, 1991).

In other words, the United States in the late 20th century – as at the beginning of its history – had become dependent on foreign capital. This was clearly not a healthy development insofar as it resulted from an inability of the American political system to restrain runaway federal spending. but the growth of foreign investment was also a natural consequence of America's integration in – and dependence upon – the global economy. In other words, it was a consequence of America's longstanding free market philosophy and policies.

Nevertheless, the sudden loss of America's global financial dominance brought the issue of foreign investment to the forefront of public debate for perhaps the first time in U.S. history. In particular, the acquisition of famous pieces of American real estate and well-known brand name products by foreign interests created the impression for some that the United States was a declining power and was losing control over its economic destiny (Jackson, 1991). It was also feared in some quarters that American high technology companies were being targetted for foreign takeover, with potentially negative consequences not only for the long term competive trade position of American business, but also for the national security. As a result, there have been some voices who, beginning in the 1980s, have argued that the United States should reexamine its traditional open-door policy towards foreign investment. At the same time, public anxicty has increased over the perceived costs to American workers of the nation's commitment to free trade and integration in the global economy.

According to the Congressional Research Service, however, most economists believe that the actual performance of foreign firms in the United States has emphatically demonstrated that foreign direct investment benefits the economy as a whole by "spurring competition, increasing consumers' choices and making the economy more productive and efficient" (Jackson, Foreign Direct Investment, 1996). Moreover, economists have tended to discount fears that foreign investment as such puts American technology at risk: the fact is that foreigners can obtain U.S.-developed technology without having to acquire American businesses, and they often bring new technology themselves to American business (Jackson, Foreigen Direct Investment, 1996). Such is the reality of the new global marketplace.

The fact of the matter is that foreign firms invest abroad simply because they believe it is profitable to do so. In this context, the phenomenal rise in foreign investment in the United States ought therefore to be seen not as a sign of American decline, but rather as an unqualified vote of confidence in the American economy as a profitable place in which to do business. Indeed, as Robert Samuelson has argued, the American economy is extraordinarily resilient – a veritable job machine:

> From 1979 to 1995, Western Europe created less than one job for every two new workers: 10.3 million jobs for 21.5 million added workers. Unemployment jumped from 5.7 percent to 11 percent. Meanwhile, the United States created 26 million jobs, absorbing 95 percent of new workers. The unemployment rate – though fluctuating over the business cycle – hasn't drifted up. It was 5.8 percent in 1979 and 5.6 percent in 1995 (Samuelson, 1996).

The link between foreign investment and the health and attractiveness of the U.S. economy is apparently a direct one: the 1980s boom in foreign investment ended with the onset of the U.S. recession in 1989, and resumed with the resumption of economic growth in the United States in 1992. In 1995 alone, total foreign investment in the United States reached nearly $400 billion, including $60 billion in direct investment in U.S. businesses and real estate (Jackson, Foreign Direct Investment in the United States: Gaining New Ground, 1996).

Interestingly, local officials throughout the United States appear to need no convincing that foreign capital is an unqualified good for their areas' economies. To be sure, the presence of foreign-based competitiors may have negative consequences for given domestic businesses. But the overall effect is clearly to enhance the perfomance and long-term growth of the economy, and in particular to help create or at least maintain jobs. For example, foreign-owned firms are estimated to have employed nearly 3.7 million Americans in 1988, with up to 1.6 million of these jobs having been created in the 1980-1988 period (Jackson, 1991). By 1994, the number of Americans employed by foreign firms had increased to nearly 5 million – roughly 5 percent of total U.S. employment. Moreover, the U.S. affiliates of foreign businesses increased their share of U.S. gross domestic product (GDP) from 3.4 percent in 1980 to 6.1 percent in 1993. Of course, it would be inaccurate simply to assert that without foreign investment five million jobs would not exist in America today. For one thing, some domestic industries have undoubtedly lost market share and jobs to better performing competitors now based in the United States. For another, much foreign investment has been directed towards the acquisition of already existing U.S. firms, thus not necessarily resulting in the creation of new employment but rather the retention of existing jobs. It is for this reason that, at the local level, such acquisitions are less prized than new "greenfield" investments, which can add to local employment levels (Jackson, Foreign Direct Investment in the United States: Gaining New Ground, 1996). But on the whole, it is indisputable that foreign investment has created or at least sustained millions of jobs in the United States that might otherwise have disappeared.

A closer look at the profile of foreign investment in the United States demonstrates the substantial benefits it brings to the American economy. For example, at a time when the U.S. economy has been progressively losing manufacturing jobs to overseas competition, it is interesting to note the solid contribution foreign investment is making to the manufactruing base of the United States. over 40 percent of foreign firms' employment is in the manufacturing sector – a figure twice the share of manufacturing in the U.S. economy as a whole. According to the Congressional Research Service, between 1988 and 1991 the number of foreign-owned manufacturing establishments increased by 40 percent, compared to a 3 percent increase in all U.S. manufacturing firms. Even more impressive is the impact on jobs, which counts most at the local level: between 1988 and 1991, manufacturing employment among foreign affiliates increased by 30 percent to reach 2 million, while employment in the U.S. manufacturing sector *declined* by 6 percent from 19.2 million to 18.1 million. Moreover, foreign-owned firms paid wages that were 14 percent higher on average than all U.S. manufacturing firms, had 40% higher productivity per worker, and 50% greater output per worker than comparable U.S.-owned manufacturing plants.

2 Sources of Direct Foreign Investment in United States

What are the sources of direct foreign investment in the United States? Investments by developed economies account for nearly 95 percent of all foreign direct investment in the U.S. The United Kingdom and Japan lead the way with over $132 billion and $108 billion respectively, according to 1995 figures. The next largest investors in U.S. business and real estate are the Netherlands ($67 billion), Germany ($48 billion), Canada ($46 billion) and France ($38 billion). Altogether, the members of the European Union account for $360 billion out of the $560 billion directly invested in the U.S. economy by foreign nations (Jackson, Foreign Director Investment in the United States, 1996).

In some cases, investments by one or two countries dominate certain industrial sectors: the Netherlands and the United Kingdom account for the bulk of foreign investments in the U.S. petroleum sector, while Japan is the single largest foreign investor in U.S. real estate, banking and finance. Investments by the United Kingdom, the Netherlands, Japan, Germany, and France account for 71 percent of the total amount of foreign investment in the manufacturing sector.

As indicated previously, U.S. national legislation has consistently respected America's traditional open-door approach to foreign investment. Both Republican and Democratic administrations have opposed efforts to interfere with such investment. Their concern has been mostly to reduce barriers to U.S. investment overseas and to achieve reciprocity from nations whose firms seek to invest in the United States. In the 1970s, the rise in investment from oil producing nations led Congress to enact legislation allowing Federal agencies to collect data on direct foreign investment (Jackson, 1991). And in 1988, Congress passed the Exxon-Florio provision, which enhances the President's authority to suspend, delay or prohibit acquisitions, mergers or takeovers of U.S. businesses which threaten to impair the national security. This provision, however, was not intended to inhibit direct foreign investment and has not often been invoked in recent years (Jackson, 1991).

On the whole, economists believe that foreign direct investment in the United States plays a relatively minor but positive role in the American economy – minor in comparison to the overall size of the economy, but important as a generator of capital, jobs, tax revenues and increased consumer choice as well as an incentive to better performance by domestic firms. Most economists, therefore, dismiss fears that foreign investment could serve to undermine United States control over its economic or political affairs, or result in losses of technology harmful to the national security. The fact is that foreigners invest in the American economy precisely because of its many strengths, and their participation only makes the economy stronger.

Even if Americans wanted to, however, it is no longer possible to put the genie of U.S. integration into the global economy back in its bottle. It is true that anxiety has increased in the United States over the vulnerability of the American economy to foreign competition, and the seeming "export" of industries and jobs overseas. This anxiety was reflected in the contentious political debate preceding the successful ratification by Congress of the North American Free Trade Agreement in 1994. But the fact of the matter is that the United States remains fundamentally committed to free trade – committed philosophically, because we believe that the free flow of goods and rational distribution of capital will boost production levels and standards of living all over the world. And committed because we believe that America can indeed compete successfully in the global marketplace – provided there is a level playing field.

But one critical element in this competition today is clearly a nation's ability to attract foreign capital. That is why I am very confident in predicting that the United States will continue to welcome and encourage foreign investment. Americans understand that one antidote to the potential "export" of American jobs in the global marketplace is the potential creation of jobs in the United States through foreign investment. Moreover, it is widely recognized that any attempt to control or limit foreign investment (for reasons other than protecting legitimate national security interests) could seriously damage the U.S. economy. It would harm American businesses, industries, workers and consumers (Jackson, 1991).

Thus it is not surprising that the debate among experts and policy-makers at the national level over the merits of an open-door approach to foreign investment in the United States has not been reflected at the state and municipal levels, where local officials are vigorously seeking to attract outside capital whatever its source foreign or domestic. At those levels, the inherent risk and opportunities of the global economy are simply taken as a given. What matters most is the retention or creation of jobs and foreign investment can often make the difference between success and failure this area.

Such is certainly the case with my home state of Georgia, and with its leading metropolitan area, the city of Atlanta.

3 Foreign Investment Experiences

Indeed, the entire Southeast an area comprising the states of Alabama, Florida, Georgia, Mississippi, North Carolina, South Carolina and Tennessee has become the most economically dynamic region of the United States over the past three decades thanks in substantial part to outside investment. This transformation began in the 1960s with a process of "internal immigration" (which continues today) as labor and capital moved from the so-called "rust belt" areas of the industrial northeast to the so-called "sun belt" regions of the country. Spurred by the Southeast's attractive climate and business friendly environment (lower taxes and regulation), the internal transformation of the American economy and society accelerated through the 1980s. Between 1980 and 1989, total personal income in Georgia increased 125 % (Thiel, 1990). Today, the Southeast is "he nation's primary economic, employment, and population growth region" (KPMG, 1995) -- a market of 43 million consumers, with 20 percent of total U.S. buying power (Metro Atlanta Chamber of Commerce, 1995).

Meanwhile in Georgia, local authorities undertook a concerted effort to develop the state and especially the city of Atlanta as a hub of global commerce. One key element was the decision in 1976 to allow foreign bank offices in the state. Today in Atlanta alone, there are 25 foreign-owned banks and 12 U.S. banks with international services (Metro Atlanta Chamber of Commerce, 1996). Another critical factor was the development of Atlanta's Hartsfield International Airport, which in 1994 serviced 54 million passengers -- the second highest volume of any airport in the world. The positive impact on foreign investment was immediate. For example, Georgia Trend magazine noted in 1990 that following the start of the first non-stop service to London in 1978, the number of British companies active in Georgia rose from 40 to 220. Following the start of non-stop service to Frankfurt in 1979, the number of German firms in Georgia climbed from 28 to 166 and reached 235 in 1994 (Thiel, 1990). According to the Metro Atlanta Chamber of Commerce, Hartsfield Airport now offers service "to more than 30 direct and nonstop international destinations and access to 80 percent of the U.S. population within two hours flying time" (Metro Atlanta Chamber of Commerce, 1995).

As foreign investment began to increase in Georgia in the 1980s, local officials became increasingly aware of the importance of catering to the needs of foreign businesses. Thanks to their efforts, there are now over 200 international business and trade organizations in Atlanta today. Meanwhile 55 countries have established representation in the Atlanta area through consular and trade offices and foreign chambers of commerce. (Metro Atlanta Chamber of Commerce, Forward Atlanta, 1995)

At both the city and state levels, officials are working assiduously to attract foreign investment through support agencies, overseas trade offices and incentives programs. For example, under the state of Georgia's Business Expansion Support Act, firms locating to Georgia (including from abroad) can qualify for state income tax credits of $1,000 per year for each new job resulting from the move. And corporate taxes remain low by nationwide standards, which again is an incentive to both domestic and foreign investors. All of these efforts have paid off handsomely. By 1994, more than 1,500 foreign-owned firms were established in the state of Georgia with investments totaling more than $9 billion (Metro Atlanta Chamber of Commerce, 1995). Atlanta in particular hosts more than 1,200 of these companies, which in turn employ nearly 80.000 people in the metropolitan area. And more than 300 foreign firms have selected Atlanta as corporate headquarters for their U.S. and North American operations (Metro Atlanta Chamber of Commerce, Forward Atlanta, *1995 Year in Review*, 1996).
Investment is pouring into Atlanta from all over the United States and all over the world for the same reason that both Americans and foreigners are continuing to move into the metropolitan area: because of its remarkably dynamic economy. Atlanta's population is increasing at the rate of 100,00 per year in 1994 the Atlanta economy produced almost 100,000 new jobs. Atlanta leads the nation in personal relocations (including of college graduates), in job creation, and in residential and new office construction (Metro Atlanta Chamber of Commerce, Forward Atlanta, *1995 Year in Review*, 1996). Nevertheless, the cost of living remains relatively low 8 percent below the U.S. urban average cost of living, with construction costs more than 10 percent blow the nationwide average. (KPMG,

1995). Numerous business studies confirm Atlanta's high stature in the eyes of both domestic and foreign investors: Fortune Magazine ranked Atlanta fourth in 1994 among the "World's Best Cities for Business" and second in 1995 among the "Best Cities for Business" in the United States. Atlanta hosts the fourth largest number of Fortune 500 company headquarters among U.S. cities. The reason why foreign firms have elected to establish themselves and to invest in Georgia are many: its excellent climate, abundant raw materials, high quality of life, affordability, world-class transportation and communications infrastructure, proximity to key industries and consumer markets, and its overall pro-business environment. Georgia is a right to work state, meaning that employees have the right to remain independent of union membership. Additionally, the very fact that the state of Georgia and city of Atlanta have become a center for global commerce has tended to make the area more international in flavor and thus even more attractive to potential new foreign investors. As Georgia Trend magazine already noted in 1990, "the state now has a critical mass of foreign companies and support services such as an international high school in Atlanta and a community of accountants and lawyers savvy in international trade" (Thiel, 1990). The choice of Atlanta as host for the 1996 Olympics only confirmed the city's international status, while the $2 billion in capital expenditures that were invested in connection with the Games further expanded its already considerable base of recreational and cultural amenities.

Finally, foreign investment is attracted to Georgia and to the Southeast generally because of the region's central location within the North American Free Trade Agreement (NAFTA) area. By locating operations in the United States, foreign firms can benefit fully from NAFTA's provisions and enjoy unfettered access to this enormous market of 370 million consumers, and also be poised to benefit from possible further trade liberalization envisaged in the early 21st century for the entire Western Hemisphere (KPMG, Southeast 1995). And in this context as well, Atlanta is the destination of choice not only because of Hartsfield International Airport, but also because of the area's extensive interstate highway network and "overnight access to 19 deepwater ports of the South Atlantic and Gulf of Mexico" (Metro Atlanta Chamber of Commerce, 1995).

Statistics demonstrate that Georgia is indeed emerging as a player in the global trade arena. In 1995, the total value of Georgia's exports reached $ 12.4 billion a 23.6 percent increase over the preceding year (Metro Atlanta Chamber of Commerce, Forward Atlanta, *1995 Year in Review*, 1996). Reflecting the impact of NAFTA, Canada ranked as Georgia's number one export destination, while Mexico has also ranked near the top in recent years. According to the Metro Atlanta Chamber of Commerce, the largest increases in Georgia's exports in 1995 were to its fourth leading destination. Germany (up 87.5 percent), and to Brazil up 75.2 percent (Metro Atlanta Chamber of Commerce, Forward Atlanta, *1995 Year in Review*, 1996). Moreover the consulting firm KPMG, in its 1995 profile of foreign investment in Georgia, noted that 57 percent of foreign firms participating in its study were involved in export trading. According to KPMG, the profiled foreign companies in Georgia boosted their exports from $ 1.3 billion in 1994 to $ 1.6 billion in 1995 (KPMG, Georgia 1995).

4 Conclusion

The United States represents a uniquely attractive environment for foreign investment in an increasingly integrated global economy. This, I believe, is likely to continue to be the case for many years to come for at least three reasons.

First, America's traditional commitment to an open-door policy: while there has been some concern over the dramatic rise and U.S. dependence upon foreign investment over the past decade and a half, this has not resulted in discriminatory regulation. On the contrary, U.S. policy towards foreign investment remains among the most liberal in the world.

Second, Americans understand that foreign investment serves the national interest: millions of American jobs exist today thanks to foreign capital, which is itself an increasingly important element in the overall health of the American economy. Indeed, it is recognized that foreign investment can help compensate for the potential loss of jobs to overseas competition in the global marketplace.

Third and most importantly, foreign investment will continue to be attracted to the United States because of the inherent advantages of the American economy and the unique opportunities it offers for business profitability. Just to cite one example: with manufacturing costs in the U.S. one third less than in Germany, it is not surprising that in 1995 "U.S. companies earned an 18.3 percent return on assets compared with 13.8 percent for German firms" (Samuelson, 1996). Foreign firms who invest in the United States benefit from this comparative advantage: according to KPMG, more than 70 percent of the foreign companies in Georgia who participated in its study enjoyed profits in 1995 (KPMG, Georgia 1995). Moreover investment in the United States increasingly can mean more to a foreign investor than simply gaining access to the vast American consumer market. As the case of Georgia demonstrates, it can mean the opportunity to participate in America's own integration into the hemispheric and global economy. And as the case of Georgia also demonstrates, for all the undeniable risks and uncertainties that come with investing overseas, there is one thing above all the potential foreign investor can count on in the United States: a very warm welcome indeed.

References

Jackson, J. K. (1996): US Library of Congress. Congressional Research Service. Foreign Direct Investment in the United States. Issue Brief No. IB96016, Washington.

Jackson, J. K. (1996): US Library of Congress. Congressional Research Service. Foreign Direct Investment in the United States: Gaining new ground. Report No. 96-92E, Washington.

Jackson, J. K. (1991): US Library of Congress. Congressional Research Service. Foreign Direct Investment in the United States: A Decade of Growth. Report No. 91-349E, Washington.

KPMG Peat Marwick LLP (1995): Southeast 1995 International Business Profile. Atlanta.

KPMG Peat Marwick LLP (1995): Georgia 1995 Inbound Investment Study. Atlanta.

Metro Atlanta Chamber of Commerce (1996): Forward Atlanta. International Trade Resources. Atlanta.

Metro Atlanta Chamber of Commerce (1996): Forward Atlanta. 1995 Year in Review. Atlanta.

Metro Atlanta Chamber of Commerce (1995): Atlanta and the International Business Community. Atlanta.

Samuelson, R. (1996): Why America Creates Jobs. The Washington Post, July 24, p.A21.

Thiel, P. (1990): Foreign Money, Georgia Jobs. Georgia Trend Magazine (April).

Teil II
Aktuelle Problemfelder und Lösungsansätze der Internationalisierung

1 Internationalisierungsstrategien und Cross-Border-Kooperationen

Stand und Entwicklungstendenzen von Cross-Border-Akquisitionen

G. Müller-Stewens, S. Willeitner, M. Schäfer

1 Cross-Border-Akquisition: Strategisches Instrument von großer Bedeutung

Wirtschaftliche Entscheidungen werden immer häufiger vor einem globalen Hintergrund getroffen. Dies betrifft z.B. die Strukturierung von Lieferbeziehungen, die Definition der relevanten Märkte oder internationale Entwicklungsprojekte. Aufgrund dieser weitreichenderen Öffnung der Systemgrenzen ist es nicht weiter verwunderlich, daß auch häufiger darüber nachgedacht wird, sich aus Kontrollgründen der Akquisition als Diversifikationsinstrument zu bedienen. So ist denn auch die Zahl transnationaler Fusionen und Akquisitionen seit Mitte der achtziger Jahre sprunghaft angestiegen. Zwischen 1984 und 1989 verdreifachte sich in etwa in allen Teilen der Triade die Zahl der Transaktionen, ihr Wert verneunfachte sich aufgrund der immer zahlreicher werdenden „Megafusionen". Der Gesamtwert der Fusionen und Akquisitionen betrug im Jahr 1989 rund 102 Milliarden Dollar. Dabei ist zu berücksichtigen, daß diese Zahl hinter dem tatsächlichen Wert der transnationalen Fusionen und Akquisitionen nicht unerheblich zurückbleiben dürfte, da nur diejenigen Transaktionen berücksichtigt werden konnten, die (wertmäßig) erfaßbar waren.

Strukturelle Unterschiede sorgen dafür, daß in Japan, den USA und Europa ganz unterschiedliche Aktivitätsmuster zu verzeichnen sind. Während japanische Unternehmungen für internationale Fusionen und Akquisitionen dreimal soviel Kapital aufwenden wie für inländische Unternehmungskäufe, tätigen europäische Unternehmungen unter dem Einfluß der EU-Richtlinien zum Binnenmarkt und angesichts der Öffnung Osteuropas mehr transnationale als inländische Unternehmungskäufe, wobei über die Hälfte der Zielgesellschaften transnationaler Fusionen und Akquisitionen in Nicht-EU-Ländern ansässig ist.

Obwohl seit 1989 der Gesamtwert internationaler Transaktionen in der EG, den USA und Japan – dem Gesamtmarkt für Unternehmungskontrolle folgend – stark zurückgegangen ist (1991: 41 Milliarden US-Dollar), bleiben die internationalen Fusionen und Akquisitionen auch weiterhin ein strategisches Instrument von großer Bedeutung (Bleeke et al., 1994).

Auch in Deutschland ist eine steigende Tendenz zur Internationalisierung zu beobachten, wobei neben einer Exportausweitung und dem Ausbau ausländischer Niederlassungen die Akquisition ausländischer Unternehmungen langsam mehr Beachtung findet. Viele Unternehmungen sehen insbesondere eine Auslandsakquisition als eine Chance an, die Internationalisierung auch zeitlich zu forcieren, um damit die gewünschten strategischen Positionen zu erreichen. Primäres Risiko dabei ist natürlich die häufig fehlende Erfahrung im Umgang mit Cross-Border-Akquisitionen sowie der notwendige Miterwerb von Unternehmungsteilen, die man bei näherer Betrachtung eigentlich lieber nicht erworben hätte.

Natürlich weist jeder Transaktionsfall seine eigene Motivationsstruktur auf. Trotzdem lassen sich einige Ziele herausarbeiten, die besonders häufig mit Cross-Border-Akquisitionen explizit verbunden werden (Reineke, 1989).

- Verstärktes Unternehmungswachstum im Ausland, entweder aufgrund begrenzter Wachstumsmöglichkeiten im Inland oder als Reaktion auf das Eindringen ausländischer Unternehmungen in den heimischen Markt
- Schneller Zugriff auf innovatives Know-how
- Erhöhung der Produktinnovationsrate
- Überwindung von tarifären und nicht-tarifären Handelshemmnissen
- Abbau nationaler Ressentiments im Gastland gegenüber ausländischen Herstellern
- Transport- oder Produktionskostensenkung
- Verteilung der Unternehmungsrisiken auf mehrere Länder (z.B. durch die Reduktion von Währungsrisiken)

Daneben lassen sich natürlich auch noch eine Reihe impliziter, oft sehr persönlicher Motive nennen, die - obgleich sie meist ungenannt bleiben - erheblich das Transaktionsgeschehen beeinflussen können.

Im folgenden wollen wir uns in zweifacher Form der Thematik „Cross-Border-Akquisitionen" nähern: Zum einen soll eine vertiefende Auseinandersetzung mit diesem spezifischen Teil des Marktes für Unternehmungskontrolle erfolgen. Wie relevant ist dieser Teilmarkt? Welche Besonderheiten lassen sich hier erkennen? Zum anderen wollen wir aber auch näher untersuchen, welche Charakteristika der Transaktionsprozeß in Cross-Border-Situationen aufzuweisen vermag.

2 Der internationale Markt für Unternehmungskontrolle aus deutscher Perspektive

In bezug auf „Mergers and Acquisitions" befand sich Europa lange Zeit in einem Dornröschenschlaf. Zwar gab es schon immer das Phänomen des Unternehmungskaufs, allerdings spielten Unternehmungskäufe jenseits des Atlantiks lange Zeit eine größere Rolle als in der übrigen Welt. Sicherlich sind in den einzelnen Ländern Europas die Voraussetzungen für das M&A-Geschäft höchst unterschiedlich. Dies hängt zum einen mit den steuerlichen und rechtlichen Rahmenbedingungen zusammen. Zum anderen haben auch Fragen der Industriestruktur, der Einbindung der Unternehmungen in ihre Branche(n) sowie

Management braucht
Technik. Jetzt.
Überzeugen kann nur,
ver selbst überzeugt ist."
pl. -Ing. E. Klaiber
Management
Technik
Präzise. Klar.
Pragmatisch.
rfolgreiche
lanagementliteratur.
Springer

Allgemeines

W. **Eversheim**, G. **Schuh** (Hrsg.)

HÜTTE - Produktion und Management

Betriebshütte

7., vollständig neubearb. Aufl. 1996. L, 1838 S. 1342 Abb.(in 2 Teilen, die nur zusammen abgegeben werden) Geb.

DM 198,-; öS 1445,40; sFr 173,-

ISBN 3-540-59360-8

E. **Hering**, W. **Draeger**

Führung und Management

Praxis für Ingenieure

2. Aufl. 1996. 720 S. 303 Bilder, 349 Tab. (VDI-Buch)* Geb.

DM 98,-; öS 715,40; sFr 86,50

ISBN 3-540-62253-5

J.M. **Higgins**, G.G. **Wiese**

Innovations-management

Kreativitätstechniken für den unternehmerischen Erfolg

1996. XIII, 266 S. 41 Abb. Brosch.

DM 39,80; öS 290,60; sFr 35,50

ISBN 3-540-60572-X

Horn

Innovation pragmatisch steigern

1996. (VDI-Buch)* Brosch.

DM 38,-; öS 277,40; sFr 34,-

ISBN 3-540-62360-4

F. **Käppeler**

Leitfaden für Existenzgründer

Was Ingenieure wissen müssen

2. Aufl. 1994. VIII, 293 S. 10 Abb., 8 Tab. (VDI-Buch)* Brosch.

DM 38,-; öS 277,40; sFr 34,-

ISBN 3-540-62174-1

S.-H. **Lee**

Asiengeschäfte mit Erfolg

Leitfaden und Checklisten

China, Hongkong, Indonesien, Japan, Malaysia, Singapur, Südkorea, Taiwan, Thailand, Vietnam.

1997. X, 150 S. Brosch.

DM 39,80; öS 290,60; sFr 35,50

ISBN 3-540-61758-2

Organisation

H. Balck (Hrsg.)

Networking und Projektorientierung

Gestaltung des Wandels in Unternehmen und Märkten

1996. XIV, 226 S. 21 Abb. Geb.
DM 68,-; öS 496,40; sFr 60,-
ISBN 3-540-60076-0

H.-J. Bullinger, H.-J. Warnecke (Hrsg.)

Neue Organisationsformen im Unternehmen

Ein Handbuch für das moderne Management

1996. XXXIV, 1128 S. 508 Abb. Geb. **DM 198,-**; öS 1445,40; sFr 173,-
ISBN 3-540-60263-1

W. Eversheim (Hrsg.)

Prozeßorientierte Unternehmensorganisation

Konzepte und Methoden zur Gestaltung „schlanker" Organisationen

2. Aufl. 1996. VIII, 184 S. 112 Abb. Geb. **DM 58,-**; öS 423,40; sFr 51,50
ISBN 3-540-61231-9

W. Eversheim, W. Bochtler, L. Laufenberg

Simultaneous Engineering

Erfahrungen aus der Industrie für die Industrie

1995. IX, 144 S. 86 Abb. Geb.
DM 58,-; öS 423,40; sFr 51,50
ISBN 3-540-57882-X

A. Gerhardt, H. Schmied

Externes Simultanes Engineering

Der neue Dialog zwischen Kunde und Lieferant

1996. X, 101 S. 23 Abb. Brosch.
DM 39,80; öS 290,60; sFr 35,50
ISBN 3-540-61054-5

H. Hirsch-Kreinsen (Hrsg.)

Organisation und Mitarbeiter im TQM

Wechselwirkung von Qualitätsmanagement, Qualifikation und Prozeßorganisation

1997. XIII, 293 S. 60 Abb. (Qualitätsmanagement) Geb.
DM 78,-; öS 569,40; sFr 69,-
ISBN 3-540-60970-9

G.F. Kamiske (Hrsg.)

Die Hohe Schule des Total Quality Management

1994. X, 393 S. 159 Abb. Geb.
DM 78,-; öS 569,40; sFr 69,-
ISBN 3-540-57726-2

G.F. Kamiske (Hrsg.)

Rentabel durch Total Quality Management

1996. XIV, 355 S. 201 Abb. Geb.
DM 78,-; öS 569,40; sFr 69,-
ISBN 3-540-59125-7

J. Krottmaier

Leitfaden Simultaneous Engineering

Kurze Entwicklungszeiten. Niedrige Kosten. Hohe Qualität

1995. X, 111 S. 35 Abb. Brosch.
DM 29,-; öS 211,70; sFr 26,-
ISBN 3-540-58636-9

G. Lay, C. Mies

Erfolgreich reorganisieren

Unternehmenskonzepte aus der Praxis

1997. Etwa 290 S. 66 Abb.
Brosch. ca. **DM 68,-**
ISBN 3-540-62014-1

W. Lux, P. Schön

Outsourcing der Datenverarbeitung

Von der Idee zur Umsetzung

1997. XII, 169 S. 20 Abb. Geb.
DM 58,-; öS 423,40; sFr 51,50
ISBN 3-540-61456-7

H. Österle

Business Engineering

Prozeß- und Systementwicklung

Band 1: Entwurfstechniken

2. verb. Aufl. 1995. XVI, 375 S.
193 Abb. Brosch. **DM 49,80**;
öS 363,60; sFr 44,50
ISBN 3-540-60048-5

H. Österle, C. Brenner, C. Gaßner, T. Gutzwiller, T. Hess

Business Engineering

Prozeß- und Systementwicklung

Band 2: Fallbeispiel

2. verb. Aufl. 1996. XII, 174 S.
70 Abb. Brosch. **DM 32,80**;
öS 239,50; sFr 29,50
ISBN 3-540-60694-7

H. Österle

Business Engineering

Prozeß- und Systementwicklung

1995. VHS-Video mit Spielszenen, Schaubildern, Interviews und Kommentaren, Animation und Trick. Laufzeit: 26'11". **DM 85,-**
ISBN 3-540-92627-5

Unverbindliche Preisempfehlung zzgl. 15% MWSt. In anderen EU-Ländern zzgl. landesüblicher MWSt.

U. Jürgens, **K. Shimokawa**, **T. Fujimoto** (Eds.)

Transforming Auto Assembly

Experience in Automation and Work Organization

1997. X, 414 pp. 140 figs. Hardcover **DM 98,-**; öS 715,40; sFr 86,50 ISBN 3-540-60506-1

F. Kramer, **M. Kramer**

Bausteine der Unternehmensführung

Kundenzufriedenheit und Unternehmenserfolg

2. Aufl. 1997. Etwa 340 S. 194 Abb. (Innovations- und Technologiemanagement) Geb. **DM 88,-**; öS 642,40; sFr 77,50 ISBN 3-540-61625-X

M.S. Kramer

Produkterfolg durch Customer Focus

1996. IX, 281 S. 124 Abb. (Innovations- und Technologiemanagement) Geb. **DM 78,-**; öS 569,40; sFr 69,- ISBN 3-540-59411-6

U. Krystek, **E. Zur** (Hrsg.)

Internationalisierung - Eine Herausforderung für die Unternehmensführung

1997. Etwa 650 S. 150 Abb. Geb. **DM 168,-**; öS 1226,40; sFr 147,- ISBN 3-540-61843-0

K. Mertins, **G.E. Siebert**, **S. Kempf** (Hrsg.)

Benchmarking

Praxis in deutschen Unternehmen

1995. XVIII, 168 S. 67 Abb. Geb. **DM 78,-**; öS 569,40; sFr 69,- ISBN 3-540-58685-7

C. Nedeß, **J. Mallon**, **C. Strosina**

Die Neue Fabrik

Handlungsleitfaden zur Gestaltung integrierter Produktionssysteme

1995. VI, 115 S. 30 Abb. Brosch. **DM 29,-**; öS 211,70; sFr 26,- ISBN 3-540-59493-0

W. Pietsch, **D. Steinbauer** (Hrsg.)

Reengineering und Wirtschaftlichkeit

1997. Etwa 230 S. Brosch.
DM 58,-; öS 423,40; sFr 51,50
ISBN 3-540-60603-3

R. Reichwald, **K. Möslein**, **S.H. Oldenburg**

Telearbeit, Telekooperation und virtuelle Unternehmung

1997. Etwa 250 S. Geb. ca.
DM 78,-; ISBN 3-540-62013-3

T. Stein

PPS-Systeme und organisatorische Veränderungen

Ein Vorgehensmodell zum wirtschaftlichen Systemeinsatz

1996. XIX, 265 S. 53 Abb., 25 Tab. Geb. **DM 68,-**;
öS 496,40; sFr 60,-
ISBN 3-540-60799-4

H.-J. Warnecke

Revolution der Unternehmenskultur

Das Fraktale Unternehmen

Unter Mitarbeit von **M. Hüser**

2. Aufl. 1993. XXV, 280 S. 96 Abb.
Brosch. **DM 39,80**; öS 290,60;
sFr 35,50 ISBN 3-540-57196-5

H.J. Warnecke (Hrsg.)

Aufbruch zum Fraktalen Unternehmen

Praxisbeispiele für neues Denken und Handeln

1995. VII, 473 S. 209 Abb.
Brosch. **DM 39,80**; öS 290,60;
sFr 35,50 ISBN 3-540-58668-7

VDI-Zentrum Wertanalyse (Hrsg.)

Wertanalyse

Idee Methode System

5., völlig neubearb. u. erw. Aufl.
1995. XVI, 573 S. 180 Abb. (VDI-Buch)* Brosch. **DM 98,-**;
öS 715,40; sFr 86,50
ISBN 3-540-62197-0

G. Winter (Hrsg.)

Ökologische Unternehmensentwicklung

Management im dynamischen Umfeld

1997. XIII, 322 S. 100 Abb. Geb.
DM 98,-; öS 715,40; sFr 86,50
ISBN 3-540-61790-6

P. Eyerer (Hrsg.)

Ganzheitliche Bilanzierung

Werkzeug zum Planen und Wirtschaften in Kreisläufen

1996. XVIII, 692 S. 255 Abb. Geb.
DM 148,-; öS 1080,40;
sFr 130,50 ISBN 3-540-59356-X

S.L. Goldman, R.N. Nagel, K. Preiss, H.-J. Warnecke

Agil im Wettbewerb

Die Strategie der virtuellen Organisation zum Nutzen des Kunden

1996. XV, 415 S.
45 Abb. Brosch.
DM 78,-; öS 569,40; sFr 69,-
ISBN 3-540-60644-0

W.F. Große-Oetringhaus

Strategische Identität - Orientierung im Wandel

Ganzheitliche Transformation zu Spitzenleistungen

1996. XIV, 508 S.
148 Abb. Geb.
DM 78,-;
öS 569,40; sFr 69,
ISBN 3-540-61375-7

H.-D. Haasis

Betriebliche Umweltökonomie

Bewerten - Optimieren - Entscheiden

1996. XII, 229 S. 73 Abb. Geb.
DM 68,-; öS 496,40; sFr 60,-
ISBN 3-540-60312-3

D. Hahn, B. Taylor (Hrsg.)

Strategische Unternehmungsplanung - Strategische Unternehmungsführung

Stand und Entwicklungstendenzen

7., völlig neubearb. u. erw. Aufl.
1997. Etwa 1100 S. 365 Abb. Geb.
DM 298,-; öS 2175,40; sFr 260,-
ISBN 3-7908-0934-9
Physica-Verlag

F+E Management

C.-O. Bauer, C. Hinsch, G. Eidam, G. Otto

Produkthaftung

Herausforderung an Manager und Ingenieure

Herausgeber: **C.-O. Bauer, C. Hinsch**

1994. XIII, 410 S. 150 Abb. Geb.
DM 98,-; öS 715,40; sFr 86,50
ISBN 3-540-55519-6

S. Haasis

Integrierte CAD-Anwendungen

Rationalisierungspotentiale und zukünftige Einsatzgebiete

1995. IX, 194 S. 124 Abb. Brosch.
DM 68,-; öS 496,40; sFr 60,-
ISBN 3-540-59145-1

J. Holst

Lean Development

Kostengünstige Prozeßgestaltung

1996. VIII, 242 S. 39 Abb. (Innovations- und Technologiemanagement) Geb.
DM 58,-; öS 423,40; sFr 51,50
ISBN 3-540-57520-0

B. LeMar-Klughardt

Erfolgsfaktor Kommunikation

1997. Etwa 300 S. 150 Abb. (Innovations- und Technologiemanagement) Geb. ca. **DM 78,-**
ISBN 3-540-59384-5

H. Sabisch, C. Tintelnot

Integriertes Benchmarking

für Produkte und Produktentwicklungsprozesse

1997. Etwa 400 S. (Innovations- und Technologiemanagement) Geb. ca. **DM 88,-**
ISBN 3-540-61963-1

E.J. Kleinschmidt, H. Geschka, R.G. Cooper

Erfolgsfaktor Markt

Kundenorientierte Produktinnovation

1996. VIII, 233 S. 42 Abb. (Innovations- und Technologiemanagement) Geb.
DM 78,-; öS 569,40; sFr 69,-
ISBN 3-540-57519-7

Marketing/Vertrieb

A. Berres

Marketing und Vertrieb mit dem Internet

Ein Leitfaden für mittelständische Unternehmen

1997. VIII, 267 S. 54 Abb. Geb.
DM 48,-; öS 350,40; sFr 43,-
ISBN 3-540-61808-2

P. Alpar

Kommerzielle Nutzung des Internet

Unterstützung von Marketing, Produktion, Logistik und Querschnittsfunktionen durch Internet und kommerzielle Online-Dienste

1996. XI, 297 S. 77 Abb., 30 Tab.
Geb. **DM 68,-**; öS 496,40;
sFr 60,- ISBN 3-540-60861-3

M. Kleinaltenkamp, **W. Plinke**, **B. Preß**, **S. Rieker**, **R. Weiber**

Geschäftsbeziehungsmanagement im Technischen Vertrieb

Herausgeber: **M. Kleinaltenkamp**, **W. Plinke**

1997. X, 357 S. 65 Abb. Geb. **DM 68,-**; öS 496,40;
sFr 60,- ISBN 3-540-61663-2

M. Kleinaltenkamp, **W. Plinke** (Hrsg.)

Technischer Vertrieb - Grundlagen

1995. IX, 1032 S. Geb. **DM 148,-**;
öS 1080,40; sFr 130,50
ISBN 3-540-58684-9

U. Koppelmann

Beschaffungsmarketing

2., überarb. u. erw. Aufl. 1995. X,
416 S. 212 Abb. Brosch. **DM 55,-**
; öS 401,50; sFr 48,50
ISBN 3-540-60376-X

E. Hering, J. Triemel, H.-P. Blank (Hrsg.)

Qualitätsmanagement für Ingenieure

3., überarb. Aufl. 1996. Etwa 524 S. 295 Bilder, 122 Tab. (VDI-Buch)* Geb. **DM 98,-**; öS 715,40; sFr 86,50 ISBN 3-540-62255-1

T. Pfeifer, D. Leutner (Hrsg.)

Qualitätsmanagement multimedial vermitteln

Entwicklung, Gestaltung und Einsatz computerbasierter Lernmedien

1997. X, 219 S. 71 Abb., mit 2 3 1/2" Disketten. Geb. **DM 58,-**; öS 423,40; sFr 51,50 ISBN 3-540-61295-5

T. Pfeifer (Hrsg.)

Wissensbasierte Systeme in der Qualitätssicherung

Methoden zur Nutzung verteilten Wissens

1996. XII, 239 S. 56 Abb. (Qualitätsmanagement) Geb. **DM 78,-**; öS 569,40; sFr 69,- ISBN 3-540-60493-6

W. Hansen, H.H. Jansen, G.F. Kamiske (Hrsg.)

Qualitätsmanagement im Unternehmen

Grundlagen, Methoden und Werkzeuge, Praxisbeispiele
Grundwerk + 1.-9. Nachlieferung
Stand Dezember 1996

1997. 1770 S. (Springer Loseblattsysteme) **DM 248,-**; öS 1810,40; sFr 216,- ISBN 3-540-62500-3

A.Q. Quartapelle, G. Larsen

Kundenzufriedenheit

Wie Kundentreue im Dienstleistungsbereich die Rentabilität steigert

1996. XI, 209 S. 66 Abb. Geb. **DM 68,-**; öS 496,40; sFr 60,- ISBN 3-540-59398-5

G. Reinhart, U. Lindemann, J. Heinzl

Qualitätsmanagement

Ein Kurs für Studium und Praxis

1996. XVI, 315 S. 171 Abb. Brosch. **DM 48,-**; öS 350,40; sFr 43,- ISBN 3-540-61078-2

A.-W. Scheer, **H. Trumpold** (Hrsg.)

Qualitätsinformationssysteme

Modell und technische Implementierung

1996. XVIII, 277 S. 120 Abb. (Qualitätsmanagement) Geb.
DM 78,-; öS 569,40; sFr 69,-
ISBN 3-540-60524-X

H. Schnauber, **S. Grabowski**, **S. Schlaeger**, **J. Zülch**

Total Quality Learning

Ein Leitfaden für lernende Unternehmen

1997. XVI, 222 S. 59 Abb. Geb.
DM 58,-; öS 423,40; sFr 51,50
ISBN 3-540-61408-7

E. Westkämper (Hrsg.)

Null-Fehler-Produktion in Prozeßketten

Maßnahmen zur Fehlervermeidung und -kompensation

1997. XIII, 292 S. 135 Abb., 6 Tab. (Qualitätsmanagement) Geb. **DM 78,-**; öS 569,40; sFr 69,- ISBN 3-540-60504-5

H.-P. Wiendahl (Hrsg.)

Erfolgsfaktor Logistikqualität

Vorgehen, Methoden und Werkzeuge zur Verbesserung der Logistikleistung

1996. XII, 358 S. 132 Abb. (Qualitätsmanagement) Geb.
DM 86,-; öS 627,80; sFr 76,-
ISBN 3-540-59400-0

H. Wildemann (Hrsg.)

Controlling im TQM

Methoden und Instrumente zur Verbesserung der Unternehmensqualität

1996. XVI, 218 S. 86 Abb. (Qualitätsmanagement) Geb.
DM 68,-; öS 496,40; sFr 60,-
ISBN 3-540-60969-5

K.J. Zink (Hrsg.)

Qualitätswissen

Lernkonzepte für moderne Unternehmen

1997. XVI, 282 S. 120 Abb. (Qualitätsmanagement) Geb.
DM 78,-; öS 569,40; sFr 69,-
ISBN 3-540-60968-7

K.J. Zink, **A. Schmidt**, **T. Bäuerle**

Train-the-Trainer-Konzepte

Arbeitsmaterialien zur Vermittlung von Qualitätswissen

1997. Etwa 410 S. 30 Abb., 1 Diskette **DM 148,-**; öS 1080,40; sFr 130,50
ISBN 3-540-61297-1

G. Reinhart, H. Schnauber (Hrsg.)

Qualität durch Kooperation

Handbuch für Interne und Externe Kunden-Lieferanten-Beziehungen

1997. Etwa 500 S. Geb. **DM 168,-**; öS 1226,40; sFr 147,-
ISBN 3-540-61658-6

M. Schönheit

Wirtschaftliche Prozeßgestaltung

Entwicklung Fertigung Auftragsabwicklung

1997. XIV, 284 S. 88 Abb. (Innovations- und Technologiemanagement) Geb. **DM 68,-**; öS 496,40; sFr 60,-
ISBN 3-540-61307-2

H. Schnauber, M. Kröll (Hrsg.)

Gruppenarbeit und Lernende Organisation

1997. Etwa 200 S. 30 Abb. Geb. ca. **DM 78,-**
ISBN 3-540-62015-X

D. Specht, K. Berger, K. Scheithauer

Qualitätslernen

Ein Leitfaden für die Arbeitssystemgestaltung

1997. VIII, 200 S. 60 Abb., 3 1/2" Diskette. Geb. **DM 58,-**; öS 423,40; sFr 51,50
ISBN 3-540-61298-X

G. Zielasek

Projekt-management

Erfolgreich durch Aktivierung aller Unternehmensebenen

1995. XIII, 215 S. 75 Abb. Geb. **DM 78,-**; öS 569,40; sFr 69,-
ISBN 3-540-59295-4

Qualitätsmanagement

C.-O. Bauer, F. Graf v. Westphalen (Hrsg.)

Das Recht zur Qualität

Die Rechtsgrundlagen zur Qualitätsorganisation

1996. XXIII, 399 S. 100 Abb. Geb. **DM 128,-**; öS 934,40; sFr 113,-
ISBN 3-540-58679-2

H.F. Binner

Umfassende Unternehmensqualität

Ein Leitfaden zum Qualitätsmanagement

1996. X, 253 S. 51 Abb., 57 Tab. Geb. **DM 78,-**; öS 569,40; sFr 69,- ISBN 3-540-58995-3

M. Bruhn

Qualitätsmanagement für Dienstleistungen

Grundlagen, Konzepte, Methoden

2., neu bearb. u. erw. Aufl. 1997. XIII, 401 S. 133 Abb. Geb. **DM 78,-**; öS 569,40; sFr 69,- ISBN 3-540-61420-6

R. Bühner

Der Mitarbeiter im Total Quality Management

1993. VIII, 180 S. 74 Tab. (VDI-Buch)* Geb. **DM 98,-**; öS 715,40; sFr 86,50 ISBN 3-540-62317-5

J. Ensthaler, **A. Füßler**, **D. Nuissl**

Juristische Aspekte des Qualitätsmanagements

1997. 319 S. 30 Abb. Geb. **DM 78,-**; öS 569,40; sFr 69, ISBN 3-540-61296-3

W. Eversheim (Hrsg.)

Qualitätsmanagement für Dienstleister

Grundlagen - Selbstanalyse - Umsetzungshilfen

1997. X, 205 S. 120 Abb., 2 Disketten. (Qualitätsmanagement) Geb. **DM 68,-**; öS 496,40; sFr 60,- ISBN 3-540-60967-9

W. Eversheim, **C. Jaschinski**, **A. Reddemann**

Qualitätsmanagement für Verbände und Wirtschaftsorganisationen

Ein Leitfaden zur Einführung von TQM in Non-Profit-Organisationen

1997. Etwa 200 S. 90 Abb. Geb. ca. **DM 58,-** ISBN 3-540-62016-8

E. Hering, **W. Steparsch**, **M. Linder**

Zertifizierung nach DIN EN ISO 9000

Prozeßoptimierung und Steigerung der Wertschöpfung

2. Aufl. 1997. Etwa 230 S. 81 Abb., 20 Tab. (VDI-Buch)* Geb. **DM 98,-**; öS 715,40; sFr 86,50 ISBN 3-540-62443-0

U. Koppelmann

Produktmarketing

Entscheidungsgrundlagen für Produktmanager

5., vollst. überarb. u. erw. Aufl. 1997. XVI, 641 S. 299 Abb. Brosch. **DM 68,-**; öS 496,40; sFr 60,- ISBN 3-540-61824-4

T.T. Nagle, R.K. Holden, G. Larsen

Pricing - Praxis der optimalen Preisfindung

1997. Etwa 250 S. 30 Abb. Geb. ca. **DM 68,-**
ISBN 3-540-61256-4

H. Müller

Service Marketing

Inhalte. Umsetzung. Erfolgsfaktoren

1996. VIII, 322 S. 246 Abb. (Innovations- und Technologiemanagement) Geb. **DM 68,-**; öS 496,40; sFr 60,-
ISBN 3-540-59221-0

Wirtschaftsinformatik

R. Hichert, M. Moritz (Hrsg.)

Management-Informations-systeme

Praktische Anwendungen

2., völlig neubearb. u. erw. Aufl. 1995. XXVII, 541 S. 197 Abb., 46 Tab. Geb. **DM 178,-**; öS 1299,40; sFr 155,-
ISBN 3-540-59174-5

P. Schönsleben

Praktische Betriebsinformatik

Konzepte logistischer Abläufe

1994. X, 272 S. 205 Abb., 6 Ausklapptafeln Geb. **DM 78,-**; öS 569,40; sFr 69,-
ISBN 3-540-56928-6

des vorherrschenden Unternehmerethos (z.B. der Aspekt der sozialen Bindung des Kapitals) ein starkes Gewicht. Dementsprechend sind die M&A-Märkte in Europa unterschiedlich weit entwickelt: Ausgehend von den USA war es Mitte der 70er Jahre – angesichts der großen Zahl börsennotierter Gesellschaften und eines günstigen Kapitalmarktes – zuerst der britische Markt, auf dem sich ein professionell entwickeltes M&A-Geschäft entwickeln konnte.

Inzwischen haben aber Länder wie Frankreich und auch die Bundesrepublik nachgezogen und teilweise neue Akzente gesetzt. Dabei ist allerdings ein entscheidender Unterschied zwischen der deutschen M&A-Szene und der in den USA bezüglich des unternehmerischen Selbstverständnisses der Akteure festzustellen. Während die angloamerikanische Szene immer noch stark von der Dominanz reinen finanzwirtschaftlichen Denkens geprägt ist, sind für deutsche Unternehmungen, ähnlich der japanischen Denkweise, eher langfristig ausgerichtete Entscheidungen typisch. Dabei steht eine unternehmerische Motivation im Vordergrund, deren Zielsetzung die Schaffung zusätzlicher Wertschöpfung durch das Zusammenlegen der Potentiale ist. Obwohl Unternehmungszusammenschlüsse hierzulande schon seit geraumer Zeit fester Bestandteil der wirtschaftlichen Realität sind, sind sie insbesondere seit Mitte der 80er Jahre im Sog der amerikanischen M&A-Welle, aber auch zur Sicherung von Markt-, Wettbewerbs-, und Know-how-Positionen deutscher Unternehmungen, in das Interesse deutscher Entscheidungsträger gerückt. Tendenziell ist allerdings zu beobachten, daß sich diese Unterschiede durch eine gewisse Annäherung aneinander etwas auflösen: US-Transaktionen sind heute sicher mehr strategisch motiviert als noch in den 80er Jahren. Der Einzug des Shareholder-Value-Ansatzes in Deutschland brachte aber sicher auch eine stärkere Zuwendung der Unternehmungen zu den Kapitalmärkten mit sich.

Auf der Angebotsseite ist der deutsche Markt für Unternehmungskontrolle vor allem durch den stark mittelständischen Charakter vieler Branchen geprägt. Die Größenordnung der Nachfolgeproblematik in den Unternehmungen, die nach dem Zweiten Weltkrieg aufgebaut worden sind, ist enorm. Noch in diesem Jahrtausend muß Schätzungen zufolge in 300.000 mittelständischen Unternehmungen die Frage der Nachfolge geklärt werden, wobei in vielen Fällen weder ein Erbe noch ein geeignetes bzw. am Kauf interessiertes Management zur Verfügung stehen.

Seit Beginn der 90er Jahre manifestiert sich ein immer stärkerer Trend der Konzentration vieler Unternehmungen auf ihre Kernkompetenzen. Geschäftsfelder bzw. Tochterunternehmungen, die nicht mehr in die Definition des Kerngeschäfts passen, werden abgestoßen. Diese Aktivitäten dienen gleichzeitig der Finanzierung von solchen Akquisitionen, durch die das Kerngeschäft gestärkt werden soll, d.h. vielfach hat diese Strategie zur Folge, daß Unternehmungen sowohl als Käufer als auch als Verkäufer auf dem Markt für Unternehmungskontrolle agieren. Neben dem Ausbau des Kerngeschäfts ist auf der Nachfrageseite auch die entgegengesetzte Strategie der Diversifikation in neue Geschäftsfelder zu beobachten. Paradebeispiel ist hier die Energiewirtschaft, deren Unternehmungen sich angesichts der Prognose eines stagnierenden Energieverbrauchs in die Entsorgungswirtschaft oder die Telekommunikationsindustrie diversifizierten.

Auch steuerlich motivierte Umstrukturierungen internationaler Konzerne bilden vor dem Hintergrund der hohen Steuersätze in der Bundesrepublik keine Ausnahme. Es kann sich beispielsweise lohnen, die deutsche Tochter zu verschulden, um damit Investitionen in anderen Ländern zu finanzieren. Die Chance, eine erwerbbare Zielunternehmung an der Börse zu identifizieren, ist in der Bundesrepublik erheblich geringer als in Ländern wie den USA oder Großbritannien. So kann lediglich ein Bruchteil der knapp 700 börsennotierten deutschen Aktiengesellschaften (gegenüber rund 7.300 bzw. 1.800 börsennotierten AGs in den USA und Großbritannien) als potentielle Übernahmekandidaten angesehen werden. Die Anteile der meisten Aktiengesellschaften sind nicht breit gestreut, sondern liegen in den Händen langfristiger Anleger. Gleichwohl hat die Übernahme der Hoesch AG durch Krupp gezeigt, daß es möglich ist, recht verborgen ein größeres Aktienpaket eines potentiellen Targets zu erwerben, da nach Maßgabe des Aktiengesetzes eine Meldung des Anteilerwerbs an Targetunternehmungen erst ab einer Beteiligungshöhe von 25 % vorgeschrieben ist. Da häufig nur 50–60% des Kapitals auf der Hauptversammlung vertreten sind, kann dies bereits einer HV-Mehrheit entsprechen. Allerdings sprechen eine Reihe von Gründen dagegen, daß ein solches Unterfangen problemlos gelingt: Ein potentieller Übernehmer könnte zunächst nur über den Aufsichtsrat Einfluß nehmen. Diese Möglichkeit ist jedoch gerade in Aktiengesellschaften, die der Mitbestimmung unterliegen, nur eingeschränkt gegeben, denn die außerordentliche Hauptversammlung, die notwendig ist, um den Aufsichtsrat zu ersetzen, kann vom Vorstand abgelehnt werden. Eine anschließende Klage kann über zwei Instanzen gehen, womit der Prozeß insgesamt als langwierig bezeichnet werden muß. Der Vorstand schließlich, der auf höchstens fünf Jahre gewählt werden darf, kann innerhalb seiner Amtszeit vom Aufsichtsrat nur dann abberufen werden, wenn ein wichtiger Grund – also insbesondere grobe Pflichtverletzung – vorliegt. Ferner ergeben sich Erschwernisse u.a. aus folgenden grundlegenden rechtlichen Vorschriften:

- eine Satzungsänderung kann ebenso wie die Auflösung der AG nur mit einer Hauptversammlungsmehrheit von mindestens ¾ des bei der Beschlußfassung vertretenen Grundkapitals durchgeführt werden (§ 179 AktG bzw. § 262 I Nr. 2 AktG)
- die Hauptversammlung einer AG kann die Eingliederung der AG in eine andere inländische AG nur dann beschließen, wenn sich mindestens 95% des Aktienkapitals der beschließenden Gesellschaft in den Händen der zukünftigen Gesellschaft befinden (§ 320 AktG)

Die aufgeführten Hemmnisse können Investmentbanken und LBO-Spezialisten zwar kaum davon abhalten, Übernahmen börsennotierter Gesellschaften zu planen und auch durchzuführen, dennoch sind bisher anders als in den USA feindliche Übernahmen die Ausnahme geblieben, woran sich voraussichtlich auch in Zukunft nichts Grundlegendes ändern wird.

2.1 Die Transaktionsentwicklung in Deutschland

Nach Angaben der SDC Merger & Corporate Transactions Database lag die Bundesrepublik 1994 weltweit nach den USA und Großbritannien an dritter Stelle bezüglich der Anzahl von M&A-Transaktionen. Ein Indiz für die Mittelstandslastigkeit der deutschen M&A-Szene ist der achte Rang, den die Bundesrepublik im internationalen Vergleich bezüglich der Durchschnittswerte der Transaktionen einnimmt.

Betrachtet man in Abb. 1 die Transaktionszahlen der einzelnen Jahre, so ist ein starker Anstieg Mitte der 80er Jahre zu verzeichnen. Dieser Anstieg wurde, ähnlich wie in anderen nichtamerikanischen Ländern, durch die Ausbreitung der großen Merger-Welle in den USA ausgelöst. Allerdings wäre es verfehlt, von einem simplen Überschwappen der Welle zu sprechen. Während in den USA die Mehrzahl der Transaktionen Folge finanzwirtschaftlicher Überlegungen war, standen hierzulande stets strategische Intentionen im Vordergrund. Deutsche Unternehmungen blieben im großen und ganzen von unfreundlichen Übernahmen und dem anschließenden Ausschlachten verschont.

Der Anstieg der Transaktionszahlen Ende der 80er Jahre ist natürlich auch vor dem Hintergrund der Bildung des Europäischen Binnenmarktes zu sehen. Viele Unternehmungen antizpierten diese Entwicklung und waren gezwungen, sich neu zu positionieren, was bei dem gegebenen Zeitdruck häufig nur durch den Kauf und Verkauf von Beteiligungen möglich war. Parallel dazu entstand ein Sondereffekt durch die Verschärfung des Steuerrechts bei der Behandlung von Veräußerungsgewinnen. Anfang der 90er Jahre erhielt der deutsche Markt für Unternehmungskontrolle einen weiteren Schub durch die Wiedervereinigung. Allein in den Jahren 1990–92 waren insgesamt über 2.000 Verkäufe durch die Treuhandanstalt zu verzeichnen. Der bisherige Höhepunkt wurde im Jahr 1990 erreicht, als insgesamt knapp 3.500 Transaktionen zu verzeichnen waren. Bereinigt um die Treuhandprivatisierungen waren die Transaktionszahlen in den frühen 90er Jahren allerdings rückläufig. Dies ist zum einen darauf zurückzuführen, daß bis dahin aktive Player angesichts der negativen konjunkturellen Entwicklung im Hinblick auf ihre Beteiligungspolitik in eine Konsolidierungsphase eingetreten sind. Der Markt entwickelte sich tendenziell zu einem Käufermarkt; wo früher Kaufinteressenten Schlange standen, blieben verkaufswillige Unternehmungen häufig erfolglos, und die bis dahin hohen Kaufpreise ließen sich nicht mehr realisieren. Andererseits waren in einzelnen Branchen viele denkbare Deals bereits gelaufen, was zusammen mit einem hohen Zinsniveau die Kauflust dämpfte. Erst seit 1995 scheint sich der Markt wieder langsam zu stabilisieren.

Eine branchenbezogene Analyse in den Abb. 2 und 3 zeigt, daß die aktivsten Käuferbranchen nicht automatisch mit den begehrtesten Targetbranchen gleichzusetzen sind. Über einen Zeitraum von 1985–1995 betrachtet, lagen auf der Käuferseite Finanzdienstleister (in erster Linie Banken und Beteiligungsgesellschaften) auf dem Spitzenplatz. Ihr Anteil an der Gesamtzahl der erfaßten Deals liegt dabei bei über 14 %. Es folgen die Chemie/Pharma-Branche und die stark mittelständisch geprägte Baubranche, die durch die Wiedervereinigung an Dynamik gewann. In ähnlicher Weise trugen neben den Konzentrationstendenzen der 80er Jahre auch die Übernahme der ehemals volkseigenen HO-Geschäfte und der ostdeutschen Waren- bzw. Kaufhäuser dazu bei, daß der Handel nur knapp hinter dem Maschinenbau und der Elektronikindustrie, zwei traditionell wichtigen Industrien in Deutschland, plaziert ist. Auf der Objektseite sind Chemie/Pharma-Unternehmungen am häufigsten vertreten. Im Vergleich zur Liste der aktivsten Käuferbranchen fällt hier der zweite Platz des Dienstleistungsbereichs auf. Ein hoher Anteil dieser Transaktionen kann durch Akquisitionen oder Gründungen industrienaher Dienstleister, wie z.B. von Beratungsunternehmungen, erklärt werden kann.

Bemerkenswert ist auch noch, daß die zehn aktivsten deutschen Käuferunternehmungen (Veba, RWE, Daimler-Benz, Deutsche Bank, Siemens, Viag, Thyssen, Edeka, Metallgesellschaft und Mannesmann) im Betrachtungszeitraum von 1985–95 über 10 % aller Transaktionen durchführen, wobei der wertmäßige Anteil noch deutlich darüber liegen dürfte. Darüber hinaus ist auch der hohe Prozentsatz der ins Ausland gerichteten Aktivitäten zu erwähnen. Insgesamt lag er zwischen 1989 und 1995 bei 13,7 %, während er bei diesen zehn „Akquisitionskönigen" rund 20 % betrug. Daß der deutsche M&A-Markt durch wenige Unternehmungen maßgeblich geprägt wird, verdeutlicht auch nachstehende Abb. 4 einzelner, bedeutender Transaktionen seit 1985. Die meisten davon haben auch eine ausländische Zielunternehmung.

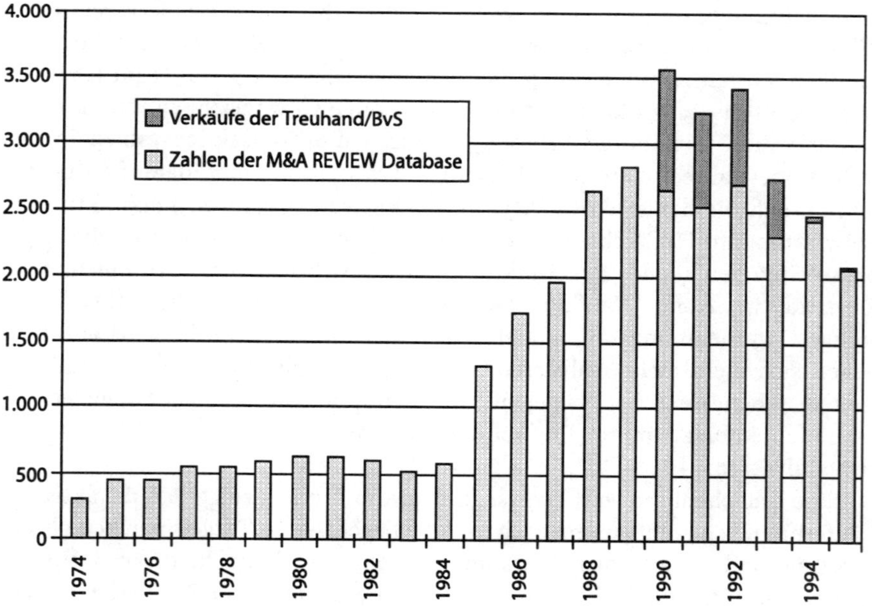

Abb.1. Transaktionsentwicklung in Deutschland 1974–95 (Quelle: M&A REVIEW Database)

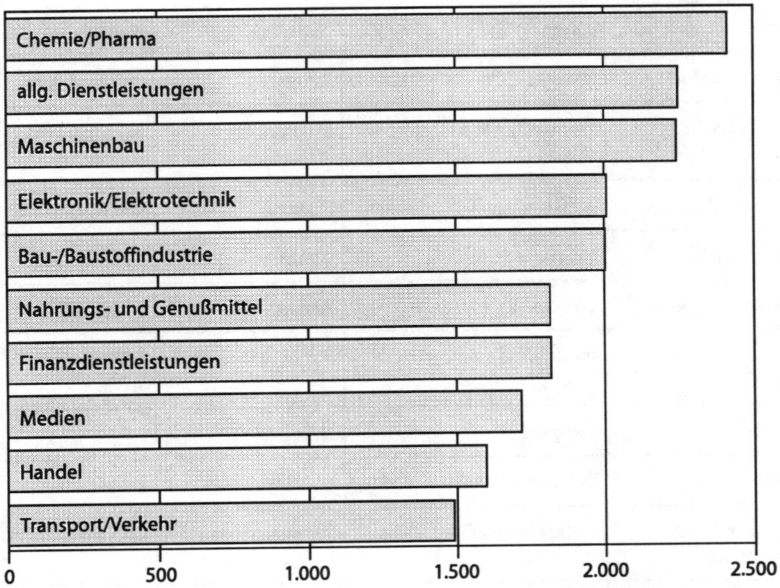

Abb. 2. Die begehrtesten Targetbranchen 1985–95 (Quelle: M&A REVIEW Database)

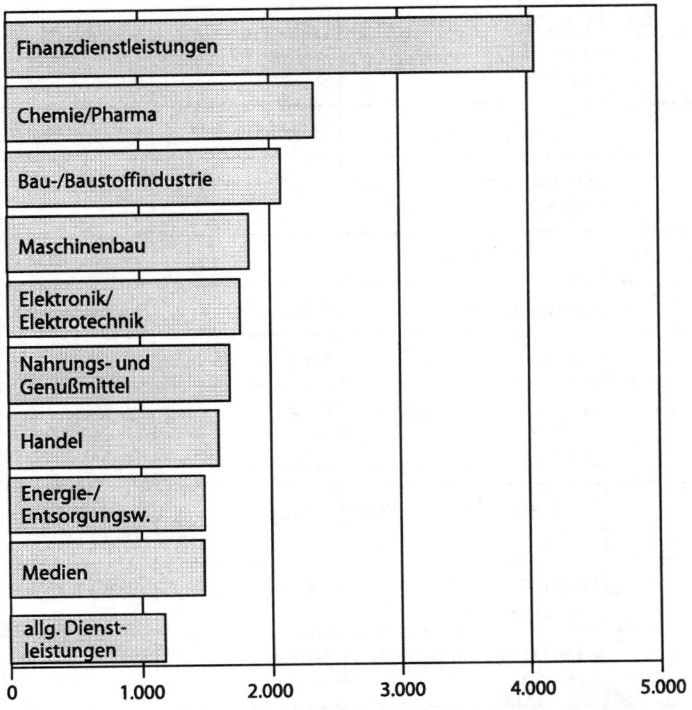

Abb. 3. Die aktivsten Käuferbranchen 1985–95 (Quelle: M&A REVIEW Database)

Jahr	Käufer	Target	Branche	Kaufpreis
1985	Continental AG	Semperit (A)	Reifen	< 1 Mrd. DM
1986	Bertelsmann AG	Doubleday & RCA Rec. (USA)	Medien	1,6 Mrd. DM
	Daimler-Benz AG	AEG	Elektro	900 Mio. US-$
1987	Hoechst AG	Celanese (USA)	Chemie	5 Mrd. DM
	Continental AG	General Tire (USA)	Reifen	2 Mrd. DM
	Aachener und Münchener	Bank für Gemeinwirtschaft	Bank	1 Mrd. US-$
1988	Metro	Kaufhof	Handel	
	RWE	Deutsche Texaco	Öl	1,2 Mrd. US-$
	Aachener und Münchener	Volksfürsorge	Versicherung	0,85 Mrd. US-$
1989	Siemens AG	Plessey Co. Plc (GB)	Elektro	4 Mrd. DM
	Deutsche Bank AG	Morgan Grenfell plc. (GB)	Bank	2,66 Mrd. DM
	Daimler-Benz AG	MBB	Luft-/Raumfahrt	1 Mrd. DM
	Preussag AG	Salzgitter AG	Stahl	2,5 Mrd. DM
1990	Stora (S)	Feldmühle Nobel	Chemie/Papier	4,2 Mrd. DM
	Allianz AG	Firemen's Fund Insurance (USA)	Versicherung	5 Mrd. DM
1991	Metallgesellschaft	Feldmühle Nobel		1,6 Mrd. DM
	Rheinbraun	Consolidation Coal Co.	Kohle	1,45 Mrd. DM
	Krupp	Hoesch [Fusion]	Stahl	
1992	Crédit Lyonnais	Bank für Gemeinwirtschaft	Bank	1,8 Mrd. DM
	Dasa	Fokker N.V. (NL) [51 %]	Luft-/Raumfahrt	750 Mio. DM
1993	Hoechst AG	Copley Pharmaceu. (USA) [51 %]	Pharma	935 Mio. DM
	Karstadt AG	Hertie Waren- und Kaufhaus AG	Handel	1,5 Mrd. DM
	Heidelberger Zement AG	Cimentière CBR S.A. (B) [42,6 %]	Zement	1,05 Mrd. DM
1994	RWE AG, Veba AG, Viag	Vereinigte Energiewerke AG	Versorger	8 Mrd. DM

	Allianz AG	Elvia Versicherung (CH) Lloyd Adriatico (I) Vereinte Versicherung AG Magdeburger Versicherung	Versicherung	insg. 6,4 Mrd. DM
	BMW AG	Rover Group (GB) [80 %]	Automobil	3,75 Mrd. DM
1995	Hoechst AG	Marion Merell Dow (USA) [72 %]	Pharma	10 Mrd. DM
	Dresdner Bank AG	Kleinwort Benson (GB)	Bank	2,2 Mrd. DM
	Deutsche Bank AG	ITT Commercial Finance (USA)	Absatzfinanzierung	3,6 Mrd. DM

Abb. 4. Ausgewählte Transaktionen mit deutscher Beteiligung 1985–1995 (Quelle: M&A REVIEW Database)

2.2 Cross-Border-Aktivitäten

Richtet man nun den Blick über die Grenzen, müssen häufig andere Maßstäbe an das Akquisitionsverhalten der Unternehmungen gelegt werden. Die genannten Triebkräfte, die für eine Zunahme der Transaktionen in Deutschland angeführt wurden, können nicht automatisch auf Cross-Border-Aktivitäten übertragen werden. Anreize für ein Engagement in Deutschland liegen z.B. im hohen technischen Standard vieler mittelständischer Anbieter von Speziallösungen mit hohem „value-added" und im hervorragenden Ausbildungsstand, insbesondere der Facharbeiterschaft, was sich in der im internationalen Vergleich hohen Produktivität niederschlägt. Deutschland bildet in gewisser Weise auch einen Brükkenkopf zu osteuropäischen Ländern, was sich nach der Wiedervereinigung in einer hohen Nachfrage nordamerikanischer, französischer und japanischer Unternehmungen nach Objekten der Treuhandanstalt aus den neuen Bundesländern widerspiegelte. Durch ihre zentraleuropäische Lage besitzt die Bundesrepublik zusätzliche Attraktivität für Unternehmungen, die auf dem europäischen Binnenmarkt agieren wollen.

Ein Grund für Akquisitionen deutscher Unternehmungen im Ausland liegt im Zukauf spezifischer Wertschöpfungspotentiale. Dies gilt u.a. im Falle von Technologien, deren Fortentwicklung wegen restriktiver Interventionen des inländischen Gesetzgebers nicht im erwünschten Maße verfolgt werden kann. So kann man z.B. seit Jahren gezielte Zukäufe deutscher Pharmaunternehmungen im Bereich der Biotechnologie verfolgen, wo häufig amerikanische oder englische Objekte akquiriert werden. Weitere Ursachen finden sich in der Begrenztheit des inländischen Marktes oder in der Lukrativität vergleichbarer Auslandsmärkte (z.B. dem britischen Markt für Lebensmittel, auf dem weit höhere Gewinnspannen realisiert werden als in der Bundesrepublik). Ferner sind viele Anbieter aufgrund der Globalisierung der Märkte gezwungen, auch in wichtigen Auslandsmärkten eine gewisse kritische Größe zu erreichen. Hohe Wachstumsraten können im heimischen Markt in vielen Branchen nicht mehr erzielt werden, weshalb viele Unternehmungen in „emerging markets" drängen. Nach der Öffnung des Ostblocks waren insbesondere Engagements in Ungarn, Polen und der ehemaligen CSFR zu verzeichnen, während derzeit eine Fokussierung auf asiatische Länder, insbesondere China, stattfindet. Neben den erhofften Wachstumsraten in diesen Regionen spielt natürlich auch das teilweise signifikante Lohngefälle eine wichtige Rolle. Insbesondere aufgrund der hohen Lohnnebenkosten in Deutschland wandern viele Produzenten in Billiglohnländer ab. Paradebeispiel ist die Textilindustrie, die nur noch rund 20 % der Fertigung auf heimischem Boden durchführt.

Im Zeitraum von 1989 bis 1995 läßt sich – wie Abb. 5 zeigt – folgende Entwicklung der grenzüberschreitenden Transaktionen rekonstruieren: In den Jahren 1989 bis 1993 wich die Zahl der Fälle, in denen deutsche Objekte von ausländischen Käufern erworben wurden, nur unwesentlich von der Zahl der Beteiligungen deutscher Unternehmungen im Ausland ab, wobei letztere leicht höher lag. Dieses Bild änderte sich 1994 und 1995 dergestalt, daß sich nun die Differenz zugunsten der deutschen Engagements im Ausland vergrößerte. 1994 wurden 16,6 % aller Transaktionen in das Ausland getätigt, gegenüber 12 %, die von ausländischen Unternehmungen in Deutschland durchgeführt wurden. 1995 war der Unterschied noch größer: Fast 22 % der Objekte lagen jenseits der Bundesgrenzen, während in 13,4 % der Fälle der Käufer aus dem Ausland kam.

Obwohl zu diesem starken Anwachsen deutscher Akquisitionen im Ausland neben den bereits genannten Gründen die starke deutsche Mark erheblich beigetragen hat, ist insgesamt eine Internationalisierung der deutschen M&A-Aktivitäten festzuhalten. Die wichtigsten Käufer- und Objektländer der vergangenen Dekade zeigen die Abb. 6 und 7.

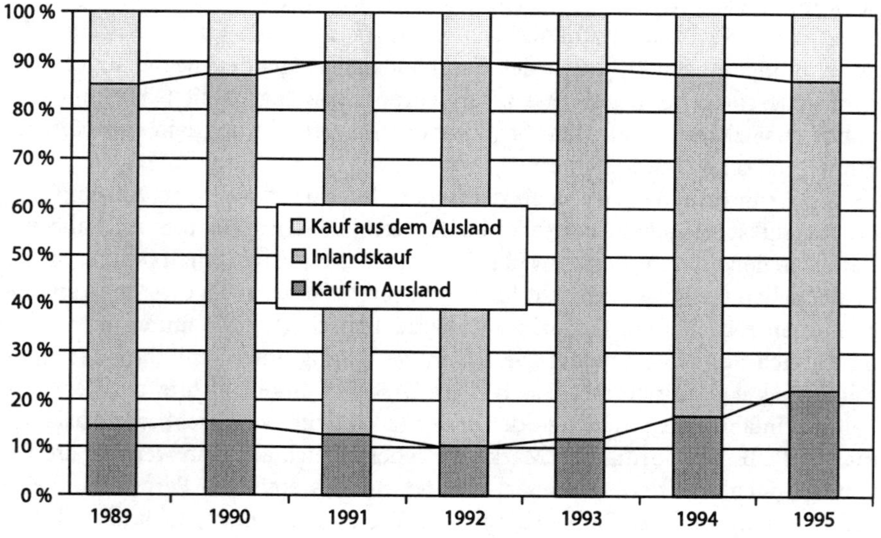

Abb. 5. Anteil der Cross-Border-Transaktionen 1989–1995 (Quelle: M&A REVIEW Database)

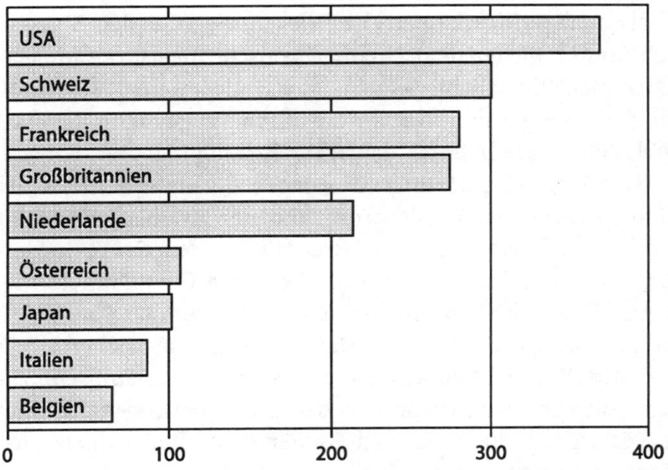

Abb. 6. Wichtigste Käuferländer 1985–1995 (Quelle: M&A REVIEW DATABASE)

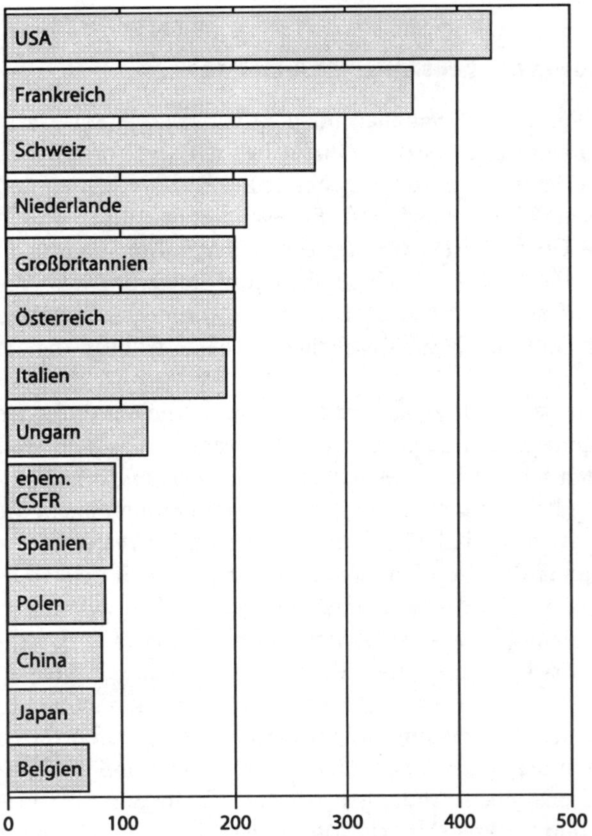

Abb. 7. Wichtigste Objektländer 1985–1995 (Quelle: M&A REVIEW Database)

Sowohl auf Käufer- als auch auf Verkäuferseite belegen die USA den Spitzenplatz. Es waren auch immer wieder deutsch-amerikanische Deals, die Meilensteine in der deutschen M&A-Geschichte setzten. So war die bereits 1980 durchgeführte Übernahme der US-Supermarktkette A&P durch Tengelmann die erste größere internationale Transaktion unter deutscher Beteiligung. Das Engagement der Hoechst AG bei der Chemieunternehmungen Celanese und das der Allianz bei dem US-amerikanischen Versicherungsanbieter Firemen's Fund für jeweils 5 Mrd. DM gehören ebenfalls zu den herausstechenden Cross-Border-Aktivitäten deutscher Unternehmungen. Den bisher größten Coup landete wiederum die Hoechst AG, als sie sich 1995 den dritten Platz unter den Pharmaanbietern weltweit mit dem Erwerb von 72 % an Marion Merell Dow sicherte. Der gezahlte Preis von 10 Mrd. DM stellt zudem bisher die größte ausländische Direktinvestition einer deutschen Unternehmung dar. Abschließend kann man feststellen, daß die wichtigsten ausländischen Käufer deutscher Targets ausnahmslos aus führenden Industrieländern stammen, während sich deutsche Investoren darüber hinaus zunehmend auch in Märkten engagieren, denen ein hohes Wachstumspotential zugesprochen wird.

2.3 Entwicklungstendenzen des deutschen M&A-Marktes

Zweifellos haben sich die Rahmenbedingungen für den deutschen M&A-Markt in den vergangenen Jahren verbessert. Dazu geführt haben u.a. die Vorschriften des Wertpapierhandelsgesetzes, in dem weiterreichende Publizitätspflichten und Vorschriften zum Insiderhandel verankert sind. Ein weiterer wichtiger Schritt liegt in der Einführung des Übernahmekodex, der zugleich eine Annäherung an internationale Standards bedeutet. Schließlich ist auch eine Steigerung des Professionalisierungsgrades auf seiten der M&A-Berater zu erkennen, der dazu beitragen sollte, daß das deutsche M&A-Geschehen – auch qualitativ –belebt wird.

Auf der anderen Seite liegen noch einige Dinge im argen, die eine schnelle positive Entwicklung behindern und zugleich fraglich erscheinen lassen. Von ausländischen Interessenten wird nach wie vor die geringe Transparenz des deutschen Marktes bemängelt. Zwar orientieren sich Großunternehmungen, die zunehmend die internationalen Kapitalmärkte in Anspruch nehmen, vermehrt an den dort geltenden Standards, allerdings gilt diese Kritik im mittelständischen Bereich fast uneingeschränkt. Auch die erwähnte geringe Zahl börsennotierter Gesellschaften, die komplizierte steuerliche Behandlung von Unternehmungskäufen und die vorwiegend privaten Eigentumsverhältnisse zählen zu den Faktoren, die ausländische Investoren abschrecken. Hinzu kommen Restriktionen in der Qualität der Unternehmungskontrolle, hervorgerufen durch personelle Verflechtungen in den Aufsichtsgremien, der starke Einfluß der Banken (Aufsichtsratsmitgliedschaften, Ausübung von Depotstimmrechten) sowie sehr ausgeprägte Mitbestimmungsregelungen. Die angesprochenen Nachteile erschweren auch den schnellen Ausstieg aus einem bereits eingegangenen Engagement, was häufig dazu führt, daß bereits der erste Schritt nicht vollzogen wird.

Der Schwerpunkt des deutschen Marktes für Unternehmungskontrolle wird auch auf absehbare Zeit im Bereich der mittelständischen Transaktionen liegen, auch wenn das Hauptaugenmerk und die höhere Publizität den vergleichsweise wenigen großen Deals gelten wird. Ein Schub in bezug auf die Transaktionszahlen ist am ehesten von der vieldiskutierten Nachfolgeproblematik des deutschen Mittelstandes zu erwarten. Darüber hinaus könnte ein weiterer Konjunktureinbruch viele bereits heute am Rande der Aufgabe operierende Mittelständler zum Verkauf zwingen. Zusätzliche Impulse werden von der Konzentration deutscher Unternehmungen auf ihre Kerngeschäfte ausgehen, was mit der vermehrten Orientierung am Shareholder-Value-Konzept einhergeht. Auch der Konsolidierungsbedarf in einzelnen Branchen wie z.B. der Chemie/Pharmabranche wird weitere Aktivitäten auslösen ebenso wie in der Telekommunikationsbranche, die sich im Hinblick auf die Liberalisierung 1998 neu formiert. In den letzten Jahren erhöhte sich im Rahmen der Diskussion um die Macht der Banken der Druck auf die Geschäftsbanken, deren massive Industriebeteiligungen eine Quelle der Einflußnahme darstellen und teilweise als zu hoch kritisiert werden. Daraus könnten sich eine Reihe von Divestments ergeben, die schließlich auch zu einer breiteren Streuung des Aktienkapitals führen würde. Durch die weitere Globalisierung der Märkte und die Verlagerung von Produktionskapazitäten in das Ausland werden auch in Zukunft grenzüberschreitende Transaktionen einen wichtigen Platz im deutschen M&A-Geschehen einnehmen, wobei angesichts der starken D-Mark und der hohen Produktionskosten hierzulande deutsche Unternehmungskäufe im Ausland die Mehrheit der Cross-Border-Aktivitäten ausmachen werden.

3 Besonderheiten bei Cross-Border-Fällen

Bislang gibt es keine umfassenden Untersuchungen zur Erfolgsquote von Cross-Border-Transaktionen. Bleeke/Ernst (1994) kommen bei einer relativ kleinen Stichprobe zu einer Erfolgsquote von 57 %. Es gibt aber kaum Gründe anzunehmen, daß Cross-Border-Transaktionen tendenziell erfolgreicher sind als rein inländische Fälle. Hier weisen die meisten Untersuchungen auf Mißerfolgsquoten von über 50 % hin. Eine Analyse aus den 80er Jahren kommt z.B. zu dem Schluß, daß 61 % der Unternehmungskäufe nicht einmal die erforderlichen Kapitalkosten wieder einspielen (Schlote, 1996).

Grundsätzlich muß man sich bei ausländischen Akquisitionen der gleichen Risiken und Fehler bewußt sein, die einem auch bei inländischen Akquisitionen unterlaufen. Dies können sein: eine mangelhafte Due Diligence-Prüfung der zu übernehmenden Unternehmung, übertriebene Synergieerwartungen, ein zu hoher Kaufpreis und eine falsche Einschätzung der Folgekosten, eine zu langsame oder zu radikale Integration, unvereinbare Unternehmungskulturen oder fehlendes Managementpotential zur Beherrschung der wachsenden Komplexität (Schlote, 1996). Die Führungskräfte transnationaler Akquisitionen müssen also nicht nur die wichtigsten Lektionen aus inländischen M&A-Programmen beherzigen, sondern auch noch Spezifika von Cross-Border-Situationen beachten, um im Akquisitionsprozeß den erhöhten Anforderungen des globalen Wettbewerbs und der multikulturellen Rahmenbedingungen Rechnung tragen zu können. Hierzu gibt es eine ganze Reihe aus der Erfahrung abgeleiteter „Empfehlungslisten". Bleeke/Ernst (1994) weisen z.B. auf die Bedeutung folgender Punkte hin:

1. *Konzentration auf das Kerngeschäft*
   Die ausländischen Akquisitionen erfolgen im Kerngeschäft der übernehmenden Gesellschaft, also in demselben Geschäftsfeld, in dem sie bereits operiert. In den Kerngeschäften kann die übernehmende Gesellschaft oftmals durch operative Verbesserungen und verstärkte Skaleneffekte ihren eigenen Wert und den der Zielgesellschaft erhöhen. Grundsätzlich kann man feststellen, daß die Konzentration auf Kerngeschäfte bei ausländischen Akquisitionen stärker ausgeprägt ist als bei den entsprechenden inländischen Akquisitionen.
2. *Akquisition leistungsstarker „Lokalmatadore"*
   Erfolgreiche Akquisiteure überschätzen ihre eigene Fähigkeit zur Sanierung ausländischer Zielgesellschaften nicht und konzentrieren ihre Übernahmen auf leistungsstarke „Lokalmatadore". Darüber hinaus achten sie auf die hervorragende Kenntnis der Finanzkennzahlen und eine starke inländische Marktposition der zu akquirierenden Unternehmung. Man muß sich bewußt sein, daß man nicht gleichzeitig im Ausland diversifizieren und die Schwächen einer übernommenen Unternehmung beseitigen kann.
3. *Konzentration auf wichtige, insbesondere globale Elemente des Geschäftssystems*
   Die Ressourcen werden auf die wichtigen Elemente des Geschäftssystems konzentriert, die ihnen einen nachhaltigen Wettbewerbsvorteil verschaffen. Dabei ist zu beachten, daß die wichtigen Elemente des Geschäftssystems oftmals unternehmungsspezifisch, nicht branchenspezifisch sind. Erfolgreiche Akquisiteure legen den Schwerpunkt in der Regel zunächst auf die globalen Funktionen (globale Funktionen sind solche, in denen eine weltweite Präsenz bzw. Koordination zu erheblichen Wettbewerbsvorteilen führt; lokale Funktionen bringen im Gegensatz dazu primär auf Landesebene Vorteile) ihrer Geschäftssysteme, die oftmals das größte Wertschöpfungspotential enthalten.
4. *Wertsteigerung durch Know-how-Transfer*
   Eines der am weitest verbreiteten Verfahren zur Möglichkeit von Wertsteigerungen ist der Transfer von Spezialkenntnissen. In den meisten erfolgreichen Fällen wirken sich der Know-how-Transfer und der System-Transfer stärker aus als die reine Größenzunahme. Es werden jene Stärken übertragen, die in den entscheidenden Elementen des Geschäftssystems verankert sind. Der Know-how-Transfer geschieht etwa durch Versetzung einiger weniger Manager in Schlüsselpositionen; diese Manager identifizieren operative Verbesserungen und leiten deren Umsetzung.

5. *Schlüsselsysteme als Notbehelf*
   Erfolgreiche Käufer beschränken ihren Transfer auf wenige betriebsnotwendige Systeme und widerstehen der Versuchung, hohe Anfangsinvestitionen zu tätigen.
6. *Akquisitionsprogramme entwickeln*
   Internationale Akquisitionserfahrungen erhöhen die Erfolgswahrscheinlichkeit von Unternehmungskäufen. Die erfolgreichen Unternehmungen akquirieren im Schnitt fast doppelt so viele Akquisitionen wie die erfolglosen. Durch die ersten Übernahmen erhöht der Käufer seine Akquisitionskompetenz und seine praktische Fähigkeit, Unternehmungskäufe gezielt für seine internationale Expansion einzusetzen.

Aus der Sicht des Kapitalmarktes kann der Nutzen einer Akquisition an dem unmittelbaren Wertzuwachs für die Anteilseigner gemessen werden. Dieser geht davon aus, daß der Marktwert oder Aktienkurs einer Firma die unvoreingenommene Bewertung sämtlicher öffentlich zugänglicher Informationen über den zukünftigen Cash Flow und die damit verbundenen Risiken widerspiegelt. Jede Akquisition, die einen unmittelbaren Anstieg im Marktwert bewirkt, wird als positiv bewertet, während solche Übernahmen schlecht sind, die zu einem sofortigen Rückgang des Marktwertes führen. Aus dieser Argumentation kann geschlossen werden, daß Akquisitionen normalerweise keinen Wertzuwachs für die Aktionäre der erwerbenden Firma zur Folge haben, den Anteilseignern der Zielgesellschaft jedoch eine beträchtliche Summe zufließt (Haspeslagh/Jemison, 1992). Eine empirische Untersuchung, die das Ergebnis von 112 Cross-Border-Akquisitionen von US-amerikanischen Firmen im Zeitraum von 1978 bis 1990 bewertet, kommt zu dem Ergebnis: „Findings suggest that cross-border acquisitions, on average, do not create value for acquiring firm shareholders. Findings present a paradox – while cross-border acquisitions have increased in popularity, such acquisitions are not necessarily viewed by investors as being positive net present value investments.“ (Datta/Puia, 1995, S. 337).

Der Wert einer Unternehmung kann jedoch nicht nur aus der Sicht der Anteilseigner, sondern muß ebenfalls aus der Perspektive anderer Anspruchsgruppen betrachtet werden. Alle Beteiligten – Arbeitnehmer, Gemeinden, Kunden, Lieferanten usw. – betrachten ihn unter anderen, oft konfliktären Gesichtspunkten. Gemeinden taxieren den Wert von Firmen nach ihrem Nutzen in Form von Arbeitsplätzen und geleisteten Steuerzahlungen. Für die Kunden steht die Fähigkeit der Firma, ihren Bedarf an Gütern und Dienstleistungen zu befriedigen im Vordergrund, und Lieferanten schätzen die Beziehungen zu Firmen nicht allein deshalb, weil sie wertvolle Marktinformationen liefern. In Deutschland und in den meisten europäischen Ländern wird die Unternehmungsleitung – im Gegensatz zu den Vereinigten Staaten – bei Unternehmungsübernahmen mit einer weitaus stärkeren Machtposition verschiedener gesellschaftlicher Gruppierungen konfrontiert.

In einer Untersuchung zum Grad der Konfliktträchtigkeit von Stakeholdern in Deutschland wird ersichtlich, daß in einer Konfliktsituation sowohl dem Betriebsrat als auch den Gewerkschaften eine höhere Bedeutung als den Eigentümern beigemessen wird (Jeschke, 1993). Da Unternehmungsübernahmen generell für alle beteiligten Anspruchsgruppen einer Unternehmung eine hohe Herausforderung darstellen, darf also von einem hohen Konfliktpotential ausgegangen werden. Die entscheidende Rolle des Betriebsrates und der Gewerkschaft bei der Akquisitionsplanung können gerade auf ausländische Investoren abschrekkend wirken.

3.1 Der Akquisitionsprozeß

Der Erwerb einer Unternehmung kann aus chronologischer Perspektive (Müller-Stewens/Spickers, 1994) als Reihe aufeinanderfolgender Schritte, die von der Formulierung einer Akquisitionsstrategie auf Seiten der akquirierenden Unternehmung bis zum Abschluß der Eingliederungsmaßnahmen der erworbenen Unternehmung reichen, verstanden werden (vgl. Abb. 8). Realiter überlappen sich diese häufig auch zirkulär durchlaufenden Sequenzen.

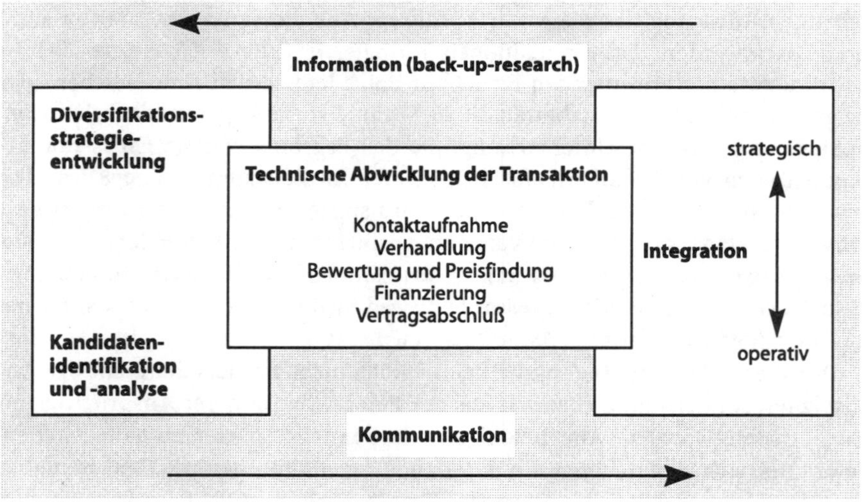

Abb. 8. Der Akquisitionsprozeß (Quelle: Müller-Stewens/Salecker, 1991, S. 105)

Phase 1: Strategieentwicklung und Partnersuche

Ausgangspunkt des Prozesses sollte die kritische Analyse der relevanten Branchen und die Rolle der Akquisition bei der Entwicklung der Wettbewerbsstrukturen sein, wobei auch potentielle Akquisitionen simuliert werden können. Die Frage, ob man selbst eine Akquisition in Erwägung ziehen sollte, sollte nie reaktiv aus einer wettbewerblich schwachen Position heraus angegangen werden, da ihr sonst die Chance auf Ausgewogenheit fehlt. Wenn man sich für eine Akquisition entscheidet, muß die Chance auf absolute Zielübereinstimmung zwischen der akquirierenden und der akquirierten Unternehmung bestehen. Darüber hinaus sollte man sich über gewünschte Eigentumsverhältnisse, die Führungsorganisation und Managementprozesse erste Vorstellungen verschaffen. Das Ergebnis dieser Vorphase sollte ein Partnerschaftskonzept sein, das eine Strategie und ein Bündel möglicher Ziele und Maßnahmen – alles eingebunden in eine Partnerschaftspolitik – umfaßt. Ein fehlendes grundsätzliches Risikobewußtsein, fehlende Zielvorstellungen, die mangelhafte Festlegung von Zielerreichungskriterien und die ungenügende Kenntnis der Unternehmungsmarktsituation der zu akquirierenden Unternehmung stellen die größten Fehlverhaltenspotentiale in dieser ersten Phase dar.

Bezogen auf Cross-Border-Situationen ergeben sich hier oft Probleme hinsichtlich der Recherche. Man ist nur begrenzt in der Lage, die relevanten Unternehmungen im Ausland ausfindig zu machen. Die notwendigen Informationen stehen meist auch in anderer Form (Vergleichbarkeitsaspekte) und in anderen Quellen zur Verfügung.

Phase 2: Technische Abwicklung

Die technische Abwicklung umfaßt Aspekte wie Due Diligence, Bewertung, Financial Engineering, Verhandlungsführung oder Vertragsgestaltung. Bei der Vertragsgestaltung ist insbesondere dem Erhalt der Flexibilität angesichts möglicher Umfeldänderungen Beachtung zu schenken. Auch der Leistungstransfer zwischen den Partnerunternehmungen sollte stufenweise so geregelt sein, daß ein frühzeitiger Abbruch möglichst nicht zu zu großen einseitigen Vorteilen führt und damit den Abbruch im Prinzip provoziert. Ein weiterer Punkt, der bei der Vertragsgestaltung Berücksichtigung finden sollte, ist ein Integrationsplan. Damit sind Fragen der strukturellen Gestaltung, der Machtverteilung und der Willenssicherung (welche Willensbildungs-, Ausführungs- und Kontrollorgane soll es geben?) oder der persönlichen Interessenbindung der Mitarbeiterbedürfnisse auf die Ziele der Akquisition (wie sollen Anreiz- und Sanktionssysteme ausgestaltet sein?) angesprochen.

Als Risikopotentiale dieser zweiten Phase sind insbesondere die Fehleinschätzung finanzieller Faktoren, wie z. B. Wechselkursänderung, Überbezahlung, Fehleinschätzung der Rechnungslegungsmethodik, aber auch exogener Faktoren – hier seien politische Risiken, das Rechtssystem oder die Marktentwicklung erwähnt – und schließlich endogener Faktoren, wie etwa die Inkompatibilität der Führungssysteme, die zur Verfügung stehenden Mitarbeiter (Fähigkeiten, Motivation), Organisationsstrukturen und Unternehmungskultur, ebenso wie das Anlage-, und Umlaufvermögen und die Absatzmöglichkeiten eigener und erworbener Produkte zu nennen.

Da die technische Entwicklung sehr stark durch die regulativen Rahmenbedingungen (Steuergesetzgebung, Wettbewerbsrecht usw.) beeinflußt ist, müssen hier bei grenzüberschreitenden Transaktionen meist Experten herangezogen werden, die sich auf das Zielland oder sogar auf eine gängige Länderpaarung (z.B. deutsch-französische Transaktionen) spezialisiert haben. Bei den Vertragsverhandlungen lassen sich dann auch Vorteile erzielen, wenn man mit den landeskulturellen Gepflogenheiten vertraut ist und diese zu berücksichtigen weiß. Auch die Kenntnis der Landessprache sollte in ihrer Wirkung nicht unterschätzt werden.

Phase 3: Integrationsphase

Der Integrationsprozeß kann als Schlüssel zum Akquisitionserfolg betrachtet werden. Erst wenn die beiden Firmen zusammenkommen und auf das Ziel der Akquisition hinarbeiten, kann eine Wertschöpfung erfolgen. Das Scheitern einer Akquisition hat ihre Ursache sehr häufig in einer mißlungenen Integration. Diese hat ihre Wurzel wiederum zu großen Teilen in einer zu geringen Berücksichtigung von Integrationsaspekten in den Phasen vor Vertragsabschluß. Mißverständnisse sprachlicher Natur oder aufgrund des kulturellen Selbstverständnisses, eine ungenügende Integrationsplanung, die Fehleinschätzung der Akkulturationsmöglichkeiten, die Nichtbeachtung psychologisch bedingter Ablehnung oder die Fehleinschätzung der Wandelfähigkeit der akquirierten Unternehmung seien in diesem Zusammenhang erwähnt.

Gerade bei grenzüberschreitenden Akquisitionen kommt natürlich den interkulturellen Aspekten eine besondere Bedeutung zu. So kann das Wissen über den unterschiedlichen Umgang mit Macht in zwei Ländern viele Reibungsverluste vermeiden helfen. Die Fähigkeit zu einer im Sinne der neuen Gesamtunternehmung produktiven Respektierung unterschiedlicher Werte und Einstellungen wird oft erfolgsentscheidend sein. Dies gilt insbesondere dann, wenn es zwischen zwei Ländern historisch gewachsen bereits gewisse Vorurteile und Ressentiments gibt. Hier sei an Fälle wie Nestlé/Rowntree (GB) oder DASA/Fokker (NL) erinnert, wo es eine Art „nationaler Aufstand" gab und vom „Verkauf der Kronjuwelen" gesprochen wurde.

Parallel zu Phase 1 bis 3: Information und Kommunikation

Aufgrund der fehlenden Kontrolle über die potentiell zu akquirierende Unternehmung ist es entscheidend, daß man sich über den ganzen Akquisitionsprozeß hinweg Informationen dazu einholt und diese in die Vertragsverhandlungen mit einfließen läßt. Relevant ist auch die Beobachtung der eigenen Mitarbeiter und Anspruchsgruppen, sollte es zur Diskussion der Übernahme bereits in ihrer Planungsphase (oft auch in Form von Gerüchten) kommen. Information ist hier aber auch im Sinne eines Controlling der mit der Akquisition angestrebten Ziele während der Integrationsphase zu verstehen. Aber auch die Kommunikation zwischen den beiden Unternehmungen und ihren Anspruchsgruppen muß permanent aufrecht erhalten werden, um eine Basis für Vertrauen angesichts der mit Übernahmen verbundenen Unsicherheiten zu schaffen. Dabei ist den international unterschiedlichen Gepflogenheiten Rechnung zu tragen.

3.2 Rechtsaspekte grenzüberschreitender Akquisitionen

Im deutschen Recht gibt es keine spezifischen Rechtsnormen, die sich nur auf M&A-Aktivitäten beziehen: so existiert z.B. keine zentrale Behörde zum Schutz der Anleger, die mit der SEC in den Vereinigten Staaten vergleichbar wäre. In Deutschland stellt das Gesetz gegen Wettbewerbsbeschränkungen (GWB), das auch als Kartellgesetz bezeichnet wird, das Instrument zur Sicherung einer Wirtschaftsstruktur dar, die den Bestand des Wettbewerbs garantieren und eine Vermachtung der Märkte verhindern soll. Das GWB gilt gleichermaßen für in- und ausländische Unternehmungen. Das grundsätzliche Kartellverbot (§ 1 GWB), die Mißbrauchsaufsicht über marktbeherrschende Unternehmungen (§ 22 Abs. 4 GWB) und nicht zuletzt die Zusammenschlußkontrolle (Fusionskontrolle) stellen die drei Säulen des GWB dar.

Etwa 75 % aller deutschen Unternehmungen sind Einzelunternehmungen, ca. 12 % entfallen auf OHG und KG, ca. 11 % auf GmbH, rund 2 % auf sonstige Rechtsformen und nur etwa 1 % auf Aktiengesellschaften. Alle AGs wickeln ca. 20 % des steuerbaren Umsatzes ab. Ganze 50 % entfallen auf Personengesellschaften, 25 % auf GmbHs und auf sonstige Rechtsformen 5 %. Da bei den meisten bundesdeutschen Großunternehmungen die Rechtsform der AG bzw. GmbH anzutreffen ist, ist den Rechtsnormen der AktG und des GmbHG bei Akquisitionen eine besondere Bedeutung beizumessen. Bei Auslandszusammenschlüssen besitzen somit neben dem Gesetz gegen Wettbewerbsbeschränkungen (GWB) das AktG und das GmbHG besondere Relevanz (Dahm/Müller-Stewens, 1992).

Wegen der vielen ungeklärten Fragen, die es gerade auf dem Gebiet der Auslandszusammenschlüsse noch gibt, müssen sich die folgenden Ausführungen auf ein grobes Raster beschränken (Böckstiegel, 1978; Hölters, 1996; Morgan Grenfell, 1989). Grundsätzlich sind folgende Problemkreise zu unterscheiden:

- die Anzeigepflicht
- die Anmeldepflicht und das Vollzugsverbot
- die Untersagung und Entflechtung.

In einem ersten Schritt ist jedoch zu klären, in welchen Fällen ein für das GWB relevanter Auslandszusammenschluß vorliegt.

Extraterritoriale Anwendung des GWB

Gemäß § 98 Abs. 2 Satz 1 ist das GWB auf alle Wettbewerbsbeschränkungen anwendbar, die sich auf dem Inlandsmarkt auswirken. Der Wortlaut dieser Vorschrift zeigt, daß es bei der Beurteilung des Zusammenschlusses nicht darauf ankommt, ob die Fusion im Inland oder im Ausland durchgeführt wird, oder ob in- oder ausländische Unternehmungen an ihr beteiligt sind, sondern allein auf ihre Auswirkungen. Diese Regelung entspricht dem Territorialitätsprinzip, das dem Grundsatz folgt, daß es dem nationalen Gesetzgeber erlaubt ist, alle Angelegenheiten auf seinem Territorium zu regeln. Für das Vorliegen der spürbaren

Inlandsauswirkungen haben sich im Anschluß an die Rechtsprechung an ein vom Bundeskartellamt herausgegebenes Merkblatt für das Vorliegen der allgemeinen Inlandsauswirkungen folgende Regeln herauskristallisiert: Inlandsauswirkungen liegen immer dann vor, wenn der Zusammenschluß im Inland realisiert wird, selbst wenn es sich bei der erwerbenden Unternehmung um eine ausländische Unternehmung handelt (eine ausländische Unternehmung erwirbt Anteile einer inländischen Unternehmung, die Gründung einer Gemeinschaftsunternehmung im Inland findet statt). Ein im Ausland realisierter Zusammenschluß gilt hinsichtlich der inländischen Töchter der beteiligten Unternehmungen als im Inland realisiert (§ 23 Abs. 3 Satz 4 GWB).

Inlandsauswirkungen liegen auch dann vor, wenn der Zusammenschluß im Ausland realisiert wird und

- beide Unternehmungen bereits vor dem Zusammenschluß im Inland direkt oder über Tochtergesellschaften, Importeure oder Niederlassungen tätig waren
- nur eine Unternehmung im Inland tätig war, aber nach dem Zusammenschluß Lieferungen des ausländischen Beteiligten in das Inland aufgrund der Beziehungen zu inländischen Beteiligten wahrscheinlich sind, oder durch den Zusammenschluß das Know-how einer inländischen Unternehmung spürbar vergrößert wird bzw. diesem gewerbliche Schutzrechte zufließen.

Werden Gemeinschaftsunternehmungen im Ausland gegründet, so richtet sich die Inlandsauswirkung primär nach dem sachlichen und örtlichen Tätigkeitsbereich der Gemeinschaftsunternehmung. Ist es wahrscheinlich, daß zukünftige Lieferungen in das Inland erfolgen, so kann eine Inlandswirkung ebenso bejaht werden wie bei einem erheblichen Zuwachs der Produktionskapazität der inländischen Unternehmung. Sind diese „allgemeinen" und spürbaren Inlandsauswirkungen gegeben, so muß nach der Rechtsprechung in einer zweiten Stufe der Prüfung im Hinblick auf konkrete Vorschriften des GWB gefragt werden, ob diese Inlandsauswirkungen nach dem speziellen Schutzzweck der betreffenden Normen ausreichen, um die Rechtsfolgenanordnung auszulösen.

Anzeigepflicht für Auslandszusammenschlüsse

Nach der Rechtsprechung des BGH muß jeder Auslandszusammenschluß, der das absolute Kriterium des § 23 Abs. 1 Satz 1 GWB erfüllt (500 Mio. DM Umsatz), beim Bundeskartellamt angezeigt werden, wenn er sich unmittelbar auf die Wettbewerbsverhältnisse im Inland auswirkt. Dies gilt auch dann, wenn er erkennbar die Schwelle der Marktbeherrschung nicht erreicht. § 23 GWB hat nämlich nicht nur den Zweck, die Fusionskontrolle nach § 24 GWB durch die Anzeigepflicht zu ermöglichen, sondern über ihn soll auch erreicht werden, daß die Konzentrationsentwicklung im Inland vom Bundeskartellamt im Interesse der Öffentlichkeit beobachtet werden kann. Eine Anzeigepflicht besteht aus diesem Grund immer schon bei Vorliegen einer spürbaren, unmittelbaren Inlandsauswirkung.

Anmeldepflicht für Auslandszusammenschlüsse

Auch die Anmeldepflicht nach § 24a GWB greift nach Auffassung des Bundeskartellamtes und des Bundeswirtschaftsministeriums für Auslandszusammenschlüsse, wenn die Kriterien des § 24a GWB erfüllt sind und der Zusammenschluß spürbare Auswirkungen auf den Inlandsmarkt hat. Diese Vorschrift dient ausschließlich der vorbeugenden Kontrolle und steht damit in direkter Verbindung zum materiellen Untersagungstatbestand.

Einschränkend muß hier erwähnt werden, daß das deutsche Gesetz im Ausland aufgrund der völkerrechtlichen Prinzipien des Einmischungsverbotes und des Territorialitätsprinzipes keine Wirkung auf Verträge haben kann, die ausländischem Recht unterstehen. Es können lediglich die im Inland vorkommenden Rechtsgeschäfte schwebend unwirksam sein.

Untersagung und Entflechtung

Das Bundeskartellamt hat die Befugnis, Zusammenschlüsse zu untersagen, wenn durch sie eine marktbeherrschende Stellung entsteht oder verstärkt wird. Neben der Marktbeherrschung (§ 22 GWB) muß auch der relevante Markt festgelegt werden, auf dem die marktbeherrschende Stellung vorliegt. Die Abgrenzung dieses relevanten Marktes erfolgt nach sachlichen, räumlichen und zeitlichen Kriterien. Da die Untersagungsverfügung die Grundlage für die spätere Entflechtungsanordnung ist, wird deren Reichweite durch den Inhalt der Untersagungsverfügung begrenzt. Als Adressaten der Entflechtungsanordnung können somit nur die inländischen Töchter in Betracht kommen.

Falls eine Untersagungsverfügung durch das Bundeskartellamt ausgesprochen wird, können die betroffenen Unternehmungen entweder das Rechtsmittel der Beschwerde beim Kammergericht Berlin ergreifen oder eine sogenannte „Ministererlaubnis" beantragen.

Arbeitsrecht

Deutsche Unternehmer investieren ins Ausland

Die Bedeutung des jeweils nationalen Arbeitsrechts kann hier nur angedeutet werden. Der Erfolg der ausländischen Unternehmung hängt von den eingesetzten Arbeitskräften ab. Das jeweilige nationale Sozialversicherungsrecht, eventuelle Mitbestimmungsvorschriften, Recht und Praxis der Krankenversicherung, das Streikrecht und seine Ausgestaltung, Auflagen über die Beschäftigung bestimmter Arbeitskräfte, aber auch die eventuelle Beschränkung für die Beschäftigung von deutschem Personal, deren Einreise- und Arbeitsbewilligungen müssen sorgfältig überprüft werden. In diesem Zusammenhang ist auch eine Überprüfung der nach deutschem und dem ausländischen Steuerrecht bestehenden günstigsten Möglichkeiten für den Einsatz deutscher Arbeitskräfte vorzunehmen.

Ausländische Unternehmer investieren in Deutschland

In der Bundesrepublik Deutschland bestehen in den meisten Betrieben Betriebsräte. Bei einem erheblichen Personalabbau ist ein Sozialplan mit dem Betriebsrat zu vereinbaren. Darüber hinaus gibt es eine weitreichende Mitbestimmung der Arbeitnehmer in den Aufsichtsorganen einer Unternehmung: Drittelparität im Aufsichtsrat von Aktiengesellschaften und von GmbHs mit mehr als 500 Arbeitnehmern (§ 76, 77 BetrVG 1952); paritätische Besetzung des Aufsichtsrates bei Aktiengesellschaften, GmbH und GmbH & Co KG, soweit diese mehr als 2.000 Arbeitnehmer beschäftigen (MitbestG 1976).

Fusionskontrollverordnung – die europäische Dimension

Seit 21. September 1990 ist die VO (EWG) Nr. 4064/89 des Rates über die Kontrolle von Unternehmungszusammenschlüssen, die sogenannte Fusionskontrollverordnung (VO), in Kraft getreten. Zusammenschlußvorhaben werden anstelle von einer nationalen Behörde von der EG-Kommission untersucht, wenn sie bestimmte Größenmerkmale überschreiten. Die Schwellenwerte für die „gemeinschaftsweite Bedeutung" werden in Art. 1 Abs. 2 der VO festgelegt. Danach fällt ein Zusammenschluß in den Anwendungsbereich der VO, wenn folgende Umsätze erzielt werden:

- weltweiter Gesamtumsatz aller beteiligten Unternehmungen von mehr als 5 Mrd. ECU (= ca. 10,1 Mrd. DM)
- gemeinschaftsweiter Gesamtumsatz von mindestens zwei der beteiligten Unternehmungen von jeweils mehr als 250 Mio. ECU (= ca. 505 Mio. DM).

Trotz Überschreitens der 5 Mrd. und der 250 Mio. ECU-Schwellen hat ein Zusammenschluß dennoch keine gemeinschaftsweite Bedeutung, wenn die beteiligten Unternehmungen jeweils mehr als zwei Drittel ihres gemeinschaftsweiten Gesamtumsatzes in ein und demselben Mitgliedstaat erzielen. Sinn dieser Regelung ist es, Zusammenschlüsse, die im wesentlichen nur einen Mitgliedstaat betreffen, weiterhin dem nationalen Recht zu unterstellen. Ein Beispiel aus dem Jahre 1994 ist die Ablehnung des Kaufes der französischen Tiefkühl- und Eiscremeunternehmung Ortiz-Miko durch die Unilever N.V. durch die europäischen Wettbewerbsbehörden. Um die Genehmigung für diese Transaktion zu erhalten, mußte Unilever die deutsche Tochter Warncke Eiskrem GmbH & Co. KG an die schweizerische Nestlé S.A. abgeben.

Steuerrechtliche Bestimmungen

Der Komplex der Besteuerung soll hier eher im Sinne eines Merkpostens abgehandelt werden. Zu erwähnen wären im Zusammenhang einer Cross-Border-Akquisition die steuerliche Behandlung der Kapitalausfuhr, die steuerliche Behandlung von in der ausländischen Unternehmung oder aus der ausländischen Unternehmung anfallenden Gewinne oder die Frage, ob zwischen den Ländern ein Doppelbesteuerungsabkommen besteht. Aus dem deutschen Steuerrecht sei auf die Stichworte Außensteuergesetz, Auslandsinvestitionsgesetz und Entwicklungsländersteuergesetz hingewiesen.

4 Die Integration der Akquisition

4.1 Der Integrationsprozeß als Schlüsselfaktor des Akquisitionsprozesses

Zielsetzung der organisatorischen Integration beider Unternehmungen ist die Realisierung von synergetischen Vorteilen, die man sich aus der wirtschaftlicheren gemeinsamen Nutzung der beiderseits vorhandenen Ressourcen (Anlagen, Fähigkeiten, Wissen usw.) verspricht. Integration bedeutet dabei immer auch Aufgabe an Eigenständigkeit und muß deshalb im Spannungsfeld zur notwendigen Autonomie eines Geschäftsbereiches gesehen werden.

Unter der Integration ist ein interaktiver und gradueller Prozeß zu verstehen, in dem die Mitarbeiter lernen, Wege zu den kalkulierten Vorteilen aus Zusammenarbeit ausfindig zu machen. Da das Gelingen nicht nur von den Fähigkeiten der Mitarbeiter abhängt, sondern auch von deren Motivation und Einstellung zur Zusammenarbeit, ist der Begriff Synergie nicht nur technisch, sondern auch sozial zu interpretieren. Damit wird bereits angedeutet, warum solche Integrationsprozesse so unerfreulich verlaufen können, denn es ist oft äußerst schwer einzuschätzen, wie das Können, Dürfen und Wollen zur Zusammenarbeit auf beiden Seiten verteilt ist. Dies gilt besonders dann, wenn die beiden Unternehmungen unterschiedlichen Kulturkreisen angehören. Des Prozesses

„Der Integrationsprozeß ist der Schlüssel zum Akquisitionserfolg. Erst wenn die beiden Firmen zusammenkommen und auf das Ziel der Akquisition hinarbeiten, kann eine Wertschöpfung erfolgen" (Haspeslagh/Jemison, 1992, S. 129). Obwohl sich Manager der Bedeutung der Integration bewußt sind, wird in den Verhandlungen oft aufgrund der Unsicherheiten, Komplexität und Arbeitsteiligkeit des Gesamtprozesses und anderer, während des Entscheidungsprozesses auftauchender Zwänge, eine ausführliche Besprechung der Integration umgangen.

Der Frage, *wie* denn nun eine akquirierte Unternehmung am effizientesten in den bestehenden unternehmungspolitischen Entwicklungspfad der übernehmenden Unternehmung integriert werden kann, muß vermehrt Beachtung geschenkt werden, denn nur die Kenntnis von Bestimmungsgrößen des Akquisitionserfolges eröffnet Hinweise auf Ansatzpunkte für das Management des Erwerbens zur Verbesserung des Erfolgsniveaus.

Bearbeitet man vor dem Hintergrund dieser Frage die Akquisitionsliteratur, so läßt sich feststellen, daß man sich – wohl aufgrund der hohen Komplexität der Abwicklung des Erwerbs ganzer Unternehmungen – in erster Linie mit den technischen Fragen, wie etwa der Unternehmungsbewertung/-preisfindung, dem „financial engineering" oder steuer- und rechtlichen Problemstellungen beschäftigt. Angesichts andauernder deutlicher Veränderungen im rechtlichen und wirtschaftlichen Umfeld deutscher Unternehmungen (z.B. EG-Vorschriften zur Kontrolle von Unternehmungszusammenschlüssen) ist die fortdauernde Aufbereitung dieser Themenkomplexe natürlich notwendig, auch wenn mit ihnen nur ein Teil der Faktoren abgedeckt wird, die für eine Erklärung der Erfolgsvarianz von Akquisitionen von kritischer Bedeutung sind. Entsprechend sind vor allem seit Beginn der achtziger Jahre erweiterte Untersuchungen angestellt worden, die sich idealtypisch in die Erklärungsschwerpunkte des *strategisch-strukturellen* (Haspeslagh/Jemison, 1992; Jemison/Sitkin, 1986), *des integrations-prozessual-mitarbeiterorientierten* (Krüger/Müller-Stewens, 1994) und des *unternehmungskultur-orientierten* (Cartwright/Cooper, 1992) Erklärungsansatzes unterscheiden lassen.

Die mit der Grenzüberschreitung zusätzlich verbundene Problematik der landeskulturellen Unterschiede ist in bezug auf den Akquisitionsprozeß bisher kaum gesondert thematisiert worden. Erste Untersuchungen sind von Lindgren (1982) und Reineke (1989) durchgeführt worden, die als Grund für die erschwerte Integrationsproblematik bei Auslandsakquisitionen, die aufgrund der wirtschaftlichen Daten zu einem Erfolg hätten führen müssen, das gesellschaftskulturell unterschiedliche Umfeld verantwortlich machen. Der Erfolg einer Auslandsakquisition hängt danach ganz entscheidend davon ab, wie sich die akquirierte Unternehmung in die Organisation, das Führungssystem, in die Ziel- und Wertorientierung der übernehmenden Unternehmung einfügen läßt. Welche Strategien und Instrumente den Unternehmungen dabei zur Verfügung stehen, soll im folgenden vorgestellt werden.

4.2 Die Bearbeitung kultureller Differenzen

Die Erkenntnis, daß die sogenannten weichen, nicht quantifizierbaren Faktoren für den Erfolg einer Akquisition maßgeblich sind, und insbesondere bei grenzüberschreitenden Transaktionen die unternehmungskulturelle „Überbrückung" der beiden Unternehmungen eine entscheidende Rolle spielt, ist die Ausgangsüberlegung der folgenden Darstellung.

In einer *Makrokultur*, deren Grenzen durch eine Gesellschaft, eine Nation oder ein Volk bestimmt ist, existieren völlig unterschiedliche Unternehmungskulturen, die als *Mikrokulturen* bezeichnet werden, nebeneinander. Die Relation von Makro- und Mikrokultur bedarf einer genaueren Untersuchung, da diese für die Kennzeichnung von Unternehmungskulturen international tätiger Unternehmungen von besonderer Bedeutung ist. Unter Zugrundelegung des kulturbedingten Ansatzes, der davon ausgeht, daß die Makrokultur einen entscheidenden Einfluß auf das Führungsverhalten ausübt, ist das Managementverhalten länder- und kulturspezifisch zu variieren. Der Einfluß der Makrokultur auf die Unternehmungskultur ergibt sich vor allem durch die in der Unternehmung tätigen Mitarbeiter, die bereits bei ihrem Eintritt in die Unternehmung durch während der primären Sozialisation erlernte Wertmuster geprägt sind, die den Grundorientierungen der Makrokultur entsprechen.

Die bisherigen Ausführungen lassen den Schluß zu, daß Unterschiede zwischen den Mikrokulturen von Unternehmungen, die in verschiedenen Makrokulturen angesiedelt sind, in der Regel signifikant größer sind als Unterschiede zwischen den Kulturen von Unternehmungen, die innerhalb einer Makrokultur operieren. Diese Aussage wird durch die Studie von Datta/Puia (1995, S. 337) gestützt, die 112 Cross-Border-Akquisitionen bei U.S. Firmen zwischen 1978 und 1990 untersucht haben: „... cultural fit does have an important impact. Acquisitions characterized by high cultural distance were accompanied by lower wealth effects ...". Neben den individuellen Wertvorstellungen und der Makrokultur beeinflußt aber auch die *Branchenkultur* die Unternehmungskultur der übernehmenden und der übernommenen Unternehmung und damit die unternehmungskulturelle Distanz.

Zusammenfassend kann also gesagt werden, daß im Fall der Auslandsakquisition unterschiedliche Unternehmungskulturen aufeinandertreffen, die insbesondere auch von verschiedenen Makrokulturen geprägt sind. Die Aufmerksamkeit ist hier demnach auf Fragen der Akkulturation beider Unternehmungen zu richten (Forstmann, 1994). „Acculturation comprehends those phenomena which result when groups of individuals having different cultures come into first hand contact, with subsequent changes in the original cultural patterns of either of both groups." (Redfield/Linton/Herskovits, 1936). Welche Faktoren müssen nun berücksichtigt werden, damit sich diese beiden vorher autonomen kulturellen Systeme während des Akkulturationsprozesses optimal aneinander anpassen? Welche Instrumente gibt es, diese Faktoren gestaltend zu beeinflussen?

Analysiert man die Literatur (z.B. Reineke, 1989), so lassen sich die folgenden Erfolgsfaktoren bei grenzüberschreitenden Akquisitionsprozessen relativ stabil herausarbeiten:

1. *Unternehmungskulturelle Distanz:*
   Je geringer die unternehmungskulturelle Distanz, verstanden als die Summe der Unterschiede zwischen den Ausprägungen der Elemente zweier Unternehmungskulturen, desto größer ist eine gemeinsame Basis für eine erfolgreiche Zusammenarbeit zwischen übernehmender und übernommener Unternehmung vorhanden.
2. *Motivation zur unternehmungskulturellen Anpassung:*
   Bei einer Akquisition prägt die übernehmende Gesellschaft und deren Attraktivität für die erworbene Gesellschaft die Anpassungsbereitschaft der akquirierten Unternehmung.
3. *Aufgabenerfüllung der übernommenen Unternehmung:*
   Die Erfüllung der von der übernehmenden Gesellschaft zugewiesenen Aufgaben durch die übernommene Unternehmung ist eine wesentlicher Erfolgsfaktor für die Akkulturation.
4. *Unternehmungskulturelle Flexibilität:*
   Das Anpassungspotential an die Unternehmungskultur der übernehmenden Gesellschaft und damit die Fähigkeit der erworbenen Unternehmung zur Akkulturation wird erheblich von dem Flexibilitätsgrad der Unternehmungskultur der übernommenen Unternehmung bestimmt.
5. *Reduktion von Unsicherheit:*
   Von der Reduzierung der mit einer Akquisition verbundenen Unsicherheit kann eine positive Auswirkung auf den Verlauf der Akkulturation erwartet werden.

Diese Erfolgsfaktoren können durch folgende Instrumente, deren konkrete Ausgestaltung vom jeweiligen Kulturtyp abhängt, beeinflußt werden (Reineke, 1989, S. 100 f.):

- strategische Instrumente (Unternehmungsphilosophie, Strategie für die übernommene Tochtergesellschaft)
- führungsspezifische Instrumente (Führungsgrundsätze, Führungsstil)
- kommunikative Instrumente (Kommunikationsstil, Informationspolitik, Corporate Communications)
- organisatorische Instrumente (Aufbau- und Ablauforganisation, Interfaces) (Adler, 1980)
- personale Instrumente (Personalfreistellung, Personalbeschaffung, Personalentwicklung, materielle Anreizsysteme)
- physische Instrumente (Büro- und Gebäudegestaltung, Logo).

Abbildung 9 faßt diese Überlegungen nochmals zusammen.

Abschließend sei festgehalten, daß die Beeinflußbarkeit der Unternehmungskultur nicht gesteuert werden kann. Die Problematik liegt bereits darin, daß – wie durch empirische Studien belegt ist – der Austausch kultureller Elemente nur selten gleichgewichtig ist, sondern meist von einem kulturellen System, dem der übernehmenden Gesellschaft, dominiert wird. Darüber hinaus können geplante Eingriffe nicht selten zu unbeabsichtigten Wirkungen führen.

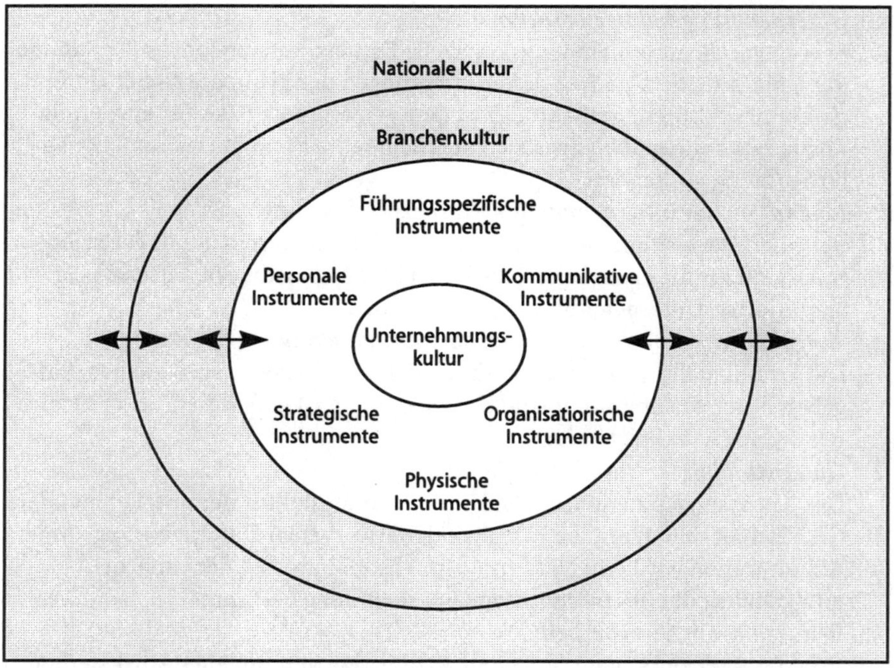

Abb. 9. Unternehmungskultur und Instrumente zu ihrer Beeinflussung (Quelle: in Anlehnung an Hochreutener, 1984)

Angesichts der Probleme hinsichtlich der Meßbarkeit oder Quantifizierbarkeit der Unternehmungskultur sollen die vorangegangenen Ausführungen als Forderung verstanden werden, der Kulturanalyse im Akquisitionsprozeß gerade im Cross-Border-Bereich erhöhte Aufmerksamkeit zu schenken, ja diese vielleicht sogar als separate Aufgabe im Akquisitionsprozeß zu verstehen.

5 Zusammenfassung: Schlüsselkriterien für Cross-Border-Akquisitionen

Abschließend können die vorangegangenen Überlegungen zum Stand der Entwicklungstendenzen von Cross-Border-Akquisitionen in einigen „Schlüsselkriterien" zusammengefaßt werden:

- Die Cross-Border-Akquisitionsstrategie sollte festgelegt sein, bevor ein potentieller Übernahmekandidat identifiziert wird.
- Die strategischen und finanziellen Ziele der akquirierenden Unternehmung müssen bereits vor der Akquisition eindeutig festgelegt sein und durch ein Transaktions-Controlling laufend auf Zielerreichung bzw. -korrektur überprüft werden.
- Der Informationsstand, auf dem die Akquisitionsentscheidung basiert, muß der Situation angemessen sein. Dabei müssen insbesondere auch die unterschiedlichen nationalen Gesetze und Regulierungen präzise und aktuell verstanden sein und in die Prozeßgestaltung eingearbeitet werden.
- Bei der Zieleformulierung und bei der Prozeßgestaltung sollten Experten, die mit den Landesgewohnheiten vertraut sind, beratend hinzugezogen werden.
- Das Management muß Manager mit sowohl ausreichender Auslands- und Geschäftserfahrung als auch mit genügend Zeit einsetzen, um die Akquisition sowohl während der Verhandlungen als auch nach deren Abschluß zu begleiten.
- Kulturelle Differenzen und Barrieren müssen identifiziert werden. Es sollte ein genauer Plan ausgearbeitet werden, wie diese Differenzen überbrückt oder zumindest abgeschwächt werden können.

Die Berücksichtigung dieser Aspekte kann sicherlich keine Garantie für eine erfolgreiche Transaktion bieten. Sie lenken jedoch die Aufmerksamkeit aller im Akquisitionsprozeß involvierten Parteien auf die empirisch eruierten und sich bei Auslandsakquisitionen als besonders relevant erwiesenen Kriterien und sollten bei ihrer Berücksichtigung dazu beitragen, die langfristige Überlebens- und Fortschrittsfähigkeit der akquirierenden Unternehmungen zu sichern.

Summary
The years since the mid-1980's have seen a rapid increase in the number of transnational mergers and acquisitions. Structural variations, however, mean that such activities have a completely different pattern according to whether they take place in Japan, the USA, or in Europe. Japanese companies, for example, expend

three times as much capital on international merger and acquisitions operations than on comparable domestic or "national" transactions. European companies, on the other hand, influenced by both EU guidelines concerning the "home" market and the development of the Eastern European market, engage in a greater number of transnational than national mergers and acquisitions - although more than half of the companies targeted here are located in non-EU countries. For many companies, the particular attraction of a foreign acquisition is that it presents the chance to advance rapidly towards internationalization and thereby attain a desired strategic position. Naturally, the chief risk here is that companies often lack the necessary experience when it comes to dealing with cross-border acquisitions. In principle, however, one can say that during a foreign acquisition, exactly the same risks and errors obtain as during a domestic one. These may be down to a lack of due diligence when checking the target company, or, indeed, exaggerated expectations about the synergy effects to be attained through the acquisition, an inflated purchase price and underestimation of the follow-up costs, a too-slow or too-radical integration, irreconcilable corporate cultures, and the lack of a management potential competent to master the increasing complexity. From the perspective of the capital market, the advantage of such an acquisition may be immediately measured in terms of the increase in value it represents for the stockholder. Now, the latter proceeds upon the assumption that the market value or share price of a company faithfully reflects an unbiased evaluation of various items of information concerning future cash flow and the risks entailed. However, it is important not to calculate the value of a company from the perspective of the stockholder alone. A range of other interests - employees, communities, customers, and suppliers, etc. - will evaluate the worth of a company in different and often contradictory ways. The prime organizational goal behind the integration of two companies must be to create the kind of advantages of synergy that accrue through an economical and shared usage of the resources available to each partner. In this respect, the success of a foreign acquisition crucially depends upon the manner in which the company to be acquired may be integrated into the organization and the management system of the take-over company - and into the type of targets and value strategy pursued by the latter. By way of conclusion, it is important to remember that a foreign acquisition is inevitably attended by an encounter between different corporate cultures, both of which are also marked, nonetheless, by various macro-cultures. A cultural analysis must be employed to help identify such cultural differences and barriers. In addition, it is essential to formulate a more detailed plan of how these differences may be bridged or, at the very least, diluted.

Literatur

Adler, N. J. (1980): Cultural Synergy: The Management of Cross-Cultural Organizations. In: Burke, W. W.; Goodstein, L. D. (1980): Trends and Issues in OD: Current Theory and Practice, 1st edition, San Diego.

Bleeke, J./Ernst, D./MC Kinsey & Company, Inc. (1994): Rivalen als Partner. 1. Auflage, Frankfurt/Main.

Bleeke, J./Isono, J./Ernst, D./Weinberg, D. (shape, 2/1990): The shape of cross-border M&A. In: The Mc Kinsey Quarterly, S. 15 - 26.

Bleeke, J./Isono, J./Ernst, D./Weinberg, D. (succeeding, 3/1990): Succeeding at cross-border M&A. In: The Mc Kinsey Quarterly, S. 46 - 55.

Böckstiegel, K.-H. (1978): Rechtsfragen des internationalen Beteiligungserwerbes. In: Goetzke, W.; Sieben, G.: Unternehmensakquisitionen - Betriebswirtschaftliche und juristische Grundfragen. 1. Auflage, Köln.

Cartwright, S./Cooper, C. L. (1992): Mergers and Acquisitions: The Human Factor. 1st edition, Oxford.

Dahm, H./Müller-Stewens, G. (1992): Besonderheiten des M&A-Geschäftes in der Bundesrepublik Deutschland. In: Hanzel, N./Wunderbaldiger, E. (1992): Mergers & Acquisitions in Austria. 1. Auflage, Wien.

Datta D. K./Puia, G. (4/1995): Cross-Border-Acquisitions: An Examination of the Influence of Relatedness and Cultural Fit on Shareholder Value Creation in U.S. Acquiring Firms. mir, S. 337 - 358.

Forstmann, S. (1994): Kulturelle Unterschiede bei grenzüberschreitenden Akquisitionen. Dissertation Universität St. Gallen.

Haspeslagh, P. C./Jemison, D. B. (1992): Akquisitionsmanagement. 1. Auflage. Frankfurt/Main.

Hochreutener, P. E. (1984): Die Entwicklung von Unternehmenskultur-Leitbildern als Grundlage für ein zielorientiertes Management. Dissertation Universität St. Gallen.

Hölters, W. (1996): Handbuch des Unternehmens- und Beteiligungsverkaufs. 4. Auflage, Köln.

Jemison, D. B./Sitkin, S. B. (2/1986): Acquisitions: The process can be the problem. Harvard Business Review, S. 107 - 116.

Jeschke, B. G. (1993): Konfliktmanagement und Unternehmenserfolg: Ein situativer Ansatz. Neue betriebswirtschaftliche Forschung. Wiesbaden.

Krüger, W./Müller-Stewens, G. (1994): Matching Acquisition Policy and Integration Style. In: von Krogh, G./Sinatra, A./Singh, H. (1994): The Management of Corporate Acquisitions. 1st edition, London.

Lindgren, U. (1982). Foreign Acquisitions. Management of the Integration Process. 1st edition, Stockholm.

Morgan Grenfell (1989): Handbuch für den internationalen Unternehmenskauf. 2. Auflage, Berlin/Hamburg.

Müller-Stewens, G./Salecker, J. (1991): Kommunikation - Schlüsselkompetenz im Akquisitionsprozess. In: Absatzwirtschaft, S. 104 - 113.

Müller-Stewens, G./Spickers, J. (1994): Akquisitionsmanagement. In: Die Betriebswirtschaft. Nr. 5/1994, S. 663 - 678.

Redfield, R./Linton, H./Herskovits, M. J. (Vol. 38/1936): Memorandum for the Study of Acculturation. American Anthropologist, S. 149 - 152.

Reineke, R.-D. (1989): Akkulturation von Auslandsakquisitionen. 1. Auflage, Wiesbaden.

Schlote, S. (5/1996): Kater nach dem Kaufrausch. In: Manager Magazin, S. 112 - 120.

Unternehmensbewertung im Rahmen von Cross-Border-Akquisitionen

Ch. Schindler

1 Einführung

Die Bestimmung des Unternehmenswertes im Rahmen von Transaktionsverhandlungen ist seit langem ein umstrittenes Thema, sowohl in Deutschland als auch international. In Literatur und Praxis haben sich mittlerweile gewisse Prämissen durchgesetzt, die zur allgemeinen Akzeptanz von bestimmten Ansätzen bei Unternehmensbewertungen geführt haben. Immer häufiger ist deshalb Grundkonsens zwischen handelnden Parteien zu erkennen, wenn es sich um die Festlegung von Grundsätzen zur Wertbestimmung bei Cross-Border-Akquisitionen handelt.

Ein wesentlicher Fortschritt besteht in der Anerkennung des zukünftigen Ertragspotentials als alleinigem wertbestimmendem Faktor eines Unternehmens. Hierdurch haben sich ertragsorientierte Verfahren zur Ermittlung von Unternehmenswerten gegenüber konkurrierenden Alternativen (z.B. Substanz-, Misch-, oder Vergleichsverfahren) weitgehend durchgesetzt.

Die Wahl der Methodik zur Ertragswertermittlung bleibt jedoch, insbesondere bei Cross-Border-Transaktionen, eine oft diskutierte Frage. International, aber auch zunehmend in Deutschland, macht sich die in der angloamerikanischen Bewertungspraxis übliche Discounted Cash-flow-Methode (DCF-Methode) als Konkurrent zum herkömmlichen Ertragswertverfahren, wie es in Deutschland in der Stellungnahme HFA 2/1983 des Instituts der Wirtschaftsprüfer (EW-Methode) niedergelegt ist, bemerkbar.

Dieser Praxisbeitrag befaßt sich mit der Auswahl und Durchführung von Bewertungsansätzen in Deutschland im Rahmen von Cross-Border-Akquisitionen. Zuerst werden die Beweggründe zur Bevorzugung des Ertragswertansatzes dargelegt und dessen Anwendung in Deutschland im Hinblick auf Art und Häufigkeit analysiert. Danach erfolgt eine Beschreibung der zwei am häufigsten angewandten Methoden, DCF-Methode und EW-Methode, zusammen mit einem Vergleich beider Verfahren. Abschließend werden Argumente zur Verteidigung von Verhandlungspositionen im Zusammenhang mit Methodenauswahl und Durchführung von Unternehmensbewertungen dargelegt.

2 Die Bewertungsmethoden im Überblick

2.1 Einleitung

Als Grundprämisse für die Bestimmung des Wertes eines Unternehmens gilt, daß der Unternehmenswert dem finanziellen Nutzen des Inhabers aus seiner Beteiligung entspricht. Um dieses Nutzungspotential zu quantifizieren, existieren mehrere Bewertungsverfahren, die sich wie folgt unterscheiden lassen:

- Substanzwertverfahren
- Mischverfahren
- Vergleichsverfahren
- Ertragswertverfahren.

In der Praxis kommen alle diese Verfahren als Ansatz für Unternehmenswertbestimmung vor. Die Auswahl des Verfahrens kann situationsbedingt sein, jedoch spielen häufiger Anwenderpräferenzen die entscheidende Rolle. Im folgenden werden die jeweiligen Verfahren kurz beschrieben und deren Angemessenheit als Instrument zur Unternehmenswertfindung analysiert.

2.2 Substanz-, Misch- und Vergleichsverfahren

Substanzwertverfahren gehören zu den sog. Einzelbewertungsverfahren und bestimmen den Wert eines Unternehmens anhand einer Neubewertung der vorhandenen „Substanz". Hier werden Wiederbeschaffungswerte für die einzelnen Bilanzpositionen eines Unternehmens ermittelt, um somit den „Nachbau eines Unternehmens in seiner bilanziellen Gestalt" wertmäßig zu erfassen (Ballwieser, 1993). Es wird der Versuch unternommen, die Nachbauaufwendungen für die Rekonstruktion eines vergleichbaren Unternehmens zu ermitteln (Sieben, 1963 in Ballwieser, 1993).

Die Unternehmenswertermittlung anhand des Substanzwertverfahrens ist mit theoretischen und praktischen Problemen behaftet. Die Betrachtung der Alternativkosten eines Unternehmens „auf der grünen Wiese" berücksichtigt nicht den eigentlichen Nutzen eines Unternehmens für den Eigentümer und stellt deshalb keine nutzenorientierte Grenzpreisbetrachtung dar. Als Opportunitätsbetrachtung könnte es eventuell einen Anhaltspunkt für den maximalen Kaufpreis eines Käufers geben. Jedoch hat es sich in der Praxis als kaum möglich erwiesen, eine verläßliche und realistische Alternativkostenschätzung durchzuführen, insbesondere bei der Ermittlung der Wiederherstellungskosten des immateriellen Vermögens (Kundenstamm, Bekanntheitsgrad, Know-how, Marke usw.) und bei der Bestimmung und Bewertung der zeitlichen Erfordernisse des Nachbaus.

Die Praxis zeigt, daß das Substanzwertverfahren, bedingt durch seine frühere breite Akzeptanz, immer noch als Vergleichsmöglichkeit im Zusammenhang mit der Anwendung anderer Verfahren hinzugezogen wird. Insbesondere bei der Ermittlung des Liquidationswertes, einer Variante des Substanzwertes mit Maßgabe der Liquidation des Unternehmens, hat diese Anwendung bedingte Relevanz.

Die sog. Mischverfahren sind den Substanzwertverfahren ähnlich. Sie bestehen aus einer Kombination von Substanz- und Ertragswertkomponenten, die zuerst separat ermittelt und dann anhand eines im voraus determinierten Gewichtungsverhältnisses in die Unternehmenswertkalkulation einbezogen werden. Hiermit wird versucht, den Mindestpreischarakter des Substanzwertes mit dem Nutzwert eines Unternehmens eher entsprechenden Ertragswert jeweils in der Gesamtbewertung zu reflektieren. Die Anwendung von Mischverfahren in der Praxis kommt insbesondere im deutschen Steuerrecht vor. Hier schreibt Abschnitt 76 ff. VStR die Anwendung des sog. Stuttgarter Verfahrens als besondere Form des Mischverfahrens für die Ermittlung des gemeinen Wertes von nicht börsennotierten Anteilen an Kapitalgesellschaften vor, wenn keine vergleichbaren Marktwerte vorliegen. Wie alle Mischverfahren hat das Stuttgarter Verfahren die gleichen theoretischen Mängel wie die Substanzwertverfahren. Darüber hinaus bestehen Probleme bei dem willkürlichen Charakter der Festlegung des Gewichtungsverhältnisses und bei der Wertermittlung in den Fällen, in denen der Substanzwert den Ertragswert übersteigt (Ballwieser, 1993).

Eine in Deutschland und international weit verbreitete Art der Unternehmenswertermittlung ist das Vergleichsverfahren (sog. Multiplikatoren- oder Praktikermethode). Dieses Vorgehen orientiert sich an der Prämisse der Preisbestimmung für Unternehmensanteile durch Marktfaktoren und verkörpert dadurch das Marktwertprinzip bei Unternehmensbewertungen. Die Wertermittlung erfolgt durch die Identifikation von Vergleichsunternehmen mit bekannten Marktwerten (in der Regel nur möglich bei Unternehmen mit frei gehandelten, börsennotierten Aktien). Relationen zwischen dem Marktpreis und ausgewählten Parametern (wie z.B. Umsatz, Deckungsbeitrag, Gewinn vor Steuern usw.) werden beim Vergleichsunternehmen gebildet und zwecks Wertermittlung auf das Bewertungsobjekt angewendet.

Wegen ihrer einfachen Natur und Aussagekraft sind Vergleichsmethoden bei Entscheidungsträgern im Rahmen von Unternehmenstransaktionen besonders beliebt. Dies ist verwunderlich in Anbetracht der theoretischen und praktischen Schwächen dieser Verfahren. Ein passender Vergleichsfall mit bekanntem Marktpreis ist in der Regel kaum identifizierbar, insbesondere in Deutschland. Ausländische Unternehmen, die zu Vergleichszwecken in Deutschland in Betracht gezogen werden, sind landesspezifischen Besonderheiten (z.B. regulatorisches Umfeld, Steuerrecht, Marktgepflogenheiten usw.) ausgesetzt, die oft alleine ausreichen, um eine Vergleichbarkeit unmöglich zu machen.

Auch wenn ein Vergleichsfall vorliegt, ist es selten möglich, Vergleichsparameter einheitlich zu definieren und von außerordentlichen Effekten zu bereinigen. Schließlich leiden Vergleichsverfahren unter dem theoretischen Mangel, daß der Marktpreis nicht unbedingt dem individuellen und subjektiven Wert eines Unternehmens im Einzelfall entsprechen muß und deshalb als zuverlässiges Grenzpreissurrogat ausscheidet (Moxter, 1991).

2.3 Ertragswertverfahren

Die Grundprämisse des Ertragswertverfahrens ist die Maßgeblichkeit der zukünftigen Liquiditätszuflüsse oder Entnahmen für die Bestimmung des Anteilswerts des Inhabers. Zukünftige Ertragsströme werden auf den Bewertungsstichtag abdiskontiert, um den Vergleich mit einer Alternativinvestition herzustellen. Der hierdurch ermittelte Ertragswert entspricht dem Preis des Ertragsstroms, der anzusetzen wäre, um den Ertragsstrom gleichwertig mit der Alternativinvestition zu stellen. Ein Kaufpreis über dem Ertragswert impliziert deshalb eine Vorteilhaftigkeit der Alternativinvestition. Folglich ist der Ertragswert, unbeachtet eines zusätzlichen, nicht-monetären Nutzungspotentials der Investition, der Grenzpreis des Käufers.

Aufgrund seiner weitgehenden Kongruenz mit der Prämisse der Maßgeblichkeit des zukünftigen Nutzens aus einer Beteiligung für dessen Wertbestimmung, findet das Ertragswertverfahren allgemeine Zustimmung in Literatur und Praxis als herrschende Methodik der Unternehmenswertermittlung.

Trotz allgemeiner Anerkennung sind die Ertragswertverfahren als Bewertungsmethodik nicht makellos. Zuerst muß festgehalten werden, daß Ertragswertmethoden lediglich die zukünftigen monetären Vorteile berücksichtigen, die an einen Investor fließen. Nicht erfaßt sind die nicht-monetären Nutzenpotentiale aus einer Beteiligung, die einem Inhaber zuwachsen und sich eventuell später als monetäre Vorteile auf Ebene des Inhabers erweisen können. Hier ist zum Beispiel an sog. Synergieeffekte oder politischen Nutzen aus einer Beteiligung zu denken.

Weiterhin sind Ertragswertberechnungen in der Regel umfangreich, komplex und mit Unsicherheiten behaftet. Dies betrifft insbesondere die Prognoseannahmen über den zukünftigen Geschäftsverlauf und die Bestimmung des anzusetzenden Diskontierungsfaktors. Diese Unsicherheitsfaktoren fallen um so mehr ins Gewicht bei Diskontierungssätzen für Eigenkapital, welche sich in Größenordnungen bewegen, die üblich sind für viele deutsche und internationale Transaktionen (bis 15 %), da rechnerisch ein erheblicher Teil des Gesamtwertes auf die in ferner Zukunft angenommene Ewige Rente oder Endwert zurückzuführen ist.

Trotz dieser Schwierigkeiten haben sich Ertragswertverfahren als dominanter methodischer Ansatz für die Wertbestimmung bei Cross-Border-Akquisitionen behauptet.

3 Die Anwendung von Bewertungsverfahren bei nationalen und internationalen Transaktionen aus deutscher Sicht

Die zunehmende Akzeptanz von ertragsorientierten Verfahren bei Unternehmensbewertungen ist nicht nur in der Literatur zu erkennen, sondern auch nachweisbare Praxisrealität, sowohl in Deutschland als auch bei internationalen Transaktionen. Im folgenden werden Auszüge aus einer empirischen Studie über Gepflogenheiten bei Unternehmensbewertungen in Deutschland dargestellt, um den Verbreitungsgrad dieser Entwicklung zu verdeutlichen.

Eine empirische Erhebung (Peemöller/Bömelburg/Denkmann, 1994) über die Bewertungsgewohnheiten in Deutschland läßt Rückschlüsse auf Entwicklungstendenzen und Gepflogenheiten bei Cross-Border-Transaktionen ziehen. Die in 1993 durchgeführte Untersuchung umfaßte 59 zum Fragenkomplex Bewertungsverfahren ausgefüllte Fragebögen, die an sieben Gruppen von Unternehmen gerichtet waren, die sich mit der Thematik der Unternehmensbewertung beschäftigten: Wirtschaftsprüfungsgesellschaften, M&A-Beratungen, Investmentbanken, Unternehmensberatungen, Banken, Beteiligungs- und Industrieunternehmen.

Angaben zur relativen Anwendungshäufigkeit verschiedener Bewertungsverfahren ergeben sich aus Abb. 1.

Die Präferenz der Ertragswertverfahren (DCF-Methode und EW-Methode) bei den befragten Unternehmen ist deutlich zu erkennen. Die Verteilung der Antworten auf die jeweiligen Unternehmensgruppen ist in Abb. 2 dargestellt (WP: Wirtschaftsprüfungsgesellschaften; MA: M&A-Beratungen; UB: Unternehmensberatungen; IB: Investmentbanken; BU: Beteiligungsunternehmen; IU: Industrieunternehmen; BA: Banken).

Bei eher international tätigen Unternehmen (Investmentbanken, Unternehmensberatungen, Banken, Beteiligungs- und Industrieunternehmen) wird die DCF-Methode häufig genannt. Insbesondere Investmentbanken, die in Deutschland überwiegend bei Cross-Border- und weniger bei nationalen Akquisitionen tätig sind, zeigen eine abneigende Haltung gegenüber dem EW-Verfahren. Hier werden Vergleichsverfahren als denkbare Alternative/Begleitung zur DCF-Methode gesehen.

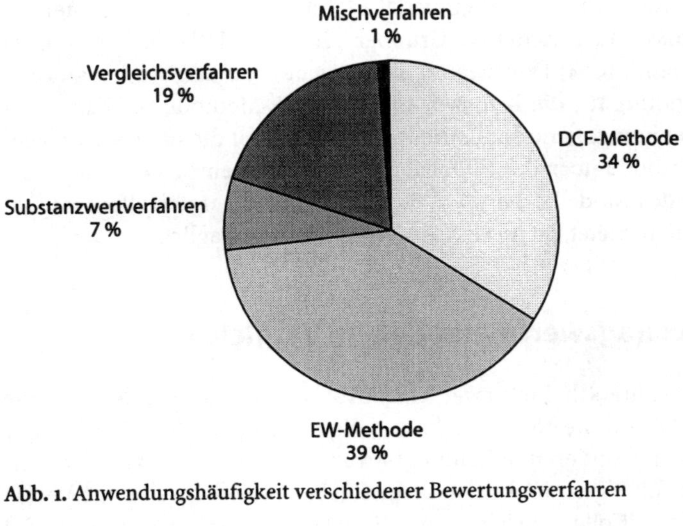

Abb. 1. Anwendungshäufigkeit verschiedener Bewertungsverfahren

	WP	MA	UB	IB	BU	IU	BA	Ø
DCF-Methode	4 %	14 %	58 %	47 %	40%	39 %	23 %	34 %
EW-Methode	80 %	72 %	15 %	1 %	45 %	42 %	40 %	39 %
Substanzwertverfahren	11 %	5 %	10 %	4 %	1 %	4 %	8 %	7 %
Mischverfahren	0 %	6 %	1 %	0 %	0 %	1 %	0 %	1 %
Vergleichsverfahren	5 %	3 %	16 %	48 %	14 %	14 %	29 %	19 %

Abb. 2. Verteilung der Antworten auf Bewertungsfragen

Die Befürworter des EW-Verfahrens sind in erster Linie die Wirtschaftsprüfungsgesellschaften, die das EW-Verfahren als Berufsstandard haben (Institut der Wirtschaftsprüfer (1983) – Hauptfachausschuss (HFA): Stellungnahme HFA 2/1983: Grundsätze zur Durchführung von Unternehmensbewertungen) und M&A-Beratungen, die überwiegend mit nationalen Transaktionen beschäftigt sind. Andere Gruppen wie Banken, Beteiligungs- und Industrieunternehmen, die auf deutsche Verhältnisse ausgerichtet sind, geben das EW-Verfahren auch im nennenswertem Umfang an.

Vergleichsverfahren werden als dritte und letzte der gängigen Methoden genannt, überwiegend von finanzorientierten Gruppen mit internationalen Aktivitäten (Investmentbanken und Banken). Substanzwertverfahren, die fast ausschließlich in Verbindung mit EW-Verfahren durchgeführt werden, und Mischverfahren finden bei den Befragten kaum Anwendung.

Die Autoren dieser empirischen Untersuchung ziehen aus diesen Ergebnissen die Schlußfolgerung, daß die Frage der Methodenauswahl in erster Linie kulturell bedingt ist. Gruppen mit starker anglo-amerikanischer Prägung und internationaler Ausrichtung, die eine relativ hohe Anzahl an Cross-Border-Akquisitionen bearbeiten, befürworten die DCF-Methode, während die eher auf deutsche Verhältnisse ausgerichteten Gruppen die EW-Methode (Peemöller/Bömelburg/Denkmann, 1994) favorisieren. Eine zweite, von den Studienautoren aufgeführte Begründung für die Befürwortung der DCF-Methode bei Kapitalgebern (Banken, Beteiligungs- und Industrieunternehmen) ist die höhere Aussagefähigkeit dieser Methode über das Finanzierungspotential eines Vorhabens. Da durch entsprechendes Modellieren die EW-Methode eine vergleichbare Aussagekraft an dieser Stelle bietet, ist diese Aussage theoretisch fraglich.

4 DCF- und Ertragswertmethoden im Vergleich

Die DCF-Methode unterscheidet zwei Grundvarianten, die Brutto-Methode („Entity Approach") und die Netto-Methode („Equity Approach"). Der bei der Brutto-Methode zu diskontierende Zahlungsstrom entspricht dem zu erwartenden Cash-flow, der für Eigen- und Fremdkapitalgeber periodenweise zur Verfügung steht (Copeland/Koller/Murrin, 1990; Rappaport, 1986). Hiermit ist die zahlungsmäßige Beziehung zwischen dem zu bewertenden Unternehmen und seiner Umwelt dargestellt. Die Herleitung des Zahlungsstroms (sog. „Free Cash-flow“) wird üblicherweise anhand des indirekten Verfahrens wie folgt ermittelt (Kirsch/Krause, 1996):

Betriebsergebnis
+ Abschreibungen
+ Erhöhungen / – Verminderungen der Rückstellungen
– Steuern

= *Brutto Cash-flow*

– Investitionen
– Erhöhungen / + Verminderungen des Working Capital

= *Free Cash-flow*

Der Free Cash-flow wird abdiskontiert auf den Bewertungsstichtag durch Anwendung eines Zinsfußes, der aus den gewichteten Kosten des eingesetzten Eigen- und Fremdkapitals besteht. Die zwei Kapitalkostenkomponenten der Zinsfußformel werden anhand der anzustrebenden Zielkapitalstruktur (Eigenkapital zu verzinslichem Fremdkapital) gewichtet.

Die Kosten des Eigenkapitals nach der DCF-Methode lassen sich durch Ansatz des sog. „Capital Asset Pricing Model“ (CAPM) bestimmen. Dieses Verfahren leitet Renditeerwartungen für Eigenkapital von Börsenergebnissen ab und basiert deshalb auf empirischen Daten des Investorverhaltens. Der für das zu bewertende Unternehmen anzusetzende Kostensatz des Eigenkapitals wird hiernach anhand eines Zuschlags auf den Kostensatz für eine risikofreie Geldanlage ermittelt. Die Höhe des Zuschlags wird abgeleitet aus empirischen Beobachtungen von Aktien, welche vergleichbare Risikoprofile zu dem Unternehmen aufweisen.

Weniger verbreitet in der Anwendung ist die Netto-Methode, die die Ermittlung von Zahlungsüberschüssen vorsieht, die lediglich auf das Eigenkapital entfallen (Copeland/Koller/Murrin, 1993). Von dem Free Cash-flow werden hiernach Finanzierungskosten abgezogen und mit dem Eigenkapitalkostensatz nach CAPM abdiskontiert. Die Netto-Methode kommt der EW-Methode sehr nahe, dennoch bestehen Unterschiede, auf die im folgenden eingegangen wird.

Die EW-Methode unterscheidet sich von der Netto-Methode zuerst durch die Grundannahme, daß Ertrags- und nicht Liquiditätsüberschüsse die Grundlage der Wertermittlung darstellen. Hiermit werden zeitliche Verschiebungen der verfügbaren Entnahmen durch eventuell auftretende Ausschüttungssperren berücksichtigt. Um die Verfügbarkeit der Ertragsüberschüsse sicherzustellen, ist die Aufstellung einer Finanzierungsnebenrechnung (IDW, WP-Handbuch, Bd. II) vorgesehen.

Ein weiteres wesentliches Unterscheidungsmerkmal zur Netto-Methode liegt für die EW-Methode in der Berechnung des Kapitalisierungszinsfußes. Im Gegensatz zur CAPM-Methode werden Zuschläge auf risikofreie Renditeerwartungen subjektiv ermittelt und entsprechend dem Postulat der Risikoäquivalenz (Ballwieser, 1993) nach Plausibilität überprüft. Hiernach werden erwartete Ertragsströme unter pessimistischen Gesichtspunkten nach unten korrigiert und mit dem risikofreien Zinsfuß abdiskontiert. Unter der Annahme, daß der korrigierte Ertragsstrom die Mindesterwartung aus dem Unternehmen darstellt, erhält er den Charakter der Risikolosigkeit. Der hiernach ermittelte Unternehmenswert stellt folglich die Wertuntergrenze bei der Diskontierung des erwarteten Ertragsstroms mit dem Kapitalisierungszinsfuß (mit Risikozuschlag) dar. Die Untergrenze des ermittelten Wertes impliziert dann eine Obergrenze des Risikozuschlags.

In Literatur und Praxis besteht rege Diskussion über die theoretische Richtigkeit und Vor- und Nachteile dieser drei Methoden. Die herrschende Meinung der Theoretiker, die sich dem Thema des Richtigkeitsvergleichs der Methoden zugewandt haben, ist, daß alle drei Methoden bei Zugrundelegen vergleichbarer Annahmen zu denselben Ergebnissen kommen (siehe hierzu insbesondere Born, 1996). Die Vergleichbarkeit der Annahmen ist aber in der Praxis meistens schwierig, insbesondere bei der Behandlung der Finanzierung.

Die Vor- und Nachteile der drei Methoden im Vergleich ist ein bei Cross-Border-Akquisitionen häufig auftretendes Thema. Die Tabelle faßt wesentliche Unterschiede zusammen, die in den folgenden Abschnitten näher behandelt werden:

	DCF-Methoden		EW-Methode
	Brutto-Methode	Netto-Methode	
Relevanz der Zielbeiträge	Konflikt mit Vollausschüttungsannahme (z. B. Abschreibungen $\neq$ Investitionen).	Konflikt mit Vollausschüttungsannahme (z. B. Abschreibungen $\neq$ Investitionen).	Nettoentnahmestrom durch Vollausschüttungsannahme. Finanzierungsnebenrechnung sichert Verfügbarkeit.
Diskontierungsrate	Gewogener Kapitalkostensatz (EK + FK) auf empirischer Basis (CAPM).	Eigenkapitalkostensatz auf empirischer Basis (CAPM).	Subjektiver Eigenkapitalkostensatz gesichert durch Sicherheitsäquivalenz.
Zinsabzugsfähigkeit bei der Steuerberechnung	Im Diskontierungssatz. Führt zu Vereinfachung/ Ungenauigkeit.	Explizite Berechnung. Verschleierungsgefahr durch Finanzierungsannahmen, die zu Strukturverschiebungen führen.	Explizite Berechnung. Verschleierungsgefahr durch Finanzierungsannahmen, die zu Strukturverschiebungen führen.

Die Definition der zu diskontierenden Zielbeiträge stellt ein wesentliches Unterscheidungsmerkmal der drei Methoden dar. Bei der EW-Methode wird Vollausschüttung des erwarteten Ertragsstroms unterstellt. Durch Anwendung einer Finanzierungsnebenrechnung wird hiermit die Verfügbarkeit des Ertrags für den Eigenkapitalgeber sichergestellt, und damit eine Realitätsnähe zum eigentlichen Investornutzen erzeugt.

Bei der Netto-Methode erfolgt an dieser Stelle eine weitgehende Kongruenz zur EW-Methode. Jedoch in den Perioden, in welchen durch handelsrechtliche Ausschüttungssperren oder Liquiditätsdefizite Abweichungen zwischen Ertragsüberschüssen und Cash-flows auftreten, enstehen Handhabungsschwierigkeiten bei der Anwendung der jeweiligen Methoden.

Im Falle von Ausschüttungssperren (z.B. wenn Abschreibungen > Investitionen) werden bei der Netto-Methode die Differenzbeträge „zu früh" und dadurch nicht verfügbarkeitsgerecht entnommen. Die Rechtfertigung, daß der Differenzbetrag bei (korrektem) Verbleib im Unternehmen eine Verzinsung in Höhe des Diskontierungssatzes verdient und deshalb den Unternehmenswert nicht beeinflußt, stößt unter Berücksichtigung fallender Grenznutzen von Investitionen auf Verständnisschwierigkeiten.

Im Falle von Liquiditätsdefiziten (z.B. wenn Investitionen > Abschreibungen) werden bei der EW-Methode Kapitalaufnahmen notwendig. Üblicherweise wird hierfür ausschließlich Fremdkapital aufgenommen, was zu Wertabweichungen im Vergleich zur Brutto-Methode führt (Sieben, 1995). Die (korrekte) Charakterisierung der Finanzierung, bestehend aus Eigen- und Fremdmitteln im ausgewogenen Verhältnis, ist in der Handhabung des EW-Verfahrens problematisch.

Bei der Bestimmung der Zielbeiträge durch die Brutto-Methode gelten die Ausführungen zur Ausschüttungssperre bei der Netto-Methode entsprechend. Darüber hinaus ist die korrekte ertragsteuerliche Behandlung in Deutschland bei Anwendung der Brutto-Methode mit Problemen behaftet, da die Abzugsfähigkeit der Zinsen nicht voll gegeben ist (Ballwieser, 1993).

Hinsichtlich der Festlegung der Diskontierungsrate unterscheiden sich die DCF-Methoden (Brutto und Netto) von der EW-Methode erheblich. Die EW-Methode ist subjektiv und aufgrund des Bandbreiten-Ansatzes bei der Risikoäquivalenzberechnung besser in der Lage, zukünftige Änderungen der Risikoerwartungen zu berücksichtigen (Ballwieser, 1993). Jedoch ist der Risikoäquivalenzansatz nicht durchführbar in den (in der Praxis nicht selten vorkommenen) Fällen, wo aus der pessimistischen/risikofreien Ertragserwartung kein positiver Unternehmenswert darstellbar ist.

Die DCF-Methoden sind durch Anwendung des CAPM-Ansatzes mit einer empirischen Datenbasis untermauert. Die vermeintliche Objektivität des Verfahrens im Vergleich zur EW-Methode wird aber stark relativiert durch die Tatsache der oft fehlenden Verläßlichkeit einer empirischen Datenbasis in Deutschland sowie der meist nur bedingt vorhandenen Vergleichbarkeit deutscher Unternehmen mit ausländischen Börsenerfahrungen.

5 Unternehmensbewertung und Durchsetzung von Verhandlungspositionen

In der Praxis spielen Bewertungsansätze eine erhebliche argumentative Rolle im Verhandlungsprozeß. Bei Cross-Border-Akquisitionen sorgt die meistens im Vorfeld ungeklärte Methodenfrage für zusätzliche Meinungsverschiedenheiten. Eine geschickte Begegnung und Behandlung dieser Themen setzt Kenntnis über kulturelle Gepflogenheiten bei Bewertungen und Einzelheiten der methodischen Handhabung gängiger Verfahren voraus.

Als deutscher Käufer im Rahmen von Cross-Border-Akquisitionen ist bei der Methodenauswahl die Durchsetzung des EW-Verfahrens als Verhandlungsgrundlage meist schwierig. Zuerst wird diese Methodik in internationalen Bewertungskreisen als nicht vorherrschend angesehen. Weiterhin fallen im Handhabungsvergleich die in Deutschland erkennbaren Vorteile im Ausland meistens nicht an (z.B. bei steuerlicher Abzugsfähigkeit der Zinsen oder Zuverlässigkeit der empirischen Datenbasis bei der CAPM-Berechnung).

Der deutsche Verkäufer in einer Cross-Border-Transaktion hat mehr Gestaltungsspielraum bei der Wahl der Bewertungsmethode, da die Anwendung der EW-Methode in Deutschland in der Angemessenheit der DCF-Methode nicht nachkommt.

Wie oben aufgeführt, werden Vorteile der Finanzierungsunabhängigkeit, die oft als Argumentationsstützen für die Auswahl des DCF-(Brutto)Verfahrens angegeben werden, weitgehend relativiert durch andere Nachteile. Hier sind zum Beispiel die Abweichung vom Prinzip der Nettoentnahmen bei Ausschüttungssperren oder die Ungenauigkeit der Zinsabzugsberücksichtigung bei der Steuerermittlung zu nennen.

Weitere oft aufgeführte Vorteile des DCF-Verfahrens beziehen sich auf die Objektivität der Kapitalkostenermittlung durch Anwendung des CAPM. In Deutschland fehlt allerdings der empirische Beweis für grundsätzliche Korrelationsannahmen des CAPM-Modells. Insbesondere ist die fehlende Bestätigung des linearen Zusammenhangs zwischen der Rendite des Eigenkapitals und dem systematischen Risiko an dieser Stelle zu erwähnen (Schmidt, 1995, S. 1107). Hinzu kommt die geringe Anzahl frei gehandelter, börsennotierter Unternehmen in Deutschland.

Sollte im Rahmen einer Cross-Border-Transaktion die Anwendung beider Verfahren durch die Verhandlungsparteien vorkommen, dann ist die theoretisch zu erwartende Übereinstimmung der Ergebnisse nur dann gegeben, wenn u.a. folgende Prämissen erfüllt werden:

- Gemeinsame Verwendung der Nettoentnahmen als Wertgrundlage.
- Gemeinsame Wertneutralität der Finanzierung.
- Gemeinsame Kongruenz der Kapitalkostensätze für Eigen- und Fremdkapital.
- Korrekte Berechnung der Steuern.
- Beidseitige Konsistenz bei der Anzahl der Planungsperioden und Behandlung des Endwerts.

Bei Methodendiskussionen sollte immer die Vielzahl der Unschärfen und Unsicherheiten berücksichtigt werden, die, methodenunabhängig, den Wahrheitsgehalt einer Unternehmensbewertung stark relativieren. Beispiele der kritischen Bewertungsannahmen mit Unsicherheitscharakter sind Markt- und Kostenprognosen, Gestaltung zukünftiger Unternehmensausrichtungen, Bestimmung des Planungshorizonts, Endwertannahmen, Steuerrecht- und Zinsprognosen, anhaltende Kapitalmarktrenditen, subjektive Einstellungen zum Risiko und vieles mehr.

Die Unternehmensbewertung ist und bleibt unbeachtet zunehmender Anerkennung der DCF-Methode bei Cross-Border-Transaktionen eine subjektive Angelegenheit, die lediglich als Ausgangspunkt für die Verhandlung eines Kaufpreises zu sehen ist.

Summary

The selection of the appropriate valuation methodology to be employed in the context of cross-border transactions remains a contested issue. Earnings and cash flow-based approaches have developed to become internationally recognized standards of valuation, replacing other previously accepted methods such as asset, comparison or combination methodologies. An empirical study of valuation practices in Germany (not conducted by the author) confirms the predominance of earnings and cash flow-based approaches, the former being preferred for national and the latter for cross-border transactions.

A comparison of earnings and cash flow-based methods reveals that, although both theoretically yield the same value result, each has its advantages and disadvantages in comparison with the other. In particular, issues relating to the theoretical relevance of the earnings/cash stream definition, discount rate determination and treatment of taxes in Germany are considered. Results of these comparisons and practical considerations relating to the level of uncertainty of parameter assumptions impacting both models leads to the conclusion that the methodology selection issue as such is not of central importance in negotiating prices in cross-border transactions.

Literatur

Ballwieser, W. (1993), aus Gebhardt, G./Gerke, W./Steiner, M. (Hrsg.): Handbuch des Finanzmanagements 1993. Methoden der Unternehmensbewertung. S. 151-176.

Born, K. (1996): Überleitung von der Discounted-Cash-flow-Methode (DCF-Methode) zur Ertragswertmethode bei der Unternehmensbewertung. In: Der Betrieb, 49. Jg., H. 38, S. 1885-1889.

Copeland, T./Koller, T./Murrin, J. (1990): Valuation. New York.

Copeland, T./Koller, T./Murrin, J. (1993): Unternehmenswert. New York.

Institut der Wirtschaftsprüfer (1983) – Hauptfachausschuss (HFA): Stellungnahme HFA 2/1983: Grundsätze zur Durchführung von Unternehmensbewertungen. In: Die Wirtschaftsprüfung, Jahrgang 36, S. 468-480.

Institut der Wirtschaftsprüfer (1992): WP-Handbuch, Bd. 2. Düsseldorf.

Kirsch, H./Krause, C. (1996): Kritische Überlegungen zur Discounted Cash-flow-Methode. In: Zeitschrift für Betriebswirtschaft, 66. Jg., H. 7, S. 793-812.

Moxter, A. (1991): Grundsätze ordnungsmässiger Unternehmensbewertung. 2. Auflage, Wiesbaden.

Peemöller, V./Bömelburg, P./Denkmann, A. (1994): Unternehmensbewertung in Deutschland. Eine empirische Erhebung. In: Die Wirtschaftsprüfung, Jahrgang 47, S. 741-749.

Rappaport, A. (1986): Creating Shareholder Value. The New Standard for Business Performance. New York.

Schmidt, J. (1995): Die Discounted Cash-flow-Methode - nur eine kleine Abwandlung der Ertragswertmethode? In: Zeitschrift für betriebswirtschaftliche Forschung, Jahrgang 47, Heft 12/1995, S. 1088-1118.

Sieben, G. (1995), aus Lanfermann, J. (Hrsg.): Festschrift zum 65. Geburtstag von Prof. Dr. Dr. h.c. Hans Havermann. Unternehmensbewertung: Discounted Cash Flow-Verfahren und Ertragswertverfahren - zwei völlig unterschiedliche Ansätze? IDW-Verlag, Düsseldorf. S. 713-738.

Strategische Allianzen als Alternative zu Akquisitionen?

U. Krystek, E. Zur

1 Problemstellung: Zwischen „Dinosaurier" und „Schönwetterveranstaltung"

Die Bedeutung von Akquisitionen als Instrument der Internationalisierung ist unbestritten. Eindrucksvoll scheinen die „Megafusionen" der letzten Zeit dies zu unterstreichen. Allerdings werden gerade angesichts der Monumentalität und Endgültigkeit dieses Instruments auch Zweifel wach, die eine solche monolithische Bindung als eher erdrückend und inflexibel werten. Konkret wird die Skepsis gegenüber Akquisitionen durch eine erhebliche Mißerfolgsquote genährt, die unterschiedlichen Quellen zufolge zwischen Extremwerten von 20 % und 80 % schwankt (Spickers, 1996; Fontanini, 1995). Als realistischer kann die Einschätzung von M. Porter (1987) gelten, wonach mehr als 50 % aller Akquisitionen langfristig als Mißerfolg zu betrachten sind. Angesichts extrem hoher Akquisitionspreise ist der so entstehende Schaden unschwer zu erahnen, der im Einzelfall sicher noch weit über eine nicht amortisierte Kaufsumme hinaus geht.

Das von Skeptikern in diesem Zusammenhang beschworene Bild von Akquisitionen als den *„Dinosauriern"* in der internationalen Kooperationslandschaft mag überzeichnet sein, entbehrt aber gewiß nicht einer nachdenklich stimmenden Eindringlichkeit.

Konsequent erscheint daher die Hinwendung zu flexibleren Formen internationaler Kooperation, deren profilierteste Vertreterin die strategische Allianz ist. Als „the way of the future" gelobt, scheint sie die starke Konkurrentin zu den Akquisitionen zu sein, deren Glanz – trotz spektakulärer Einzelfälle – sich ohnehin etwas zu trüben scheint, wenn man etwa an den stark rückläufigen Trend des Gesamtwertes internationaler Transaktionen in den vergangenen Jahren denkt.

Nicht nur Befürworter von Akquisitionen sehen dagegen gerade in der Flexibilität strategischer Allianzen, die leicht in Unverbindlichkeit umschlagen kann, auch ernste Gefahren. Sie stellen die Frage, ob strategische Allianzen nicht lediglich *Schönwetterveranstaltungen* sind, die bei ungünstigen Marktverhältnissen durch die Konzentration auf das härter werdende Tagesgeschäft überdeckt werden (Rall, 1994).

Sieht man einmal von den Fällen ab, denen die eine oder andere Form der Internationalisierung verschlossen ist, so erweist sich die Entscheidung zwischen beiden Formen externen Wachstums als vielschichtig und schwierig. Sie wird zu einer Herausforderung für die Unternehmungsführung im besten Sinn.

Zudem ist die Frage zu stellen, ob beide Formen tatsächlich einander (endgültig) ausschließende Alternativen sind.

2 Strategische Allianzen und Akquisitionen: Begriffe und Merkmale

2.1 Zeit als Wettbewerbsfaktor: Präferenz für Formen externen Wachstums

Angesichts hochdynamischer Umweltsituationen, immer kürzerer Produktlebenszyklen und rasanter Globalisierungstendenzen verbleibt häufig keine Zeit für den eigenständigen Aufbau von Produkt-Markt-Kombinationen im internationalen Rahmen (Pausenberger, 1992). Je mehr die Zeit zum strategischen Wettbewerbsfaktor wird, rücken Formen des externen Wachstums - trotz hohen Risikopotentials - immer stärker in den Mittelpunkt des Interesses und werden zur präferierten Form der Internationalisierung.

Internes Wachstum, z.B. durch den Aufbau eigener Produktionskapazitäten im Ausland, kann als zwangsläufig zeitaufwendiger Prozeß seine Vorteile dagegen häufig nicht mehr wirksam zur Geltung bringen.

Die an Formen des internen Wachstums geschätzten Vorzüge eines allmählich und selbstkontrollierten Hineinwachsens in die Gegebenheiten fremder Länder (z.B. über den Aufbau von Vertriebsniederlassungen, Servicestützpunkten bis zu eigenen Fabrikationsanlagen) stehen offenbar immer häufiger zurück hinter den Erfordernissen einer schnellen Präsenz. Nachfolgend interessieren deshalb die in Abb. 1 dargestellten Formen *externen* Wachstums von Unternehmungen.

2.2 Kennzeichnung strategischer Allianzen

Als strategische Allianz wird die langfristig angelegte, dennoch zeitlich aber nicht unbegrenzte Zusammenarbeit zwischen zwei rechtlich selbständigen Unternehmungen zur Stärkung ihrer jeweiligen strategischen Positionen in definierten Bereichen verstanden. Sie sind das Ergebnis strategischer Entscheidungen im Rahmen langfristig angelegter Unternehmungspolitiken (Ihrig, 1991; Krystek/Müller, 1992; Rall, 1994).

Im Gegensatz zu Akquisitionen beziehen sich strategische Allianzen häufig nur auf Teilbereiche unternehmerischer Tätigkeit (Geschäftsfelder und/oder operative Bereiche) und gewähren den Allianzpartnern ein vergleichsweise hohes Maß an wirtschaftlicher Selbständigkeit. So sind z.B. Konkurrenzverhältnisse zwischen den Allianzpartnern auf den Geschäftsfeldern außerhalb der Kooperation durchaus üblich. Von ebenfalls konstitutiver Bedeutung für strategische Allianzen ist die Tatsache, daß finanzielles Engagement im Sinne von Anteilserwerb am Kooperationspartner nicht im Vordergrund steht. Im Gegensatz zur Akquisition rückt hier die freiwillige und beliebig gestaltbare vertragliche Vereinbarung in den Mittelpunkt.

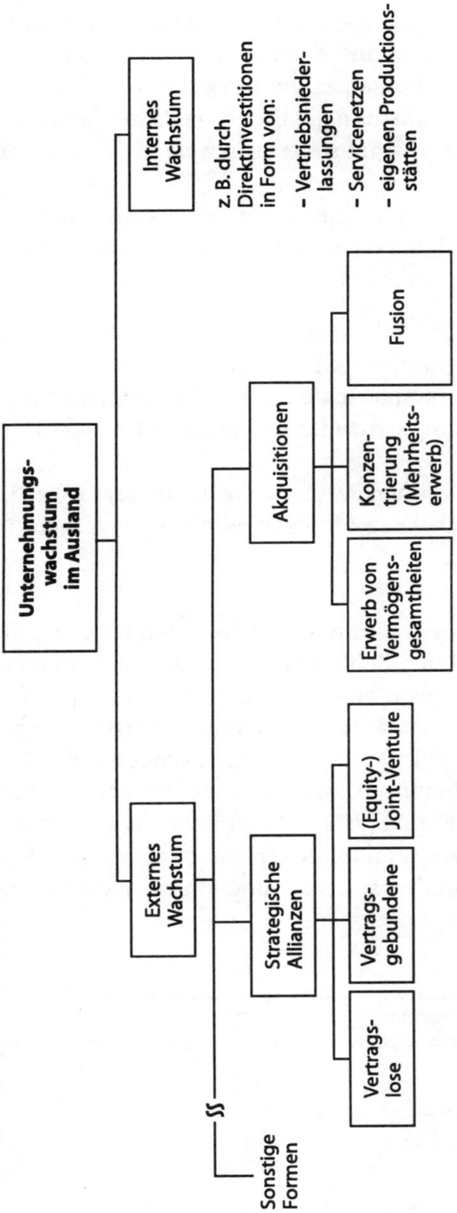

Abb. 1. Formen des internationalen Wachstums

Wohl eher seltener kommen in der Praxis (erfolgreiche) strategische Allianzen ganz ohne vertragliche Vereinbarungen aus, obwohl auch solche lockerern Formen der Zusammenarbeit zu strategischen Allianzen gezählt werden.

Als eine spezielle Form strategischer Allianzen gilt die vertragliche Vereinbarung zur Gründung/Führung einer Gemeinschaftsunternehmung in Form eines Equity-Joint-Ventures.

In Abb. 2 sind die Häufigkeiten der Ausgestaltungsformen strategischer Allianzen nach einer empirischen Untersuchung (Hammes, 1994) dargestellt, wobei vertragslose Allianzen als „andere" gekennzeichnet sind.

Im Hinblick auf die Verflechtungsrichtung werden

- *horizontale Allianzen* (zwischen Partnern derselben Branche),
- *vertikale Allianzen* (zwischen Partnern unterschiedlicher, aber miteinander in leistungswirtschaftlicher Verbindung stehender Wertschöpfungsstufen) und
- *diagonale oder laterale Allianzen* (zwischen Partnern, die weder durch Wertschöpfungsstufen, noch durch Branchenzugehörigkeit miteinander verbunden sind)

unterschieden.

Zu den Spezifika strategischer Allianzen gehört ferner die Bandbreite möglicher *Bindungsintensitäten* bezogen auf den Zeithorizont, den Ressourceninput sowie den Formalisierungsgrad der Kooperation. So sprechen vertragslose Allianzen für eine sehr geringe Bindungsintensität (kurz- bis mittelfristiger Zeithorizont, sehr geringer Ressourceninput, sehr geringer Formalisierungsgrad). Die Gründung von Gemeinschaftsunternehmungen kann dagegen als Beispiel für eine vergleichsweise hohe Bindungsintensität gelten (langfristige Zusammenarbeit, vergleichsweise großer Formalisierungsgrad, hoher Ressourceninput). Sie wird damit faktisch schon einer (Mehrheits)-Beteiligung durch Akquisition ähnlich.

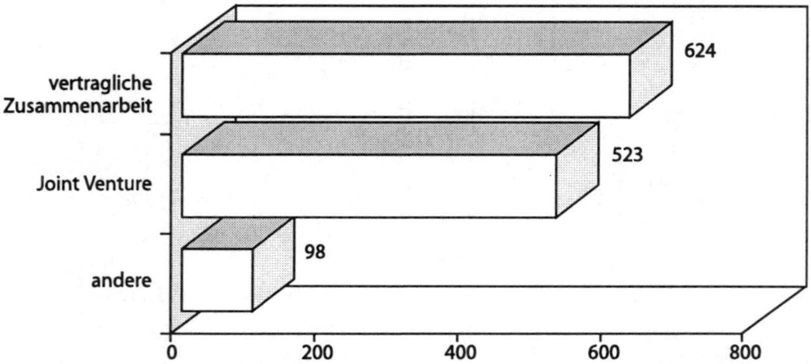

Abb. 2. Häufigkeiten von Ausgestaltungsformen strategischer Allianzen (Quelle: Hammes 1994)

Eine weitere Kennzeichnung strategischer Allianzen ergibt sich aus ihrer Zielsetzung (Backhaus/Plincke, 1990). Danach können unterschieden werden:

- *Markterschließungsallianzen* zum schnellen und nachhaltigen Eindringen insbesondere in ausländische Märkte,
- *Volumenallianzen* zur Realisierung von Größenvorteilen (economies of large scale) und damit verbundenen Kostensenkungspotentialen,
- *Burden-Sharing-Allianzen* als Möglichkeit der Risikoteilung, z. B. im Hinblick auf Entwicklungs- und/oder Marktrisiken,
- *Kompetenzallianzen* zur Bündelung von Kompetenzen und zum zielorientierten Wissenstransfer.

Schließlich lassen sich strategische Allianzen nach ihrem *Anwendungsfeld* in unterschiedliche Kernfunktionen (F&E, Beschaffung, Produktion, Absatz, Verwaltung) der Kooperation differenzieren.

Abbildung 3 stellt zusammenfassend die unterschiedlichen Merkmale und die daraus abgeleiteten Typen strategischer Allianzen dar.

<table>
<tr><td colspan="5">Strategische Allianzen
Überblick über verschiedene Typisierungen</td></tr>
<tr><td colspan="5">1. Nach rechtlichen Kriterien</td></tr>
<tr><td>vertragsfreie Allianzen</td><td colspan="3">vertraglich begründete Allianzen</td><td>Joint Ventures</td></tr>
<tr><td colspan="5">2. Nach dem Anwendungsfeld</td></tr>
<tr><td>F&E</td><td>Beschaffung</td><td>Produktion</td><td>Absatz</td><td>Verwaltung</td></tr>
<tr><td colspan="5">3. Nach der Zielsetzung</td></tr>
<tr><td>Markterschließungs-allianzen</td><td>Volumenallianzen</td><td colspan="2">Burden-Sharing-Allianzen</td><td>Kompetenz-allianzen</td></tr>
</table>

Abb. 3. Typen strategischer Allianzen nach unterschiedlichen Merkmalen (Quelle: Pausenberger, 1992, S. 10)

2.3 Kennzeichnung von Akquisitionen

Akquisitionen kennzeichnen den (mehrheitlichen oder vollständigen) Erwerb von Verfügungsrechten über Unternehmungen im Sinne bestehender Faktorkombinationen (Pausenberger, 1989). Sie sind in ihrer Ausprägung als marktorientierte Unternehmungsübernahmen auf Dauer und ohne zeitliche Begrenzung angelegt. Damit unterscheiden sie sich von rein finanzwirtschaftlichen Akquisitionen, die – auch als „hostile takeover" bezeichnet – nur mit dem Ziel getätigt werden, das Akquisitionsobjekt anschließend ganz oder (häufiger) in einzelnen Teilen zu einem höheren Wert als dem ursprünglichen Kaufpreis zu veräußern.

Aus rechtlicher Perspektive lassen sich drei Formen von Akquisitionen unterscheiden (Pausenberger, 1992):

- *Erwerb von Vermögensgesamtheiten* durch Kauf rechtlich unselbständiger Betriebe und Betriebsteile,
- *Konzentrierung* durch Erwerb der Kapital- (und/oder Stimmrechts-) Mehrheit an rechtlich selbständigen Unternehmungen,
- *Fusion* als Vereinigung zweier (zuvor) rechtlich selbständiger Unternehmungen zu einer rechtlichen Einheit (Fusion durch Aufnahme).

In diesem Beitrag werden ausschließlich marktorientierte Akquisitionen behandelt, die durch Anteilserwerb an ausländischen Unternehmungen zeitsparend und nachhaltig zu einer Verbesserung der eigenen strategischen Position im internationalen Wettbewerb führen sollen.

Wie bei strategischen Allianzen, so lassen sich auch bei Akquisitionen unterschiedliche Verflechtungsrichtungen im Sinne eines leistungswirtschaftlichen Zusammenhanges kennzeichnen, die im Ergebnis zu

- *horizontalen* Akquisitionen,
- *vertikalen* Akquisitionen sowie
- *diagonalen* oder *lateralen* Akquisitionen

führen. Letztere finden ihre Extremform in sog. Konglomeraten, die keinen leistungswirtschaftlichen Zusammenhang mehr erkennen lassen und als ausgeprägte Form diversifikatorischer Risikostreuung zugleich auch eine besondere Problemfülle enthalten.

Der aus den erworbenen Verfügungsrechten erwachsende, beherrschende Einfluß auf die Geschäftsführung der Akquisitionsobjekte (Kontrollmacht) sowie die hohe Bindungsintensität, die mit einer geringen Reversibilität der realisierten Akquisitionsentscheidung einhergeht, sind die wohl markantesten Kennzeichen von Akquisitionen, die sie zugleich gegenüber (vertraglichen) strategischen Allianzen profilieren. Dagegen weisen Equity-Joint-Ventures (insbesondere solche mit unterschiedlichen Beteiligungsverhältnissen der Partner) und Konzentrierungen (durch Mehrheitsbeteiligungen) mitunter faktisch große Ähnlichkeiten miteinander auf, speziell hinsichtlich ihrer Bindungsintensität. Allerdings bleibt die wirtschaftliche Selbständigkeit ein wichtiges Unterscheidungskriterium. Sie ist im Falle von Akquisitionen für das Akquisitionsobjekt beseitigt und gilt bei strategischen Allianzen uneingeschränkt zumindest für die nicht in die Kooperation einbezogenen Geschäftsfelder.

2.4 Merkmalsausprägungen von strategischen Allianzen und Akquisitionen

Idealtypisch lassen sich für strategische Allianzen und Akquisitionen jeweils spezifische Merkmalsausprägungen herausarbeiten, die in Abb. 4 zusammengestellt sind.

Sie deuten in erster Linie auf wesentliche Unterschiede zwischen beiden Formen externen Wachstums hin. Dabei werden leicht grundlegende Gemeinsamkeiten übersehen, die strategische Allianzen und Akquisitionen als Optionen der Internationalisierung miteinander verbinden.

	Typische Merkmalsausprägungen	
Differenzierungsmerkmale	**Strategische Allianzen**	**Akquisitionen**
Bindungsintensität	niedrig bis mittel	hoch bis total
wirtschaftliche Selbständigkeit	bleibt prinzipiell für alle Kooperationspartner erhalten	endet für das Akquisitionsobjekt; Prinzip der einheitlichen wirtschaftlichen Leitung
rangmäßige Beziehung	Gleichordnung	Über- bzw. Unterordnung
Möglichkeit der Beendigung des Zusammenschlusses	Entscheidungsfreiheit für alle Partner im gleichen Ausmaß (Reziprokität)	Entscheidungsfreiheit nur für den Akquisiteur (Einseitigkeit)
Leistungsprozeßmäßiger Umfang des Zusammenschlusses	Teilbereiche der Wertschöpfungskette	gesamte Wertschöpfungskette
Bindungsmittel	Vertrag, personelle Verflechtung, Kapitalbeteiligung ohne Kontrollmehrheit (Joint Venture)	mehrheitliche Kapitalbeteiligung, vollständiger Vermögenserwerb
Zeithorizont	langfristig aber begrenzt	dauerhaft und bindend

Abb. 4. Idealtypische Merkmalsausprägungen von strategischen Allianzen und Unternehmungsakquisitionen im Vergleich (Quelle: ähnlich Gerpott, 1993)

3 Strategische Allianzen und Akquisitionen: Gemeinsamkeiten und Unterschiede bei der Erreichung von Internationalisierungserfolg

3.1 Zielerreichungsbeiträge als Maßstab

Internationalisierungserfolg wird an der Erreichung mit ihm verfolgter Ziele gemessen. Hinter den trennenden und verbindenden Merkmalsausprägungen von strategischen Allianzen und Akquisitionen wird deren individuelle Fähigkeit deutlich, zur Erreichung jeweiliger Einzelziele der Internationalisierung beizutragen. Mit dem einzelfallspezifischen Profil ihrer Zielerreichungsbeiträge stehen sie einander als – von Einzelfällen abgesehen – grundsätzlich frei wählbare Alternativen der Zielerreichung „Internationalisierungserfolg" und der damit verbundenen Mega-Ziele „Unternehmungssicherung und -wachstum" gegenüber.

Die hier interessierenden Gemeinsamkeiten sowie Unterschiede von strategischen Allianzen und Akquisitionen sind daher als spezifische Potentiale beider

Formen externen Wachstums zu sehen, Einzelziele der Internationalisierung zu verwirklichen.

Eine in diesem Zusammenhang deutlich werdende Problematik liegt in der Vielzahl und Unterschiedlichkeit der mit „Internationalisierungserfolg" verknüpften Einzelziele. Die nachfolgende Darstellung von Gemeinsamkeiten und Unterschieden kann deshalb nicht vollständig sein; ebenso bleibt die Beurteilung von Zielerreichungsbeiträgen subjektiv.

Dennoch lassen sich daraus einige Kriterien und Anregungen für individuelle Entscheidungsfindungen ableiten (Gomez/Weber, 1989; Bircher, 1990; Backhaus/Piltz, 1990; Pausenberger, 1992; Lutz, 1993; Rall, 1993; Rall, 1994; Hammes, 1994; Fontanini, 1995).

3.2 Gemeinsamkeiten in der Zielerreichung zwischen strategischen Allianzen und Akquisitionen

Beide Optionen der Internationalisierung weisen zunächst bemerkenswerte Gemeinsamkeiten in ihrem Beitrag zur Erreichung ganz fundamentaler Einzelziele der Internationalisierung aus.

- Verbesserung der strategischen Position
  Sowohl durch stategische Allianzen als auch durch Akquisitionen kann die strategische Position auf jeweiligen Auslandsmärkten entscheidend verbessert werden. Dies gilt insbesondere für die Erschließung und den Ausbau von Märkten sowie die Realisierung von Größenvorteilen und einer damit verbundenen Kostensenkung. Allerdings begrenzt die bei strategischen Allianzen nicht gegebene Kontrollmacht den dauerhaften Erhalt solcher Positionen.
- Zeitersparnis
  Zudem können diese Ziele von beiden Alternativen im Vergleich zum Aufbau eigener Kapazitäten (internes Wachstum) sehr schnell und damit zeitsparend realisiert werden.
- Kompetenzgewinn
  Grundsätzlich läßt sich nicht nur über strategische Allianzen sondern auch über Akquisitionen ein Zuwachs an Know-how (Kompetenzgewinn) realisieren (Badarocco, 1991; Lei/Slocum, 1992). Beide Alternativen ermöglichen interorganisationales Lernen (Müller-Stewens/Osterloh, 1996; Prange/Probst/Rüling, 1996). Die einen gegenseitigen Lernprozeß begünstigenden oder erschwerenden Faktoren können zwar bei beiden Optionen durchaus ähnlich sein, vielfältigere Lernchancen ergeben sich allerdings durch strategische Allianzen.

3.3 Unterschiede in der Zielerreichung zwischen strategischen Allianzen und Akquisitionen

Allein die Betrachtung der Anzahl von Zielen, bei denen strategische Allianzen und Akquisitionen signifikante Unterschiede in deren Erreichung aufweisen, erscheint selbst bei zwingend unvollständiger Aufzählung eindrucksvoll. Nicht zuletzt daraus erklärt sich auch die „Konkurrenzsituation“ beider Optionen der Internationalisierung, die leicht als unversöhnlich und endgültig angenommen wird. Markante Unterschiede ergeben sich insbesondere bei der Erreichung der nachfolgenden Positionen im Sinne von Einzelzielen:

- *Finanzierbarkeit*
  Zu den entscheidenden Vorzügen strategischer Allianzen gehört deren leichte Finanzierbarkeit. Im Gegensatz zu Akquisitionen mit ihren oftmals extrem hohen Kaufpreiszahlungen, aber auch im Vergleich zum Aufbau eigener Kapazitäten ist der Kapitalbedarf bei strategischen Allianzen jedenfalls zu Beginn der Kooperation sehr viel geringer. Eine Ausnahme bildet (auch) hier die Gemeinschaftsunternehmung in Form des Equity-Joint-Ventures.
- *Strategische Flexibilität*
  Speziell im Hinblick auf die Dauer und den Umfang der Zusammenarbeit/des Zusammenschlusses unterscheiden sich strategische Allianzen und Akquisitionen. Hier erweist sich die strategische Allianz als das flexiblere Instrument. Zeitlich begrenzte und auf nur ausgewählte Geschäftsfelder beschränkte Allianzen sind die Regel. Zudem können zeitgleich eine Vielzahl von strategischen Allianzen eingegangen werden, was bei Akquisitionen allein aus Gründen der Finanzierbarkeit auf enge Grenzen stößt. Hier zeigt sich die Akquisition als die ungleich inflexiblere Option (Dinosaurier) der Internationalisierung.
- *Reversibilität*
  Eng mit der Flexibilität verbunden ist die Reversibilität der getroffenen Kooperations-/Zusammenschluß-Entscheidungen. Auch hier weisen strategische Allianzen gegenüber Akquisitionen im Grundsatz deutliche Vorteile auf. Offensichtlich sind lediglich auf (vertraglichen) Absprachen beruhende Kooperationsentscheidungen einfacher rückgängig zu machen als beispielsweise Fusionsentscheidungen. Vergleichbare Probleme der Reversibilität ergeben sich dagegen möglicherweise bei Equity-Joint-Ventures.
- *Kontrollmacht*
  Zu den starken Argumenten für Akquisitionen zählt das Recht auf uneingeschränkte Führung (Planung, Steuerung und Kontrolle) der zumindest mehrheitlich übernommenen Unternehmung. Viele der an strategischen Allianzen gefürchteten Nachteile, wie
  - Gefahr opportunistischen Verhaltens des Partners,
  - unkontrollierter und ungewollter Wissenstransfer,
  - Konkurrenzgefahr nach Allianzende und/oder auf artverwandten Arbeitsgebieten sowie in anderen Regionen,

  * unerwarteter und ungewollter Abbruch der Kooperation oder der vereinbarten Kooperationsleistung bzw. deren Einschränkung resultieren letztendlich aus der nicht gegebenen Kontrollmacht, die durch (vertragliche) Vereinbarungen kaum ersetzt werden kann. Speziell in schwierigen wirtschaftlichen Situationen können solche latent vorhandenen Schwachstellen leicht aufbrechen. Die Umschreibung strategischer Allianzen als „Schönwetterveranstaltungen" hat hierin ihren Ursprung.
- *Öffentlichkeitswirkungen*
  Während Akquisitionen kaum ohne die Aufmerksamkeit der Öffentlichkeit getätigt werden können, ist dies bei strategischen Allianzen nicht der Fall. Hier können die Kooperationspartner wesentlich freier über das gewünschte Ausmaß der Öffentlichkeitswirkungen entscheiden. Hinzu kommt, daß ganz generell Akquisitionen im Lichte der Öffentlichkeit kritischer gesehen werden als Allianzen und zwar sowohl im Inland wie auch im Ausland.
- *Wettbewerbsrechtliche Beschränkungen*
  Während wettbewerbsrechtliche Beschränkungen für strategische Allianzen eher nur in Ausnahmefällen Gültigkeit haben (Hammes, 1994; Voigt, 1993), unterliegen Akquisitionen national und international weit strengeren Bestimmungen des Wettbewerbsrechts (z.B. Fusionskontrolle). Sie führen generell zu einer Einschränkung von Akquisitionen als Option der Internationalisierung.
- *Risikoteilung*
  Während sowohl durch Akquisitionen als auch durch strategische Allianzen das sog. diversifikatorische Risiko geteilt werden kann, ergibt sich eine explizite und zusätzliche Risikoteilung nur bei strategischen Allianzen etwa im Hinblick etwa auf F&E-Risiken oder Marktrisiken bei Neuprodukten. Oft ist es gerade dieser Risikoaspekt, der zum dominanten Motiv internationaler Kooperationen in Form von strategischen Allianzen wird (Burden-Sharing-Allianzen).
- *Gewinnteilung*
  Dem Vorteil der Risikoteilung steht die Zwangsläufigkeit der Gewinnteilung bei strategischen Allianzen gegenüber, wie sie am deutlichsten im Equity-Joint-Venture zu Tage tritt. Bei Akquisitionen kommt dagegen eine Gewinnteilung bestenfalls mit dem Minderheitspartner bei nicht vollständiger Anteilsübernahme in Betracht.
- *Durchsetzung internationaler Produktstandards*
  Für immer mehr Branchen (z.B. Unterhaltungselektronik) ist die Durchsetzung internationaler Produktstandards von wesentlicher Bedeutung. Hier bietet die strategische Allianz als Kooperationsform zwischen selbständigen Marktpartnern z.B. in der Form von Lizenzabkommen deutliche Vorteile (Backhaus/Piltz, 1990).
- *Infektionsgefahr durch Krisen des Partners*
  Bei Akquisitionen, speziell bei Fusionen oder vollständiger Anteilsübernahme, besteht die große Gefahr der Übertragung von Krisenerscheinungen des Akquisitionsobjekts auf den Akquisiteur. Sie werden begünstigt durch ge-

meinsame Kassenhaltungen (Liquiditätsverbund) und/oder Gewinnabführungs-/Verlustausgleichs-Verträge und können zu einer Existenzbedrohung des Gesamtsystems werden (Hahn/Krystek, 1989). Die leichte Auflösbarkeit von strategischen Allianzen sowie die Möglichkeit der nur partziellen Zusammenarbeit in dieser Kooperationsform gewährt eine weitgehende Absicherung gegenüber diesen Gefahren.

- *Motivation beider Partner*
  Die Freiwilligkeit der Kooperation bei strategischen Allianzen spricht für eine besonders hohe Motivation beider Partner, da sie getragen ist von einer – jedenfalls anfänglichen – Zielkomplementarität der beteiligten Unternehmungen. Bei Akquisitionen dagegen stellt sich häufiger eine „Sieger-/Besiegten-Mentalität" ein, die durchaus demotivierend auf die Mitarbeiter des Akquisitionsobjektes wirken kann. Von besonderer Bedeutung mag diese Motivationsproblematik bei Fusionen sein, die nicht dem Willen der Mitarbeiterschaft der aufgenommenen Unternehmung entsprechen.

4 Strategische Allianzen und Akquisitionen: Grundsätzlich gleichwertige Alternativen der Internationalisierung

4.1 Zur Problematik einer vergleichenden Wertung

In Abb. 5 sind die zuvor erörterten Gemeinsamkeiten und Unterschiede zwischen strategischen Allianzen und Akquisitionen im Hinblick auf ihren Zielerreichungsbeitrag zusammenfassend dargestellt.

Dies fordert eine vergleichende Wertung beider Alternativen der Internationalisierung geradezu heraus, die im Einzelfall ja auch notwendig ist. Die in Abb. 5 dargestellten Zielerreichungsgrade könnten darauf schließen lassen, daß die strategische Allianz der Akquisition als Instrument der Internationalisierung sogar eindeutig vorzuziehen sei. Allerdings wäre ein solcher generalisierender Vergleich kaum haltbar. Dies insbesondere aus folgenden Gründen:

- Die Aufzählung der Einzelziele kann nicht vollständig sein,
- sie sind nicht trennscharf voneinander abgegrenzt,
- es fehlt eine Gewichtung der Ziele,
- die hier vorgenommene Nutzeneinschätzung erfolgt implizit vor dem nicht realen Hintergrund sicherer Erwartungen.

Speziell das Fehlen einer Gewichtung macht die Problematik einer generellen vergleichenden Wertung zwischen strategischer Allianz und Akquisition deutlich. Beispielsweise könnte das Kriterium der Finanzierung so dominant sein, daß alle übrigen Merkmalsausprägungen dahinter weit zurückstehen, also eine wesentliche geringere Gewichtung aufweisen. Ähnliches gilt möglicherweise für die Kontrollmacht oder den damit in Verbindung stehenden Einfluß auf den Partner.

Strategische Allianzen	Internationalisierungserfolg	Akquisitionen
Zielerreichung ←	**Einzelziele**	→ Zielerreichung
	Gemeinsamkeiten	
hoch ←	Verbesserung der strategischen Position	→ hoch
hoch ←	Zeitersparnis	→ hoch
groß ←	Kompetenzgewinnung	→ groß
	Unterschiede	
leicht ←	Finanzierbarkeit	→ schwer
hoch ←	strategische Flexibilität	→ gering
leicht ←	Reversibilität	→ schwer
gering ←	Kontrollmacht	→ groß
gering ←	Öffentlichkeitswirkungen	→ groß
gering ←	Wettbewerbsrechtliche Beschränkungen	→ groß
groß ←	Risikoteilung	→ gering
in jedem Fall ←	Gewinnteilung	→ nur im Ausmaß der Beteiligung
leicht(er) ←	Durchsetzung internat. Produktstandards	→ schwer
gering ←	Infektionsgefahr durch Krisen des Partners	→ groß
groß ←	Motivation beider Partner	→ geringer

Abb. 5. Gemeinsamkeiten/Unterschiede der Einzelzielerreichung von strategischen Allianzen und Akquisitionen

Um dennoch im Einzelfall zu einer Beurteilung beider Formen externen Wachstums zu gelangen, empfiehlt sich für die Praxis der Einsatz der Nutzwertanalyse bzw. *Entscheidungsmatrix.* Mit ihrer Hilfe können gerade komplexe Probleme jeder Art durch eine Beurteilung der Alternativen (z.B. strategische Allianz oder Akquisition) im Hinblick auf quantifizierbare und nicht quantifizierbare Ziele (z.B. Finanzbedarf, Ergebniszuwachs, Flexibilität, Kontrollmacht) einer Lösung zugeführt werden (Hahn, 1996).

Weiterhin können Zielgewichtungsfaktoren eingeführt werden, ebenso kann dieses Instrument auf Entscheidungen unter Ungewißheit ausgedehnt werden.

In Abb. 6 ist das stark vereinfachte Beispiel einer solchen Entscheidungsmatrix dargestellt. Es kommt auf Basis der einzelfallspezifischen Bewertung zu dem Ergebnis (höchste Nutzengröße), daß eine strategische Allianz auf vertraglicher Basis einer Akquisition vorzuziehen wäre. Eine andere Gewichtung von Zielen würde zu anderen Ergebnissen führen (z.B. höhere Gewichtung der Kontrollmacht an Stelle der Finanzierbarkeit).

Stets werden die Ergebnisse einer solchen Entscheidungsfindung subjektiv bleiben und bilden damit ein Stück Planungsrealität ab. Ihr Vorzug liegt dennoch in der Transparenz der Bewertung sowie insbesondere in der Einfachheit, Anwendungsneutralität und Logik der Vorgehensweise. Zudem eignet sich dieses Instrument besonders als Basis für eine finale Entscheidungsfindung in Gruppen (z.B. Board oder Vorstand/Aufsichtsrat).

Ziele (Zi) Gewichte (qi) / Alternative (Ai)		(Z1) Finanzbedarf $q_1 = 6$	(Z2) Ergebniszuwachs in % $q_2 = 3$	(Z3) Kontrollmacht $q_3 = 2$	(Z4) Flexibilität $q_4 = 1$	Nutzengröße je Alternative $\sum$
A_1	(a)	0,5 Mio.	5 - 7 %	nicht existent	hoch	
Strategische Allianz auf vertraglicher Basis	(b)	sehr gut	befriedigend	nicht ausreichend	gut	
	(c)	6 x 6 = 36	2 x 3 = 6	0 x 2 = 0	4 x 1 = 4	**46**
A_2	(a)	10 Mio.	10 - 12 %	gewährleistet	gering	
Mehrheitserwerb einer Unternehmung	(b)	ausreichend	sehr gut	sehr gut	ausreichend	
	(c)	1 x 6 = 6	6 x 3 = 18	6 x 2 = 12	1 x 1 = 1	**37**

Punktewerte: sehr gut = 6
gut = 4
befriedigend = 2
ausreichend = 1
nicht ausreichend = 0

Zielgewichtungen: $q_1 = 6$
$q_2 = 3$
$q_3 = 2$
$q_4 = 1$

Vorgehensweise: (a) = Ermittlung der Zielwirkung pro Einzelziel (Zi) und Alternative (Ai)
(b) = Überführung in Punktwerte (sehr gut bis nicht ausreichend)
(c) = Multiplikation der Punktwerte mit den Zielgewichtungen

Abb. 6. Beispiel einer Entscheidung zwischen strategischer Allianz und Akquisition

4.2 Hinweise auf die Gleichwertigkeit von strategischen Allianzen und Akquisitionen

Trotz der Subjektivität bei der Bewertung ihres Nutzenbeitrags bleibt die Feststellung der grundsätzlichen Tauglichkeit beider Optionen. Darüber hinaus finden sich weitere Hinweise aus der beobachtbaren Praxis, die auf eine grundsätzliche Gleichwertigkeit beider Formen externen Wachstums schließen lassen.

- *Erfolgs-/Mißerfolgsrate von strategischen Allianzen und Akquisitionen sind etwa gleich hoch.*
  Soweit die sehr unterschiedlichen Ergebnisse empirischer Untersuchungen über Erfolgs-/Mißerfolgsraten von strategischen Allianzen und Akquisitionen es überhaupt zulassen, kann davon ausgegangen werden, daß die Erfolgs- bzw. Mißerfolgswahrscheinlichkeit beider Formen etwa gleich hoch ist und bei rund 50 % liegt (Rall, 1994; Fontanini, 1995).
  Strategische Allianzen und Akquisitionen sind keine sich auf Dauer ausschließenden Alternativen.
  Strategische Allianzen und Akquisitionen stehen nicht in einem endgültigen und unauflöslichen Widerstreit zueinander. Sie können sich vielmehr in der Erfüllung des Zieles „Internationalisierungserfolg" sinnvoll ergänzen (Schade, 1990):
  * Akquisitionen können einerseits als Vorstufe zu strategischen Allianzen notwendig sein, um durch die so erreichte Unternehmungsgröße erst als Allianzpartner attraktiv zu sein.
  * Strategische Allianzen können andererseits Vorstufen späterer Akquisition sein, um in der flexibleren Form der Zusammenarbeit Vertrauensverhältnisse aufzubauen, die dann als solide Basis einer festen Bindung (Akquisition) dienen (Henkel, 1992).
- *Strategische Allianzen und Akquisitionen nehmen international in vergleichbarem Ausmaß zu.*
  Die vielfach geäußerte Auffassung, wonach wegen schlechter Erfahrungen mit Akquisitionen in der Praxis verstärkt auf strategische Allianzen zurückgegriffen wird, kann nicht bestätigt werden. Vielmehr zeigt sich, daß international sowohl die Verbreitung von strategischen Allianzen, als auch von Akquisitionen stark zugenommen hat. Allerdings ist das Kooperationsniveau in Form von Allianzen und Akquisitionen in einzelnen Branchen sehr unterschiedlich. Es zeigt sich, daß in den Branchen, in denen strategische Allianzen weit verbreitet sind, in vergleichbarem Ausmaß auch Akquisitionen getätigt werden (Hammes, 1995).
- *Problematik des Kooperations-Managements wird unterschätzt, es ist bei strategischen Allianzen und Akquisitionen vergleichbar groß.*
  Zu den Vorzügen strategischer Allianzen wird häufig die geringere Bindung von Managementkapazität für die Führung der Kooperation gezählt. Während einerseits die Integration akquirierter Unternehmungen als erfolgsentscheidende Managementleistung gewürdigt wird (Gerpott, 1993; Spickers, 1996), entsteht im Hinblick auf strategische Allianzen leicht der Eindruck, sie bedürfen weit weniger der Führung und binden damit kaum Managementkapazität.

Dies könnte sich in vielen Fällen, speziell bei internationalen Allianzen, als verhängnisvoller Irrtum erweisen und ist einer der Hauptgründe dafür, warum strategische Allianzen immerhin vermutlich in der Hälfte aller Fälle scheitern. Gerade die gegenüber Akquisitionen geringere Kontrollmacht erfordert offenbar besonders viel Geschick und Kapazität des Managements für eine erfolgreiche Führung strategischer Allianzen. Umgekehrt scheint eine zu rigide Ausübung von Kontrollmacht, die zwangsläufig viel Managementkapazität erfordert, zu den Mißerfolgspotentialen von Akquisitionen zu zählen.

Ein von Fontanini (1995) entworfenes hypothetisches Negativ-Modell der Kooperationsgestaltung einer strategischen Allianz (Abb. 7) zeigt das Ausmaß sowie die Bedeutung eines professionellen Kooperationsmanagements. Es weist deutliche Parallelen zum Management der Integration von Akquisitionsobjekten auf. Für beide Formen externen internationalen Wachstums muß das mit ihnen verbundene Kooperationsmanagement noch stärker als relativer Wettbewerbsvorteil der Internationalisierung genutzt werden (Schrempp, 1995).

4.3 Bedingungen des Einzelfalls entscheiden

Die zuvor skizzierten Argumente unterstreichen nochmals die grundsätzliche Gleichwertigkeit beider Alternativen. Erst der Einzelfall und die für ihn relevanten, gewichteten Zielsetzungen und vorgegebenen Rahmenbedingungen entscheiden über die jeweilige Vorziehenswürdigkeit.

Nur ganz grob lassen sich deshalb Kriterien angeben, wann im Einzelfall strategische Allianzen oder Akquisitionen aus ökonomischer Sicht geeignet erscheinen (Scheiter, 1989; Bircher, 1990; Rall, 1994):

- Strategische Allianzen scheinen besonders für neue, hochdynamische und schnell wachsende Geschäftsfelder in neuen Regionen geeignet.
- Akquisitionen dagegen eher zur internationalen Absicherung des Stammgeschäfts, sofern die finanzielle Kapazität die Kaufpreiszahlung ermöglicht.
- Die Flexibilität strategischer Allianzen mit ihrer vergleichsweisen geringeren Bindungsintensität bei dennoch möglicher Realisierung von Zeitvorteilen, läßt schnell auf ihre generelle Vorziehenswürdigkeit schließen. Dabei werden leicht die Führungsproblematik und die notwendige Vertrauensinvestition übersehen, die im Einzelfall die geringen Finanzinvestitionen überkompensieren können.
- Zwar kann auch mit Hilfe von strategischen Allianzen schnell über Erfolgspotentiale verfügt werden, doch ist ihr Erhalt von der Allianztreue des Partners abhängig, was langfristig als unbefriedigend empfunden werden kann (Pausenberger, 1992).
- Für kleine und mittelständische Unternehmungen sind strategische Allianzen aus Finanzierungs- und Risikogründen oftmals und trotz erkennbarer Probleme die einzige Möglichkeit der Internationalisierung.

Generell kann nur zu einer im Einzelfall rational geprägten Entscheidung geraten werden, die möglichst frei sein sollte von persönlichen Motiven wie Machtstreben, Wunsch nach Größe oder dem „Me-too-Effekt".

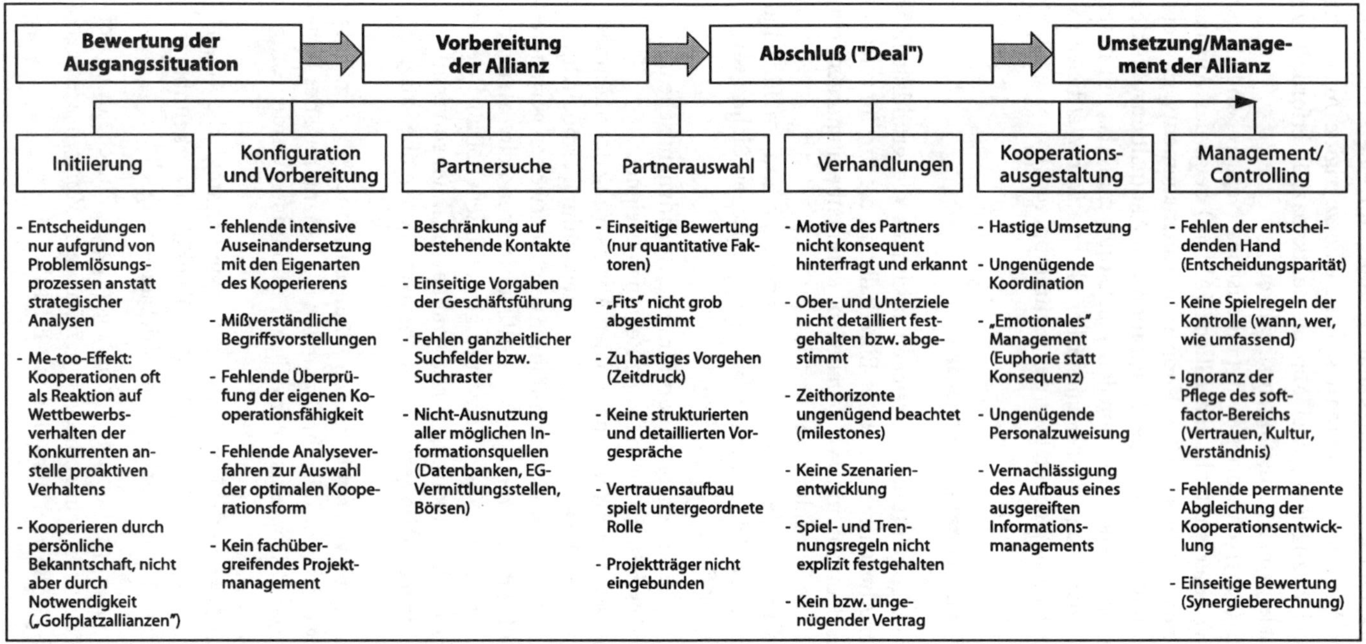

Abb. 7. Negativ-Modell der Gestaltung strategischer Allianzen (Quelle: Fontanari, 1995, S. 123)

5 Entwicklungstendenzen: Internationale Allianzen und Akquisition werden noch bedeutsamer

Die Globalisierung der Märkte ist noch keinesfalls abgeschlossen und die Verlagerung von Produktionsstätten aus den sog. Hochlohnländern dürfte sich weiterhin fortsetzen. Allein damit ist unschwer vorherzusagen, daß sowohl grenzüberschreitende Akquisitionen, aber auch internationale strategische Allianzen in ihrer Anzahl und Bedeutung noch zunehmen dürften. Für *Akquisitionen* könnte sich aus deutscher Sicht ein zusätzlicher Impuls gerade für mittelständische Firmenübernahmen durch die Nachfolgeproblematik zur Jahrtausendgrenze ergeben.
Strategische Allianzen im internationalen Rahmen dürften gleichfalls noch erheblich an Bedeutung gewinnen. Die Verbreitung des Shareholder-Value-Denkens und speziell eine verstärkte Prozeßorientierung der Unternehmungen können dafür als Gründe genannt werden (Hammes, 1995). Interessant ist in diesem Zusammenhang die Entwicklung von strategischen Allianzen über strategische Netzwerke hin zu virtuellen Strukturen, bei denen die traditionellen Grenzen von Unternehmungen in einer Vielzahl internationaler Netzwerke und Wertschöpfungsketten verschwimmen, in die Zulieferer, Kunden und Konkurrenten weltweit verwoben sind (Bleicher, 1996).

Summary
In the face of an extremely dynamic environmental situation, ever-decreasing product life-cycles, and rampant globalization, there is often no time available to independently build up a product-market relationship on the international stage. The more the element of time itself becomes a strategic factor, the keener is the interest in the various modes of external growth, which - despite their high risk potential - become the preferred form of internationalization. In this respect, a major challenge facing company management today is the decision over whether to opt for strategic alliance or takeover as the preferred mode of external growth. By strategic alliance is meant the long-term - but not unlimited - cooperation between two legally-independent companies, which is embarked upon in order to strengthen their respective strategic positions in defined sectors. A takeover, on the other hand, is the result of the acquisition either of the majority or of the complete rights of disposal over a company with all its existing factoring relations intact. A takeover is not limited to a specific period of time and is generally undertaken as a permanent, market-oriented commercial move. On initial inspection, both options can be said to make remarkably similar contributions towards achieving the absolutely fundamental targets involved in the process of internationalization. Both improve strategic position, help to save time, and increase competence. On the other hand, there are marked differences between the two when it comes to the following specific topics: the question of how external growth is to be financed, strategic flexibility, reversibility, the distribution of power, pu-

blic image, restrictive practices, risk sharing, profit sharing, the enforcement of international product standards, the danger of contamination through the commercial circle surrounding the alliance partner, and the extent to which both partners are motivated. In order to be able to judge upon the advisability of either mode of external growth in any specific case, the implementation of decision matrices and use-value analyses are recommended. They help to resolve a whole range of complex problems by permitting a comparison to be made between the alternatives available (e.g. strategic alliance or takeover) in terms of quantifiable and non-quantifiable goals (e.g. financing requirements, growth in profits, flexibility, distribution of power).

Literatur

Backhaus, K./Plincke, W. (1990): Strategische Allianzen als Antwort auf veränderte Wettbewerbsstrukturen. In: Backhaus, K./Piltz, K. (Hrsg.): Strategische Allianzen. ZfbF Sonderheft Nr. 20, S. 21 ff.

Badarocco, J. L. (1991): The Knowledge link: how firms compete through strategic alliances. Boston (Mass.).

Backhaus, K./Piltz, K. (1990): Strategische Allianzen – eine neue Form kooperativen Wettbewerbs? In: Backhaus, K. /Piltz, K. (Hrsg.), a. a. O., S. 1 ff.

Bircher, B. (1990): Strategische Allianzen, Anforderungen der 90er Jahre – Wettbewerbsposition nachhaltig stärken. Gablers Magazin, Heft 9, S. 15 ff.

Bleicher, K. (1996): Der Weg zum virtuellen Unternehmen. In: Office Management Nr. 1-2, S. 10 ff.

Fontanini, M. L. (1995): Voraussetzungen für den Kooperationserfolg. In: Schertler, W. (Hrsg.): Management von Unternehmens-Kooperationen. Wien, S. 115 ff.

Gerpott, T. J. (1993): Integrationsgestaltung und Erfolg von Unternehmensakquisitionen. Stuttgart.

Gomez, P./Weber, B. (1989): Akquisitionsstrategie – Die Führung des Übernahmeprozesses. In: Die Unternehmung, Heft 2, S. 66 ff.

Hahn, D. (1996): PuK-Controllingkonzepte. 5. Aufl., Wiesbaden.

Hahn, D./Krystek, U. (1989): Krisenmanagement, internationales. In: Macharzina, K./Welge, M. (Hrsg.): Handwörterbuch Export und Internationale Unternehmung. Stuttgart, Sp. 1220 ff.

Hammes, W. (1994): Strategische Allianzen als Instrument der strategischen Unternehmensführung. Wiesbaden.

Hammes, W. (1995): Der Zusammenhang zwischen strategischen Allianzen und Industriestrukturen. In: Schertler, W. (Hrsg.), a. a. O., S. 55 ff.

Henkel, C. B. (1992): Akquisitionen und Kooperationen als strategische Alternativen aus Sicht der deutschen Automobilindustrie. Diss., St. Gallen.

Ihrig, F. (1991): Strategische Allianzen. In: Wirtschaftswissenschaftliches Studium (WiSt), Heft 1, S. 29 ff.

Krystek, U./Müller, M. (1992): Strategische Allianzen für Berater. In: Der Betrieb, Heft 24, S. 1197 ff.

Lei, D./Slocum, J. W. Jr. (1992): Global Strategy, Cometence-Building and Strategic Alliances. In: California Management Review, S. 81 ff.

Lutz, V. (1993): Horizontale strategische Allianzen. Hamburg.

Müller-Stewens, G./Osterloh, M. (1996): Kooperationsinvestitionen besser nutzen: Interorganisationales Lernen als Know-how-Transfer oder Kontext-Transfer? In: Zeitschrift für Organsisation und Führung, Heft 1, S. 18 ff.

Müller-Stewens, G./Spickers, J. (1994): Akquisitionsmanagement. In: Die Betriebswirtschaft, Nr. 5, S. 663 ff.

Pausenberger, E. (1989): Akquisitionsplanung. In: Szyperski, N. (Hrsg.): Handwörterbuch der Planung. Stuttgart S. 18 ff.

Pausenberger, E. (1992): Unternehmensakquisitionen und strategische Allianzen. In: Fischer, G. (Hrsg.): Marketing. Loseblatt-Ausgabe (Grundausstattung 6/1992), S. 1 ff.

Porter, M. (1987): From Competitive Advantage to Corporate Strategy. In: Harvard Business Review, May/June, S. 43 ff.

Prange, Ch./Probst, G./Rüling, Ch.-C. (1996): Lernen zu Kooperieren - Kooperieren, um zu lernen. In: Zeitschrift für Organisation und Führung (ZfO), Heft 1, S. 10 ff.

Rall, W. (1993): Flexible Formen internationaler Organisations-Netze. In: Schmalenbach-Gesellschaft, Deutsche Gesellschaft für Betriebswirtschaft e. V. (Hrsg.): Internationalisierung der Wirtschaft. Stuttgart, S. 73 ff.

Rall, W. (1994): Internationale Strategische Allianzen - Wege zum Erfolg. In: Pausenberger, E. (Hrsg.): Internationalisierung von Unternehmungen. Stuttgart, S. 31 ff.

Schade, M. (1990): Die Internationalisierung des Mergers & Acquisitions-Geschäftes. Diss., St. Gallen.

Scheiter, D. (1989): Die Integration akquirierter Unternehmungen. Diss., St. Gallen.

Schrempp, J. E. (1995): Geleitwort zu Schertler, W. (Hrsg.), a. a. O., S. 7 ff.

Spickers, J. (1996): Unternehmenskauf und Organisation. Bern, Stuttgart, Wien.

Voigt, S. (1993): Strategische Allianzen: modisches Schlagwort oder Antwort auf globale Herausforderungen? In: Wirtschaftswissenschaftliches Studium (WiSt), Heft 5, S. 246 ff.

The Genetic Code of Global Organization: The Boston Consulting Group

X. Mosquet

1 The Genetic Code of Global Organization

Today, few managers question the growing strategic value of global presence. But despite all the talk about the new global company, managers with experience organizing internationally know that it is easier said than done. Internationalization means increased complexity. And complexity slows decision making, expands overheads, and increases conflict over power and authority in the managerial ranks.

A big part of the problem is that managers don't have the conceptual or the operational tools to embrace international complexity and break it into manageable pieces. A first model can help segregate and define priorities (Fig. 1). "Export" strategies traditionally apply to businesses where central costs (like research and developments or production) are highly sensitive to scale and where only a strong international position can be sustainable. Semiconductors or consumer electronics have historically been in this category. A natural way to organize such businesses is to centralize most activities.

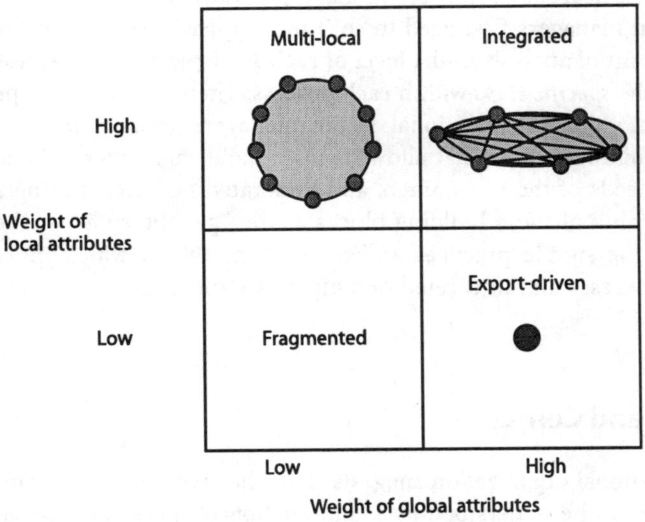

Fig. 1. Historical models of globalization

In other businesses, the majoritiy of scale or experience sensitive costs are local (i.e. logistics, sales, image). The success in a given country depends, above all, on the local position and very little on the share abroad. The initial advantages of the international competitior (financial resources and a better knowledge of the activity) will not last forever. They can, however, be leveraged to innovate and create a position of local leadership, thus ensuring a lasting competitive advantage. In these activities, a "multilocal" strategy is required, aimed less at exports but rather at direct investment and operations abroad. The cement industry is a good example of multi-local strategy, and many of the food companies have developed along this model, with strong local products and brands. However, the recent opening of previously protected markets and the increasingly effective means to share knowledge across borders is changing the rules of the game.

As "export-driven" companies reach sufficient scale and communication costs decrease, they disperse their operations to protect themselves against currency fluctuations and to gain access to new skills. Meanwhile, traditional multinationals, facing converging needs of their customer base, are consolidating their many local operations in search for economies of scale. As a result, more and more companies today are finding themselves pursuing "integration" strategies where success depends on local and central positions. For MacDonald's for instance, the power of the global brand and know-how is as important as local management and street locations.

When all companies strive for global integration, the key competitive question then becomes: how to build an efficient integrated company? And those who have tried know that the typical organization chart is too crude a tool to help navigate the centralization/decentralization trade-offs and the key location choices which are at the heart of truly international organizations.

To succeed, global managers first need to shift the emphasis away from the *company* as the key unit of analysis to the level of each strategic global business process and even to the *specific steps* within each process. Then, in order to cope with the complexity of global organizational design, managers need a new set of simple but flexible building blocks that allow them to mold their international organization to the needs of their customers and imperatives of their business strategy. One could think of these building blocks as the "genetic code" of the global organization, the simple practices and interactions out of which more complex business processes and integrated organization structures can be created.

2 Rings, Stars and Centers

Experience in international organization suggests to us that even the most complex global processes can be understood as a combination of three basic cross-border interactions.

One kind of interaction loosely links together a set of local units, functions, or activites. It encourages the sharing of information and best practices while at the same time preserving local decision-making. Take the example of how Unilever organizes new product definition in its food business. Different consumer tastes and purchasing behaviours require empowered local marketing. But local marketers also need to be able to draw on product innovations, market study results, and price positionings from the complete range of countries where the company is operating. Information and practices flow around a "ring" where all country units are empowered and equal.

Another type of interaction is more structured and coordinated. Information and decision-making flow not around a ring but along the branches of a "star". The branches link together local units and a center in order to reach a common result. For example, when Ford designs its next world car platform, the company will have to comply with different security regulations, driving habits (automatic or manual, left-hand or right-hand driving), and aesthetic sensibilities. All these require a strong coordination between local inputs and a center responsible for synthesizing information and making trade-offs to achieve the highest-value-to-cost ratio for customers. To be efficient, this interaction requires a high degree of common practices and multicultural understanding. The quality and speed of the process depend on local and central teams using common frameworks and a common "language" for analyzing and communicating customer requirements.

The third and final interaction corresponds to activities where "one size fits all" worldwide and where one country (but not necessarily homecountry headquarters) has full authority to make decisions and set global standards and procedures. For instance, when L'Oréal creates a new perfume, what it is really selling is the French image. Therefore, what is good for women in Paris is probably good for the world. This allows for a simple organization where all the neccessary competencies are in the same location and communication from the customer to the developers is fast and efficient.

This simple typology of rings, stars, and centers (Fig. 2) provides the basic modules for any global process. The challenge, however, is knowing which type of interaction is most appropriate for any particular process step.

It is both a strategic *and* an operational decision. Centers are simple and scale efficient but may not be responsive enough to pick up important differences in local markets. Stars combine "the best of both worlds" central coordination and local learning but they can be difficult and costly to organize. Finally, rings encourage local responsiveness and build on economies of learning, but they also reduce economies of scale and increase the duplication of practices.

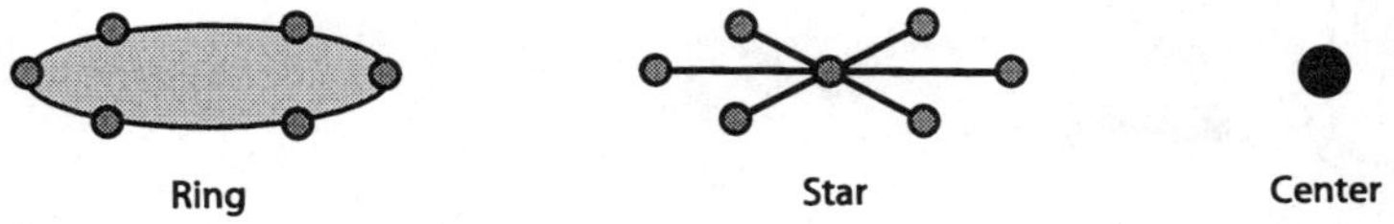

Fig. 2. The three cross-border interactions

The choice of building block depends on the degree of consumer differences, the physical location of people, flows of information, and value of scale. Such choices determine the practical operating flow of the company, and therefore should precede any discussion about hierarchical structure.

3 Mapping Strategic Global Processes

This focus on the design choices at each step of a global process is an effective way to make global organizational design manageable. Consider an example from the pharmaceutical industry. In the 1980s, many pharmaceutical companies went global, in part to amortize rising development costs across a growing number of markets. But for many, globalization came at the price of substantially slowing down time-to-market.

New drugs require government authorization. Since requirements vary widely by country, clinical studies done in one are rarely valid in another. The more countries targeted, the more cumbersome and time-consuming new-drug rollout became.

One company however, refused to accept this seemingly inevitable consequence of global competition. The company tackled the problem by optimizing the design of each step of the new-product rollout process. Because of the scarcity of top researchers and the high value of scale, it centralized research. For new-drug authorization, however, it chose a hybrid of centralization and decentralization, charging local units with conducting clinical trials but under central guidance and coordination. This allowed the organization to muster its global expertise while meeting local requirements. When it came to marketing, the company chose a purer form of decentralization: each country defined its own sales approach and positioning, with the responsibility to share plans and experiences. These process decisions are best illustrated visually as in Fig. 3.

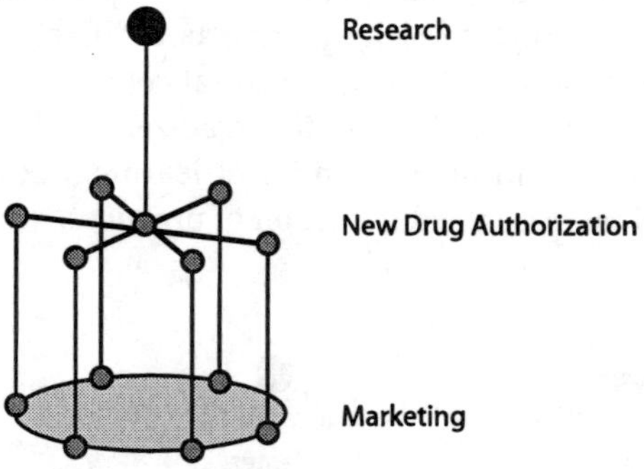

Fig. 3. Glaxo new product roll out process

Taken as a whole, the phamaceutical company's global drug rollout process is neither centralized nor decentralized. Rather, it is integrated, an assembly of different degrees of centralization and decentralization defined at the right level of detail, the process step. As a result, the company succeeded in taking its time-to-market rates from among the worst in the industry in the 1970s to the very best by the 1990s despite the increased complexity brought on by globalization.

4 The New Global Operating Chart

The map of a drug rollout process is an *operating chart* that in no way resembles the traditional *organizational chart* of the past. Such a map suggests clearly and simply how different people and geographic locations interact with each other in order to perform the company's global operations. Creating global process maps like this one offers a way to open up the "black box" of international integration and to identify and address global organizational trade-offs at the right level of detail (Fig. 4).

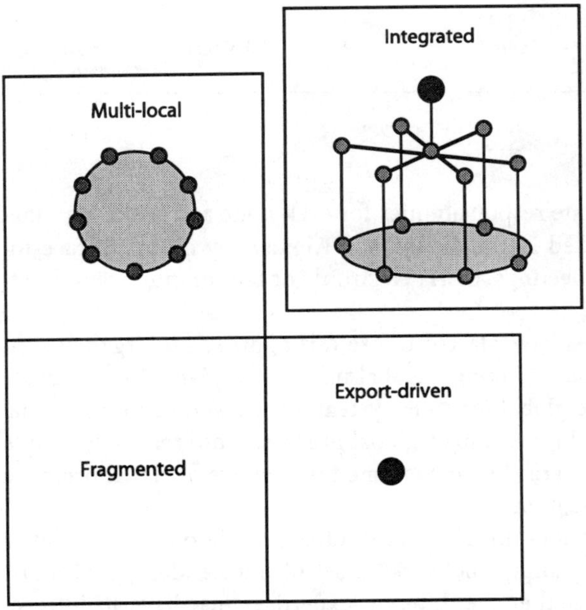

Fig. 4. From company-wide to process steps

When they design international organizations managers need to ask themselves the following questions:

- What global processes create advantage in my industry and what are the key steps in those processes?

- Trading off scale and responsiveness, how many countries, and which ones, need to participate in each step?
- Who is empowered to make decisions local geographic units, central headquarters, or a mix of both?
- Finally, which of the three types of interactions is the most efficient model for each step (Fig. 5)?

Three Cross-Border Interactions		Decision Making	Speed	Economics	Practices
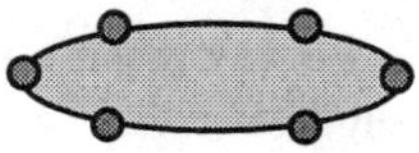	Ring	Local	Fast	Local scale	Allows differences
	Star	Coordinated	Slower	Local and global scale	Organized for convergence
	Center	Central	Fast	Global scale	Sets the global standard

Fig. 5. International trade-offs

Then, managers must allocate responsibilities for each node and make sure that each link is physically crafted in the organizatio whether by means of face-to-face conversations, group meetings, or via electronic or telecommunication networks.

A few leading companies have started to use this approach to organize efficient global logistics processes, linking a global network of plants to worldwide sales subsidiaries, or create global learning systems that leverage international best practices. By breaking down complex global processes into relatively simple and clear process steps, they are able to combine the leverage of global presence with clear roles and fast execution.

A truly global company does not deny local differences in oder to centralize everything. Neither does it simply "network" a set of independent local units. Rather, it carefully links together the different expertises that have to interact together around the globe, providing an explicit high level mapping of these interactions, and building the people and mechanisms that will physically support them. The resulting "operating chart" is a far more effective support for global organization design than traditional organizational charts. It also provides a powerful language to communicate that design to a wide population of managers and teams, providing them with a way to visualize their role in the global company and then contribute to its global success.

2 Mitarbeiter

Internationalisierung als Gegenstand der Aus- und Weiterbildung an deutschen Hochschulen

K. v. Trotha

1 Einleitung

In einer „Borderless World" haben Grenzen ihr Trennendes und Einengendes, aber auch ihr Schützendes und Bewahrendes verloren. Deutschland und Europa sind Teil eines weltweiten Netzes von politischen Verflechtungen; sie sind Teil dieser Welt aber auch im Hinblick auf die weltumspannenden ökonomischen, ökologischen und sozialen Fragestellungen. Internationalisierung ist damit ein Phänomen aller gesellschaftlich relevanten Bereiche.

2 Internationalisierung – eine Herausforderung für den Wirtschaftsstandort Deutschland

Die deutsche Wirtschaft ist seit langem und in hohem Maße durch internationale Verflechtungen gekennzeichnet. Sie steht nicht erst seit gestern mit Produkten und Verfahren im internationalen und globalen Wettbewerb um Kunden und Märkte. Das ist nicht das Besondere an der heutigen Situation.

Das Besondere heute ist, daß die Internationalisierung und Globalisierung der wirtschaftlichen Verflechtungen und des Wettbewerbs um Kunden und Märkte an Dynamik gewonnen haben. Das ist augenfällig, wenn man die Entwicklung hin zum europäischen Binnenmarkt und beispielhaft etwa den damit verbundenen Ansatz zu einem europäischen Arbeitsmarkt betrachtet. Das wird deutlich aber auch dann, wenn man auf die wirtschaftliche Aufholjagd des asiatisch-pazifischen Raumes sieht, der heute mit elektronischen Massenprodukten weltweit dominiert. Der Warenaustausch zwischen den Ländern wächst heute schon deutlich rascher als die Produktion. Auf den Finanzmärkten schreitet diese Entwicklung noch schneller voran.

In Deutschland hat sich die wirtschaftliche Dynamik im Laufe des Jahres 1995 deutlich abgekühlt. Die außenwirtschaftliche Situation Deutschlands ist gleichzeitig an einen kritischen Punkt gelangt. Die deutsche Industrie ist stark in Produktgruppen mit niedrigem, aber schwach in Produktgruppen mit hohem weltwirtschaftlichem Wachstum. Sie scheint in vielen Bereichen mehr und mehr in Nischenpositionen zurückgedrängt zu werden, in die Position eines Herstellers von Spezialgeräten für Spezialaufgaben. Gleichzeitig ist eine deutliche Schwäche beim Export technologieintensiver Produkte unübersehbar. Überdurchschnittlich erfolgreich ist die Bundesrepublik zwar im Bereich der höherwertigen Technik (F&E-Aufwand zwischen 3,5 % und 8,5 % des Umsatzes), im Bereich der Spitzentechnik (F&E-Aufwand über 8,5 % des Umsatzes) ist ihre Position im Vergleich zu den USA und Japan jedoch schwach.

Die deutsche Exportwirtschaft ist zudem stark eurozentriert. 1993 gingen etwa 7,7 % der deutschen Exporte in den größten Markt der Welt, die USA, und 7,3 % nach Ost- und Südostasien, auch wenn diese Region in den vergangenen Jahren deutlich zugelegt hat. Bei den Auslandsinvestitionen ist der Anteil dieser Region dabei noch deutlich geringer; er hat sogar abgenommen, obwohl in Asien als Schwerpunktregion die außenwirtschaftlichen Anstrengungen von Unternehmen und Politik in den vergangenen Jahren konzentriert wurden. Zur langfristigen Sicherung der Wettbewerbsfähigkeit der deutschen Wirtschaft wird es unabdingbar sein, diese Eurozentriertheit zu überwinden.

Wie wichtig dieser außereuropäische Markt schon heute ist, zeigt ein Blick auf die einschlägigen Zahlen. Mit über 3 Mrd. Einwohnern lebt im asiatisch-pazifischen Raum über die Hälfte der Weltbevölkerung und mit einem erwarteten Wirtschaftswachstum von 7 % bis 8 % ist Asien weltweit die dynamischste Wachstumsregion. Bis zum Jahr 2000 wird nach Schätzungen der Weltbank etwa die Hälfte des Wachstums der Weltwirtschaft allein von Ost- und Südostasien erzeugt werden.

Die Analysen zeigen: Deutschland steht heute vor einer großen ökonomischen Herausforderung. Der wirtschaftliche Konkurrenzkampf von Unternehmen, Staaten und Regionen ist global. Mit dem wirtschaftlichen Aufholen anderer Länder sind zwar neue Märkte, aber auch neue Konkurrenten entstanden. Der weltweite wirtschaftliche Wettbewerb hat eine Dynamik entwickelt, der sich jeder anpassen muß, der seine Position halten will. Internationalisierung und Globalisierung stehen in vieler Hinsicht erst am Anfang

3 Internationalisierung als Herausforderung für den Bildungsstandort Deutschland

3.1 Bildungslandschaft

Deutsche Hochschulen und Forschungseinrichtungen genießen international – noch – einen hervorragenden Ruf. Der Hochschulstandort Deutschland ist geprägt von einem in der Breite und in der Tiefe äußerst diversifizierten und differenzierten Ausbildungsangebot, das von den wissenschaftlich-theoretisch geprägten Studiengängen an den Universitäten bis zu den stark praxisbezogenen oder dualen Ausbildungsgängen der Fachhochschulen und – in Baden-Württemberg, Berlin und Sachsen – der Berufsakademien reicht. Die Hochschulen verfügen über den traditionellen Fächerkanon hinaus über eine fast unüberschaubare Palette an Spezialisierungs- und Vertiefungsrichtungen. Vielfalt und hohe Qualität der Ausbildung sind die charakteristischen Merkmale des tertiären Bildungsbereichs in Deutschland.

3.2 Bildungsstandort und Wirtschaftsstandort Deutschland

Die Globalisierung der Märkte beschleunigt die internationale Arbeitsteilung, den Strukturwandel in den Hochlohnländern, den Einsatz zukunftsrelevanter Technologien sowie den Bedeutungszuwachs des Dienstleistungssektors. In nahezu allen Bereichen von Gesellschaft und Wirtschaft gewinnt damit der Ausbau der länderübergreifenden Zusammenarbeit und der internationalen Kompetenz an Bedeutung. Dem Bereich Bildung und Ausbildung kommt bei dieser sich beschleunigenden Entwicklung eine Schlüsselposition zu. Denn fast überall führt sie zu einem steigenden Bedarf an Experten, die über eine fundierte Ausbildung in ihrem Fachgebiet hinaus über Fremdsprachenkenntnisse und Verständnis für bestimmte Wirtschaftsregionen verfügen.

Bedeutung hat der Bildungsstandort Deutschland für den Wirtschaftsstandort aber in doppelter Hinsicht:

- In der Wirtschaft besteht zum einen ein großer Bedarf an gut ausgebildeten, international kompetenten Nachwuchskräften: Junge Deutsche müssen „internationale" Kompetenz erwerben.
- In der Wirtschaft besteht zum anderen ein großes Interesse daran, daß künftige Führungskräfte aus anderen Ländern Deutschland kennenlernen und sich mit diesem Land verbunden fühlen: Junge Ausländer müssen „deutsche" Kompetenz erwerben.

Die verstärkte internationale Kooperation im Bereich von Bildung und Ausbildung ist ein Gewinn für alle Beteiligten. Brücken zum Ausland zu schlagen, sie tragfähig zu halten und sie intensiv zu nutzen, ist in Zeiten zunehmender Globalisierung eine Aufgabe von existentieller Bedeutung. Deutschland muß deswegen ein besonderes Interesse daran haben, daß möglichst viele Menschen zeitweise im Ausland lernen, forschen, Kontakte knüpfen und Erfahrungen austauschen. Umgekehrt muß es aber auch das Interesse Deutschlands sein, ausländische Studierende und Wissenschaftler in großer Zahl in unseren Hochschulen zu Gast zu haben. Sie sind die Multiplikatoren deutscher Interessen in ihren Heimatländern. Im Ergebnis heißt das: Es gibt keinen Wirtschaftsstandort Deutschland ohne den Bildungs- und Wissenschaftsstandort Deutschland.

3.3 Herausforderungen an den Bildungsstandort Deutschland

Angesichts der Internationalität von Industrie, Handel und Dienstleistungsgewerbe stehen die Hochschulen in der Pflicht, ihre Studiengänge so zu gestalten, daß ihre künftigen Absolventen in Bildung und Ausbildung auch für eine berufliche Tätigkeit im Ausland und grenzüberschreitenden Zuschnitts befähigt werden. Schon das in den letzten Jahren weiter zusammengewachsene Europa hat gezeigt, daß die internationalen Kontakte der Hochschulen sowie Auslandserfahrung von Hochschullehrern, Nachwuchswissenschaftlern und Studierenden zunehmend wichtig werden. Eine so angelegte Ausbildung schließt zumindest eine Grundkenntnis fremder Sprachen und das Verständnis fremder Kulturen als Voraussetzung ein. Wissenschaftliche und berufliche Bildung und Ausbildung muß von ihrem Grundverständnis her künftig international ausgerichtet sein.

Die Forderung nach einer weiter zunehmenden Europäisierung und Internationalisierung des Studiums und der Ausbildung für die deutschen Studierenden darf jedoch nicht dazu führen, daß darüber die Verbesserung der Attraktivität deutscher Hochschulen für Studierende aus dem Ausland vernachlässigt wird. Das Studium deutscher Studierender im Ausland kann nicht losgelöst von dem Studium ausländischer Studierender in Deutschland betrachtet werden. Die Bundesregierung hat deshalb bereits 1986 betont: „Studium und berufliche Aus- und Fortbildung von Ausländern in der Bundesrepublik Deutschland tragen in hohem Maße zur internationalen Verständigung und zur Verbreitung der deutschen Kultur und Sprache bei. Sie sind für die Außenbeziehungen der Bundesrepublik Deutschland von außerordentlichem Wert. Gerade der akademische Austausch schafft Kontakte und Verbindungen zwischen Deutschen und zukünftig in verantwortlichen Positionen tätigen Bürgern anderer Staaten, die für ein weltorientiertes Land wie die Bundesrepublik Deutschland von besonderer Bedeutung sind".

Die Fragen lauten deshalb: Wie ist zu gewährleisten, daß deutsche Studierende internationale Kompetenz erlangen, und wie ist zu erreichen, daß Studierende aus anderen Ländern bereit sind, ihr Studium oder einen Teil davon in Deutschland zu absolvieren?

3.3.1 Studium deutscher Studierender im Ausland

Die Neigung deutscher Studierender, einen Studienabschnitt im Ausland zu absolvieren, nimmt generell zu. So hat sich die Zahl der deutschen Studierenden im Ausland seit dem Jahre 1980 stetig erhöht. Sie stieg von 18.000 im Jahre 1980 auf 40.200 im Jahre 1993. Der Anteil derer, die ihr Studium oder einen Teil ihrer Studienzeit im Ausland verbringen, erhöhte sich von 6 % im Jahre 1988 auf 9,2 % im Jahre 1992; der Anteil der Studierenden mit Auslandspraktikum stieg im gleichen Zeitraum von 6 % auf 10 %. Hauptzielländer des Auslandsstudiums sind vor allem Großbritannien (21 %), Frankreich (21 %) und die USA (18 %). Im deutschsprachigen Ausland, Schweiz und Österreich, waren insgesamt 13 % zu einem vorübergehenden Studium.

Bei der Verteilung der Auslandsaufenthalte nach Disziplinen sind jedoch deutliche Unterschiede festzustellen. Stärker als bei den Inlandsstudierenden ist bei den Auslandsstudierenden die Fächergruppe „Sprach- und Kulturwissenschaften, Sport" vertreten. Andere Studienfächer sind dagegen weniger beteiligt. Dazu gehören u.a. auch die Ingenieurwissenschaften.

Von einer Auslandsmüdigkeit der Studierenden ist insofern zwar nichts zu spüren. Die bestehenden vielfältigen Maßnahmen zur Förderung von Studienaufenthalten im Ausland erfreuen sich einer regen Nachfrage. Gleichwohl ist die Zahl von Studienaufenthalten deutscher Studierender an ausländischen Hochschulen fächerspezifisch, aber auch insgesamt noch zu niedrig. Der Wissenschaftsrat hat deswegen schon im Jahre 1992 empfohlen: „Es sollten Maßnahmen ergriffen und Mittel bereitgestellt werden, damit kurz- bzw. mittelfristig das angestrebte Ziel erreicht werden kann, daß zumindest 10 % eines Studienjahrgangs einen Auslandsstudienaufenthalt wahrnehmen".

Das bedeutet: Die Attraktivität und Bedeutung eines Auslandsstudiums muß den Studierenden in Deutschland in noch stärkerem Maße bewußt gemacht werden.

3.3.2 Studium ausländischer Studierender in Deutschland

Der Bildungsstandort Deutschland ist für hochqualifizierte ausländische Studierende immer weniger attraktiv.

Die Zahl der ausländischen Studierenden ist in den alten Ländern von 47.000 im Jahr 1975 (5,8 % aller Studierender) auf 137.000 im Jahr 1994 (7,6 %) angestiegen. In den neuen Bundesländern waren 1994 8.600 Ausländer (5,0 %) immatrikuliert. Damit lag die Gesamtzahl ausländischer Studierender in Gesamtdeutschland im Jahre 1994 bei rund 137.000 (7,6 %).

Dabei ist jedoch zu berücksichtigen, daß im WS 92/93 rund 40 % der ausländischen Studierenden ihre Hochschulzugangsberechtigung im Bundesgebiet erworben hatten. Zieht man diese sogenannten „Bildungsinländer" von der Gesamtzahl der ausländischen Studierenden ab, so reduziert sich der Anteil der ausländischen Studierenden an allen Studierenden im WS 1992/93 auf nur noch 4,1 %. Gleichzeitig wird dadurch der Anstieg der absoluten Zahl der ausländischen Studierenden stark relativiert, da davon auszugehen ist, daß der Anteil der „Bildungsinländer" zu Beginn des Vergleichszeitraums (1975) weit unter 40 % lag.

Hinzu kommt im weiteren, daß ein Großteil der ausländischen Studierenden aus wenigen Herkunftsländern stammt, aus der Türkei, aus dem Iran, aus Griechenland, China, Österreich, Korea und Frankreich. Afrika, Lateinamerika und weite Teile Asiens, etwa Indien und Japan, sind unterrepräsentiert. Nicht zuletzt ist zu berücksichtigen, daß die Zahl der Studierenden aus den wirtschaftlich dynamischsten Regionen der Welt, den U.S.A. und dem asiatisch-pazifischen Raum (außer bei Chinesen und Koreanern) kaum angestiegen und zum Teil sogar (wie etwa aus Indonesien) zurückgegangen ist. Da im selben Zeitraum die Gesamtzahl der Studierenden dieser Länder sowie die Zahl der Auslandsstudierenden aus diesen Ländern stark angestiegen ist, wird deutlich, wie sehr Deutschland seine frühere Anziehungskraft für Studierende aus diesen Teilen der Welt verloren hat. Wenn im Jahre 1980 etwa 3.500 Studierende aus den U.S.A. zu uns kamen und heute etwas mehr als 4.400, so ist das zwar ein Anstieg, aber sicherlich kein Erfolg für den Bildungsstandort Deutschland und kein Beweis für die Attraktivität des deutschen Hochschulsystems – eher das Gegenteil.

Zu berücksichtigen ist schließlich, daß das Interesse der ausländischen Studierenden an den Fachhochschulen und Berufsakademien keineswegs der Bedeutung entspricht, die ihre praxisbezogene Ausbildung für Studierende mit deutscher Hochschulzugangsberechtigung besitzt. Nur 2,1 % der Studierenden an Fachhochschulen sind Bildungsausländer und dies, obwohl die starke Berufsbezogenheit der Ausbildung gerade für Studierende aus Schwellen- und Entwicklungsländer großen Gewinn verspricht.

Daraus ergibt sich eindeutig die Verpflichtung: Der Bildungsstandort Deutschland muß in seiner ganzen Breite insbesondere für hochqualifizierte ausländische Studierende wieder attraktiver gemacht werden.

4 Internationalisierung der Aus- und Weiterbildung an deutschen Hochschulen

Internationalisierung der Aus- und Weiterbildung im Hochschulsystem hat drei Komponenten. Sie umfaßt

- die Förderung des Auslandsstudiums deutscher Studierender,
- die Ausrichtung der Studieninhalte (Curricula) auf die Anforderungen, die die Arbeits- und Berufswelt an die Hochschulabgänger angesichts einer enger zusammenwachsenden Welt stellt, und
- die Verbesserung der Attraktivität des bundesdeutschen Hochschulsystems für ausländische Studierende.

Diese drei Komponenten lassen sich in der Praxis freilich oft nicht trennen, wie etwa das Beispiel integrierter Studiengänge zeigt.

4.1 Förderung des Auslandsstudiums deutscher Studierender

Studienaufenthalte im Ausland erweitern die fachliche Qualifikation und den wissenschaftlichen Horizont der Studierenden. Zugleich bereichern sie die individuelle Bildung und Erfahrung. Sie können individuell und institutionell organisiert sein.

Individuell organisierte Auslandsaufenthalte sind dort die einzige Möglichkeit, Auslandserfahrung zu sammeln, wo es keinen durch Programme geförderten Austausch gibt. Ihr Wert liegt insbesondere darin, daß die Studierenden über Studienschwerpunkte und die Wahrnehmung gesellschaftlicher, kultureller und politischer Angebote in größtmöglicher Freiheit selbst entscheiden können. Dieser Vorteil ist es, der den Wissenschaftsrat bewogen hat, sich für eine Erhöhung der Mittel für individuell organisierte Auslandsaufenthalte auszusprechen.

Institutionell organisierte Auslandsaufenthalte tragen mit ihren vielfältigen und ineinandergreifenden Maßnahmen dazu bei, Hürden im Studierendenaustausch abzubauen, die Motivation vieler Studierender zur Aufnahme eines Auslandsstudienaufenthaltes zu steigern und somit insgesamt den Studierendenaustausch zu beleben und zu intensivieren. Sie sind in ihrer Mehrzahl dem Engagement einzelner Hochschullehrer zu verdanken.

Programme

Das Auslandsstudium deutscher Studierender wird auf mannigfacher Weise unterstützt:

- Das Auslandsstudium deutscher Studierender wird mit einer breiten Palette von Stipendienprogrammen durch Stipendienorganisationen gefördert. Dazu gehören die Auslandsförderung der Begabtenförderungswerke sowie spezielle Stipendienprogramme, die ausschließlich der Förderung des Auslandsstudiums gewidmet sind. Hierzu zählen Programme für die Förderung deutscher Studierender im Ausland, die vom DAAD angeboten werden. Vergeben werden insbesondere Jahres- und Semesterstipendien, Sprach- und Fachkursstipendien sowie Reisebeihilfen für Praktikanten. Hochschulabsolventen können Stipendien für Ergänzungs- und Aufbaustudien sowie für Forschungsarbeiten im Ausland erhalten. Ferner werden Informationsreisen von Studentengruppen gefördert.
- Eine wesentliche Verstärkung des Studierendenaustausches mit Hochschulen in den Ländern der Europäischen Union wird durch die EU-Programme zur Förderung der studentischen Mobilität erzielt. Insbesondere aus dem EU-Programm ERASMUS, das seit dem 1. 8. 1995 Bestandteil des neuen, alle bisherigen europäischen Aktivitäten der allgemeinen Bildung zusammenfassenden EU-Bildungsprogramms SOKRATES ist, wird die Kooperation zwischen europäischen Hochschulen, der Studierendenaustausch innerhalb der Europäischen Union und der Erwerb von Fremdsprachen gefördert. Es werden – ab 1997/98 auf der Basis von zwischen der Europäischen Kommission und den einzelnen Hochschulen geschlossenen Verträgen – Mobilitätszuschüsse an Studierende gewährt, die aufgrund von Vereinbarungen der Hochschulen untereinander einen Teil ihres Studiums im Ausland absolvieren. Dabei ist über die finanzielle Förderung der Studierenden hinaus besonders bedeutsam, daß die Heimathochschule die im Ausland absolvierten Studienzeiten voll anerkennt, und daß die Studierenden von der Entrichtung von Studiengebühren an der Gasthochschule befreit sind. Für das Jahr 1995/96 hat die Europäische Union im Rahmen von ERASMUS rund 22 Mio. DM für die Vergabe von bis zu 24.000 Teilstipendien an deutsche Studierende bereitgestellt. Mit 225 teilnehmenden deutschen Hochschulen sind alle größeren Universitäten und gleichgestellten Hochschulen sowie die Fachhochschulen, aber auch eine Reihe von Berufsakademien in Deutschland an ERASMUS beteiligt. Ein leichter Rückgang der bewilligten Stipendienzahl für deutsche Studierende auf 22.700 ist für 1996/97 zu verzeichnen. Relativ kann Deutschland gleichwohl einen leichten Zuwachs verbuchen: 15,06 % der europaweit vergebenen Stipendien gehen nach Deutschland gegenüber 14,91 % im Vorjahr.
- Die Förderung nach dem Bundesausbildungsförderungsgesetz (§ 5 Abs. 2 BAföG, § 12 Abs. 4 BAföG i.V.m. BAföG-AuslandszuschlagsV) umfaßt zusätzlich zur Inlandsförderung Auslandszuschläge, notwendige Studiengebühren und Reisekosten. Als besonders vorteilhaft für die Aufnahme eines Aus-

landsstudiums wirkt sich die Regelung aus, daß die zusätzliche Auslandsförderung in voller Höhe als Zuschuß geleistet wird, wenn die Zeit des Auslandsstudiums im Rahmen der Förderungshöchstdauer liegt.

- Hochschulpartnerschaften und die zahlreichen Hochschulkooperationsvereinbarungen haben vorrangig den Austausch von Studierenden zum Inhalt. Allein in Baden-Württemberg bestehen beispielsweise etwa 700 solcher Kooperationen der Hochschulen mit Partnern im Ausland, die den bilateralen Austausch von Wissenschaftlern und Studierenden befördern. Das Wissenschaftsministerium Baden-Württemberg fördert diesen Studierendenaustausch, indem es Mittel für die Vergabe von Stipendien nach dem Prinzip der Gegenseitigkeit der Leistungen zur Verfügung stellt. Diese Stipendien werden an ausländische Studierende vergeben; im Rahmen der Hochschulvereinbarungen kommen dann ebenso viele deutsche Studierende in den Genuß einer Förderung durch die jeweilige ausländische Partnerhochschule.
- Das Wissenschaftsministerium Baden-Württemberg hat zusätzlich zu den genannten Programmen einen Fonds zur Förderung des Auslandsstudiums deutscher Studierender eingerichtet. Aus diesem Fonds können qualifizierte deutsche Studierende gefördert werden, die durch die Hochschulen, insbesondere im Rahmen von Studierendenaustauschprogrammen, zur Durchführung eines Studienaufenthaltes oder zur Ableistung von Praktika oder Praxissemestern ins Ausland vermittelt werden. Zur Förderung des Studierendenaustausches, speziell mit den Partnerregionen Baden-Württembergs werden außerdem Mittel für die Vergabe von Teilstipendien an deutsche Studierende, die einen Studienaufenthalt von bis zu zwei Semestern an einer Hochschule einer Partnerregion absolvieren, bereitgestellt. Die Partnerregionen sind Katalonien, Lombardei, Rhône-Alpes, Wales und Ontario.
- Schließlich stellt das Wissenschaftsministerium Baden-Württemberg im Rahmen des Landesgraduiertenförderungsgesetzes einen Stipendienpool für Doktoranden bereit, die ihr wissenschaftliches Arbeitsvorhaben an Forschungseinrichtungen im Ausland durchführen.

4.2 Internationalisierung der Curricula

4.2.1 Allgemeines

Internationalisierung der Studieninhalte ist ein integraler Bestandteil der deutschen Hochschulpolitik. Sie stellt jedes Fach vor besondere Herausforderungen. Während der Kernbestand wissenschaftlicher Fächer in der Regel nicht verändert wird, findet eine auf das Fach bezogen sinnvolle und für spätere berufliche Anforderungen zweckmäßige Ergänzung im Hinblick auf internationale Kompetenzen statt. Derartig ergänzte Studiengänge vermitteln – teils mit Prüfungsrelevanz, teils als weiterführende Angebote – auslands- und europabezogene bzw. international vergleichende Fachkenntnisse und -fähigkeiten, aber auch fachsprachliche Vertiefungen.

Einer derartigen Ergänzung der Curricula liegen keine festen Formen zugrunde. Die Implementation internationaler Anteile in bestehende oder in neu eingerichtete Studiengänge ist sehr variabel. Sie ist im Einzelfall stets Ergebnis eines langwierigen Prozesses des Aushandelns verschiedener Interessen. Gleichwohl lassen sich Typen kategorisieren:

- Studiengänge für ein Fach mit internationalem Charakter (z.B. Europarecht),
- Studiengänge, bei denen das Fachgebiet um einen internationalen Aspekt erweitert ist,
- Studiengänge, die Studierende auf einen bestimmtes internationales Berufsbild vorbereiten,
- Studiengänge, die explizit den Erwerb interkultureller Kompetenz fördern,
- Interdisziplinäre Programme als Regionalstudiengänge (z.B. Asienstudien),
- Studiengänge, die international anerkannte Berufsqualifikationen vermitteln,
- Studiengänge, die zu einer gemeinsamen oder doppelten Graduierung früheren (vollintegrierte Studiengänge),
- Studiengänge, die verpflichtend Auslandssemester vorschreiben,
- Studiengänge, deren Inhalt speziell für ausländische Studierende konzipiert ist.

In der Bundesrepublik Deutschland finden sich heute zu allen genannten Typen Studienangebote, die sich im Ergebnis freilich in der Regel als Mischformen erweisen. Das Hochschul-Informations-System (HIS) hat in einer Studie beispielhaft solche Studiengänge verschiedener Hochschulen in der Bundesrepublik dargestellt.

4.2.2 Integrierte und vollintegrierte Studiengänge

Zukunftsweisend scheinen vor allem integrierte oder vollintegrierte Studienangebote. Die Hochschulen in der Bundesrepublik Deutschland unterhalten über Hochschulpartnerschaften und projektbezogene Kooperationen eine Vielzahl von Kontakten zu ausländischen Hochschulen. Über den bloßen Austausch von Studierenden und die Anerkennung von Studienleistungen an den jeweiligen Partnerhochschulen hinaus sind in den letzten Jahren eine Reihe gemeinsamer, integrierter Studiengänge zwischen deutschen und ausländischen (vorrangig amerikanischen, englischen und französischen) Hochschulen entwickelt worden. Integrierte Studiengänge werden von zwei oder mehr Hochschulen gemeinsam geplant, Aufenthalte an der jeweiligen ausländischen Hochschule werden weitgehend anerkannt. Bei vollintegrierten Studiengängen werden neben den Studienleistungen auch die Abschlüsse gegenseitig anerkannt oder es werden doppelte Abschlüsse verliehen.

Die gemeinsame Verantwortung der Partnerhochschulen für solche Studiengänge und die Regelung zur Anerkennung der im Ausland erbrachten Studienleistung erleichtern das Studium im Ausland und führen in der Regel auch nicht zur Studienzeitverlängerung, wie dies bei Studierenden, die ohne diese organisierte Unterstützung durch die Hochschule im Ausland studieren, häufig der Fall ist.

Vor allem die Fachhochschulen sind bei integrierten Studiengängen initiativ geworden und haben neue Wege der internationalen Zusammenarbeit in der Lehre entwickelt. Hier wird die besondere Innovationskraft und Beweglichkeit der Fachhochschulen im Vergleich zur Schwerfälligkeit der großen, oft allzu traditionsverhafteten Universitäten eindrücklich unter Beweis gestellt. So bieten die baden-württembergischen Fachhochschulen etwa eine Reihe von speziellen maßgeschneiderten internationalen Studiengängen insbesondere für Betriebswirte, die später im Exportgeschäft tätig sein wollen, an.

- Vorbildlich ist das Angebot der Fachhochschule Reutlingen. Das „Europäische Studienprogramm für Betriebswirtschaft“ (ESB) der Fachhochschule mit einem englisch-sprachigen, einem französisch-sprachigen und einem spanisch-sprachigen Studiengang vermittelt Studierenden der Betriebswirtschaft Kenntnisse und Fertigkeiten für den Europäischen Markt. Das Europäische Studienprogramm für Betriebswirtschaft ist das erste völlig integrierte Studienprogramm mehrerer europäischer Hochschulen mit deutscher Beteiligung.
- Im Studiengang Außenwirtschaft/Fremdsprachen an der Fachhochschule Pforzheim werden neben einer wirtschaftswissenschaftlichen Ausbildung fundierte Kenntnisse der ökonomischen, kulturellen und politischen Gegebenheiten ausgewählter Länder und Kulturkreise geboten. Gelehrt wird überwiegend in englischer, französischer bzw. spanischer Sprache. 90 % der Studierenden dieses Studiengangs nehmen das Angebot wahr, für ein oder zwei Semester ein Auslandsstudium bei einer Partnerhochschule zu absolvieren.
- Auch der Studiengang Internationale Betriebswirtschaft an der Fachhochschule Furtwangen verbindet wirtschaftswissenschaftliche Inhalte mit englischsprachigen Vorlesungen, wobei ein Schwerpunkt auf den ost- und südostasiatischen Bereich gelegt wird.

Neben solchen grundständigen Angeboten finden sich auch Aufbaustudiengänge für Praktiker.

- Von der Exportakademie Baden-Württemberg an der Fachhochschule Reutlingen wird ein Aufbaustudiengang „Internationales Marketing“ angeboten, der seit 1994/95 durch den neuen Studienschwerpunkt Asien-Pazifik ergänzt wird. In drei Semestern werden dort Hochschulabsolventen aller Fachrichtungen mit Wissen über Marketing und Export vertraut gemacht. Mit Seminaren für die exportierende Wirtschaft (SEFEX) wendet sich die Exportakademie unter Beteiligung weiterer Fachhochschulen des Landes an Unternehmer und Mitarbeiter der exportierenden Wirtschaft. Die Fachthemen reichen von der Abwicklung von Exportgeschäften über Finanz- und Rechtsfragen und Internationales Marketing bis hin zu Sprachkursen in den Wirtschaftssprachen Englisch, Französisch, Spanisch und Italienisch.
- Für Wirtschaftswissenschaftler mit Berufserfahrung bietet das MBA-Programm der FH Pforzheim die Möglichkeit einer international ausgerichteten Zusatzqualifikation, in der die Fähigkeit zur problemorientierten Analyse

komplexer Fragestellungen und zur kompetenten Entscheidungsfindung gefördert und erweitert wird. Das MBA-Aufbaustudium dauert drei Semester. Die ersten zwei Semester müssen bei den Partnerhochschulen im Ausland absolviert werden.

Aber auch die Universitäten in Baden-Württemberg haben die Möglichkeiten erkannt, die mit integrierten und länderübergreifenden Studiengängen sowohl für die Attraktivität und Profilbildung der Hochschule als auch für zukunftsweisende und berufsorientierte Ausbildungsangebote verbunden sind.

So wurden einige gemeinsame Studiengänge baden-württembergischer Hochschulen mit insbesondere europäischen Partnern eingerichtet. Neben den schon bestehenden gemeinsamen Studiengängen

- „Biotechnologie" der deutschen, französischen und schweizerischen Universitäten am Oberrhein (EUCOR),
- „Elektrotechnik" der Universität Karlsruhe mit Partnerhochschulen in Frankreich und Großbritannien und
- dem „Multilateral International Business Programm" (MIBP) der Universität Mannheim mit Hochschulen in den fünf baden-württembergischen Partnerregionen (Rhône-Alpes, Katalonien, Lombardei, Wales und Ontario)
- befindet sich ein integrierter deutsch-französischer Ingenieurstudiengang „Maschinenbau" an der Universität Karlsruhe und der Ecole Nationale Supérieure d'Arts et Métiers (ENSAM) Paris in Aufbau.
- Vom Wintersemester 1996/97 werden überdies in einem gemeinsamen deutsch-französischen Diplomstudiengang von der Universität Tübingen und der Université Robert Schumann in Straßburg Wirtschaftswissenschaftler ausgebildet. In beiden Studiengängen ist die Verleihung eines gemeinsamen deutsch-französischen Diploms vorgesehen.

Beispielhaft sei der trinationale Studiengang „Biotechnologie" näher dargestellt. Mit diesem Studiengang haben die vier oberrheinische Universitäten Basel, Freiburg, Karlsruhe und Louis Pasteur Strasbourg über die Ländergrenzen hinweg ein innovatives Studienangebot entwickelt, das eine anwendungsnahe Fachausbildung mit Lehrangeboten in Betriebswirtschaft und Informatik verbindet. Der Studiengang baut auf einem in der Regel viersemestrigen naturwissenschaftlichen Grundstudium auf, das an der jeweiligen Heimatuniversität absolviert wird. Danach erfolgt die Zulassung zum trinationalen Studiengang Biotechnologie, der nach weiteren sechs Semestern mit der Diplomprüfung abgeschlossen wird. Im Sinne der europäischen Integration wird ein gemeinsamer Diplomgrad „Diplôme d'Ingenieur en Biotechnologie/Diplom-Biotechnologe" verliehen. Studienort ist die Ecole Superiéure de Biotechnologie (E.S.B.S.) an der Universitè Louis Pasteur in Straßburg. Teile des Lehrstoffs werden blockweise in Basel, Freiburg und Karlsruhe unterrichtet. Die Absolventen des trinationalen Studiengangs dürften auf dem europäischen Arbeitsmarkt beste Chancen haben. Die beteiligten Universitäten wurden mittlerweile mit dem Bundespreis für herausragende Leistungen in der internationalen Hochschulzusammenarbeit ausgezeichnet.

4.3 Studium ausländischer Studierender in Deutschland

Der Bildungsstandort Deutschland ist für hochqualifizierte ausländische Studierende immer weniger attraktiv geworden. Die Zahl der nicht in Deutschland aufgewachsenen ausländischen Studierenden stagniert seit den 70er Jahren. Trotz beachtlicher Fördermaßnahmen der EU ist auch die Anzahl westeuropäischer Studierender an deutschen Hochschulen weitgehend konstant geblieben. Gleichzeitig sind immer mehr Studierende in anderen Ländern bereit, zumindest einen Teil ihres Studiums im Ausland zu absolvieren.

Die USA sind zum attraktivsten und bedeutendsten Studienland vor allem für Studierende aus den asiatischen Ländern geworden. In vielen Ländern werden künftige Eliten zunehmend von amerikanischen und immer weniger von europäischen Vorstellungen und Erfahrungen geprägt. Je weniger Studierende aus wirtschaftlich aufstrebenden Ländern in Deutschland ausgebildet werden, desto weniger Kenner Deutschlands wird es in diesen Regionen geben. Je mehr Studierende aus wirtschaftlich aufstrebenden Ländern eine akademische Ausbildung in anderen Ländern vorziehen, desto eher werden sie als Funktionsträger in Politik, Wirtschaft und Verwaltung Entscheidungen treffen, die nicht Deutschland, sondern anderen Ländern zum Vorteil gereichen werden. Für die „besten Köpfe" des akademischen Nachwuchses aus den wichtigsten Industrienationen ist Deutschland keine „erste Adresse" mehr. Sie sind nicht mehr der Auffassung, daß ein Studium in Deutschland ihre persönliche, wirtschaftliche und politische Situation nach der Rückkehr in ihr Heimatland so verbessert, daß sich ein Aufenthalt unter Kosten-Nutzen-Gesichtspunkten lohnt.

4.3.1 Ursachen des Attraktivitätsrückgangs

In der Tat gibt es zahlreiche gewichtige Gründe für die mangelnde Attraktivität des deutschen Hochschulsystems für ausländische Studierende:

- Die rechtlichen, organisatorischen und finanziellen Rahmenbedingungen für ein Studium ausländischer Studierender in Deutschland sind wenig attraktiv.
- Die deutsche Sprache stellt für viele Studierende eine schwer zu überwindende Barriere dar. Englisch hat Deutsch als lingua franca der Wissenschaft schon lange abgelöst.
- Die Lebenshaltungskosten in Deutschland sind hoch. Sie werden auch nicht dadurch aufgewogen, daß in Deutschland bisher keine Studiengebühren gezahlt werden müssen.
- Die von deutschen Institutionen vergebenen Stipendien sind zumeist gering ausgestattet.
- Das deutsche Studiensystem ist unübersichtlich. International bekannte Abschlüsse fehlen. Ausländische Studierende haben Schwierigkeiten mit der Anerkennung deutscher Bildungsabschlüsse in ihren Heimatländern und ihrer ausländischen Bildungsabschlüsse in Deutschland. Hochschulstruktur und Studienabschlüsse weichen von dem international verbreiteten angelsächsischen Modell deutlich ab.

- Die Betreuung durch Hochschulverwaltung und akademische Lehrer ist unzureichend. Studien- und Prüfungszeiten sind zu lang und insbesondere in ihrer Dauer nicht berechenbar. Die Überfüllung in vielen Fächern wird als unerträglich und ineffizient empfunden. Verschulte Studiengänge im Ausland werden als übersichtlicher erlebt als die Offenheit insbesondere der Universitätsstudiengänge in Deutschland.
- Nachteilig wirkt sich für Deutschland auch die unzureichende Förderung einer besonderen Verantwortungs- und Leistungselite aus. Nur eine Eliteausbildung aber ermöglicht den Zugang zu attraktiven Forschungsvorhaben, zu Spitzenpositionen in internationalen Organisationen und Wirtschaftsunternehmen.
- Die mangelhafte ausgeprägte Wettbewerbsorientierung der deutschen Hochschulen läßt sie in Konkurrenz mit den an Wettbewerb gewöhnten ausländischen Hochschulen zurückfallen. Deren Marketing ist oft ausgezeichnet, während die Nachfrageorientierung im deutschen Hochschulsystem keinen Stellenwert hat.

4.3.2 Maßnahmen zur Verbesserung der Attraktivität

Die für den Attraktivitätsverlust benannten Ursachen wirken in komplexer Weise zusammen. Es muß deshalb ein Paket von Maßnahmen geschnürt werden, mit dem die Attraktivität deutscher Hochschulen für ausländische Studierende verbessert werden kann. In die Überlegungen sind folgende Punkte mit einzubeziehen:

- Vereinfachung der Anerkennung von im Ausland erworbenen Studienanteilen und Studienabschlüssen, damit sich etwa ausländische Studierende mit Bachelor-Abschlüssen problemlos an deutschen Hochschulen weiterqualifizieren können,
- Vereinfachung der Zulassungsvoraussetzungen an deutschen Hochschulen für ausländische Hochschulzugangsberechtigte und Erleichterungen beim Nachweis der deutschen Sprachkenntnisse,
- Entwicklung besonderer Aufbau- und Vertiefungsstudiengänge in englischer Sprache für ausländische Studierende mit einem ersten Studienabschluß zur spezialisierten Fortbildung,
- Herstellung der Kompatibilität von Studiengängen und Hochschulabschlüssen,
- Förderung von Doppeldiplomierungen,
- Einführung von Master- und Bachelor-Graden an Universitäten und Fachhochschulen,
- Einführung zusätzlicher englischsprachiger Bezeichnungen für die deutschen Hochschulen und die an ihnen verliehenen akademischen Grade,
- Verstärkte Einrichtung internationaler Studiengänge für deutsche und ausländische Studierende,

- Verbesserung des Betreuungsangebots für ausländische Studierende, etwa durch Tutorien und Vertrauensdozenten oder durch besondere Serviceangebote für ausländische Studierende in geeigneten Studiengängen,
- Unterstützung beim Erwerb von Deutschkenntnissen und Abbau der Sprachbarrieren,
- Bereitstellung zusätzlicher Stipendien,
- Verbesserung des Marketings für das deutsche Hochschulsystem als ganzes und für einzelne deutsche Hochschulen, damit deutsche Ausbildungsangebote in den Zielregionen hinreichend bekannt werden,
- Schaffung von mehr und problemloseren Wohnmöglichkeiten für ausländische Studierende (auch durch die Bereitstellung von Wohnheimplätzen),
- Anpassung der ausländerrechtlichen Bestimmungen an die Bedürfnisse ausländischer Studierender und ihrer Angehöriger,
- Erleichterung der Arbeitsmöglichkeiten für ausländische Studierende.

Die meisten der hier dargestellten Probleme werden sich nur mittelfristig lösen lassen, zumal eine fast unüberschaubare Zahl nicht in gleicher Weise kooperationsbereiter Institutionen damit befaßt ist. Vorbedingung jeder Verbesserung ist eine präzise Klärung, wen man aus welchen Regionen der Welt wie für Bildung und Ausbildung oder für eine Mitarbeit in der Forschung in Deutschland gewinnen will. Sodann sind im internationalen Vergleich attraktive und konkurrenzfähige Angebote zu konzipieren und die dafür notwendige Helfer in Wissenschaft und Administration entsprechend zu motivieren. Je enger das Netz der Kooperationsbeziehungen und je professioneller die Arbeitsweise aller Beteiligten ist, desto profunder werden die Kenntnisse und Erfahrungen sein, die eine Optimierung des Studiums deutscher Studierender im Ausland und des Studiums ausländischer Studierender in Deutschland ermöglichen.

5 Ausblick: Die „virtuelle Hochschule"

Gingen die bisherigen Überlegungen von unseren Bildungsinstitutionen als fest an Raum und Zeit gebundenen Einrichtungen aus, was sie auch heute noch im wesentlichen kennzeichnet, so kann sich daran relativ schnell relativ viel ändern. Denn die Welt erlebt heute eine Revolution der Informations- und Kommunikationstechnologie. In der „Informationsgesellschaft" werden sich die Methoden und Techniken der Erzeugung, Verbreitung und Vermittlung von Wissen grundlegend verändern. Diese Entwicklung ist auch für moderne Bildungsinstitutionen von höchster Bedeutung.

Das Medienzeitalter berührt dabei nicht nur allgemein die Funktion und das Selbstverständnis der Hochschulen in einer mobilen und raschem Wandel unterworfenen Gesellschaft, sondern auch die curricularen Konzepte und die Formen der Wissensvermittlung.

Die „virtuelle Hochschule" ist im Entstehen begriffen. Es ist die Vorstellung einer Hochschule,

- in der Wissensvermittlung und Wissensbeschaffung interaktiv unter Einsatz moderner Medien und in Konkurrenz zu anderen Organisatoren von Wissen erfolgt,
- in der lokale Lehrveranstaltungen durch jederzeit über Datennetze verfügbare Angebote anderer Hochschulen und Bildungseinrichtungen ergänzt werden können,
- in der Lernen und Forschen durch den schnellen weltweiten Austausch von Daten international geworden ist.

Die Welt der multimedialen Möglichkeiten beeinflußt schon heute die Bemühungen um die Internationalisierung der Aus- und Weiterbildung an deutschen Hochschulen. Der weltweiten Vernetzung der Wissenschaftler wird eine weltweite Vernetzung der Studierenden folgen. Globalisierung und Internationalisierung des Lernens und Forschens werden in der elektronisch immer mehr zusammenrückenden Welt beschleunigt. Die technischen Möglichkeiten werden Lehre und Forschung dabei helfen, die mit dem weltweiten Austausch von Studierenden und Wissenschaftlern intendierten Ziele noch besser zu verwirklichen.

Die rasche Verfügbarkeit umfassender Wissensbestände, Telekooperation und computergestützte Lernumgebungen werden die Bemühungen um die Internationalisierung der Aus- und Weiterbildung aber nicht ersetzen können. Denn bei allem Optimismus und allen Verheißungen moderner Informations- und Kommunikationstechnologien wird der unmittelbare und persönliche Kontakt und Umgang von Menschen seinen Eigenwert und seinen eigenen Erfahrungsschatz behalten, der auch in Zukunft nicht beliebig durch Computer und Datennetze ersetzt werden kann. Freundschaften und Bekanntschaften mit der Lebenswelt anderer Menschen lassen sich über Bildschirme nur unvollkommen gewinnen. Gleichwohl werden es uns die Möglichkeiten der modernen Medien noch selbstverständlicher machen, mit Menschen auf der ganzen Welt zu kommunizieren. Die daraus ableitbaren Chancen für die internationale Kompetenz der Studierenden in Deutschland und für die „deutsche" Kompetenz der Studierenden in aller Welt müssen planmäßig ergriffen werden. Der internationale Wettbewerb um Studierende wird um den internationalen Wettbewerb um Bildungsinhalte erweitert.

6 Fazit

Die Wissenschaftsbeziehungen der Bundesrepublik Deutschland weisen ein hohes Maß an internationaler Verflechtung auf. Die Zusammenarbeit in allen Bereichen der internationalen Wissenschaftsbeziehungen sollte aber in Anbetracht der fortschreitenden politischen und wirtschaftlichen Integration in Europa und der weltweit auftretenden wissenschafts- und wirtschaftspolitischen sowie ökologischen Herausforderungen weiter intensiviert werden. Voraussetzung hierfür sind auch verstärkte Bemühungen um den Austausch des wissenschaftlichen Nachwuchses und der Studierenden. Damit einhergehen muß die weitere Internationalisierung der Curricula in den einzelnen Ausbildungsgängen. Studierendenmobilität auf der einen und Internationalisierung der Curricula für „non-mobile-students" stehen dabei gleichberechtigt nebeneinander.

Die Bundesrepublik Deutschland wird in einer zunehmend von Konkurrenz und Wettbewerb geprägten Welt ihre Rolle auch in Bildungs- und Wissenschaftsfragen neu definieren müssen. Allein mit der Erinnerung an vergangene Größe ist die Zukunft nicht zu gewinnen. Mit einem Anteil von nur etwa 1,5 % an der Erdbevölkerung ist es für Deutschland nicht leicht, als Bildungsstandort weltweit präsent und angesehen zu sein. Um dieses Ziel zu erreichen, bedarf es der dargestellten Korrekturen. Es bedarf aber auch der Sicherung des Bewährten. Nur die Qualität der angebotenen Bildung und Ausbildung wird Deutschland auf Dauer zu einem auch quantitativ erfolgreichen Konkurrenten im weltweiten Wettbewerb machen.

Summary

In almost every area one can think of, globalization has led to an ever greater demand for experts, who not only have a solid grounding in their particular field, but also possess a command of foreign languages and specialized knowledge of specific economic regions. Indeed, in the age of increasing globalization, the ability to build and to maintain bridges with foreign countries assumes existential significance. It is of especial interest to Germany, therefore, that as many Germans as possible have the opportunity to spend some time abroad studying, researching, developing contacts, and exchanging experiences. Similarly, it is in Germany's interest that a great number of foreign students and scientists are enabled to spend time in our universities. One of the most important conditions here is that efforts be increased to facilitate the exchange of up-and-coming scientists and those studying. In turn, this means that the different curricula of individual study courses must also be subject to further internationalization. Of equal value here are moves to increase student mobility and an internationalization of the curriculum for non-mobile students. Standards must not be allowed to slip, however. The key to securing Germany's position as a leading player in the field of global competition is that the quality of education and training on offer here remains high.

Literatur

Der Bundesminister für Bildung und Wissenschaft (1991), Reihe Bildung - Wissenschaft - Aktuell 10 / 94, Deutsche Studenten im Ausland. Ein statistischer Überblick von 1975 bis 1992. Bonn.

Der Bundesminister für Bildung und Wissenschaft (1986), Mobilität von Studierenden und Wissenschaftlern. Antwort der Bundesregierung auf eine Große Anfrage. Bonn (BT Drs. 10/6419).

Bundesministerium für Bildung,Wissenschaft, Forschung und Technologie, Pressemitteilung vom 24.05.1996, „Studienstandort Deutschland attraktiver machen". Deutsches Institut für Wirtschaftsforschung, Berlin, DIW – Wochenbericht 18/96.

OECD-CERI/IEA (94)2. Guidelines for Country Case Study.

Schnitzer K./Korte E. (1996), Fallstudien zur Internationalisierung des Curriculums an deutschen Hochschulen (Nationaler Bericht für das BMBF im Rahmen der CERI/OECD-Studie, HIS-Hochschul-Informations-System Kurzinformation A 1 / 96). Hannover.

Späth, L. (1996), Countdown für Deutschland – Start in eine neue Zeit? Wissenschaftsmanagement 2, März/April 1996, S. 60 - 65.

Statistisches Bundesamt (Hrsg.) (1994), Statistisches Jahrbuch 1994 für die Bundesrepublik Deutschland. Wiesbaden.

Wissenschaftsrat (Hrsg.) (1992), Empfehlungen zur Internationalisierung der Wissenschaftsbeziehungen, Wissenschaftsrat. Köln.

Personalentwicklung in Schlüsselmärkten am Beispiel China

C. Schlossberger

1 Regionale bzw. Länderstrategien in der Personalentwicklung

Angesichts stagnierender Stammärkte und neuer Geschäftsmöglichkeiten in den sogenannten „emerging markets" entwickeln die Unternehmen im Daimler-Benz Konzern vermehrt individuelle Wertschöpfungs- und Vermarktungskonzepte für Regionen, anstatt wie bisher überwiegend vom Export von Produkten auszugehen. In der Vergangenheit beschränkte sich die Personalentwicklungsarbeit dabei auf den Transfer deutschen Know-hows durch Entsendung von Expatriates und ein weitgehend unverbundenes Nebeneinander von deutscher und lokaler Personalarbeit (Abb. 1). Mit Beginn der Diversifizierung und Entstehung einer Konzernorganisation machte die Komplexität der Geschäfte eine stärkere internationale Vernetzung notwendig – mit steigender Bedeutung einer *regionalen* Bündelung.

Damit steht die Personalentwicklung (PE) vor der Aufgabe, ihr Leistungsangebot mit Blick auf die Anforderungen eines bestimmten Marktes neu zu entwickeln. Dabei baut die regionale PE-Strategie inhaltlich auf der Geschäftsfeld – Regionalstrategie auf, verknüpft darüberhinaus aber übergreifende Bedarfe in den Feldern Beschaffung, Entwicklung und Training zu konzernweiten Aktionsfeldern.

Die zunehmende Bedeutung regionaler Markterschließung und des Aufbaus entsprechender Kompetenzen erklärt auch die wachsende Nachfrage nach *Mitarbeitern mit Erfahrung/Know-how für eine Region.* Die Notwendigkeit, per Definition „globale Manager" zu haben, ist für ein Unternehmen eher gering. Sie ergibt sich am ehesten für Top-Finanzpositionen sowie Positionen mit weltweiter Verantwortung (überwiegend Vorstandspositionen).

Dagegen gibt es gute Gründe, Führungskräfte binational zu entwickeln, indem sie Erfahrungen in schwerpunktmäßig *einer Region*, im Einzelfall (z.B. Japan) auch in *einem Land* sammeln. Dieses Know-how soll dann in deutsche Zentralorganisationen eingebracht werden, was eine sinnvolle *re-entry-Planung* im Hinblick auf den notwendigen Know-how-Transfer voraussetzt. Vor allem sollten auch ausländische Mitarbeiter ihr Know-how in deutsche Zentralbereiche einbringen und bei Rückkehr in die Heimatregion ihre Gesellschaft auf der Basis des erweiterten Netzwerks unterstützen. Damit entwickelt sich eine international offene, lernfähige Organisation, die sich durch Anpassungsfähigkeit und Reaktionsgeschwindigkeit auszeichnet.

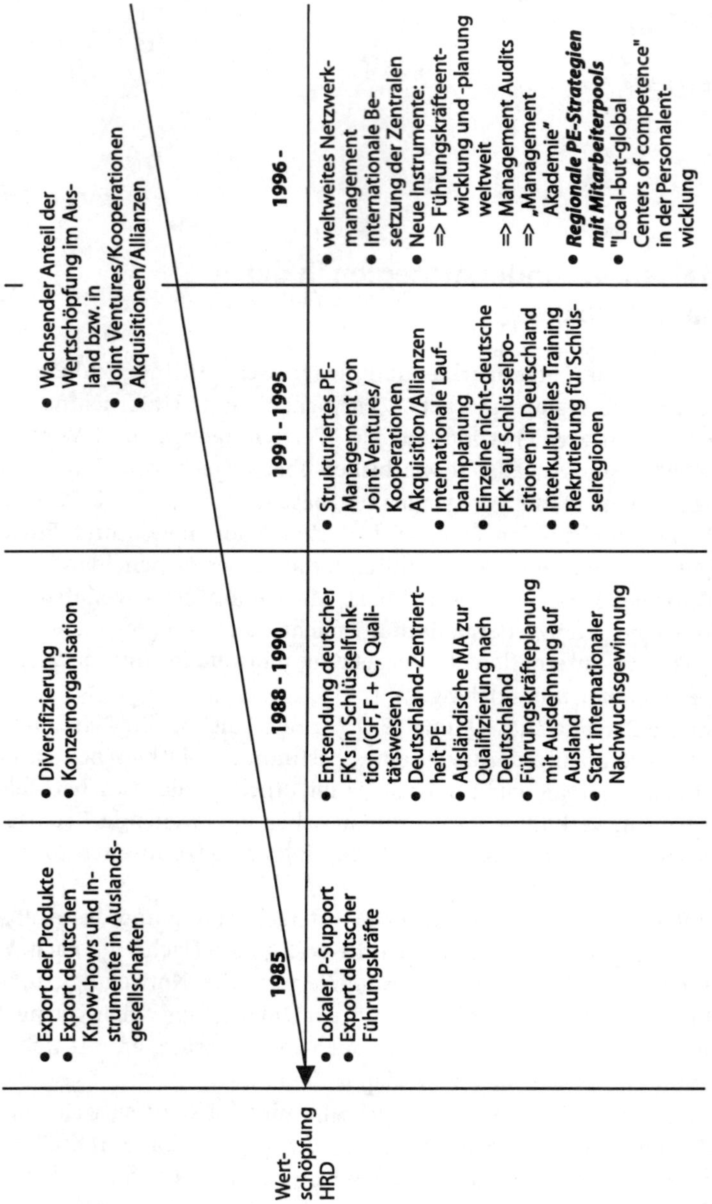

Abb.1. Internationale Personalentwicklung folgt den Geschäftserfordernissen

Die nachfolgend erläuterten Elemente einer *regionalen Personalentwicklung in China* sind vor dem Hintergrund von PE-Kernelementen zu sehen, die weltweit Gültigkeit haben und die Rahmenbedingungen setzen. Dazu gehören

- eine auf vergleichbaren Maßstäben („core competencies") beruhende Potentialeinschätzung und Führungskräfteplanung
- ein verbindendes Leitbild („Unternehmensidentität") als kulturelle Basis.

Diese Grundelemente der Personalentwicklung bedürfen ungeachtet ihrer weltweiten Gültigkeit unterschiedlicher regionenspezifischer und damit kulturverträglicher Anwendungs- und Kommunikationsformen.

Das Leistungsangebot innerhalb einer PE-Regionalstrategie bedarf ständiger Überprüfung und inhaltlicher Anpassung. Hinzu kommt die Notwendigkeit, die Instrumente in viel stärkerem Maße zu verzahnen, als es bislang innerhalb der klassischen PE-Arbeit geschehen ist. Im einzelnen handelt es sich dabei um

- Nachwuchsgewinnung und -förderung
- Trainings- und Vorbereitungsmaßnahmen für
  - chinesische Mitarbeiter
  - deutsche Expatriates vor der Entsendung
- Managementseminare mit regionalem Fokus.

Im Vergleich zu Südamerika, wo bereits zahlreiche Produktionsstandorte existieren, oder zur NAFTA mit ihrem hohem Umsatzvolumen ist der Daimler-Benz Konzern in Ost- und Südostasien noch überwiegend in den Anfängen seiner wirtschaftlichen Entwicklung. So betrug der Umsatz in China im Jahre 1995 254 Mio. DM (mit einem über 70 %igen Anteil im Fahrzeuggeschäft).

Umso wichtiger ist es für die Personalentwicklung im Konzern, die zur Zeit laufenden Projektvorhaben aller Unternehmensbereiche mitvorzubereiten und Know-how in dem in schnellem Wandel begriffenenen Arbeitsmarkt China zu erwerben.

2 Nachwuchsgewinnung

Die Daimler-Benz AG setzt in ihren Personalaktivitäten für den chinesischen Markt in großem Umfang auf die Entwicklung von qualifiziertem Nachwuchs. Dabei werden nur in Ausnahmefällen junge Chinesen in Deutschland unter Vertrag genommen; der Schwerpunkt liegt in der Rekrutierung *vor Ort* mit einem langfristig angelegten Trainings- und Förderkonzept, das Lernstationen in Deutschland einschließt.

Als erster Schritt in der Nachwuchsgewinnung knüpfte man in Zusammenarbeit mit der SEK (Staatlichen Erziehungskommission Chinas) Beziehungen zu ausgewählten Universitäten. Dabei wurden Schlüsseluniversitäten in technischen und betriebswirtschaftlichen Disziplinen identifiziert (Abb. 2) und langfristig angelegte Abkommen über Stipendien, studienbegleitenden Praxiserwerb und Nachwuchssymposien gemeinsam entwickelt und umgesetzt.

Überblick über Kontakte zu ausgewählten chinesischen Schlüsseluniversitäten (Stand: 08/96)	
Universität	
Beida, Peking	bekannteste und führende wirtschafts-, sozial- und geisteswissenschaftliche Universität
Tsing Hua, Peking	führende technische/naturwissenschaftl. Universität, u.a. Fahrzeugtechnik, Fertigungsautomatisierung, Informationstechnologie/Mikroelektronik, Energieverteilung
University of Intern. Business and Economics (UIBE), Peking	Wirtschaftswissenschaften, Außenhandel (an MOFTEC angegliedert)
Tong Ji, Shanghai	vorrangig Ingenieurwissenschaften, u.a. Fahrzeugtechnik, CIM, Verkehrsleittechnik
Jia Tong, Shanghai	unter den führenden technischen Universitäten, u.a. Motorentechnik, CIM, Robotertechnik
China Europe Intern. Business School (CEIBS), Shanghai	MBA-Programm mit westlichem Standard (Joint Venture der Jiao Tong University und European Foundation of Management Development)
Fudan, Shanghai	unter den führenden geisteswissenschaftlichen Universitäten
Shanghai Institute of Foreign Trade (SIFT)	Wirtschaftswissenschaften, Außenhandel (an MOFTEC angegliedert)
Nanjing University, Jiangsu	Naturwissenschaften, Maschinenbau etc.
Herbin Institute of Technology (HIT)	KFZ Elektrik/Elektronik (Forschungsbereich)

Abb. 2. Einschätzung ausgewählter chineschischer Universitäten durch Daimler-Benz AG

Diese langfristig angelegten Partnerschaften sind umso wichtiger, als das chinesische Hochschulwesen in einem drastischen Umbruch begriffen ist: Der expandierenden Nachfrage seitens Wirtschaft, Verwaltung und Forschung nach hochqualifizierten Akademikern in China kann nur noch mit großen Schwierigkeiten entsprochen werden; die seit Anfang der neunziger Jahre für „selbstzahlende Studenten“ gewährte freie Arbeitsplatzwahl führt zu Unterversorgung der ohnehin benachteiligten Binnenlandzonen. Hinzu kommt ein wachsender Wettbewerb um die besten Absolventen zwischen den internationalen, in China tätigen Firmen, der auch zu einer Explosion des Gehaltsgefüges führt.

In vielen Fällen wird dabei übersehen, daß monetäre Anreize allein nicht ausreichen, hochqualifizierte chinesische Mitarbeiter zu halten. Es empfiehlt sich gerade als deutsche Firma, der grundsätzlich ein guter Ruf vorausgeht, Bindungen zu fördern über:

- Aufbau von Identifikation mit Arbeitgeber und Firmenimage
- individuelle Trainings- und Entwicklungsmaßnahmen
- langfristige Anreize wie Unterstützung bei Wohnraumbeschaffung.

Mit einer frühzeitigen Bindung chinesischer Studenten an das Unternehmen korrespondiert ein im Jahr 1995 mit der Studienstiftung des deutschen Volkes initiiertes Stipendienprogramm der Daimler-Benz AG für deutsche Hochschulabsolventen in den Fächern BWL, Jura und Ingenieurwissenschaften für einen einjährigen Studienaufenthalt als Postgraduate in China zum Spracherwerb. Basis hierfür ist die Erfahrung, daß den rund 2000 chinesischen Studierenden in Deutschland (insbesondere in den Fachrichtungen Technik und BWL) nur knapp 100 Deutsche gegenüberstehen, die in China studieren – und hierbei handelt es sich fast ausschließlich um Sinologen.

Um sowohl die geförderten chinesischen Studenten als auch die deutschen Chinastipendiaten miteinander zu vernetzen und mit Industrie- und Wirtschaftsvertretern zusammenzubringen, wird einmal pro Jahr in Beijing das sog. *Nachwuchssymposium des Daimler-Benz Konzerns* veranstaltet.

Im Juli '96 hatten erstmals 40 junge Nachwuchskräfte auf dieser Veranstaltung die Gelegenheit, ihr Wissen über China auszutauschen und in der Diskussion mit Managern und Experten zu vertiefen. Dahinter steht die Intention der Personalentwicklung, finanzielle Förderung zu ergänzen, um Informationsangebote und die Chance, persönliche Beziehungsnetze in Blick auf die spätere Berufswahl aufzubauen.

3 Erfahrungen mit der Nachwuchsgruppe China

Die Daimler-Benz AG ist heute nach ersten Erfahrungen mit der Rekrutierung junger Chinesen in Deutschland davon abgerückt, aus Deutschland heraus Nachwuchs für die Erschließung des chinesischen Marktes aufzubauen. Dies beruht im wesentlichen auf

- der notwendigen Berücksichtigung kultureller Spezifika in der Auswahl und Eignungsdiagnose chinesischer Mitarbeiter
- geringe Bereitschaft bei jungen Chinesen, nach längerer Qualifizierung in Deutschland zu lokalen Bedingungen nach China zurückzukehren
- einer personalpolitisch notwendigen Differenzierung in Vergütungsansätzen und -systemen.

So wurden im Zuge der Regionalisierung der PE-Aktivitäten in Ergänzung zu international organisiert angelegten Programmen „regionale Nachwuchsgruppen“ ins Leben gerufen. In diesem Zusammenhang hat sich das Konzept sogenannter „Auswahlseminare“ mit Kommissionen aus im jeweiligen Land tätigen Führungskräften bewährt, die die letztendliche Entscheidung über die Aufnahme vorausgewählter Kandidaten treffen und die gleichzeitig als Mentoren und „Türöffner" deren Entwicklung unterstützen.

In diesen Auswahlseminaren trainieren Führungskräfte aktiv die Grundlagen der Beurteilung und Potentialeinschätzung. Mit dem chinesischen Partner einer renommierten Personalberatung vor Ort werden dabei die Erfahrungen der Führungskräfte im Umgang mit chinesischen Mitarbeitern reflektiert und nutzbar gemacht. Die Kandidaten selbst begegnen den Führungskräften dann in einem 1½tägigen, für die spezifische Auswahlsituation entwickelten Auswahlseminar, das neben Interviews und Teamübungen auch Raum gibt zur Reflexion ihrer individuellen Berufsmotivation.

Mit jedem der Betroffenen - unabhängig davon, ob er oder sie ein Angebot von der DBAG erhält - wird am Ende des Seminars in einem ausführlichen Feedback anhand des beobachteten Verhaltens seine Stärken und Schwächen besprochen, verbunden mit Entwicklungshinweisen und Lerntips.

Es hat sich gezeigt, daß - ungeachtet der landläufigen Meinung, Feedback sei in China eine Verletzung der Grundregel „das Gesicht des Partners zu wahren" - diese Rückmeldungen positiv aufgenommen und genutzt werden. Voraussetzung hierfür sind allerdings Differenzierungsvermögen und Fingerspitzengefühl.

Die Erfahrungen mit einem so differenzierten Auswahlinstrument in China sind ermutigend: Zum einen gelingt es, die Führungskräfte in China aktiv in den Prozeß der Potentialeinschätzung und Mitarbeiterentwicklung einzubeziehen, zum anderen honorieren die chinesischen High potentials das differenzierte Herangehen an die komplexe Entscheidungssituation und die hohen gesetzten Standards der Auswahl.

4 Trainings- und Vorbereitungsmaßnahmen für chinesische Mitarbeiter und deutsche Expatriates vor der Entsendung

Es hat sich gezeigt, daß der Ausbildungsstand chinesischer Mitarbeiter in Joint Ventures insbesondere bei den kaufmännischen Funktionen entwicklungsbedürftig ist. Vom westlichen Joint-Venture-Partner werden gezielte Trainingsprogramme erwartet und als Investment und Zeichen langfristigen Interesses auch honoriert. Allerdings gehen die Erwartungen der chinesischen Partner in diesem Feld quantitativ und qualitativ oft über das hinaus, was ein Unternehmen zu geben bereit ist, insbesondere wenn geschulte Mitarbeiter kurzfristig umgesetzt und neue Trainingsbedarfe definiert werden.

Unabhängig davon ist jedes Unternehmen in China gut beraten, langfristig angelegte Schulungen durchzuführen, die nicht nur die Qualifikation der Mitarbeiter erhöhen, sondern auch die Identifikation mit dem Unternehmen aufzubauen helfen. Dabei ist grundsätzlich ein anderer didaktischer Ansatz als in Westeuropa zu beachten, nämlich ausführliche theoretische Phasen den „learning-on-the-job"-Einheiten vorauszuschicken und auf einen ausgewogenen Lernfortschritt des Kollektivs insgesamt zu achten.

Mittlerweile haben sich erste Business Schools sowie Managementinstitute in China – insbesondere in Shanghai und Beijing – etabliert, die mit international erfahrenen chinesischen Professoren und Beratern arbeiten und rasch an internationale Standards aufschließen. Da es erklärtes Ziel der Daimler-Benz AG ist, mit lokalen Partnern zusammenzuarbeiten, sind erste Kooperationsvorhaben definiert worden. So ist beispielsweise die bisherige Zusammenarbeit mit dem Shanghai Institut of Foreign Trade (SIFT) ermutigend.

Konkreter Anlaß war eine Analyse der Trainingsbedarfe im Daimler-Benz Konzern Anfang '96 in Shanghai, die weitgehend ähnliche Inhalte ergab, was zu einem „Konzernpooling" zusammenzufassen schon aus Gründen der economies of scales nahelag. Der so definierte Ausbildungsplan für chinesische Mitarbeiter sieht vor:

Overview on DBAG and corporate units
Basics of German accounting system
Rules of orderly bookkeeping
Principles of consolidation
Cost estimation systems
Organisation and marketing
Human resources
Transaction purchase orders
Basic knowledge of SAP, Winword 6 and EXCEL
Further language training (Englisch)

Abb. 3. Elemente des Ausbildungsplans für chinesische Mitarbeiter

Hinzu kommen interkulturelle Bausteine, die die Zusammenarbeit mit den deutschen Partnern betreffen.

Insgesamt gelten aus unserer Erfahrung folgende Grundsätze für die Entwicklung chinesischer Mitarbeiter:

- deutliches Commitment des Unternehmens in Training und Entwicklung
- Glaubwürdige Vermittlung von Karrierewegen
- überzeugende Darstellung der firmenspezifischen „corporate values".

In Ergänzung zur Entwicklung chinesischer Manager stellt die *Entsendung deutscher Expatriates* nach wie vor die Grundlage des Managements in China dar.

Dabei ist mit Blick auf die differenzierenden Anforderungsprofile für einzelne asiatische Länder (Abb. 4) eines der wesentlichen Anforderungskriterien für

	Language skills	Cultural skills	Relationship skills	Political skills	Technical skills
	Mastery of local language, »social level«	Understanding of and sensitivity to etiquette, social norms, religions, ethnical characteristics. Knowledge and reference to arts and literature	Ability to build and maintain a network of contacts. Ability to call on »friends« when needed. Ability to negotiate	Ability to understand the local political context and subtitles. Ability to get close to leaders and high ranking officials	Knowledge and expertise in product technology. Ability to demonstrate logically the characteristics and performances of product and processes
Countries in which the particular skills are of particular importance	China Korea	China Japan Philippines Malaysia Thailand Korea	Everywhere	China Malaysia Philippines Vietnam	Japan Korea Taiwan
Countries in which the particular skills are of importance	Indonesia Thailand Vietnam Japan Hong Kong	Indonesia Taiwan Vietman Hong Kong Singapore	Singapore Hong Kong	Indonesia Korea Thailand	Everywhere else
Countries in which the particular skills are of lower importance	Philippines Singapore Taiwan Malaysia			Hong Kong Japan Singapore Taiwan	

Abb.4. Expatriate Skills for Asia Pacific (nach Lassere/Schütte (1995): Strategies for Asia Pacific. London)

Expatriates in der Volksrepublik die Fähigkeit, Beziehungen aufbauen und unterhalten zu können („relationship and policital skills"). In der frühen „Pionierphase" der Geschäftsaktivitäten eines Konzerns in China ist diese Fähigkeit essentiell. Sind erst einmal die Grundsteine geschäftlicher Tätigkeit gelegt, rücken traditionelle Management- bzw. technische Kompetenzen mehr in den Vordergrund. Hinzu kommt in der Anfangsphase die Forderung nach ausgeprägter didaktischer Kompetenz bei den Entsandten, da von Führungskräften in China in für sie unerwartet hohem Maße erwartet wird, als „Lehrer" zu agieren.

Die Frage der Vorbereitung stellt sich damit in mehreren Stufen. *Interkulturelle Vorbereitungsseminare* werden inzwischen von verschiedenen Instituten auf gutem Niveau angeboten und vermitteln neben den üblichen Inhalten - wie Landeskunde, philosophisches und religiöses Hintergrundwissen - insbesondere *Handlungskompetenz* im anderskulturellen Umfeld. Dazu gehören Grundlagen der Verhandlungsführung, die Bedeutung von Verhandlungsspielräumen und -positionen, Wissen über Hierarchien und Machtstrukturen, die Rolle von „guanxi" („Beziehungen"), und die Bedeutung von Verträgen, aber auch gesellschaftlich relevante Informationen (Etikette, Tischrituale, Sitzordnungen) sowie Kulturspezifika in Alltag und Geschäftsleben. Dabei ist es für den deutschen Manager in China auch wichtig, in der Vorbereitung seine eigene Kultur zu reflektieren und sich der verkörperten Werte und Normen bewußt zu werden (das gilt gleichermaßen für die nationale wie auch für die Unternehmenskultur), denn vor dem Hintergrund beider nimmt ihn das chinesische Umfeld wahr.

5 Managementseminare mit regionalem Fokus

Die Daimler-Benz AG führt zunehmend Managementseminare in der jeweiligen Region durch und zwar in Kooperation mit Business Schools wie der Hong Kong University bzw. dem Euro-Asia-Institut in Insead.

Die 1994 und 1995 veranstalteten Foren *„Handeln in China"* stehen in der Reihe länderspezifischer Großveranstaltungen, die in diesem Fall das interne China-Know-how im Konzern bündeln und weitergeben sowie die Diskussion mit externen Asien-Experten einem größeren Kreis von Mitarbeitern ermöglichen.

Damit unterstützen solche Foren die Führungskräfte des Konzerns in ihrer Arbeit mit chinesischen Partnern und fördern den Know-how-Austausch in der bereichsübergreifenden Zusammenarbeit innerhalb des Konzerns.

Die einzelnen Workshops der Foren beschäftigten sich mit übergreifenden Aspekten in der Zusammenarbeit mit chinesischen Allianzpartnern:

- Rechtsverhältnisse: Arbeits-, Lizenz- und Patentrecht sowie ordnungspolitische Bedingungen
- Political Engineering: Einflußnahme auf staatliche Führungs- und Verwaltungsebenen

- Finanzen/Finanzierung: Strukturen und Modalitäten u.a. bei Barter-Geschäften, Beteiligungen sowie B.O.T.-Konzepten
- Personalmarketing: Rekrutierung und Entwicklung lokaler Mitarbeiter.

Die Erfahrung der China-Foren zeigt, daß gerade in Großkonzernen Anstöße notwendig sind, um Know-how auszutauschen und gemeinsam zu nutzen - dies insbesondere zur Erschließung eines Marktes, der ein geschlossenes, abgestimmtes Vorgehen als Stärke begreift und von seinen Partnern als selbstverständlich erwartet.

Eine dreiteilige Seminarreihe *(KeyTwo - Bringing together Key Contributors in Key Regions)* wurde 1994/1995 gestartet: Dieses Seminarkonzept fördert die Zusammenarbeit und den Know-how-Transfer zwischen den Geschäftsverantwortlichen in der Region und ihren Partnern in deutschen Zentralbereichen und unterstützt die Markterschließung vor Ort.

In einer neuen Mischung von Seminarteilnehmern - ausgesuchten Managing Directors, chinesischen Nachwuchskräften und deutschen Managern in Zentralfunktionen - wird an der Entwicklung von

- Markteintrittsstrategien
- Best Practice Guidelines für
  - den einzelnen in seiner Führungs- bzw. Fachaufgabe
  - die Konzern-Organisation in China
  - den notwendige Zentralsupport

gearbeitet und Input zur Regionalstrategie China des Konzerns insgesamt gegeben.

Durch die praktische Verbesserung in der jeweiligen Aufgabenwahrnehmung der Teilnehmer einerseits und die gemeinsame Arbeit an Konzernstrategie und -auftritt in China andererseits verknüpft das Seminarkonzept „KeyTwo" erstmalig individuelle Personalentwicklung und Marktentwicklung.

6 Voraussetzung für einen dauerhaften Erfolg: Internationalisierung des Managements in Zentralfunktionen

Regionale PE-Ansätze wie der oben beschriebene brauchen eine Entsprechung in der qualitativen und quantitativen Zusammensetzung des Managements der Zentrale:

Erst wenn das Markt-Know-how, das vor Ort in China entwickelt wird, in Entscheidungsprozesse einbezogen, mehr noch, diesen zu Grunde gelegt wird, ist das angestrebte Ziel eines regionalen PE-Ansatzes erreicht. Das bedeutet im einzelnen

- Durchlässigkeit in der Personalentwicklung von der Händlerorganisation bis in Zentralfunktionen: Noch viel zu wenig werden die einzelnen Wertschöpfungsstufen innerhalb eines Geschäftsbereiches und geschäftsbereichsüberschreitend als Entwicklungsstationen innerhalb einer gezielten Managementplanung genutzt. Damit bleiben die Mehrzahl der Mitarbeiter, die in Händlerorganisationen und Vertriebsniederlassungen arbeiten, von der Weiterentwicklung ausgeschlossen. Umgekehrt findet aus Zentralen heraus selten ein Wechsel in eine operative Vertriebsposition statt. Begünstigt wird dieses „geschlossene" System durch beiderseitig geringe Transparenz bei der Auswahl von Mitarbeitern.

- Steigerung der Anzahl ausländischer – im gegebenen Falle chinesischer – Führungskräfte in Zentralfunktionen, die im Rahmen der oben beschriebenen Entwicklungsprogramme Deutschland kennengelernt haben und bereits erfolgreich in der Region für den Konzern Geschäftsverantwortung wahrgenommen haben (In diesem Zusammenhang hat sich die Daimler-Benz AG die Zielvorgabe gesetzt, bis zum Jahr 2000 10 % der Führungspositionen in Deutschland mit nichtdeutschen Führungskräften zu besetzen).

Für eine erfolgreiche Zusammenarbeit mit einer Region wie China, die deutschem Denken und deutschen Vorstellungen auch nach langjähriger Erfahrung sehr fremd bleibt, ist es unverzichtbar, diese „fremden" Elemente konstruktiv in eine angestrebte globale Managementkultur zu integrieren.

Summary

This paper draws upon the corporate policy of Daimler-Benz AG as practiced in China in order to discuss the key elements that are involved worldwide in personnel development. Here, the recruitment of new talent takes place essentially on location and incorporates a long-term training and sponsorship program, which includes periods of training in Germany. In order to improve the standard of qualifications amongst the Chinese workforce, Daimler-Benz has implemented a series of training and preparation schemes in cooperation with local partners. Alongside programs to train Chinese managers, German managers have also been sent to consolidate the management structure in China. Experience with a range of forums in China has shown Daimler-Benz how necessary it is precisely in large concerns to create the right environment so as to encourage the exchange and cooperative exploitation of know-how. In addition, the requisite conditions back at headquarters must also be created before regional personnel development programs such as this can be fully effective. It is only when the market know-how, which has been developed on location in China, is actually integrated into or, better, dictates the very decisions being made there that it becomes possible to say that a regional personnel development program is properly functioning.

Literatur

Bartlett, Ch./Sumantra, G. (1989): Managing Across Borders: The Transnational Solution. Boston.

Business International (Editor) (1991): Managers for Asia-Pacific: Recruitment and Development Strategies. Report No. Q107. Hong Kong.

Child, J. (1994): Management in China. Cambridge.

Goldenberg, S. (1988): Management of Joint Ventures. Toronto.

Käser-Friedrich, S./Gratt-Gnamm, N. (1995): Interkulturelles Management. Leitfaden Volksrepublik China. Frankfurt.

Kühlmann, T. M. (1995): Mitarbeiterentsendung ins Ausland. Göttingen.

Tromssdorff/Schuckardt/Lesche (1995): Erfahrungen deutsch-chinesischer Joint Ventures. Wiesbaden.

Lasserre, P. (1982): Training: Key to Technology Transfer. Long Range Planning. Vol. 15, No. 3, pp. 51 – 60.

Lasserre, P. (1988 a): Corporate Strategic Management and the Overseas Chinese Groups. Asia-Pacific Journal of Management. Vol. 5, No. 2.

Lasserre, P./Schütte, H. (1995): Strategies for Asia-Pacific. London.

Laurent, A. (1986): The Cross Culture Puzzle of Global Human Resource Management. Human Resource Management. Vol. 15, No. 1, pp. 91 – 102.

Redding, G. S. (1995): Overseas Chinese Groups in Pacific Asia; Their Origin and Influence. Long Range Planning. Vol. 28, No 1, pp. 61-9.

Wang, G. (1996): Educational Assessment in China. Assessment in Education. Vol.3, No. 1.

Standortkonkurrenz in internationalen Unternehmen – Betriebswirtschaftliche und normative Aspekte

M. Heinrich, B. Richter

1 Einleitung

Die Internationalisierung bzw. Globalisierung unternehmerischen Tuns hat seit dem Fall der Zentralverwaltungswirtschaften im Osten und der zunehmenden Verbreitung marktwirtschaftlicher Ordnungen eine neue Dimension erlangt. Mit der nahezu weltweiten Öffnung der Güter-, Kapital- und Arbeitsmärkte ist eine Verschärfung der Wettbewerbsbedingungen einhergegangen. Unter den Bedingungen ökonomischer Rationalität scheint es deshalb für die „Global players" nur konsequent zu sein, weltweit so einzukaufen, zu produzieren und sich zu finanzieren, daß für das Gesamtunternehmen ein Zustand erreicht wird, der den langfristigen Erfolg im internationalen Wettbewerb sichert. Was auf den ersten Blick recht einfach aussieht, erweist sich bei näherer Betrachtung allerdings als ein höchst komplexes Entscheidungsproblem. Dies gilt vor allem für internationale Standortentscheidungen, also Direktinvestitionen deutscher Unternehmen in Form von Mehrheitsbeteiligungen an bereits bestehenden Unternehmen oder den Aufbau eigener produzierender Einheiten im Ausland. Im Gegensatz zu Portfolioinvestitionen interessieren uns also Direktinvestitionen, welche die industrielle Führung der ausländischen Gesellschaften im Rahmen eines internationalen Unternehmensverbundes auf Dauer ermöglichen.

Geht man der Frage nach, von welchen Motiven eine Direktinvestition im Ausland geleitet sein kann, so sind die vorliegenden Theorien der Direktinvestition recht unbefriedigend. Dies liegt vor allem daran, daß das Entscheidungsproblem meist auf die „harten ökonomischen Faktoren" reduziert wird, während die „soft facts", wie z.B. persönliche Vorlieben und Abneigungen der Entscheider im Top-Management oder kulturspezifische Faktoren, in die Theorien bislang kaum Einzug gefunden haben. Ein Überblick zu den Erklärungsansätzen führt zu folgendem Ergebnis (Perlitz, 1993):

1. Klassische Kapital-Theorie: Motiv der Direktinvestition sind internationale Zinsunterschiede, die durch verschiedene Faktorausstattungen mit Kapital entstehen. Entscheidungskriterium ist die Grenzproduktivität des Kapitals im Verhältnis Inland zu Ausland.
2. Monopol-Theorie: Hier steht das Kontrollmotiv im Vordergrund, indem für das im Ausland investierte Kapital durch Ausschaltung des Wettbewerbs eine erhöhte Sicherheit erreicht werden soll.
3. Theorie des oligopolistischen Parallelverhaltens: Grundthese ist hier, daß multinational tätige Unternehmen oligopolistische Marktstrukturen vorfin-

den und sich entsprechend verhalten, indem sie gemäß der „Follow-the-Leader-Strategie“ einem Konkurrenten in ein bestimmtes Land folgen bzw. gemäß der „Kreuzinvestitionsstrategie“ die Direktinvestition eines ausländischen Konkurrenten im Heimatland des Unternehmens mit einer Direktinvestition in dessen Heimatland beantwortet wird.

4. Produktlebenszyklus-Theorie: Hier wird davon ausgegangen, daß neue Produkte zunächst am Standort der Innovation gefertigt werden. Ist die Wachstumsphase des Produktes erreicht und bestehen im Ausland Absatzchancen, so ist zu prüfen, ob eine Direktinvestition zu Kostenvorteilen führt.
5. „Imperialismus“-Theorie: Dieser marxistisch-leninistischen Theorie liegt ein Machtmotiv insofern zugrunde, als sie davon ausgeht, daß Länder im „reifen“ Kapitalismus ihr Überangebot im Ausland verkaufen müssen. Direktinvestitionen dienen somit der Sicherung der Absatzmärkte.
6. Behavioristische Theorie: Sie bildet insoweit eine Ausnahme, als hier primär auf das Wertsystem und den Erfahrungshintergrund des Top-Management bei internationalen Standortentscheidungen verwiesen wird. Motive können etwa sein: Prestige- und Machtdenken, Reiselust, das Leisten von „Entwicklungshilfe“ sowie eigene Erfahrungen.
7. Standort-Theorie: Danach werden verschiedene Standortfaktoren, wie z.B. staatliche Anreize, marktbezogene Faktoren (Marktgröße und -wachstum), Lohnkostendifferenzen und politische Risiken anhand von Verfahren der Nutzwertanalyse für den Entscheidungsprozeß strukturiert und bewertet.

Auch empirische Untersuchungen zum Internationalisierungsprozeß helfen kaum weiter, da sie rar und wenig flächendeckend sind. So kommt Pausenberger (Pausenberger, 1994) mit einer Befragung der Entscheidungsträger von 17 international operierenden Unternehmen hinsichtlich der Standortkriterien zu dem Ergebnis, daß vor allem absatzorientierte Faktoren entscheidungsrelevant sind. Bei aller gebotenen Vorsicht angesichts der befragten Grundgesamtheit scheint aber eher die Sicherung und der Ausbau von Absatzmärkten im Vordergrund zu stehen und weniger das Erzielen von Kostenvorteilen.

Für den hier interessierenden Zusammenhang der Standortkonkurrenz in international tätigen Unternehmen folgt daraus, daß die aktuelle gesellschaftspolitische Diskussion um den Standort Deutschland und die Notwendigkeit eines „Bündnisses für Arbeit“ insoweit zu kurz greift, als die Standortproblematik nahezu ausschließlich in „Kostendifferenzen“ gesehen wird. Diese Fokussierung auf einen Standortfaktor birgt Gefahren in sich, weil dadurch ein hochkomplexes Entscheidungsproblem auf eine simple „Schuldzuweisung“ reduziert wird und der Eindruck entsteht, die Lösung läge einzig und allein darin, die Begehrlichkeiten der Gewerkschaften und verwöhnten deutschen Belegschaften auf ein „normales“ Maß zurückzuschrauben und die politischen Rahmenbedingungen „standortfreundlicher“ zu gestalten. Aufgrund der Komplexität ist es nicht möglich, eine schlicht durch ökonomische Kriterien begründete Standortentscheidung zu treffen. Es stellt sich zusätzlich die normative Frage: Was sollen wir vernünftigerweise tun? Die Internationalisierung bzw. Globalisierung von Unternehmen führt somit zwangsläufig dazu, daß Unternehmen gerade im Zusammenhang mit internationaler Standortkonkurrenz gegenüber den heimischen und ausländischen Gesellschaften im Zweifel Begründungspflichten bei der Errichtung bzw. Schließung von Niederlassungen einlösen müssen. Diese Begründungspflichten aber sind „rein ökonomisch" nicht befriedigend einzulösen.

2 Vom Exportweltmeister zum „Bündnis für Arbeit"

Nach dem zweiten Weltkrieg gelang der deutschen Wirtschaft der Aufschwung zum Exportweltmeister. Das Prädikat „Made in Germany" verbunden mit deutschen Ingenieurleistungen und „Tüftelkompetenz" schienen eine im internationalen Wettbewerb nahezu unangreifbare Position zu sichern. Die Anteile des Exports am Gesamtumsatz wiesen in manchen Branchen erstaunliche Wachstumsraten aus, und es ist somit nachvollziehbar, daß vom „Exportmodell Deutschland" die Rede war. So hat in den Jahren 1950 bis 1983 die Chemische Industrie den Exportanteil gut verdreifacht, die Automobilindustrie und die Elektrotechnische Industrie vervierfacht (Donges, 1984). Die deutschen Direktinvestitionen im Ausland allerdings verharrten bis Anfang der achtziger Jahre auf einem relativ niedrigen Niveau, wobei gleichzeitig der Netto-Kapitalexport – als Differenz zwischen deutschen Direktinvestitionen im Ausland und ausländischen in Deutschland – ständig wuchs (Amling, 1993). Seit Mitte der achtziger Jahre sind die deutschen Direktinvestitionen zwar deutlich angestiegen, gleichzeitig aber auch der Netto-Kapitalexport. Im Zeitraum 1991 bis 1994 sind die Direktinvestitionen um gut zwanzig Prozent gesunken (Hirn, 1995).

Nachdem der nachhaltige Einsatz für eine Abschaffung der Handelsbarrieren zu einer Liberalisierung der Güter-, Kapital- und Arbeitsmärkte geführt hat, erwiesen sich die Exportstrategien deutscher Unternehmen als immer wirkungsloser, um im internationalen Wettbewerb bestehen zu können. Die in vielen Branchen steigende Exportkonkurrenz durch zunehmenden Kostendruck in Relation zu Anbietern aus Schwellenländern aber auch Importbarrieren, wie beispielsweise „local-content-Vorschriften", machten eine Umorientierung des Verhaltens der Unternehmen auf den Märkten notwendig. Die Lösung wurde in europazentrierten Vertriebsaktivitäten und späteren Produktionsstätten als erster Schritt der Internationalisierung gesucht. Deutsche Unternehmen haben sich hierbei im wesentlichen auf Länder konzentriert, die eine geringe „psychische Distanz" (Dichtl, E. u.a., 1984) zum Heimatland aufweisen, und sie scheinen – sozusagen „im Geheimen" – weiter auf Exporterfolge zu vertrauen. So entfielen Ende 1993 fast 53 % der deutschen Direktinvestitionen auf Europa und 26 % auf Nordamerika. Lateinamerika (6,8 %), Asien (5,3 %) und Osteuropa (1,7 %) spielten entgegen der vielfältigen hoffnungsfrohen Verlautbarungen von Unternehmen und Wirtschaftsverbänden kaum eine nennenswerte Rolle. Gemessen an den Exporten liegen die Direktinvestitionen im Ausland für Deutschland bei 40 %, in Japan bei 110 % (Fricke, 1995).

Die internationale Wettbewerbsfähigkeit deutscher Unternehmen ist seit einiger Zeit in den Mittelpunkt kontroverser Diskussionen gerückt. Arbeitgeber beklagen die sinkende Attraktivität des Standorts Deutschland wegen der Unternehmensbesteuerung, der Arbeitskosten und Arbeitszeit sowie der Umweltauflagen und Regulierungsdichte (Amling, 1993). Auf Seiten der Arbeitnehmer und Gewerkschaften wächst die Angst vor einem weiteren direkten und/oder indirekten Abbau von Arbeitsplätzen in Deutschland bzw. einer einschneidenden Kürzung des sozialen Besitzstandes. Obwohl insbesondere das internationale Gefälle der Arbeitskosten keineswegs ein neues Phänomen ist, sind Direktinvestitionen deutscher Unternehmen in sogenannte „Billiglohnländer" nicht flächendeckend auszumachen. Streckenweise gewinnt man den Eindruck, daß die Diskussion nach dem Motto geführt wird: „Es geht uns schlecht, aber auf einem hohen Niveau"!.

Die soziale Marktwirtschaft, eine Errungenschaft Deutschlands, steht partiell zur Disposition, und die Vorstände haben den „Shareholder-value" als Maxime ihres Handelns (wieder)entdeckt. In der Sprache der betriebswirtschaftlichen Theorie ausgedrückt ist das Ziel, über eine optimale internationale Standortwahl eine kostenminimale Faktorkombination zu erreichen. Der Exportweltmeister Deutschland geht vom „global selling" über zum „global sourcing" und „global manufacturing". Dadurch entsteht die Gefahr, daß in Deutschland bei Zulieferern Arbeitsplätze entfallen (global sourcing) (Arthur D. Little International, 1992) bzw. beim Unternehmen selbst (global manufacturing). Von Arbeitgeberseite wird dem entgegengehalten, daß gerade die weltweite Arbeitsteilung dazu beitrage, deutsche Arbeitsplätze zu erhalten. Sie ermögliche es nämlich, durch eine regional verteilte Wertschöpfungskette eine neue Form der Mischkalkulation zu nutzen. Nicht mehr das Prädikat „Made in Germany", sondern der Name des Unternehmens bürge für die Qualität der Produkte, egal wo sie hergestellt werden.

Einen Ausweg weisen will das im Herbst 1995 von der IG-Metall vorgeschlagene Bündnis für Arbeit. Die Tarifpartner sollten sich im Einverständnis mit der Politik gemeinsam um eine Sicherung der Arbeitsplätze bzw. Schaffung neuer Arbeitsplätze am Standort Deutschland bemühen. Die Grundidee war, daß die Arbeitgeber im Jahr 1996 100.000 neue Arbeitsplätze schaffen und die Gewerkschaften diese Vorleistung mit einer moderaten Lohnerhöhung honorieren würden. Obwohl inzwischen um das Bündnis für Arbeit babylonische Sprachverwirrung herrscht, so geht es im Kern doch primär um eine Senkung der Arbeitskosten am Standort Deutschland, wobei im Einzelfall unterschiedliche Maßnahmen ergriffen werden. So gibt es beispielsweise beim Heizungsunternehmen Viessmann eine Vereinbarung, nach der die Belegschaft bei gleichem Entgelt wöchentlich eine Stunde länger arbeitet. Der Arbeitgeber hat im Gegenzug auf den geplanten Neubau eines Werkes in Tschechien verzichtet (Schießl, 1996). Auch wenn der Streit darüber entbrannt ist, wer in die Vorleistung zu gehen hat, die Arbeitgeber mit der Schaffung von Arbeitplätzen oder die Gewerkschaften mit Zurückhaltung bei den Tarifverhandlungen, bleibt doch abzuwarten, ob es dem Exportweltmeister mit diesem Bündnis für Arbeit gelingen wird, den Standort Deutschland auf Dauer zu sichern. Nicht nur die politische Brisanz der aktuellen Arbeitslosenquote, sondern zusätzlich das Spannungsverhältnis zwischen ökonomischer Rationalität und Verantwortung auch für die Belegschaft eines Unternehmens bei internationalen Standortentscheidungen erfordern adäquate Strategien.

3 Zum Spannungsverhältnis von Globalisierung und internationaler Konkurrenz der Arbeit

Die Bedingungen des wirtschaftlichen Handelns zum Ausgang dieses Jahrhunderts werden von drei wesentlichen Tendenzen bestimmt:

- Marktsättigung,
- Vergleichbarkeit der Produkte und
- Globalisierung des Wettbewerbs.

Seit Beginn der Industrialisierung wird das Wachstum der westlichen Welt bestimmt von der stetigen Rationalisierung der Produktion durch Mechanisierung und Automatisierung einerseits und der mit dieser Entwicklung einhergehenden kontinuierlichen Steigerung der kaufkräftigen Nachfrage andererseits. Spätestens mit dem Beginn der 90er Jahre gewinnt jedoch das Phänomen der „partiellen Sättigung“ (Giersch, 1994) insbesondere auf den Märkten industriell gefertigter Konsumgüter zunehmend an Bedeutung. Die wichtigsten materiellen Güter des Alltags sind ausgereift: Kraftfahrzeuge, Haushaltsgeräte, Kommunikations- und Unterhaltungselektronik usw. Die Mehrheit der Bevölkerung in der industrialisierten Welt ist mit diesen Gütern in einem hohen Maße ausgestattet. Produktinnovationen, die den Kundennutzen erkennbar fördern könnten, sind die Ausnahme, marginale Produktentwicklungen die Regel. Die kaufkräftigen Märkte der hochentwickelten Industrieländer sind gesättigt. Der Bedarf der übrigen Welt an den alltäglichen Gütern ist immens. Auch für diese rasch wachsenden Märkte sind die gefragten Güter aus den Industrieländern bekannt und ausgereift. Allerdings bleibt die Kaufkraft noch weit hinter den Bedürfnissen zurück. Fazit: Das Innovationspotential der wesentlichsten Produkte des Alltagslebens ist weitgehend ausgeschöpft. Der Grenznutzen für Produktentwicklung sinkt erheblich. Der Druck auf Preise und Margen nimmt zu.

Unter marktwirtschaftlichen Bedingungen folgen die Preise im Wettbewerb den Kosten. Mit höheren Kosten können auf Dauer nur diejenigen Unternehmen leben, die sich auch mit ihren Preisen positiv im Wettbewerb abheben können. Voraussetzung jeder nachhaltig erfolgreichen Preisdifferenzierung ist aber eine deutliche Differenzierung im Kundennutzen. Die Möglichkeiten technischer Produktdifferenzierung sind allerdings auf den wichtigsten Konsumgüter- und Investitionsgütermärkten weitgehend ausgereizt. Auch die Chancen zur Erzielung erfolgreicher und verteidigungsfähiger Wettbewerbsvorteile durch eigenständiges Fertigungs-Knowhow schwinden in der Folge der weltweiten Strategien zum Abbau der eigenen Fertigungstiefe, zur Spezialisierung und Konzentration auf das „Core Business" und der Nutzung der Möglichkeiten arbeitsteiliger Fertigung mit Zulieferern. Der durch die Vereinheitlichung der Produkte in gesättigten Märkten ausgelöste Kostendruck wird durch die zunehmende Globalisierung von Produktion und Verkauf verstärkt. Die allgemeine Tendenz zur Globalisierung des Wirtschaftens wird durch drei Triebfedern beschleunigt:

- Die nachhaltige Reduzierung der Kosten für Transport und Kommunikation.
- Die weltweite Annäherung der Wirtschaftsordnungen an das Modell der Marktwirtschaft und die damit einhergehende Angleichung der Konsumgewohnheiten.
- Die rasche Erschließung neuer Fertigungsstandorte in Asien und Osteuropa mit erheblichen Vorteilen in den Arbeitskosten und einem schnellen Aufbau der notwendigen Infrastruktur.

Vor dem Hintergrund des globalen Wettbewerbs mit vergleichbaren Produkten auf gesättigten Märkten gerät das Fundament ins Wanken, auf das sich die Unterschiede in den Arbeitskosten über lange Zeit stützen konnten, nämlich auf die Möglichkeit, standortabhängige Kostennachteile durch ebenfalls standortabhängige Produktvorteile zu kompensieren.

Solange für die industrialisierte Welt die Möglichkeit bestand, hohe Arbeitskosten mit dem Hinweis auf wahrnehmbare Produktvorteile zu kompensieren, wurde die Interdependenz zwischen Globalisierung und Standortkonkurrenz verdeckt. Globalisierung hieß für einen langen Zeitraum zuerst die Internationalisierung von Vertrieb und Marketing. In dieser Entwicklungsphase war der positive Zusammenhang zwischen dem Ausbau der internationalen Aktivitäten und der Entwicklung der Arbeitsplätze im Stammland offenkundig. Von einem „Export deutscher Arbeitsplätze ins Ausland" war zu der Zeit, als deutsche Unternehmen ihre vertrieblichen Aktivitäten internationalisiert haben, nicht die Rede. Im Gegenteil: Die internationale Anerkennung der deutschen Ingenieurkunst und die hohe Qualifikation der deutschen Facharbeiter waren auf dem Weg Deutschlands zum „Exportweltmeister" die entscheidenden Erfolgsfaktoren, die das Wachstum von Beschäftigung und Wohlfahrt getragen haben.

Heute ist die Internationalisierung der Wertschöpfung eine zentrale Herausforderung für das Management geworden. Der Zusammenhang mit der Beschäftigung im Heimatland ist offen. Die Frage, welche Verantwortung das Management international tätiger Unternehmen für den Erhalt der Arbeitsplätze am Stammsitz trägt, wird kontrovers diskutiert. Unbestritten ist allerdings, daß der Prozeß der Globalisierung der Wertschöpfungskette eine neue Herausforderung für die Beschäftigungs- und Personalpolitik international tätiger Unternehmen darstellt. In diesem Zusammenhang beschreibt der Buchtitel des VW-Vorstands Peter Hartz „Jeder Arbeitsplatz hat ein Gesicht" (1994) ein vertrautes Bild. Spontan wird das Management deutscher international tätiger Unternehmen ein deutsches Gesicht vor Augen haben, wenn es diesen Satz hört. Vor dem Hintergrund der Globalisierung des Wirtschaftens stellt sich allerdings die Frage, ob diese Sichtweise betriebswirtschaftlich und moralisch aufrechterhalten werden kann.

4 Gibt es eine ethische Verpflichtung zum deutschen Bündnis für Arbeit?

Die Globalisierung des Wirtschaftens hat nicht nur die unternehmerischen Entscheidungsprozesse und Handlungsvollzüge komplexer gemacht sondern auch die Frage nach der Verantwortung der Unternehmensführung neu aufgeworfen. Die Vorstellung der mikroökonomischen Theorie einer Determiniertheit unternehmerischen Tuns durch den Markt läßt sich so nicht auf die Realität übertragen. Normalerweise verfügt das Management eines Unternehmens über Handlungsspielräume und entscheidet selbst über die Auswahl unter mehreren Alternativen. Stehen also etwa verschiedene Standorte zur Disposition, so werden in der Konsequenz die beteiligten Interessengruppen (z. B. Arbeitnehmer) in unterschiedlichem Ausmaß positiv oder negativ betroffen sein. Bereits Anfang der siebziger Jahre wollte das „Davoser Manifest" sicherstellen, daß die Interessen der betroffenen Gruppen – neudeutsch als „Stakeholder" einer Unternehmung bezeichnet – im Rahmen einer Selbstverpflichtung in den Entscheidungsprozessen des Top-Managements ohnehin schon berücksichtigt werden (Steinmann, 1973). Für die Wirtschaftspraxis ist dadurch jedoch kaum etwas bewirkt worden, wie die zum Teil problembehafteten Wirkungen unternehmerischen Handelns belegen.

Der Kern des Problems liegt offensichtlich darin, daß in sich weltweit etablierenden Marktwirtschaften das Erzielen von Gewinnen unabdingbar ist, um im Wettbewerb bestehen zu können. Eine darüber hinausgehende Verantwortung der Entscheidungsträger ist scheinbar ein Fremdkörper im System, wie die lakonische Formulierung des Nobelpreisträgers Milton Friedman belegt: „There is one and only one social responsibility of business – to use its resources and engage in activities designed to increase its profits so long as it stays within the rules of the game, which is to say, engages in open and free competition without deception or fraud" (Friedman, 1993). Die Erfahrungen belegen jedoch, daß nicht bloß zufällige sondern systematische Defizite bei den Mechanismen Markt und Recht, die die Koordination der beteiligten Interessengruppen bewerkstelligen sollen, zu verzeichnen sind. Die von Friedman angeführten „rules of the game" verhindern offensichtlich nicht, daß beim Wirtschaften ethisch bedenkliches Verhalten entstehen kann (vgl. bei Steinmann/Löhr, 1989).

Diese Situation hat dazu geführt, daß auch in Deutschland seit einiger Zeit die Diskussion um die normativen Fragen des Wirtschaftens wieder auflebte. „Unternehmensethik umfaßt alle durch dialogische Verständigung mit den Betroffenen begründeten bzw. begründbaren materialen und prozessualen Normen, die von einer Unternehmung zum Zwecke der Selbstbindung verbindlich in Kraft gesetzt werden, um die konfliktrelevanten Auswirkungen des Gewinnprinzips bei der Steuerung der konkreten Unternehmensaktivitäten zu begrenzen" (Steinmann/Löhr, 1989, S. 10). Sie soll sozusagen helfen, in spezifischen Situationen das Vorsteuerungsdefizit von Markt und Recht aufzufüllen. Im Zusammenhang mit der Internationalisierung von Unternehmen wurden ethische Aspekte bislang aber vor allem hinsichtlich des unternehmerischen Verhaltens in den jeweiligen Gastländern diskutiert. Im Mittelpunkt standen dabei hauptsächlich Überlegungen, inwieweit sich das Management internationaler Unternehmen an die jeweils spezifischen kulturellen Gegebenheiten anzupassen hat, die sich im Einzelfall dann in entsprechenden „Verhaltenskodices" niedergeschlagen haben (Kumar, 1989).

Für unsere Fragestellung der internationalen Standortkonkurrenz und damit einer möglicherweise besonderen ethischen Verpflichtung zum deutschen Bündnis für Arbeit hat eine Veröffentlichung des VW-Vorstands Peter Hartz (1994) die Diskussion neu belebt. Der Titel „Jeder Arbeitsplatz hat ein Gesicht" läßt zunächst eine unternehmerische Verantwortung vor allem für die heimischen Arbeitsplätze vermuten. Bei näherer Betrachtung stellt sich allerdings die Frage, ob nur deutsche Arbeitsplätze „ein Gesicht" haben, oder ob dies nicht weltweit gilt? Vielleicht besteht gerade in Entwicklungs- und Schwellenländern eine spezifische Verantwortung international tätiger Unternehmen, dort Arbeitsplätze zu schaffen? Ist möglicherweise das „Bündnis für Arbeit" nur ein Ritual in einer saturierten Gesellschaft, das den Institutionen der Sozialpartnerschaft die Basis ihrer Legitimation erhalten soll?

Wenn man die im Rahmen der internationalen Standortwahl potentiell auftretenden Interessenkonflikte hinsichtlich der betroffenen Belegschaften systematisiert, dann ergibt sich das folgende Bild:

Arbeitsplätze Inland / Arbeitsplätze Ausland	+	0	-
+		(2)	(1)
0			(3)
-			

Abb. 1. Standortwahl und Interessenkonflikte betroffener Belegschaften

Die Konfliktlage läßt sich aus der Perspektive der deutschen Belegschaften so kennzeichnen, daß sich drei Situationen mit unterschiedlicher Konfliktintensität einstellen können:

(1) Transferverluste: Diese schärfste Form der internationalen Standortkonkurrenz führt zu einer unmittelbaren Verlagerung deutscher Arbeitsplätze ins Ausland.
(2) Potentialverluste: Arbeitsplätze, die auch in Deutschland hätten entstehen können, werden im Ausland geschaffen.
(3) Schrumpfungsverluste: Arbeitsplätze, die auch im Ausland hätten wegfallen können, werden in Deutschland eingespart.

Aus der Sicht der ausländischen Belegschaften ergibt sich eine identische Konfliktlage mit umgekehrtem Vorzeichen.

Das Management eines internationalen Unternehmens kann unter ökonomischen Gesichtspunkten gehalten sein, zur Überlebenssicherung des Gesamtsystems Teile der Produktion auch in Länder mit komparativen (Lohn-)Kostenvorteilen zu verlagern, um international konkurrenzfähig zu bleiben oder zu werden. Nimmt man die vorgestellte Konfliktlage ernst, dann folgt unter ethischen Gesichtpunkten, daß es „in offenen Gesellschaften einfach keine moralische Vorfahrtsregel für deutsche Arbeitsplatzbesitzer (gibt)" (Wieland, 1996). Die Grundbedürfnisse arbeitender Menschen nach Existenzsicherung und Finanzierung des Lebensunterhaltes sind kulturinvariant und somit für alle Standorte gleich. Sie unterscheiden sich allerdings kultur- und entwicklungsbedingt hinsichtlich der Anspruchsniveaus, woraus sich die Attraktivität bzw. Unattraktivität für Direktinvestitionen an alternativen Standorten ergibt. Dies ist aber keineswegs ein neues Phänomen, sondern ein Merkmal ausdifferenzierter und offener Wirtschaftssysteme. Eine besondere ethische Verpflichtung deutscher Unternehmen zur Sicherung der heimischen Arbeitsplätze läßt sich auch deshalb nicht begründen, weil im internationalen Wettbewerb zumindest in den Fällen ein Nachteil zu verzeichnen wäre, wo der Preis der angebotenen Produkte und/oder Dienstleistungen ein relevanter Wettbewerbsparameter ist und somit der Bestand des Unternehmens im Markt gefährdet sein kann. Standortentscheidungen sind somit zwar „ethisch sensible" Entscheidungen derart, daß im Einzelfall die Unternehmen den Betroffenen im Zweifel Rede und Antwort zu stehen haben und Argumente für die gewählte Handlungsalternative im Sinne einer dialogischen Unternehmenspolitik vorzubringen haben. Dabei ist entscheidend, daß die Legitimität unternehmerischen Handelns in einer konkreten Situation daran gemessen wird, „ob ein gut begründbarer, für alle Beteiligten zumutbarer, vernünftiger Konsens über eine Lösung, die allen gerecht wird, erzielt werden kann" (Ulrich, 1996).

Wenn also festzuhalten ist, daß sich eine besondere Vorrangstellung deutscher Arbeitsplätze nicht allgemeingültig fordern läßt, gleichzeitig internationale Mischkalkulationen einen arbeitsplatzsichernden Effekt im Inland haben können (DIHT, 1993), so bleibt die internationale Standortwahl doch nicht frei von ethischen Überlegungen. Das „Bündnis für Arbeit" ist ganz überwiegend von Einschränkungen der Besitzstände auf Seiten der Arbeitnehmer gekennzeichnet. Es geht um eine Erhöhung bzw. weitere Flexibilisierung der wöchentlichen Arbeitzeiten ohne Lohnausgleich, um moderate Tarifabschlüsse, gekoppelt mit dem politischen Bemühen, die rechtlichen Rahmenbedingungen (Entgeltfortzahlung, Kündigungsschutz, Betriebsverfassung) „standortfreundlicher" zu gestalten. International tätige Unternehmen werden trotzdem nicht umhin kommen, sich auch mit Fragen der ethischen Dimension ihres Tuns auseinanderzusetzen, weil die Koordinationsmechanismen Markt (hier vor allem die Tarifverhandlungen) und Recht (normativer Handlungsrahmen) an die Staatsgrenzen der Bundesrepublik gebunden sind. So spricht einiges dafür, daß Unternehmen zukünftig von der Gesellschaft verstärkt in die Argumentationspflicht genommen werden, auch und vor allem dann, wenn es um Standortentscheidungen und somit Arbeitsplätze geht (Wieland, 1996). Die gesellschaftlich wahrgenommene Legitimation unternehmerischen Handelns wird wesentlich davon abhängen, inwieweit hier ein Konsens unter allen Beteiligten herstellbar ist. „Weltweit kooperationsbereit und kooperationsfähig zu sein, wird (...) zur entscheidenden ökonomischen Ressource erfolgreicher Unternehmen, Regionen und Volkswirtschaften" (Ulrich, 1996).

5 Hochentwickelte Absatzmärkte erfordern hochentwickelte Arbeitsmärkte

Jenseits der Frage nach der ethischen Verpflichtung für ein deutsches Bündnis für Arbeit bleibt die Frage nach den wirtschaftlichen Folgen, die sich aus den gegenläufigen Tendenzen der beschäftigungssichernden Bemühungen einerseits und den anhaltenden Transfers inländischer Wertschöpfung an ausländische Standorte andererseits ergeben.

Das Engagement deutscher Unternehmer im Ausland wächst. Im Jahr 1995 stiegen die Nettotransferleistungen für Direktinvestitionen im Ausland auf 48 Mrd. DM an. Der Trend zum grenzenlosen Export deutscher Arbeitsplätze scheint also trotz aller nationalen Bemühungen um Beschäftigungssicherung ungebrochen. Es wäre jedoch eine Fehleinschätzung der Motive wie auch der arbeitsmarktpolitischen Bedeutung, wollte man die Gesamtheit der deutschen Direktinvestitionen als „Standortflucht" bewerten.

Den Schwerpunkt deutscher Investitionen im Ausland bildet nämlich unverändert die Europäische Union, auf die 62 % der Investitionssumme entfallen. Deutsche Unternehmen engagieren sich also vorrangig an Standorten, deren Arbeitskosten nicht so weit vom heimischen Kostenniveau entfernt sind, daß die deutschen Arbeitsplätze im Standortwettbewerb verlieren müßten. Im übrigen relativiert sich der hohe Kapitalexport deutscher Unternehmen im internationalen Vergleich. Die USA sind weltweit der führende Auslandsinvestor. Aber auch die europäischen Nachbarn Großbritannien, Frankreich, die Niederlande und die Schweiz wachsen im Ausland stärker als an ihren Heimatstandorten.

Ein wesentlicher Anteil der deutschen Direktinvestitionen im Ausland ist nicht primär durch Lohnkostenunterschiede motiviert. Als dominierendes Motiv für Direktinvestitionen wird die Erschließung neuer Märkte genannt. Diese

Zielsetzung verfolgen große und mittelständische Unternehmen nahezu aller Branchen. Die Investitionen in ausländische Arbeitsplätze folgen der weltweiten Deregulierung des Kapitaltransfers, insbesondere als Folge der Öffnung der sozialistischen Staatenwelt zu marktwirtschaftlichem Wettbewerb. Dem Kapitalexport folgt der Export von Waren. Die größten Exportbranchen sind zugleich auch die größten Auslandsinvestoren. Insoweit tragen die deutschen Direktinvestitionen im Ausland auch zur Sicherung deutscher Arbeitsplätze bei. Dies gilt einzelwirtschaftlich für die deutschen Mitarbeiter der international tätigen Unternehmen und auch gesamtwirtschaftlich, weil parallel zum Aufbau der Beschäftigung an ausländischen Standorten die Bedingungen geschaffen werden, damit die Nachfrage nach den hochwertigen deutschen Produkten und Dienstleistungen wachsen kann.

Der internationale Kapitalexport ist der Motor der Globalisierung. Die Unternehmen der OECD-Länder haben 1995 rund 250 Mrd. US$ im Ausland investiert. Getrieben durch die verschärften weltweiten Wettbewerbsbedingungen und die Öffnung neuer Absatzchancen in ehemals regulierten nationalen Märkten, haben regionale Diversifizierungsstrategien längst die Strategien vertikaler und horizontaler Diversifikation verdrängt. Deutsche Unternehmen können sich dieser Entwicklung nicht entziehen. Sie sind im Gegenteil wesentlich stärker auf regionale Diversifizierung angewiesen, weil sie einerseits die hohen deutschen Arbeitskosten im internationalen Preiswettbewerb nur schwer realisieren können und deshalb vermehrt im Ausland produzieren müssen und andererseits die gesättigten Märkte der Industrienationen für den Markterfolg hochpreisiger deutscher Qualitätsprodukte nicht ausreichen. Insoweit ist der Erhalt der teuren deutschen Arbeitsplätze auch davon abhängig, inwieweit es gelingt, die Kaufkraft in den neuen Märkten der Welt nachhaltig zu fördern. Dies ist aber nur möglich durch den Ausbau der weltweiten Arbeitsmärkte.

6 Ergebnisse

Im Ergebnis bleibt die Globalisierung deutscher Unternehmen in ihrer Wirkung auf den heimischen Arbeitsmarkt ambivalent. Unternehmen, die sich für den Erhalt und Ausbau ihrer internationalen Wettbewerbsfähigkeit weltweit engagieren und verstärkt in ausländische Arbeitsplätze investieren, tragen somit zugleich zur Sicherung und zur Gefährdung deutscher Arbeitsplätze bei. Ein Rückzug aus den Weltmärkten oder der Verzicht auf Direktinvestitionen im Ausland zur Sicherung deutscher Arbeit würde wohl – ebenso wie der Versuch, den Inlandsmarkt vor ausländischem Wettbewerb abzuschotten – die Erosion der Arbeit in Deutschland weiter forcieren.

Allerdings wird der weitere Abbau deutscher Arbeitsplätze nur schwer aufzuhalten sein, wenn nicht wieder verstärkt ausländische Direktinvestitionen nach Deutschland fließen. Die Mobilität internationaler Direktinvestitionen ist nahezu grenzenlos. Heute jedoch fließt der breite Strom des weltweiten Kapitalexports fast vollständig an Deutschland vorbei. Im Jahr 1995 stieg das Defizit zwischen deutschen Direktinvestitionen im Ausland und ausländischen Direktinvestitionen in Deutschland von 16 Mrd. DM auf 34 Mrd. DM an. Deutschland gilt heute als einer der unattraktivsten Investitionsstandorte auf der Welt. Daran können auch die außergewöhnlich gute Infrastruktur und die Qualifikation und Leistungsbereitschaft der Menschen nichts ändern. Die hohen Arbeitskosten sind nur ein Investitionshemmnis unter mehreren. Es kommen hinzu die Steuer- und Abgabenpolitik und insbesondere die hohe Regelungsdichte, die den Zufluß ausländischen Kapitals erheblich beeinträchtigen.

Aus ethischer wie ökonomischer Sicht bleibt daher die Forderung an die wirtschaftlich und politisch Verantwortlichen, nach klugen und sozialverträglichen Wegen zu suchen, wie durch Deregulierung und Flexibilisierung die Kosten-Nutzen-Relationen der deutschen Arbeit so verbessert werden können, daß der Standort Deutschland im Wettbewerb um internationale Direktinvestitionen an Konkurrenzfähigkeit gewinnt.

Summary

Complaints about the decreasing attractiveness of Germany as a company location are rife amongst employers. Not only are corporate taxes and labor costs relatively high, but regulations governing working hours, environmental levies, and the general impenetrability of the bureaucratic maze are also a source of discontent. Against the background of global competition in which barely distinguishable products compete for a share of already saturated markets, it is now no longer the case that the disadvantages associated with the high costs of a particular location can be compensated by the higher quality of the product which it is possible to manufacture there. The central challenge facing management today is that the concept of value added is no longer confined within national boundaries. This means in turn that a company often has an ambivalent relation to the question of employment levels within the country where it is located. In order to guarantee the survival of the whole, and to remain or to become internationally competitive, the management of an international company can often be compelled for good economic reasons to transfer part of production to countries with advantageous (labor) costs. Thus when it is evident that a sweeping demand to privilege German jobs is no longer sustainable, and the choice of a particular international hybrid strategy can have the result of securing domestic jobs, the choice of an international company location is indeed also an ethical one. Therefore, there are both ethical and economic reasons for increasing the attractiveness of Germany as a company location through the introduction of socially acceptable measures designed to enhance the country's competitiveness in the race for international direct investment.

Literatur

Amling, F. J. (1993): Industriestandort Bundesrepublik Deutschland. Frankfurt/M. u. a.

Arthur D. Little International (1992): Schwachstellen der Kfz-Zulieferer in Baden-Württemberg. Wiesbaden

Dichtl, E./Köglmayr, H.-G./Müller, S. (1984): Die Auslandsorientierung von Führungskräften: Eine Schlüsselvariable für Exportförderung und Exporterfolg. In: Dichtl, E./Issing, O. (Hrsg.): Exporte als Herausforderung für die deutsche Wirtschaft. Köln, S. 429 ff.

DIHT (1993): Produktionsverlagerungen ins Ausland. Ergebnisse einer Unternehmensbefragung. Bonn

Donges, J. B. (1984): Die Exportorientierung der deutschen Wirtschaft: Erfahrungen, Probleme, Perspektiven. In: Dichtl, E./Issing, O. (Hrsg.): Exporte als Herausforderung für die deutsche Wirtschaft. Köln, S. 11 ff.

Fricke, T. (12/1995): Auslandsscheu. manager magazin, S. 8 f.

Friedman, M. (1993): The Social Responsibility of Business Is To Increase Its Profits. In: Beauchamp, T.L./Bowie, N.E. (Ed.): Ethical Theory And Business, 4th Ed., Englewood Cliffs, S. 55ff.

Giersch, H. (1994): Die Industrie und das Beschäftigungssystem im weltweiten Strukturwandel. In: Alfred Herrhausen Gesellschaft (Hrsg.): Arbeit der Zukunft. Zukunft der Arbeit. Stuttgart, S. 151 ff.

Hartz, P. (1994): Jeder Arbeitsplatz hat ein Gesicht. Die Volkswagen-Lösung. Frankfurt/M.

Hirn, W. (7/1995): Der Aufbruch. manager magazin, S. 117 ff.

Kumar, B. N. (1989): Unternehmensethik im Kontext internationales Unternehmensführung. In: Steinmann, H./Löhr, A. (Hrsg.): Unternehmensethik. Stuttgart, S. 215 ff.

Pausenberger, E. (1994): Die Standortpolitik internationaler Unternehmungen. In: Ders. (Hrsg.): Internationalisierung von Unternehmungen. Stuttgart, S. 49 ff.

Perlitz, M. (1993): Internationales Management. Stuttgart und Jena.

Schießl, M. (15/1996): Ein Segen für die Region. Der Spiegel, S. 112 f.

Steinmann, H. (2/1973): Zur Lehre von der „Gesellschaftlichen Verantwortung der Unternemensführung“ - zugleich eine Kritik des Davoser Manifests. Wirtschaftswissenschaftliches Studium, S. 467 ff.

Steinmann, H./Löhr, A. (1989): Grundfragen und Problembestände einer Unternehmensethik. In: Dies. (Hrsg.): Unternehmensethik. Stuttgart, S. 3 ff.

Ulrich, P. (1996): Worauf kommt es in der ethikbewußten Unternehmensführung an? Integrative Unternehmensethik in fünf Thesen. Vortrag auf dem 1. Ethikforum Euregio Bodensee, (unveröffenl. Manuskript), Konstanz.

Wieland, J. (1996): Moralische Kommunikation und Unternehmensführung – Warum Unternehmensethik. Eröffnungsvortrag auf dem 1. Ethikforum Euregio Bodensee, (unveröffentl. Manuskript), Konstanz.

Grundsatzfragen der Auslandsentsendung

D. Wagner, S. Huber

1 Personalpolitische Ausgangslage

Ausländische Märkte spielen für deutsche Unternehmen eine immer wichtigere Rolle. Dies gilt sowohl für den Export von Gütern und Dienstleistungen als auch für den Aufbau von Produktionen im Ausland. Deshalb hat in den letzten Jahrzehnten die Anzahl der Firmen zugenommen, die im Ausland zur Unterstützung ihrer Aktivitäten eine Vertriebs- und oft darüber hinaus eine Produktionsgesellschaft unterhalten. Nicht selten handelt es sich dabei auch um Gemeinschaftsunternehmen (joint ventures) mit ausländischen Partnern, welche bei der Erschließung und Durchdringung fremder Märkte mit ihrem Know-how behilflich sind. Hilfe ist vielfach erforderlich, handelt es sich schließlich doch oft um recht unterschiedliche Kulturen und oftmals unbekannte Verhaltensweisen (z.B. Verhandlungstaktiken) in andersartigen Rechts-, Wirtschafts- und Währungsordnungen (Pausenberger 1987). International tätige Unternehmen transferieren sowohl Kapital und Informationen als auch Sachmittel und Personal. Grenzüberschreitende Personalbewegungen erfolgen insbesondere, um Know-how, z.B. über Produktionsprinzipien und Qualitätsstandards, aber auch über Managementtechniken und Führungsprinzipien an die Mitarbeiter der ausländischen Beteiligungs- bzw. Tochtergesellschaften zu übermitteln. Dabei übernimmt der im Ausland tätige Mitarbeiter des deutschen Unternehmens eine wichtige Koppelungs- und Vermittlungsfunktion „zwischen den gastlandspezifischen Zwängen zur Anpassung und Differenzierung einerseits und den von der Konzernleitung ausgehenden Kräften der Vereinheitlichung und Standardisierung andererseits" (Pausenberger 1987, S. 853). Damit wird deutlich, daß die Entsendung eines Mitarbeiters in das Ausland nicht nur von wesentlicher Bedeutung ist für eine international ausgerichtete Unternehmenspolitik, sondern zugleich auch für die hiervon abgeleitete Personalpolitik (Glaubrecht/Zander 1987). Auslandsentsendung läßt sich, sofern sie nicht eher willkürlich und zufällig erfolgt, gerade im Gegenteil als Instrument einer zielgerichteten Personalentwicklung einsetzen. Dies gilt insbesondere für die Führungskräfteentwicklung. Viele Firmen verknüpfen den Aufstieg in höhere Managementpositionen im Inland mit der Bedingung eines erfolgreichen mehrjährigen Auslandsaufenthalts, bei dem die Führungsfähigkeiten und das unternehmerische Denken gefördert und der Entscheidungshorizont (Pausenberger 1987) ausgeweitet werden soll. Somit ist der Auslandseinsatz eines Mitarbeiters auf vielfältige Weise mit Personalentscheidungen im Inland verbunden. Dies wird z.B. bei Personalentscheidungen deutlich, bei denen:

- der Arbeitsplatz des ins Ausland Entsandten auf Dauer oder auf Zeit mit einem anderen Mitarbeiter zu besetzen ist,
- für den aus dem Ausland zurückkehrenden Mitarbeiter eine geeignete Position zur Verfügung zu stellen ist oder
- zu klären ist, welche Mitarbeiter und für wie lange an welchen Einsatzort zu entsenden sind.

Wegen der Interdependenz zwischen Entsendungsentscheidungen einerseits und Personalentscheidungen im Inland andererseits kann es leicht zu Konflikten zwischen dem Betriebsrat und der Unternehmensleitung kommen, inwieweit das Betriebsverfassungsgesetz auch außerhalb der Bundesrepublik Deutschland gilt und welche Mitwirkungsrechte des Betriebsrates hierbei zu beachten sind.

Aufgabe dieses Beirates soll es sein, hier eine nähere Erläuterung zu geben. Gleichwohl möchte der Verfasser schon an dieser Stelle zum Ausdruck bringen, daß sich so schwierige und vielschichtige Fragen, wie sie mit der Entsendung von Mitarbeitern ins Ausland verbunden sind, nur sehr bedingt zu einer formaljuristischen Behandlung in der Praxis eignen. Andererseits ist pragmatisches Handeln um so eher möglich, je mehr die beteiligten Personen die formalen Rahmenbedingungen kennen. Dabei hat sich an der nun mehr als zehn Jahre alten Aussage bis heute nicht viel geändert, daß der Komplex Arbeitsrecht „im Zusammenhang mit Auslandseinsatz von Stammhausmitarbeitern bisher noch kaum bearbeitet worden ist" (Eckartsberg 1978, S. 188) und es fast keine Rechtsprechung zu diesem Thema gibt. Die Rechtslage ist also nach wie vor in der Entwicklung begriffen.

2 Formen der Auslandsentsendung

Hinsichtlich der Art des Auslandseinsatzes von Mitarbeitern lassen sich verschiedene Alternativen unterscheiden, wobei sowohl die Länge des Aufenthaltes im Ausland als auch – oftmals daraus folgend – die vertragsrechtliche Situation zu berücksichtigen ist (Pausenberger 1987/Eckartsberg 1978).

2.1 Dienstreise

Die Dienstreise bzw. der Besuch (Visitation) zählt zum kurzfristigen Auslandseinsatz. Dabei macht der Arbeitgeber von seinem Direktionsrecht Gebrauch, den Mitarbeiter mit einer Dienstreise ins Ausland zu beauftragen. Der Anstellungsvertrag im Inland bleibt unverändert. Die Mitwirkungsrechte des Betriebsrates werden grundsätzlich - sofern er im konkreten Fall dieses kurzfristigen Auslandsaufenthaltes überhaupt welche hat - nicht eingeschränkt. Insofern ist es folgerichtig, wenn sich z.B. der Geltungsbereich einer Betriebsvereinbarung über Mehrarbeit und über Reisezeiten auch für Dienstreisen in das Ausland erstreckt.

2.2 Abordnung

Die Abordnung kann sich von wenigen Wochen bis zu ca. zwei Jahren erstrekken. Unter Umständen entwickelt sie sich aus einer Auslandsdienstreise. Ansonsten ist grundsätzlich vor dem Beginn der Abordnung eine besondere Vereinbarung zwischen Arbeitgeber und Mitarbeiter erforderlich, weil der Ort der Arbeitsleistung nicht einseitig für den einzelnen Mitarbeiter ins Ausland verlegt werden kann. Ausnahmen bilden z.B. Montagearbeiten, bei denen ein Einsatz im Ausland vertraglich vorbehalten ist, wie auch die Tätigkeit im Auslandsvertrieb in einer Import-/Exportfirma u.ä. Das Betriebsverfassungsgesetz findet hier weiterhin Anwendung. Von Eckartsberg verweist in diesem Zusammenhang auf Montageeinsätze, bei denen die Mitarbeiter „ohnehin üblicherweise nicht ständig an einem bestimmten Arbeitsplatz beschäftigt sind" (Eckartsberg 1978, S. 195/vgl. § 95 III Satz 2 BetrVG). Allerdings kann bei der Abordnung insbesondere bei mittelfristigen Auslandseinsätzen zum deutschen Recht auch noch Landesrecht Anwendung finden. Dies gilt vor allem für das Feiertagsrecht und für die von Land zu Land recht unterschiedlichen Arbeitszeitregelungen (Glaubrecht/Wagner/Zander, 1988).

2.3 Entsendung

Bei der Entsendung handelt es sich um einen mittelfristigen Auslandseinsatz. Ebenfalls üblich, wenn auch etwas veraltet, ist der Ausdruck „Auslandsdelegation" (Eckartsberg 1978, S. 189). Mit der etwa drei Jahre dauernden Entsendung ist im Regelfalle ein Rückkehranspruch des betreffenden Mitarbeiters verbunden.

Eine Entsendung ist, wie oftmals eine länger dauernde Abordnung, faktisch gleichbedeutend mit einer Versetzung. Schließlich ist der Mitarbeiter nicht mehr an seinem bisherigen Arbeitsplatz, sondern an einem anderen Ort, in einer anderen Organisationseinheit und vielfach in einem anderen Ressort tätig. Vertragliche Grundlage bildet ein Entsendungsvertrag, der auf dem bisherigen Arbeitsverhältnis aufbaut. Dessen Bestimmungen ruhen jedoch für den Zeitraum der Entsendung, sofern im Entsendungsvertrag aktuellere Regelungen, z.B. hinsichtlich Arbeitsauftrag, Entgelthöhe incl. Auslandszulage u.ä. enthalten sind. Insofern ist der Mitarbeiter einerseits Arbeitnehmer seiner bisherigen Firma, andererseits jedoch, was seine Auslandstätigkeit betrifft, in die Organisation der dortigen Niederlassung, Produktions- oder Vertriebsgesellschaft eingegliedert. Das Betriebsverfassungsgesetz gilt deshalb weiterhin für den Mitarbeiter, sofern seine diesbezüglichen Rechte und Pflichten im Inland tangiert sind, etwa im Hinblick auf Ruhegeldanwartschaften aus einer Betriebsvereinbarung zur betrieblichen Altersversorgung, die Gültigkeit von Beurteilungsgrundsätzen oder das Recht, sich an innerbetrieblichen Stellenausschreibungen zu beteiligen.

Es gilt jedoch nicht mehr, wenn lokale Gesetze sowie örtliche Organisationsprinzipien und Arbeitsrichtlinien anzuwenden sind. Insofern verliert die

Gleitzeitregelung aus dem deutschen „Stammhaus" ebenso an Geltung wie z. B. die dort evtl. geltende Fahrkostenerstattung oder die Funktion des paritätisch besetzten Küchenausschusses, z. B. bei der Festsetzung der Preise für Kantinenessen oder bei der Speiseplangestaltung.

Damit wird deutlich, daß der entsandte Mitarbeiter seine Tätigkeit nicht unabhängig von lokalen Vorschriften und dort geltenden disziplinarischen Regelungen ausüben kann. Dies ist z. B. um so eher der Fall,

- wenn eine lokale Landesgesellschaft besteht, die im wesentlichen von einheimischen (also ausländischen) Managern geführt wird
- wenn der entsandte Mitarbeiter ebenso wie seine inländischen Kollegen in die lokale Organisationsstruktur eingegliedert ist.

Das Gegenteil würde gelten, wenn in der Niederlassung einer deutschen Firma im Ausland

- fast ausschließlich nur deutsche Mitarbeiter arbeiten und die ausländische Niederlassung
- ebenso wie andere Niederlassungen in der Bundesrepublik Deutschland in die Organisationsstruktur eingegliedert ist.

Dabei dürfte es sich jedoch eher um Ausnahmen handeln, weil die Orientierung auf ausländische Markterfordernisse, Kundenwünsche u. ä. ebenso wie evtl. bestehende ausländische Arbeitsschutzgesetze häufig die Beschäftigung ausländischer Mitarbeiter erfordern.

Darüber hinaus ist davon auszugehen, daß der entsandte Mitarbeiter oftmals nicht nur über einen Anstellungsvertrag mit seinem Stammhaus verfügt, sondern zugleich auch mit der ausländischen Tochtergesellschaft oder mit der Niederlassung im Ausland. Hierfür können steuerliche Gründe ebenso in Betracht kommen wie versicherungsrechtliche Regelungen, Devisenschutzbestimmungen oder andere Arbeitsgesetze des Gastlandes. Auch insofern ist, wie bereits erwähnt, eine Entsendung faktisch oftmals gleichbedeutend mit einer Versetzung.

2.4 Versetzung

Die Versetzung ist – in der Terminologie der Entsendungsformen – gleichbedeutend mit einem langfristigen Auslandseinsatz bzw. mit dem dabei erfolgenden Übertritt eines Mitarbeiters zur ausländischen Tochtergesellschaft. Der Rückkehranspruch läßt sich, obwohl theoretisch durchaus möglich, meistens nicht mehr auf eine offizielle Erklärung bzw. Vereinbarung beziehen. Praktisch läßt er sich nach einem sehr langen Auslandsaufenthalt ohnehin nicht mehr einlösen.

Bei einer Versetzung in dem hier definierten Sinne schließt der Mitarbeiter einen Anstellungsvertrag mit der ausländischen Firma. Das Arbeitsverhältnis zwischen Mitarbeiter und „Stammhaus" kommt entweder zum „Ruhen" oder wird im gegenseitigen Einvernehmen aufgelöst. Hinsichtlich des nun bestehenden aktiven Arbeitsvertrages im Ausland kommt das Betriebsverfassungsgesetz nicht zur Anwendung, weil der Mitarbeiter nicht mehr dem bisherigen „Betrieb" angehört und das BetrVg „an der deutschen Grenze endet" (Eckartsberg 1978, S. 195).

In den folgenden Abschnitten sollen nun die vertragsrechtlichen, insbesondere die betriebsverfassungsrechtlichen Aspekte bei der Auslandsentsendung (2.3) im Mittelpunkt der Betrachtungen stehen. Einen Überblick über die einzelnen Arten des Auslandseinsatzes gibt Abb. 1.

Form des Auslands einsatzes	Dauer	vertragsrechtliche Grundlage	Geltung des BetrVG
Dienstreise	mehrere Tage	keine besondere vertragliche Vereinbarung	BetrVG gilt ohne Einschränkungen weiter
Abordnung	mehrere Wochen (bis zu ca. 2 Jahren)	besondere Vereinbarung, sofern nicht bereits ein entsprechender Vertrag besteht	BetrVG gilt weiter - mit Einschränkungen
Entsendung	2 - 4 Jahre	Entsendungsvertrag oftmals mit ausländischem Arbeitsvertrag gekoppelt	BetrVG gilt weiter - mit Einschränkungen
Versetzung/ Übertritt	mehr als 4 Jahre	ruhender Vertrag mit dem Inlandsunternehmen, evtl. Auflösung dieses Vertrages, neuer Vertrag mit Auslandsgesellschaft	BetrVG kommt nicht mehr zur Anwendung

Abb. 1. Formen des Auslandseinsatzes

3 Vertragliche Aspekte bei der Auslandsentsendung

Es erscheint sehr wichtig, in den Abschnitten dieses Kapitels einige Aspekte zu behandeln, die bei der individuellen Vertragsgestaltung von Bedeutung sind. Damit wird zugleich eine der Grundlagen beschrieben, die auch für die Würdigung betriebsverfassungsrechtlicher Zusammenhänge von Bedeutung sind.

3.1 Vertragspolitik

Grundsätzlich können unterschiedliche Vertragsphilosophien die Vertragspolitik bestimmen, die bei der Regelung von Arbeitsverhältnissen im Zusammenhang mit Auslandsentsendung zur Anwendung kommt. Entweder wird versucht, alle Arbeitsverhältnisse einheitlich zu behandeln, oder es „wird eine Verfahrensregelung gewählt, nach der die Auslandsgesellschaften im wesentlichen unabhängig operieren und damit auch die Arbeitsverhältnisse selbständig behandeln können" (Schöler 1987, S. 487). Es leuchtet unmittelbar ein, daß im erstgenannten Fall eine stärkere Tendenz zu kollektiven Regelungen, insbesondere zu Betriebsvereinbarungen besteht, während bei der zweiten Alternative evtl. Mitwirkungsrechte des Betriebsrates, wenn sie schon vorhanden sein sollten, eher an individuellen Rechten, etwa im personellen Bereich anknüpfen.

3.2 Vertragliche Bindungen an die Muttergesellschaft

Die Entsendung von der deutschen Muttergesellschaft zur ausländischen Tochtergesellschaft erfolgt in der Regel, selbst wenn ein separater Arbeitsvertrag mit der ausländischen Tochtergesellschaft abgeschlossen worden ist, mit bestimmten Bindungen an die Muttergesellschaft. Hierzu zählen folgende Punkte (Schöler 1987):

- Wiedereinstellungszusage
- Anrechnung von Dienstzeiten
- Regelungen zur Altersversorgung
- DM-Anteil zum Gehalt im Ausland
- Sicherstellung des Versicherungsschutzes (z.B. Sozialversicherung, Unfallversicherung, Risiko-Lebensversicherung).

Die Wiedereinstellung des aus dem Ausland wieder zurückkehrenden Mitarbeiters setzt zweifellos die Mitwirkung des Betriebsrates voraus. Die Anrechnung von Dienstzeiten ist regelmäßiger Bestandteil von Betriebsvereinbarungen zur betrieblichen Altersversorgung oder zu anderen betrieblichen Sozialleistungen. Fragen der Gehaltsfestsetzung sind der Mitwirkung des Betriebsrats jedoch dann entzogen, wenn die kollektivrechtliche Sphäre nicht tangiert wird.

Was passiert hingegen bei einer Kündigung im Ausland aus betriebsbedingten Gründen, wenn auch bei der Muttergesellschaft trotz Rückkehranspruch keine Beschäftigungsmöglichkeit für den Arbeitnehmer besteht? Hier ist zu beachten, daß zwingende Bestimmungen des anwendbaren ausländischen Rechts nicht abbedungen werden können (Art. 30 Abs. 1 EGBGB). Dies ist z.B. wichtig, wenn Abfindungszahlungen nach ausländischem Recht fällig werden und zugleich die Wiedereinstellungszusage ihre Wirksamkeit beibehält. Hier ist es einerseits möglich, die Wiedereinstellungszusage in einem Begleitbrief vor Beginn der Entsendung für den Fall für unwirksam zu erklären, in dem eine Abfindungszahlung nach ausländischem Recht fällig wird. Andernfalls müßte das wieder auflebende Arbeitsverhältnis im Inland vor Beginn der entsprechenden Arbeitstätigkeit dort gekündigt werden. Die Mitwirkung des Betriebsrates ist jedenfalls dann gegeben, sofern es sich nicht um Leitende Angestellte handelt.

3.3 Der Auslandsarbeitsvertrag

Neben der Vereinbarung über Ort und Dauer der Entsendung incl. möglicher Verlängerung und Rückrufklausel sind hinsichtlich der Vergütung folgende Punkte vertraglich zu regeln (Thurau 1984; Langner 1984; Lampferhoff 1984; Grätz 1977)

- Höhe der Bezüge
- Kaufkraftausgleich
- Auslandszulage
- DM-Anteil, der für die Dauer der Entsendung in der BRD abgerechnet wird
- Beiträge zur Sozialversicherung, Berufsgenossenschaft, betrieblichen Altersversorgung
- Ausgleich für evtl. höhere Steuerzahlungen
- Kosten für doppelte Haushaltsführung
- Dienstwohnung im Ausland
- Schulgeld.

Darüber hinaus sind u.a. folgende Rahmenbedingungen festzulegen (Thurau 1984):

- Geltungsdauer und Vertragsstatus
- Geltung von Dienstvorschriften und Arbeitsanweisungen
- allgemeine Rechte und Pflichten
- wöchentliche Grundarbeitszeit
- Sonn-/Feiertags- und Nachtarbeit
- Mehrarbeit
- Sonderurlaub und zeitweilige Arbeitsbefreiung aus besonderem Anlaß
- Vergütungsanspruch
- Besteuerung der Vergütung
- Zahlungsmodalitäten (Inland/Ausland)
- Krankenbezüge
- Krankenbezüge bei Schadenersatzansprüchen gegenüber Dritten
- Sterbegeld
- Erholungsurlaub
- Zusatzurlaub wegen erschwerter Bedingungen im Ausland
- Sozialversicherung
- betriebliche Altersversorgung
- Festlegung einer fiktiven Inlandsvergütung und deren Weiterentwicklung
- Vergütungsfestsetzung nach Rückkehr aus dem Ausland
- Wohnung und Umzug
- Beendigung des Arbeitsverhältnisses durch Berufs- oder Erwerbsunfähigkeit
- ordentliche/außerordentliche Kündigung
- Änderungen des Vertrages
- Zeugnis und Arbeitsbescheinigung
- Erlöschen von Ansprüchen
- anwendbares Recht, Gerichtsstand.

Hieraus wird deutlich, wie vielfältig die Vertragsgestaltung bei der Auslandsentsendung sein kann.

4 Personalwirtschaftliche Aspekte

Die Auslandsentsendung gliedert sich in mehrere Phasen. Nach der Beschaffung und Auswahl der für den Auslandseinsatz vorgesehenen Mitarbeiter folgt die Vorbereitung auf den Auslandseinsatz und die Durchführung des Einsatzes. Ist der Auslandseinsatz beendet, wird eine Wiedereingliederung des Expatriates in das Stammhaus erforderlich. Neben diesen phasenbezogenen personalwirtschaftlichen Aufgabenfeldern soll das Augenmerk zudem auf die Entlohnungsgestaltung von im Ausland tätigen Mitarbeitern gerichtet werden.

4.1 Personalbeschaffung und -auswahl

Dem Problemfeld der Personalbeschaffung und -auswahl ist allein schon deshalb besondere Aufmerksamkeit zu schenken, da sich in einigen empirischen Untersuchungen eine hohe Quote von vorzeitig beendeten Auslandseinsätzen gezeigt hat (Horsch 1995). Ein Grund hierfür kann darin liegen, daß ausländische Niederlassungen teilweise gezielt als „Abstellgleis" für solche Mitarbeiter gesehen werden, die im Mutterland nicht zufriedenstellende Ergebnisse erzielen. Eine Fehlbesetzung in einer wichtigen Auslandsposition ist in der Regel jedoch kostenintensiver (z.B. Entsendungs- und Rückholkosten, Vertrauensverlust im entsprechenden Land) als ein längerer Beschaffungs- und Auswahlprozeß mit anschließender Vorbereitungsphase.

Dieser Prozeß beginnt mit der Klärung der Frage nach den Beschaffungswegen für international einzusetzende Mitarbeiter. Hierbei können grundsätzlich sowohl Segmente des unternehmensinternen als auch des -externen Arbeitsmarktes in Frage kommen. Untersuchungen zeigen aber, daß speziell die Manager für den Auslandseinsatz intern und nur in Ausnahmefällen extern beschafft werden (z.B. Wirth 1992). Eine externe Beschaffung wird häufig nur dann in Betracht gezogen, wenn im Unternehmen keine geeignete Persönlichkeit, die sich bereits über mehrere Jahre im Unternehmen bewährt hat, zu finden ist bzw. es als sinnvoll erscheint, einen Angehörigen des Gastlandes einzustellen, um ihn nach einer Einarbeitungszeit und Bekanntmachung mit dem Stammhaus in seinem Heimatland einzusetzen und so gleichermaßen seine unternehmens- als auch seine länderspezifischen Kenntnisse zu nutzen.

Die an die Beschaffung anknüpfende Personalauswahl hat zum Ziel, die geeignetsten Mitarbeiter sowohl in fachlicher als auch in persönlicher Hinsicht zu finden. Dabei sind insbesondere zwei Aspekte zu beachten (Scherm 1995):

- Ein grenzüberschreitender, nicht ausschließlich ethnozentrischer Personaleinsatz verlangt auf der einen Seite nach einer vergleichbaren Personalauswahl unabhängig vom jeweiligen Auswahlort und impliziert einheitliche Kriterien und Verfahrensrichtlinien, ohne die die nationalen Personalinformationen wenig Aussagekraft haben.

- Um die Akzeptanz der Auswahlverfahren zu erreichen, müssen auf der anderen Seite auch divergierende nationale Anforderungen Berücksichtigung finden.

Werden Stammhausmitarbeiter in eine ausländische Niederlassung bzw. Tochtergesellschaft entsandt, so werden sie dort mit einem andersartigen und erweiterten Beziehungssystem konfrontiert. Daraus resultieren neben den generellen Anforderungen an Managementqualifikationen (fachliche Eignung, physische und psychische Belastbarkeit, Persönlichkeit, stabile Familienverhältnisse) auch länder- und kulturspezifische Anforderungen. Hierzu zählen personenbezogene Anforderungen wie z.B. die Fähigkeit zum ganzheitlichen kulturübergreifenden Denken und Handeln, zur Handhabung von Entfremdung und Isolation oder zur Streßbewältigung sowie Sprachkenntnisse. Interaktionsbezogene Anforderungen leiten sich aus der Notwendigkeit interkultureller Kommunikation und der Entwicklung dauerhafter interpersoneller Beziehungen zu Angehörigen fremder Kulturen ab, während umweltbezogene Anforderungen in der Fähigkeit zur korrekten Attribution fremdkultureller Verhaltensmuster und kognitiven Anpassung an fremdkulturelle Bewertungsmuster zu sehen sind (Bühner 1994). Der Personalauswahl fällt die Aufgabe zu, den Mitarbeiter auszuwählen, dessen Eignungsprofil dem aufgezeigten Anforderungsprofil am besten entspricht.

4.2 Vorbereitung und Einsatz

Nach Abschluß der Auswahl des geeigneten Mitarbeiters für die Vakanz im Ausland beginnt der wichtige Teil der Vorbereitung. Der Mitarbeiter benötigt von gastlandserfahrenen Kollegen Informationen über die für die innerbetriebliche Zusammenarbeit im Gastland wesentlichen rechtlichen und sozialen Bedingungen sowie über die Besonderheiten der gängigen Geschäfts- und Verhaltensregeln. Außerdem sollte er praxisnah mit den wichtigsten aktuellen, wirtschaftlichen, politischen und sozio-kulturellen Gegebenheiten des Gastlandes vertraut gemacht werden. Dies geschieht zumeist in Form einer Durcharbeitung von landeskundlichem Material (unter besonderer Berücksichtigung kultureller Faktoren), einer Vorbereitungsreise in das Gastland sowie intensivem Sprachunterricht (der während der ersten Zeit des Auslandsaufenthaltes fortgesetzt werden kann). Daneben müssen in der Vorbereitungsphase auch ausführliche Gespräche zwischen dem Mitarbeiter und dem Stammhaus geführt werden, um die Grundbedingungen des Auslandseinsatzes (Dauer, Versicherungssystem, Reintegration etc.) festzulegen. Neben dem entsandten Mitarbeiter muß auch der Ehe- oder Lebenspartner in die Vorbereitung auf die neue Umwelt und die Sprachausbildung sowie die anschließende Personalbetreuung einbezogen werden.

Im Gastland wird der Mitarbeiter von einem Gastlandpaten beraten und betreut. Er bietet in der ersten Phase Unterstützung bei der beruflichen und privaten Eingliederung und steht dem Mitarbeiter bei Bedarf auch während des Auslandseinsatzes zur Verfügung. Im beruflichen Sektor fördert er die Integration des Expatriates in die Landes- und landesspezifische Unternehmenskultur. Neben einer Einschaltung von Maklern oder professionellen „relocation services" bietet er im privaten Bereich z.B. eine Hilfestellung bei der Wohnungssuche (inkl. Vertragsabschluß), Zollformalitäten und anderen Behördengängen bis hin zum „social settling-in-supports", d.h. der Unterstützung beim gesellschaftlichen Einleben.

Die Personalbetreuung im Heimatland stellt während des Auslandseinsatzes eine Interessenvertretung des im Ausland tätigen Mitarbeiters im Stammhaus dar. Neben den Informationen über die Entwicklung des Stammhauses (z.B. organisatorische, personelle oder technologische Veränderungen) und politisch-gesellschaftlicher Entwicklungen erfolgt auch eine Information über Positionen, die bei der Reintegration in Frage kommen, sowie die permanente Information über das aktuelle Anreizsystem des Stammhauses, so daß der Mitarbeiter jederzeit konkrete Vorstellungen von seiner neuen Stelle, seinem neuen Aufgabengebiet und seinem zukünftigem Entgelt (welches z.B. dem während eines Auslandseinsatzes fortgeschriebenen „Schattengehalt" entsprechen kann) (Funck, 1991, S. 374) bei der Rückkehr in das Stammhaus hat. Diese Aufgaben übernimmt ein Stammhauspate (z.B. der frühere Vorgesetzte des Mitarbeiters) (Maier/Fröhlich 1991), der zudem für die Einbeziehung des Expatriates in Personalbeurteilungsverfahren und Personalentwicklungsmaßnahmen des Stammhauses verantwortlich ist und die spätere Wiedereingliederung vorbereiten soll.

4.3 Entlohnung

Bei der Vergütung eines international eingesetzten Mitarbeiters finden die Kriterien Positionswert und Stellenverantwortung, persönliche Leistung und Ergebnisbeitrag sowie Gepflogenheiten des lokalen Arbeitsmarktes Berücksichtigung. Zudem sollte geprüft werden, ob Kaufkraftunterschiede zwischen dem Heimat- und dem Gastland bestehen und die Notwendigkeit eines Ausgleichs für Erschwernisse im Gastland gegeben ist (Deutsche Gesellschaft für Personalführung 1995).

Bei den für Expatriates praktizierten Entgeltsystemen dominieren die Grundvarianten der auf dem Gehaltsniveau des Heimatlandes (sog. „Home Country Approach") oder des Gastlandes basierende Auslandsbezüge (sog. „Host Country Approach"). Im Falle einer Abordnung wird das Gehalt im Heimatland weitergeführt und zusätzlich werden Auslandszulagen (Mobilitäts- und Erschwernisprämien) als ein am Nettogehalt bemessener länderspezifischer Prozentsatz festgelegt. Bei Versetzungen wird zum einen eine Orientierung am Gehaltssystem des Gastlandes praktiziert, wenn eine Gleichstellung des Versetzten mit einheimischen Arbeitskräften der Landesgesellschaft beabsichtigt ist. Hierbei muß jedoch beachtet werden, daß der versetzte Mitarbeiter nicht auf ein niedrigeres Einkommensniveau gerät (Ausnahme: niedrigere Lebenshaltungskosten im Gastland als im Heimatland). Der häufiger anzutreffende Fall ist bei Versetzungen zum anderen die Anpassung der Vergütung an das Gehaltsniveau im Heimatland, um den Lebensstandard aufrecht erhalten zu können; hinzu tritt zumeist noch eine Zulage als Anreiz für den Auslandseinsatz. Paßt das so ermittelte Entgelt jedoch nicht in das lokale Gehaltsgefüge, bleibt die Möglichkeit einer Sonderzahlung (sog. „Expatriation Allowance"), um die Differenz zwischen angemessenen lokalen Bezügen und dem Gesamtanspruch einschließlich Auslandszulagen auszugleichen („Hybridsystem"). Diese Ausgleichszahlung kann auch von der Muttergesellschaft übernommen werden, damit das Gehaltsgefüge der ausländischen Tochtergesellschaft nicht berührt wird (sog. „Split Salary"); dies führt allerdings zu steuerlichen Problemen für den Mitarbeiter (der auch diesen Gehaltsanteil zu versteuern hat) und für das Unternehmen (das diese Personalkosten im allgemeinen nicht als Aufwand steuerlich geltend machen kann), wenn diese Sonderzahlungen nicht der Tochtergesellschaft bzw. Auslandsniederlassung weiterbelastet werden.

Eine zunehmende Anzahl von europaweit tätigen Unternehmen hat in jüngster Zeit sogar Bestrebungen in die Wege geleitet, die Vergütungen für Expatriates innerhalb der EU-Staaten soweit wie möglich zu vereinheitlichen. Eine vollständige Harmonisierung dürfte allerdings erst dann gelingen, wenn die großen Diskrepanzen zwischen den Steuer- und Sozialversicherungssystemen sowie die Kaufkraftunterschiede der einzelnen Länder reduziert werden können.

4.4 Wiedereingliederung in das Stammhaus

Die Reintegration des im Ausland tätigen Mitarbeiters in das Stammhaus bildet den Abschluß des Entsendungsprozesses. Auch dieser Phase ist größte Aufmerksamkeit zu schenken, da eine mißlungene Wiedereingliederung den übrigen Stammhaus-Mitarbeitern nicht verborgen bleibt und bei diesen ebenso wie bei dem betroffenen Mitarbeiter zu einer ablehnenden Haltung gegenüber Auslandsentsendungen führen kann (Dülfer 1991). Weitere Konsequenzen einer mißlungenen Reintegration können auf Seiten des Stammhauses erhöhte Personalkosten (z.B. durch Abfindungszahlungen) und eine verminderte Nutzung der gewonnenen internationalen Erfahrungen sein (Marr/Schmölz 1989).

Die Hauptarbeit bei der Reintegration wird durch die Personalabteilung des Stammhauses bewältigt werden (Kammel/Teichmann 1994). Ihr kommt im Rahmen der Personalplanung die Aufgabe zu, zum Zeitpunkt der Rückkehr des Stammhaus-Mitarbeiters eine adäquate Stelle bereitzuhalten. Dabei können Probleme auftreten, wenn zum einen der Mitarbeiter länger im Ausland bleiben oder früher zurückkehren muß als geplant, zum anderen keine passende Stelle für den jeweiligen Mitarbeiter zum Rückkehrzeitpunkt existiert oder schließlich zwar eine angemessene Stelle für den Zurückkehrenden vorhanden ist, aber auch Inlandsbeschäftigte sich auf diese Stelle bewerben und eine Bewertung des Auslandseinsatzes und der gemachten -erfahrungen erfolgen muß.

Nicht vernachlässigt werden darf hierbei auch die individuelle Perspektive des heimkehrenden Mitarbeiters. Obwohl in vielen Unternehmen Verträge mit Rückkehrgarantie oder allgemeiner Wiedereinstellungsgarantie abgeschlossen werden, realisieren sich zuvor versprochene oder in Aussicht gestellte langfristige Karrierechancen in der Praxis nicht immer. Zuweilen bedeutet der Auslandseinsatz sogar einen Karriereknick, da nach längeren Auslandsaufenthalten keine höherrangige Position zur Verfügung steht. Selten wird der Rückkehrer die daheimgebliebenen Kollegen um eine Karrierestufe überrunden. Der „Umweg" über das Ausland erweist sich dann eher als karrierehemmend, wenn der Betreffende zu weit von den entscheidenden Beziehungsnetzen im Unternehmen entfernt ist.

Neben den enttäuschten Aufstiegshoffnungen wird der Mitarbeiter nach Wegfall der Auslandszulagen auch meistens noch finanziell schlechter gestellt, hat teilweise Identifikationsschwierigkeiten mit der neuen Arbeitsstelle im „alten" Unternehmen und Sozialisationsschwierigkeiten am neuen Arbeitsplatz. Im privaten Bereich treten ebenfalls enorme Veränderungen auf, es müssen wieder neue soziale Kontakte geknüpft bzw. die alten Kontakte aktiviert werden. Dabei tritt insbesondere bei längerer Entsendungsdauer nicht selten ein erneuter „Kulturschock" auf, der aus dem erneuten Wandel des im Ausland angenommenen Werte- und Normensystems, der Lebensgestaltung und der Umweltbedingungen resultiert.

Für eine erfolgreiche Eingliederung sind daher ein Reintegrationsgespräch, in dem die arbeitsplatzbezogenen und privaten Belange des Mitarbeiters sowie geeignete Einsatz- und Entwicklungsmöglichkeiten erörtert werden, und die Teilnahme des Mitarbeiters an einem Seminar zur Integrationsförderung (Gundlach/Hilmes 1987) bedeutsam.

Summary

Transfer of personnel abroad is not merely an important feature of any internationally-oriented corporate policy in general; it is also a key element to be deployed in a targeted human resources development policy. The transfer abroad process may be broken down into several phases. Recruitment and selection of those personnel to be earmarked for transfer abroad is followed by a phase of preparation and then the transfer itself. Human Resources is responsible for selecting those personnel whose profiles best correspond to the qualities required in the specific case. Once selected, personnel must then be thoroughly briefed by colleagues with experience of the transfer country. Relevant information here includes the legal and social conditions regulating commercial life in the host country as well as the everyday rules governing business and general conduct. In addition, personnel should also be made familiar with the most important economic, political, and socio-cultural features of the host country, ideally with the use of practical examples. Key criteria to be considered when assessing remuneration for personnel transferred abroad are the seniority and responsibility of the post assumed, personal performance, individual contribution to profits, and the kind of rates on offer within the local labor market. In addition, care must be taken to determine whether there are discrepancies between purchasing power in the home and in the host country, and whether this leads to hardships that might be offset through appropriate compensation. The final phase of the transfer process is proper reintegration of personnel after return to the parent company. This task is essentially the responsibility of the parent company's human resources department, which must ensure that appropriate posts are held open for personnel at their time of return. In order to ensure successful reintegration, it is important to conduct a thorough debriefing in which personnel have the opportunity to discuss any concerns relating to either work or the private sphere, and to hold reintegration seminars to ease the transition.

Literatur

Bühner, R. (1994): Personalmanagement, Landsberg/Lech 1994.

Deutsche Gesellschaft für Personalführung (1995): Der internationale Einsatz von Fach- und Führungskräften, 2. Aufl., Düsseldorf.

Dülfer, E. (1991): Internationales Management in unterschiedlichen Kulturbereichen, München/Wien.

Eckartsberg, Chr. v. (1978): Auslandseinsatz von Stammhaus-Personal, Frankfurt.

Funck, K. (1991): Multinationales Management. In : Feix, W. E. (Hrsg.): Personal 2000 - Visionen und Strategien erfolgreicher Personalarbeit, Wiesbaden.

Glaubrecht, H./Zander, E. (1987): Personalpolitik, München.

Glaubrecht, H./Wagner, D./Zander, E. (1988) Arbeitszeit im Wandel, 3. Aufl. Freiburg.

Grätz (1977): Berufschancen im Ausland, Grafenau.

Gundlach, F./Hilmes, M. (1987): Wiedereingliederung von Auslandsrückkehrern. In: Personalführung.

Horsch, J. (1995): Auslandseinsatz von Stammhaus-Mitarbeitern, Frankfurt/M.

Kammel, A./Teichmann, D. (1994): Internationaler Personaleinsatz, München/Wien.

Langner, H. (1984): Auslandseinsatz, Personalführung 3/1984, S. 62 ff.

Lampferhoff, K (1984): Beschäftigung im Ausland, versicherungsrechtliche Beurteilung, Lohn + Gehalt 8/1984, S. 301 ff.

Maier, W./Fröhlich, W. (1991): Auslandseinsatz von Mitarbeitern. Neue Aufgaben im Personalbereich. In: Gablers Magazin, 5. Jg., S. 18-20.

Marr, R./Schmölz, A. (1989): Stellenbesetzung, internationale. In: Macharzina, K./Welge, M. K. (Hrsg.): Handwörterbuch Export und Internationale Unternehmung, Stuttgart.

Pausenberger, E. (1987): Unternehmens- und Personalentwicklung durch Entsendung. Personalführung, S. 852 - 856.

Scherm, E. (1995): Internationales Personalmanagement, München/Wien.

Schöler, G. (1987):Anstellungsverträge im Ausland, Probleme der Vertragsgestaltung und Wirksamkeit, Personalführung, S. 487.

Thurau, H. (1984): Grundlagen der Auslandsabrechnung, Lohn + Gehalt 8/1984, S. 291 ff.

Wirth, E. (1992): Mitarbeiter im Auslandseinsatz, Wiesbaden.

Auslandsentsendung nach Osteuropa

E. Zander, A. Schindelhauer

1 Engagements in Osteuropa – deutsche Hilfe bei der Transformation

1.1 Zur gegenwärtigen Situation

Mit dem Zerfall der planwirtschaftlich organisierten Länder Mittel- und Osteuropas sind Bewegungen ausgelöst worden, deren Auswirkungen nicht nur rein wirtschaftlicher Natur sind. Der Zusammenbruch des alten Systems, seiner politischen und wirtschaftlichen Ordnung, ist gefolgt von einem dramatischen Rückgang der Industrieproduktion und der Verelendung immer breiterer Bevölkerungsschichten. Erste Anzeichen einer langsamen Wende zum Besseren zeigen sich in den Ländern, in denen bereits pluralistische staatliche und marktwirtschaftliche Strukturen bestanden.

Wie sich inzwischen gezeigt hat, kann die Umwandlung Mittel- und Osteuropas von einer Plan- zur Marktwirtschaft nur ein langfristiger Prozeß sein. Dazu bedarf es aber zusätzlich tatkräftiger westlicher Unterstützung und Nutzbarmachung der entsprechenden Erfahrungen und des Know-hows.

Hilfe, besonders aus Westeuropa, ist besonders in folgenden Bereichen von Bedeutung:

- Vielfältige humanitäre Unterstützung ist notwendig, da sich in manchen Gebieten größere Bevölkerungsteile in Notlagen befinden. Nicht selten muß die Verteilung von Hilfsgütern über noch vorhandene Strukturen erfolgen, was viele Probleme entstehen läßt. Darum sind nicht zuletzt über die Kirchen neue Möglichkeiten eröffnet worden, damit die Bedürftigen die Hilfsgüter auch wirklich erhalten.
- Die mentale und formale Unterstützung auf dem Weg zu einem freiheitlichen Rechtsstaat ist besonders in den Ländern schwierig, in denen die Bevölkerung noch nie demokratische Strukturen erlebt hat.
- Verständlicherweise engagieren sich viele westliche Firmen in den ehemals kommunistischen Ländern, um neue Absatzmärkte zu schaffen. Wenn dies nicht nur auf die Verteilung von Produkten beschränkt bleibt, sondern zu Investitionen in den Ländern führt, ist dies sehr hilfreich.

Deutschland unterstützt die mittel- und osteuropäischen Länder (MOE) und die Gemeinschaft der unabhängigen Staaten der ehemaligen Sowjetunion (GUS) bei der Bewältigung ihrer Transformationsprobleme mit einer Vielzahl von Maßnahmen. Beteiligt hieran sind die Bundesregierung, die Bundesländer, Städte und Kommunen. Die Bundesregierung läßt sich hierbei von folgenden Überlegungen für ihr Engagement leiten:

- Die westeuropäischen Nachbarn haben jetzt eine in diesem Jahrhundert einmalige Gelegenheit, durch die tatkräftige Unterstützung des Transformationsprozesses eine Basis für eine langfristige, vertrauensvolle, friedliche Zusammenarbeit zu schaffen. Die Maßnahmen der Bundesregierung dienen einer partnerschaftlichen Unterstützung des demokratischen und wirtschaftlichen Reformprozesses in den MOE-Ländern und der GUS. In diesem Sinne soll das deutsche Engagement primär zu einer verbesserten Integration der Reformstaaten in den Prozeß der internationalen Arbeitsteilung und den Kreislauf der Weltwirtschaft beitragen sowie ferner eine abgestufte Anbindung der mittel-, südost- und osteuropäischen Reformstaaten an den europäischen Integrationsprozeß fördern.
- Die geopolitische Lage der Bundesrepublik zu ihren wirtschaftlichen, sicherheitspolitischen und ökologischen Randbedingungen zwingt zum Handeln. Ohne wirtschaftliche und politische Stabilisierung in Osteuropa ist eine anhaltende Stabilität und Prosperität in Westeuropa nicht möglich. Sollten die Transformationsprozesse in den Reformstaaten scheitern, so könnte eine Migrationswelle bisher nicht erlebten Ausmaßes von Ost- nach Westeuropa drohen.
- In den osteuropäischen Staaten existieren Absatzmärkte mit erheblichem Wachstumspotential. So bieten sich neben dem Absatz von Konsumgütern für die deutsche Wirtschaft erhebliche Chancen bei der notwendigen Erneuerung des Kapitalstocks, der Infrastruktur sowie der Sanierung ökologischer Altlasten.
- Die Energie- und Rohstoffversorgung aus Osteuropa, beispielsweise Öl- und Gaslieferungen aus Rußland, ist für die Bundesrepublik von großer Bedeutung. Eine Sicherung dieser Versorgung liegt im gemeinsamen Interesse aller Beteiligten.
- Die wirtschaftlichen Kooperationen deutscher Unternehmen in Osteuropa dienen nicht zuletzt auch der Stärkung der internationalen Wettbewerbsfähigkeit der Bundesrepublik und sichern damit Arbeitsplätze und Beschäftigungspotentiale für die Zukunft (Bundesministerium für Wirtschaft, 1994).

Mit dieser Zielsetzung hat die Bundesregierung 1984 angefangen, den Reformprozeß in der ehemaligen Sowjetunion zu unterstützen. Seit 1990 mit Beginn des Reformprozesses in Polen und Ungarn sowie später mit dem Einsetzen von Reformen auch in den übrigen MOE-Ländern wurde die Unterstützung auf ganz Mittel- und Osteuropa ausgedehnt. Hierbei wurde und wird ein enges Zusammengehen mit anderen westlichen Industrieländern und internationalen Organisationen gesucht. Westliche Unterstützung wurde und wird von den betroffenen Staaten vor allem in folgenden Bereichen benötigt:

- bei der Restrukturierung und Privatisierung der großen Staatsbetriebe,
- bei der Konversion der Rüstungsbetriebe, d.h. bei der Umstellung ihrer Produktion von militärischen auf zivile Güter,

- beim Aufbau neuer wirtschaftlicher Strukturen: Kammern, Verbände etc. sowie
- bei der Gründung kleiner und mittlerer Unternehmen im Dienstleistungs- und gewerblichen Bereich.

Von zentraler Bedeutung für die Reformstaaten ist der Zugang zu neuen Märkten und ihre Integration in die internationale Arbeitsteilung. Die Bundesregierung wurde und wird schwerpunktmäßig wie folgt tätig:

- Wirtschaftspolitische Beratung zur Schaffung von Rahmenbedingungen und zum Aufbau mittelständischer Strukturen und Unternehmen,
- Hilfe zur betrieblichen Umstrukturierung, Privatisierung und Entflechtung,
- Aufbau eines Steuer-, Zoll-, Versicherungs- und Bankenwesens,
- Beratung auf dem Sektor der Landwirtschaft,
- Aus- und Weiterbildung im Wirtschaftsbereich (Managementausbildung, berufliche Aus- und Fortbildung, Qualifizierungsmaßnahmen),
- Rechtsberatung mit dem Schwergewicht im Bereich des Wirtschaftsrechts,
- Hilfe beim Ausbau von Verwaltungsstrukturen sowie
- flankierende Beratung in den Bereichen Absatzmarkt- und Sozialpolitik sowie Umweltschutz.

1.2 Umschulung und Weiterbildung

Die Realisierung des Transformationsprozesses liegt in der Hand von Menschen, die in Verwaltung und Betrieben tätig sind. Ihnen das erforderliche Wissen über die Marktwirtschaft und ihre Gesetzmäßigkeiten sowie über Betriebsführung nach marktwirtschaftlichen Erfordernissen zu vermitteln (Hummel/Zander, 1994; Knebel/Zander, 1996), ist Ziel einer breit gefächerten Zusammenarbeit im Bereich der Aus- und Weiterbildung von Fach- und Führungskräften der Wirtschaft. Damit hat sich ein völlig neuer Bereich internationaler Zusammenarbeit aufgetan. Zur fachlichen Beratung und um das Geld des Steuerzahlers möglichst effektiv zu verwenden, bildete der Deutsche Industrie- und Handelstag (DIHT) 1989 auf Wunsch des Auswärtigen Amtes einen Beirat. In dem hierüber zwischen dem DIHT und dem Auswärtigen Amt geschlossenen Vertrag ist u.a. festgelegt, daß der Beirat

- das Auswärtige Amt bei der Ermittlung geeigneter Anbieter unterstützt,
- Projekte, die deutsche Anbieter zur Durchführung mit Partnern in den Reformstaaten vorschlagen, begutachtet und bewertet sowie
- im Hinblick auf die Fortsetzung und Weiterentwicklung von Programmen evaluierend tätig wird. Der Beirat kann zur Ausübung seiner gutachterlichen Tätigkeiten externe Experten zur Prüfung und Bewertung von Anbietern von Aus- und Weiterbildungsleistungen heranziehen.

Mitglieder des Beirates sind Vertreter aus der Wirtschaft mit Ost-Erfahrung und Erfahrung im Aus- und Weiterbildungsbereich. Neben der Bewertung von Projekten nehmen Beiratsmitglieder an bilateralen Fach- und Arbeitsgruppensitzungen sowie internationalen Fachkonferenzen teil, die sowohl in den zu betreuenden Staaten als auch in Deutschland vom Auswärtigen Amt in Zusammenarbeit mit den verschiedenen Bundesministerien und den Bundesländern durchgeführt werden.

Die Zusammenarbeit reicht von der Aus- und Weiterbildung von Fach- und Führungskräften und Führungsnachwuchskräften der Wirtschaft, von Multiplikatoren und Beratern bis hin zur Umschulung von Offizieren und der Schulung von Existenzgründern in Kleinunternehmen. Sie schließt die Einrichtung von Modellzentren zur Ausbildung vor allem im kaufmännischen, aber auch gewerblichen Bereich ein.

Schwerpunkt des Transformationsprozesses ist die Privatisierung der Betriebe. Fragen und Probleme, die sich mit der Privatisierung stellen, sind zentrale Themen der Aus- und Weiterbildung.

Zwangsläufig knüpfen die praktischen Fördermaßnahmen an bestehende Strukturen, vorhandene Einrichtungen und Organisationsformen an. Die unterschiedlichen Bedingungen des Übergangs von der Plan- zur Marktwirtschaft in den einzelnen Partnerländern müssen bei Konzeption und Umsetzung von Projekten berücksichtigt werden. Dazu gehört zum Beispiel die Unterstützung beim Aufbau von Aus- und Weiterbildungskonzeptionen, die nicht einfach von deutschen Vorbildern übernommen werden können. Darum ist bei der Auswahl der Partner deren Leistungsfähigkeit und Interessenlage zu prüfen. Partner sollten bereit sein, sich langfristig zu engagieren. Es müßte sichergestellt werden, daß Partner bereit sind, etwas aufzubauen und zu investieren.

2 Besonderheiten des Personaleinsatzes in Osteuropa

Da sich in Osteuropa die Marktwirtschaft noch im Aufbau befindet, müssen sehr hohe Anforderungen an die Managementfähigkeiten der Führungskräfte und ihrer Mitarbeiter gestellt werden. Sie müssen in der Lage sein, eine Niederlassung selbständig aufzubauen und zu führen und sich an den Interessen des Stammhauses und den sich möglicherweise ständig ändernden, regionalen Gegebenheiten zu orientieren. Denn es geht hierbei nicht einfach nur um die Übertragung von Strukturen und Managementtechniken (Zander, 1990; Zander, 1994), sondern es muß versucht werden, ein regional abgestimmtes System aufzubauen.

Außerdem ist es unerläßlich, daß der in das Ausland Entsandte die Landessprache beherrscht, über viel kulturelles Einfühlungsvermögen verfügt und möglichst schon Erfahrungen im Gastland gesammelt hat. Die Suche nach einem Mitarbeiter, der all diesen Anforderungen gerecht wird, gestaltet sich vermutlich recht schwierig. Es bietet sich an, Mitarbeiter aus ehemaligen DDR-Betrieben für Tätigkeiten in Osteuropa einzusetzen. Sie verfügen vielleicht eher über die entsprechenden Fähigkeiten in bezug auf Sprache und Kultur. Außerdem verstehen sie die Probleme besser, die durch solch grundsätzliche gesellschaftliche Veränderungen entstehen können. Allerdings fehlen ihnen möglicherweise die umfassenden Erfahrungen im marktwirtschaftlichen Management.

Als großes Problem wurde von den befragten Unternehmen der schlechte Lebensstandard und das meist unzureichende soziale Umfeld (Möglichkeiten zur Freizeitgestaltung, Gastronomie) in den Gastländern genannt. Um diesen Mangel etwas auszugleichen, sorgen die Unternehmen z.B. für eine komfortable Wohnung, Dienstwagen und häufige Heimreisen (Zander/Femppel, 1997).

Da die Unternehmen erst seit kurzer Zeit in Osteuropa verstärkt aktiv sind, können bisher keine schlüssigen Erfolgsanalysen durchgeführt werden. Es bleibt abzuwarten, mit welchenVorgehensweisen die Unternehmen in Osteuropa erfolgreich sein werden.

Oft werden allerdings solche Faktoren wie die Familie oder die kulturelle Aufgeschlossenheit der betreffenden Mitarbeiter nur unzureichend bei der Auswahl beachtet.

Zusätzlich zu den eben erläuterten Anforderungen sind bei Einsätzen in Osteuropa folgende Voraussetzungen wichtig:

- Die Mitarbeiter sollten über detaillierte Kenntnisse der historisch-ideologischen, politischen, ökonomischen und der sozialen Hintergründe der aktuellen Lage verfügen.
- Sie sollten umfassend über sozialistische Management- und Arbeitsmethoden bzw. -prinzipien informiert sein.
- Sie benötigen große mentale Flexiblität zur Lösung von Problemen, die durch die ablaufenden Reformprozesse verursacht werden (Übergang zu marktwirtschaftlichen Arbeitsmethoden).
- Außerdem ist bei Einsätzen in Osteuropa besonders wichtig, daß der Mitarbeiter die Sprache beherrscht und daß er bereit ist, sich den vergleichsweise schwierigen Lebensbedingungen z.B. in bezug auf Versorgung, Freizeitgestaltung etc. anzupassen (Beringhaus 1991, S. 259 f.).

3 Bedeutung der Auslandsentsendung für die Tätigkeit deutscher Unternehmen in Osteuropa

Insgesamt hängt die Bedeutung der Auslandsentsendung für ein Unternehmen von der von ihm verfolgten Strategie ab. Des weiteren fließen Faktoren wie die Aufbaustufe des Unternehmens, Ausbildungsstand der Arbeitskräfte im Gastland, die Größe der Tochtergesellschaft (bzw. Zweigniederlassung oder Werk), der Umfang des erforderlichen Know-how-Transfers sowie die rechtlichen Rahmenbedingungen im Gastland in die Ermittlung des Entsendungsbedarfs ein (Perlitz, 1993).

Da es deutschen Unternehmen erst seit kurzer Zeit möglich ist, in Osteuropa privatwirtschaftlich tätig zu werden, sind die Niederlassungen noch größtenteils im Aufbau. In dieser Phase ist eine ethnozentrische Strategie ratsam, da durch die starke Ausrichtung am Stammhaus ein direkter Einfluß auf die Entwicklung sowie eine ständige Kontrolle ausgeübt werden kann.

Aus diesen Gründen ist es unbedingt notwendig, daß die Leitung der Auslandsniederlassung von Stammhausmitgliedern übernommen wird. Für sie sind

Richtung und Ziele der Niederlassung klar, sie sind der wirtschaftlichen Aufgabe gewachsen, und das Stammhaus kann sich auf ihre Loyalität verlassen. Durch ihren direkten Kontakt zum Stammhaus und die daraus resultierende direkte Kontrolle durch das Stammhaus wird versucht, Fehlentwicklungen zu vermeiden und den Aufbau der Niederlassung zügig voranzutreiben.

Im allgemeinen ist der Ausbildungsstand der Wissenschaftler, der Techniker, der Ingenieure und Akademiker in den Ländern Osteuropas sehr hoch. Es muß ihnen nur die Gelegenheit gegeben werden, sich den neuen Bedingungen anzupassen. Daher besteht kaum der Bedarf, Fachkräfte aus dem Stammhaus nach Osteuropa zu entsenden. Nicht nur, weil es nicht notwendig ist, sondern weil dadurch der Vorteil der geringen Lohnkosten nicht genutzt werden könnte.

In diesem Zusammenhang ist auch nicht zu vergessen, daß es möglicherweise für ein zum größten Teil deutsch besetzes Unternehmen langfristig schwer ist, sich zu etablieren und daher die Gefahr besteht, daß es Schwierigkeiten am Markt hat. Wohingegen ein Unternehmen, das Arbeitsplätze im Land schafft, schneller akzeptiert wird und dadurch seinen Platz am Markt sichert.

Wenn Schulungen oder Einweisungen in die neue Technik für die Mitarbeiter des Gastlandes notwendig sind, kann es erforderlich sein, daß erfahrene Fachkräfte direkt vor Ort sind. Möglicherweise ist in diesem Fall eine längerfristige Entsendung einzelner Spezialisten günstig. Oft sind diese Probleme aber auch durch kurzzeitige Aufenthalte der entsprechenden Stammhaus-Fachkräfte zu bewältigen. Die empirische Arbeit hat ergeben, daß in der Regel diese Variante, besonders aus Kostengründen, von den Unternehmen bevorzugt und als ausreichend empfunden wird.

Zusammenfassend kann festgestellt werden, daß die Entsendung von Führungskräften für den Erfolg in Osteuropa unbedingt notwendig ist, daß aber auf der anderen Seite der Entsendung von Fachkräften eine eher geringe Bedeutung zukommt.

4 Praktische Beispiele zum Auslandseinsatz in Osteuropa

Im folgenden wird von sechs Unternehmen berichtet (U 1 bis U 6), die über Erfahrungen mit dem Auslandseinsatz nach Osteuropa verfügen. Zwei davon befinden sich in West-Berlin, vier wiederum in Brandenburg. Es ist festzustellen, daß die beider Berliner Unternehmen schon seit längerem international aktiv sind. Auch die anderen Unternehmen, oder vielmehr ihre Vorgänger, waren international vertreten. Allerdings war der Außenhandel staatlich organisiert, so daß die Betriebe selbst kaum Einfluß auf die Beziehungen ausüben konnten. Dennoch können sich daraus Vorteile ergeben, denn der Herstellername ist nicht neu auf dem Markt, einige stehen für sehr gute Qualität, und damit wird möglicherweise der Wiedereinstieg erleichtert.

4.1 Auslandstätigkeit der befragten Unternehmen

Die befragten Unternehmen sind insbesondere in folgenden Ländern vertreten:

Unternehmen: / Länder:	U 1	U 2	U 3	U 4	U 5	U 6
Rußland	x	x		x	x	x
Polen	x	x	x	x	x	
Tschechische Republik	x	x	x	x	x	
Slowakische Republik		x			x	
Ungarn	x		x		x	
andere Länder Osteuropa	x	x		x	x	
Europaweit			x			
Weltweit	x	x		x	x	

Abb. 1. Länderspektrum der befragten Unternehmen

Um diese Angaben richtig einschätzen zu können, müssen sie unbedingt in Zusammenhang mit der Form der Auslandstätigkeit gesehen werden. Sonst werden möglicherweise falsche Schlüsse über den Grad der Internationalisierung gezogen.

Unternehmen: / Form der Auslandstätigkeit:	U 1	U 2	U 3	U 4	U 5	U 6
Produktionsstätten						
Vertriebsniederlassungen	x	x	x	x		
unabhängige Vertriebsniederlassungen					x	
Baustellen (Wohnungsbau)						x

Abb. 2. Form der Auslandstätigkeit in Osteuropa

Aus diesen Angaben ist zu entnehmen, daß sich der überwiegende Teil der Auslandsaktivitäten auf den Bereich Export durch eigene Niederlassungen konzentriert. Teilweise sind Produktionsstätten in Planung, wurden aber bisher nicht realisiert. Zu den unabhängigen Vertriebsniederlassungen ist noch zu sagen, daß es sich in diesem Fall um den ehemaligen Bereich Außenhandel der DDR in dieser Branche handelt, der mit der Privatisierung der Betriebe selbständig wurde. Dadurch sind sie in vielen Teilen der Welt vertreten.

In der nachfolgenden Zusammenstellung sind nur die Einsätze enthalten, die einen direkten wirtschaftlichen Zweck haben. Nicht mit einbezogen wurden Dienstreisen von z.B. Kontaktpersonen aus dem Stammhaus, die nur dem Besuch oder der allgemeinen Information des Expatriates dienen.

Unternehmen: Form des Einsatzes:	U 1	U 2	U 3	U 4	U 5	U 6
Dienstreise		x		x	x	
Delegierung						x
Versetzung	x	x	x			x
Versetzung auf Dauer			x*			x

*Diese Möglichkeit besteht, allerdings sind derartige Vereinbrungen noch nicht getroffen worden

Abb. 3. Form des Auslandseinsatzes

Welches waren die Ziele und Motive des Auslandseinsatzes? Hierzu gibt die nachfolgende Übersicht Auskunft:

Unternehmen: Ziele:	U 1	U 2	U 3	U 4	U 5	U 6
Management-Transfer	x	x	x			
Steuerung und Kontrolle	x	x				x
Kundenbetreuung u. Service					x	x
Verbindungsglied		x				

Abb. 4. Ziele des Auslandseinsatzes

Hinter dem Ziel Management-Transfer verbirgt sich der Aufbau einer funktionierenden Niederlassung nach marktwirtschaftlichen Regeln und die Einarbeitung der regionalen Mitarbeiter in dieses System. In Verbindung mit dem Ziel Steuerung und Kontrolle bedeutet es, daß die Führung langfristig von Stammhausmitarbeitern übernommen werden soll.

Das Ziel Know-how-Transfer bezieht sich auf die Vermittlung technischen Wissens, sowohl in Zusammenhang mit den Produkten als auch mit Produktionsverfahren und Arbeitsmethoden.

Die Funktion eines Verbindungsgliedes haben im Unternehmen U 2 die Mitarbeiter, die in relativ kurzen Abständen zu regelmäßigen Besuchen in die Niederlassungen fahren (Dienstreisen). Ihre Aufgabe ist es, die Führung der Niederlassung mit allen Informationen über Produkte oder Veränderungen zu versorgen. Gleichzeitig werden Weisungen des Stammhauses übermittelt. So soll ein kontinuierlicher Aufbau unter ständiger Kontrolle des Stammhauses gewährleistet werden.

Weiterhin wurde von den Unternehmen U 1 und U 3 angegeben, daß der Auslandseinsatz als Teil der Personalentwicklung gesehen wird. Allerdings spielte dieser Aspekt bei der Entscheidung, ob Stammhausmitarbeiter nach Osteuropa entsandt werden müssen, keine Rolle.

Inwieweit es sich bei den entsandten Mitarbeitern um Fach- oder Führungskräfte handelt, ist nicht immer eindeutig abzugrenzen. Im Grunde haben alle Mitarbeiter, sowohl im technischen als auch im Managementbereich, Aufgaben einer Führungskraft oder in gewissem Sinne einer Lehrkraft. Fachkräfte, die ausschließlich ihre gewohnte Tätigkeit ausüben, werden aus Kostengründen nicht entsandt. Eine Ausnahme bildet eine kleine Gruppe von Sekretärinnen, die für das Unternehmen U 6 im Ausland tätig sind.

4.2 Personalbeschaffung und -auswahl

Im Hinblick auf die nachfolgenden Auswahlkriterien sollen hier die Eigenschaften zusammengestellt werden, die von den Unternehmen als Voraussetzungen für den Einsatz angesehen wurden. Zusätzlich wird der Grad der Bedeutung angegeben.

Unternehmen: / Auswahlkriterien:	U 1	U 2	U 3	U 4	U 5	U 6
Fachbezogene Kriterien						
Managementerfahrung	xx	xx	xx			
Technisches Fachwissen	x	x	xx	xx	x	xx
Unternehmenskenntnis	xx		x		x	
Landessprache	x	xx	x		xx	x
Gastlanderfahrungen		xx	x		x	x
Persönlichkeitsbezogene Kriterien						
Familienstand	x	xx				
positive Einstellung zum Gastland	xx	xx	xx			x

(xx – unbedingte Voraussetzung; x – gewünschte Voraussetzung)

Abb. 5. Auswahlkriterien für den Auslandseinsatz

Zum Kriterium Familienstand sollen noch einige Erläuterungen gemacht werden. Im Unternehmen U 2 ist eine Bedingung für einen längeren Auslandseinsatz, daß die Mitarbeiter unverheiratet oder geschieden sind. Als Grund dafür gab das Unternehmen an, daß die Ehefrauen nicht bereit sind, ihren Mann ins Ausland zu begleiten und daß die Probleme, die durch die Trennung der Familie entstehen, den Mitarbeiter in seiner Arbeit negativ beeinflussen. Im Gegensatz dazu gab das Unternehmen U 1 an, daß der Familienstand zwar nicht entscheidend ist, aber daß die Mitarbeiter bevorzugt mit ihrer Familie entsandt werden. Die Familie gibt dem Mitarbeiter Rückenhalt, es kommt sonst möglicherweise durch die fremde Umgebung zu Einsamkeit und damit verbunden zu Frustationen, die sich verheerend auf die Arbeitsleistung auswirken können.

Interessant ist auch die Tatsache, daß in den Unternehmen U 4 und U 5 so grundsätzlich verschiedene Ansichten zum Thema Landessprache existieren, obwohl sich diese Unternehmen vom Prinzip her sehr ähnlich sind. Während in U 4 davon ausgegangen wird, daß die ausländischen Partner deutsch oder englisch sprechen und daher nicht die Notwendigkeit besteht, die Landessprache zu beherrschen, wird im Unternehmen U 5 sehr großer Wert auf diese Sprachkenntnisse gelegt, da so Vertrauen geschaffen wird, wodurch die Beziehungen zu ausländischen Kunden oder Partnern bedeutend erleichtert werden können. Bei Neueinstellungen ist es ein entscheidender Faktor, der das Fehlen detaillierter Fachkenntnisse u. U. kompensiert. Nach Aussage des Unternehmens können die notwendigen Fachkenntnisse auch ohne große Probleme einem Laien vermittelt werden.

Ein Punkt, der nur von einem Unternehmen erwähnt wurde, der aber dort die Entscheidung mit beeinflußt, ist das Problem Alkohol. In einigen Ländern Osteuropas, besonders in Rußland, ist Alkohol ein selbstverständlicher Bestandteil des täglichen Lebens. Darauf müssen die Mitarbeiter vorbereitet sein. Denn auf der einen Seite sollte sich der deutsche Mitarbeiter bei einer Einladung nicht grundsätzlich weigern, da das als Beleidigung aufgefaßt werden kann, aber auf der anderen Seite muß verhindert werden, daß durch den Alkohol gesundheitliche Probleme entstehen. Daher wird im Unternehmen U 2 versucht, derartigen Problemen (z. B. frühere Alkoholprobleme) schon bei der Auswahl der Mitarbeiter entgegenzuwirken.

In der Regel haben alle Unternehmen angegeben, daß die schlechten Lebensbedingungen in Osteuropa und die teilweise unsichere Lage das Hauptproblem bei der Motivation der Mitarbeiter war. Zusätzlich gab das Unternehmen U 6 an, daß die Mitarbeiter, die unternehmensintern geworben werden sollten, überwiegend Karrierenachteile befürchteten.

4.3 Vorbereitung und Einsatz

Wie bereiten die Unternehmen ihre Mitarbeiter vor? Hierzu gibt die nachfolgende Abbildung Auskunft:

Unternehmen: / Vorbereitungsmaßnahmen:	U 1	U 2	U 3	U 4	U 5	U 6
Vorbereitungsseminare (z. B. Problem Kultur)	x		*	x		
Sprachkurse	x					
Erfahrungsaustausch				x	x	
fachliche Weiterbildung		x			x	
keine Vorbereitung						x

*keine Angaben

Abb. 6. Vorbereitung der Mitarbeiter

Und wie sieht es mit der Unterstützung während des Einsatzes aus?

Unternehmen: / Unterstützungsmaßnahmen:	U 1	U 2	U 3	U 4*	U 5*	U 6
im beruflichen Bereich						
Patenschaften			x			
feste Ansprechpartner(Fachabteilungen)		x	x			
Betreuung durch spezielle Auslandsabteilung	x					
häufige Besuche von Stammhausmitarbeitern		x				
im privaten Bereich						
Hilfe bei Wohnungssuche	x	x	x			
Bereitstellen von Wohnungen						x (d)
Vorkehrungen für Sicherheit		x (b)				
auch Betreuung der Familie	x		x			
Heimreisen (Anzahl der Monate, nach denen bezahlte Heimreise vereinbart ist)	12 6 (a)	1	1 (c)			4

(a) gilt nur für Rußland

(b) besonders in Rußland, in den anderen Ländern größtenteils nicht nötig

(c) wenn Familie in Deutschland bleibt

(d) vom Unternehmen werden Quartiere am Einsatzort errichtet

Abb. 7. Unterstützung während des Einsatzes

Im Unternehmen U 6 wird keine Integration im Gastland angestrebt. Um für die Mitarbeiter den Aufenthalt so einfach wie möglich zu gestalten, übernimmt das Unternehmen die Versorgung mit Dingen des täglichen Lebens. Über deutsche Subunternehmer wird die Versorgung mit Lebensmitteln organisiert. Das Unternehmen sorgt u.a. für den Empfang deutscher Presse und TV. Weiterhin ist auch die medizinische Versorgung vor Ort gewährleistet.

4.4 Entgeltgestaltung bei Auslandseinsatz

Die folgenden Angaben geben Aufschluß über die Art der Gehaltsvereinbarung und über zusätzliche Zahlungen der Unternehmen:

Unternehmen: Vorgehensweise:	U 1	U 2	U 3	U 4	U 5	U 6
Grundgehalt und Zulagen			x (a)			x
Verhandlungen		x				
Orientierung am Markt	x		x			
Auslandsreisetagegeld				x	x	

(a) Die Zulagen bestehen aus einem allgemeinen Mobilitätszuschlag und einer landesspezifischen Zulage

Abb. 7. Vorgehensweise bei der Festlegung des Entgelts

Wegen der unsicheren Devisenstabilität werden die Bezüge überwiegend in DM ausgezahlt. Dabei spielen die Zusatzleistungen – sowieso und generell bei Auslandseinsätzen – eine wichtige Rolle.

Eine zusätzliche Leistung, die eine wichtige Rolle spielt, ist die Finanzierung der Wohnung am Einsatzort. Wie schon dargestellt wurde, unterstützen alle Unternehmen ihre Mitarbeiter bei der Wohnungssuche (außer U 4 und U 5, da keine Wohnung nötig). Darüber hinaus übernehmen sie meist alle damit verbundenen Kosten (Maklergebühren, Einrichtung). Auch die Miete wird entweder teilweise (Differenz zur Miete in Deutschland) oder sogar vollständig vom Unternehmen getragen.

Zur Absicherung der Mitarbeiter führt das Unternehmen die Sozialversicherungen in Deutschland weiter. Sie schließen in der Regel Gruppenversicherungen für die Mitarbeiter und gegebenenfalls für ihre mitreisenden Familien ab.

Bei der allgemeinen Vertragsgestaltung gibt es keine Sonderregelungen für Osteuropa. Es werden die auch für Einsätze in anderen Ländern üblichen Entsendungs- oder Delegierungsverträge abgeschlossen.

4.5 Wiedereingliederung

Auch hier wurden zu den Unternehmen U 4 und U 5 keine Angaben gemacht. Es werden zwar in der Regel Mitarbeitergespräche nach der Rückkehr geführt, diese dienen allerdings dem Informationsaustausch über Verlauf und Ergebnisse des Einsatzes.

Unternehmen: / Maßnahmen:	U 1	U 2	U 3	U 4*	U 5*	U 6
im beruflichen Bereich						
Zusicherung eines vergleichbaren Arbeitsplatzes	x	x	x			x (a)
verstärkte Betreuung durch z. B. Mitarbeitergespräche		x				
keine speziellen Maßnahmen	x		x			x (b)
im privaten Bereich						
Unterstützung bei Wohnungssuche und Organisation der Rückkehr	x					x

*keine Angaben

(a) Gilt nicht für Mitarbeiter die extern geworben wurden; ihr Arbeitsverhältnis ist in der Regel auf die Zeit des Auslandseinsatzes begrenzt.

(b) Die Wiedereingliederung wird von den Teilhaberfirmen übernommen, darüber liegen keine weiteren Angaben vor.

Abb. 8. Formen der Reintegration von ins Ausland Entsandten

Erläuternd muß hinzugefügt werden, daß in den Unternehmen bisher nur sehr wenige oder keine Erfahrungen mit Rückkehrern aus Osteuropa gemacht wurden. Die Angaben entsprechen größtenteils der allgemeinen Vorgehensweise bei der Wiedereingliederung. Darüber, ob Einsätze in Osteuropa besondere Maßnahmen erfordern, konnten keine Aussagen gemacht werden.

5 Ausblick

Es wurde gezeigt, daß der Einsatz von Stammhauspersonal in Osteuropa von großer Bedeutung ist, daß aber die Gestaltung dieser Einsätze recht unterschiedlich geregelt ist. Insgesamt stellen die Einsätze in Osteuropa neue Anforderungen an das Personalwesen. Die gesamte Vorgehensweise muß überdacht werden, sobald schlüssige Aussagen über den Erfolg der Einsätze der Unternehmen vorliegen. Eine derartige Erfolgsanalyse darf sich allerdings nicht nur auf Aussagen der Unternehmen stützen, sondern sollte gleichzeitig eine Befragung der Expatriates, der Familien und möglicherweise der regionalen Mitarbeiter mit einbeziehen. Denn Probleme, aber auch Unterstützungsmaßnahmen, werden von den einzelnen Parteien sehr unterschiedlich wahrgenommen.

Erst nach einer solchen Erfolgsanalyse können konkrete Angaben zu Notwendigkeit und Wirksamkeit einzelner Maßnahmen gemacht werden. Es ist wichtig, daß die Aufarbeitung der Erfahrungen schnellstmöglich erfolgt, um den Unternehmen, die sich in Osteuropa etablieren wollen, Hilfestellung zu leisten. Denn der Gang in das Ausland ist häufig mit großen Risiken verbunden, die durch diese Unterstützung gemildert werden könnten. Besonders für Unternehmen aus Ostdeutschland ist das von großer Bedeutung, da ihnen größtenteils die Erfahrungen auf dem internationalen Markt fehlen und sie häufig mit Problemen im Stammhaus selbst, bedingt durch die Privatisierung oder die Neugründung, belastet sind.

Sowohl in der Wirtschaft als auch in der Politik werden in letzter Zeit große Anstrengungen zur Verbesserung der Wirtschaftsbeziehungen unternommen. So gibt es eine Reihe von Förderprogrammen zur Verbesserung der Ost-West-Beziehungen, z.B. ein EU-Programm zur Förderung der Zusammenarbeit zwischen deutschen und polnischen Unternehmen.

Allgemein kann gesagt werden, daß die Entwicklung von Wirtschaftsbeziehungen zwischen Ost und West von sehr großer Bedeutung für beide Seiten ist. Aufgabe von Wissenschaft und Praxis ist es, diese Entwicklung theoretisch zu hinterfragen, um so neue Lösungsansätze für zukünftige Probleme zu entwikkeln. Das gilt sowohl für den Bereich Personalwesen als auch für alle anderen wirtschaftlichen Bereiche.

Summary

Experience has already demonstrated that the transformation from a centrally-planned to a market-led economy currently taking place in Central and Eastern Europe can only be a long-term project. A large burden of the responsibility for bringing about such a transformation lies with those who are employed in administration and in commerce. A wide-ranging and coordinated series of education and training initiatives has therefore been put into motion in order to supply the relevant business experts and management personnel with the requisite knowledge about the market economy – the rules according to which it operates and the kind business and industrial management it necessitates. And – to view the problem from the other side – transfer of executives to Eastern Europe makes high demands on their management skills. They must not only master the native language, but also possess the ability to integrate on the cultural level, and, whenever possible, have already gathered some experience in the relevant host country. In addition, the following considerations are important when transferring management personnel to Eastern Europe: they should possess detailed knowledge about the historical-ideological, political, economic, and social background to the current situation in the country; they should be thoroughly briefed on socialist management methods and principles; and they must possess a large degree of mental flexibility so as to be able to solve the problems thrown up by the ongoing processes of reform. Since it has only just recently become possible for German companies to operate as private enterprises in Eastern Europe, any commercial branches already there are, to a very great extent, still in the process of being set up. In this phase, it is highly advisable to follow an ethnocentric strategy, since a strong alignment to the parent company ensures that all developments can be directly influenced and permanently monitored. In addition, this necessitates that management of the foreign branch be taken over by personnel from the parent company. Not only are they aware of the orientation and strategic goals of the foreign branch, but they also possess the relevant business expertise; furthermore, the parent company can count on their loyalty. Such immediate contact with the parent company - along with the direct control this permits - makes it possible to nip undesirable developments in the bud and accelerate the process of setting up the branch. At present, transfer of personnel from parent companies is governed by a range of different procedures. It is therefore imperative to collate as quickly as possible the different experiences gathered in this field so as to be able to provide a source of help for those companies wishing to establish themselves in the former East Germany.

Literatur

Beringhaus, E. D. (1991): Joint Ventures in der Sowjetunion. Dissertation Köln.

Bundesministerium für Wirschaft (1994): Die Beratung Mittel- und Osteuropas beim Aufbau von Demokratie und sozialer Marktwirtschaft, Beratungskonzept der Bundesregierung für Osteuropa Nr. 350, Mai 1994.

Hummel, Th./Zander E. (1994): Betriebswirtschaftliches Know-how für Führungskräfte, 2. Aufl., Heidelberg.

Knebel, H./Zander E. (1996): Kleine Führungspraxis, 2. Aufl., Heidelberg.

Perlitz, M. (1993): Internationales Management, Stuttgart.

Zander, G. (1990): Praxis des Führens, 7. Aufl., Heidelberg. (1992) in russisch Obninsk.

Zander, G. (1994): Führung in Klein- und Mittelbetrieben, 8. Auflage, Freiburg. 1994. (1994) in russisch Obninsk.

Zander, G./Femppel, K (1997): Lohn- und Gehaltsfestsetzung, 11. Aufl., Freiburg. (1995) in russisch Obninsk.

3 Produktion und Dienstleistungen

Globale Produktionsstandortstrategien

V. Emmrich

1 Problemstellung: Strategische Fehlentscheidungen durch einseitige Standortbewertung

Spätestens seit der politischen bzw. wirtschaftlichen Öffnung Osteuropas und Chinas sowie dem ökonomischen Boom in den sogenannten asiatischen Tigerstaaten stehen globale Produktionsstandortstrategien - nicht nur der deutschen Wirtschaft und Politik - auf der Tagesordnung. Die diesbezüglichen Diskussionen reduzieren sich jedoch zu oft auf reine Lohn- und Lohnnebenkostenvergleiche sowie das Ranking von Ländern. Die branchen- und unternehmensspezifischen Fragen bezüglich der optimalen Wertschöpfungsstrategie im strategischen Kontext von Markt und Wettbewerb bleiben in der Regel unbeantwortet. Dies kann insbesondere in Unternehmen mit bisher eher geringen internationalen Erfahrungen zu Fehlentscheidungen führen, denn globale Produktionsstandortstrategien können nicht losgelöst von den anderen unternehmensrelevanten Parametern entwickelt werden. Die Veränderung der Wertschöpfungsstruktur muß sich wie jede andere unternehmerische Entscheidung an ihrem Beitrag zum Unternehmenserfolg messen lassen, der in den drei entscheidenden Größen Wettbewerbsfähigkeit, Ertragskraft und Unternehmenswert zum Ausdruck kommt. Da Standortentscheidungen nur schwer revidierbar sind und sich zugleich in der Regel fundamental auf die Leistungsfähigkeit und Finanzkraft des Unternehmens auswirken, müssen diese Kalküle besonders sorgfältig abgeschätzt werden.

2 Phasenkonzept der Entwicklung globaler Produktionsstandortstrategien

Die Entwicklung von globalen Produktionsstandortstrategien erfolgt in sechs Phasen, wobei sich die einzelnen Phasen in der Praxis zeitlich überschneiden können (vgl. Abb. 1).

2.1 Positionsbestimmung für das Unternehmen (Phase 1)

Ausgangspunkt bei der Entwicklung von globalen Produktionsstandortstrategien sollte stets eine Positionsbestimmung für das Unternehmen im Sinne eines strategischen Check-up sein. Dadurch werden für die späteren Phasen der Strategieentwicklung wichtige Inputdaten bereits frühzeitig und gezielt generiert.

Die Wettbewerbsfähigkeit des Unternehmens ist eine Funktion der zukünftigen Erfolgsfaktoren. Vordringlich zu beantworten ist deshalb die Frage, worin der künftige Kundennutzen besteht und durch welche Wertschöpfung bzw. Unternehmensleistung dieser Kundennutzen erzeugt wird. Mit anderen Worten, die zukünftige strategische Position des Unternehmens ist zu definieren. Die für globale Produktionsstandortstrategien entscheidenden Parameter sind:

- *Relevanter Markt:* Nachfragersegmente, Problemlösungskategorien der angebotenen Marktleistungen, regionale Struktur der heutigen und zukünftigen Nachfrage.
- *Wettbewerbsstruktur und Marktmechanik:* Wertschöpfungsstruktur und Marktzugang der Wettbewerber, Globalisierungsgrad des relevanten Marktes auf den einzelnen Markt- bzw. Wertschöpfungsebenen, Ebene der Wertschöpfung, auf welcher der Kern der Problemlösung bzw. des Kundennutzens festgelegt wird.
- *Eigene Unternehmensposition:* Wettbewerbsposition insbesondere hinsichtlich der Wertschöpfung, strategische Freiheitsgrade in Markt und Wettbewerb.

Das Ergebnis der strategischen Positionsbestimmung ist ein eindeutiges Anforderungsprofil an die Wertschöpfung des Unternehmens bezüglich der drei Dimensionen:

- *Ebene der Wertschöpfung*, d.h. die Kernkompetenzen des Unternehmens;
- *Art der Wertschöpfung*, Sortimentsbreite, Warengruppen und Art der angebotenen Marktleistung, sowie
- *Geschwindigkeit der Wertschöpfung*, wenn z.B. die Nachfrager eine schnelle, kundenspezifische Problemlösung deutlich besser honorieren.

Abb. 1. Sechs Phasen bei der Entwicklung von globalen Produktionsstandortstrategien

Hieraus leitet sich eine schlüssige Struktur der Wertschöpfungssegmente ab. Für jede dieser homogenen Einheiten kann ein klares Konzept - auch hinsichtlich des Standortes - entwickelt werden. Die Produktion standardisierter Vorprodukte kann beispielsweise an den Standort verlegt werden, an dem die Stückkosten - bezogen auf den Ort der Weiterverarbeitung, also zuzüglich Lager-, Transport- und Koordinationskosten - am niedrigsten sind. Die Produktion kundenspezifischer Endprodukte muß hingegen in Marktnähe erfolgen, denn die Nachfrager erwarten auch in diesem Segment in der Regel eine Time-to-Client-Satisfaction von 24 Stunden.

2.2 Zieldefinition für die globale Produktionsstandortstrategie (Phase 2)

Aus den Ergebnissen der strategischen Positionsbestimmung für das Unternehmen sind die Ziele der globalen Produktionsstandortstrategie abzuleiten. Typische Ziele sind die Erschließung neuer regionaler Märkte und die Produktionsverlagerung aus Kostengründen. Während das Unternehmen bei der Erschließung neuer regionaler Märkte über relativ hohe strategische Freiheitsgrade verfügt, steht es bei der Produktionsverlagerung aus Kostengründen unter Entscheidungszwang, da in diesem Fall die interne Wertschöpfungsstruktur in der Regel nicht mehr stimmig ist.

Die Bestimmungsfaktoren bei der *Erschließung neuer regionaler Märkte* sind durchaus vielschichtig. Zu beachten sind:

- Die Entstehung neuer regionaler Potentiale durch konjunkturelle oder politische Entwicklungen in einem Wirtschaftsraum. Auch wenn diese neuen Absatzmärkte zunächst vom bisherigen Produktionsstandort beliefert werden könnten, ist eine Fertigung vor Ort gegebenenfalls sinnvoll: protektionistische Maßnahmen der jeweiligen Regierungen mit dem Ziel, den Importstrom durch eine Inlandsproduktion zu ersetzen, werden unterlaufen; die Entstehung neuer regionaler Wettbewerber wird behindert. Beispiele hierfür sind die Hersteller von Flachglas bzw. Gips-Bauplatten in den boomenden Märkten Ostasiens.
- Strukturelle und regionale Veränderungen in den Abnehmerbranchen, die es erforderlich machen, Kunden in neue Regionen zu folgen; z.B. Kfz-Zulieferer, Verpackungshersteller, Textilmaschinenbau.
- Der Globalisierungsgrad der Branche bzw. der Konkurrenten, welcher die Präsenz und Lieferfähigkeit in unterschiedlichen regionalen Märkten erfordert.

Auch bei der *Produktionsverlagerung aus Kostengründen* sind die Marktpotentiale sorgfältig zu prüfen, denn je größer der zusätzliche Markteffekt eines neuen Standortes, desto besser ist dessen strategische Absicherung und damit der langfristige Beitrag zum Unternehmenserfolg (vgl. Abb. 2).

Wenn die Erschließung neuer bzw. zusätzlicher Marktpotentiale durch einen in Aussicht genommenen Produktionsstandort nicht möglich ist, ergeben sich spezifische, hochgradig quantitative Entscheidungskriterien. Bei der Bewertung alternativer Standorte gilt es, Erschließungskosten, Sonderabschreibungen, Investitionshilfen, Rohstoff- und Energiekosten, Lohn- und Lohnnebenkosten, Sozialgesetzgebung, Zollfreiheit bzw. Zollermäßigungen sowohl für die importierten Vorprodukte als auch für die exportierten Endprodukte sowie die (Unternehmens-)Besteuerung abzuwägen. Mit anderen Worten, gesucht sind in der Regel künstlich geschaffene Kosten- und Cash-flow-Nischen. Hierbei ist insbesondere das Risiko einer Verschlechterung der Standortbedingungen durch veränderte gesetzliche oder politische Rahmenbedingungen zu beachten und zu entscheiden, ob eine kürzere Pay-back-Zeit als sonst unternehmensüblich gefordert werden muß.

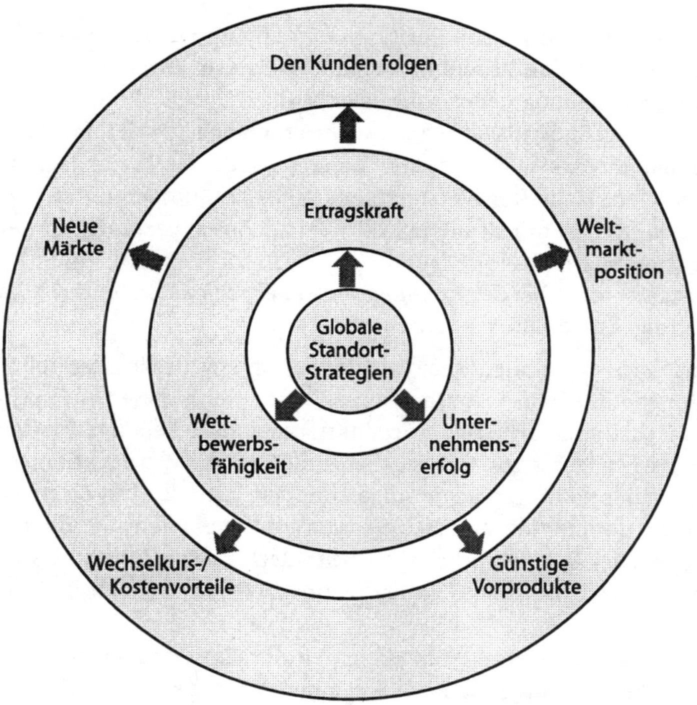

Abb. 2. Meßlatte für die Auswirkung auf den künftigen Unternehmenserfolg

2.3 Quantifizierung des strategischen und operativen Mindesteffekts (Phase 3)

Wenn die Ziele der globalen Produktionsstandortstrategie festgelegt sind, gilt es, den betriebswirtschaftlich erforderlichen Mindesteffekt zu quantifizieren. Zu bestimmen ist also das maximale Investitionsvolumen und die mindestens zu fordernde Stückkostensenkung am neuen Standort. Dies bedingt die unvoreingenommene Analyse und Prognose der Entwicklung von den:

- Kosten bzw. Austrittsbarrieren am bisherigen Standort; d.h. Identifikation der Kosten, die bei der Verlagerung von Wertschöpfung auch weiterhin bestehen (sogenannte remanente Kosten), sowie der zusätzlich entstehenden Kosten. Letztere werden in der Praxis oft übersehen.
- Kosten des potentiellen Standortes, d.h. des für die Erreichung der geplanten Gesamtleistung erforderlichen Gesamtaufwands.

Insbesondere bei hoher Fertigungstiefe bzw. hohem Veredelungsgrad und entsprechender Vernetzung fällt das Ergebnis dieser Analyse häufig zugunsten des bisherigen Standortes aus, dieser wird zu einem „goldenen Käfig".

Stark funktional strukturierte Unternehmensorganisationen sowie kostenartenorientierte Kostenrechnungssysteme erschweren die Analyse zusätzlich. Je intransparenter die Kostenzurechnung auf den Kostenträger ist, um so schwieriger ist zu ermitteln, welche Kosten künftig abgebaut werden können und welche nicht.

Die Ermittlung der künftigen Kostenstruktur über Herstellkosten auf Vollkostenbasis ist in der Regel ebensowenig befriedigend wie über eine Kostenträgerrechnung, denn entweder werden die abbaufähigen Strukturkostenanteile nicht transparent, oder der Vergleich mit einem potentiellen Standort wird zugunsten des bestehenden Standortes verfälscht.

Wenn der bisherige Standort nicht vollständig aufgelöst wird, empfiehlt sich für die Standortstruktur nach der Verlagerung von Wertschöpfung ein grundlegendes Redesign. Dieses sollte nicht nur die primären, sondern auch die sekundären Geschäftsprozesse umfassen, d.h. auch die dispositiven und administrativen Abläufe. Beim Redesign ist der bisherige Standort unter Beachtung echter Restriktionen aus Bausubstanz und Infrastruktur „auf der grünen Wiese" neu zu konzipieren. Nur so werden wirklich alle Kostensenkungspotentiale identifiziert.

Nach der Analyse der remanenten Kostenstrukturen sind die zusätzlich entstehenden Kosten zu identifizieren. In diese Kategorie fallen insbesondere Koordinationskosten, die Betreuung des neuen Standortes durch Führungskräfte, höhere Bestände sowie Transport-, Logistik- und Kommunikationskosten. Vorsichtshalber sollten auch Aufwendungen für die Materialversorgung, zumindest deren Finanzierungskosten, berücksichtigt werden.

Erst wenn die remanenten und zusätzlichen Kosten am bisherigen Standort ermittelt sind, können Kosten- und Deckungsbeitragsziele für den potentiellen Standort abgeleitet werden. Hierbei zeigt sich häufig, daß der abwandernde Deckungsbeitrag der zu verlagernden Wertschöpfung deutliche Spuren in der Produktergebnisrechnung der am Standort verbleibenden Produktion hinterläßt. Die remanenten Strukturkosten müssen unbedingt dem neuen Standort als kalkulatorischer Aufwand zugerechnet werden. Andernfalls verschlechtert sich die Performance bisher gegebenenfalls ertragsstarker Produkte, deren Fertigung am bisherigen Standort verbleibt. Bei vernetzter Wertschöpfungs- und Standortstruktur sind die Austrittsbarrieren häufig so hoch, daß sich eine Standortverlagerung ins Ausland rein unter Kostengesichtspunkten nicht mehr rechnet (vgl. Abb. 3).

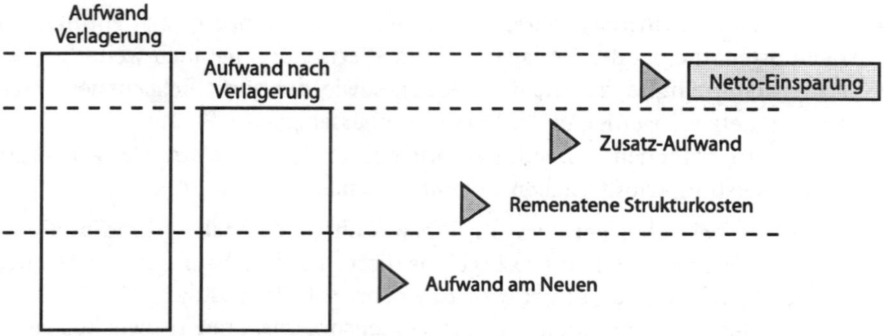

Abb. 3. Remanente Strukturkosten und Zusatzaufwand entscheiden über den wirtschaflichen Erfolg von globalen Produktionsstandortstrategien

Auf Basis der betriebswirtschaftlichen Beurteilung des bisherigen Standortes sind die Mindestanforderungen an den potentiellen Standort im Sinne von Eckwerten festzulegen. Wesentliche Inputdaten für die Quantifizierung sind:

- die Produktivität der Mitarbeiter, gemessen als Verhältnis der Personalkosten zum Rohertrag,
- die Produktivität am Standort, z.B. auf der Basis von Maschinenlaufzeiten,
- die produktive Arbeitskräfteverfügbarkeit, d.h. Jahresarbeitszeit, Krankenrate, Urlaub, Pausen und andere unproduktive Nebenzeiten,
- die Ressourcenflexibilität, d.h. die Möglichkeiten zum flexiblen Personaleinsatz, zur Kündigung sowie zur Durchsetzung von Rationalisierungs- und Automatisierungsmaßnahmen, und
- das Qualifikationsniveau sowie die Arbeitsqualität, d.h. Fehlerrate, Ausschuß und Prüfungs- bzw. Nachbearbeitungsaufwand.

Die Vernachlässigung der oben angeführten Punkte und die Überbewertung von Lohnkostenvorteilen sind verantwortlich für viele Fehlentscheidungen in der Vergangenheit, zuerst in südeuropäischen Ländern, wie z.B. Griechenland und später in Osteuropa. Auch noch so verlockende Subventionen dürfen nicht darüber hinwegtäuschen, daß die Standortverlagerung ins Ausland klar definierten Mindestanforderungen genügen muß.

2.4 Abschätzung der Strategie- und Umsetzungsfallen (Phase 4)

Die Quellen für Mißerfolge von globalen Produktionsstandortstrategien können strategischer, operativer, struktureller oder politischer Natur sein. Die am häufigsten zu beobachtende Ursache für das Scheitern ist, daß temporäre und operative mit strategischen Vorteilen verwechselt werden und somit kein nachhaltig positiver Effekt auf den Unternehmenserfolg entsteht. Diese Erfahrung haben insbesondere kleine und mittlere Unternehmen machen müssen. In dieser Phase der Entwicklung globaler Produktionsstandortstrategien gilt es somit, die Strategie- und Umsetzungsfallen zu identifizieren und das Risiko zu quantifizieren.

Die Kosten- und Produktivitätsfalle
Der Hauptfehler liegt darin, Lohn- und Lohnnebenkostenvorteile je Stunde als Entscheidungsgrundlage heranzuziehen sowie hinsichtlich Produktivität und Produktivitätsentwicklung nicht realistisch zu planen. Stückkosten- und Produktivitätsziele müssen detailliert bis auf die einzelne Maschine und den einzelnen Arbeitsplatz heruntergebrochen werden. Die Produktionsverlagerung im Sinne einer verlängerten Werkbank muß dauerhafte Stückkostenvorteile bringen. Bei temporären Effekten, die binnen weniger Jahre kompensiert werden, steht die Produktionsstandortstrategie unter Umständen in periodischen Abständen immer wieder auf der Tagesordnung.

Die Kommunikationsfalle
Die Verlagerung von Betriebsteilen in das Ausland ist stets mit Einschnitten für die Beschäftigten am bisherigen Standort verbunden. Um hier Probleme und Schäden zu vermeiden, kommt es auf das richtige Timing bei der Informationsweitergabe und die richtige Argumentation an. Entscheidend im Umgang mit den betroffenen Mitarbeitern sind Offenheit, konsequente Zielverfolgung und durchgängige Argumentation. Problematisch sind hingegen Gerüchtebörsen und Besitzstanddenken von Führungskräften sowie Bedenkenträger, die in der Realisierungsphase blocken und beweisen, was alles nicht möglich ist. Das richtige Informations- und Personalmanagement umfaßt folgende Aspekte:

- Konzeptentwicklung in einem Kernteam mit 100 %iger Verschwiegenheit;
- Darstellung der für die betroffene Wertschöpfung erarbeiteten strategischen und operativen Ziele;
- Veröffentlichung dieser Ziele und Begründung ihrer Notwendigkeit und Sinnhaftigkeit für das Unternehmen sowie Aufzeigen der Alternativen bzw. Konsequenzen, wenn die Ziele mittelfristig nicht realisierbar sind (meist Teilstillegungen);
- Argumentation in den Kategorien Wettbewerbsfähigkeit und Unternehmensrisiken;
- Darstellung der Standortverlagerung ins Ausland als eine Option und keinesfalls als Ziel per se;
- eventuell Entwicklung eines Alternativkonzeptes zur Erreichung der wirtschaftlichen Ziele am bestehenden Standort mit den für den Produktionsbereich Verantwortlichen sowie
- Prüfung der Möglichkeiten, die Leistungsträger in die Produktionsstandortstrategie einzubinden. Es gibt konkrete Fälle, in denen sich die Meisterebene am Auslandsbetrieb beteiligt hat und als Mitgesellschafter das operative Geschäft im Team leitet.

Erweisen sich Entlassungen als unumgänglich, sind alle Alternativen des Personalabbaus zu prüfen, soweit wie möglich Einzelvereinbarungen zu treffen und die Kosten für Abfindungen und gegebenenfalls für einen Sozialplan im Standortkonzept in gleicher Form zu berücksichtigen wie Investitionen.

Ziel ist, allen Betroffenen klar zu machen, daß die für eine Verlagerung in Frage kommende Wertschöpfung in keinem Fall am bisherigen Standort zu halten ist, also keine Alternative zum Stellenabbau besteht. Die Botschaft darf also nicht „Produktion hier oder dort ?“ lauten, sondern deutlich „Hier auf keinem Fall !“.

Werden auf dieser Basis Kündigungen und Auflösungsverträge abgeschlossen, ist es durchaus möglich, diese Mitarbeiter durch Prämien oder Sonderanreize selbst zum Aufbau der Produktion am neuen Standort zu bewegen bzw. neue Mitarbeiter zu schulen. Gelingt es andererseits nicht, grundsätzliche emotionale Konflikte abzubauen, ist sogar ein Scheitern des Gesamtprojektes möglich. Dann wird die Einarbeitung der neuen Mitarbeiter am alten Standort erschwert, Lohnforderungen geschürt und Startschwierigkeiten nicht überwunden, sondern ausgebaut.

Die Darstellung der Kommunikationsfalle an dieser Stelle soll nicht bedeuten, daß die Kommunikation bereits in dieser Phase beginnen muß. Wichtig ist aber die frühzeitige Entwicklung einer Kommunikationsstrategie.

Die Strategiefalle
Die globale Produktionsstandortstrategie wird zur Falle, wenn die Marktpotentiale noch nicht entwickelter Märkte, wie z.B. in Südostasien oder Osteuropa überschätzt werden. Dies gilt sowohl für das mengen- wie auch das wertmäßige Marktvolumen, wobei auch die Durchschnittserlöse nicht außer acht zu lassen sind. Hohe Restrukturierungsaufwendungen und Investitionen in DM erfordern bei entsprechenden Wechselkursrelationen mitunter ein Geschäftsvolumen, das der regionale Markt nicht hergibt.

Die politische Falle
Zum schnellen Mißerfolg werden Produktionsverlagerungen ins Ausland, wenn sich der neue Standort nicht aus eigener Produktivität und Wertschöpfung trägt, sondern von Subventionen abhängig ist, die für das Gastgeberland politisch oder volkswirtschaftlich plötzlich nicht mehr tragfähig sind. Ähnlich katastrophale Auswirkungen hat die Kalkulation mit extrem niedrigen Material- und Energiekosten oder fehlenden Umweltschutzauflagen. Hier gilt eindeutig: Weltmarktpreise sind die langfristige Kalkulationsbasis, temporäre Einstandspreisvorteile dienen nur zur Risikoabdeckung in der Anlaufphase. Wer z.B. in den osteuropäischen EU-Beitrittskandidatenländern auf Stahlpreise in Höhe des halben EU-Preisniveaus gesetzt hat, wurde innerhalb eines knappen Jahres durch einen fast 100 % -igen Preisanstieg seiner Kalkulationsbasis beraubt.

Zwischenfazit

Die beispielhaft und keineswegs abschließend aufgeführten Fallen zeigen: Globale Produktionsstandortstrategien erfordern konservative Konzeptansätze, eine eindeutige strategische Ausrichtung, die auf langfristig tragfähigen Vorteilen beruht, konsequente Umsetzung und einen intelligenten Umgang mit Risiken und auftretenden Problemen, die dem Ziel der Produktionsstandortstrategie entsprechen müssen.

2.5 Standortsuche und Standortgestaltung (Phase 5)

Im Rahmen der Standortsuche bzw. der Ausarbeitung und Realisierung von Produktionsverlagerungskonzepten sind eine Reihe von Gestaltungs- und Umfeldparametern zu beachten. Grundsätzlich besteht die Option eines Neuaufbaus „auf der grünen Wiese“ und der Übernahme eines bestehenden Betriebes, jeweils entweder als Joint-Venture mit einem in der Regel inländischen Partner oder als Stand-alone-Lösung.

Die spezifische Situation am potentiellen Standort
Wenn am neuen Standort grundsätzlich geeignete Unternehmen vorhanden, Arbeitskräfte aber Mangelware sind, empfiehlt es sich, die Übernahme von bestehenden Unternehmen bzw. Unternehmensteilen zu prüfen. Sind außerdem keine staatlichen Investitionsanreize vorhanden, müssen die Direktinvestitionen niedrig gehalten werden und unter strengen Kostengesichtspunkten erfolgen.

Ergibt sich hingegen bei einer eher schlechten industriellen Infrastruktur die Attraktivität des potentiellen Standortes aus hohen Investitionsanreizen und sonstigen Vergünstigungen für Ausländer (z.B. Zollfreiheit für den Standort – d.h. auf die importierten Vorprodukte wird kein Einfuhrzoll und auf die exportierten Endprodukte kein Ausfuhrzoll erhoben), empfiehlt sich in der Regel der Aufbau auf der „grünen Wiese“. Die beiden Hauptkriterien bei der regionalen Standortsuche sind dann insbesondere das verfügbare Arbeitskräftepotential und die logistische Anbindung.

Gesellschaftsform
Wenn die Bedingungen hinsichtlich der Publizitätspflicht usw. keine Restriktionen darstellen, so ist die Wahl der Gesellschaftsform in vielen Ländern von untergeordneter Bedeutung. Aus der Gestaltungsfreiheit im Innenverhältnis ergeben sich jedoch zum Teil interessante Nebeneffekte, beispielsweise wenn die Satzung einer Gesellschaft frei gestaltet werden kann und nicht bei Gericht vorzulegen ist.

Unternehmensbeteiligungen
Insbesondere bei ehemals sozialistischen Betrieben mit oft dubiosen Eröffnungsbilanzen ist äußerste Vorsicht bei der Übernahme von Gesellschaften geboten. Zu empfehlen ist in diesem Fall die Beteiligung an exakt abgegrenzten Betriebsteilen nach detaillierter Bewertung der Vermögensgegenstände bzw. Festlegung der Bewertungsmaßstäbe und des Bewertungsverfahrens. Die erworbenen Aktiva werden in eine neu gegründete Gesellschaft eingebracht. Dadurch wird vor allem die Übernahme von nicht werthaltigem Umlaufvermögen vermieden. Die Probleme zu hoher Strukturkosten und Overheads verbleiben beim Verkäufer.

Finanzierung und Bilanzgestaltung
Wegen des höheren Risikos von Auslandsengagements ist es grundsätzlich und nicht nur bei Joint-Ventures wichtig, den Kapitalbedarf niedrig zu halten. Durch die intelligente Nutzung von Kreditprogrammen ergeben sich hier Gestaltungs-

spielräume. Dies gilt insbesondere, wenn erreicht werden kann, daß die gemeinsame Joint-Venture-Gesellschaft mit den Mitteln eines Investitionsdarlehens Anlagevermögen vom inländischen Gesellschafter erwirbt. Für diesen ist der Cash-flow aus dem Verkaufserlös oft eine zusätzliche Motivation - auch hinsichtlich günstiger Konditionen für den ausländischen Partner. Solche und ähnliche Gestaltungsalternativen ermöglichen Mehrheitsbeteiligungen mit vergleichsweise niedrigen Einlagen. Das Kapitalrisiko ist entsprechend niedrig.

Die Attraktivität einer Produktionsverlagerung steigt, wenn hierüber hinaus noch Spielräume in der Einbringung von Sachanlagen genutzt werden können. Im Detail zu prüfen sind die landesspezifischen Rahmenbedingungen für Verpachtung und Cross-Border-Leasing von Maschinen und Anlagen, die an den neuen Standort transferiert werden sowie Möglichkeiten der Verkehrswertbewertung bei der betriebsbereiten Installation am neuen Standort. Beim Transfer von gut erhaltenem, aber weitgehend abgeschriebenem Anlagevermögen kann hier durchaus ein außerordentlicher Veräußerungsertrag bzw. über Pacht- und Leasingerlöse ein ausreichender Zusatzertrag generiert werden, um zumindest mittelfristig die remanenten Strukturkosten am bisherigen Standort abzudecken. Gerade in die Finanzierung und Bilanzgestaltung ist ausreichend Zeit und Kompetenz zu investieren. Fehler, die hier zu Beginn der Produktionsverlagerung gemacht werden, können später nur schwer revidiert werden.

Make or Buy

Bei der Entwicklung von globalen Produktionsstandortstrategien stellt sich die grundsätzliche Frage, ob das Produktionsrisiko im Ausland selbst getragen werden soll, oder ob es vorteilhafter ist, einen geeigneten Lieferanten aufzubauen. Insbesondere bei hohen wirtschaftspolitischen und sozialen Risiken, Währungsrisiken sowie Problemen, das Management am potentiellen Standort aus eigener Kraft darzustellen, liegt zumindest der Gedanke nahe, die Produktionskosten insgesamt zu flexibilisieren und das eigene Unternehmen einschließlich der Bilanz so „schlank" wie möglich zu gestalten. Diese Grundsatzentscheidung muß vor dem Hintergrund der in der ersten Phase erfolgten strategischen Positionsbestimmung für das Unternehmen erfolgen. Dabei sind vor allem zu beachten:

- die Abhängigkeit von einem künftigen Lieferanten bzw. der Aufwand eines Lieferantenwechsels;
- das damit eng verbundene Preisrisiko;
- der Zugriff auf die notwendigen Kapazitäten und die Sicherung von Lieferfähigkeit und Lieferzeit;
- die Möglichkeiten zur Sicherung von Qualität und Produktivität;
- die Schutzwürdigkeit des Know-hows, das mit der Produktionsverlagerung außer Haus geht, sowie
- das Risiko der Förderung eines potentiellen Konkurrenten.

Als grundsätzlicher Anhaltspunkt gilt, daß Standardteile und Komponenten mit allgemein zugänglicher Fertigungstechnologie und bereits vorhandenem Marktangebot fremdvergeben werden können. Dahingegen dürfen Produkte bzw. Komponenten aus dem Kernkompetenzspektrum des Unternehmens und Produkte, die direkt vom neuen Produktionsstandort zum Kunden gehen, nicht aus der Hand gegeben werden.

Des weiteren ist zu beachten, inwieweit die Gestaltung von Prozessen und Steuerungsmechanismen am neuen Standort sowie die Erreichung von Produktivitätszielen einem Lieferanten überlassen werden können bzw. ein eigener Zugriff notwendig ist. Auch wenn die Verlagerung eigener Wertschöpfung zu einem selbständigen Lieferanten oft einfacher und mit geringeren Risiken realisierbar scheint, stellen sich erfahrungsgemäß oft dann Probleme ein, wenn der Lieferant eine zu starke Position erlangt. Bis auf die oben genannten Ausnahmefälle echter Standard- und Normteile, d.h. Teile, für die es einen eigenen und funktionierenden Markt gibt, ist es in der Regel vorteilhafter, sich durch eine Gesellschafterstellung ein Durchgriffsrecht zu sichern.

Zusatznutzen neuer Standorte

Im Rahmen der Umsetzung einer globalen Produktionsstandortstrategie treten oft zusätzliche Aspekte auf, die im ursprünglichen Konzept nicht berücksichtigt waren. Diese sind in jedem Fall nicht ad hoc zu entscheiden, sondern in ihrer Konsequenz und konzeptionell zu Ende zu denken. Zusätzliche Aspekte sind:

- Zusatzsortimente des Joint-Venture-Partners, die an bestehende Kunden als Ergänzung oder im Paket vertrieben werden können;
- Marktzugang durch den Joint-Venture-Partner in bisher nicht bearbeitete Segmente des Inlandsmarktes;
- Aufbau von Service- oder Kundendiensteinheiten;
- zusätzliche Beschaffungsquellen, die auch für die nicht verlagerte Produktion genutzt werden können;
- Zugang zu kostengünstigen Entwicklungs- und Forschungskapazitäten sowie
- Mitnutzung des neuen Standortes durch Kunden, Lieferanten oder befreundete Unternehmen durch entsprechende Kooperationen.

Die genannten Aspekte verdeutlichen, daß der Verlagerung von Betriebsteilen oft eine Brückenkopffunktion zukommt. Dies darf aber keinesfalls dazu verleiten, sich wegen verlockender Zusatzpotentiale vorschnell mit einer Zielverfehlung bei dem erforderlichen strategischen und operativen Mindesteffekt zufrieden zu geben.

2.6 Management-Recruiting und Standortmanagement (Phase 6)

Ein neuer Standort erfordert Führung, Steuerung und Koordination und stellt somit zusätzliche und nicht zu unterschätzende Anforderungen an die Managementkapazität und -kompetenz. Selbst wenn sich die *Kapazität* kurzfristig durch Aufgabenumverteilung oder Delegation darstellen läßt, bleibt die Frage der Auslands*kompetenz*, die nicht mit Sprachkenntnissen zu verwechseln ist. Bei Großunternehmen mit bereits vorhandener multinationaler Erfahrung sieht man, daß der „verantwortliche eigene Mann“ deutlich erfolgreicher ist als der „eingekaufte Manager“. Die Ursache hierfür liegt in der Kenntnis und Identifikation der „Eigengewächse“ mit den Unternehmenszielen. Des weiteren kann eine Führungskraft aus dem Stammhaus punktgenaue Unterstützung bei Problemen und Schwierigkeiten anfordern, der Landesmanager muß hingegen den schweren und langwierigen Weg durch die Instanzen gehen.

Der Erfolg der eigenen Führungskraft ist im wesentlichen von seiner Moderations- und Kommunikationsfähigkeit sowie seinem Auftritt und Umgang im fremden kulturellen Umfeld abhängig. Nicht nur wegen der in bestimmten Ländern - zweifelsohne - vorhandenen Ressentiments gegenüber Deutschen zeigen hier deutsche Führungskräfte zum Teil erhebliche Defizite, die nicht nur in Tschechien oder Polen bis zum - verlustreichen - Rückzug führen können. In der Praxis bewährt hat sich daher oft ein Tandem aus einem einheimischen Landesmanager, der z.B. die Personalverantwortung trägt, und einem deutschen Coach, der mit Bestimmtheit und gleichzeitig mit dem notwendigen Feingefühl die Zielerreichung unterstützt und vorantreibt.

Einfacher zu quantifizieren sind die zu berücksichtigenden Aspekte der Steuerung, der Transaktionszeiten und -kosten. K.o.-Kriterien für weit entfernte Standorte bzw. Regionen mit schlechter Infrastruktur können sein:

- Auftragsdurchlaufzeiten, insbesondere Dispositions- und Aufklärungszeiten vor Fertigungsbeginn bei kundenspezifischen Produkten;
- Transport- und Lieferzeiten, nicht nur hinsichtlich ihrer Dauer, sondern vor allem ihrer Sicherheit (Risiken durch Witterung, Zollabfertigung, Diebstahl u.ä.);
- Lager- und Bestandskosten, wenn zum Erhalt der Lieferfähigkeit bzw. zur Sicherung des kontinuierlichen Produktionsablaufes (bei der Fertigung von Vorprodukten am ausländischen Standort) erhöhte Sicherheitsbestände aufgebaut werden müssen sowie
- Kommunikationsmöglichkeiten und deren Kosten, vor allem in der eindeutigen Regelung, wo, durch wen und wie Fertigungsplanung und Grobsteuerung vorgenommen werden muß.

Insbesondere die Kommunikationsmöglichkeiten sind maßgebend, denn dadurch kann weitgehende Transparenz hinsichtlich der Produktivität am neuen Standort geschaffen werden. Bei der Auslagerung von reiner Zulieferwertschöpfung oder von Bereichen wie Werkzeugbau und kundenspezifische Sonderfertigung hat sich eine zentrale Fertigungsplanung bis hin zur Eingabe von Maschinenzeiten und CNC-Daten und die Übermittlung der aufbereiteten Daten an den Produktionsstandort im Ausland vielfach bewährt.

Mit der Klärung von Standortführung, Schnittstellengestaltung, Kommunikations- und Transaktionsparametern sind alle wesentlichen Aspekte der richtigen strategischen, betriebswirtschaftlichen und operativen Ausrichtung geklärt.

3 Mögliche Anlässe für Standortverlagerungen und Grundkonzeptionen globaler Produktionsstandortstrategien

Als Anhaltspunkt für konkrete Entscheidungen und Projekte in der unternehmerischen Praxis sind nachfolgend einige typische Anlässe für die Standortverlagerung ins Ausland sowie konzeptionelle Grundtypen, die hinsichtlich Zielen, Struktur und Inhalt den spezifischen Anlässen entsprechen, dargestellt.

3.1 Reife, lohnintensive Standardprodukte im stagnierenden Markt

Beschreibung: Die betroffene Produktsparte ist eigenständig und mit der restlichen Wertschöpfung am Standort nur gering vernetzt. Die „Cash-cow" ist am Ende ihres Lebenszyklus, und es gibt nur geringe Rationalisierungspotentiale bei gleichzeitig hoher Lohnintensität.

Ziel: Interner Ertragsrelaunch zur Verlängerung der Cash-cow-Position, ohne Investitionen in das Produkt zu tätigen.

Ansatz: Vollständige Auslagerung der Produktsparte bis auf einen Vertriebskopf; Suche nach einem neuen Standort mit mittelfristig tragfähigen Beschaffungs- und Kostenvorteilen unter Beachtung der logistischen Mindestanforderungen.

Konzept: Auslandsproduktion unter eigener Kontrolle; Cash-Generierung als Ziel vor langfristigen strategischen Optionen; maximale Nutzung abgeschriebener Anlagen für die Generierung von zusätzlichen Erträgen; soweit möglich, Zugriff auf zusätzliche Wertschöpfung bzw. Produkte, die als Handelsgeschäfte Deckungsbeitrag bringen.

Praxisbeispiele: Standardbehälter aus Metall, Boxen, Container; Standard-Stahlkonstruktionen; Holzprodukte wie Standardleimbinder, verleimte Platten, Paletten, Schalungsplatten; Elektro- und Elektronikkomponenten.

3.2 Produkte für internationale Märkte bei zunehmenden Exportproblemen

Beschreibung: Ein internationalisierungsfähiges Sortiment mit Marktpotentialen in vielen Wirtschaftsräumen ist vorhanden. Es gibt jedoch wechselkursbedingte Erlösprobleme und hohe Transaktions- und Transportkosten im Exportgeschäft.

Ziel: Ausschöpfung zusätzlicher Marktpotentiale und Internationalisierung des Geschäftes; rechtzeitige Besetzung strategischer Marktpositionen.

Ansatz: Verlagerung der Endprodukt-Fertigung inklusive der Vertriebs- und Serviceeinheiten ins Ausland; durchgängige Strukturierung der Teile- und Komponentenversorgung über alle Standorte.

Konzept: „Multi-Domestic-Konzept", d.h. marktnahe, flexible Wertschöpfung vor Ort zur Abdeckung der regionalen Marktpotentiale, zur Reduzierung der Währungsrisiken und zur Vermeidung negativer protektionistischer Maßnahmen wie Einfuhrkontingenten und Einfuhrzöllen.

Praxisbeispiele: Schaltschränke, Kfz, Industrieroboter (Handhabung, Schweißen), Getriebemotoren.

3.3 Marktseitig geforderte Sortimentsvielfalt

Beschreibung: Es liegt ein Sortiment mit A-Teilen in großen Stückzahlen und C-Teilen mit hoher Vielfalt und kleinen Stückzahlen vor. Dadurch besteht bei den C-Teilen eine geringe Automatisierungsfähigkeit und ein relativ hoher Lohnkostenanteil. Das Unternehmen hat eine gute Lieferantenposition bei Spezialteilen, verliert aber zunehmend Marktanteile im Bereich einfacher Standardteile an ausländische Wettbewerber. Dadurch besteht auch im Stammgeschäft ein steigender Wettbewerbsdruck.

Ziel: Verbesserung der Ertragskraft durch Abstellen der Verluste im C-Teile-Produktergebnis ohne Sortimentsbereinigung, denn das Angebot muß in Breite und Tiefe gehalten werden.

Ansatz: Wertschöpfungssegmentation, Spezialisierung des deutschen Standortes auf automatisierungsfähige A-Teile bzw. komplexe kundenspezifische Problemlösungen, Verlagerung der Vielfalts- bzw. Standardteile an einen Standort, der die Wettbewerbsfähigkeit sichert.

Konzept: Auslandsproduktion unter eigener Kontrolle, denn jeder Lieferant kennt die Kunden und würde schnell zum Wettbewerber avancieren. Potentiale durch Joint-Venture mit einem Partner, zu dem das Produktionsprogramm paßt (Spezialisierungsvorteile, Mengen-Degressionseffekte), oder der seinerseits Kunden bedient, denen ein Paket mit in Deutschland hergestellten Teilen angeboten werden kann. Anzustreben ist also eine Produktionsspezialisierung nach Teilen/Technologien und nach Möglichkeit eine Vertriebsspezialisierung nach Regionen oder Vertriebskanälen (z.B. OEM-Geschäft versus freier Ersatzteilmarkt).

Praxisbeispiele: Schmiedeteile, O-Ringe, Brillenkleinteile, Dichtelemente, sonstige Zulieferteile.

3.4 Standardkomponenten mit technischer Unique Selling Position (USP) für eigene Problemlösungen und OEM-Geschäft

Beschreibung: Ausgegliederter Produktionsbereich für Standardkomponenten, die jedoch Funktion und Nutzen der eigenen Endprodukte bzw. Problemlösungen wesentlich bestimmen. Eigene Komponentenvermarktung, um im Markt Standards zu setzen und Wettbewerber von Parallelentwicklungen abzuhalten.

Ziel: Den aufgrund der geringen Mengenbasis bestehenden Preis- und Kostendruck senken, Entwicklungskosten auf eine breitere Basis verteilen.

Ansatz: Verlagerung des Produktionsbereiches inklusive Entwicklung und anderer begleitender Wertschöpfung nach Möglichkeit in eine Region mit eigenem Marktpotential.

Konzept: Neuer Standort auf der grünen Wiese, mit höchster Automatisierung und Produktivität. Die Zielregion muß Investitionsanreize und Potentiale durch Teilekomponentenzulieferer bieten.

Praxisbeispiele: Elektronische Funktionselemente, einfache Steuerungen.

4 Fazit: Für globale Produktionsstandortstrategien gibt es keine einheitlichen Konzepte

Weniger grundsätzliche Chancen und Risiken sind also für den Erfolg von globalen Produktionsstandortstrategien entscheidend als vielmehr die richtige, auf das Unternehmen zugeschnittene Lösung. Nicht die absolut niedrigsten Lohnkosten dürfen der Auslöser für eine Verlagerung sein, sondern ein fundiertes strategisches Konzept für die gesamte Wertschöpfung des Unternehmens und den Ressourcenverbrauch bzw. -einsatz, der zum Erhalt der Wettbewerbsfähigkeit maximal zulässig ist. Insbesondere mittlere und kleine Unternehmen nutzen primär operative Vorteile und scheuen häufig noch strategische Allianzen und Kooperationen. Angesichts der anzutreffenden Probleme bei der Führung und Steuerung ausländischer Produktionsstandorte liegt jedoch gerade in der Möglichkeit, im Ausland zu kooperieren, eine Chance, betriebsbedingte Restriktionen zu überwinden.

Wegen der Internationalisierung vieler Branchen - nicht nur der Kfz-Industrie - werden für Zulieferer und Betriebsmittelhersteller Auslandsstandorte unabdingbar, und zwar unabhängig von der Betriebsgröße. Weder die „Flucht aus Deutschland“ noch das „einigeln“ am bestehenden Standort führen zum Ziel, sondern die faktenorientierte Zuordnung von Wertschöpfung zum passenden Standort.

Summary

A global strategy for selecting a new corporate location is no mere management tool, entailing a standard catalog of chances and risks, which a company simply needs to apply to concrete options in order to arrive at the correct choice. It is much more a part of a company's strategy with respect to value added - an integrated component which must be analyzed in detail for each individual case so as to ascertain potential effects upon a company's competitiveness, profitability, and value. Alongside the improvements to company efficiency and profits a specific location may bring, a range of additional market chances must also be taken into account. On the other hand, it is necessary to bear in mind the disincentives that often accrue from both the penalties bound up with leaving one location and the high expenditure or transaction/transfer costs involved with moving to another. Only a flawless redesign of the various company structures and processes overall will ensure that a company does not come to rue its decision to relocate. Careful study of typical cases reveals that, during the implementation phase, a range of supplementary options arises to mold relocation strategy in such a way that capital and balance-sheet risks especially can be held in check. Provided a global relocation strategy is implemented in a fundamental manner and the underlying concept tailored to the precise circumstances of the company's needs, it can bring substantial advantages in certain, typical corporate constellations. For the small and medium-sized enterprise, too, the use of a basic decision-making process, which takes into account all the relevant criteria, can enable it to exploit the advantages arising from a global relocation strategy and to anticipate and thereby manage the attendant risks.

Produktion von High-Tech-Teilen in Tschechien – Erfahrungen, Risiken und Chancen

Th. Gambke, Th. Klevers

1 Einleitung

Internationalisierung ist in den letzten Jahren zu einem entscheidenden Wettbewerbsfaktor nicht nur für große, sondern auch für mittelständische Unternehmen geworden. Die Absicherung und Steigerung des Unternehmensumsatzes durch die Erschließung und Sicherung von regionalen Märkten, oftmals durch eine marktnahe Produktion, das Erlangen von Kostenvorteilen durch einen internationalen und dadurch günstigeren Einkauf sowie die Produktion in Ländern mit niedrigeren Lohnkosten als in Deutschland sind Bestandteile von Internationalisierungsstrategien, wie sie bei erfolgreichen Unternehmen zu finden sind.

Auch im Geschäftsbereich Electronic Packaging der SCHOTT Glaswerke sind solche Strategien entwickelt worden. Schon seit Beginn der 90er Jahre wird ein Teil der Produktion in Tschechien – zunächst durch Vergabe von einzelnen Produktionsaufträgen – durchgeführt. Obwohl schon länger geplant, aber wegen der für einen Neustart benötigten Planungsphase und der damit verbundenen längeren Vorbereitszeit erst 1994 umgesetzt, ist SCHOTT Electronic Packaging mit einer Produktion in Singapur ansässig. Diese Aktivitäten wurden jede für sich aus unterschiedlichen Gründen entschieden. Die Nachteile eines fehlenden gesamtheitlichen Konzeptes wurden an den immer wieder auftretenden Diskussionen über Investitionen und Produktionsplanungen deutlich sichtbar. Deshalb wurde 1995 in einer umfangreichen Untersuchung, die zusammen mit der Unternehmensberatung GEPRO sowie dem Fraunhofer-Institut für Produktionstechnologie (IPT) durchgeführt wurde, sorgfältig eine weltweite Standortstrategie erarbeitet. Aufbauend auf der von GEPRO und IPT entwickelten WWP-Methode („weltweite Produktion") zur internationalen Standortplanung wurden Absatz-, Produktions- und Beschaffungsmärkte durchleuchtet und analysiert, die technologischen Randbedingungen und wirtschaftlichen Möglichkeiten von SCHOTT Electronic Packaging untersucht und, unter Berücksichtigung der Ergebnisse der Simulationen in Kostenszenarien, eine Strategie bis zum Jahre 2002 entwickelt.

Diese Strategie verbindet nun die Standorte Lanskroun in der Tschechischen Republik sowie Singapur mit den Aktivitäten in Landshut. Nach wie vor wird der Standort in Tschechien benötigt, um ausgewählte Teile kostengünstig herstellen und somit die Wettbewerbsfähigkeit auf dem Weltmarkt sichern und ausbauen zu können.

2 Der Geschäftsbereich Electronic Packaging der SCHOTT Glaswerke

Der Geschäftsbereich Electronic Packaging wurde im Jahre 1941 im Rahmen einer kriegsbedingten Auslagerung als Werk Landshut der ehemaligen Jenaer Glaswerke Schott & Gen. gegründet. Es wurden Gehäuseteile für Komponenten der Nachrichtentechnik in der Luftfahrt hergestellt. Das Werk Landshut entwikkelte sich mit den Werken Singapur und Lanskroun zu einem eigenständigen Geschäftsbereich der heutigen Schott-Gruppe. Die Schott-Gruppe mit dem Hauptsitz in Mainz (Sitz des Leitunternehmens Schott Glaswerke) ist Teil der Carl Zeiss-Stiftung. Die Schott Glaswerke und ihre Tochterunternehmen zählen zu den führenden Herstellern von Spezialglas mit weltweiten Aktivitäten. Sie verfügen über Produktionsunternehmen vorwiegend in Europa und Amerika sowie Vertriebsgesellschaften in 24 Ländern.

Die Geschäftsbereiche der Schott-Gruppe sind verantwortlich für das Ergebnis ihrer Geschäftstätigkeit. Ebenso haben sie die Eigenverantwortung für Planung und Umsetzung unternehmerischer Konzepte, auch im Rahmen ihres jeweiligen internationalen Geschäftes. Services der Gruppe (z.B. Grundlagenforschung, Recht, Finanzen) werden als Dienstleistungen „eingekauft".

2.1 Produkte und Technologien

Im Geschäftsbereich Electronic Packaging werden heute vorwiegend Gehäuseteile zur hermetischen Kapselung von Elektronik und Sensorik hergestellt. Dabei werden ca. 3 Mrd. Einzelteile, 130 t Glaspulver und 500 Mio. Glasabschnitte verarbeitet. Es wurden Technologien in folgenden Bereichen entwickelt, die heute zum Kern-Know-how zählen:

- Herstellung von Glaspulver und Glaspulverformteilen sowie hochpräziser Glasrohrabschnitte
- Glas-/Metall-Verbindungen vorwiegend zur Realisierung von isolierenden Stromdurchführungen für elektronische Bauteile (z.B. Transistoren, HL-Laser, Photodioden, Hybridschaltungen, elektrische Zünder für Airbags und andere Anwendungen)
- Oberflächentechnik in Form von galvanischer und stromloser Veredelung mit Gold, Silber, Nickel, Blei, Zinn.

Anwendungen derartiger Produkte finden sich in Bereichen wie Telekommunikation, Automobilelektronik und als High-Rel-Produkte in der Luft- und Raumfahrt, in der Militärelektronik sowie auch im Kernkraftwerksbereich.

2.2 Markt und Kundenstruktur

Der Markt des Geschäftsbereichs Electronic Packaging ist eindeutig global. Etwa 45 % des Umsatzes werden in Europa erwirtschaftet, während 40 % aus Asien und 15 % aus USA kommen. In den nächsten Jahren wird sich die internationale

Ausprägung weiter verdeutlichen. So wird der Asien-Anteil auf ca. 50%, der USA-/Amerikaanteil auf 20% im Jahre 2002 steigen.

Ein Grund für diese internationale Ausprägung des Geschäftes ist die Kundenstruktur von SCHOTT Electronic Packaging: Etwa 40% des Umsatzes wird mit Elektronik-Konzernen wie Philips, Motorola, Siemens oder Hitachi getätigt, die schon längst internationalisiert sind. Der andere Teil des Umsatzes kommt von mittelständischen Kunden, die aber auch zu einem Großteil bereits internationalisiert sind bzw. sich mit Schwerpunkten in Südostasien etablieren. Der Markt ist ausgesprochen instabil. Sowohl Schwankungen aufgrund konjunktureller Randbedingungen als auch aufgrund von technologischen Veränderungen zwingen zu einem Höchstmaß an Flexibilität in der Produktion. Gleiches gilt für die Möglichkeiten, Produktionskapazitäten und Kosten zu verschieben und Ressourcen bestmöglich einzusetzen. Dabei muß beachtet werden, daß die Kundenansprüche in Bezug auf Qualität und Liefermöglichkeiten sehr hoch sind. Die Produkte müssen in der richtigen Menge zum gewünschten Termin („Just in time") mit 100 %iger Qualität (erlaubter Ausfall kleiner 50 ppm) geliefert werden.

3 Der Standort Tschechien und seine Rahmenbedingungen

3.1 Der Standort Tschechien

Mit Beginn der wirtschaftlichen Liberalisierung in Ost-Europa ab ca. 1990 hat sich auch SCHOTT Electronic Packaging entschlossen, eine Fertigungsstätte in einem ost-europäischen Land aufzubauen. Zielgerichtet wurden ehemalige Staatsbetriebe in der ehemaligen DDR, in Polen, Tschechien und Ungarn auf ihre Eignung zur Kooperation/Akquisition gesucht. Dabei sollte der Betrieb bereits Erfahrungen in der Herstellung von Glas-/Metall-Komponenten haben.

Ein solches Unternehmen wurde in einem der Zweigwerke des tschechischen Staatsbetriebes der TESLA gefunden. Zunächst wurde versucht, im Rahmen eines Zulieferververtrags eine lose Kooperation einzugehen. Es zeigte sich bald, daß zur Erreichung der Qualitätsanforderungen westlicher Kunden, aber auch zur Nutzung der Kostenvorteile erheblicher Know-how-Transfer im Produktionsbereich notwendig war. Um das Schott-Know-how dauerhaft zu benutzen, wurde deshalb ein Teil der TESLA-Mitarbeiter in die 1992 gegründete Electronic Packaging Lanskroun (S.E.P.L.) übernommen (Abb. 1).

Neben Kostenüberlegungen gab es auch die Annahme, in einem möglicherweise wachsenden Markt Ost-Europa zusätzliche Geschäfte erschließen zu können. Diese Vorstellung erwies sich allerdings schnell als falsch. Der Markt Ost-Europa für diese Teile ist praktisch nicht vorhanden, und es wird sicher noch einige Jahre dauern, bis dort interessante Stückzahlen und Wachstumsraten erreicht werden können. Dennoch ist der Standort Tschechien ein wichtiger Bestandteil des internationalen Produktionskonzeptes von SCHOTT Electronic Packaging geblieben, und zwar aufgrund der Möglichkeiten, Kostenvorteile realisieren zu können.

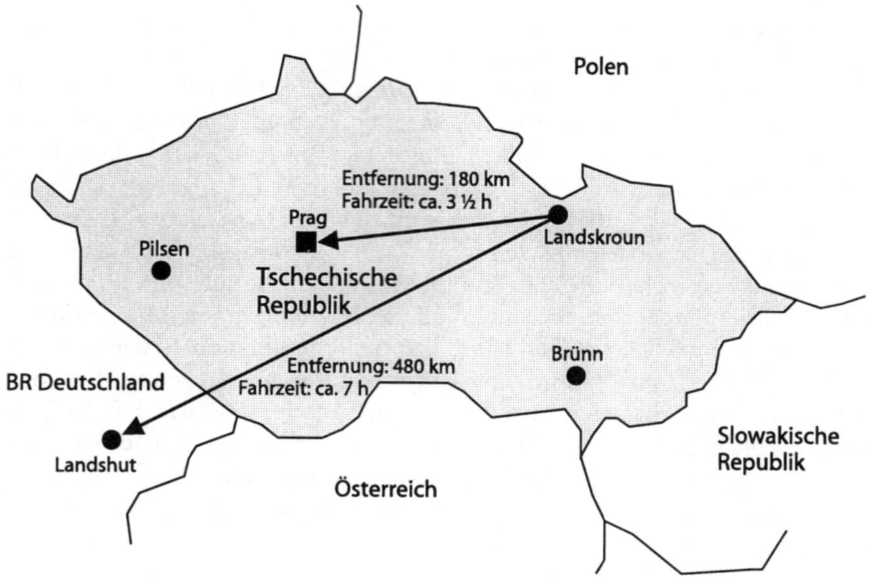

Abb. 1. Tschechische Republik – Topographie und Entfernungen (Quelle: GEPRO)

3.2 Rahmenbedingungen in Tschechien

Die relative Nähe zum Stammwerk in Landshut, das vorhandene Know-how in dem Spezialgebiet der Glas-Metall-Verarbeitung sowie die Rahmenbedingungen in der Tschechischen Republik favorisierten diesen Standort gegenüber anderen Ländern Ost-Europas mit ähnlich niedrigen oder sogar noch niedrigeren Kostenniveaus. Zu den für ein Unternehmen wichtigen Rahmenbedingungen zählen die positive marktwirtschaftliche Entwicklung Tschechiens sowie die relative Rechtssicherheit im Vergleich zu einigen anderen Investitionsstandorten Ost-Europas.

Die Struktur und Höhe der Lohn- und Lohnnebenkosten in Tschechien sind für ein Unternehmen nach wie vor interessant. Die Lohnkosten betrugen im Jahre 1995 ca. 8 % des deutschen Niveaus, und trotz einer Steigerung von ca. 15 % in den letzten drei Jahren wird es noch einige Zeit dauern, bis deutsches Niveau auch nur annähernd erreicht wird. Die Nebenbedingungen, wie Lohnfortzahlung im Krankheitsfall sowie Sozial- und Rentenversicherungsbeiträge sind tragbar und in der Regel günstiger als in Deutschland. Energie- und Wasserkosten sind dagegen ungefähr auf deutschem Niveau, während die Servicefunktionen wie Reinigung, Entsorgung oder Bauleistungen günstiger einzukaufen sind als in Deutschland.

Auf gleichem Niveau wie in Deutschland sind die Restriktionen bezüglich Umwelt, da die entsprechenden Gesetze fast durchgängig aus Deutschland übernommen worden sind. Die Handhabung bringt oftmals noch einige Schwierigkeiten im Umgang mit den Behörden mit sich, da die Übung in der Anwendung vielfach noch nicht vorhanden ist und daher entsprechende Unsicherheiten auftreten.

4 Erfahrungen in Tschechien

4.1 Mitarbeiter und Zulieferanten als kritische Erfolgsfaktoren

Beim Aufbau der Fertigung in Lanskroun traten für SCHOTT Electronic Packaging einige Probleme auf, die auch aus Standortprojekten anderer Firmen bekannt sind. Als größtes Problem stellte sich sehr schnell die mangelnde Verfügbarkeit qualifizierter Manager heraus, die in der Regel selten und deshalb auch sehr teuer sind. Nach wie vor sind viele Angestellte nicht gewohnt, Verantwortung zu übernehmen und zu tragen. Immer noch ist die Motivation der Mitarbeiter ein schwieriges Unterfangen, dem nicht genug Bedeutung beigemessen werden kann. Ebenso problematisch ist der Mangel an betriebswirtschaftlich ausgebildeten Mitarbeitern, die innerbetriebliche Controlling-Funktionen ausüben können. Darüber hinaus fehlt in der Tschechischen Republik, wie auch in anderen ehemals sozialistischen Ländern, ein gewisses Maß an Mobilität der Angestellten und Arbeiter. Dies ist in erster Linie auf einen nur unzureichend entwickelten Wohnungs- und Immobilienmarkt zurückzuführen. Für SCHOTT Electronic Packaging haben sich diese Punkte sehr schnell zu kritischen Erfolgsfaktoren entwickelt. Verstärkt durch die relative Randlage des Standortes Lanskroun und dessen mangelnder Attraktivität für entsprechend qualifizierte Manager sowie durch eine niederige Arbeitslosenquote, bei der fast von Vollbeschäftigung gesprochen werden kann, traten erhebliche Schwierigkeiten auf, die benötigten Managementpositionen mit tschechischen Kräften zu besetzen. Deshalb mußten einige deutsche Fachleute nach Lanskroun entsandt werden, was natürlich die Kosten erheblich erhöht hat. In der Zwischenzeit werden Überlegungen angestellt, durch den Bau eigener Wohnungen das Immobilienproblem zu lösen und junge Tschechen als Nachwuchsmanager in Deutschland auszubilden.

Als ein weiterer kritischer Faktor hat sich der Bereich Beschaffung herausgestellt. Zulieferer, die die von SCHOTT Electronic Packaging aufgestellten Anforderungen an Qualität und Lieferfähigkeit erfüllen können, waren zunächst kaum vorhanden. Daher wurden anfangs einige der in der Fertigung in Lanskroun benötigten Zulieferteile aus Deutschland beigestellt, was zum Teil immernoch beibehalten werden muß. Dies betrifft im übrigen auch Sonderteile und Werkzeuge, die zum größten Teil nur in Deutschland zu bekommen sind. Dieser Sachverhalt ist ebenfalls bei Standortprojekten anderer Unternehmen aufgetreten. Die Prüfung der Beschaffungsmöglichkeiten der benötigten Teile in Tschechien sowie eine Kostenbetrachtung der Teile, die nicht in Tschechien beschafft werden können und importiert werden müssen, ist einer der wesentlichen Bestandteile einer jeden Standortplanung, inbesondere bei Standortplanungen in Ost-Europa. Im Vergleich dazu war diese Thematik bei der Realisierung der Fertigung von SCHOTT Electronic Packaging in Singapur kein Problem. In Singapur und Umgebung sind Struktur und Angebot an Zulieferern auf dem in Deutschland gewohnten Niveau, wenn nicht sogar noch besser.

4.2 Auswahl der zu verlagernden Produktionsteile

Bei den Überlegungen, welche Teile in Tschechien hergestellt werden sollen, wurde sehr früh entschieden, daß keine Neuentwicklungen, sondern bekannte Teile, deren Produktionsprozesse bereits bekannt und in Landshut erfolgreich implementiert waren, in Tschechien gefertigt werden sollen. Bei der Auswahl der einzelnen Teile wurde auf die gemeinsam von GEPRO und dem Fraunhofer-Institut IPT entwickelte wwp-Methode zur Standortplanung zurückgegriffen (Abb. 2).

Aus einer Vielzahl bereits durchgeführter Standortplanungsprojekte ist bekannt, daß eine Auswahl der zu verlagernden Tätigkeiten alleine auf Basis der jeweiligen Lohnkosten der einzelnen Produktionsprozesse nicht zu einer durchgängigen und gesamtheitlichen Kostenreduzierung führen muß. Durch die singuläre Betrachtung einzelner Prozesse brechen möglicherweise Schnittstellen auf, deren Handhabung sogar zu erheblichen Produktionsnachteilen und Kostenerhöhungen führen kann. Bei der wwp-Methode erfolgt dagegen eine systematische und ganzheitliche Betrachtung der Verhältnisse von Prozeßketten. Dadurch werden nicht herausgelöste Produktionsprozesse, sondern ganze Ablaufketten verlagert und eine gesamtheitlich-optimierte Verlagerung durchgeführt. In einem ersten Schritt wurden umfangreiche Markt- und Absatzanalysen für SCHOTT Electronic Packaging durchgeführt, um eine fundierte Grundlage für Mengengerüste sowie die Standorte der zu beliefernden Kunden zu bekommen. Dabei stellte sich sehr schnell heraus, daß in einigen Produktbereichen die Kunden jetzt schon, und in Zukunft verstärkt, im nicht-europäischen Ausland ansässig sind. Den Schwerpunkt bildet dabei Asien. Die entsprechenden Teile können, obwohl sie sich teilweise aufgrund ihrer Kostenstruktur dafür eignen würden, nicht in Tschechien gefertigt werden. Sie müssen möglichst marktnahe, d.h. in USA oder Asien gefertigt werden.

Aufbauend auf der Markt- und Absatzanalyse wurde eine technisch-funktionelle Produktanalyse durchgeführt, bei der die Produkte anhand verschiedener Kriterien beschrieben und bewertet wurden. Gleichzeitig wurden die Kostenstrukturen der einzelnen Produkte auf Basis einer betrieblichen Kostenträgerrechnung ermittelt. Zielsetzung dieses Arbeitsschrittes war es, das benötigte und vorhandene Prozeß-Know-how, die Häufigkeit von konstruktiven Veränderungen am Produkt (und somit die Notwendigkeit zu einer Veränderung oder Anpassung der Produktionsprozesse), die Sensitivität gegenüber Verschiebungen bei Kundenanforderungen sowie den Anteil der Lohnkosten bei den Herstellkosten zu erarbeiten. Auch die Feststellung, daß bestimmte Fertigungsprozesse eine enge Anbindung an die nach wie vor in Landshut verbleibende F&E-Abteilung erfordern, führte zur Reduzierung der verlegbaren Produkte. Der Aufbau eines Deckungsbeitragsportfolios brachte weitere Klarheit, welche Produkttypen überhaupt für eine Verlagerung weiter betrachtet werden sollten. Darüber hinaus waren die Kosteninformationen notwendige Voraussetzung für die nachfolgenden Berechnungen der Kostenszenarien.

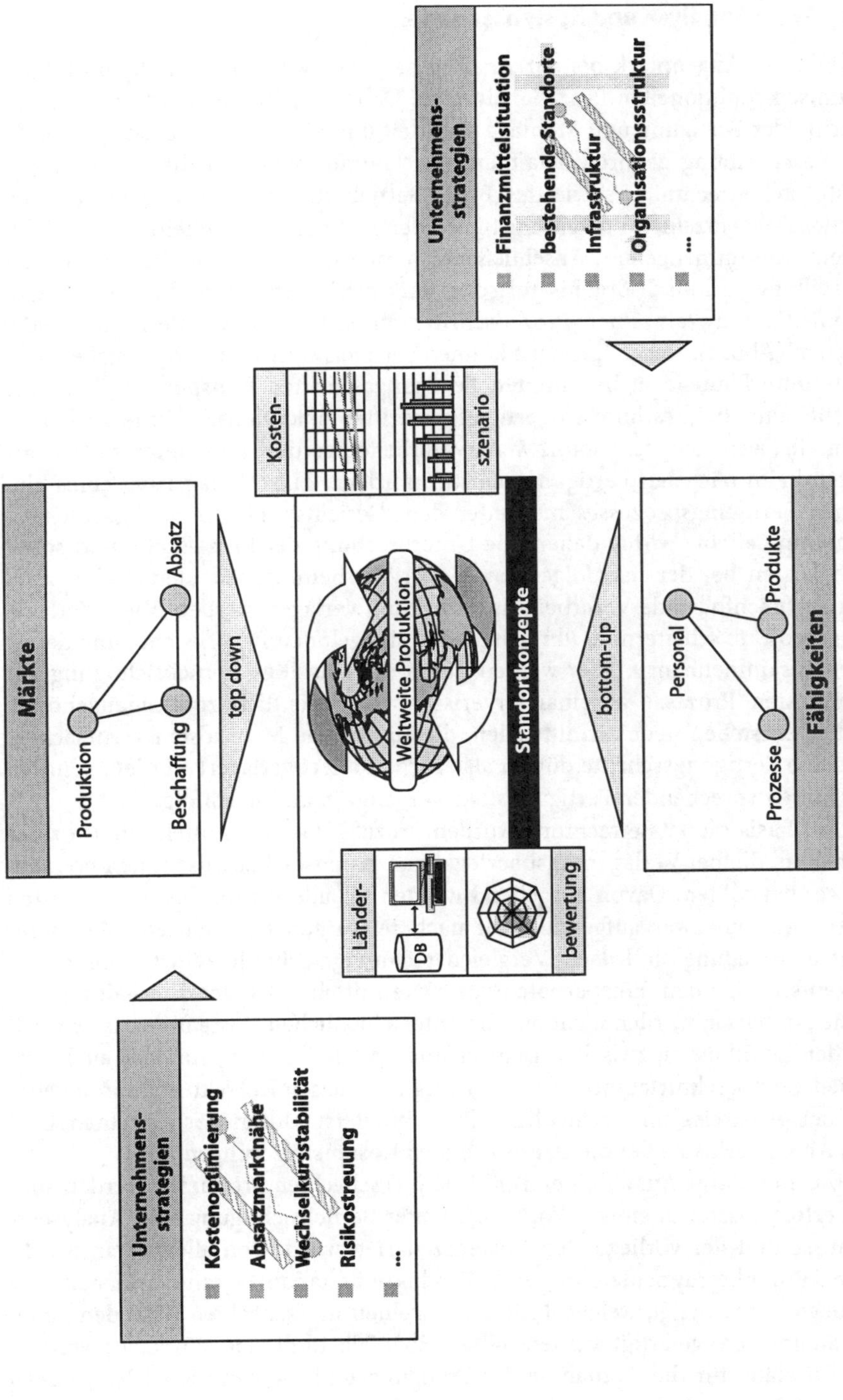

Abb. 2. Die wwp-Methode zur Standortplanung (Quelle GEPRO, IPT)

4.3 Prozeßanalyse und Kostenszenarien

Besonderes Augenmerk bei der Analyse nach der wwp-Methode kommt einer technisch-funktionellen Prozeßanalyse zu. Dabei werden zunächst alle Prozeßschritte der Fertigung und Montage ermittelt und im einzelnen beschrieben. Zu der Beschreibung gehören detaillierte Kosteninformationen, die auf Basis der Kostenstellenrechnung sowie des BAB (Betriebsabrechnungsbogens) ermittelt werden. Die einzelnen Prozeßschritte werden in einem gesamtheitlichen Ablaufschema zusammengefaßt. Anschließend werden in dieser Produktionsstrukturdarstellung technisch-organisatorische Verknüpfungen ermittelt, die eine Zusammenfassung einzelner Prozeßschritte zu sog. Prozeßclustern notwendig machen (Abb. 3). Verknüpfungen können beispielsweise dadurch entstehen, daß bestimmte Bauteile in bestimmten Fertigungsschritten transportsensibel sind. So entstehen bei bestimmten Fertigungsschritten oxidationsgefährdete Oberflächen, die, wenn sie nicht sofort weiterverarbeitet werden, umfangreiche Nacharbeiten beim nächsten Fertigungsschritt erfordern. Eine Verlagerung eines einzelnen Fertigungsprozesses nur unter dem Gesichtspunkt der Lohnkostenminimierung alleine würde daher eine Unterbrechung der Prozeßkette und somit Mehrkosten bei der nachfolgenden Weiterverarbeitung bedeuten. Daher muß hier der nachfolgende Verarbeitungsschritt mit verlagert werden. Viele Verlagerungsprojekte scheitern im übrigen an der mangelnden Berücksichtigung derartiger Zusammenhänge. Hier werden durch die einseitige Berücksichtigung der Lohnkosten Prozesse auseinandergerissen, die eigentlich zusammengehören, und es entstehen neue Schnittstellen, die zusätzliche Mehrkosten verursachen. Einzelne Fertigungsschritte dürfen also nicht isoliert verlagert werden, sondern nur mit entsprechenden Fertigungsfolgevorgängern und -nachfolgern.

Auf Basis dieser Betrachtung wurden Prozeß-Cluster ermittelt, die Prozesse enthalten, die bei Verlagerungsüberlegungen grundsätzlich zusammen betrachtet werden sollten. Davon ausgehend wurden für alle Prozeßcluster die Kosten bestimmt, und zwar aufgeschlüsselt nach relevanten Kostenarten. Mit dieser Kostendarstellung sind dann Vergleichsrechnungen durchgeführt worden, um die entsprechenden Einsparpotentiale zu ermitteln. Bei der Erarbeitung der Kostenszenarien wurden nicht nur die unterschiedlichen Kostenniveaus, wie z. B bei den Lohnkosten, zwischen Deutschland und Tschechien, sondern auch verschiedene Korrekturfaktoren berücksichtigt. Zu diesen Korrekturfaktoren gehören beispielsweise unterschiedliche Produktivitätsfaktoren der einzelnen Länder, Anlaufverluste oder die zu erwartenden Kostensteigerungen.

Die endgültige Auswahl der Teile, die in Tschechien produziert werden sollten, erfolgte dann in einem Workshop. Unter Berücksichtigung aller Analyseergebnisse und der vorliegenden Kostenszenarien wurde von allen verantwortlichen Produktgruppenleitern und Produktionsstandortverantwortlichen die Festlegung erarbeitet, welche Teile im einzelnen in Tschechien (und den anderen Standorten) gefertigt werden sollten. Ebenfalls in diesem Workshop wurden die Zeitpläne für die Aufnahme der Fertigung und die benötigten Ressourcen wie auch Mitarbeiterqualifikationen aufgestellt.

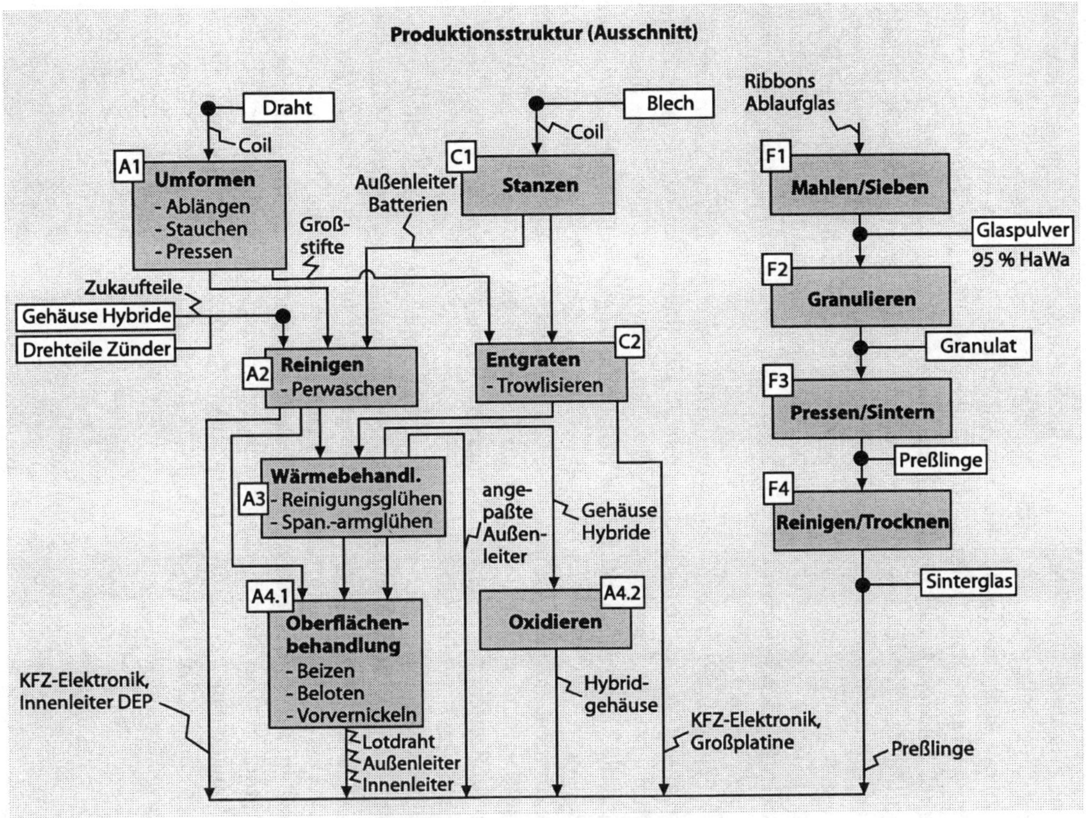

- Erfassen der Produktonsstruktur und Darstellung der Zusammenhänge zwischen den Produktionsprozessen
- Hinterlegen der Kostenstruktur
- Aufzeigen von Abhängigkeiten zwischen den Fertigungsprozessen
- Ermitteln ausgliederbarer/verlagerbarer Prozeßcluster

Abb. 3. Produktionsstrukturanalyse - Beispiel Schott EP (Quelle: GEPRO, IPT)

5 Realisierung des Konzeptes in Tschechien

Die anschließende Realisierung sowie das bereits vorhandene Engagement von SCHOTT Electronic Packaging brachten eine Reihe von Erkenntnissen, die über das Projekt hinaus Bedeutung haben dürfen. Zunächst ist festzuhalten, daß der Standort Tschechien für deutsche Unternehmen nach wie vor interessant ist. Das niedrige Lohnniveau wird sich sicher auch in den nächsten 10 Jahren noch als Vorteil erweisen, und zwar insbesondere verbunden mit dem relativ hohen Ausbildungsstand der Mitarbeiter. Die Infrastruktur ist im Vergleich zu anderen Ländern mit ähnlichen Lohnkosten (z.B. Thailand) gut ausgebildet. Dienstleistungen sind weitestgehend verfügbar, allerdings bei gleichem Niveau wie in Deutschland auch zu gleichen Kosten. Als Problem hat sich die Verfügbarkeit von Personal erwiesen. Die für SCHOTT Electronic Packaging benötigten Qualifikationen sind zwar prinzipiell in Tschechien verfügbar, aber nicht unbedingt an dem Standort. Bedingt durch eine mangelhaft ausgeprägte Mobilität der Mitarbeiter und die teilweise nicht vorhandene Möglichkeit zum Kaufen und Veräußern von Immobilien entstehen Schwierigkeiten, die richtigen Mitarbeiter am richtigen Ort zu bekommen. Das nicht sehr weit ausgebaute Verkehrsnetz im ländlichen Bereich begrenzt den Einzugsbereich für die Akquisition von Mitarbeitern erheblich.

Schwächen in der Logistik und in den Prozessen eines Unternehmens werden bei einem Engagement in Tschechien schnell aufgedeckt. Das gilt sicher auch für Investitionen in anderen Niedriglohnländern. Durch die Nähe Tschechiens zu Deutschland wird jedoch häufig die Bedeutung der Logistik unterschätzt. Die Fahrtzeit von Landshut bis Lanskroun beträgt mit dem PKW schon mindestens sieben Stunden, da kein ausgebautes Autobahnnetz zur Verfügung steht. Mit dem LKW verlängert sich diese Zeit natürlich erheblich, insbesondere im Winter und zu Stoßzeiten, bei denen noch lange Wartezeiten bei der Zollabwicklung in Kauf genommen werden müssen.

Der Standort Tschechien ist, zumindest im ländlichen Bereich, für deutsche Mitarbeiter in der Regel nicht attraktiv. Qualifizierte und engagierte Mitarbeiter sind, insbesondere wenn sie schulpflichtige Kinder haben, nur schwer oder gar nicht zu einem Wechsel dorthin zu bewegen. Daher kann die Entsendung von Spezialisten, sei es für Managementaufgaben oder auch für technische Arbeiten, ausgesprochen teuer werden. Gleichzeitig ist es ausgesprochen schwer, im mittleren Management genügend verantwortlich handelnde Mitarbeiter zu finden und zu trainieren. In der Regel gelingt dies nur über entsprechende Traineeprogramme im Stammwerk.

6 Fazit

SCHOTT Electronic Packaging hat umfangreiche Erfahrungen in Tschechien sammeln können. Geschenkt wurde der Erfolg nicht, und eine gründliche und systematische Vorbereitung und Begleitung des Vorhabens ist erforderlich. Eine einfache Verlagerung von lohnkostenintensiven Tätigkeiten ist, ohne Berücksichtigung weitergehender Zusammenhänge, nicht erfolgversprechend. SCHOTT Electronic Packaging hat mit der GEPRO in einem umfangreichen Planungsprozeß ein Konzept erarbeitet, das eine erfolgreiche Nutzung der Vorteile des Standortes Tschechien ermöglicht. Die Umsetzung erfordert viel Kreativität, Kompetenz und Engagement der zuständigen Manager. Einer der wichtigsten Erfolgsfaktoren ist das Training der verantwortlichen Mitarbeiter, und zwar in technischer wie auch sprachlich-kultureller Hinsicht. Ein Werk in der tschechischen Republik sollte, wie übrigens generell Produktionsstätten im Ausland, möglichst unabhängig geführt werden. Nicht etwa eine verlängerte Werkbank, sondern eine autonome Fertigung, die über weitreichende Kompetenz verfügt, bringt wirtschaftliche Vorteile. Unternehmerische Kräfte müssen gefördert und freigesetzt werden. Die existierenden Schwierigkeiten bezüglich Infrastruktur sind in Tschechien in der Regel lösbar (im Gegensatz zum Beispiel zu China), erfordern jedoch ein gewisses Maß an Kreativität. Dazu müssen die Mitarbeiter aber motiviert werden, und das unterstreicht wiederum die Bedeutung des Trainings der Führungskräfte. Die sprachliche Ausbildung zumindest von Schlüsselpersonen sowie die technische Qualifizierung ermöglicht erst die notwendige Kommunikation sowie das Verständnis für Abläufe und Prozesse.

Für SCHOTT Electronic Packaging hat das Engagement neue Perspektiven eröffnet, die Wettbewerbsfähigkeit im internationalen Bereich zu sichern und auszubauen.

Summary

Following the wave of economic liberalization which swept across the former Eastern Bloc from around 1990 onwards, Schott Electronic Packaging decided to establish a manufacturing plant in an eastern European country. Behind this move, however, lay not merely the desire to re-site some of its more wage-intensive processes, but also the implementation of a broad-ranging concept designed to exploit fully all the advantages on offer in the Czech Republic. One of the most crucial conditions of success is that those employees responsible receive training both on the technical and the cultural level. As with any other foreign operation, a factory in the Czech Republic should be run as independently as possible. An autonomous production facility, which enjoys a high, and wide-ranging level of competence, encourages a spirit of enterprise and creates economic opportunities. Schott Electronic Packaging's Czech venture has opened up horizons for the company, allowing it to consolidate and enlarge its presence on the international scene.

Lösungsansätze im Dienstleistungsbereich des internationalen Anlagenbaus am Beispiel Preussag

H. Napp

1 Merkmale des deutschen Anlagenbaus

1.1 Der Anlagenbau

Anlagenbauunternehmen errichten Produktions- und Infrastrukturanlagen, d.h. komplexe technische Systeme in Einzelerstellung (z.B. Kraftwerke, Raffinerien, Chemie- und Petrochemiekomplexe, Stahlwerke, Kläranlagen, Zementwerke u.a.).

Weitere Charakteristika sind (neben der unten ausführlich als Schwerpunkt behandelten Internationalität) Komplexität, hohe Wertigkeit, lange Dauer und Risiken der Aufträge einerseits sowie die Diskontinuität der Auftragseingänge andererseits (Schwanfelder, 1989; Höffken, 1991).

Die Wertschöpfung typischer Anlagenbauer ist gering (Singer, 1986). Die Anlagen bestehen vielmehr aus einer Vielzahl von zugekauften (im Angebotsstadium möglichst herstellerneutral spezifizierten) Ausrüstungsgegenständen und Komponenten (Motoren, Pumpen, Rohre, Kompressoren, Meß- und Regeltechnik etc.).

Das dazu erforderliche, ständig zu aktualisierende Wissen über die weltweit günstigsten Einkaufsmöglichkeiten (Procurement Know-how, global sourcing) ist *ein* Bestandteil des breiten Dienstleistungsspektrums der Anlagenbauer. Das gesamte Dienstleistungsangebot umfaßt typischerweise

- Feasibility-Studien
- Risikostudien
- Umweltverträglichkeitsstudien
- Finanzierungskonzepte
- Verfahrensvergleiche, -analysen und -auswahl
- basic engineering (verfahrenstechnische Auslegung von Industrieanlagen)
- detail engineering (konstruktive Auslegung von Industrieanlagen)
- Projektmanagement
- Vertragsmanagement (z.B. Kunden-, Lieferanten-, Lizenz-, Konsortial-, Versicherungsverträge, claim management)
- Versandmanagement inkl. Zollabwicklung
- Montage
- Inbetriebsetzung
- Betriebsführung und Instandhaltung
- Produktvermarktung.

Dieses komplexe Dienstleistungsangebot ist die Kernkompetenz des Anlagenbauers und notwendige (wenn auch nicht hinreichende) Voraussetzung für den Markterfolg.

1.2 Spezifika des deutschen Anlagenbaus

Der deutsche Anlagenbau nimmt mit einem Marktanteil von ca. 22 % weltweit die zweite Position hinter den USA ein (Baumgartner, 1995). Mehrere hundert Unternehmen bezeichnen sich in Deutschland als Anlagenbauer. 8 % der Anbieter (ca. 100 Anlagenbauer mit einem Umsatz von jeweils über 100 Mio DM) erwirtschaften 60 % des Branchenumsatzes.

Unzureichende und unangemessen niedrige Renditen (mehrheitlich < 3 % Umsatzrendite vor Steuern) sowie eine prognostizierte Abnahme der im Anlagenbau Beschäftigten in Deutschland sind Symptome einer Situation, die auf folgende Ursachen zurückzuführen ist:

1. Zunehmender Wettbewerbsdruck aus Ländern mit geringem (teilweise wechselkursbedingtem) Gehaltsniveau (England, Italien, USA, Japan, Korea, Indien, Asean-Staaten).
2. Abnahmen der Vergabe (schlüsselfertiger) Großaufträge aus ehemals vergabestarken Ländern (Saudi Arabien, Iran, Irak, GUS-Länder, China); ungünstige wirtschaftliche Lage im Inland.
3. Protektionistische Bestrebungen in manchen Abnehmerländern (local content, Einfuhrbeschränkungen, Zölle).
4. Höhere Kundenanforderungen (enge Terminpläne, Abwälzen von Risiken an den Anlagenbauer).
5. Zunehmende Kundentendenz, das Betreiben der Anlage und die Vermarktung der Produkte teilweise oder ganz dem Anlagenbauer zu übertragen.

In einem solchen hochkompetitiven Umfeld in Verbindung mit geringen Gewinnmargen ist die Fehlertoleranz gering. Der zunehmende Einsatz modernster Instrumentarien (EDV, CAD) bei Verfahrensauslegungen, technischen Berechnungen, Konstruktion, Einkauf, Terminplänen, Logistik, Kommunikation und Controlling hat in den letzten Jahren zu einer enormen Erhöhung der Effektivität in nahezu allen Bereichen des Dienstleistungsangebots geführt. Die erzielten Produktivitätsfortschritte haben jedoch nicht ausgereicht, den umfeldbedingten Druck auf die Unternehmen zu kompensieren.

1.3 Tendenzen des deutschen Anlagenbaus

Ungeachtet der – teilweise unklar definierten – Positionierung mancher Unternehmen im Markt können folgende Tendenzen festgehalten werden:

- Die Branche befindet sich in einem Anpassungs- und Umstrukturierungsprozeß, der durch Auslese und wahrscheinlich weitere Konzentrationsprozesse gekennzeichnet ist. Unter besonderem Druck stehen dabei mittelständische Unternehmen (Kosten und Risiken des Geschäftes, politisches Back-up im Einzelfall, Zugang zu den politischen Entscheidungsinstanzen) sowie Anbieter mit Schwächen in der Breite des notwendigen Dienstleistungsangebotes.

- Die Internationalisierung wird zu einem Schlüsselfaktor.

2 Internationalisierung als Schlüsselfaktor des Anlagenbaus

Anlagenbau ist ein internationales Geschäft. Sowohl innerhalb der Europäischen Gemeinschaft als auch im überseeischen Ausland sind international ausgeschriebene Aufträge die Regel.

Vor dem Hintergrund der daraus resultierenden internationalen Konkurrenz bei nahezu allen Projekten wird evident, daß (angesichts des Dienstleistungscharakters auf der einen und des stark unterschiedlichen Gehaltsniveaus auf der anderen Seite) der reine Export national erbrachter Leistungen mit dem Begriff Internationalisierung nicht ausreichend adressiert wird.

Aus dem Ziel, alle in den Ausschreibungen geforderten Leistungen (Finanzierung, Technologie, Fristen, Leistungen, Lieferungen und sonstige Aktivitäten) kostengünstig anzubieten, ergeben sich vielmehr Anforderungen, die eine möglichst standortunabhängige kalkulatorische Behandlung und spätere Projektabwicklung aller preisbildenden Faktoren voraussetzen. Mit anderen Worten: Der Versuch, heimische Kapazitäten zu exportieren, führt in der Regel zum Auftragsverlust (Nichterhalt oder negatives Ergebnis).

Neben dem Kostengesichtspunkt gibt es im Anlagenbau weitere Erfolgsfaktoren, die bei geeigneter Internationalisierung – insbesondere durch Präsenz in den Auslandsmärkten – abgedeckt werden:

- Aktives Marketing-Verhalten (Schwanfelder, 1989)
  - kumuliertes Erfahrungswissen der soziokulturellen Umwelt
  - Zugang zu den institutionellen-, den Macht- und Fachpromotoren
  - Schaffen und Pflege einer Beziehungskultur
  - angepaßte Marketingkommunikationen
  - frühzeitiges Aufspüren von Trends (schwache Signale)
- Bildung von Konsortien und anderen Zusammenarbeitsformen mit lokalen Partnern
- Local content
- After-sales-service vor Ort
- Ausgleich bzw. Minimieren von Risiken
  - Währungsschwankungen (netting)
  - Konjunkturschwankungen
  - Sourcing und Procurement.

Bei anderen Erfolgsfaktoren - im wesentlichen im Managementbereich - spielt die Internationalisierung nur eine untergeordnete Rolle. Es sind dies z.B.

- Projektentwicklung und -strukturierung
- Erarbeiten von internationalen Finanzierungskonzepten
- Verfahrensauswahl
- Vertragsmanagement
- Versicherungskonzepte
- Risikoanalysen
- Procurement-Konzepte
- Projektmanagement.

Diese Dienstleistungen werden auch heute noch durchaus wettbewerbsfähig am bzw. vom Standort Deutschland erbracht und rechtfertigen die nach wie vor große internationale Reputation deutscher Anlagenbauer.

Da der Aufbau der Internationalisierung Kosten und vor allen Dingen Zeit in Anspruch nimmt, schaffen rechtzeitige Maßnahmen (oder die Nichtaufgabe von entsprechenden Positionen in schlechten Zeiten) hohe Eintrittsbarrieren für Wettbewerber.

Neben den oben aufgeführten Vorteilen birgt eine Internationalisierung jedoch auch Risiken und Probleme. Hauptsächlich sind dies die mit einer entsprechenden Organisation verbundenen hohen (Fix-) Kosten, deren Optimierung (Preis-/Leistungsverhältnisse) regelmäßig Konflikte induziert, da eine verursachungsgerechte Zuordnung sehr schnell an Grenzen stößt. Hinzu kommt das Problem, auch beim Abflauen des Geschäftes die Präsenz in den Regionen nicht aufgeben zu können, solange man eine Wiederbelebung des Marktes für wahrscheinlich hält. Ein ergebnisorientiertes Controlling einer solchen Organisation ist daher fast unmöglich.

Besonderer Maßnahmen bedarf es, die Vorbereitung auf den Auslandseinsatz und die spätere Reintegration der Mitarbeiter (expatriates) sicherzustellen.

Spartenübergreifende internationale Organisationen in einem Konzern mit breitem Leistungsangebot werfen weitere Fragen auf, wie z.B. das Problem der Einheit von Kompetenz und Verantwortungen zwischen den „regional headquarters" und den Sparten.

3 Stärkung der Internationalisierung des Preussag-Konzerns

3.1 Ausgangslage und Vorgehensweise

Die Preussag AG ist ein Grundstoff- und Technologiekonzern mit rund 65.000 Mitarbeitern und einem Umsatz von etwa 26 Mrd DM. Neben dem Anlagenbau ist der Konzern in vier weiteren Geschäftsfeldern tätig: Stahl- und Nichteisenmetallerzeugung, Energie und Rohstoffe, Handel und Verkehr sowie Gebäudetechnik und Komponenten.

Anfang 1994 wurde die Stärkung der Internationalisierung als ein Schwerpunkt der strategischen Weiterentwicklung der Gruppe definiert. Es waren im wesentlichen drei Ziele, die mit dieser Vorgabe erreicht werden sollten (die folgenden Ausführungen inkl. der Abbildungen sind im wesentlichen entnommen aus McKinsey, 1994) (Abb. 1):

- Bessere Präsenz in den Wachstumsmärkten im Ausland als Basis für Umsatz- und Ergebnissteigerungen,
- Nutzung von Kostenvorteilen durch die Verlagerung von Produktionen in Niedriglohnländer und verstärkte Beschaffung im Ausland und
- Reduzierung von Risiken aus Konjunktur-, Preis- und Währungsschwankungen.

Eine erste Grobanalyse zeigte sehr schnell, daß der Auslandsanteil des Konzernumsatzes nur einen unvollkommenen Maßstab für den Grad der Internationalisierung darstellt – erst nach Eliminierung der Umsätze mit Westeuropa und der Handelsumsätze ohne nennenswerte Wertschöpfung wurde der tatsächliche Handlungsbedarf evident.

Um eine einheitliche, transparente und konzernübergreifende Vorgehensweise im Preussag-Konzern mit seiner ausgeprägt dezentralen Unternehmenskultur sicherzustellen, wurde McKinsey & Company, Inc. gleich zu Beginn des Projektes eingeschaltet. Bei der Aufgabenstellung stand die Frage im Vordergrund, ob und wie

- die einzelnen Konzerngesellschaften bei ihren Internationalisierungsbemühungen organisatorisch und strategisch durch den Konzern unterstützt werden können (Abb. 2) und
- sich die Aktivitäten in wichtigen Auslandsmärkten bündeln lassen.

Aufgrund der hohen Dringlichkeit der Internationalisierung wurde in dem Projekt ein bewußt pragmatischer Ansatz verfolgt. Diese Vorgehensweise knüpfte an vorhandene oder geplante Auslandsaktivitäten an, band die großen Konzerngesellschaften mit nennenswertem Internationalisierungspotential ein und zielte auf zügige Implementierung. Hiermit verfolgte die Holding eine „Pullstrategie“: Aufbau einer zum Teil durch die Holding geförderten internationalen Infrastruktur sollte zu einer „Sogwirkung“ bei den Konzerngesellschaften führen, d.h. die Entwicklung von Länderstrategien der Einzelgeschäfte fördern. Drei Kernelemente charakterisierten die Methodik des Projektes:

- Bestandsaufnahme
- Markt- und Länderanalyse
- Zahlreiche Workshops mit den bedeutenden Konzerngesellschaften auf Arbeitsebene und Geschäftsführerebene.

Ein Lenkungsausschuß begleitete und steuerte die Arbeit und Vorgehensweise. In drei begleitenden Regionalkonferenzen (Osteuropa, Asien und Amerika) wurden Grundsatzentscheidungen getroffen.

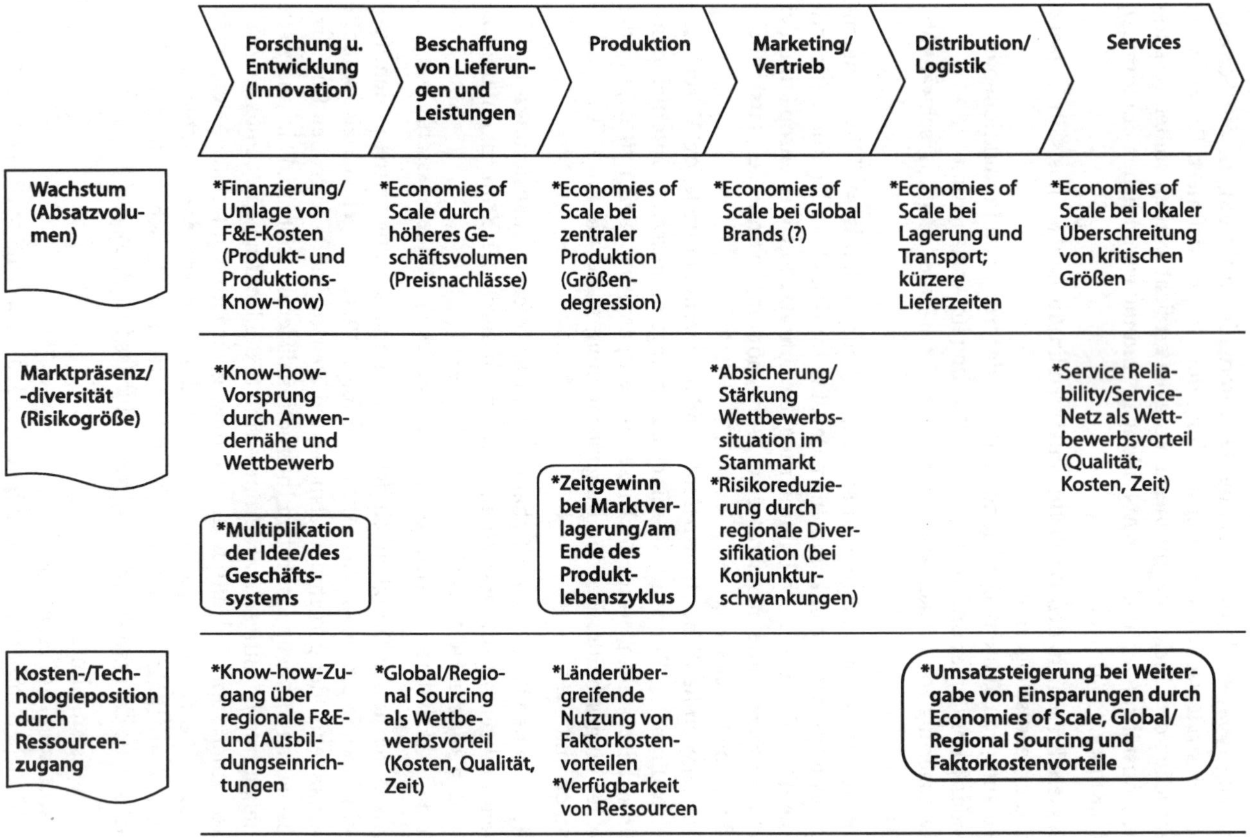

Abb. 1. Mögliche Wettbewerbsvorteile im Geschäftssystem durch Internationalisierung

Abb. 2. Aufgabenverteilung zwischen Holding und Konzerngesellschaften bei der Internationalisierung

3.2 Bestandsaufnahme

Neben zahlreichen quantitativen Analysen ergab die Bestandsaufnahme im wesentlichen folgendes:

1. Die Ausgangspositionen der einzelnen Konzerngesellschaften für eine weitere Internationalisierung waren sehr unterschiedlich. Internationale Strategien und Pläne waren überwiegend vage und fragmentarisch. Viele der Geschäfte wurden als unzureichend internationalisiert eingestuft (Abb. 3).
2. Zahlreiche Produkte und Dienstleistungen wiesen ein weiteres Internationalisierungspotential auf.
3. Viele Konzerngesellschaften verfügten über Auslandsniederlassungen, die teilweise an einigen Standorten unabhängig voneinander agierten.

3.3 Länderattraktivitäten

In Workshops wurden über 30 Länder als Zielmärkte analytisch aufbereitet und auf Erschließbarkeit durch Preussag geprüft.

Auf Basis von Länderübersichten (Volkswirtschaftliche Beurteilung, relevante Marktgröße, Finanzkraft usw.) und 163 Marktstudien von International Business Strategies (IBS) wurde die Marktattraktivität vorab beurteilt. Auf dieser Grundlage wurden in einem mehrtägigen Workshop die Geschäfts- und Länderprioritäten bestimmt.

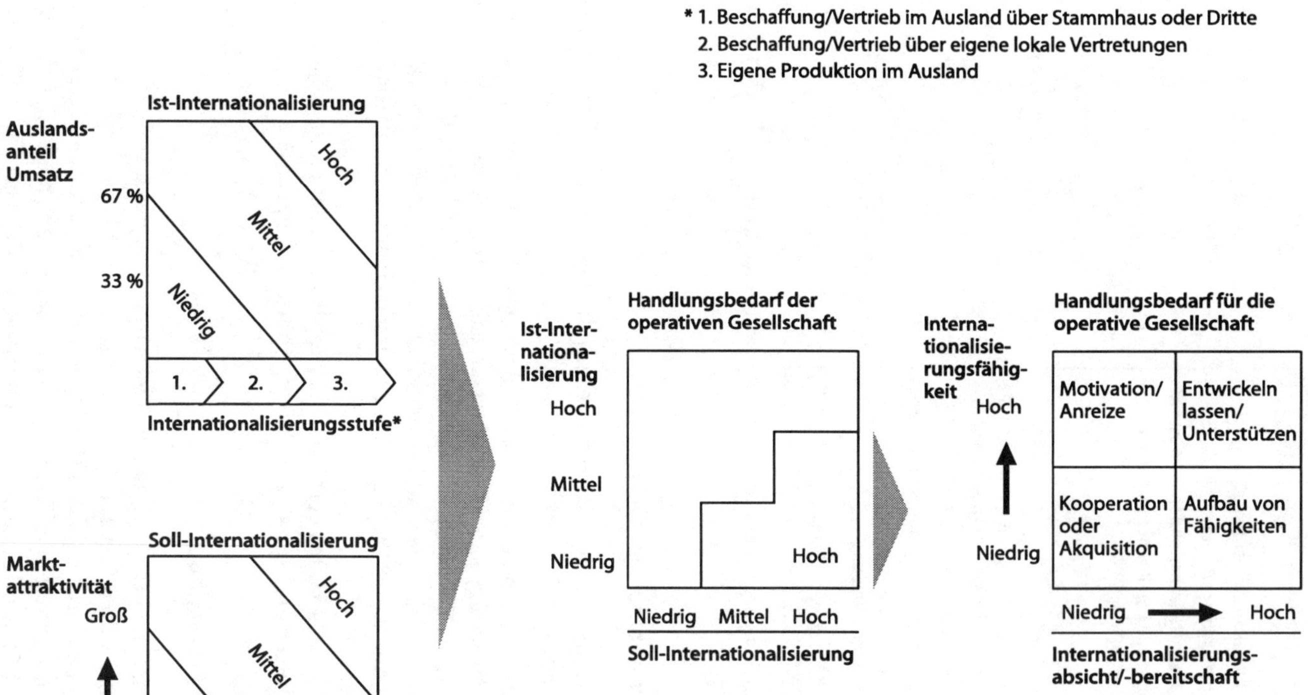

Abb. 3. Handlungsbedarf und -optionen zur Internationalisierung

3.4 Organisationsmaßnahmen

Der Ansatz einer Preussag-einheitlichen Auslandsorganisation wurde aus verschiedenen Gründen (heterogene Geschäfte der einzelnen Gesellschaften, dezentrale Unternehmenskultur) nicht weiter verfolgt.

Ziel war vielmehr eine regionenspezifische Ausrichtung der Organisationsform. Hierzu wurden 5 Modelle entwickelt (Abb. 4):

Modell 1: Corporate Development Companies
Fokus solcher Gesellschaften mit weitestgehender Bindung an die Holding ist die Marktentwicklung, d.h. der *Aufbau neuen Geschäftes* für die Konzerngesellschaften. An der Spitze der Gesellschaft steht ein(e) Geschäftsführer(in), der (die) in der Stellung vergleichbar ist mit den Geschäftsführern großer Konzerngesellschaften. Hauptaufgaben sind die Erkennung von Geschäftsmöglichkeiten, die Gewährung von Hilfe bei regionen-/länderspezifischen Fragen, der Akquisition/Vertrieb sowie die Auftragsabwicklung und die Beobachtung von Markt und Wettbewerb (monitoring). Hinzu kommen die Repräsentation des Konzerns, Lobbying und die Unterstützung der Konzerngesellschaften vor Ort. Die Teilnahme an der gemeinsamen Gesellschaft ist für alle Konzerngesellschaften mit Aktivitäten im Land Pflicht. Die Mitarbeiter der Konzerngesellschaften werden in disziplinarischer und fachlicher Hinsicht partnerschaftlich sowohl vom Geschäftsführer der Corporate Development Company als auch vom jeweiligen Stammhaus geführt.

Modell 2: Ärztehäuser
Beim Ärztehaus liegt der Fokus – in Abgrenzung zum Marktentwicklungsschwerpunkt der Corporate Development Company – auf Markt*bearbeitung.* Hier dient das gemeinsame Vorgehen in erster Linie der *Unterstützung des bestehenden* Geschäftes der Gesellschaften. Vorrangige Aufgabe des Niederlassungsleiters sind Repräsentation, Lobbying und die Bereitstellung einer adäquaten Büroinfrastruktur.

Modell 3: Lead Company
In dieser Organisationsform unterstützt eine Konzerngesellschaft, die in einem Land bereits über eine Auslandsniederlassung verfügt, andere Konzerngesellschaften, die in diesem Land Fuß fassen wollen. Der Niederlassungsleiter bleibt Mitarbeiter der Lead Company und wird auch allein von dieser geführt. Die Teilnahme anderer Gesellschaften ist freiwillig.

Modell 4: Scouts
Scouts sind von der Holding ausgesuchte und betreute Mitarbeiter für die aktive Markt- und Wettbewerbsbeobachtung im jeweiligen Zielland. Dadurch soll der richtige Zeitpunkt und die geeignete Vorgehensweise für einen Markteintritt bzw. zur Wahrnehmung von Marktchancen identifiziert werden. Als Scout kann auch ein vor Ort bereits ansässiger Mitarbeiter einer Konzerngesellschaft benannt werden. Die Scouts werden durch die Holding geführt.

Modell 5: Stand Alone
Individuelles Vorgehen von Konzerngesellschaften in dem jeweiligen Land.

Für jeden der im vorherigen Schritt identifizierten Zielmärkte wurde in Workshops das am besten passende Organisationsmodell ausgewählt. Resultat der beiden Schritte war eine Matrix aus Zielmärkten und jeweils zugeordneten Organisationsformen (Abb. 5).

3.5 Kosten

In einem nächsten Schritt wurden für die Zielmärkte mit den dazugehörigen Organisationsmodellen grobe Kostenschätzungen durchgeführt. Für die Corporate Development Companies und die Ärztehäuser wurde eine zeitlich gestaffelt abnehmende finanzielle Unterstützung der Holding für nicht gesellschaftsspezifische Kosten (Personalkosten für den/die Leiter(in), sales engineer, Sekretariat) festgelegt.

3.6 Implementierung

Das Projekt wurde abgerundet mit detaillierten Vorschlägen zur Implementierung und einer Prioritätenrangfolge der Vorgehensweise.

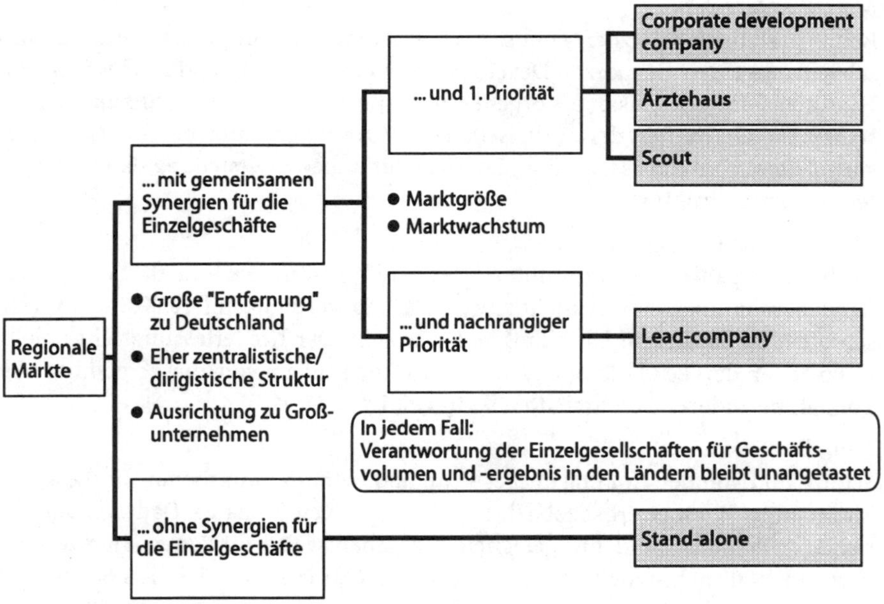

Abb. 4. Auswahlkriterien für die fünf Organisationsmodelle

Modell:	**Corporate development company**	**Ärztehaus**	**Lead-company**
Stellung/ Leitung:	Geschäftsführer Konzern	Niederlassungsleiter Holding*	Niederlassungsleiter Konzerngesellschaft
Konzern-gesellschaften:	A B C	A B C	A B C
Hauptaufgabe:	• Aufbau neues Geschäft für Konzerngesellschaften • Fokus Marktentwicklung	• Bereitstellen von Infrastruktur • Repräsentation des Konzerns nach außen • Unterstützung des bestehenden Geschäfts der Gesellschaften • Fokus Marktbearbeitung	• Hilfestellung der Lead-company für Schwestergesellschaften im Umfang individueller Vereinbarungen
Teilnahme der Konzerngesellschaften:	• Pflicht für Konzerngesellschaften mit Aktivitäten im Land	• Selbstverpflichtung • Bei Einzelvorgehen im Land Rechenschaftsbericht	• Freiwillig
Kostenregelung:	• Übernahme nicht-gesellschaftsspezifischer Kosten in der Anlaufphase durch die Holding	• Übernahme nicht-gesellschaftsspezifischer Kosten in der Anlaufphase durch die Holding	• Direkte Kostenregelung zwischen den Konzerngesellschaften

*Niederlassungsleiter kann auch von bereits vor Ort ansässiger Konzerngesellschaft stammen

Abb. 5. Abgrenzung von Organisationsmodellen

4 Auswirkungen der Konzerninternationalisierung auf den Anlagenbau des Preussag-Konzerns

Das im vorigen Kapitel vorgestellte Internationalisierungsprojekt umfaßte alle bedeutenden Gesellschaften des Konzerns mit seinem heterogenen Angebotsspektrum. Wenngleich die im Anlagenbau tätigen Gesellschaften mit unterschiedlichen Regionenschwerpunkten bereits vorher international agierten, so profitierten sie doch in besonderem Maße von den durchgeführten und eingeleiteten Maßnahmen.

Ein Abgleich mit den in Kapitel 2 abstrakt dargestellten Erfolgsfaktoren macht evident, daß sie nahezu vollständig durch das erarbeitete Konzept abgedeckt werden.

Von besonderer Bedeutung ist die Präsenz des Konzerns als einer der größten deutschen Unternehmensgruppen in den nach wie vor politisch/wirtschaftlich zentral organisierten Wachstumsregionen. Insbesondere bei großen Industrieanlagen- und Infrastrukturprojekten, die stets auch einen industriepolitischen Hintergrund haben, hat das Auftreten des Konzerns die Wettbewerbsbedingungen für den Anlagenbau nennenswert verbessert.

Durch das regionenspezifisch optimierte Organisationsmodell wurde eine kostengünstige internationale Infrastruktur geschaffen, die den potentiellen Zielkonflikt zwischen dem konzernübergreifenden Leitungsanspruch der Holding und der Einheit von Kompetenz und Verantwortung in den operativen Gesellschaften weitestgehend vermeidet.

Summary

The German engineering and contracting business is in the middle of a restructuring process. It's strong position in the highly competitive international market is challenged by low cost engineering companies mainly from Asia and Eastern Europe. Successful international contracting will increasingly depend on an effective and smart global approach on each project.

In a group wide effort, Preussag has identified target markets and developed strategies and tactics to address these markets to ensure a cost effective internationalization of their engineering and contracting businesses.

Literatur

Backhaus, K./Meier, M. (1987): Die Beurteilung von Länderrisiken beim Anlagenexport. In: Backhaus, H./Siepert, H.-M. (Hrsg.) (1987): Auftragsfinanzierung im industriellen Anlagengeschäft. Stuttgart.

Baumgartner & Partner Unternehmensberatung GmbH (1995): Strukturwandel im deutschen Anlagenbau. Chancen, Handlungsbedarf und Lösungseinsätze. Sindelfingen.

Funk, J./Laßmann, G. (Hrsg.) (1986): Langfristiges Anlagengeschäft/Risikomanagement und Controlling. ZFBF Sonderheft 20.

Höffken, E./Schweitzer, M. (Hrsg) (1991): Beiträge zur Betriebswirtschaft des Anlagenbaus/Arbeitskreis „Internes Rechnungswesen" der Schmalenbach Gesellschaft - Deutsche Gesellschaft für Betriebswirtschaft e.V. ZFBF Sonderheft 28.

McKinsey & Company, Inc. (1994): Stärkung der Internationalisierung des Preussag-Konzerns. Endbericht und Anhang.

Schwanfelder, W. (1989): Internationale Anlagengeschäfte: Anbieterkonsortium, Projektabwicklung, Projektcontrolling. Wiesbaden.

Singer, H. (1986): Dienstleistungen als Wettbewerbsinstrument im industriellen Anlagengeschäft. ZFBF 38.

4 Absatz und Beschaffung

Internationale Geschäftsfeld-Positionierung – Grundlegung und Problemlösungsansatz –

A. Hermanns, C. Suckrow

1 Einleitung

Die Unternehmen der Investitionsgüterbranche stehen vor neuen Bedingungslagen und veränderten Herausforderungen. Um bei dem dynamischen Wandel von Markt- und Wettbewerbsbedingungen auf den internationalen Märkten schnell und flexibel auf die Kundenerfordernisse reagieren und proaktiv agieren zu können, benötigen die großen und mittelständischen Unternehmen eine adäquate organisatorische Ausrichtung: überschaubare, dezentrale Organisationseinheiten sind gefordert.

Als Lösung für diese Problematik wird in erster Linie die Bildung von Geschäftsfeldern angesehen, da diese Know-how und Kompetenzen auf spezifische Kunden zur Lösung derer Probleme focussieren. Natürlich impliziert eine solche organisatorische Lösung ein *eigenständiges Geschäftsfeld-Marketing*. Adäquate Lösungen hierfür, vor allem in strategischer Hinsicht, stehen jedoch noch aus. Es herrscht ein gewisses Maß an Planungsunsicherheit beim Marketing-Management.

An dieser Problematik setzen die folgenden Überlegungen an und stellen als einen relevanten Ansatz zur Problemlösung für ein strategisches Marketing von Geschäftsfeldern eine systematische Vorgehensweise zur Bestimmung der optimalen Positionierung eines Geschäftsfeldes in seinem Marktumfeld vor.

2 Grundlegung

2.1 Zum Begriff der internationalen Geschäftsfeld-Positionierung

Positionierung ist zu einem viel strapazierten Begriff geworden. So fordern deutsche Manager immer wieder die Neu-Positionierung oder Re-Positionierung ihrer Unternehmen, Geschäftsfelder und Produkte. Während für den versierten Marketing-Manager eine Positionierung des Gesamtunternehmens im Rahmen der Corporate Identity-Konzeption und eine Positionierung des Produktes bzw. der Marke im Rahmen der Produkt- und Markenstrategie bereits zum Standardrepertoire gehören, stößt er bei der Positionierung seiner Geschäftsfelder auf *akute Planungsunsicherheit.* Insbesondere bei komplexen Investitionsgütern vermehrt sich hier der Handlungsdruck für eine internationale Positionierung des Geschäftsfeldes, da Kunden zunehmend produktunabhängige Dimensionen wie die Problemlösungsfähigkeit, die Marktleistung und die Reputation des

Geschäftsfeldes in den Vordergrund ihrer Lieferantenauswahl bzw. Beschaffungsentscheidung stellen.

Basierend auf dieser dargestellten Entwicklung soll der internationalen Geschäftsfeld-Positionierung daher folgendes Verständnis zugrunde gelegt werden: *Die internationale Geschäftsfeld-Positionierung ist das Bestreben eines Geschäftsfeldes, seine Marktleistung und sein Image derart zu gestalten, daß die Zielkunden in den internationalen Märkten das Geschäftsfeld im Vergleich zu seinen Wettbewerbern eindeutig differenzieren und wertschätzen.* Ausgangspunkt der Geschäftsfeld-Positionierung stellt somit ein Denken im „strategischen Dreieck", das heißt im Spannungsverhältnis zwischen Kunden, Wettbewerbern und der Ressourcensituation des eigenen Geschäftsfeldes, dar (siehe Abb. 1).

Aufgabe der internationalen Geschäftsfeld-Positionierung ist es (siehe auch Hermanns/Wißmeier, 1995):

- durch Zusammenführung von Kunden-, Wettbewerbs- und interner Analyse das Gesamtengagement des Geschäftsfeldes in Bezug auf seine internationalen Märkte zu betrachten, d.h. das Denken und Handeln in Gesamtzusammenhängen zu fördern,
- die strategische Stoßrichtung zu bestimmten, mit der gezielt Kundenanforderungen und -bedürfnisse in langfristige Wettbewerbsvorteile umgesetzt werden können und
- eine systematische Analyse und Planung der international relevanten strategischen und operativen Marketingentscheidungen des Geschäftsfeldes zu unterstützen.

Abb. 1. Das strategische Dreieck der Positionierung

2.2 Einordnung der Geschäftsfeld-Positionierung in das internationale Marketing

Die Aufgaben der internationalen Geschäftsfeld-Positionierung haben bereits daraufhin gewiesen, daß die Geschäftsfeld-Positionierung nicht isoliert von anderen Marketingentscheidungen zu sehen, sondern als *integraler Bestandteil* des gesamten Marketing-Management-Prozesses des Geschäftsfeldes einzuordnen ist (siehe Abb. 2).

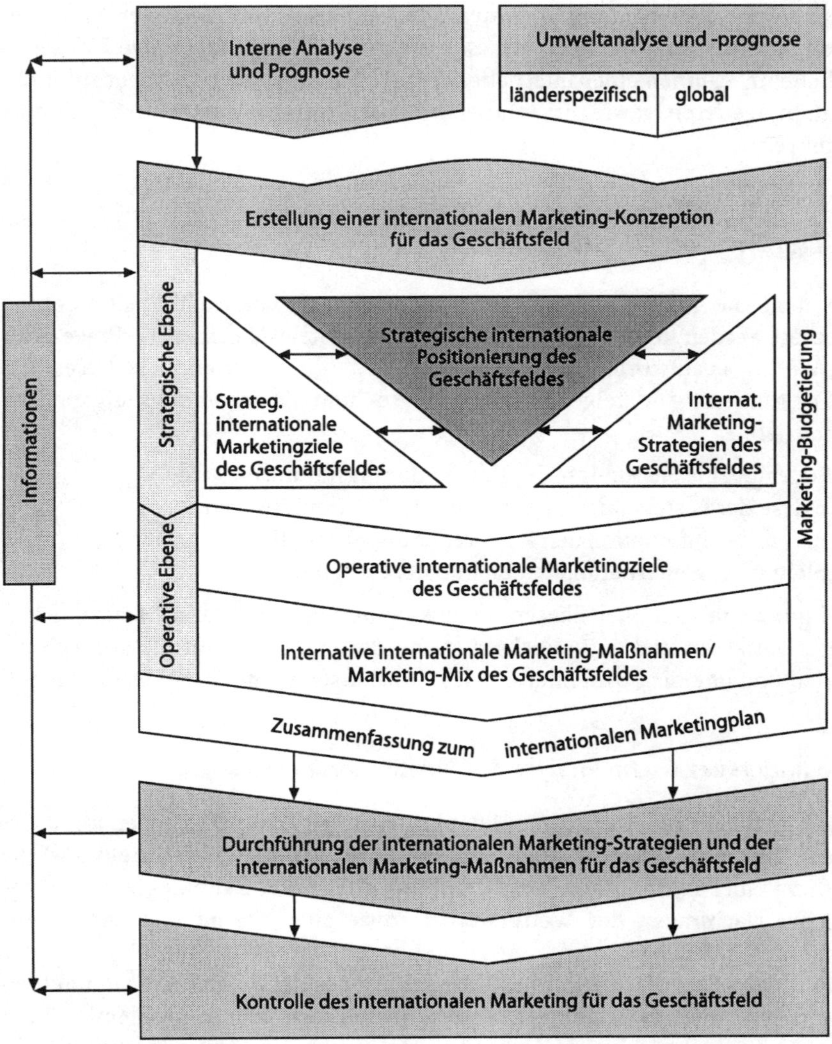

Abb. 2. Der internationale Marketing-Management-Prozeß (Quelle: Hermanns, 1995; Suckrow, 1996)

Ausgangspunkt des *internationalen Marketing-Management-Prozesses* bildet zunächst die Analyse und Prognose des Geschäftsfeldes und seiner Umwelt. Die Ergebnisse dieser ersten Phase dienen in Form von Chancen/Risiken- und Stärken/Schwächen-Betrachtungen als Input für die Erstellung einer internationalen Marketing-Konzeption des Geschäftsfeldes. Hier gilt es, in einer strategischen Ebene neben der klassischen Ableitung von Marketingzielen und -strategien vor allem die strategische internationale Positionierung des Geschäftsfeldes zu integrieren. Die Ergebnisse aus der Definition der internationalen Marketingziele, Positionierung und Marketingstrategien ermöglichen auf der operativen Konzeptionsebene die Ableitung operativer Marketingziele und des internationalen Marketingmixes. Abschließend gilt es, die strategische und operative Konzeptionsebene im Rahmen eines internationalen Marketingplans zusammenzuführen und zu budgetieren, sowie diesen in eine Durchführungs- und Kontrollphase zu überführen.

3 Der Problemlösungsansatz

Nach dem die Einordnung der internationalen Geschäftsfeld-Positionierung aufgezeigt werden konnte, gilt es für den Geschäftsfeld-Manager die Frage nach dem *Wie* zu beantworten. Erforderlich ist hier, die internationale Geschäftsfeld-Positionierung in folgende vier Analyse- und Entscheidungsaufgaben zu differenzieren:

1. Länderspezifische Analyse des Positionierungsraumes.
2. Analyse der bestehenden internationalen Positionierungen.
3. Analyse der internationalen Positionierungsalternativen.
4. Ableitung der internationalen Ziel-Positionierung.

Dabei gilt es, in allen vier Phasen die positionierungsrelevanten Daten international zu erfassen und zu verdichten (siehe Abb. 3), um somit die strategische Stoßrichtung und die Positionierung des Geschäftsfeldes im Markt festzulegen.

3.1 Länderspezifische Analyse des Positionierungsraumes

Grundlage für die Ableitung sowohl der bestehenden Positionierungen im Markt als auch für die künftigen Positionierungsalternativen des Geschäftsfeldes ist die Schaffung einer *informatorischen Datenbasis* in Form von umfangreichen Analysen der Nachfrager, der Wettbewerber sowie eine interne Betrachtung des eigenen Geschäftsfeldes.

Die Analyse der Nachfrager besteht zunächst aus der Bestimmung der aktuellen und potentiellen Nachfrager. Erstere lassen sich relativ problemlos über interne Datenbanken identifizieren. Um jedoch auch verstärkt potentielle Nachfrager bestimmen zu können, sollte im Rahmen von Workshops das Geschäftsfeld-Management mit den Fragen konfrontiert werden, welche weiteren Nachfrager ein Interesse an der Problemlösungsfähigkeit des Geschäftsfeldes haben könnten, und wie sich dieser Bedarf in Bezug auf die Dynamik des Marktes künftig ändern wird. Erforderlich ist eine ständige Reflexion der Problemlösungserwartungen im eigenen Markt, um künftige Problemlösungen und damit auch neue potentielle Kunden zu identifizieren.

In einem weiteren Schritt ist es erforderlich, die Bedürfnisse und Anforderungen der identifizierten Nachfrager zu analysieren und zu segmentieren. Auf der Basis einer Potentialerfassung in den einzelnen Segmenten sind anschließend die Zielsegmente festzulegen (siehe Dreher/Ritter/Mühlbacher, 1992 und Wind, 1990).

In diesen Zielsegmenten müssen in einer weiteren Analyseaufgabe diejenigen Faktoren bestimmt und aus Sicht der Kunden bewertet werden, anhand derer eine strategische Positionierung des Geschäftsfeldes möglich ist. Diese Faktoren werden *als Key-Positioning-Faktoren* bezeichnet. Es handelt sich dabei um Einflußgrößen, die für den Erfolg oder Mißerfolg der Positionierung von entscheidender Bedeutung sind. Key-Positioning-Faktoren können sowohl durch Merkmale des Geschäftsfeldes als auch durch seine Kunden oder Wettbewerber begründet sein. Wie aber lassen sich diese spezifischen Key-Positioning-Faktoren identifizieren?

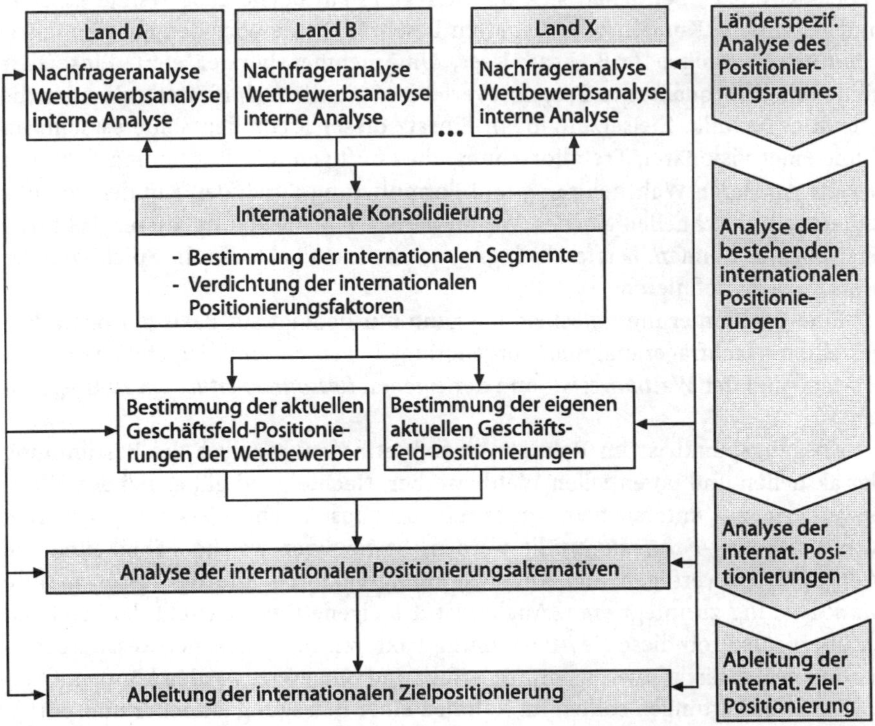

Abb. 3. Das Phasenmodell der internationalen Geschäftsfeld-Positionierung (Quelle: Suckrow, 1996)

Die Ableitung zukunftsgerichteter Faktoren ist dabei von essentieller Bedeutung, da die Positionierung nicht in der gegenwärtigen Marktsituation verharren darf, sondern die zukünftige Stoßrichtung des Geschäftsfeldes antizipieren und aufzeigen soll. Ein in den Unternehmen häufig eingeschlagener Weg besteht nun darin, intern eine Liste von Faktoren zu generieren, mit denen sich das Geschäftsfeld bei den Zielgruppen positionieren könnte und deren Bedeutung in einer *Kundenbefragung* bewerten zu lassen. Kritisch zu hinterfragen ist jedoch, ob dies mit Hilfe quantitativer Befragungstechniken, wie sie typischerweise bei klassischen Positionierungsanalysen genutzt werden, noch hinreichend möglich ist. So besteht ein großes Problem darin, daß es häufig nicht gelingt, die Erwartungen des Kunden richtig wahrzunehmen, da entweder Fehler und Versäumnisse in der Informationsbeschaffung vorliegen oder der Kunde oftmals seine Erwartungen nicht hinreichend formulieren kann (Kreilkamp, 1995). Vorzunehmen sind daher verstärkt Vermutungen über die Problemlösungserwartungen sowie den zukünftigen Problembedarf der Kunden und die Beantwortung der Frage, durch welche Key-Positioning-Faktoren diese operationalisiert werden können.

Es empfiehlt sich dabei vor allem die Anwendung qualitativer, explorativer Ansätze der *Marktforschung*. Bewährt hat sich hier die Nutzung sogenannter „Focus-Groups", bei denen sich die Befragung auf einige ausgewählte aktuelle und potentielle Kunden oder Experten beschränkt, die über detaillierte Marktkenntnisse verfügen (z.B. Lead User, Unternehmensberater etc.). Einsetzbar sind weiterhin qualitative Prognoseverfahren wie die Delphi-Methode oder die Szenario-Technik. Zielsetzung beim Einsatz dieser Methoden sollte es sein, im Sinne einer visionären Trendforschung, die künftigen Key-Positioning-Faktoren bereits vor deren Wahrnehmung und Formulierung durch den Kunden zu antizipieren, um schneller als der Wettbewerber eine Erfüllung dieser Faktoren anstreben zu können. Letztendlich gilt es, mit diesen Faktoren die Spielregeln im Markt neu zu definieren.

Eine Positionierungsentscheidung kann nur bedingt auf Basis der oben dargestellten Nachfrageranalysen vorgenommen werden und ist stets vor dem Hintergrund der *Wettbewerber* und der eigenen *Ressourcensituation* zu überprüfen.

Ausgangspunkt ist im Rahmen einer Wettbewerbsanalyse die Bestimmung der aktuellen und potentiellen Wettbewerber. Nachfolgend gilt es bei den Wettbewerbern zu untersuchen, inwieweit die aus Nachfragersicht relevanten *Key-Positioning-Faktoren erfüllt* werden, sowie über welche Fähigkeiten die Wettbewerber verfügen, die Key-Positioning-Faktoren künftig besser in ihre Marktleistung zu integrieren. Analog ist das eigene Geschäftsfeld dahingehend zu überprüfen, ob diese Key-Positioning-Faktoren bei gegebener Ressourcensituation gegenwärtig sowie zukünftig erfüllt und umgesetzt werden können.

Beide Bewertungen sollten im Rahmen einer Befragung aktueller und potentieller Kunden durchgeführt werden. Für die einzelnen Ländermärkte lassen sich anschließend erste Ergebnisse in einer Matrix abtragen (siehe Abb. 4). Für jeden einzelnen Key-Positioning-Faktor wird dabei die eigene Erfüllung des Faktors mit der Erfüllung des jeweils stärksten Wettbewerbers als Index auf der horizontalen Achse und die Wichtigkeit des Faktors aus Kundensicht auf der vertikalen Achse abgetragen (siehe auch Sebastian/Simon, 1989).

Mit Hilfe dieser Vorgehensweise läßt sich letztendlich jeder der für das Geschäftsfeld relevanten Key-Positioning-Faktoren in die Matrix eintragen. Visualisiert wird dabei, ob das Geschäftsfeld in der Lage ist, eine den Wettbewerbern überlegene Positionierung zu erlangen, in dem es bei ganz bestimmten Faktoren die Erwartungshaltung der Kunden übertreffen kann. Idealtypischerweise sollte es sich hier um Faktoren handeln, die aus Sicht der Kunden über eine besonders hohe Bedeutung verfügen. Werden beide Forderungen erfüllt, so befinden sich diese Key-Positioning-Faktoren (KPF) in einem Bereich der optimalen Positionierung und das Geschäftsfeld verfügt hier über einen strategischen Wettbewerbsvorteil.

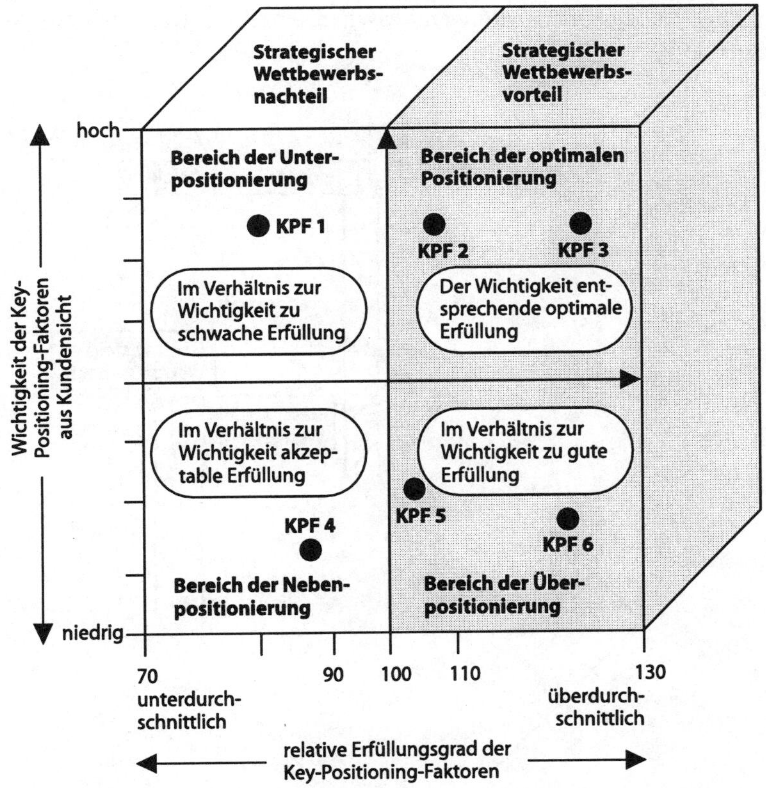

Abb. 4. Matrix der Key-Positioning-Faktoren (Quelle: Suckrow, 1996)

3.2 Bestehende internationale Positionierung

In der zweiten Phase der internationalen Positionierung sind zunächst die Ergebnisse aus den Ländermärkten auf Beziehungen untereinander zu untersuchen und zu konsolidieren. Dies beinhaltet eine Bestimmung der internationalen Segmente sowie eine Konsolidierung der Key-Positioning-Faktoren aus den Ländermärkten in eine internationalen Betrachtungsebene. Als Hauptaufgabe dieser Phase ist die Bestimmung der aktuellen internationalen Positionierungen der Geschäftsfelder der Wettbewerber und des eigenen Geschäftsfeldes vorzunehmen. Informatorische Grundlage bilden hierbei die Befragungsergebnisse hinsichtlich der Erfüllung der Key-Positioning-Faktoren aus den Ländermärkten. Zur Ergebnisdarstellung kann zunächst auf die Methoden der *Verdichtung von Mittelwerten* oder auf die weitverbreitete Methode der *multidimensionalen Skalierung* (siehe Abb. 5) zurückgegriffen werden.

Es handelt sich hierbei allerdings um die methodisch einfachste Variante, die nicht in der Lage ist, die Querwirkungen zwischen einzelnen Key-Positioning-Faktoren zu erfassen.

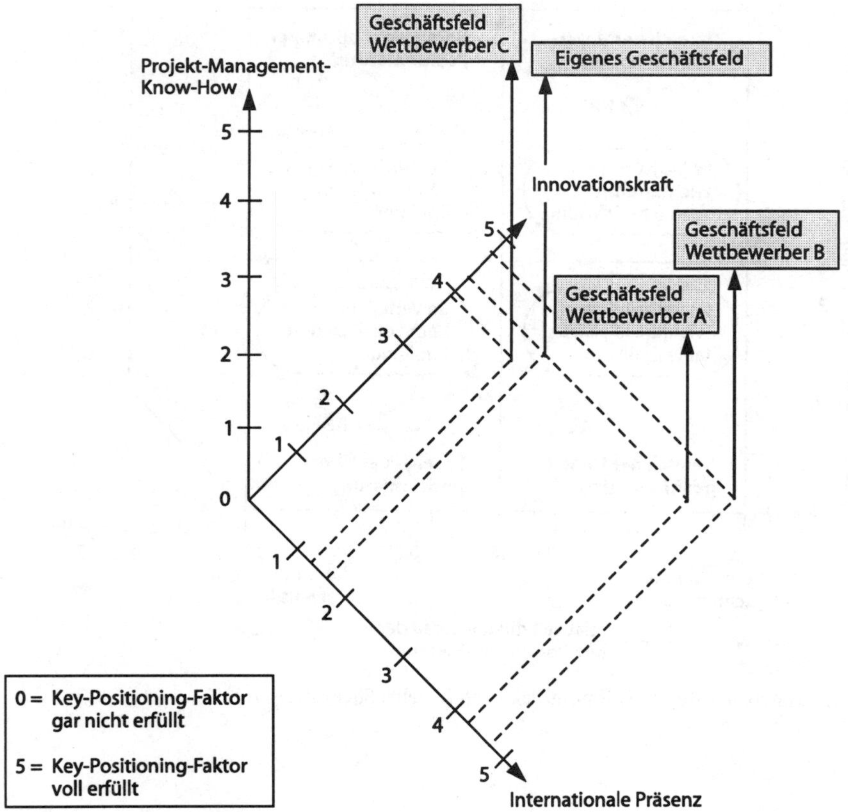

Abb. 5. Bestehende Positionierungen

Eine Problemlösung kann hier nur eine *kausalanalytische Bestimmung* der bestehenden internationalen Positionierung leisten (Huber, 1991 und Trommsdorff, 1989). Der Vorteil dieser Methode liegt in der Möglichkeit, komplexe Ursache-Wirkungszusammenhänge darzustellen. Wechselwirkungen zwischen einzelnen Key-Positioning-Faktoren des eigenen Geschäftsfeldes, aber auch Querwirkungen der Key-Positioning-Faktoren der Wettbewerber auf die eigenen Faktoren können dabei berücksichtigt werden. Der Vorteil dieses Verfahrens einer exakteren Abbildung der Positionierung wird jedoch durch eine sehr hohe methodische Komplexität und somit durch eine geringe Anwendungsfreundlichkeit erkauft. Entsprechend weist diese Lösung nur begrenzte Einsatzmöglichkeiten in der Praxis auf.

3.3 Internationale Positionierungsalternativen

In einer dritten Phase sind grundsätzliche Alternativen für die ganzheitliche Neu- bzw. Repositionierung des Geschäftsfeldes in seinen internationalen Märkten aufzuzeigen und hinsichtlich ihrer spezifischen Vor- und Nachteile zu bewerten.

Analog zur Ableitung der internationalen Positionierungen lassen sich erneut Mittelwertdarstellungen, die multidimensionale Skalierung und die Kausalanalyse einsetzen. Typischerweise erhält man aus Nachfragersicht lediglich eine *Ideal-Positionierung.* Weitere Alternativen stellen nur suboptimale Positionierungen dar.

Einen neuen, diese Problematik vermeidenden Weg beschreitet die *Conjoint-Analyse.* Während bisher das Conjoint-Verfahren primär zur Entwicklung alternativer Produktkonzepte und der Untersuchung von Preiswahrnehmungen eingesetzt wurde, läßt sich diese Methode auch zur Ableitung von Positionierungsalternativen für Geschäftsfelder einsetzen. Insbesondere die Kombination der Conjoint-Analyse mit weiteren multivariaten Analyseverfahren ermöglicht hier die Simulation sowie die anschauliche Darstellung der Positionierungen des eigenen Geschäftsfeldes und der Geschäftsfelder der Wettbewerber in einem gemeinsamen Wahrnehmungs- und Präferenzraum (Green/Krieger/Caroll, 1987). Diese Kombinationsmöglichkeit von Conjoint- und weiteren multivariaten Verfahren stellt jedoch hohe methodische Anforderungen und verfügt bisher über eine äußerst geringe Diffusion als Lösungsansatz für Marketingprobleme.

Konnte eine Anzahl von Positionierungsalternativen generiert werden, so stellt sich zwangsläufig die Frage nach einer Bewertung und einer abschließenden Auswahlentscheidung. Bei einer größeren Anzahl von möglichen Alternativen bietet es sich an, zwischen einer Grobauswahl und einer Feinauswahl zu differenzieren.

Während für eine *Grobauswahl* Auswahlkriterien wie die Fokussierung auf relevante Kundengruppen, die Dauerhaftigkeit der Alternative und die betriebswirtschaftlichen Erfolgsaussichten zu berücksichtigen sind, sollte bei der *Feinauswahl* die Eigenständigkeit der Positionierungsalternative und die Fähigkeit des Geschäftsfeldes zur Umsetzung der Alternative in Marketingstrategien und -instrumente im Vordergrund der Bewertung stehen. Bei beiden Auswahlschritten hat sich die Durchführung von Workshops bewährt, in denen sowohl der Planungsstab des Konzernes, das Geschäftsfeld-Management sowie Manager aus den Kernländern integrativ mittels Scoring-Modellen eine Bewertung der Alternativen vornehmen. Erreichen läßt sich somit ein relativ breiter Konsens über die unter den gegebenen Umständen effizienteste und marktadäquateste Positionierungsalternative.

3.4 Internationale Ziel-Positionierung

Die in dem Bewertungsprozeß ausgewählte Positionierungsalternative symbolisiert die künftige Positionierung, das heißt, sie definiert als Ziel-Positionierung die neue strategische Ausrichtung des Geschäftsfeldes. Aufgrund ihrer hohen Bedeutung sollte sie in einem *Positioning-Statement* schriftlich fixiert werden. Kennzeichnend für viele Unternehmen ist jedoch eine relativ willkürliche Fixierung des Positioning-Statements in Form eines „Common Understanding".

Um jedoch eine Unterstützung bei der Formulierung der Ziel-Positionierung zu erhalten, haben sich folgende Fragestellungen bewährt: Welches sind die internationalen Zielsegmente, auf die sich das Geschäftsfeld in den nächsten Jahren konzentrieren sollte und in denen eine Positionierung anzustreben ist? Welche Key-Positioning-Faktoren erlauben in den nächsten Jahren eine erfolgreiche, eigenständige sowie ertragsreiche internationale Positionierung und damit auch eine Differenzierung des Geschäftsfeldes? Welche Konsequenzen ergeben sich aus der Positionierung für die internationale Marktbearbeitung, das heißt der Ableitung der internationalen Marketingstrategien und -maßnahmen? Welche Key-Positioning-Faktoren können gemäß Kundenanforderungen nur durch Aufbau von Kompetenzen und Ressourcen ermöglicht werden?

Die aufgeführten Fragestellungen sind als ein *Suchraster* zu interpretieren, welches vor dem Hintergrund der Situation eines jeden Geschäftsfeldes weiterer Spezifikation bedarf. Die Antworten auf diese Fragestellungen symbolisieren die Eckdaten für die strategische Ausrichtung des Geschäftsfeldes.

Für ein fiktives Geschäftsfeld der Zulieferindustrie „weisser Ware" könnte sich beispielsweise die anzustrebende Ziel-Positionierung wie folgt skizzieren lassen: Wir wollen uns langfristig bei unseren Nachfragern und gegenüber den Wettbewerbern folgendermaßen positionieren:

- als Anbieter qualitativ hochwertiger modularer Problemlösungen
- als Anbieter mit einer umfassenden Beratungsleistung
- als Anbieter mit detaillierten Marktkenntnissen auf allen Marktstufen
- als Global Player mit einer intensiven Marktausschöpfung.

Die angestrebte Positionierung basiert vor dem Hintergrund der gegenwärtigen Kompetenzen und Ressourcen auf der Gründung neuer Auslandsgesellschaften vor allem im südostasiatischen Raum sowie einer Verstärkung des Key-Account-Managements durch Einbezug von Spezialisten aus nachgelagerten Marktstufen.

Aus der internationalen Ziel-Positionierung resultiert damit ein unmittelbarer Einfluß in zwei unterschiedliche strategische Aufgabenbereiche des Geschäftsfeldmanagements. Zum einen wird die strategische Ausrichtung und der Schwerpunkt der Marktbearbeitung des Geschäftsfeldes definiert und weiter konkretisiert. Zum anderen wird durch die Anforderungen der Kunden zur Erfüllung bestimmter Key-Positioning-Faktoren ein Anpassungsprozeß der Ressourcen und Fähigkeiten im Geschäftsfeld ausgelöst (Day, 1994).

Von zentraler Bedeutung für die strategische Ausrichtung ist hierbei vor allem die Ableitung synergetischer internationaler Marketingstrategien und -maßnahmen. Die positionierungsadäquate Abstimmung der verschiedenen internationalen Marketingstrategien und der internationalen Marketinginstrumente führt somit zu einer schnelleren Realisierung der Ziel-Positionierung sowie letztendlich zu einer schnelleren und tieferen „Verankerung" des Geschäftsfeldes bei den Zielkunden des Geschäftsfeldes. Es kommt nach Day (Day, 1994) zu einem „positional advantage", einem Vorteil in der Positionierung, und zu einem zentralen Wettbewerbsvorteil. Die Geschäftsfeld-Positionierung leistet somit einen erheblichen Beitrag zur *langfristigen Ertragssicherung* des Geschäftsfeldes.

4 Dynamisierung der internationalen Geschäftsfeld-Positionierung

Letztendlich ist damit der internationale Positionierungsprozeß beendet. Zu beachten ist jedoch, daß dieser nicht als statischer, einperiodiger Prozeß charakterisiert werden darf. Vielmehr liegt ein mehrperiodiger, dynamischer Prozeß vor, dessen Analyseergebnisse stets im Sinne eines *Feedbacks* zu überprüfen sind. So können Veränderungen der Rahmenbedingungen oder der Eintritt neuer Wettbewerber die Richtigkeit der getroffenen Positionierungsentscheidungen sehr schnell relativieren und eine Repositionierung des Geschäftsfeldes erfordern. Liegen hingegen keine außerordentlichen Veränderungen des Geschäftsfeldmarktes vor, so ist eine Wiederholung des Positionierungsprozesses in einem festen, von der Dynamik der Branche abhängigen Planungsrhythmus anzustreben.

Summary

When selecting a supplier or making purchasing decisions for complex capital goods, customers today are increasingly influenced by a range of factors unconnected to the actual product, such as the ability of the trading partner to solve problems, his market performance, and the reputation of the business field he represents. It is for this reason that successful trade in such complex capital goods is increasingly subject to the positioning of the business field on the international stage. By international positioning is meant the attempt of a business field to dress its image and market performance in such a way that targeted customers come to distinguish that business field from its competitors and to hold it in high esteem. The process of international business-field positioning must be subdivided into the following four analytical and decision-making tasks: country-specific analysis of the space in which positioning is to take place; analysis of existing positioning at the international level; international alternatives for positioning; targeted positioning on the international stage. Such positioning is a dynamic process occupying several periodic cycles. Feedback in the shape of an ongoing analysis should be continually used to check the results of this process.

Literatur

Day, G. S. (Oct. 1994): The Capabilites of Market-Driven Organizations. In: Journal of Marketing, S. 37-52.

Dreher, A./Ritter, A./Mühlbacher, H. H. (1992): Systematic Positioning: A New Approach and its Application. In: Grunert K. G./Fuglede, D. (Hrsg.): Marketing for Europe - Marketing for the future. Proceedings of the 21st Annual Conference of the European marketing Academy 1992, S. 313-329, Aarhus.

Green, P. E./Krieger, A. M./Caroll, D. J. (Oct./Nov. 1987): Conjoint Analysis and Multidimensional Scaling: A Complementary Approach. In: Journal of Advertising Research, S. 21-27.

Hermanns, A. (1995): Aufgaben des internationalen Marketing-Managements. In: Hermanns, A./Wißmeier, K. U. (Hrsg.) (1995). Internationales Marketing-Management. Grundlagen, Strategien, Instrumente, Kontrolle und Organisation. München, S. 23-68.

Hermanns, A./Wißmeier, K. U. (1995): Perspektiven des internationalen Marketing-Managements: Der notwendige Weg zu Weltmarktkonzepten. In: Hermanns, A./ Wißmeier, K. U. Internationales Marketing-Management. Grundlagen, Strategien, Instrumente, Kontrolle und Organisation. München, S. 475-481.

Huber, B. (1991): Strategische Marketing- und Imageplanung. Frankfurt a.M.

Kreilkamp, E. (1995): Kundenorientierung und aktive Positionierung. In: Tomczak, T./ Belz, Ch. (Hrsg.): Kundennähe realisieren. Ideen - Konzepte - Erfahrungen, St. Gallen, S. 81-99.

Sebastian, K.-H./Simon, H. (1/1989): Wie Unternehmen ihre Produkte genauer positionieren. In: HARVARDmanager, S. 89-97.

Suckrow, C., (1996): Internationale Geschäftsfeld-Positionierung in Investitionsgütermärkten. Wiesbaden.

Trommsdorff, V. (1989): Multivariate Imageforschung und strategische Marketingplanung. In: Hermanns, A./Flegel, V. (Hrsg.), Handbuch des Electronic Marketing. Funktionen und Anwendungen der Informations- und Kommunikationstechnik im Marketing. München, S. 321-337.

Wind, Y. J. (1990): Positioning Analysis and Strategy. In: Day, G. S./Weitz, B./Wensley, R. (Hrsg.): The Interface of Marketing and Strategy. Greenwich, Connecticut, London. S. 387-412.

Internationales Produktlinien-Management: Eine neue Führungsstruktur im Anlagenbau

L. Löffler

1 Einleitung

1.1 Ausgangssituation der ElectroCom

Die ElectroCom Europa GmbH (ECE) in Konstanz (ehemals AEG Electrocom GmbH) – ein Unternehmen im Daimler-Benz Konzern – hat sich mit ihrem Kerngeschäft auf den Markt der Postautomatisierung ausgerichtet. Als Spezialist für Systemtechnik mit Schwerpunkt auf Systemen und Anlagen der Sortier- und Erkennungstechnik hat sich die ElectroCom in den vergangenen Jahren zum weltweit agierenden Marktführer insbesondere bei Systemen zur Sortierung von Briefen, Großbriefen, Paketen und Stückgut entwickelt.

Die strategischen Überlegungen der letzten Jahre hatten aufgezeigt, daß die weltweiten Veränderungen der Postmärkte zukünftig ein globales Agieren mit verstärkter regionaler Präsenz auf den Schlüsselmärkten erfordern. Aus diesem Grunde hat die ElectroCom mit dem vollständigen Erwerb einer früheren Beteiligung in den USA – der ElectroCom Americas L.P.(ehemals ElectroCom Automation L.P.) in Texas (ECA) – und der Einrichtung einer internationalen Führungsorganisation im Schlüsselmarkt USA – der ElectroCom International Inc. (ECI) – einen entscheidenden strategischen Schritt in Richtung eines „Global Player" vollzogen.

1.2 Geschäftsprozeßorientierung der ElectroCom

In der Folge der Internationalisierung des Unternehmens ergab sich die zwingende Notwendigkeit einer Neugestaltung der internen Prozesse und Verantwortlichkeiten, die bislang im wesentlichen funktional ausgerichtet waren. Diese prozeßorientierte Neugestaltung wurde im Rahmen eines Business-Reengineering-Projektes und des begleitenden übergreifenden Integrationsprozesses durchgeführt.

Zunächst wurden dabei die Kernprozesse des Unternehmens aus strategischen Erwägungen definiert und in übergreifenden Arbeitsgruppen behandelt (Abb 1.)

Die folgenden Ausführungen konzentrieren sich in erster Linie auf einen Kernprozeß der Unternehmensführung, die sogenannte „Unternehmens- und Produktplanung", der in der internen Diskussion in weitere, miteinander verzahnte Teilprozesse.

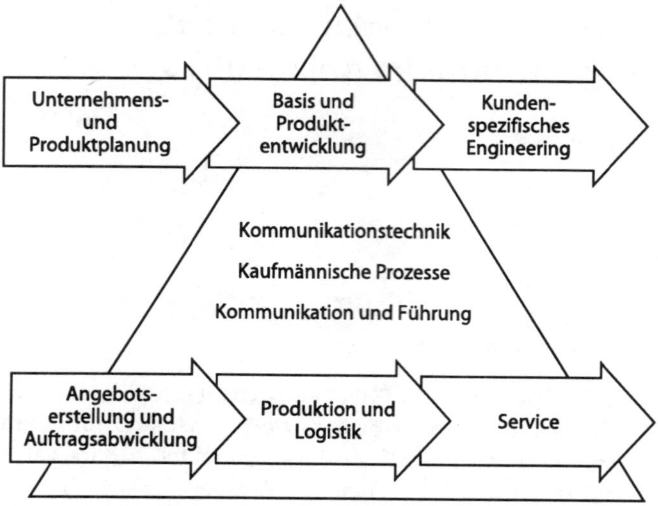

Abb 1. Kern- und Querschnittsprozesse der ElectroCom

- Unternehmensplanung und Unternehmensmanagement sowie
- Produktplanung und Produktmanagement

unterteilt wurde.

Hiervon stehen wiederum die beiden letztgenannten Prozesse aus Sicht dieses Beitrages im Vordergrund. Nach mehrwöchiger intensiver Diskussion auf mehreren Führungsebenen entstanden die folgenden, entscheidenden Vorgaben als Eckpunkte einer zukünftigen Unternehmensausrichtung (Tabelle 1).

Tabelle 1. Kernpunkte der strategischen Neuausrichtung

Denken im Markt	• Umdenken von einer reinen Auftragsorientierung zu einer Marktorientierung mit klarer Trennung der Prozesse „Produktentwicklung“ und „Auftragsabwicklung“ • Marktbeobachtung im Vorfeld von Akquisitionen und ständiger Dialog mit den späteren Kunden • aktives Marketing im Sinne einer Marktgestaltung
Produktstandards als Geschäftsbasis	• Schaffen von Standardprodukten durch eine Produktentwicklung • kundenspezifische Anpassung der Standardprodukte durch ein kundenspezifisches Engineering
Weltweite Produktverantwortung	• globale Verantwortung für alle innovativen Funktionen • weltweite Verantwortung für Produkte und deren Definition

Im Zuge der Neugestaltung wurde daher beschlossen, alle innovativen Prozesse im Bereich des Kerngeschäftes Postgutautomatisierung mit weltweiter Verantwortung zu führen mit dem Ziel, ein optimales Produkt-/Systemangebot zu erzielen und Parallelentwicklungen zu vermeiden. Dazu wurden zwei Führungsbereiche geschaffen (Abb. 2)

- ein „Produktlinien-Management" (PM) mit weltweiter Verantwortung für die Produkte und deren Definition
- eine weltweite Basis- und Produktentwicklung.

Beide Bereiche berichten direkt an das Board of Management der ECI und sind zuständig für alle Systeme, Systemprodukte und Lösungen auf dem Postgutsektor weltweit. Die von den Regionalgesellschaften betriebenen Diversifikationsgeschäfte abseits des Postgutsektors sind dabei von den oben genannten globalen Funktionen PM und PE unabhängig und weltweit voll eigenverantwortlich tätig.

Der entscheidende Schritt zur Marktorientierung durch Einführung des Produktlinien-Managements hat dabei für den Anlagenbau durchaus Neuheitscharakter. Dieser Schritt wurde maßgeblich motiviert durch Erfahrungen und Tendenzen aus tangierenden Sparten des industriellen Anlagenbaus und Sondermaschinenbaus. Angesichts abnehmender Stückzahlen zeichnet sich dort generell ein Trend weg von Einzel- und Speziallösungen hin zu konfigurierbaren Standardlösungen ab, für die ein breiterer Markt existiert.

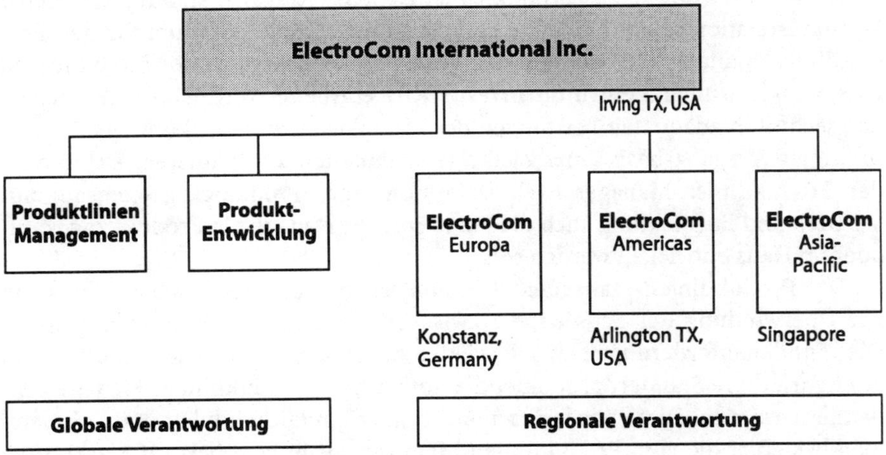

Abb. 2. Führungsstruktur der ElectroCom International Inc.

2 Konzeptionelle Gestaltung des Produktlinien-Managements

2.1 Aufgaben

Kernaufgabe des Produktlinien-Managements ist es, das Zusammenspiel zwischen technischen, vertrieblichen und finanziellen Ressourcen des Unternehmens aus einer marktorientierten Sicht zu koordinieren. Dazu ist eine intensive Zusammenarbeit mit den regionalen Geschäftssparten und der Produktentwicklung notwendig.

Erfolgreiche Produkte, mit denen die ECI in Zukunft am Markt operieren will, sind bereits in der Konzeptphase vom Markt her zu gestalten. Dazu ist es die Aufgabe eines jeden Produktlinien-Managements, ein Ideenmanagement zu pflegen, Marktfenster rechtzeitig zu erkennen, Standardprodukte zu definieren, die Entwicklungsressourcen des Unternehmen auf die strategisch relevanten Produkte zu lenken und die richtige Einstiegsstrategie für die Produkte zu erarbeiten und umzusetzen.

Jeder Produktlinien-Manager ist daher für seine Produktlinie als eine Art Unternehmer im Unternehmen weltweit verantwortlich. Er hat die Aufgabe, den Vertrieben marktgerechte Produkte und Standardsysteme für Postgutanwendungen zur richtigen Zeit, zum passenden Preis, mit der adäquaten Leistung zur Verfügung zu stellen.

Nach Einführung eines Produktes ist es seine Aufgabe, ständig die Preis-/Leistungsrelation seiner Produkte zu optimieren. Erfolgskriterium für den Produktlinien-Manager ist, daß über den gesamten Lebenszyklus des Produktes ein nachhaltig positiver Return on Invest (ROI) erarbeitet wird. Dazu sind neben den technisch adäquaten Leistungen des Produkts auch die zukünftigen Marktpreise als Ausgangsbasis einer Zielkostenkalkulation zu definieren. Dabei muß der Produktlinien-Manager nach Definition eines Produktes gemeinsam mit Vertrieb und Entwicklung auch die Frage beantworten, ob ein Produkt zugekauft oder im Haus entwickelt werden soll.

Das Produktlinien-Management nimmt ferner eine entscheidende Funktion zur Überwindung der Schnittstelle zwischen Vertrieb und Entwicklung wahr. Die Kundenanforderungen aus Projekten werden vom Vertrieb übersetzt in konfigurierbare Standardprodukte, die vorher vom Produktlinien-Management definiert wurden. Diese wiederum müssen auf Standardmodulen und Subsystemen basieren, die vom Produktlinien-Management in Hinblick auf Markterfordernisse definiert wurden. Damit wird die im Anlagenbau häufig auftretende Problematik entschärft, daß für spezifische Kundenlösungen technologische Sonderlösungen generiert werden bzw. von früheren Kundenentwicklungen abgeleitete Derivate eine schwierig beherrschbare Variantenvielfalt erzeugen.

2.2 Verantwortung

Der Produktlinien-Manager verantwortet die Produktdefinition und daraus resultierende Produktgestaltung. Er ist für den Produktlinienprofit verantwortlich, der über den gesamten Lebenszyklus erfaßt wird. Er ist ferner dafür verantwortlich, daß abgestimmte Standardprodukte rechtzeitig zur Verfügung stehen. Zu den Kernaufgaben des Produktlinien-Managers zählt

- die Zielvereinbarung über Vertrieb und Produktion der Produkte mit den regionalen Geschäftssparten
- die Erarbeitung von Leitlinien für das Produktentscheidungs-Team, welches letztendlich die Entscheidung über die Entwicklung eines neuen Produktes trifft
- die Beauftragung der Produktentwicklung nach entsprechender Freigabe der Entwicklungs-Vorhaben mit der Entwicklung eines Produktes, für welches der Produktlinien-Manager das Lastenheft entwickelt hat
- daß der Produktlinien-Manager in diesem Zusammenhang auch ein Mitspracherecht bei der Festlegung von Schwerpunkten der Forschung und Basisentwicklung, dem Einfrieren bestimmter Entwicklungsstände, dem Upgrade und dem Änderungsdienst bestehender Produkte hat.
- das Mitspracherecht gegenüber der lokalen Fertigung bei der Festlegung der Fertigungsstandorte.

2.3 Erfolgsmessung

Während die Erfolgsmessung der Regionalvertriebe relativ klar am Umsatzziel bzw. am Ergebnis der Projekte nach ihrer Abwicklung gemessen werden kann, muß die Erfolgsmessung für den Produktlinien-Manager einen längerfristigen Zeitraum in Betracht ziehen, da sich seine Verantwortung für ein erfolgreiches Produkt über dessen gesamten Lebenszyklus erstreckt.

Ergebnisziel des Produktlinien-Managers im engeren Sinne ist es, die gesamten Entwicklungs- und Produktmanagementkosten über die Produktlebenszeit möglichst früh zu amortisieren und darüber hinaus eine vom Board of Management vorgegebene Mindestkapitalverzinsung zu erzielen. Gegenüber dem Board vertritt der Produktlinien-Manager die Einhaltung der Absatzziele zum geschätzten Marktpreis bei den vorgegebenen Zielkosten über diesen Zeitraum und damit einen vorab im Rahmen der Wirtschaftlichkeitsrechnung ermittelten Nettobarwert des Entwicklungsprojektes. Als Maßstab für die Zielerreichung wird – vereinfacht gesprochen – davon ausgegangen, einen Zielkorridor in Anlehnung an den Cash-flow-Verlauf der Wirtschaftlichkeitsrechnung zu definieren und den Erfolg eines Produktlinien-Managers anhand der dazu auftretenden Abweichungen zu messen.

3 Kernprozesse des Produktlinien-Managements

Die Einführung des Produktlinien-Managements als Organisationseinheit der ECI entstand in Folge der konsequenten Prozeßneuorientierung des Gesamtunternehmens aus der Verschmelzung der Teilprozesse der *Produktplanung* und des *Produktmanagements.*

Die Lücke zwischen diesen beiden Prozessen und die fehlende personelle Identifikation mit Produkten des Unternehmens war als eines der größten Defizite des Unternehmens in der Vergangenheit erkannt worden. Die Schaffung der Organisationseinheit als Führungsinstrument ist daher stark von der Idee der ganzheitlichen Verantwortung und durchgängigen Prozeßeignerschaft geprägt.

Die internationale Ausrichtung des Produktlinien-Managements wurde im Zuge des Integrationsprozesses des Gesamtunternehmens getrennt diskutiert. In Hinblick auf die globale Ausrichtung der Märkte und Kunden wurde einer globalen Produktliniendefinition der Vorrang vor einer möglichen lokalen Lösung gegeben, da die Produkte des Unternehmens, wenn auch mit lokaler Adaption, so doch im Kern weltweit vermarktet werden.

Im folgenden werden die wichtigsten Teilprozesse, die durch das Produktlinien-Management umgesetzt werden, beschrieben.

3.1 Marktbeobachtung

Die deutliche Verstärkung der Marktorientierung des Unternehmens wurde bereits eingangs als eines der Kernziele des Reengineering-Prozesses geschildert. Daher ist die Marktbeobachtung auch der Ausgangspunkt aller Teilprozesse des Produktlinien-Management. Gemeint ist in diesem Kontext eine ganzheitliche Marktsicht, d.h. das notwendige Erkennen und Zusammenfassen der Bedarfe des relevanten Marktes, die sich in der Gesamtheit der Bedarfe aller Kunden niederschlagen. Sie rückt an die Stelle einer klassisch vorhandenen Orientierung an nur einigen bedeutenden Schlüsselkunden.

Im Rahmen dieses Teilprozesses werden alle Maßnahmen ergriffen, die für eine aktive Marktbeobachtung notwendig sind, d.h. ständige Untersuchung von relevanten Marktsegmenten, Aufbau von Kundenkontakten im Vorfeld von Akquisitionen, Beobachtung des relevanten Wettbewerbs sowie die Beobachtung und Auswertung von aktuellen und zukünftigen Produkt- und Technologietrends.

Ziel ist die Definition von neuen Märkten sowie die aktive Diskussion von Marktchancen für zukünftige Produkte des Unternehmens sowohl im eigenen Hause als auch mit den potentiellen Kunden. Dies soll in einem andauernden Prozeß im Vorfeld einer konkreten Produktentwicklung bzw. eines konkreten Kundenauftrages erfolgen.

3.2 Ideengenerierung

Eng mit der Marktbeobachtung verzahnt ist der Prozeß der Ideengenerierung, der alle Schritte, die zur kreativen Generierung, Präzisierung und konkreten Formulierung von zukünftigen Produktideen erforderlich sind, beinhaltet.

Hierfür werden Quellen innerhalb und außerhalb der Produktlinien-Management-Organisation bzw. des eigenen Unternehmens erschlossen und genutzt. Damit soll insbesondere sichergestellt werden, daß die Innovationskraft des Unternehmens in der Breite erhalten bleibt und sich nicht auf einige wenige Schlüsselpersonen beschränkt.
Im Rahmen der Umsetzung dieses Prozesses sind in erster Linie Dialogprozesse vorgesehen, die diesen Ansatz transparent unterstützen. Wichtige Beispiele hierfür sind:

- regelmäßige Workshops mit den Kunden, sowohl einzeln als auch auf internationalen Diskussionsforen oder Fachkonferenzen
- interne, bereichsübergreifende Szenarien-Workshops, teilweise unter Einbeziehung von weiteren Konzernressourcen
- Brainstorming sessions
- Einbeziehung von Beratern mit Spezial-Know-how auf den wichtigsten tangierenden Anwendungssegmenten
- Erfahrungsaustausch mit dem Vertrieb und mit Außendienstmitarbeitern.

3.3 Produktdefinition und Produktentwicklung

Die Produktdefinition schließt sich an die Marktbeobachtung und Ideengenerierung an, wobei sie sich stark an der strategischen Zielsetzung des Unternehmens orientiert. Ziel ist es, Produkte nicht nur aus Technologiesicht sondern unter Marktgesichtspunkten zu spezifizieren. Im Kern soll das Unternehmen in die Lage versetzt werden, mit den richtigen Produkten zur richtigen Zeit den Markt zu bedienen.

Folgerichtig muß der Produktlinien-Manager zunächst eine Aussage über den zu erwartenden Markt für ein bestimmtes Produkt bzw. Subsystem treffen. Dazu ist eine Abschätzung über den erzielbaren Marktpreis, die Entwicklungs- und Herstellkosten ebenso erforderlich wie eine Aussage über die geplante Lebensdauer des Produktes.

Die Produktspezifikation erfolgt in der Konzeptphase aus funktionaler Sicht, d.h. die Produktmerkmale werden hinsichtlich ihrer Wichtigkeit für die Erfüllung von Kernfunktionen in Hinblick auf den Kundennutzen bewertet. Dabei kommen Verfahren wie Quality Function Deployment, Strukturierte Analyse etc. zum Einsatz.

Die sich anschließende Produktentwicklung wird von einem Entscheidungsgremium, dem sogenannten Product-Decision-Team (PDT), dem Mitglieder aus den Regionalbereichen sowie der ECI angehören, mit abschließender Genehmigung durch das Board of Management in einem zweistufigen Prozeß freigegeben.

In der Konzeptphase wird eine mögliche Produktidee oder ein Entwicklungsbedarf grob skizziert und begründet. Dies dient dazu, die bei Neuentwicklungen in der Regel im Vorfeld zusätzlich erforderlichen Systemstudien, Vorentwicklungsarbeiten und ggf. externe Marktstudien durchführen zu können. Der entsprechende Antrag wird bereits grobe Angaben zur Marktrelevanz der zukünftigen Produktentwicklung enthalten müssen.

Vor der eigentlichen Freigabe der Entwicklungsmittel wird im zweiten Schritt vom Produktlinien-Manager ein detaillierter Entwicklungsantrag eingereicht, dem neben der Begründung der Entwicklung und der Definition spezifischer Entwicklungsziele eine präzisierte Wirtschaftlichkeitsrechnung und eine Projektstrukturierung beigefügt ist. Die Wirtschaftlichkeitsrechnung umfaßt sowohl die Kosten- als auch die geplante Erlösseite. Dabei werden nicht nur die unmittelbaren Entwicklungskosten einer Neuentwicklung sondern die gesamten, über den Produktlebenszyklus anfallenden Entwicklungskosten für Produktpflegemaßnahmen, Entwicklung zusätzlicher Funktionen etc. betrachtet. Ebenso werden Kosten für Marketing, Vertriebssupport und die Vertriebskosten einbezogen.

Das Produktentscheidungsteam berät die Entscheidung über eine Entwicklungsfreigabe auf Basis der vorliegenden Rentabilitätsprognose aber auch aus strategischer Marktsicht.

3.4 Produktmanagement

Der Prozeß des Produktmanagements erstreckt sich über alle Phasen des Lebenszyklus eines Produktes, von der ersten Spezifikation über die Entwicklung, die Vermarktungsphase bis zum Ausphasen eines Produktes.
Während der Produktentwicklung muß der Produktlinien-Manager die Durchführung des Entwicklungsprojektes kontinuierlich überwachen, um die Ergebnisse hinsichtlich der spezifizierten Produkteigenschaften, die zeitliche Verfügbarkeit und die Einhaltung des genehmigten Entwicklungsbudgets sicherzustellen. Im Falle von Abweichungen sowie bei sich abzeichnenden Veränderungen am Markt muß der Produktlinien-Manager aktiv gegensteuern und dem Entscheidungsteam die Einstellung oder Beschleunigung eines Entwicklungsvorhabens vorschlagen.

Parallel zur Entwicklung sorgt der Produktlinien-Manager dafür, daß ein Marketingplan ausgearbeitet wird, der den Markteintritt des Produktes sowie alle sich daraus ergebenden Begleitaktionen definiert. Es werden beispielsweise die notwendigen Dokumente und Publikationen erstellt, die dem Vertrieb als Unterstützung bei seiner Akquisitionsarbeit dienen. Dazu zählen neben einem Vertriebshandbuch mit Produktbeschreibung und Konfigurationsschemata auch Broschüren, Fotos bzw. Filme von den Produkten. Zur Einführung sind Vertriebsschulungen, Kundendemonstrationen, Anzeigen, Fachartikel und ggf. Messebesuche vorzubereiten.

Während des gesamten Lebenszyklus ist der Produktlinien-Manager für die Planung der Produktrevisionen verantwortlich. Er legt in Absprache mit den

Vertriebsbeauftragten fest, zu welchen Zeitpunkten bestimmte Optionen, Erweiterungen oder Ausbaustufen vorliegen bzw. Produktpflegemaßnahmen durchgeführt werden. Damit steuert der Produktlinien-Manager das gesamte Änderungswesen und ist auch zentral in die Rückmeldungen des Service aus dem Betrieb beim Kunden eingebunden.

Einen wichtigen Beitrag zur andauernden Produktoptimierung leistet der Produktlinien-Manager durch ständige Bestrebungen zur Herstellkostensenkung. Gemeinsam mit Konstruktion, Produktionsplanung und Einkauf sucht er ständig nach Möglichkeiten, die Wertgestaltung der Produkte zu optimieren und durch geeignete Fertigungs- und Einkaufswege alle Möglichkeiten zur Herstellkostensenkung auszuschöpfen. Gemeinsam mit den Regionalbereichen werden Lieferanten und Fertigungsstätten ausgewählt.

4 Einführung und erste Erfahrungen

4.1 Struktureller Aufbau

Mit der Einführung der neuen Organisation in der ECI wurde auch das Ressort Produktlinien-Management eingeführt. Die Ressortstrukturierung erfolgte in Anlehnung an die strategische Segmentierung der Geschäftsfelder aus Kundensicht (Abb. 3).

Die Verantwortung für die eigentlichen *Produktlinien* sowie die übergreifende Systemtechnik und Querschnittsfunktionen ist in fünf Teams konzentriert. Diese managen eigenständig die jeweils zugeordneten Produktlinien im oben beschriebenen Sinne.

Daneben wurde ein Bereich *Neue Geschäfte/Marktforschung* etabliert, der sich mit generellen strategischen Fragen neuer Geschäftsmöglichkeiten und der übergreifenden Marktforschung für das gesamte Unternehmen befaßt. Dort werden insbesondere auch Szenarien erstellt, die sich mit der Zukunft der Produkte in den Kerngeschäften des Unternehmens, der Entwicklung der Kundengruppen und der vorausschauenden Technologiebeobachtung im Umfeld befassen.

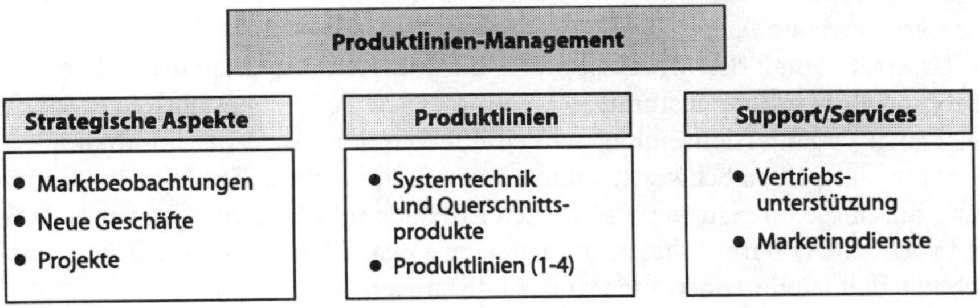

Abb. 3. Strukturierung des Produktlinien-Managements

Als dritte Säule wurde ein unterstützender Bereich geschaffen, der neben der konkreten *Vertriebsunterstützung* auch für die *Marketingdienste* verantwortlich zeichnet, d.h. die Umsetzung der benötigten Hilfsmittel mit eigener oder fremder Kraft in die Wege leitet. Des weiteren verantwortet dieser Bereich die Herausgabe der gesamten Produktdokumentation und Bereitstellung von Werkzeugen für die Vertriebsunterstützung sowie die generelle Preis- und Konditionengestaltung.

4.2 Interne Organisationsentwicklung

Nach der Benennung der Verantwortlichen für die einzelnen Bereiche wurden entsprechend den Notwendigkeiten vorhandene Mitarbeiter den Bereichen zugeordnet oder neu eingestellt. Der Bereich Produktlinien-Management ist dabei ganz bewußt stärker als jeder andere Bereich des Unternehmens mit Mitarbeitern der beiden Schwesterunternehmen in Deutschland und USA an beiden Standorten besetzt. Damit leistet der Bereich einen besonderen Beitrag zur Integration des Gesamtunternehmens.

Gleich in der Frühphase der Ressortentwicklung wurde ein 4-tägiger, externer Integrationsworkshop durchgeführt, um mehrere Zielsetzungen zu erfüllen:

- die Klärung und Bearbeitung noch offener Frage- und Aufgabenstellungen
- das vertiefte Kennenlernen der Mitarbeiter und Führungskräfte untereinander
- die Entwicklung von Regeln zur internen Kommunikation und Zusammenarbeit als Grundlagen einer Teamkultur, wichtig insbesondere aufgrund der unterschiedlichen Nationalität und Sprache der Mitarbeiter
- die Diskussion wichtiger Prozeßschnittstellen mit den Partnerprozessen Vertrieb und Produktentwicklung.

Diese Veranstaltung war ein insgesamt notwendiger, sehr positiver und wichtiger Meilenstein der bisherigen Ressortentwicklung und wird auch sicherlich in Zukunft wiederholt werden müssen.

Ebenso wurde die Regelkommunikation im Bereich Produktlinien-Management als Maßnahme mit großer Bedeutung aufgrund der räumlich getrennten Situation eingeführt. Über Videokonferenzen werden die wichtigsten Ereignisse regelmäßig besprochen. Dabei sind auch regelmäßig Vertreter der benachbarten Prozesse eingebunden.

Da ein Großteil der Mitarbeiter aus den früheren Funktionalbereichen Vertrieb und Entwicklung stammte, waren die ersten Berührungsängste gegenüber der neuen Organisationseinheit schnell überwunden. Auch die internationalen Kontakte der beiden Schwesterunternehmen haben sich im Zuge der Ressortbildung durch die intensiven persönlichen Kontakte und Beziehungen vervielfacht und vertieft. Der Bereich hat begonnen, eine eigene Identität zu entwickeln ohne sich von den tangierenden Prozessen zu distanzieren.

4.3 Bisherige Aufgaben

Als erste inhaltliche Aufgabe erfolgte die *Definition der Produktlinien.* Hierzu wurden die bisherigen Produkte der beiden Schwesterunternehmen auf Gemeinsamkeiten untersucht bzw. in Hinblick auf ähnliche Funktionen zusammengefaßt. Jedem der Produktlinienbereiche wurden die zugehörigen Produkte zugewiesen, wobei in der Regel jeder Produktlinien-Manager mindestens eine Produktlinie verantwortlich betreut. In der Folge begannen die neuen Produktlinien-Manager mit der Aufarbeitung der produktspezifischen Situation, d.h. der Klärung aller bislang offenen Fragen, die unmittelbar mit dem Produkt in Verbindung standen.

In einem weiteren Schritt erfolgte ein grundsätzlicher *Review der existierenden F&E-Planung* gemeinsam mit der Produktentwicklung, der hinsichtlich Marktrelevanz und Priorisierung neue Akzente setzte. Einige angefangene Entwicklungen wurden zurückgestellt oder aufgegeben, andere wurde neu begonnen oder mit höherer Priorität beschleunigt fortgeführt.

Die Schaffung des *Produktentscheidungsteams* wurde mit dem Board of Management einvernehmlich abgestimmt. Die ersten neuen Produktentwicklungsanträge sind in Vorbereitung oder bereits eingebracht.
Im Prozeß der periodischen *Strategischen Planung* hat das Produktlinien-Management bereits eine wichtige Rolle bei der Ermittlung der Markt- und Geschäftsdaten sowie der Produktdefinition übernommen.

Die wichtigsten Aufgaben in Hinblick auf die zukünftige Entwicklung der Produktgeschäfte liegen jedoch in der *Definition zukünftiger Produkte.* Hier wurden in ersten Gesprächen mit Kunden, Vertrieb, Entwicklung, Kooperationspartnern und Branchenbeobachtern eine Anzahl von neuen Produktideen diskutiert, die derzeit aufgearbeitet und konkretisiert werden. In mehreren Fällen wurden bereits gezielt Marktstudien in Auftrag gegeben, um die Marktrelevanz geplanter Produktentwicklungen zu verifizieren.

Auch die erfolgreiche Präsentation des Unternehmens und seiner heutigen Produkte auf den wichtigsten internationalen Messen gehörte zum Aufgabenrepertoire der ersten Monate. Des weiteren wurde mit regelmäßigen Produktschulungen der Vertriebsmitarbeiter auf beiden Seiten begonnen. Die dringende Notwendigkeit einer Standard-Produktpalette wurden selten so deutlich wie in der Einführungsphase des PM-Ressorts.

4.4 Fazit

In dem auf den vorangegangenen Seiten beschriebenen Entwicklungsprozeß der ElectroCom International Inc. wurden aus Sicht der Unternehmensentwicklung folgende zentralen Aspekte vereinigt:

- eine aus strategischer Sicht notwendige *prozeßorientierte Neuorientierung des Gesamtunternehmens* in einem Business-Reengineering Programm mit globalem Fokus

- die Einführung eines *Produktlinien-Managements mit weltweiter Verantwortung* als neues Führungs- und Marketinginstrument im Anlagenbau
- die Schaffung einer *internationalen Führungseinheit* als wesentlichem Beitrag zur Integration eines weltweit verteilten Unternehmens mit interessanten Aspekten der Entwicklung sowie einer multikulturell gefärbten Unternehmenskultur.

Die Erfahrungen der ersten Monate haben gezeigt, daß der Bereich Produktlinien-Management einen wichtigen Beitrag zur Zukunftssicherung des Gesamtunternehmens zu leisten hat. Bis zum eingeschwungenen Zustand der Gesamtorganisation wird mit Sicherheit noch eine geraume Zeit vergehen. Dennoch kann das erste Fazit nach einigen Monaten Ressortentwicklung sehr positiv sein.

Summary

In the wake of an international merger, the following reorganization led ElectroCom to implement a business reengineering program. In the process of implementing the new organisation of Electrocom, it was decided to assign worldwide responsibility for all innovative processes in the company's core business sector of postal automation. The aim was to achieve a global scope for products and services, and to avoid parallel development. To reach this aim, a global basic and product development unit was established as well as a global productline management with worldwide responsibility for products and their definition. Concentrating on market requirements, this productline management team is charged primarily with coordinating the interaction between the technical, marketing, and financial resources of the company. In addition, productline unit is also responsible for processing and coordinating ideas, and for providing timely recognition of market opportunities, defining standard products, diverting resources set aside in the company for development into strategically significant products, and devising and implementing the right strategies for product deployment. Such measures also demand intensive cooperation with the regional business partners and product development teams.

Internationale Kommunikationspolitik

K. R. Unger

Der vorliegende Beitrag gliedert sich in zwei Teile: im ersten Teil steht vornehmlich die zwischenmenschliche Kommunikation im Vordergrund, im zweiten Teil die Kommunikationspolitik der Unternehmung.

1 Kommunikation, international

Wenn ein Sender und ein Empfänger Informationen austauschen, läuft ein regelkreisförmiger Prozeß ab: Botschaften werden in Signale, Zeichen und Symbole verschlüsselt (codiert), die anschließend vom Empfänger entschlüsselt (decodiert) werden müssen (Abb. 1).

Entscheidend bei diesem Prozeß ist, daß beide einen *gemeinsamen* Zeichenvorrat besitzen, soll es nicht zu Mißverständnissen kommen. So ist beispielsweise die Antwort „ja" auf die Frage eines schweizer Restaurantchefs, ob man „bedient sei", für diesen eine positive, für einen deutschen Gast dagegen eine abfällige. Auch die englische Sprache kennt viele Unterschiede, je nachdem ob man sich in England oder den USA befindet. Eine Papierserviettenwerbung der Firma „Scott", die in den USA lautete: „No finer napkin can be used on your diningroom table" wurde in England als erstaunlich angesehen. Dort heißt napkin Windel.

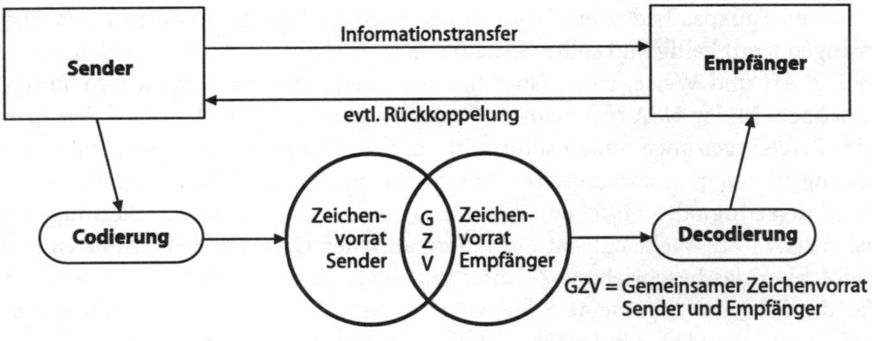

Abb. 1. Kommunikation als Prozeß der Informationsübertragung

Es ist aber nicht nur die Wortsprache, auch die Zeichen und das Verhalten müssen einen gemeinsamen Zeichenvorrat bilden, wenn die Botschaft in der gewünschten Weise ankommen soll. Sowohl in der interpersonalen Kommunikation als auch in der audiovisuellen Massenkommunikation spielt das Nonverbale eine entscheidende Rolle. Man spricht auch von verborgenen Signalen, die ausgesendet und interpretiert werden. Die meisten Menschen gehen davon aus, daß nonverbale Kommunikation eher angeboren oder natürlich sei, nicht eine erworbene Fähigkeit. Deshalb interpretieren sie auch die Zeichen, die Menschen mit anderem kulturellen Hintergrund aussenden, in ihrem Sinne, d.h., sie denken, sie besäßen den gleichen Zeichenvorrat.

Die nonverbale Kommunikation wird in Wirklichkeit durch die unterschiedlichsten Komponenten beeinflußt, die hier kurz vorgestellt werden (Unger, 1997):

- Gestik, Mimik
- Zeitempfinden
- Raumbedürfnisse
- Etikette
- Symbole
- Vereinbarungen
- Geschenke
- Religion, Werte.

Gestik, Mimik

Allein Handgesten können schon mehr sagen als viele Worte, manchmal werden sie auch anstelle der Sprache eingesetzt. Japaner benutzen im allgemeinen weniger Worte und Gesten als Amerikaner, diese wiederum weniger als die Franzosen und diese wiederum werden von den Italienern übertroffen.

Ein Kind über den Kopf zu streicheln, ist eine freundliche Geste in Deutschland oder den Vereinigten Staaten, in islamischen Ländern kann dies einen schweren Fauxpas bedeuten: Ist doch der Kopf als Sitz der intellektuellen und geistigen Kraft heilig und sollte deshalb von anderen nicht berührt werden.

Die Art und Weise, einen Ober heranzurufen, ist je nach Land sehr unterschiedlich: In den USA ruft man „Sir" oder „Waiter" oder hebt einfach den Arm oder Zeigefinger hoch – man sollte nicht mit den Fingern schnippen. Die Empfehlung in einem amerikanischen Knigge für das Ausland, in Deutschland mit dem Fingerring oder Löffel an Glas oder Tasse zu klopfen, mutet allerdings etwas seltsam an. Vielleicht hat ein amerikanischer Gast diese Situation einmal erlebt, aber das beschriebene Zeichen galt sicher nicht der Bedienung, sondern war die Bitte um allgemeine Stille, weil der Betreffende eine Rede halten oder einfach eine Ankündigung machen wollte.

In Afrika klopft man angeblich auf den Tisch, um Restaurantservice zu erhalten, im Mittleren Osten soll man in die Hände klatschen, während man in Asien auf keinen Fall mit dem Zeigefinger winken sollte, weil es als ungeschlacht gilt und eher für die Hundedressur als für das Restaurantpersonal geeignet gilt.

Was für Hand- und Armbewegungen gilt, trifft auch für den Augenkontakt zu. Es gibt von Kontinent zu Kontinent und von Land zu Land erhebliche Unterschiede. Während es in vielen westlichen Ländern als normal angesehen wird, einen guten Augenkontakt zu halten, werden japanische Kinder dazu erzogen, dem Lehrer nicht ins Gesicht zu sehen, sondern seinen Adamsapfel oder Krawattenknoten statt dessen ins Auge zu fassen. Auch erwachsene Japaner schlagen die Augen nieder, wenn sie mit höher gestellten Persönlichkeiten sprechen, um damit den nötigen Respekt auszudrücken. In den USA muß man zwei Dinge beachten, wenn man den „richtigen" Augenkontakt herstellen will: Während solche, die ihn vermeiden, als wenig vertrauenswürdig, unfreundlich, unsicher, unaufmerksam oder unpersönlich gelten, sind auf der anderen Seite Personen, die jemanden anstarren, genauso verdächtig. Die angestarrte Person versucht häufig, die für sie unangenehme Situation dadurch zu beenden, daß sie das Gegenüber anlächelt oder kurz grüßt.

Engländer werden wiederum dazu erzogen, dem Sprechenden strikte Aufmerksamkeit entgegenzubringen, indem intensiver Augenkontakt gepflegt wird, man eventuell auch hin und wieder mit den Augen zwinkert, um zu signalisieren, daß man zuhört und versteht.

Zeitempfinden

In allen Kulturen ist der Faktor Zeit von zentraler Bedeutung, jede Kultur hat ihre eigene Zeitsprache. Als gegensätzlich kann man zum Beispiel den Umgang mit der Zeit in Nord- und Lateinamerika anführen. In den USA wird die Zeit eingeteilt, vergeudet, verloren, eingespart usw. und damit quasi als physisches Objekt angesehen. In lateinamerikanischen Ländern wird – je nach Land mehr oder weniger – beispielsweise der Pünktlichkeit kein großer Stellenwert zugedacht und eine Terminabsprache nicht immer eingehalten. Zum vereinbarten Termin eine halbe Stunde zu spät zu kommen, mag der US-Bürger als Affront seiner Person gegenüber interpretieren, für den Brasilianer hingegen kann es sich durchaus noch im Rahmen der Höflichkeit bewegen.

Auch in der Werbung spielt der Zeithorizont eine Rolle: Länder, in denen man eher vergangenheitsorientiert ist wie zum Beispiel Indien, Japan und Thailand, sind Argumenten, die sich auf einen Nutzen in der Zukunft beziehen, weniger zugänglich, als die zukunftsorientierten Amerikaner.

Raumbedürfnisse

Nicht nur Individuen haben unterschiedliche Raumbedürfnisse, man kann auch nationale Unterschiede beobachten. Während man bei US-Bürgern und den meisten Nordeuropäern eine Armlänge Abstand vom anderen halten sollte, streben Südamerikaner und Araber bei der Kommunikation enge Kontakte, ja sogar Körperberührung an. Gelingt es nicht, hier eine für beide akzeptable Basis zu finden, kann der eine Part sich bedrängt und der andere sich zurückgewiesen fühlen. So hat ein südamerikanischer Geschäftspartner mit dem Bedürfnis, einen „richtigen“ Kontakt herzustellen, seinen nordamerikanischen Kontrahenten solange durch den Raum „gejagt“, bis dieser mit dem Rücken zur Wand stand und sich eingekreist fühlte. Das Geschäft kam nicht zustande.

Darstellungen in Werbefilmen sollten die typischen Raumverhältnisse in den jeweiligen Ländern berücksichtigen, sowohl in den Büros als auch in den Privatwohnungen. Während der normale japanische Arbeitsplatz in einem Großraumbüro zu finden ist, wo Kontakt mit anderen leicht möglich ist, signalisiert in den USA die Größe des individuellen Büros, welchen Rang und welche Bedeutung dem Mitarbeiter zugemessen wird.

Etikette

Das allgemein akzeptierte Benehmen in gesellschaftlichen Situationen - die Beachtung der Etikette - spielt in den meisten Ländern eine große Rolle. Die Art und Weise, wie man ißt, wie man grüßt, die Visitenkarte austauscht, die Sitzordnung beachtet, sich situationsgemäß kleidet, die Art der Anrede und viele andere Signale werden oft unbewußt vom Empfänger aufgenommen und verarbeitet. Auch wenn sich ein gemeinsamer Zeichenvorrat aufgrund der kulturellen Unterschiede nicht herstellen läßt, sollte man wenigstens den Zeichenvorrat des anderen kennen, wenn man erfolgreich Geschäfte machen will. So ist beispielsweise von den Japanern bekannt, daß die Überreichung der Visitenkarte eine wichtige Zeremonie ist: Sie wird mit beiden Händen überreicht und auch entgegengenommen, man vertieft sich schweigend in die Karte seines Gegenübers und erwartet das gleiche Verhalten vom anderen. Die Visitenkarte einfach nehmen und ungelesen in die Tasche zu stecken, gilt als grober Fauxpas.

Symbole

Wer Symbole in der Werbung verwendet, sollte die entsprechende Bedeutung in einem Land kennen. Ob zum Beispiel Natur als schützenswertes Gut gilt oder etwas ist, was man erobern bzw. zähmen muß, bestimmt auch die Einstellung gegenüber Tieren in der Werbung. So tendieren die Nordamerikaner dazu, Tiere einerseits zu besiegen und romantisieren andererseits gewisse Tierarten wie Pferde und Hunde, die sie auch nicht gern auf einer Speisekarte sehen würden.

In buddhistischen Kulturen glaubt man an die Reinkarnation als Tier, deshalb sollten dort Tiere nicht in der Werbung eingesetzt werden. Während der Bär ein Symbol der Gutmütigkeit in Europa ist, ist er in Indien ein Zeichen für Trauer, Ärger und Hunger. Die Eule, als Tier der Weisheit in Europa bekannt, bedeutet Unglück in Indien.

Auch Farben haben eine unterschiedlich unterlegte Bedeutung in den einzelnen Ländern. Weiß ist die Farbe für Glück und Unschuld in den meisten westlichen Industrienationen, im Fernen Osten ist sie gleich bedeutend mit Trauer oder Tod. Grün als Farbe der Frische und der Natur in Deutschland, ist die Farbe der Krankheit in Malaysia, weil sie Synonym für den gefährlichen Dschungel ist. Gelbe Blumen sind ein Zeichen des Todes in Mexiko, für Untreue in Frankreich.

Das Dreieck gilt als positives Symbol in Kolumbien, als negatives in Hongkong, Korea und Taiwan. Die Zahl 4 ist ein Zeichen für Tod in Japan, das merkte ein amerikanischer Golfballhersteller erst, als seine Viererpackungen nicht absetzbar waren.

Vereinbarungen

Wie man mit geschäftlichen Vereinbarungen umgeht, hängt eng zusammen mit dem kulturellen Grundverständnis, das man seinen Geschäftspartnern entgegenbringt. Wenn man wie in China, Japan oder den arabischen Ländern erst dann zum kommerziellen Teil übergeht, wenn eine freundschaftliche Grundlage gelegt ist, dann sind ausführliche schriftliche Vereinbarungen nicht so wichtig wie beispielsweise in Deutschland oder den USA. Verträge mit japanischen Partnern sind oft erstaunlich kurz. Für sie ist es sogar befremdend, wenn Deutsche im Vertrag schon festlegen, was im Falle einer Nichteinhaltung passiert. Das heißt quasi das Ende einer Beziehung gestalten, ehe diese noch recht begonnen hat. Es ist aber die Beziehung, die im Vordergrund steht, nicht der Vertrag.

Wenn man mit bestimmten Vereinbarungen oder Vorschlägen nicht einverstanden ist, drücken Amerikaner dies gewöhnlich recht deutlich aus. Das ist in asiatischen Ländern verpönt: Etwas geradeheraus abzulehnen oder zu kritisieren, bedeutet für das Gegenüber, sein Gesicht zu verlieren. Wenn potentielle Kunden in Japan z.B. sich still verhalten, sogar mit dem Kopf nicken oder sich dahingehend äußern, sie wollten den Vorschlag nochmals überdenken, meinen amerikanische Manager, das Geschäft würde sich positiv entwickeln, in Wirklichkeit ist ihr Gegenüber einfach zu höflich, um die direkte Ablehnung des Geschäfts auszudrücken.

Geschenke

Die Kunst des „richtigen" Schenkens ist im Geschäftsbereich außerordentlich wichtig, wenn man erfolgreich sein will. Während zum Beispiel Geschenke in China lange Zeit als verpönt galten, werden sie neuerdings, wenn sie nicht zu aufwendig sind, gern entgegengenommen. In Japan gilt nicht nur das Geschenk, sondern auch die Art der Verpackung als Ausdruck der Achtung vor dem anderen. Nach Auffassung der Japaner drücken Geschenke mehr noch als Worte die wahren Gefühle wie Dankbarkeit und Bedauern aus.

Zu welchen Anlässen geschenkt wird – zum Beispiel zu Weihnachten, zum Geburtstag, zum Neujahrstag, zu Beginn oder Ende eines Geschäftsbesuchs – in welchem Umfang, wann und in welcher Form ein Gegengeschenk angebracht ist, muß der Sender in Erfahrung bringen, wenn er ein gewünschtes Verhalten des Empfängers initiieren will.

Religion, Werte

Die Religion beeinflußt das Leben vieler Menschen, weil sie ein gewisses Benehmen und Verhalten vorschreibt und weil die vermittelten Werte den Umgang im Wirtschaftsleben mitbestimmen. Der Glaube hat Auswirkungen auf das Arbeits-

und Privatleben und damit auch auf das Kaufverhalten der Konsumenten. Während für die Christen der Sonntag ein „heiliger" Tag ist, ist dies für die Mohammedaner der Freitag und für die Juden der Sabbat. Buddhisten achten auf die Tage, die mit der Geburt und dem Tod Buddhas zusammenhängen, sowie auf die Zeiten von Voll- und Halbmond. Moslems beten fünfmal am Tag und während des Ramadans dürfen sie zwischen Sonnenauf- und Sonnenuntergang nichts essen.

Es ist keine Frage, daß das internationale Marketing durch religiöse Inhalte beeinflußt wird. In Saudi-Arabien dürfen Frauen in der Werbung nicht abgebildet werden. Da ärmellose Kleider nach islamischen Vorschriften nicht erlaubt sind, dürfen solche auch in Werbespots in Malaysia nicht gezeigt werden. Religiöse Tabus umfassen auch die Eßgewohnheiten: Früher durfte in katholischen Gegenden an Freitagen kein Fleisch gegessen werden, Schweinefleisch und Alkohol ist für Moslems verboten und Rindfleisch für Hindus.

Hindus, die an die Wiedergeburt, auch in Form von Tieren glauben, akzeptieren nicht nur kein Rindfleisch, sondern auch keine Produkte, die aus Tierhaut hergestellt werden. So passierte es einer deutschen Managerin in Indien, die im Fonds eines Autos zusammen mit einem indischen Kollegen saß, daß dieser entsetzt wegrückte, als sie ihre Lederhandtasche zwischen beide stellte und ihn dabei berührte.

Werteskalen sind je nach Kultur sehr unterschiedlich und außerdem dem Wandel in der Zeit unterworfen. Das macht es für Marketingaktivitäten außerordentlich schwierig, die richtige „Ansprache" zu finden. Ist z.B. eher die Gruppe gefragt oder das Individuum? Welche Rolle spielen die Kinder in der Familie? Gilt eher die maskulin oder feminin geprägte Werthaltung? Wird die Jugend oder das Alter geehrt/bewundert? Lebt man zukunfts- oder vergangenheitsbezogen? Hat man eher eine risikofreudige oder fatalistische Einstellung? Wie steht man zu Natur, zu Arbeit versus Freizeit? Wie wichtig sieht man materielle Dinge?

2 Kommunikationspolitik, international

Die Kommunikationspolitik einer Unternehmung lenkt alle Äußerungen, Aussagen, Botschaften, Mitteilungen oder Informationen mit interner und externer Wirkung. Sie ist einerseits Teil der Corporate Identity, die geprägt wird durch den schlüssigen Zusammenhang von Erscheinung, Worten und Taten eines Unternehmens. Der Begriff Corporate Identity (CI) als Selbstbild der Unternehmung wird je nach Autor als erklärtes Ziel, als Methode oder als Ergebnis von identitätsorientierten Bemühungen gesehen. Über den Identitäts-Mix besteht dagegen weitgehend Einigkeit:

- Corporate Design
- Corporate Communications
- Corporate Culture (Behaviour, Attitude).

Auf der anderen Seite wird Corporate Identity selbst als übergeordnetes, integriertes Kommunikationskonzept gesehen. Es wird argumentiert, daß zum Beispiel auch mittels des Elements Corporate Design kommuniziert wird, was gerade länderübergreifend Probleme aufwerfen kann. Wie eingangs erwähnt, können Tierdarstellungen, Farben und graphische Darstellung je nach Land eine unterschiedliche Bedeutung haben. Die Mitarbeiter einer Firma verkörpern in ihrem Verhalten gegenüber der Umwelt die gelebte Kultur einer Unternehmung auf der Grundlage von Normen, Wertvorstellungen und Denkhaltungen, wie sie sich im Laufe der Firmenzugehörigkeit gebildet haben. Auch dies ist ein Teil der Kommunikation.

Schließt man sich diesem erweiterten Kommunikationsbegriff an, dann ist die Corporate Identity insgesamt ein *Instrument* der Kommunikationspolitik. Die klassischen Komponenten des Marketing-Mix, wie in Abb. 2 dargestellt, wären dann ebenfalls Teil der übergeordneten Kommunikationspolitik, weil zum Beispiel über Produktdesign oder die Wahl des Markennamens auch mit den Marktpartnern kommuniziert wird.

Der erweiterte Kommunikationsbegriff scheint insofern nicht ganz glücklich, als er einmal als Gesamtmenge und dann wiederum als Teilmenge davon erscheint, quasi als Teilmenge von sich selbst. Wenn man damit aber bewußt machen will, daß nicht nur über Sprache, sondern auch über Verhalten, Aussehen usw. kommuniziert wird, wird der Ansatz verständlich. Auf den Unternehmensalltag bezogen, könnte man sagen, daß das Topmanagement mit seiner CI-Strategie den Rahmen vorgibt, während im operativen Geschäft, beim Marketing in den Sparten, der Marketing-Mix die entscheidende Rolle spielt. Darauf wird unter 2.3 Organisation noch näher eingegangen.

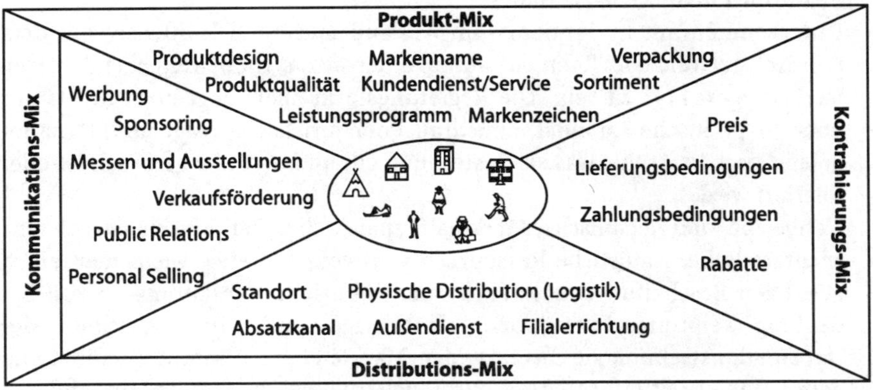

Abb. 2. Kommunikation als Teil des Marketing-Mix

2.1 Rahmenbedingungen

Das besondere an der Kommunikationspolitik im internationalen Bereich ist, daß im Vergleich zur nationalen Tätigkeit zusätzlich auf neu hinzukommende Rahmenbedingungen Rücksicht genommen werden muß. Das Ideal der Unternehmen wäre zweifelsohne eine weltweit identische Zielgruppe, der man mit standardisierten Marketinginstrumenten gegenübertreten könnte. Das spart Geld und eventuelle Fehlentscheidungen. Die Firmen „Coca-Cola" und „Levi Strauss" sind bekannte Beispiele für solch ein gelungenes Vorgehen. Häufig steht aber das international erfolgreiche Unternehmen vor der schwierigen Aufgabe, den Weltmarkt so in Teilmärkte bzw. Käuferschichten zu zerlegen, daß jedes Segment in sich möglichst ähnlich, im Vergleich zu anderen aber möglichst unähnlich ist. In der Regel werden dabei zuerst Ländersegmentierungen gebildet und in der zweiten Stufe die Ländermärkte in Abnehmergruppen unterteilt.

Ländersegmentierung:
In der Ländersegmentierung gilt es, mehrere relevante Merkmale zu untersuchen:

- Die sozio-ökonomischen Merkmale sind vor allem aussagekräftig durch das Bruttosozialprodukt und das Pro-Kopf-Einkommen der betreffenden Bevölkerung. Eine weitere Größe ist die Bevölkerungsdichte. Diese Größen müssen aber alle im Zusammenhang gesehen werden. So ist das Bruttosozialprodukt in Indien etwa doppelt so hoch wie in Österreich. Das heißt aber längst nicht, daß Indien der bessere Markt ist. Teilt man das Bruttosozialprodukt durch die Bevölkerungszahl, dann hat Österreich ein etwa 45 mal höheres Pro-Kopf-Einkommen als Indien.
- Unternehmen mit Investitionen im Ausland müssen sich intensiv mit dem politisch-rechtlichen Rahmen auseinandersetzen, um weitgehend gegen Verluste gesichert zu sein. Die Regierungsform allein sagt noch nichts aus über die politische Stabilität. Eine drängende juristische Frage im internationalen Geschäft ist die, was als Bestechung gilt und ob diese verboten ist oder toleriert wird.
- Natürliche und technische Merkmale spielen bei der Marktauswahl eine wichtige Rolle. Natürliche Ressourcen sind von Interesse, wenn man einen günstigen Beschaffungsmarkt sucht, die technische Ausstattung ist von Bedeutung, wenn man Investitionen plant. Insgesamt hat die Entwicklung der Informationstechnologie die einzelnen Märkte enger zusammengeführt und damit einen breit informierten Verbrauchertyp geschaffen. Auf der anderen Seite ist es äußerst schwierig, Technik-Transfer in Ländern vorzunehmen, deren Infrastruktur und/oder menschliche Kompetenz nicht adäquat sind.
- Bei den sozio-kulturellen Merkmalen spielen viele der eingangs erwähnten Wertkategorien eine entscheidende Rolle, z.B. die Etikette, die Behandlung von Symbolen, von Zeit und Raum usw.

Abnehmersegmentierung:
Hinsichtlich der Abnehmersegmentierung unterscheiden wir drei Merkmale:

- Demographische Merkmale kennzeichnen eine Bevölkerung hinsichtlich Größe, Struktur und Verteilung. Die Verteilung befaßt sich mit der Art des Wohnens, die Struktur untersucht Merkmale wie Alter, Familienstand, Beruf usw. Die Alterspyramide einer Bevölkerung läßt Rückschlüsse über das Kaufverhalten zu, auch wenn tatsächliches und empfundenes Alter nicht unbedingt identisch sind.
- Bei den sozio-ökonomischen Merkmalen geht es vor allem um die soziale Schichtung. Auch wenn es keine eindeutige Korrelation zwischen Einkommen und/oder Bildung/Ausbildung und Konsumverhalten gibt, gelten diese Größen dennoch als wichtig für bestimmte Fragestellungen. Die Einteilung in bestimmte Schichten ermöglicht es den Anbietern, einen relativ homogenen Markt zu bearbeiten.
- In der psychographischen Segmentierung werden Einstellungen, Persönlichkeits- und Verhaltensmerkmale untersucht. Hier geht es vor allem um die Produkterwartung, die Nachfrager haben. Es gibt solche, die mit bestehenden Verhaltensnormen und Verbrauchsmustern in Einklang stehen sollten – eher Konsumprodukte – und solche, die mehr kulturneutral sind wie Investitionsgüter. Die Ermittlung psychographischer Merkmale im Konsumgüterbereich stellt den Versuch dar, psychologische Merkmale potentieller Kunden mit Hilfe beschreibender Kriterien wie Aktivitäten, Interessen und Meinungen darzustellen. Allgemein wird darunter ein bestimmter Lebensstil verstanden, der mit einem bestimmten Konsumverhalten in Verbindung gebracht wird. Gelingt es Anbietern, Abnehmern zu suggerieren, mit Hilfe ihrer Produkte sei ein angestrebter Lebensstil zu erreichen, ist der Absatz gesichert.

2.2 Instrumente

Von den möglichen Kommunikationsinstrumenten wie Werbung, Sponsoring, Messe und Ausstellungen, Verkaufsförderung, Public Relations und Personal Selling sollen mit Blick auf die geforderte Kurzfassung nur Public Relations und Werbung exemplarisch dargestellt werden.

Public Relations
Public Relations bedeutet Wirtschaftswerbung für den Betrieb als Ganzes, Werbung um öffentliches Vertrauen. Einfach ausgedrückt versucht man, einen anderen dazu zu bringen, Gutes über die eigene Unternehmung zu sagen, während man in der Werbung Gutes von sich selbst verbreitet.

Da die Märkte für viele Nachfrager immer unübersichtlicher werden, orientieren sie sich häufig statt an Produktinformationen am *Image* des Anbieters, dem Fremdbild der Unternehmung. Dieses besteht nur zum Teil aus objektivem

Wissen; es wird durch die Subjektivität des jeweiligen Betrachters, d.h. durch dessen Interessen, Werthaltungen, Meinungen und Erfahrungen, ergänzt und unter Umständen verzerrt. Ziel der Unternehmung ist es aber, durch Informationen nach Möglichkeit genau *das* Image zu erzeugen, das deckungsgleich ist mit dem Selbstbild, der Corporate Identity. Ein positives Image dient nicht nur dem späteren Produktverkauf, sondern auch der Mitarbeitermotivation, der Attraktivität als potentieller Arbeitgeber, dem Einfluß auf dem Kapitalmarkt sowie der Abwehr von Angriffen.

Mittels gezielter Öffentlichkeitsarbeit wird versucht, Vertrauen und Verständnis in der Gesellschaft aufzubauen und zu pflegen. Das setzt voraus, daß man diese Gesellschaft und ihre Besonderheiten kennt. Als Gast in einem fremden Land wird die Unternehmung nicht immer von vornherein wohlwollend aufgenommen. Die Konkurrenz wird vielleicht versuchen, den ausländischen Anbieter als Störenfried darzustellen, der einheimische Arbeitsplätze vernichtet oder die Ressourcen ausbeutet. Passiert ein Störfall in einem ausländischen Unternehmen, reagieren Medien und Bevölkerung meistens viel kritischer, als wenn es sich um ein einheimisches Unternehmen handeln würde. Im Gastland ist es noch wichtiger, für Krisenzeiten ein Goodwill-Polster zu haben als im eigenen Land. Dabei handelt es sich bei erfolgreichen Unternehmen längst nicht mehr nur um eine Einweg-Kommunikation wie z.B. bei der Veröffentlichung redaktioneller Beiträge. Viele Firmen suchen den Dialog mit der Bevölkerung, indem sie zum Beispiel einen „Tag der offenen Tür" veranstalten.

Wie Werbung braucht auch die Öffentlichkeitsarbeit ein Medium. Verschiedentlich wird behauptet, im Unterschied zur Werbung seien Public Relations Anstrengungen umsonst, beziehungsweise sehr viel kostengünstiger. Das ist nur bedingt richtig. Wenn ein bekannter Wissenschaftler die Leistungen einer Firma in der Fachpresse hervorhebt, mag das vielleicht noch ohne Gegenleistung geschehen. Wenn aber berühmte Sportler ein bestimmtes Firmenlogo auf der Brust tragen, geht das nicht ohne Bezahlung ab. Pressekonferenzen kosten in der Regel nichts, es sei denn, man lädt zum Beispiel amerikanische Journalisten von Presse, Funk und Fernsehen nach Frankreich ein, damit sie dort die Quellen der Firma „Perrier" besichtigen können. Dies brachte im Nachgang mehrere positive Veröffentlichungen ein. Der Vorteil gegenüber Werbeanstrengungen ist der, daß die Leser den Inhalt als „neutrale" Information wahrnehmen, der mehr Glauben geschenkt wird als einer Anzeige. Presseartikel lassen sich auch dadurch lancieren, daß das Unternehmen ein gut zahlender Anzeigenkunde ist.

Sponsoring ist zwar ein eigenständiges Gebiet der Kommunikationspolitik, hängt aber eng sowohl mit der Werbung als auch mit der Öffentlichkeitsarbeit zusammen. Mit Sponsoring Maßnahmen kann man sowohl den Bekanntheitsgrad des Unternehmens als auch den bestimmter Produkte steigern. Während das Sozialsponsoring wie zum Beispiel die Unterstützung von Umweltschutzeinrichtungen eher eine nationale Angelegenheit ist, die die gesellschaftspolitische Verantwortung der Unternehmung im Gastland demonstrieren soll, können Kultur- und Sportsponsoring auch international eingesetzt werden. Das hat den Vorteil, daß der Multiplikator-Effekt der Massenmedien unentgeltlich genutzt werden kann, vergleichsweise hohe Reichweiten zu realisieren sind und länderspezifische Werbeverbote umgangen werden können. Auf der anderen Seite können Image und Beliebtheit bestimmter Sportarten in den einzelnen Ländern sehr verschieden sein und gesponsorte Sportler oder Musiker können durch Fehlverhalten auch zum Imageeinbruch beim betreffenden Unternehmen führen.

Viele Unternehmen profitieren vom positiven Image ihres Ursprungslandes – sei es, daß zwischen den Ländern gute Beziehungen bestehen oder daß das Herkunftsland mit seinem „made in ..." für Qualität und Zuverlässigkeit steht. Andererseits muß ein Unternehmen natürlich auch Ressentiments seinem Herkunftsland gegenüber begegnen können. Unbewußt verbinden viele mit bestimmten Ländern ein gewisses Bild und übertragen dies auf Unternehmen und/oder Produkte. Dies zu erkennen und im Sinne einer Sympathiewerbung zu nutzen, ist ebenfalls eine Aufgabe von Public Relations.

Werbung als Gestaltungsgröße der Markenpolitik

Die Werbeanstrengungen der Unternehmung verfolgen den Zweck, durch zielorientiert eingesetzte Kommunikation gegenüber Marktpartnern die Leistungsprogramme bekanntzumachen und dadurch den Absatz zu fördern. Gerade im Konsumgüterbereich geht es darum, daß Produkte nicht nur eine physische Überlegenheit aufweisen, sondern sie müssen auch in psychologischer Hinsicht begehrenswert sein. Dies zu erreichen, ist das Ziel der Werbung.

International gesehen ergeben sich dabei ganz verschiedene Problemkreise. Während zum Beispiel in den westlich-industrialisierten Ländern ca. 90 % aller kommunizierten Botschaften von den potentiellen Empfängern wegen permanenter Reizüberflutung gar nicht wahrgenommen werden, stellt sich in weniger entwickelten Gesellschaften das Problem, daß durch geringe Ausstattung mit Rundfunk, Fernsehen oder Zeitungen, Empfänger oft nicht erreicht werden können. Ehe die Unternehmung sich jedoch mit den jeweiligen Rahmenbedingungen eines Landes beschäftigt, stellt sich erst einmal grundsätzlich die Frage, ob sie eine Strategie der Standardisierung oder Differenzierung verfolgen soll. Diese Frage ist eng verknüpft mit den Zielen der *Markenpolitik*. Die Marke als Kennzeichen der angebotenen Leistungen und die für die Marke durchgeführte Kommunikationspolitik bedingen sich gegenseitig: Ohne erfolgreiche Kommunikation können Marken nicht bekanntwerden und ohne die Identifikation durch die Marke ist Kommunikationspolitik sinnlos. Dies erklärt auch, warum sich die Markenpolitik in der Fachliteratur sowohl unter der Rubrik Produkt-Mix als auch im Bereich der Kommunikation findet.

Es gibt verschiedene Ansätze, wie potentielle und tatsächliche Abnehmer von Produkten, Produktgruppen und/oder Dienstleistungen über diese informiert werden:

Auf die länderspezifischen Bedürfnisse der Verbraucher geht die Unternehmung ein, die dasselbe Produkt auf verschiedenen Auslandsmärkten unter verschiedenen Namen verkauft *(Multinationale Marken)*. Diese Strategie wird beispielsweise von VW realisiert: Die Varianten, die in Europa unter den Marken „Golf" und „Santana" laufen, werden in den USA unter den Namen „Rabbit" und „Quantum" vermarktet. Manchmal hat das rechtliche Gründe (z.B. der Name ist bereits besetzt), manchmal psychologisch/wirtschaftliche (Geschmack, Preiserwartungen, sprachliche Bedingtheiten). Oft entscheidet sich auch ein Unternehmen für die Benutzung unterschiedlicher Marken auf unterschiedlichen Märkten, um so dem Abnehmer zu suggerieren, daß es sich um lokale Anbieter handelt. Eine Markendifferenzierung bietet sich verstärkt bei Produkten an, bei denen unterschiedliche Bedürfnisse und damit unterschiedliche Nutzenerwartungen zwischen den jeweiligen Ländermärkten vorherrschen. Dabei handelt es sich vornehmlich um Nahrungsmittel und Haushaltsartikel.

Bei der *globalen Markenstrategie* versucht das Unternehmen, ein einheitliches Markenkonzept international durchzusetzen. Im Idealfall wird die Marke weltweit mit identischer Markierung, Qualität, Positionierung, Verpackung und übereinstimmender Kommunikations-, Preis- und Distributionspolitik vertrieben. Von der globalen Markenstrategie lassen sich zwei Varianten ableiten, nämlich die Weltmarke und die Regionalmarke. Der Aufbau einer *Weltmarke* im engeren Sinne ist höchst selten und wird heute nur von einer Handvoll Marken wie zum Beispiel „Coca-Cola", „Mercedes-Benz", „Kodak" und „Disney" realisiert.

Als *Regionalmarke* wird ein Markenkonzept bezeichnet, in dem die jeweiligen Länder einer bestimmten Ländergruppe standardisiert bearbeitet werden. Auf die verschiedenen Ländergruppen werden jedoch differenzierte Konzepte angewendet. Als Ländergruppen gelten zum Beispiel Europa, USA und Japan. Durch die territoriale Ausdehnung und dem daraus resultierenden Bekanntheitsgrad gewinnt die globale Marke zusätzlich an Suggestivkraft, da der Verbraucher meist einen hohen Bekanntheitsgrad mit guter Qualität assoziiert. Unterstützt wird dieser Prozeß durch die rasante Entwicklung bei den Informationstechnologien. So kann man in Europa in Zukunft mit einer noch stärkeren grenzübergreifenden Medienwirkung rechnen. Die Media-Overspill-Effekte der internationalen Medien fördern die Markenbekanntheit *und* den Image-Transfer. Zusammen mit einer standardisierten Kommunikationspolitik ergeben sich daraus Wettbewerbsvorteile für die betreffende Marke. Ebenso können Kosteneinsparungen bei der Anwendung der Marketing-Instrumente erreicht werden, da die Marketingaktivitäten konzentriert auf die Pflege und Vermarktung einer Marke gelenkt werden.

„Denke global, handle lokal", ist die Devise der *Dachmarken-Strategie*. Während die Marke das jeweilige Produkt kennzeichnet, stellt die Dachmarke die Verbindung zwischen Produkt und Unternehmen her. Im Idealfall bietet die Dachmarke einen guten Lösungsansatz, um Standardisierung und Differenzierung zu verbinden. Ziel der Dachmarke ist es, eine visuelle Identität im Sinne der Corporate Identity zu erschaffen, indem Symbole, Logos, Geschäftspapiere, Formulare, Prospekte, Visitenkarten usw. ein einheitliches Erscheinungsbild nach außen verkörpern. Demzufolge identifiziert die Marke das jeweilige Produkt, die Dachmarke stellt die Verbindung zwischen dem Produkt und dem Unternehmen her. „Unilever" nutzt beispielsweise diese Strategie bei der Vermarktung von Speiseeis in Europa. Länderübergreifend standardisiert sind hierbei der Schriftzug im einheitlichen Blau und ein identisches Emblem (blauer Ring auf rot-weiß gestreiftem Untergrund). Die Markennamen aber variieren von Land zu Land wie folgt: „Langnese", „Streets", „LUSSO-Eldorado", „Ola", „Frigo" und „Eskimo".

Die *Handelsmarke* gilt als Alternative zum eigenständigen Markenkonzept. Der Großhändler ist Markeninhaber der Handelsmarke und verkauft fremdproduzierte Produkte unter seinem Namen. Es gibt zwei gängige Varianten der Handelsmarkenpolitik:

- Es besteht eine *totale* Identität zwischen dem Marktauftritt des Handelsunternehmens und der Ware. Das heißt ein fremdes Unternehmen produziert die Ware, aber auf dem Etikett wird die Handelsmarke aufgedruckt. Internationale Beispiele sind hierfür „Benetton", „Esprit" und „Body Shop".
- Es wird eine *partielle* Identifikation durch eine Zielgruppenkollektion oder eine Premiumkollektion verwirklicht. C & A vermarktet unter dieser Strategie die Kollektionen „Young Fashion", „Westbury" und „Sixth Sense".

Die Handelsmarkenstrategie erscheint sinnvoll für Unternehmen, die einen unbekannten oder wenig bekannten Markennamen besitzen und trotzdem nicht auf die Umsatzvorteile des Exportgeschäfts verzichten wollen. Die Bedingungen für international einsetzbare Marken sind:

- Sie sollten eine hohe Aussagekraft für den Konsumenten beinhalten.
- Die Markennamen sollten kurz und einfach erlernbar sein.
- Leichte Aussprechbarkeit in der jeweiligen Landessprache.
- Sie sollten positive Assoziationen hervorrufen oder zumindest nicht zu negativen Assoziationen führen.
- Auch die Eintragungsbedingungen müssen bei der Namensgebung in die Betrachtung miteinfließen.

Grundsätzlich ist anzumerken, daß ein international standardisierter Einsatz eines zu beschreibenden Markennamens fast nicht möglich ist, da er im internationalen Gebrauch sinnentstellt wird, seine Aussage verliert, unaussprechlich ist oder importiert klingt. Der beschreibende Markenname stellt einen Bezug zur eigentlichen Produktleistung her. Beispielsweise hat „Mr. Clean" außerhalb der USA oft keine Namensbedeutung, deshalb wird er in Frankreich als „Monsieur Propre" und in Deutschland als „Meister Proper" angeboten. Einheitlich bleibt der „gute Geist" mit den strahlenden, blitzenden Augen als Symbol für Sauberkeit. Um einem Markennamen die nötige Aussage auch im fremden Kulturkreis zu verleihen und doch so nah wie möglich an dessen eigentlicher Bedeutung zu bleiben, bietet sich die Übersetzung des Namens in die Zielsprache als die einfachste und die am meisten erfolgversprechende Lösung an.

„Perwoll" wurde deshalb in Spanien als „Perlan" und in Italien als „Perlana" vermarktet. Auch eine Umschreibung ist eine sinnvolle Variante, da hier der Name gleichzeitig mit positiven Assoziationen belegt werden kann. „Kellogg`s" benannte die „Frosted Flakes" und „Cocoa Crispies" in Brasilien in „Sucrilhos" und „Crokinhos" um. Entsprechend mußten die „Bran Buds" in Schweden umbenannt werden, da die Schweden die Vorstellung eines gegrillten Farmers in der Frühstücksschale etwas seltsam fanden.

Auf die Möglichkeiten der Mediaselektion im internationalen Bereich soll hier nicht eingegangen werden. Ein Unternehmen muß bei der Wahl zwischen TV-, Rundfunk-, Kino-, Plakat- und Printwerbung sowohl die Nutzerstrukturen und die Nutzungshäufigkeiten eines Landes studieren als auch sich neu bietende Darstellungsformen in der Medienlandschaft beobachten und gegebenenfalls einsetzen. Wenn man die rasante Entwicklung allein im Internet-Bereich betrachtet, kann man auf vielfältige Neuerungen der Medienlandschaft in allernächster Zukunft gefaßt sein. Dabei geht der Trend sicher in Richtung einer globalen Werbestrategie.

2.3 Organisation

Auf der Basis der international relevanten Rahmenbedingungen legt das Unternehmen die Ziele der Kommunikationspolitik fest und bestimmt die für sie relevanten Zielgruppen. Daraus ergibt sich eine Kommunikationsstrategie, die entweder standardisiert, differenziert oder eine Mischung aus beidem sein kann. Im Rahmen der Budgetierung wird geklärt, ob die gewählte Strategie finanzierbar ist. Die Kommunikationserfolgskontrolle prüft, ob die gesetzten Ziele erreicht und die vorgegebenen Budgets eingehalten werden. Hinsichtlich Strategie und Budgetverteilung spielt die Organisationsstruktur des betreffenden Unternehmens eine wesentliche Rolle.

Als gelungenes Beispiel für das Nebeneinander von vorgegebenem einheitlichen Rahmen durch die Zentrale bei gleichzeitig freier Gestaltungsmöglichkeit in vielen Kommunikationsbereichen gilt die „ZF Friedrichshafen AG". Im November 1990 wurde erstmals ein Konzern-Gestaltungshandbuch herausgegeben, in dem alle wesentlichen Merkmale des weltweiten „ZF"-Erscheinungsbildes festgelegt wurden. Damit soll ein weitgehend einheitlicher Auftritt im In- und Ausland erzielt werden. Detailliert ausgearbeitete Vorlagen beschäftigen sich mit der Gestaltung von Geschäftskarten, Briefpapier, Formularen, Druck- und Werbeschriften, Gebäude- und Fahrzeugkennzeichnungen, Messeständen, audiovisuellen Medien usw. Im Vorwort weist der Vorstand darauf hin, daß eine gelungene Abstimmung von Corporate Design, Corporate Communications und Corporate Culture ein positives Image in der Öffentlichkeit und bei den Geschäftspartnern erzeugt, gleichzeitig Mitarbeiterinnen und Mitarbeitern in der Innenwirkung hilft, sich leichter mit dem Unternehmen zu identifizieren. Kommuniziert werden soll über die angestrebte Unternehmenspolitik, Produkte und Verfahren, wirtschaftliche Erfolge und soziale Verhaltensweisen.

Beispielhaft für die organisatorische Handhabung soll das Konzept für die Prospektgestaltung erwähnt werden: Man unterscheidet bei „ZF" vier Kategorien. In der ersten Kategorie sind die Unternehmungsbroschüren, deren Entwicklung und Realisation bei der Zentrale durch die Abteilung „Zentrales Marketing und Öffentlichkeitsarbeit" („MZM") erfolgt. In der Kategorie 2 befinden sich Standortprospekte für Geschäftsbereiche/-felder und Länderprospekte. Sie bieten einen umfassenden Überblick über Philosophie, Standorte, Produktion, Produkte und Dienstleistungen einzelner Geschäftsbereiche oder Geschäftsfelder. „ZF"-Gesellschaften in anderen Kontinenten können spezielle Länderprospekte erstellen, grundsätzlich ist aber eine Abstimmung mit der Zentrale erforderlich. Die Zielgruppenprospekte der dritten Kategorie werden durch die Abteilung „Zentrales Marketing und Öffentlichkeitsarbeit" entwickelt und realisiert, aber mit den jeweiligen Geschäftsbereichen abgestimmt. Der Produktnutzen in typischen Situationen steht im Vordergrund. Die Aktionsprospekte und Produktdokumentationen der Kategorie 4 realisieren die betreffenden Geschäftsbereiche selbst, aber in Abstimmung mit „MZM".

Während die Zentrale so quasi eine Art Klammerfunktion im Prospekt-Bereich aufweist, indem sie Unterlagen entweder selbst erstellt oder „genehmigt", können die vor Ort bestehenden Vertriebs- und Verkaufsförderungsaktivitäten selbständig gestaltet werden. Budget, Zielrichtung und Produktpalette werden allerdings vorgegeben. Innerhalb dieses Rahmens gibt es eine eigene lokale Verantwortung.

Die Kommunikation über Kundenzeitungen zum Beispiel für Flottenhalter von LKWs, Autohändler usw. erfolgt durch dezentrale Zeitungen in den Auslandsgesellschaften. Die Zeitungen behandeln zu ca. 50 % landesspezifische Themen, die übrigen Themen kommen aus der Konzernzentrale. Es wird so versucht, ein ausgewogenes Verhältnis zwischen standardisierter und differenzierter Kommunikationsstrategie herzustellen.

Die Frage, ob Kommunikationsstrategien standardisiert werden sollten, hängt sehr eng mit der Art der angebotenen Produkte zusammen. Ein Produkt wie zum Beispiel Autobatterien kann mit einem einheitlichen Informationsgehalt in den verschiedenen Ländern angeboten werden. Je stärker ein Produkt aber kulturgebunden ist, desto unterschiedlicher muß man die Werbeaussage gestalten. Für die organisatorische Handhabung bedeutet dies, daß im Fall der Autobatterien Marketing- und Werbestrategien an zentraler Stelle entwickelt und Kampagnen zentral koordiniert und überwacht werden. Bei multinationalen Gesellschaften wird häufig eine Agentur am Sitz der Muttergesellschaft mit der Verbreitung der gewünschten Kommunikation im Ausland beauftragt. Die Anpassung an örtliche Gegebenheiten findet dann nur noch in Form von sprachlichen Übersetzungen bzw. bei der Auswahl der Medien statt. Sind länderspezifische Kenntnisse eine Voraussetzung für den Erfolg einer Kampagne, wird in der Regel ein Großteil der Kommunikationsaufgaben dem Tochterunternehmen bzw. einer Agentur vor Ort übertragen. Der Muttergesellschaft obliegt dann die Aufgabe der zentralen Koordinierung mit empfehlendem Charakter.

Als weiteres Kriterium in der Entscheidung für eine einheitliche oder differenzierte Strategie die Kommunikationspolitik betreffend, kann die Stellung eines Produktes im jeweiligen Produktlebenszyklus in den einzelnen Ländern gelten. Häufig weicht man ja deshalb auf andere Märkte aus, weil in bestehenden Märkten Sättigungsgrenzen erreicht werden. Befindet sich beispielsweise ein Produkt im Land A in der Einführungsphase und im Land B in der Sättigungsphase, wäre es ungeschickt, in beiden Fällen die gleiche Strategie zu verfolgen. Während man im ersten Fall damit beschäftigt ist, durch Informationen die Aufmerksamkeit auf das Produkt zu ziehen, übt man in den späteren Perioden Profilierungs- und Beeinflussungsfunktionen aus bzw. versucht man, über Erinnerungskampagnen eine engere Kundenbindung herzustellen.

Die Budgetierung im internationalen Kommunikationsbereich ist u.a. schwierig durch die unterschiedliche Kostenstruktur der Medien in den einzelnen Ländern. So sind zum Beispiel die Kosten für Werbesekunden im TV-Sektor sehr verschieden in der Höhe, was zum Teil auch mit staatlichen Vorgaben über erlaubte Sendezeiten zusammenhängt. Wenn pro Tag nur insgesamt 20 Minuten für Werbesendungen zur Verfügung gestellt werden, die Nachfrage nach diesen aber groß ist, kann man sich die Preisbildung gut vorstellen. Die unterschiedlichen Kostenstrukturen können dann dazu führen, daß unter Umständen nicht das als am wichtigsten eingestufte Projekt die meisten Mittel bekommt, weil die Zielgruppe im Verhältnis zu den gebundenen Mitteln zu klein ist.

Nicht zu unterschätzen sind die Währungsprobleme, wenn es um die Mittelvergabe geht. Damit die einzelnen Budgets vergleichbar sind, wird meistens eine gemeinsame Währung gewählt. Oft ist dies die Landeswährung der Muttergesellschaft bzw. die des exportierenden Unternehmens. Ändern sich die Relationen zu anderen Währungen, ändert sich das Budget, ohne daß inhaltlich ein Grund dazu gegeben wäre.

Eine Möglichkeit, die Budgetverteilung möglichst „gerecht" vorzunehmen, wäre, Budgets in Prozenten vom Umsatz, Gewinn oder Verkaufseinheiten vorzugeben. Diese Behandlung ist aber nicht dynamisch im Hinblick auf neue Produkte und/oder neue Märkte und sollte daher eher als grobes Instrument eingestuft werden. Optimierungsmodelle, die in erster Linie auf marginalanalytischen Ansätzen, Methoden der linearen Programmierung oder auf Goal-Programming-Ansätzen basieren, versprechen zwar eine genauere Lösung, die Frage stellt sich aber, ob der Wirkungszusammenhang zwischen Werbeaufwand und der dazugehörenden Absatzmenge wirklich so exakt vorausgesagt werden kann. Bei aller Freude an der Berechenbarkeit vieler Größen im betriebswirtschaftlichen Bereich- es sollte doch immer der Überraschungsfaktor Mensch im Auge behalten werden. Er „funktioniert" häufig nicht so, wie es Kommunikationsstrategien unterstellen - einige der Gründe können in der eingangs erwähnten Komponente der nonverbalen Kommunikation liegen.

3 Fazit

Kommunikation findet nicht nur mittels Sprache, sondern in den vielfältigsten Formen auch nonverbal statt. In der internationalen Begegnung treffen Sender und Empfänger von Botschaften aus verschiedenen Kulturkreisen aufeinander. Dabei kann es in der Interpretation der sogenannten verborgenen Signale zu Mißverständnissen kommen. Es ist Aufgabe der Unternehmen, Mitarbeiter zu schulen, damit sie kultursensibel reagieren. „Going global" betrifft eben nicht nur Produkte, sondern auch Menschen, die weltweit einkaufen, produzieren und verkaufen.

Die Unternehmung als Ganzes kann einzelnen Ländermärkten gegenüber standardisiert oder differenziert auftreten. Auch Mischformen sind denkbar: Im Rahmen der allgemeinen Corporate-Identity Strategie können beispielsweise Tochterunternehmen gewisse Freiräume in der Kommunikation belassen werden. Erfolgversprechend ist ein Unternehmen, das adressatengerechte Kommunikationspolitik betreibt. Dazu bedarf es einer kritischen Analyse der jeweiligen länderspezifischen Rahmenbedingungen sowie eines Managements, das die darin liegenden Chancen und Risiken erkennt.

Summary

Communication is not only a question of speech; there are also non-verbal elements too. An international meeting is one in which people from different cultural traditions encounter one another. In order to avoid misunderstandings on such occasions, companies should train their employees to be sensitive to such cultural differences. In the sphere of marketing, a company as a whole can adopt either a uniform or a differentiated approach to individual domestic markets. But hybrid approaches are also possible: within an overall corporate identity strategy, for example, subsidiaries can be allowed a certain freedom when it comes to communication aspects. The signs are promising for a company that tailors its communications policy to the individual needs of the person or company addressed. Analysis of the specific conditions operative in the country is necessary here, as is a management capable of recognizing the chances and risks attendant upon such a policy.

Literatur

Albaum, G. (1994): International Marketing and Export Management. 5. Auflage, Cambridge (GB).

Arnold, D. (1992): Modernes Markenmanagement. Geheimnisse erfolgreicher Marken und internationale Fallstudien. Wien.

Bolz, J. (1992): Wettbewerbsorientierte Standardisierung der internationalen Marktbearbeitung: eine empirische Analyse in europäischenSchlüsselmärkten. Darmstadt.

Dichtl, E./Eggers, W. (1992): Marke und Markenartikel als Instrument des Wettbewerbs. München.

Hawkins/Best/Coney (1989): Consumer Behavio. Implications for Marketing, Strategy. Boston.

Hermanns, A./Wissmeier, U. (1995): Internationales Marketing Management. München.

Hünerberg, R. (1994): Internationales Marketing. Landsberg/Lech.

Jeannet, J.-P./Hennessey, H. (1995): Global Marketing Management. 3. Auflage, Boston (USA).

Karpferer, J.-N. (1992): Die Marke – Kapital des Unternehmens. Landsberg/Lech.

Onkvisit, S./Shaw, J. (1989): International Marketing. Analysis and Strategy. Columbus (USA).

Pausenberger, E. (1994): Internationalisierung von Unternehmungen. Stuttgart.

Phillips, C. (1994): International Marketing Strategy – Analysis. Development and Implementation. New York (USA).

Quack, H. (1995): Internationales Marketing. München.

Roth, R. (1982): International Marketing Communications. Chicago.

Rother, K. (1991): Das Internationale Geschäft. München, Wien.

Schurawitzki, W. (1995): Praxis des internationalen Marketing. Wiesbaden.

Terpstra, V. (1987): International Marketing. 4. Auflage, New York (USA).

Unger, K. (1997): Erfolglreich im internationalen Geschäft. Renningen-Malmsheim.

Usunier, J.-C. (1993): International Marketing: a cultural approach. Hertfordshire (GB).

Upstream-Management im Rahmen der internationalen Beschaffung

W. Redel

1 Upstream-Management als unternehmensübergreifendes Konzept

Wegen der Globalisierung, Dynamisierung und Sättigung der Märkte nimmt der Wettbewerbsdruck auf die Unternehmen immer mehr zu. Zur Sicherung ihrer Überlebensfähigkeit müssen Unternehmen neue Erfolgspotentiale erschließen. Einen Ansatzpunkt stellt das Beschaffungspotential dar, also die Steigerung der Wertschöpfung durch innovative Beschaffungskonzepte und -systeme (Pümpin, 1991). Als ein solches Konzept läßt sich das Upstream-Management einordnen. Im ursprünglichen Wortsinne bedeutet *Upstream* eine Betrachtungsweise, die sich von einem bestimmten Standpunkt aus „flußaufwärts" richtet, auf die Quelle zu. Der Einflußbereich liegt also räumlich, zeitlich oder logisch *vor* dem eigenen Standpunkt. In der aktuellen Managementliteratur wird Upstream-Management auf die „Beherrschung vorgelagerter Prozesse" bezogen (Imai, 1992) und läßt sich anwendungsbezogen definieren als *partnerschaftliche* und *vertrauensvolle Zusammenarbeit* sowie weitgehende *Verzahnung* mit Lieferanten. Bestehende Unternehmensgrenzen sollen überwunden werden, um neue Energie- und Leistungsreserven zu erschließen.

Traditionelle Lieferantenbeziehungen (Abb. 1) sind geprägt durch egoistisches Konkurrenzverhalten, Machtkämpfe (Preispoker) und weitestgehende Geheimhaltung von Informationen. Die Beteiligten versuchen, kurzfristige Vorteile zu Lasten der Partner zu erreichen, was zu folgendem Teufelskreis führen kann (Burt, 1990): Je effizienter der Lieferant wirtschaftet, desto niedriger sind seine Kosten. Je niedriger seine Kosten und damit die Basis für die Preisfindung, um so geringer sind die Erlöse, aus denen Investitionen für F&E, Maschinen und Ausbildung bezahlt werden können, jene Faktoren also, die Innovationen und niedrigere Kosten erst ermöglichen.

Die durch *Upstream-Management* (Abb. 1) entstehenden *Wertschöpfungspartnerschaften* sind langfristig angelegt und in Unternehmenskultur und -strategie der Partner verankert. Sie basieren auf einer *Vertrauensgrundlage*, die ständig gepflegt und weiterentwickelt wird (Krystek/Zumbrock, 1993). Die Partner haben erkannt, daß sie „in einem Boot sitzen" und nur gemeinsam am Markt erfolgreich sein können. Das Bewußtsein, daß die beteiligten Unternehmen eine Wettbewerbseinheit darstellen, erlaubt die Wahrnehmung von Chancen auch außerhalb der eigenen Organisation. Dieser Blick über die Grenzen des eigenen Unternehmens hinaus befähigt auch dazu, Bedrohungen für andere Glieder der

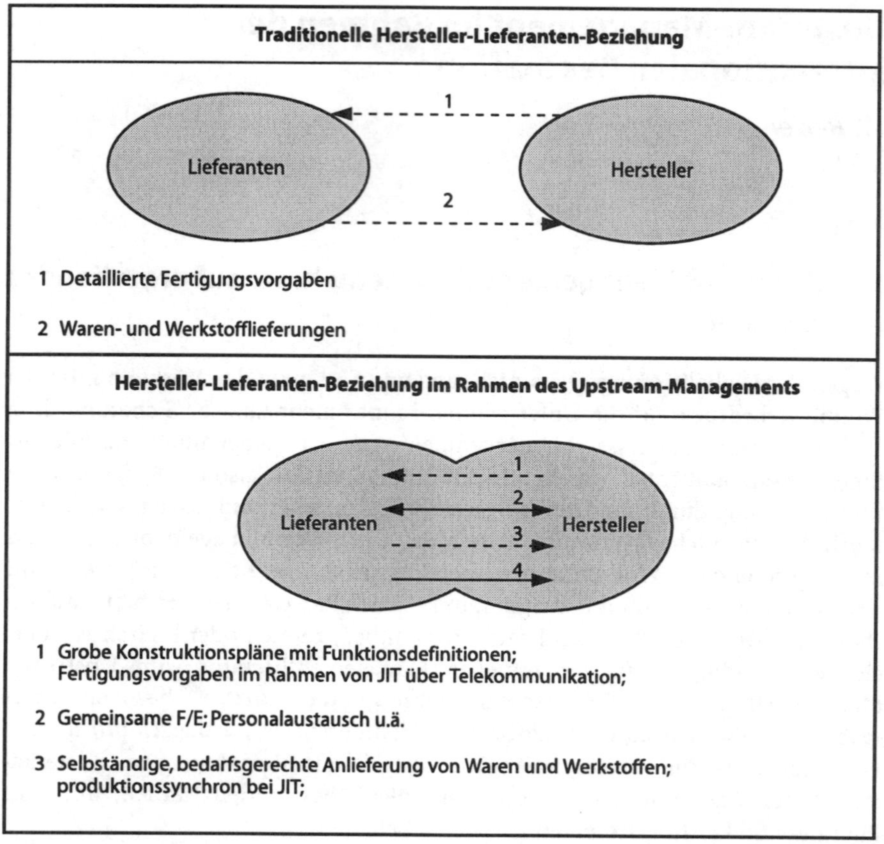

Abb. 1. Gegenüberstellung unterschiedlicher Verzahnungsgrade

Wertschöpfungskette zu erkennen. Da das eigene Schicksal von dem der Lieferanten abhängt, wird die Wettbewerbsdynamik in der gesamten Kette beobachtet, und es wird versucht, Schwächen am Ort ihres Entstehens zu beheben. Gemeinsame Ziele werden in *Kooperation* angestrebt, die eigenen Aktivitäten mit denen der Partner abgestimmt. Die *Systemgrenzen werden durchlässiger*, was sich z.B. in der Bildung unternehmensübergreifender ständiger Teams und der Übernahme von Beschaffungsaktivitäten durch den Lieferanten äußert. Durch das Upstream-Management sollen Flexibilität, Kreativität und Koordination verbessert sowie Größenvorteile (Economies of Scale) erreicht werden.

Die Verzahnung der Unternehmen kann im Rahmen des Upstream-Managements verschiedene *Intensitätsstufen* annehmen. Die Intensitätsstufen reichen von

- der „bloßen" informationstechnischen Verknüpfung über Telekommunikationsdienste im Rahmen der Produktionsplanung bei Just-In-Time-Anlieferung

- über Entwicklungskooperationen und Personalaustausch
- bis zur weitgehenden Übernahme verschiedener Beschaffungs- und ggf. Fertigungsaktivitäten durch den Lieferanten.

Zum Beispiel übernimmt der Reifenzulieferer Goodyear für den LKW-Hersteller Navistar dessen Bedarfsermittlung und Bestandsverwaltung und sorgt selbständig für die termingerechte Anlieferung der Reifen. Dadurch wurde eine Reduktion des durchschnittlichen Lagerbestandes von einem 22tägigen auf einen 5tägigen Vorrat erreicht.

Upstream Management umfaßt nicht nur die Zusammenarbeit zwischen Hersteller und *direkten* Lieferanten, sondern bezieht sich auch auf die dem jeweiligen Lieferanten *vorgeschalteten* Zulieferer (Wertschöpfungskette, -partnerschaften).

Im Rahmen der *internationalen* Beschaffung kann das Upstream-Management ebenfalls eingesetzt werden. Neben den Vorteilen der globalen Beschaffung können so *zusätzliche* Nutzenpotentiale erschlossen werden. Während sich das *grenzüberschreitende* Upstream-Management zwischen Staaten der EU nicht so stark vom *nationalen* Upstream Management unterscheidet, stellt das *länder-* und insbesondere *kontinentübergreifende* Upstream-Management eine komplexere Herausforderung an die Unternehmensführung dar.

2 Instrumente des Upstream-Management

2.1 Identifizierung relevanter Partner und Leistungen

Die *Wahl potentieller Lieferanten* wird von multidisziplinären Teams vorgenommen und durch die Unternehmensstrategie und die daraus abgeleitete Beschaffungsstrategie bestimmt. Die Leistungsstärke der Partner bei F&E, Fertigung und Qualitätssicherung ist dabei ebenso zu prüfen wie deren finanzielle Situation, Beschaffungswesen, Zuverlässigkeit, Kostensenkungspotentiale, Wettbewerbsfähgkeit der Preise, Management (insbesondere dessen Kontinuität), kooperative Einstellung aller Mitarbeiter sowie Lernfähigkeit und -bereitschaft, wobei auch künftige Entwicklungsmöglichkeiten des Lieferanten in die Beurteilung einfließen. Die Bevorzugung von Lieferanten für bestimmte Zukaufteile (Single Sourcing) erleichtert die Zusammenarbeit hinsichtlich Produktverbesserungen, Neuentwicklungen sowie Schwachstellenanalyse und -beseitigung. Die Vorteile für den Lieferanten liegen in der Ausweitung und Sicherung des Absatzvolumens über längere Zeit, Kostensenkungen durch längerfristige Personal- und Fertigungsplanung und der Möglichkeit, Know-how auszutauschen. Der Lieferant wird geschult, im voraus über die Produktionsplanung informiert und manchmal auch finanziell unterstützt. *Finanzielle Unterstützung* wie auch *Technologie-Transfer* bieten sich gerade bei Lieferanten in *Schwellenländern* an: Werden ausländische Lieferanten im Rahmen langfristiger Wertschöpfungspartnerschaften durch Technologie-Transfer in die Lage versetzt, die gewünschten Produktteile wirtschaftlicher und qualitativ hochwertiger produzieren zu können, verbessert sich dadurch auch die Wettbewerbsfähigkeit des Herstellers. Der Technologie-Transfer kann sich aber auch auf Teilbereiche, wie z.B. Qualitätssicherungssysteme, beschränken (Menze, 1993).

In bezug auf B- und C-Güter ist Single Sourcing keine neue Erscheinung in der Beschaffungspolitik. Aber durch die Ausweitung auf hochwertige A-Teile im Rahmen des Upstream-Managements erhält das Konzept des *Single Sourcing* ein neues Gewicht (Arnold, 1995), was durch die internationale Ausrichtung noch verstärkt wird. Ein weiteres Konzept, das eine enge Kooperation zwischen Hersteller und Lieferant beinhaltet, ist das *Modular Sourcing*: hier liefert der Modullieferant, der sich wiederum von vorgeschalteten Lieferanten zuliefern läßt, *komplette Bauelemente* (Eicke/Femerling, 1991). Die Fertigungsprozesse des Herstellers werden auf diese Weise übersichtlicher, als wenn mehrere Lieferanten Produktteile direkt anlieferten und der Hersteller diese zu Bauelementen zusammenfügen würde (Abb. 2). Durch Modular Sourcing wird ebenfalls die Anzahl der *direkten* Zulieferbetriebe reduziert – bei gleichzeitiger *engerer* Verzahnung mit den verbleibenden Lieferanten.

Make-or-Buy-Analysen haben das Ziel, daß sich der Hersteller auf wettbewerbsentscheidende *Kerngeschäfte* konzentriert und kostenintensive Produkte/Produktteile von außen bezieht *(Outsourcing)*. Für Outsourcingüberlegungen sind kurzfristige Kostenvergleiche nicht ausreichend, vielmehr sind auch die Stärken und Schwächen beider Partner in Qualitätssicherung, Logistik und F&E zu berücksichtigen. Für den Lieferanten stellt sein Leistungsprogramm sein eigentliches Kerngeschäft dar, das er unter Einsatz des gesamten technischen Wissens zu optimieren versucht; daher erweist sich die Fremdvergabe als eine Möglichkeit, nicht durch Reorganisation von Abläufen, sondern durch die Kooperation mit Lieferanten eine schlanke Produktion zu erreichen. Die dadurch erzielte Reduktion der betriebsinternen Komplexität der Informations- und Materialflüsse führt zu sinkenden Kosten für Planung und Steuerung.

2.2 Kostenorientierte Instrumente

Target Costing hat die Aufgabe, durch die Konzentration auf die Gestaltung und Herstellung der Produkte das gesamte Unternehmen auf den Markt auszurichten und die Produktrentabilität auch bei steigender Wettbewerbsintensität zu erhalten bzw. zu steigern (Horváth, 1994). Die Marktorientierung drückt sich in einem „Marktpreis-Minus"-System aus, bei dem zunächst der Zielpreis festgesetzt wird, also der Preis für das Endprodukt, der am Markt voraussichtlich erzielbar ist. Hersteller und Lieferant errechnen *gemeinsam*, wie das Produkt zu diesem Preis unter der Prämisse hergestellt werden kann, daß für beide Partner ein akzeptabler Gewinn erwirtschaftet wird (als Beispiel läßt sich der Automobilhersteller Toyota anführen). Durch permanente Wirtschaftlichkeitsanalysen während der Produktionszeit wird der Lieferant dazu angehalten, bestehende Prozesse laufend zu verbessern, zu standardisieren und zu vereinfachen, um sie kostengünstiger und damit konkurrenzfähiger zu gestalten (Groth/Kammel, 1993). Dadurch werden die Kosten für das Zulieferteil mit zunehmender Produktlebensdauer immer geringer. Der steigende Gewinn, der sich ceteris paribus ergibt, wird nach vorher festgelegten Regeln zwischen den Partnern aufgeteilt; vom Lieferanten erreichte zusätzliche Kosteneinsparungen kommen ihm voll zugute.

Wertanalysen mit Lieferanten werden von *gemeinsamen* Arbeitsgruppen durchgeführt. Sie bringen neben Kosteneinsparungen oft eine Vielzahl von Vorschlägen und Anregungen der Lieferanten für Verbesserungen, da diese über Spezialwissen verfügen, das im Herstellerbetrieb nicht vorhanden ist.

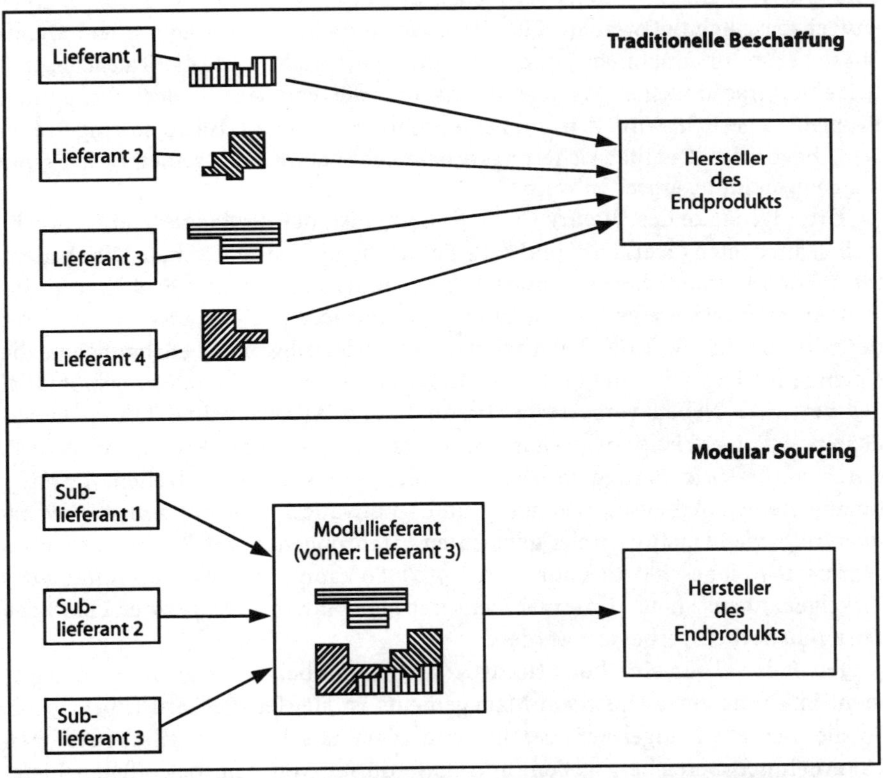

Abb. 2. Veränderte Zulieferer-Abnehmer-Struktur durch Modular Sourcing (Arnold, 1995)

2.3 Qualitätsorientierte Instrumente

Total Quality Management ist die Ausrichtung aller Aktivitäten eines Unternehmens auf eine kontinuierliche Qualitätsverbesserung der Produkte und Leistungen. Da nur durch ein Zusammenspiel aller Bereiche die Herstellung exzellenter Produkte möglich ist, ist die aktive Einbindung der Lieferanten in ein abgestimmtes Qualitätsmanagement erforderlich. Diese Ausrichtung des Qualitätsmanagements auf die *gesamte Wertschöpfungskette* bedeutet eine Reorganisation des gesamten Leistungsprozesses mit dem Ziel, Qualität nicht durch nachträgliche Prüfung zu erzielen, sondern Fehler in einem sicher beherrschten Prozeß von vornherein zu vermeiden. Das frühzeitige Erkennen und Beseitigen von Fehlerquellen kann hohe Fehlerfolgekosten durch Störungen während der Produktion beim Lieferanten oder beim Einsatz im Endprodukt vermeiden. Mit zunehmender Verweildauer eines Fehlers im Produkt steigen die Behebungskosten exponentiell an. So betragen die Kosten für die Beseitigung von Entwurfsfehlern 80%-90% der gesamten Fehlerkosten (Wildemann, 1994). Darüber hinaus können durch Direktanlieferung von qualitativ einwandfreien Produkten eine Wareneingangskontrolle vermieden und der Materialfluß sowie die Durchlaufzeit beschleunigt werden. Für die weitestmögliche Übertragung von Qualitätssicherungsmaßnahmen auf den Lieferanten spricht auch die Tatsache, daß bei einer traditionellen Wareneingangskontrolle vorwiegend nach bekannten Problemen gesucht wird, d.h. ein Fehler muß immer erst tatsächlich eingetreten sein, bevor das Qualitätssicherungssystem Maßnahmen zu seiner Beseitigung oder Vermeidung ergreifen kann.

Grundgedanke des *Quality-Circle*-Konzepts ist, daß Probleme und Schwachstellen am besten da erkannt und beseitigt werden, wo sie entstehen. Dies bedeutet für den betrieblichen Ausführungsbereich, daß Mitarbeiter Probleme in ihrem Arbeitsbereich *eigenständig* aufgreifen und lösen sollen. Das ist vor allem deshalb effektiv, weil die Mitarbeiter in ihren jeweiligen Arbeitsbereichen die eigentlichen Experten sind und so ihr Kreativitäts- und Problemlösungspotential genutzt wird. Neben verbesserter Produkt- und Arbeitsqualität führen Qualitätszirkel längerfristig zu geringeren Kosten und höherer Produktivität, z.B. durch verbesserte Fertigungsverfahren oder geringere Ausfallzeiten. Darüber hinaus steigen Arbeitszufriedenheit und -motivation. Die mit *unternehmensübergreifenden* Quality Circles gemachten Erfahrungen in der Praxis werden als sehr positiv eingeschätzt (Rautenberg, 1986). So kann durch die Verbreitung des Zirkelgedankens über Unternehmensgrenzen hinweg die partnerschaftliche Zusammenarbeit verbessert werden.

Ein Beispiel für eine konstruktive Zusammenarbeit beim Qualitätsmanagement im Sinne eines Upstream-Managements ist Hewlett-Packard (Burt, 1990). Sobald sich ein Mangel herausstellt, wird „Qualitätsalarm" an alle betroffenen Unternehmensbereiche gegeben, und diese dürfen von dem betroffenen Lieferanten solange nichts mehr beziehen, bis der Lieferant den Mangel durch Produktionsumstellung bei sich beseitigt hat. Fordert der Lieferant Unterstützung an, so wird ein Einkaufstechniker von Hewlett-Packard abgestellt, der mit dem Team der Lieferfirma zusammenarbeitet. Diese Art der Zusammenarbeit hat maßgeblich zu der mehr als 30prozentigen Senkung der Verkaufspreise für elektronische Produkte von Hewlett-Packard beigetragen. Darüber hinaus wurden durch Total Quality Management die Forschungs- und Entwicklungszeit um

34 % und der Produktionsausschuß um 60 % gesenkt, während die Produktivität um 90 % stieg (Foden, 1992).

Benchmarking ist ein Analyseinstrument, bei dem ein detaillierter Vergleich mit wichtigen Unternehmen der eigenen Branche bzw. mit erfolgreichen Unternehmen anderer Branchen durchgeführt wird, und zwar bezogen auf die Qualität der direkten Wertschöpfungsphasen und der Marktleistungen. Die Stärke von Benchmarking liegt darin, Wege aufzuzeigen, wie Prozesse und Methoden, speziell Beschaffungsprozesse und -methoden, effektiver und effizienter gestaltet werden können. Besonders hervorzuheben ist dabei, daß der *Vergleich* mit der Hersteller-Lieferanten-Beziehung von *Nicht-Konkurrenten* im Gegensatz zur Konkurrenzanalyse entscheidende Vorteile bringen kann. Eine Verengung des Blickwinkels auf die Konkurrenz erlaubt höchstens, mit diesen gleichzuziehen. Die besten Anregungen und Neuerungen erhält man aber oft von Nicht-Konkurrenten, da z.B. Beschaffungsprozesse in anderen Branchen von größerer Bedeutung und daher wesentlich weiter entwickelt sein können. Man kann so einer Branchenblindheit entgehen. Darüber hinaus besteht bei dieser Analyseform eine erheblich bessere Möglichkeit, relevante Informationen zu erhalten, die man von einem Konkurrenzunternehmen in der Regel nicht bekäme (Horváth/Herter, 1992).

2.4 Organisatorische Instrumente

Entwicklungskooperationen beinhalten die gemeinsame Entwicklung von Produktteilen oder kompletten Bauelementen (Menze, 1993). In einer *traditionellen* Hersteller-Lieferanten-Beziehung werden dem Lieferanten detaillierte Konstruktionspläne für die zu liefernden Produktteile übergeben; die Entwicklung erfolgt hier beim Hersteller. Im Rahmen des *Upstream-Managements* werden dem Lieferanten nur Funktionsbeschreibungen zugeleitet, und die Entwicklung wird *gemeinsam* durchgeführt. Das spezifische Know-how des Lieferanten kann so wirkungsvoll genutzt werden. Der Austausch von Ingenieuren, gemeinsame Entwicklungskollegien sowie verbundene CAD-Systeme (zwischenbetriebliche Anwendungsintegration) erleichtern die Koordination.

Simultaneous Engineering bedeutet eine weitgehende Parallelisierung von Produkt- und Produktionsmittelentwicklung. Es erfordert eine frühzeitige und umfassend abgestimmte, marktorientierte Planung kritischer Qualitätsmerkmale des Produktes und die Einbeziehung der Entwicklungsressourcen von Produktionsmittelherstellern und Zulieferern durch enge Kooperation. Die durch das Simultaneous Engineering erreichten kürzeren Entwicklungszeiten wirken sich in zweifacher Richtung ergebnissteigernd aus (Schmelzer, 1992): Zum einen kann das Unternehmen früher in den Markt eintreten und, da potentielle Nachfolger noch nicht auf dem Markt sind, einen hohen Marktanteil erreichen. Hohe Absatzmengen bewirken Kostendegressionsvorteile; daneben lassen sich bei frühem Markteintritt i.d.R. auch höhere Preise durchsetzen. Zum anderen werden durch kurze Entwicklungszeiten Ressourcen kürzer gebunden. Die sich dadurch ergebenden geringeren Entwicklungskosten wirken sich ebenfalls positiv auf das Ergebnis aus.

Die wechselseitige und weitgehend parallele Beurteilung der Realisierungsmöglichkeiten von Produkt- und Produktionsmittelkonzept ermöglicht frühzeitig die Vermeidung von Fehlplanungskosten. Denn im Frühstadium der Produktentwicklung werden bereits 70-90 % der Produktkosten sowie das Qualitätsniveau und die Umweltverträglichkeit der Produkte festgelegt (Fieten, 1993).

Simultaneous Engineering kann auch in Zusammenarbeit mit Lieferanten eingesetzt werden. Durch die frühzeitige *Einbindung der Lieferanten* kann deren spezielles Know-how schon im Entwicklungsstadium genutzt werden. Durch das gemeinsame Simultaneous Engineering kann die Serienreife wesentlich schneller erreicht werden. Auch sind Verbesserungen des ursprünglichen Produktkonzeptes durch die Lieferanten möglich. Schlanke Produzenten können die Marktreife in 5 von 6 Fällen in der ursprünglich geplanten Zeit erzielen, während Massenhersteller dies in nur 50 % der Projekte zustande bringen (Daum/Piepel, 1992).

Grundidee des *Just-In-Time* Konzeptes ist, die regelmäßig benötigten Einsatzgüter synchron zum Fertigungsprozeß direkt an den Verbrauchsort zu liefern. JIT zielt auf eine *Bestandsvermeidung*. Wird das JIT-Konzept über mehrere Wertschöpfungsstufen hinweg angewendet, profitieren neben dem Hersteller auch die jeweils vorgelagerten Lieferanten von reduzierten Beständen. JIT-Lieferungen müssen Null-Fehler-Qualität aufweisen. Von daher umfaßt das JIT-Konzept auch Methoden der Qualitätssicherung. Weitere Maßnahmen zielen auf eine Veränderung der Arbeitsprozesse, der Fertigungssegmentierung und des unternehmensinternen und -externen Informations- und Materialflusses (Arnold, 1995). Nach empirischen Untersuchungen führt das JIT-Konzept bei *Herstellern* nicht nur zu einer erheblichen Reduzierung des Lagerbestandes und damit der Kapitalbindung, sondern in hohem Maße auch zu einer Beschleunigung des Materialumschlags, Verringerung der Ausschußkosten, Verbesserung der Qualität und der Produktivität sowie Verringerung der Durchlaufzeit in der gesamten Wertschöpfungskette (Ansari/Modarress, 1990; Kunstmann, 1986). Neben der Möglichkeit, Bestände zu reduzieren, bedeutet eine JIT-Vereinbarung für den *Lieferanten*, daß durch längerfristige Verträge der Absatz für einen größeren Zeitraum gesichert ist. Die wesentlich sicherere Planungsbasis ermöglicht eine genauere Material-, Personal- und Kapazitätsplanung und trägt somit zur Vermeidung von Mehrkosten bei, die z.B. durch Dispositionsfehler ausgelöst werden.

Um die Vorteile des JIT-Konzeptes voll ausschöpfen zu können, ist eine enge *informationstechnische Verzahnung* zwischen Hersteller und Lieferanten erforderlich. Nur durch einen standardisierten elektronischen Datenaustausch (EDI) können Bestände wirksam durch Informationen ersetzt werden. Neben den Branchenstandards ist hier die branchenübergreifende, weltweite EDIFACT-Norm zu erwähnen. *Internationale* Lieferanten müssen über die informationstechnische Verzahnung hinaus im Rahmen ihrer Standortplanung prüfen, wo sie ggf. Fertigungs- oder Lagerstätten errichten und in welcher Form sie Kooperationen mit externen Spediteuren eingehen, damit die bestellten Produktteile oder Bauelemente fertigungssynchron angeliefert werden können.

Business Reengineering ist das Instrument des Upstream-Managements, das die größten Veränderungen in den Strukturen und Prozessen (Aufbau- und Ablauforganisation) von Unternehmen bewirkt. Es bedeutet ein „fundamentales Überdenken und radikales Redesign von Unternehmen oder wesentlichen Unternehmensprozessen. Das Resultat sind Verbesserungen um Größenordnungen in entscheidenden, heute wichtigen und meßbaren Leistungsgrößen in den Bereichen Kosten, Qualität, Service und Zeit" (Hammer/Champy, 1994, S. 48). Durch die radikale Umgestaltung von Beschaffungsprozessen im Rahmen des Business Reengineering werden die ehemals festen Unternehmens*grenzen* von Herstellern und Lieferanten *durchlässiger* gestaltet. Als Beispiel für eine sehr enge Verzahnung mit den Lieferanten, die im Rahmen des Business Reegineering entstanden ist, läßt sich das Saturn-Werk von GM anführen. Dort haben die Lieferanten einen direkten Zugriff auf die Fertigungsdatenbank von GM. Dadurch konnte man die Verantwortung für die Bedarfsermittlung, die Bestandsverwaltung sowie die termin- und artgerechte Anlieferung auf die Lieferanten übertragen. Ferner sind Veränderungen im Abrechnungswesen entstanden. Für GM ergeben sich Kostenvorteile, z.B. bei Zinsen und Personal. Der Lieferant hat ein gesichertes und höheres Absatzvolumen. Er ist in die Fertigungs-planung eingeweiht und kann seine eigene Produktion besser planen und seine Lager verkleinern. Ein anderes Beispiel ist das Redesign des Prozesses „Begleichung von Lieferantenrechnungen" bei Ford, das u.a. eine beträchtliche Verkleinerung der Kreditorenbuchhaltung ermöglichte (Hammer/Champy, 1994).

3 Implementationsvoraussetzungen

Da alle Aktivitäten eines Unternehmens an dessen *Zielkonzeption* auszurichten sind, ist auch Upstream-Management in diese zu integrieren. Für eine erfolgreiche Implementation des Upstream-Managements ist nicht nur eine flexible Unternehmensstruktur entscheidend, sondern auch das Wertesystem (Unternehmenskultur) und die Art und Weise, wie es vermittelt wird. Die *Unternehmenskultur* kann die notwendige Kooperation der Beteiligten nachhaltig unterstützen. Daher ist auch beim Lieferanten auf eine entsprechende Kultur zu achten bzw. diese zu fördern. Allerdings kann der Hersteller bei Lieferanten aus entfernten Kulturkreisen nicht eine ähnliche Unternehmenskultur erwarten. Auch sind hier die Beeinflussungsmöglichkeiten begrenzt. In diesen Fällen ist die *interkulturelle Kommunikationsfähigkeit* und *-bereitschaft* zu fördern (Menze, 1993). Neben Fremdsprachenkenntnissen – ideal wäre das Erlernen der jeweiligen nationalen Landessprache der Geschäftspartner – gehört hierzu auch die aktive und offene Beschäftigung mit sozio-kulturellen Besonderheiten, wie

z. B. Gesellschaftsstrukturen, Normen, Ethik und Moralvorstellungen der jeweiligen Beschaffungspartner. Das Verständnis der jeweiligen Kultur des Heimatlandes des Lieferanten ist eine wichtige Voraussetzung für eine erfolgreiche Hersteller-Lieferanten-Beziehung und beeinflußt auch die Schlüsselgröße Vertrauen – als Basis des Upstream-Management – positiv.

Eine Ausweitung des Upstream-Managements auf internationale Lieferanten ist häufig mit einer größeren Unsicherheit über die Zuverlässigkeit und Leistungsfähigkeit der Geschäftspartner verbunden, und zwar sowohl für den Hersteller als auch für den Lieferanten. Gegenseitiges *Vertrauen* muß daher entwikkelt und gepflegt werden. Neben der Förderung des interkulturellen Verständnisses ist im Rahmen der Vertrauensentwicklung das *Image* des jeweiligen Partners eine wichtige Größe, das wiederum vom jeweiligen Länderimage überlagert werden kann. Gerade für Unternehmen, die in der Vergangenheit nicht über ein positives Image als Abnehmer oder Lieferant verfügten, gewinnt der Aufbau eines guten Images für eine partnerschaftliche Zusammenarbeit besondere Bedeutung (Grochla/Fieten, 1989).

Auch die *Qualifikation* von *Führungskräften* und *Mitarbeitern* muß den neuen Herausforderungen Rechnung tragen: Aus- und Weiterbildungsmaßnahmen sollten neben funktionsspezifischen Inhalten eine globale Orientierung, Fremdsprachenkenntnisse und eine interkulturelle Sensibilisierung vermitteln. Kenntnisse über die Möglichkeiten der Telekommunikation sind laufend zu aktualisieren. Die Selbstorganisations- und Interaktionsfähigkeit (Kommunikation, Konflikthandhabung etc.) muß auch bei Mitarbeitern ein hohes Niveau aufweisen. Die Führungsfähigkeit von Vorgesetzten muß in Richtung größere Mitarbeitergruppen und Teammanagement gefördert werden. Vorgesetzte müssen in der Lage sein, in flachen Hierarchien auf einem höheren Argumentations- und einem niedrigeren Machtniveau als bisher zu führen.

In organisatorischer Hinsicht ist eine *vermehrte Entscheidungsdelegation* erforderlich, die zu flacheren Hierarchien und einfachen, transparenten Leitungsstrukturen führt. Die innerbetrieblichen *Organisationsveränderungen* sind durch zwischenbetriebliche zu ergänzen: Kooperation bei F&E, firmenübergreifende Disposition und Steuerung, gemeinsame Arbeitsgruppen etc.

Ein erfolgreiches Upstream-Management setzt eine intensive *informationstechnische Vernetzung* zwischen Hersteller und Lieferanten voraus. Informationen aus der Produktions- und Beschaffungsplanung sowie ggf. auch aus der Entwicklung müssen jederzeit abrufbar sein und ausgetauscht werden können. Dies ermöglicht der standardisierte elektronische Datenaustausch (Electronic Data Interchange = EDI), wobei als Standard im internationalen Geschäft künftig die weltweite branchenübergreifende EDIFACT-Norm stärker genutzt werden dürfte. Für die Übermittlung von *Informationen* sind große geographische *Entfernungen* zwischen Hersteller und Lieferanten aufgrund der modernen Informations- und Kommunikationstechnologien nicht mehr problematisch. Aber der Transport von *Sachgütern* über sehr große Entfernungen schränkt den Spielraum des Upstream-Managements ein. Daher müßte in diesem Fall auch die

Standortplanung des jeweiligen Lieferanten in das Upstream-Management einbezogen werden, z.B. die Errichtung von Lager- oder Fertigungsstätten in der Nähe des Herstellers, damit alle Möglichkeiten des Upstream-Managements ausgeschöpft werden können.

4 Resümee

Durch die Konzentration auf strategische Kernbereiche wird die Fertigungstiefe bei den meisten Herstellern voraussichtlich weiter abnehmen. Die Gestaltung der Beziehungen zu den Lieferanten und damit das Upstream-Management werden daher an Bedeutung gewinnen.

Das Upstream-Management geht aus von der Beschaffungsmarktforschung und -entwicklung sowie der Lieferantenauswahl und -pflege. Dabei spielen wegen der anzustrebenden langfristigen Zusammenarbeit Qualitätsanforderung und Zuverlässigkeit eine immer wichtigere Rolle. Sind die „richtigen" Lieferanten und die auf sie zu übertragenden Leistungen identifiziert, so kann über die Anwendung der vorgestellten Instrumente des Upstream-Managements die Intensivierung der Beziehung zu einer Wertschöpfungspartnerschaft erfolgen. Im Rahmen von Wertschöpfungspartnerschaften fungieren die Lieferanten als Systemzulieferer und übernehmen bei offenen Systemgrenzen Beschaffungsaktivitäten und ggf. Fertigungsaktivitäten für den Hersteller.

Das Upstream-Management kann branchenneutral implementiert werden. Neben den oben genannten lassen sich folgende weitere Beispiele für eine erfolgreiche Implementation des Upstream-Managements anführen:

- Die Fa. Xerox, die die Zahl ihrer Lieferanten drastisch reduzierte und diese in statistischer Qualitätskontrolle und JIT-Fertigung schulte und auf eine 100 %ige Erfüllung der Qualitätsnormen verpflichtete. Die Lieferanten wurden an der Entwicklung neuer Produkte beteiligt, bestimmte Teile sollten von den Lieferanten selbständig entwickelt werden. Diese neuen partnerschaftlichen Beziehungen waren maßgeblich für eine verbesserte Kostenstruktur und eine Verringerung der Durchlaufzeiten der Fertigung verantwortlich.
- Der Einzelhandelsbetrieb Wal-Mart, der ebenso wie GM in seinem Saturn-Werk, die Verantwortung für die Bedarfsermittlung, die Bestandsverwaltung sowie die termin- und artgerechte Anlieferung auf seine Lieferanten übertragen hat.

In Abb. 3 sind noch einmal die Unterschiede zwischen der traditionellen Hersteller-Lieferanten-Beziehung und dem Upstream-Management tabellarisch gegenübergestellt (vgl. zu einigen Punkten auch Groth/Kammel, 1993).

Traditionelle Hersteller-Lieferanten-Beziehung	Sichtweise beim Upstream-Management
gegenseitiges Abgrenzungs-/Konkurrenzverhalten; Mißtrauen	Lieferantenförderung, -pflege und -entwicklung; Vertrauen
bürokratische Kontrakte	transparente Spielregeln, Entbürokratisierung
klare Systemgrenzen von Hersteller und Zulieferer	partielle Aufhebung der Systemgrenzen
verzögerte Informationspolitik	intensiver Informationsaustausch
viele Zulieferer; große Teilevielfalt	Systemlösungen im Rahmen von Wertschöpfungspartnerschaften; wenige direkte Zulieferer
Technikzentrierung; Vernachlässigung der Kundenorientierung	Markt- und Kundennähe
hohe Fertigungstiefe	geringe Fertigungstiefe; Outsourcing
ständige Preisverhandlungen	langfristige Partnerschaften
Kostenüberwälzung Hersteller/Zulieferer	Preisgestaltung unter Berücksichtigung beidseitiger Gewinninteressen
Selbstkostenermittlung ohne Beteiligung der Lieferanten	gemeinsames Target Costing
isolierte Wertanalysen	gemeinsame Wertanalysearbeit
Qualitätskontrolle nach Liefereingang	durchgehendes Qualitätsmanagement (TQM) über die gesamte Wertschöpfungskette
isolierte Quality Circle Arbeit (wenn überhaupt)	gemeinsame Quality Circles
Produktentwicklung durch Hersteller	Entwicklungskooperation
sequentielle Produktentwicklung	Simultaneous Engineering
lange Entwicklungszeiten; nach Serienanlauf zahlreiche Änderungswünsche	kurze Entwicklungszeiten; wenig Änderungen; Einbindung der Lieferanten in den Simultaneous Engineering-Prozess
schwankende Abrufe in Losen	produktionssynchrone Beschaffung; JIT
Einkauf als derivative Unternehmensfunktion	strategisches Beschaffungsmanagement
fehlende Prozeßorientierung	Neugestaltung grundlegender Unternehmensprozesse (Business Reengineering)
Beschaffungs- und Fertigungstätigkeiten werden allein vom Hersteller wahrgenommen	Übernahme von Beschaffungs- und ggf. Fertigungstätigkeiten durch den Lieferanten für den Hersteller

Abb. 3. Traditionelle Hersteller-Lieferanten-Beziehung und Upstream-Management

Wie in diesem Beitrag gezeigt wurde, kann die Implementierung des Upstream-Managements dazu beitragen, den künftigen Erfolg von Herstellern und auch Lieferanten zu sichern. Einige Firmen haben schon entsprechende Programme implementiert und beeindruckende Erfolge erzielt. Nutzungspotential und Anwendungsbreite sind aber noch längst nicht ausgeschöpft. Auch im Rahmen der internationalen Beschaffung können durch das Upstream-Management weitere Effizienzsteigerungen erzielt werden, wobei das länder- und kontinentübergreifende Upstream-Management höhere Anforderungen an die Unternehmensführung stellt als die grenzüberschreitende oder gar die nationale Variante. Für die Implementation sind tiefgreifende organisatorische und personelle Änderungen erforderlich, die von allen beteiligten Partnern getragen werden müssen. Dabei ist es entscheidend, dauerhafte Bindungen mit den Lieferanten einzugehen und eine kooperative Zusammenarbeit zu fördern, damit die notwendige Vertrauensbasis geschaffen wird, die für das Upstream-Management eine conditio sine qua non darstellt.

Summary

In order to ensure that they can continue to survive in today's competitive climate, companies must continue to search out and exploit new reserves for improving their performance. One such area of potential is in the field of procurement, where the development of new and innovative concepts and systems can serve to boost a company's value added. The concept of upstream management can yield a valuable strategy here. Upstream management may be defined in this extended application to mean a process whereby a company builds up a trusting partnership with its suppliers that allows both partners to dovetail their activities to a great extent. Solidly rooted in the corporate culture and business strategy of the supplier, the nature of the partnerships that result from upstream management is such that they give rise to long-term commercial relationships and serve to boost the company's value added. Such partnerships are founded upon a mutual basis of trust, which must be continually maintained and developed. A principal aim of upstream management in this context is to improve flexibility, creativity, and coordination as well as achieving economies of scale. Upstream management presupposes thorough research and development of the procurement market plus careful selection of suppliers followed up by appropriate measures to nurture the commercial relationships that thereby arise. Since the purpose of such an exercise is to achieve long-term cooperation, it is evident here that the factors of quality and reliability must play an increasingly important role. Once the "right" suppliers – and the services they are to undertake – have been identified, the way is clear to implement the proposed instruments of upstream management so as to intensify the commercial relationship to the point where it becomes a "value added partnership." At this point, suppliers may well act as system suppliers themselves or even, if the specific system employed so allows, procure materials and undertake certain production work for the manufacturer. International procurement, too, can see a boost to efficiency through the use of upstream management, whereby it must be remembered that the use of such strategies on a truly international or continental scale poses much greater demands upon company management than is the case when suppliers are located in the home country or just across the border in neighbouring states.

Literatur:

Ansari, A./Modarress, B. (1990): Just-In-Time Purchasing. New York, London.

Arnold, U. (1995): Beschaffungsmanagement. Stuttgart.

Burt, D. N. (1990): Hersteller helfen ihren Lieferanten auf die Sprünge. In: Harvard Manager, 12(1990)1, S. 72 - 79.

Daum, M./Piepel, U. (1992): Lean Production - Philosophie und Realität. In: IO Management Zeitschrift, 61(1992)1, S. 40 - 47.

v. Eicke, H./Femerling, C. (1991): Modular Sourcing - Ein Konzept zur Neugestaltung der Beschaffungslogistik. München.

Fieten, R. (1993): Generaloffensive in der gesamten Wertschöpfungskette. In: Beschaffung aktuell, (1993)9, S. 20 - 22.

Foden, J. (1992): Bezahlt, um zu entscheiden: 30 Schlüsselthemen, die kein Manager ignorieren kann. Wien.

Grochla, E./Fieten, R. (1989): Internationale Beschaffungspolitik. In: Handwörterbuch Export und internationale Unternehmung. Hrsg. Macharzina, K. v. /Welge, M. K., Stuttgart, Sp. 203 - 214.

Groth, U./Kammel, A. (1993): Lean Management: Langfristige Zusammenarbeit von Herstellern und Zulieferern. In: IO Management Zeitschrift, 62(1993)3, S. 71 - 75.

Hammer, M./Champy, J. (1994): Business Reengineering. Frankfurt, New York.

Horváth, P. (1994): Controlling. 5. Aufl., München.

Horváth, P./Herter, R. N. (1992): Benchmarking. Vergleich mit den Besten der Besten. In: Controlling, 4(1992), S. 4 - 11.

Imai, M. (1992): Kaizen. Der Schlüssel zum Erfolg der Japaner im Wettbewerb. 4. Auflage, München.

Krystek, U./Zumbrock, S. (1993): Planung und Vertrauen. Stuttgart.

Kunstmann, H. H. (1986): JIT-Produktion und Beschaffung aus der Sicht des Marketings in der Textilindustrie. In: Just-In-Time Produktion und Zulieferung, Erfahrungsberichte, Band 1. Hrsg. Wildemann, H., Passau, S. 79 - 103.

Menze, Th. (1993): Strategisches Internationales Beschaffungsmarketing. Stuttgart.

Pümpin, C. (1991): Management der Unternehmensentwicklung. Frankfurt, New York.

Rautenberg, K. (1986): Qualitätszirkel für Geschäftspartner eines Maschinenbaubetriebes - Erfahrungen von Schlafhorst. In: Quality Circles, Fallbeispiele, Erfahrungen, Perspektiven, Hrsg. Zink, K. J., München, Wien, S. 201- 205.

Schmelzer, H. J. (1992): Organisation und Controlling von Produktentwicklungen. Stuttgart.

Wildemann, H. (1994): Software-Entwicklung und Qualitätsmanagement. In: QZ (Qualität und Zuverlässigkeit, Zeitschrift für industrielles Qualitätsmanagement), 39(1994), S. 224 - 232.

5 Controlling und Finanzierung

Controllership im internationalen Vergleich

K. Stoffel

1 Einleitung

Während in U.S.-amerikanischen Unternehmen die Einrichtung von Stellen mit der Bezeichnung „*Controller*" bzw. „*Comptroller*" bereits zu Ende des letzten Jahrhunderts einsetzte, wurden in Deutschland und Frankreich erst in den sechziger Jahren und dann verstärkt in den siebziger und achtziger Jahren Stellen mit der Bezeichnung „*Controller*" bzw. „*Contrôleur de Gestion*" geschaffen. Trotz der mittlerweile in allen drei Ländern erreichten starken Verbreitung von Controllerstellen herrscht in der Unternehmenspraxis noch eine große Meinungsvielfalt über die wesentlichen Kernaufgaben des Controllers und das Spezifische seiner Funktion. Ein ähnliches Bild zeigen bis heute die Forschungsdiskussionen im deutsch- und französischsprachigen Raum, die sich unabhängig voneinander seit Mitte der siebziger Jahre intensiv mit der Definition von „*Controlling*" bzw. „*Contrôle de Gestion*" beschäftigen. Losgelöst von der rein institutionalen, auf die Rolle des Controllers bezogenen Sichtweise – in den USA mit dem Begriff „*Controllership*" umschrieben – wird dabei gerade im deutschsprachigen Raum dem „*Controlling*" zunehmend die „Koordinationsfunktion innerhalb eines arbeitsteiligen, aufgabenspezialisierten Führungssystems der Unternehmung zugewiesen" (Weber, 1991, S. 1785).

Angesichts dieser Bemühungen zur Begriffsabgrenzung und zur Konkretisierung der Rolle des Controllers im Hinblick auf diese Koordinationsfunktion überrascht, daß in Deutschland von der ausländischen Controllingforschung und -praxis bislang kaum Notiz genommen wird und auch keinerlei Anstrengungen unternommen werden, die Übertragbarkeit der eigenen Erkenntnisse auf die Unternehmenspraxis anderer Länder zu überprüfen. Das gleiche gilt aber auch für Frankreich und die USA.

In der einschlägigen französischen und deutschen Literatur finden sich vielfach lediglich Hinweise auf die USA als Ursprungsland der Controllership-Entwicklung. Daneben wird in den Veröffentlichungen der achtziger und frühen neunziger Jahre im deutschsprachigen Raum häufig die These vertreten, daß die Koordination bereits bei der Schaffung der ersten Controllerstellen in den USA vor 100 Jahren die Kernfunktion des Controllers war. Auch erfolgt gelegentlich der Zusatz, daß der „Entwicklungsvorsprung" der U.S.-amerikanischen Controller inzwischen durch die deutschen Controller „aufgeholt" worden ist und nunmehr weitgehende Übereinstimmung hinsichtlich der Controllerrolle in der betrieblichen Praxis herrscht (Horváth, 1994). Die U.S.-amerikanischen und die deutschen Controller entlasten, so wird dabei häufig konstatiert, seit jeher die Linieninstanzen vor allem durch die Übernahme von Koordinationsaufgaben innerhalb des Planungssystems sowie durch die Wahrnehmung von Aufgaben zur Kopplung des Planungs-, Kontroll- und Informationssystems.

Ziel der Forschungsarbeit „*Controllership im internationalen Vergleich*" war, das Aufgabenspektrum und die organisatorische Einordnung des Controllers in deutschen, französischen und U.S.-amerikanischen Industrieunternehmen systematisch zu erfassen und zu vergleichen. In Anlehnung an die jüngsten Ergebnisse der Forschungsdiskussion im deutschsprachigen Raum stand die Rolle der Controller als Träger von Aufgaben zur Koordination der betrieblichen Planung und Kontrolle im Vordergrund der ländervergleichenden Untersuchung (Stoffel, 1995).

Sowohl in Deutschland als auch in Frankreich treten hinsichtlich der „Controlling"-Terminologie Unklarheiten auf. So werden in Forschung und Praxis beider Länder funktionale und institutionale Aspekte vermischt. Nicht nur der Aufgabenbereich von Controllern wird mit dem Begriff *Controlling* bzw. *Contrôle de Gestion* belegt, auch die Aufgabenträger selbst werden oftmals als *Controlling-Abteilung* bzw. *Service Contrôle de Gestion* bezeichnet. Gleichzeitig finden sich in der einschlägigen Literatur beider Länder Begriffsabgrenzungen, in denen die Begriffe *Controlling* und *Contrôle de Gestion*, entgegen dieser in der Praxis weit verbreiteten Aufgabenträgerbezeichnung, rein funktional definiert werden.

Genau diese Abgrenzungsschwierigkeiten treten in den USA nicht auf. Der Begriff *Controllership* dient dort als Bezeichnung für den Aufgabenbereich sowie für die organisatorische Einordnung der Controller und der Begriff *Controller's Department* als Bezeichnung für die organisatorische Zusammenfassung mehrerer Controllerstellen. Allerdings wird auch in den USA, ebenso wie in Deutschland und Frankreich, von den Autoren, die *Controlling* und *Management Control* rein funktional als Aufgabenbereiche verstehen, die orthographische Nähe dieser Führungsfunktion zum Begriff *Controller* bzw. *Contrôleur de Gestion* als problematisch und erklärungsbedürftig angesehen.

Diese Ausführungen zeigen die Notwendigkeit klarer terminologischer Abgrenzungen. In Anlehnung an die U.S.-amerikanische Terminologie wurde daher in der vorliegenden Untersuchung *Controllership* als umfassende Bezeichnung für die Aufgaben (*Controlleraufgaben*) und die organisatorische Einordnung des *Controllerbereichs* gewählt. Der Begriff *Controlling* bezeichnet, angelehnt an die Ergebnisse der Forschungsdiskussion im deutschsprachigen Raum, die Koordinationsfunktion innerhalb der Führungssystems von Unternehmen, die ihr Leistungssystem primär über Pläne koordinieren (Weber, 1995).

2 Rücklauf der Erhebung und Merkmale der befragten Unternehmen

Im Rahmen der empirischen Erhebung, die als Gemeinschaftsprojekt der Wissenschaftlichen Hochschule für Unternehmensführung (WHU) – Otto-Beisheim-Hochschule in Koblenz, der Ecole Supérieure des Sciences Economiques et Commerciales (ESSEC) in Paris und der University of Texas in Austin organisiert war, wurde 1993 ein Fragebogen an die Leiter der Controllerbereiche von jeweils knapp 350 deutschen, französischen und U.S.-amerikanischen Industrieunternehmen mit 800 bis 6.000 Beschäftigten versandt. Die einbezogenen Unternehmen verteilten sich auf alle Branchen des verarbeiteten Gewerbes. Insgesamt konnten 76 deutsche, 49 französische und 36 U.S.-amerikanische Unternehmen in die Auswertung einbezogen werden.

Die Fokussierung auf Unternehmen mit 800 bis 6.000 Beschäftigten erwies sich aus mehreren Gründen als notwendig. So haben zahlreiche empirische Untersuchungen belegt, daß zwischen der Unternehmensgröße und dem organisatorischen Spezialisierungsgrad ein enger Zusammenhang besteht. Während in größeren Unternehmen Aufgabenbereiche stärker untergliedert sind und einzelnen Aufgabenträgern relativ eng definierte Teilaufgaben zugewiesen werden, sind in kleineren Unternehmen häufig einzelne Stellen bzw. Abteilungen für mehrere dieser Aufgaben verantwortlich. Außerdem wurde die Unternehmensgröße in vielen Untersuchungen als stärkster Prädikator für den Entwicklungsstand des Planungssystems identifiziert. Mit der größenabhängigen Eingrenzung der Grundgesamtheiten sollte die Untersuchung bewußt auf solche Unternehmen konzentriert werden, in denen die Koordination über Pläne als Koordinationsmechanismus dominiert und eine Zentralisierung dieser Aufgaben bei einer Servicestelle zu erwarten ist.

Abbildung 1 zeigt, daß die Unternehmensgrößenverteilung der drei nationalen Stichproben ein hohes Maß an Ähnlichkeit aufweist. Lediglich die einbezogenen französischen Unternehmen sind etwas häufiger als die deutschen und U.S.-amerikanischen Unternehmen in der Klasse mit 1.501 bis 2.500 Beschäftigten und dafür entsprechend seltener in der Klasse mit 2.501 bis 6.000 Beschäftigten vertreten. Diese geringfügigen Unterschiede ließen es vertretbar erscheinen, beim Vergleich der länderspezifischen Controllership-Praxis den Einfluß der Unternehmensgröße auf den organisatorischen Spezialisierungsgrad und den Entwicklungsstand des Planungssystems nicht gesondert zu berücksichtigen.

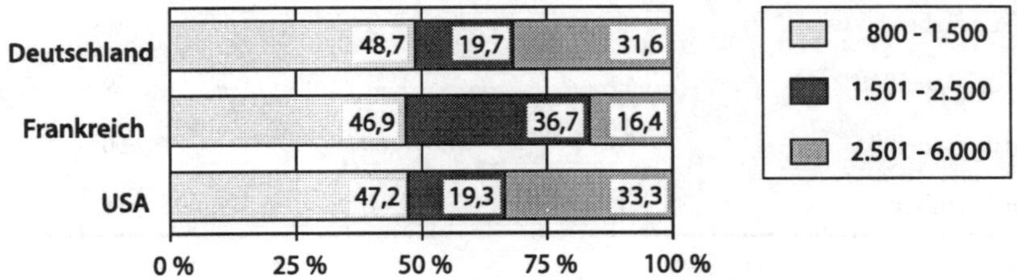

Abb. 1. Verteilung der Unternehmen nach Beschäftigtengrößenklassen

3 Institutionale Aspekte des Controllership

3.1 Einordnung des ranghöchsten Controllers in die Unternehmenshierarchie

Funktionale und institutionale Fragen stehen bei der Gestaltung des Controllerbereichs in einem engen Zusammenhang. So muß die organisatorische Einordnung dem Controllerbereich die Erfüllung seiner Aufgaben ermöglichen. Unabhängigkeit, Neutralität sowie Autorität sind die zentralen Aspekte, die bei der hierarchischen Einordnung zu berücksichtigen sind (Baumgartner, 1980).

Tabelle 1 zeigt, daß die ranghöchsten Controller in den deutschen Unternehmen hierarchisch deutlich höher als in den französischen und den U.S.-amerikanischen Unternehmen eingeordnet sind. In 8 % der deutschen Unternehmen ist der Controller als Mitglied der Unternehmensleitung auf der 1. Führungsebene verankert. In 65 % der Unternehmen ist er hierarchisch auf der 2. Führungsebene eingeordnet und damit direkt der Unternehmensleitung unterstellt.

Angesichts der in den französischen *Sociétés Anonymes* und den U.S.-amerikanischen *Corporations* realisierten Spitzenverfassungen war zu erwarten, daß in beiden Ländern die Einordnung des ranghöchsten Controllers auf der 1. Führungsebene nur selten vorkommt. So ist die oberste Instanz in beiden Ländern zumeist nur mit einer Person (Singularinstanz), dem *Président Directeur Général (PDG)* bzw. dem *Chief Executive Officer (CEO)*, besetzt, und es herrscht eine direktoriale Führungsform vor. Überraschend ist dennoch, daß in keinem der befragten U.S.-amerikanischen Unternehmen der ranghöchste Controller als *„Executive Officer"* Mitglied des *„Boards"*, des obersten Führungsgremiums, ist, was hier ebenfalls als Einordnung auf der 1. Führungsebene bewertet worden wäre. Die unmittelbare Einordnung des Chefcontrollers unter den PDG bzw. den CEO, d.h. auf der 2. Führungsebene, wird in beiden Ländern allerdings auch nur in der Minderheit der Unternehmen realisiert (27 % bzw. 39 %). Es dominiert die Einordnung des Controllerbereichsleiters auf der 3. Führungs-ebene.

Tabelle 1. Hierarchische Einordnung des ranghöchsten Controllers (Angaben in %)

Hierarchische Einordnung	Deutschland (n=76)	Frankreich (n=49)	USA (n=36)
1. Führungsebene	8	0	0
2. Führungsebene	65	27	39
3. Führungsebene	26	69	50
4. Führungsebene	1	4	11

3.2 Organisatorische Verbindung zwischen Controllerbereich und Finanzbereich

Die Ergebnisse der Erhebung zeigen, daß zwischen den deutschen, französischen und U.S.-amerikanischen Unternehmen wesentliche Unterschiede im Hinblick auf die organisatorische Verbindung zwischen dem Controllerbereich und dem Finanzbereich vorliegen (Tabelle 2). Während in 54 % der deutschen Unternehmen der Controllerbereich bis hinauf zur Unternehmensleitung organisatorisch vom Finanzbereich getrennt ist, findet sich eine derartige Trennung nur in etwas mehr als einem Viertel der französischen Unternehmen (27 %) und lediglich in einem U.S.-amerikanischen Unternehmen (3 %).

In der Hälfte der deutschen Unternehmen, in denen der Controllerbereich und der Finanzbereich organisatorisch verbunden sind (46 %), bilden beide Bereiche gemeinsam eine Organisationseinheit (23 %), häufig mit der Abteilungsbezeichnung *„Controlling/Finanzen"*. In den französischen Unternehmen dominiert dagegen die Unterstellung des Controllerbereichs unter den Leiter des Finanzbereichs (65 %). Die organisatorische Gleichsetzung von Controllerbereich und Finanzbereich findet sich hier nur in 8 % der Unternehmen. Die enge organisatorische Verbindung zwischen beiden Bereichen äußert sich in den U.S.-amerkanischen Unternehmen darin, daß in allein 36 % der Unternehmen das *„Finance Department"* als Controllerbereich angesehen wird und in 61 % der Unternehmen der Controllerbereich dem *„Finance Department"* unterstellt ist.

Tabelle 2. Organisatorische Verbindung zwischen Controller- und Finanzbereich (in %)

Controllerbereich und Finanzbereich	Deutschland (n = 75)	Frankreich (n = 49)	USA (n = 36)
nicht organisatorisch verbunden	54	27	3
organisatorisch verbunden	46	73	97
Controllerbereich gleich Finanzbereich	23	8	36
Controllerbereich untersteht Finanzbereich	23	65	61

4 Funktionale Aspekte des Controllership

4.1 Breite und Schwerpunkte des Aufgabenspektrums der Controller

Beim Vergleich der betrieblichen Aufgabenfelder, an denen die Controllerbereiche stark bis sehr stark beteiligt sind, zeigen sich neben einigen Gemeinsamkeiten auch deutliche Unterschiede zwischen der deutschen, französischen und U.S.-amerikanischen Controllership-Praxis (Abb. 2). In den deutschen Unternehmen folgen hinter der Budgetierung (Anteil der Unternehmen mit starker bis sehr starker Controllerbeteiligung: 98 %) und dem internen Berichtswesen

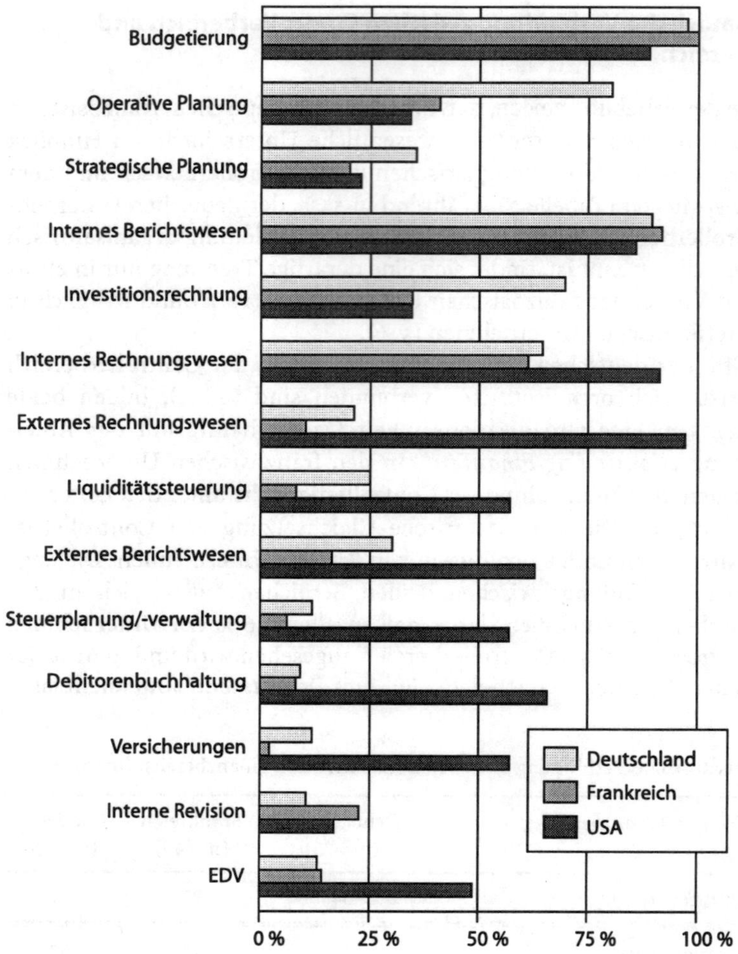

Abb. 2. Aufgabenbereiche mit starker/sehr starker Controllerbeteiligung

(90 %) als am häufigsten genannte Aufgabenfelder die operative Planung (80 %), die Investitionsrechnung (70 %) und das interne Rechnungswesen (65 %). Mit Ausnahme der strategischen Planung und des externen Berichtswesens, an denen die Controllerbereiche in 36 % bzw. 30 % der Unternehmen stark beteiligt sind, werden alle anderen Aufgabenfelder in weniger als 25 % der deutschen Unternehmen den Controllerbereichen zugeordnet.

In den französischen Unternehmen stellen die Budgetierung (100 %) und das interne Berichtswesen (92 %) ebenfalls die wichtigsten Aufgaben der Controllerbereiche dar. In 61 % der französischen Unternehmen sind die Controllerbereiche daneben stark am internen Rechnungswesen beteiligt. Deutlich seltener als in den deutschen Unternehmen erstreckt sich ihre Verantwortung jedoch auf die Aufgabenfelder operative Planung (41 %) und Investitionsrechnung (35 %). Auch an der strategischen Planung sind die Controllerbereiche in nur 20 % der französischen Unternehmen maßgeblich beteiligt. Ähnlichkeit besteht zwischen dem Aufgabenspektrum der deutschen und französischen Unternehmen im Hinblick auf die geringe Bedeutung der weiteren Aufgabenfelder. Sie werden in weniger als 25 % der Unternehmen von den Controllern verantwortlich wahrgenommen.

Deutlich unterscheidet sich das Aufgabenspektrum der U.S.-amerikanischen von dem der deutschen und französischen Controllerbereiche. Noch vor den Aufgabenfeldern Budgetierung (89 %) und internes Berichtswesen (86 %) sind die U.S.-amerikanischen Controller für das externe Rechungswesen (97 %) und das interne Rechnungswesen (91 %) verantwortlich. Daneben sind sie in mehr als der Hälfte der Unternehmen an den Aufgabenbereichen Liquiditätssteuerung (57 %), externes Berichtswesen (63 %), Steuerplanung/-verwaltung (57 %), Debitorenbuchhaltung (66 %) und Versicherungen (57 %) stark bzw. sehr stark beteiligt. In 49 % der Unternehmen tragen die Controllerbereiche darüberhinaus Verantwortung für den Bereich der EDV. Eine starke Beteiligung der Controllerbereiche an den Aufgabenfeldern operative Planung und strategische Planung findet sich hingegen, ähnlich selten wie in den französischen Unternehmen, nur in 34 % bzw. 23 % der Unternehmen.

Die meisten der in den drei betrachteten Ländern bislang durchgeführten Controllership-Erhebungen verzichten auf eine weitere Differenzierung der Mitwirkung der Controllerbereiche an der betrieblichen Planung und Kontrolle. Offen bleibt dadurch, inwieweit die Controllerbereiche selbst als Planer, als Plankontrolleure oder aber als Servicebereiche zur Unterstützung der planenden und kontrollierenden Linieninstanzen tätig sind. Auch differenziertere Untersuchungen analysieren zumeist nicht, inwieweit die konstatierten Unterschiede möglicherweise nur darauf zurückzuführen sind, daß die Planungsebenen in den Unternehmen unterschiedlich ausgebaut sind.

Bei dem hier angestrebten Vergleich der Rolle der Controllerbereiche als Träger von planungsebenenbezogenen Koordinationsaufgaben wurde daher bewußt versucht, die Mitwirkung der Controllerbereiche auf den verschiedenen Planungsebenen differenziert zu erfassen und gleichzeitig den verzerrenden Einfluß unterschiedlich ausgestalteter Planungssysteme so weit wie möglich auszuschließen.

4.2 Beteiligung der Controller an materiellen Planungs- und Kontrollaufgaben

Die im Rahmen der Untersuchung durchgeführte Analyse der Controllerbeteiligung an materiellen Planungs- und Kontrollaufgaben, die von der Informationsbereitstellung bis zur selbständigen Planung und Kontrolle des jeweiligen Budgets bzw. Plans reichen kann, zeigte, daß die Controllerbereiche in allen drei Ländern in der großen Mehrheit an der Erstellung und vor allem an der Kontrolle der verschiedenen Teilbudgets stark mitwirken. Dagegen liegt im Hinblick auf die Beteiligung an der Erstellung und Kontrolle der sachzielbezogenen operativen und strategischen Teilpläne eine sehr viel größere Heterogenität vor. Diese ist jedoch in den drei Ländern ähnlich ausgeprägt. So finden sich neben der

Finanz- und der Investitionsplanung, bei denen der größte Teil der Controllerbereiche sowohl an der Planerstellung als auch an der Plankontrolle stark beteiligt ist, zahlreiche Planungsfelder, bei denen die Zahl der Controllerbereiche, die schwach, mittelmäßig oder aber stark an der Planung und Kontrolle mitwirken, etwa gleich groß ist.

Da speziell in der einschlägigen Literatur des deutsch- und französischsprachigen Raums immer wieder Forderungen erhoben werden, den Controller stärker in den strategischen Planungsprozeß einzubinden, wurde im Rahmen der Erhebung auch die Mitwirkung der Controllerbereiche an Planungs- und Kontrollaufgaben untersucht, die im strategischen Planungs- und Kontrollprozeß anfallen.

Abbildung 3 zeigt den Anteil der Unternehmen, in denen entweder *„keine bzw. eine sehr geringe"*, eine *„mittlere"* oder aber eine *„starke bis sehr starke Beteiligung"* an verschiedenen Einzelaktivitäten im strategischen Planungs- und Kontrollprozeß vorliegt. Einbezogen wurden dabei nur die Unternehmen, die auf der strategischen Planungsebene systematisch planen. Deutlich wird, daß nicht nur zwischen den Ländern wesentliche Unterschiede bestehen. Vielmehr belegt die starke Heterogenität der Beteiligungsausprägungen, daß sich auch innerhalb der deutschen, französischen und U.S.-amerikanischen Unternehmenspraxis bislang kein einheitliches Verständnis von der Rolle des Controllers als Träger strategischer Planungs- und Kontrollaufgaben durchgesetzt hat.

In den deutschen Unternehmen stellt, abgesehen von der Mitwirkung der Controllerbereiche an der strategischen Umweltanalyse, die „starke/sehr starke Beteiligung", gefolgt von der „mittleren Beteiligung", die dominante Beteiligungsausprägung dar. Während 21 % der deutschen Controllerbereiche an der strategischen Umweltanalyse stark bzw. sehr stark beteiligt sind, findet sich bei allen anderen Planungs- und Kontrollaktivitäten eine entsprechend starke Beteiligung in mehr als 37 % der Unternehmen. Besonders auffällig ist der hohe Anteil der Unternehmen, in denen die strategische Planfortschrittskontrolle zum Aufgabenspektrum der Controllerbereichs gehört (59 %).

Nur in sehr wenigen französischen Unternehmen ist die Beteiligung des Controllerbereichs an der Umweltanalyse (8 %) sowie an der Unternehmensanalyse (17 %) stark ausgeprägt. Bei den anderen Aktivitäten bewegt sich der Anteil der stark beteiligten Controllerbereiche zwischen 25 % und 31 %. Größer als in der deutschen und U.S.-amerikanischen Controllership-Praxis ist der Anteil der Controllerbereiche, die nicht oder nur kaum an der Wahrnehmung der Einzelaktivitäten beteiligt sind. So wird in 39 % bzw. 42 % der französischen Unternehmen fast vollständig auf die Mitarbeit des Controllerbereichs bei der Planung der Unternehmensziele sowie der strategischen Programme verzichtet, während sich die entsprechenden Anteilswerte in der deutschen Stichprobe auf 24 % sowie 25 % und in der U.S.-amerikanischen Stichprobe auf 17 % sowie 20 % belaufen.

In den U.S.-amerikanischen Unternehmen überwiegt die *„mittlere Beteiligung"* der Controllerbereiche an den verschiedenen Aktivitäten. Dieses Ergebnis scheint sehr stark den Empfehlungen der U.S.-amerikanischen Controllership-

Literatur zu entsprechen (Vander Weele, 1980, Naylor, 1986). Ein starke bzw. sehr starke Beteiligung des Controllerbereichs zeigt sich in mehr als 25 % der U.S.-amerikanischen Unternehmen lediglich bei der strategischen Unternehmensanalyse (30 %) und der strategischen Umweltanalyse (27 %).

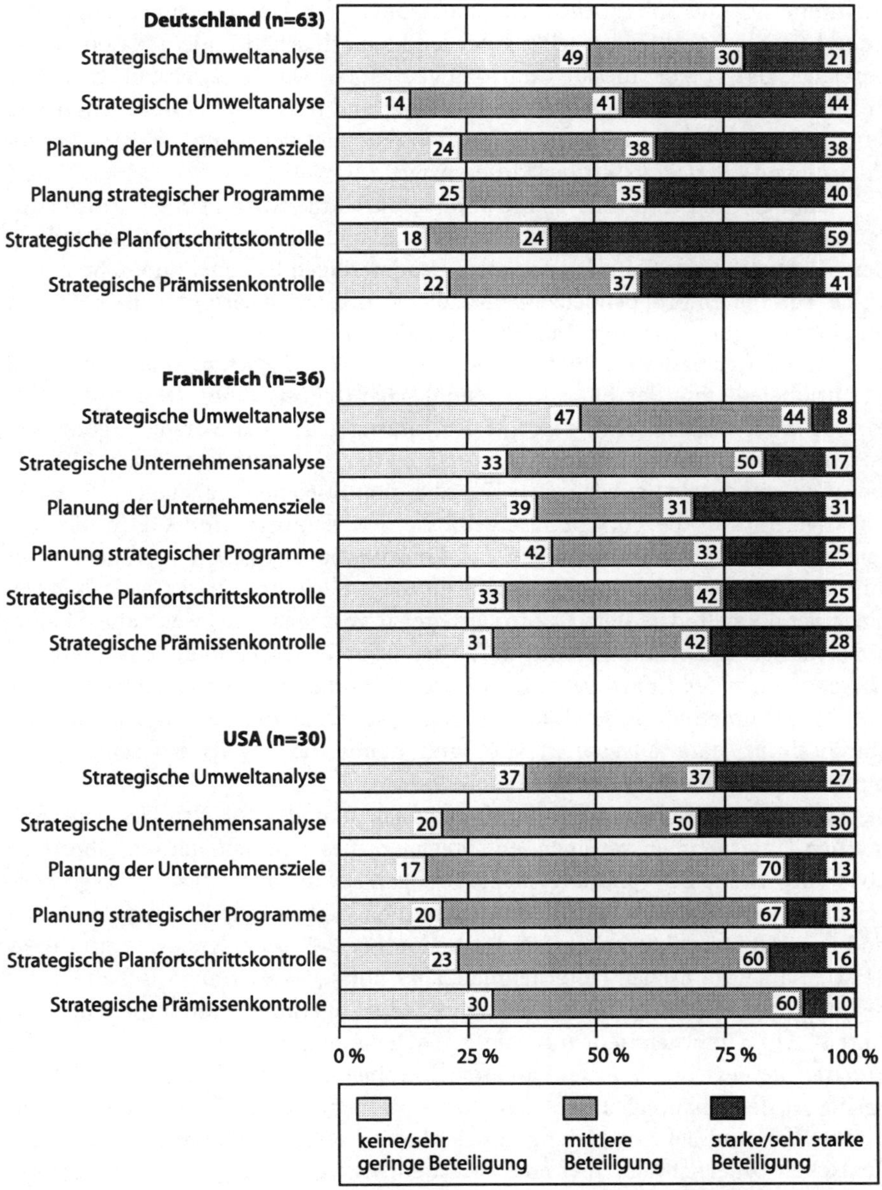

Abb. 3. Beteiligung der Controllerbereiche am strategischen Planungs- und Kontrollprozeß (Unternehmen mit strategischer Planung)

4.3 Planungsebenenbezogene Koordinationsaufgaben als Controlleraufgaben in Unternehmen mit hochentwickelten Planungssystemen

Neben den materiellen Planungs- und Kontrollaufgaben fallen auch zahlreiche Unterstützungsaufgaben an, die entweder direkt auf die Koordination der verschiedenen Planungs- und Kontrollprozesse abzielen oder aber indirekt zur Abstimmung und inhaltlichen Geschlossenheit der Unternehmensgesamtplanung beitragen. Zur Untersuchung der länderspezifischen Rolle der Controllerbereiche als Träger dieser Controllingaufgaben wurde zwischen den Koordinationsaufgaben *„Methodenbereitstellung und Beratung"*, *„Moderation und Interessenausgleich"*, *„Systemgestaltung und Prozeßsteuerung"* sowie *„Konsolidierung und Berichterstattung"* differenziert.

Planungs- und Kontrollsysteme können durch die Ausprägung von Aufbauprinzipien charakterisiert werden. Diese Prinzipien helfen bei der Beurteilung der Leistungs- bzw. Funktionsfähigkeit des jeweiligen Systems und geben Hinweise auf die Interdependenzen und die Koordinationserfordernisse. Die in ihrer Ausprägung eng miteinander verbundenen Aufbauprinzipien *Differenzierung* (Zahl der erstellten Budgets oder Pläne), *Partizipation* (Planungs- und Kontrollbeteiligung der Führungsebenen), *Hierarchiedynamik* (top-down, bottom-up oder wechselseitig geprägte Abstimmung der Planvorstellungen) und *Formalisierung* können auch zur Beurteilung der Zweckmäßigkeit der Zentralisierung planungsebenenbezogener Koordinationsaufgaben dienen.

Angelehnt an die Forschungsergebnisse der Planungs- und Controllingforschung, wurde angenommen, daß die Koordinationsaufgaben vor allem dann auf den Planungsebenen anfallen und die Zentralisierung dieser Aufgaben bei einer Servicestelle wie dem Controllerbereich vorteilhaft ist, wenn die Ebenen einen hohen Entwicklungsstand aufweisen (Töpfer, 1976; Rau, 1985). Für die Untersuchung der Controllerrolle auf den Planungsebenen wurden daher nur die Unternehmen in die Analyse einbezogen, in denen die Aufbauprinzipien im Durchschnitt stark ausgeprägt sind und damit die jeweils betrachtete Planungsebene hoch entwickelt ist (Tabelle 3).

84 % der deutschen, 87 % der französischen und 89 % der U.S.-amerikanischen Unternehmen verfügen, entsprechend dieser Klassifizierung, über eine hoch entwickelte *Budgetierungsebene*. Bezogen auf die *operative Planungsebene* zeigt sich eine relativ große Übereinstimmung lediglich zwischen der deutschen und der U.S.-amerikanischen Länderstichprobe. 65 % der deutschen und 62 % der U.S.-amerikanischen Unternehmen, aber nur 54 % der französischen Unternehmen verfügen über eine hoch entwickelte operative Planungsebene. Der Anteil der Unternehmen mit einer hoch entwickelten *strategischen Planungsebene* liegt in allen drei Länderstichproben deutlich niedriger. Auffallend gering ist der entsprechende Anteil von Unternehmen in der deutschen Stichprobe. Während bei Anwendung dieses Klassifizierungsverfahrens nur 22 % der deutschen Unternehmen über eine derart entwickelte strategische Planungsebene verfügen, beläuft sich der entsprechende Anteil in der französischen und in der U.S.-amerikanischen Stichprobe auf 38 % bzw. 34 %.

Tabelle 3. Unternehmen mit hoch entwickelten Planungsebenen (Anteile in %)

Hoch entwickelte Planungsebenen	Deutschland	Frankreich	USA
Budgetierungsebene	84	87	89
Operative Planungsebene	65	54	62
Strategische Planungsebene	22	38	34

Die getrennt für die drei Planungsebenen durchgeführte Analyse der Controllerverantwortung für die Koordination im Planungssystem zeigt, daß sich die Rolle der deutschen Controllerbereiche nach Eliminierung des verzerrenden Einflusses unterschiedlich ausgebauter Planungssysteme sehr prononziert von der entsprechenden Rolle der französischen und U.S.-amerikanischen Controllerbereiche abhebt (Abb. 4).

In den deutschen Unternehmen, die über eine hoch entwickelte *Budgetierungsebene* verfügen, ist der Controllerbereich sehr häufig für die verschiedenen Koordinationsaufgaben verantwortlich. Während er in 82 % der deutschen Unternehmen als Planungsmoderator auf der Budgetierungsebene für die Aufgabe „Moderation und Interessenausgleich" zuständig ist, gehören die anderen Koordinationsaufgaben sogar in mehr als 90 % der Unternehmen zu seinem Aufgabenspektrum. Auch in den französischen Unternehmen mit einem hoch entwickelten Budgetierungssystem wird der Controllerbereich häufig als Träger der verschiedenen Unterstützungsaufgaben eingesetzt. Mit Ausnahme der „Konsolidierung und Berichterstattung", die in 93 % der französischen Unternehmen vom Controllerbereich verantwortlich betreut wird, werden die anderen Koordinationsaufgaben jedoch nur in 60 % bis 70 % der französischen Unternehmen dem Aufgabenspektrum des Controllerbereichs zugeordnet. Seltener noch sind die U.S.-amerikanischen Controllerbereiche für die verschiedenen Koordinationsaufgaben verantwortlich. In weniger als zwei Drittel der U.S.-amerikanischen Unternehmen gehören die Aufgaben „Methodenbereitstellung und Beratung" sowie „Moderation und Interessenausgleich" zum Aufgabenspektrum des Controllerbereichs. In 71 % der Unternehmen ist dem Aufgabenspektrum des Controllerbereichs die Aufgabe „Systemgestaltung und Prozeßsteuerung" und in 84 % der Unternehmen die Aufgabe „Konsolidierung und Berichterstattung" zugeordnet.

Während auf der *operativen Planungsebene* in weit mehr als 70 % der deutschen Unternehmen der Controllerbereich an den verschiedenen Koordinationsaufgaben stark oder aber sehr stark mitwirkt, findet sich eine derart ausgeprägte Controllerbeteiligung in mehr als 50 % der französischen Unternehmen nur bei der „Konsolidierung und Berichterstattung" und in mehr als 50 % der U.S.-amerikanischen Unternehmen bei der „Systemgestaltung und Prozeßsteuerung" sowie der „Konsolidierung und Berichterstattung". Die stärksten Unterschiede zwischen der deutschen und der französischen sowie U.S.-amerikanischen Controllership-Praxis zeigen sich auch auf dieser Ebene bei den Koordinationsaufgaben „Methodenbereitstellung und Beratung“ sowie „Moderation und Interessenausgleich“. Der Anteil der französischen und U.S.-amerikanischen Unternehmen, in denen der Controllerbereich für diese Aufgaben verantwortlich ist, ist nicht einmal halb so groß wie der entsprechende Anteil deutscher Unternehmen.

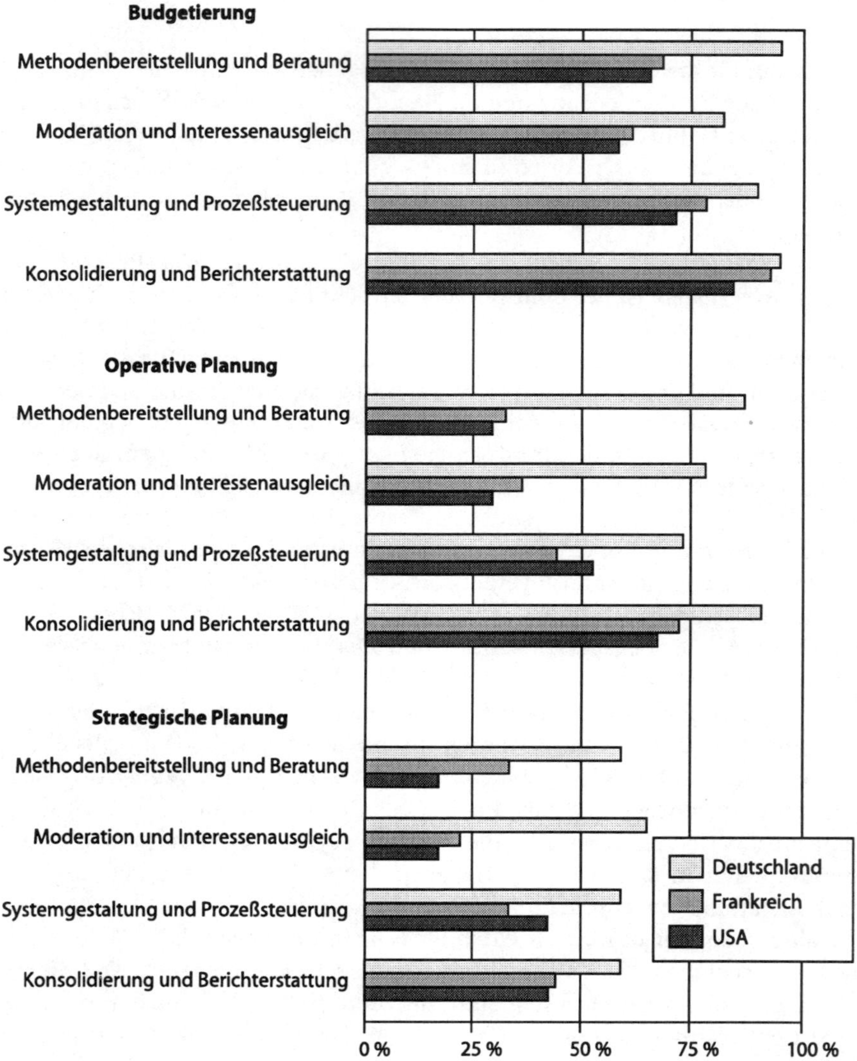

Abb. 4. Verantwortung der Controllerbereiche für Koordinationsaufgaben auf den Planungsebenen (Unternehmen mit jeweils hoch entwickelter Planungsebene)

Auch auf der *strategischen Planungsebene* fungieren die deutschen Controllerbereiche deutlich häufiger als die französischen und U.S.-amerikanischen Controllerbereiche als Träger der verschiedenen Koordinationsaufgaben. In mehr als der Hälfte der deutschen Unternehmen mit einer hoch entwickelten strategischen Planungsebene werden die Koordinationsaufgaben dem Controllerbereich zugeordnet. Auch hier zeigen sich die Unterschiede zwischen der deutschen und der französischen sowie U.S.-amerikanischen Controllership-Praxis vor allem bei der Zuordnung der Koordinationsaufgaben „Methodenbereitstellung und Beratung" sowie „Moderation und Interessenausgleich". Während in mehr als der Hälfte der hier betrachteten deutschen Unternehmen der Controllerbereich in der Rolle des Methodenbereitstellers und Beraters (59 %) sowie des Planungsmoderators (65 %) auf der strategischen Planungsebene tätig ist, werden diese Rollen nur in 33 % bzw. 22 % der französischen sowie in jeweils 17 % der U.S.-amerikanischen Unternehmen vom Controllerbereich übernommen.

4.4 Empfehlungen zur Gestaltung der Controllerbereiche mit Koordinationsverantwortung auf den Planungsebenen

In der Controllership-Literatur der drei Länder finden sich zahlreiche Empfehlungen zur Gestaltung des Aufgabenspektrums sowie zur hierarchischen und fachlichen Einordnung des Controllerbereichs. Gerade in der deutschen und französischen Literatur beziehen sich diese Gestaltungsempfehlungen häufig auf die Servicerolle des Controllerbereichs im Rahmen der planungssystembezogenen Koordination. Folgt man diesen Empfehlungen, so sollte der Controllerbereich, der als Koordinationsorgan speziell auf den sachzielbezogenen Ebenen der operativen und strategischen Planung eingesetzt wird, über genügend Autorität und Unabhängigkeit zur Bewältigung seiner wichtigen Funktion verfügen. Hierfür sollte er möglichst auf der zweiten oder auch ersten *Hierarchieebene* eingeordnet und dabei organisatorisch vom *Finanzbereich* getrennt sein (Küpper/Weber/Zünd, 1990; Ardoin/Jordan, 1978).

Auch sollte er organisatorisch keine Verantwortung für das *interne Rechnungswesen* tragen. Nach Ansicht zahlreicher Autoren würde der Controllerbereich durch die im internen Rechnungswesen zu bewältigenden Erfassungs- und Dokumentationsaufgaben zu sehr in Anspruch genommen und für seine eigentliche Funktion nicht mehr ausreichend Zeit haben. Gleichzeitig bestünde die Gefahr, daß der Controllerbereich mental zu sehr auf das Denken in formalzielorientierten und kurzfristig ausgerichteten Planungskategorien beschränkt und damit bei der effizienten Ausübung der Rolle als Berater, Planungsmoderator und Prozeßmanager auf der operativen und strategischen Planungsebene behindert wäre (Baumgartner, 1980; Ardoin/Jordan, 1978).

Dem Controllerbereich sollten daneben keine *nicht unmittelbar führungsrelevanten Aufgaben* zugeordnet werden. Insbesondere finanzwirtschaftlich ausgerichtete Aufgaben und primär an den Informationsbedürfnissen externer Adressaten orientierte Aufgaben weisen nach Ansicht vieler Autoren so wenige

Gemeinsamkeiten mit der Koordinationsfunktion auf, daß sie die Effizienz des Controllerbereichs als Koordinationsorgan stark beeinträchtigen können (Baumgartner, 1980; Ardoin/Michel/Schmidt, 1986).

Die globale Betrachtung der bislang analysierten Aspekte des Controllership legt den Schluß nahe, daß die Unterschiede zwischen der deutschen und der französischen sowie U.S.-amerikanischen Controllership-Praxis hinsichtlich der Zuordnung von Koordinationsaufgaben zum Controllerbereich vor allem darauf zurückzuführen sind, daß die genannten „Bestimmungsfaktoren" der organisatorischen Gestaltung in den drei Ländern unterschiedlich ausgeprägt sind. So sind die Controllerbereiche in den deutschen Unternehmen häufig hierarchisch hoch eingeordnet und organisatorisch nicht mit dem Finanzbereich verbunden. Auch sind sie mehrheitlich nicht für das interne Rechungswesen und ebenso nicht für Aufgaben wie das externe Rechnungswesen, die externe Berichterstattung, die Liquiditätssteuerung, die Debitorenbuchhaltung und die EDV verantwortlich (Abb. 2).

Die französischen Controllerbereiche, die deutlich seltener die Verantwortung für die Koordinationsaufgaben auf den Planungsebenen übernehmen, sind mehrheitlich „nur" auf der dritten Führungsebene eingeordnet und dabei zumeist dem Leiter des Finanzbereichs unterstellt. In der U.S.-amerikanischen Controllership-Praxis, in der die Controllerbereiche ebenfalls selten als Koordinationsorgane auf der operativen und strategischen Planungsebene eingesetzt werden, sind fast alle Controllerbereiche organisatorisch mit dem Finanzbereich verbunden und dabei sehr häufig dem Leiter des Finanzbereichs unterstellt. Zusätzlich übernehmen die U.S.-amerikanischen Controllerbereiche, wie die Analyse der Breite und Schwerpunkte des Gesamtaufgabenspektrums gezeigt hat, in aller Regel die Verantwortung für das gesamte Rechnungswesen und für zahlreiche nicht unmittelbar führungsrelevante Aufgaben.

Die Schlußfolgerung, daß die Unterschiede und Gemeinsamkeiten zwischen der deutschen, französischen und U.S.-amerikanischen Controllership-Praxis hinsichtlich der Koordinationsverantwortung der Controllerbereiche maßgeblich auf die länderspezifische Ausprägung der genannten Bestimmungsfaktoren zurückzuführen sind, darf jedoch nicht auf Basis einer derart globalen Betrachtung getroffen werden. Um Aussagen über die Gültigkeit bzw. Befolgung dieser Gestaltungsempfehlungen in der deutschen, französischen und U.S.-amerikanischen Unternehmenspraxis treffen zu können, mußte stattdessen untersucht werden, in welcher Häufigkeit die verschiedenen denkbaren Organisationsalternativen tatsächlich in der Unternehmenspraxis der drei Länder realisiert sind.

Analog zu einem in der Organisationsforschung weit verbreiteten Vorgehen, wurde bei der Fomulierung und Überprüfung der Gestaltungsempfehlungen davon ausgegangen, daß in den einbezogenen Unternehmen die funktionale und institutionale Gestaltung der Controllerbereiche unter systematischer Abwägung von Effizienzgesichtspunkten erfolgt ist und die realisierte Controllership-Praxis ein Mindestmaß an organisatorischer Effizienz und Zweckmäßigkeit aufweist (Rosenzweig, 1981).

Diese getrennt für die drei Länder durchgeführten Analysen zeigten sehr deutlich, daß das skizzierte und recht naheliegende Erklärungsmuster der globalen Betrachtung nicht zutrifft. Die Unterschiede zwischen der deutschen sowie der französischen und U.S.-amerikanischen Controllership-Praxis im Hinblick auf die Koordinationsverantwortung der Controllerbereiche können nicht unmittelbar darauf zurückgeführt werden, daß zwischen den Ländern Unterschiede in der hierarchischen Einordnung der Controllerbereiche und in der organisatorischen Verbindung der Controllerbereiche zum Finanzbereich bestehen. Auch die organisatorische Verantwortung der Controllerbereiche für das interne Rechnungswesen und ihre Beteiligung an nicht unmittelbar koordinationsrelevanten Aufgaben stehen in keinem statistisch signifikanten Zusammenhang zu ihrer Verantwortung für die planungsebenenbezogenen Koordinationsaufgaben.

Aus diesem Ergebnis kann gefolgert werden, daß die Gestaltungsempfehlungen der einschlägigen Literatur keine universale Gültigkeit besitzen. In ihrer gegenwärtigen Form sind diese Empfehlungen noch zu undifferenziert, um die betrieblichen Entscheidungsträger bei der organisatorischen Gestaltung des Controllerbereichs, der als zentrale Koordinationseinheit die Verantwortung für die Planungskoordination übernehmen soll, sachgerecht zu unterstützen.

4.5 Aufgabenteilung zwischen dem Controllerbereich und anderen Servicebereichen bei der planungsebenenbezogenen Koordination

Die Fokussierung auf Unternehmen mit hochentwickelten Planungsebenen basierte auf der empirisch vielfach bestätigten Annahme, daß die Ausprägung der planungsebenenbezogenen Koordinationsaufgaben und damit auch die Vorteilhaftigkeit ihrer Zentralisierung bei einer Serviceeinheit wesentlich durch den Entwicklungsstand der Planungsebenen beeinflußt wird. Wenn dieser Zusammenhang in den drei Ländern gleichermaßen ausgeprägt ist, müßten in der französischen und U.S.-amerikanischen Unternehmenspraxis eigentlich verstärkt andere Servicebereiche die Verantwortung für die planungsebenenbezogenen Unterstützungsaufgaben übernehmen. Diese Annahmen wurden in der vorliegenden Erhebung bewußt noch einmal überprüft. Dabei ergab sich das folgende Bild.

In mindestens 90 % der deutschen Unternehmen, die über eine hoch entwickelte *Budgetierungsebene* verfügen, werden die verschiedenen Koordinationsaufgaben auf spezialisierte Servicebereiche übertragen. Der Controllerbereich übernimmt dabei in der großen Mehrheit dieser Unternehmen allein die Verantwortung für die Aufgaben. Auch in der französischen Unternehmenspraxis sind die Controllerbereiche die wesentlichen Träger der Aufgaben zur Koordination des Budgetierungsprozesses. Ein Unterschied zur deutschen Unternehmenspraxis zeigt sich darin, daß bestimmte Koordinationsaufgaben häufig überhaupt nicht dem Aufgabenspektrum spezialisierter Serviceeinheiten zugeordnet werden. In der U.S.-amerikanischen Unternehmenspraxis wird ähnlich wie in der französischen Praxis nur in gut 70 % der Unternehmen mit einer hoch entwickelten Budgetierungsebene die Verantwortung für die Aufgaben „Methodenbereitstellung und Beratung“ sowie „Moderation und Interessenausgleich” auf spezialisierte Aufgabenträger übertragen. Deutlich häufiger als in der deutschen und französischen Unternehmenspraxis sind zudem andere Servicebereiche gemeinsam mit dem Controllerbereich für die verschiedenen Koordinationsaufgaben verantwortlich.

79 % der deutschen Unternehmen, die über eine hochentwickelte *operative Planungsebene* verfügen, übertragen die auf dieser Ebene anfallenden Koordinationsaufgaben auf spezialisierte Serviceeinheiten (Abb. 5). Die Controllerbereiche sind dabei auch auf dieser Planungsebene die Servicebereiche, die ganz überwiegend allein als Aufgabenträger fungieren. Die Zuordnung einer der hier spezifizierten Aufgaben zu einem anderen Servicebereich erfolgt nur in 7 % bis 14 % der Unternehmen.

Im Hinblick auf die französische Unternehmenspraxis überrascht, daß anstelle der Controllerbereiche nicht in großem Umfang andere Servicebereiche die Verantwortung für die Koordinationsaufgaben übernehmen. Stattdessen erfolgt in mehr als der Hälfte der französischen Unternehmen mit einem hoch entwickelten operativen Planungssystem überhaupt keine Zentralisierung der Koordinationsaufgaben „Methodenbereitstellung und Beratung“, „Moderation und Interessenausgleich“ sowie „Systemgestaltung und Prozeßsteuerung“ bei einem Servicebereich. Anders als in der deutschen Unternehmenspraxis scheint in der französischen Unternehmenspraxis mit einem hohen Entwicklungsstand der operativen Planungsebene nicht unbedingt die Zuordnung der Aufgaben zur Koordination des operativen Planungs- und Kontrollprozesses zu spezialisierten Serviceeinheiten verbunden zu sein.

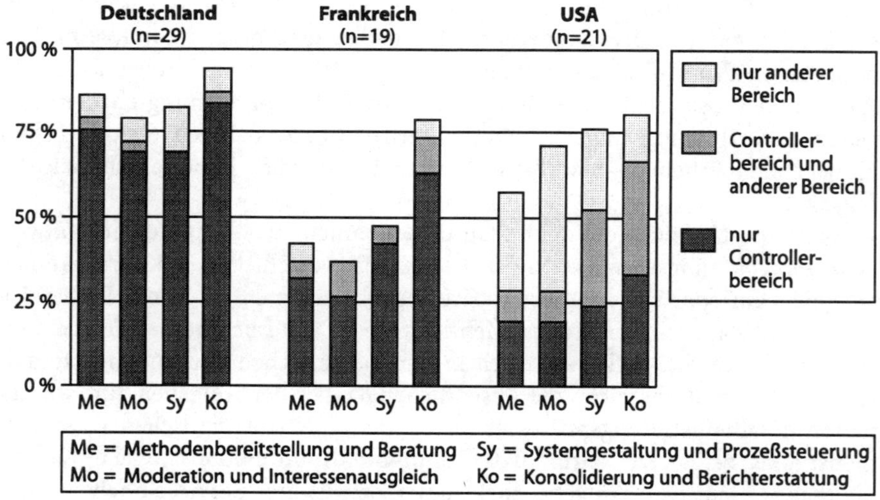

Abb. 5. Controllerbereiche und andere Servicebereiche als Koordinatoren auf der operativen Planungsebene (Unternehmen mit hoch entwickelter operativer Planungsebene)

In den U.S.-amerikanischen Unternehmen, die über eine hoch entwickelte operative Planungsebene verfügen, wird die Zentralisierung von Koordinationsaufgaben bei Serviceeinheiten auch seltener als in den deutschen Unternehmen vorgenommen, jedoch deutlich häufiger als in den französischen Unternehmen. So sind in mehr als der Hälfte der U.S.-amerikanischen Unternehmen Servicebereiche für die Aufgaben „Methodenbereitstellung und Beratung“ (58 %) sowie „Moderation und Interessenausgleich“ (72 %) verantwortlich, allerdings sind die Controllerbereiche hier als Aufgabenträger in der Minderzahl. Die Verantwortung für die Aufgaben „Systemgestaltung und Prozeßsteuerung“ (77 %) sowie „Konsolidierung und Berichterstattung“ (80 %) liegt sogar in mehr als drei Viertel der U.S.-amerikanischen Unternehmen bei spezialisierten Organisationseinheiten.

Der Zusammenhang zwischen dem Entwicklungsstand der Planungsebene und der aufgabenträgerbezogenen Spezialisierung planungsebenenbezogener Koordinationsaufgaben ist in der französischen und U.S.-amerikanischen Unternehmenspraxis auf der *strategischen Planungsebene* ebenfalls anders ausgeprägt als in der deutschen Unternehmenspraxis. Daß die deutschen Controllerbereiche wesentlich häufiger als die französischen und die U.S.-amerikanischen Controllerbereiche auf der strategischen Planungsebene für die verschiedenen Koordinationsaufgaben verantwortlich sind, bedeutet damit nicht unbedingt, wie ursprünglich angenommen, daß in der französischen und U.S.-amerikanischen Unternehmenspraxis generell verstärkt andere Serviceeinheiten als Aufgabenträger der Koordinationsaufgaben fungieren.

Die Unterschiede zwischen der deutschen und der U.S.-amerikanischen Unternehmenspraxis in der Zuordnung von Koordinationsaufgaben zu Serviceeinheiten sind, wie weitergehende Untersuchungen ergaben, nicht darauf zurückzuführen, daß in diesen beiden Ländern den Koordinationsaufgaben ein unterschiedlicher Stellenwert für die Funktionsfähigkeit des Planungssystems zuerkannt wird. Daß die Bedeutung der verschiedenen Koordinationsaufgaben in der U.S.-amerikanischen Unternehmenspraxis ebenso hoch wie in der deutschen Unternehmenspraxis eingeschätzt wird, läßt vielmehr vermuten, daß in den U.S.-amerikanischen Unternehmen die Linieninstanzen anstelle spezialisierter Servicebereiche stärker selbst die Verantwortung für die Koordination auf den Planungsebenen übernehmen.

Folgt man kulturvergleichenden Arbeiten, die sich mit den Spezifika der französischen Unternehmensführung auseinandersetzen, so kommt der Koordination durch unmittelbar persönliche Kommunikation in der französischen Unternehmenspraxis eine sehr viel größere Bedeutung zu als in der deutschen und U.S.-amerikanischen Unternehmenspraxis, in der die Unternehmen, zumindest ab einer bestimmten Größenordnung, verstärkt auf die Koordination durch Pläne zur Führung ihres Leistungssystems zurückgreifen. Die Abstimmung zwischen den verschiedenen Unternehmenseinheiten ist in den französischen Unternehmen – so die Beobachtungen der „Kulturisten“ – zumeist nicht das Ergebnis eines systematischen, bereichsübergreifenden Planungsprozesses, sondern vollzieht sich stattdessen häufig nur informell als Reaktion auf Störungen und Probleme. Während zudem in der deutschen und U.S.-amerikanischen Unternehmenspraxis verbindliche und abgestimmte Bereichsziele gleichzeitig die Grundlage für regelmäßige Kontrollen der Zielrealisierung darstellen, wird in der französischen Unternehmenspraxis der systematischen Plankontrolle nicht nur wegen des Fehlens verbindlicher Bereichsziele, sondern auch wegen des weit verbreiteten Verständnisses von Fremdkontrollen als „unberechtigte" Eingriffe in den Verantwortungsbereich der einzelnen Funktionsträger eine deutlich geringere Bedeutung zugemessen (D'Iribarne, 1985; D'Iribarne, 1987; Hofstede, 1982).

Treffen diese Zusammenhänge auch für die hier betrachteten französischen Unternehmen zu, so wird verständlich, daß den Koordinationsaufgaben, wie die weiterführenden Untersuchungen ergaben, häufig nur ein mittlerer Stellenwert eingeräumt wird und französische Unternehmen deutlich seltener spezialisierten Organisationseinheiten, wie z.B. den Controllerbereichen, die Verantwortung für diese Aufgaben übertragen.

5 Zusammenfassung und Schlußfolgerungen

Die vorliegende Erhebung macht deutlich, daß die Controllingforschung im deutschsprachigen Raum mit der Fokussierung auf die Koordination im Führungssystem auch ein wesentliches Aufgabenfeld der deutschen Controllerbereiche in den Mittelpunkt ihrer Forschungsbemühungen gerückt hat. Nach den Fortschritten auf dem Weg zur Einordnung des Begriffs Controlling in die Theorie der Unternehmensführung sollte die Controllingforschung in Zukunft verstärkt bestrebt sein, Gestaltungsmöglichkeiten aufzuzeigen, die der Praxis bei der zieladäquaten Umsetzung der Koordinationsfunktion des Controlling helfen.

Den gegenwärtig vorliegenden Gestaltungsempfehlungen wird in sehr vielen Unternehmen nicht gefolgt. Dies zeigt die Untersuchung der Zusammenhänge zwischen der organisatorischen Einordnung der Controllerbereiche und ihrer Rolle als Träger von planungssystembezogenen Koordinationsaufgaben recht deutlich. Ganz offensichtlich sind die Empfehlungen derzeit noch zu undifferenziert, um die Entscheidungsträger in den Unternehmen bei der controllinggerechten Ausgestaltung des Controllership wirklich unterstützen zu können.

Die Controllership-Erhebung läßt auch erkennen, daß – entgegen der eingangs erwähnten, im deutschsprachigen Raum weit verbreiteten These – in der U.S.-amerikanischen Unternehmenspraxis nicht die Controllerbereiche, sondern primär andere Servicebereiche für die Koordination auf der operativen und strategischen Planungsebene eingesetzt werden. Für Untersuchungen zur Fundierung von Gestaltungsempfehlungen für die Träger von Koordinationsaufgaben auf der operativen sowie strategischen Planungsebene stellen in der U.S.-amerikanischen Unternehmenspraxis damit nicht die Controllerbereiche, sondern primär andere betriebliche Aufgabenträger die adäquaten Untersuchungseinheiten dar.

Auch wird deutlich, daß die U.S.-amerikanischen Controllerbereiche für ein sehr breites Spektrum an Aufgabenfeldern verantwortlich sind, die nicht unmittelbar mit der Führungsunterstützung der Linieninstanzen zusammenhängen. Diese Unterschiede zwischen der deutschen und der U.S.-amerikanischen Controllership-Praxis lassen daran zweifeln, daß die im deutschen Sprachraum vertretene These über Ursprung und Entwicklung des Controllership zutrifft. Die Ergebnisse der Querschnittserhebung legen vielmehr die Vermutung nahe, daß sich Controllership in der deutschen wie auch in der französischen Unternehmenspraxis weitgehend unabhängig vom U.S.-amerikanischen Controllership entwickelt hat.

Zwischen Deutschland und Frankreich, die von der Controllership-Praxis des jeweiligen Nachbarlandes bislang so gut wie keine Notiz genommen haben, liegen dagegen einige zentrale Gemeinsamkeiten in der praktischen Realisierung des Controllership vor. Nicht unmittelbar führungsrelevante Aufgaben werden nur selten den Controllerbereichen zugeordnet. Stattdessen bestimmen die Bereitstellung von führungsrelevanten Informationen und planungssystembezogene Koordinationsaufgaben in beiden Ländern ganz maßgeblich das Aufgabenspektrum der Controllerbereiche. Zwar werden zwischen der deutschen und der französischen Controllership-Praxis im Hinblick auf die Extension der planungsebenenbezogenen Koordinationsverantwortung der Controllerbereiche signifikante Unterschiede deutlich. Die Ergebnisse der Erhebung lassen jedoch vermuten, daß diese Unterschiede zum großen Teil darauf zurückzuführen sind, daß französische Unternehmen der Größenklasse von 800 bis 6.000 Beschäftigten häufig anders geführt werden als deutsche Unternehmen dieser Größe und stärker auf die persönliche Kommunikation als auf die Koordination über Pläne als Koordinationsmechanismus zurückgreifen. Sofern aber die Koordination über Pläne dominiert und die Zentralisierung von planungssystembezogenen Koordinationsaufgaben bei einem Servicebereich erfolgt, sind auch in Frankreich die Controllerbereiche die Servicebereiche, die zumindest auf der Ebene der Budgetierung und der operativen Planung mehrheitlich die Verantwortung für diese Controllingaufgaben übernehmen. Diese Übereinstimmung in dem zentralen Aufgabengebiet der Controllerbereiche legt es nahe, über Länder- und Sprachgrenzen hinweg auch gemeinsam an der Fundierung von Gestaltungsempfehlungen zur controllinggerechten Umsetzung des Controllership zu arbeiten.

Summary

The aim of the research project „Controllership: an international comparison" was to analyze and compare the kind of tasks assumed by controllers in German, French, and US industrial companies and the way in which their position is integrated within the organizational hierarchy. A comparison of the activities undertaken by controllers in the various countries tended to disprove the thesis often advanced in German-speaking countries that in US corporate culture it is the controller's function – rather than that primarily of other services areas – to coordinate operative and strategic measures on the planning level. It also became evident that the position of controller in the US entails a very broad range of responsibilities that are not necessarily directly connected with supporting line management. In fact, comparative analysis encourages the view that the nature of the position of controller has undergone a quite independent development in German and French corporate culture to that demonstrated in the US. In French and German corporate culture, on the other hand, similarities were discovered in that actual management tasks are but rarely assigned to the controller. Instead, in both countries the controller is chiefly charged with supplying information to management and coordinating measures relevant to various aspects of planning. Such convergence in the central responsibilities exercised by controllers in the two corporate cultures suggests that it makes sense to join forces in funding the implementation of proposals to remold the function of the controller.

Literatur

Ardoin, J.-L./Jordan, H. (1978): Le Contrôleur de Gestion. Paris.

Ardoin, J.-L./Michel, D./Schmidt, J. (1986): Le Contrôle de Gestion. Paris.

Baumgartner, B. (1980): Die Controller-Konzeption – Theoretische Darstellung und praktische Anwendung. Bern/Stuttgart.

D'Iribarne, P. (1985): La Gestion à la Francaise. Revue Francaise de Gestion, Jan.-Fev., S. 5-13.

D'Iribarne, P. (1987): Ce qui est universel et ce qui ne l'est pas. Revue Francaise de Gestion, Sep.-Oct., S. 6-9.

Horváth, P. (1994): Controlling. 5. Auflage, München.

Hofstede, G. (1982): Relativité Culturelle des Pratiques et Théories de l'Organisation. Revue Francaise de Gestion, June-Juillet-Aout, S. 101-109.

Küpper, H.-U./Weber, J./Zünd, A. (1990): Zum Verständnis und Selbstverständnis des Controlling. Zeitschrift für Betriebswirtschaft, 60. Jg., S. 281-293.

Naylor, T. H. (1986): Organizing for Strategic Planning. In: Hahn, D./Taylor, B. (Hrsg.): Strategische Unternehmungsplanung – Stand und Entwicklungstendenzen. 4. Auflage. Heidelberg, S. 479-491.

Rau, K.-H. (1985): Gestaltung der Unternehmensplanung. Eine empirische Untersuchung in Industrieunternehmen. Berlin.

Rosenzweig, K. (1981): An Exploratory Field Study of the Relationships between the Controller's Department and Overall Organizational Characteristics. Accounting, Organizations and Society, Vol. 6, No. 4, S. 339-354.

Stoffel, K. (1995): Controllership im internationalen Vergleich. Wiesbaden.

Töpfer, A. (1976): Planungs- und Kontrollsysteme industrieller Unternehmungen. Berlin.

Vander Weele, R. (1980): The Expanded Role of Controllership in Strategic Planning. Managerial Planning, Sep.-Oct., S. 16-18, S. 22., S. 38.

Weber, J. (1991): Versagen des Controlling? - Ein Beitrag zur Theoriefindung. Der Betrieb, S. 1785-1788.

Weber, J. (1995): Einführung in das Controlling. 6. Auflage, Stuttgart.

BOT-Controlling: Ein neues Aufgabenfeld für das Controlling international tätiger Unternehmungen

D. Hahn, R. Scharwächter, A. Bausch, M. Hintze

1 Einleitung

Der *Bedarf an Infrastruktureinrichtungen* wie Flughäfen, Straßen, Schienennah- und -fernverkehrssystemen, Kraftwerken, Energieverteilungs- und Fernmeldenetzen, Brücken oder Entsorgungsanlagen ist weltweit außerordentlich hoch. Er nimmt zudem ständig weiter zu, nicht nur in vielen Entwicklungs- und Schwellenländern, in denen der Neuaufbau einer funktionsfähigen Infrastruktur Grundvoraussetzung für Wachstum und Integration der Wirtschaft ist, sondern auch in entwickelten Volkswirtschaften. Doch aufgrund steigender öffentlicher Verschuldung sowie zudem vielfach aufgrund von Devisenknappheit ist die Finanzierung solcher Großprojekte über die öffentliche Hand immer seltener realisierbar. Im weltweiten Wettbewerb von Unternehmungen des Großanlagenbaus und der Bauwirtschaft kommt daher neben dem Angebot von Projektierungs- und Errichtungsleistungen vor allem dem *Angebot tragfähiger Finanzierungskonzepte* für die Akquisition von Großprojekten, insbesondere Infrastrukturprojekten, herausragende Bedeutung zu.

Hiermit sind Rahmenbedingungen aufgezeigt, denen in besonderer Weise durch sogenannte *Betreibermodelle* (BOT-/BOO-Modelle) Rechnung getragen werden kann. Bei einem *BOT-Projekt* wird von einem öffentlichen oder privaten *Auftraggeber* die Gesamtverantwortung für Planung, Bau, Finanzierung und Betrieb des Projektes für einen begrenzten Zeitraum auf einen oder mehrere *Projektträger* übertragen. Neben der technischen und zeitlichen Verantwortung, die mit der Annahme eines traditionellen „Turn-key-Auftrages" verbunden ist, übernehmen die Projektträger darüber hinaus die kommerzielle Verantwortung für einen begrenzten Zeitraum (*BOT – Build, Operate, Transfer*) oder bis zum Ende der wirtschaftlichen Nutzungsdauer (*BOO – Build, Own, Operate*) (VDI-Gesellschaft Entwicklung, Konstruktion, Vertrieb (Hrsg.), 1991; Merna/Smith, 1993; Schill, 1988). Aktuelle Beispiele für die Anwendung von Betreibermodellen sind der neue Athener Flughafen, Malaysias North-South Highway, der Kanaltunnel zwischen Großbritannien und Frankreich, der Messeturm in Frankfurt am Main, die Abwasserentsorgung in Rostock und die Energieversorgung der Opel Eisenach GmbH.

Bei BOT- und BOO-Projekten sowie auch Variationen hiervon sind als *Aufgabenträger* typischerweise zu unterscheiden (Abb. 1) (Merna, 1994a).

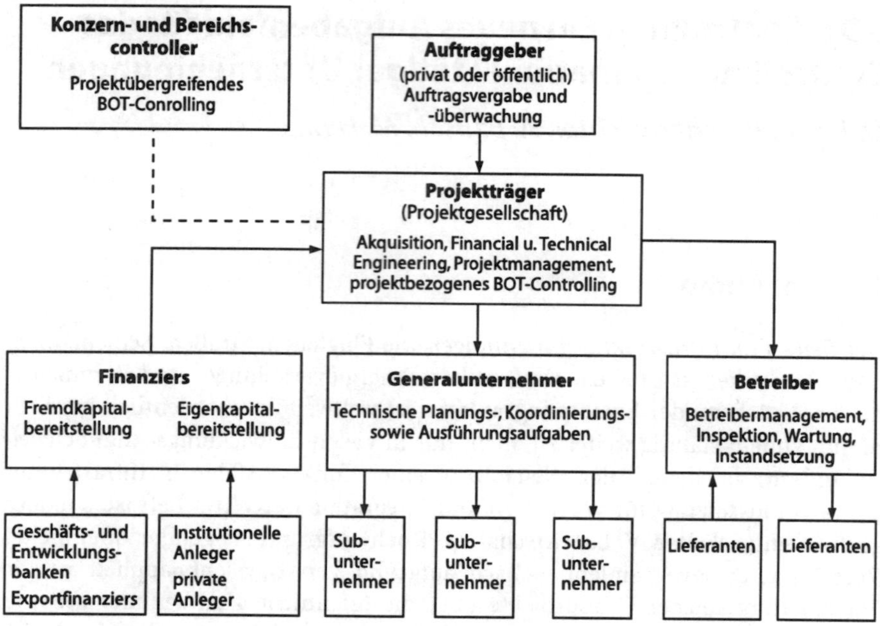

Abb. 1. Aufgabenträger und Organisation bei BOT-Projekten

Primäre Aufgabenträger:

- Auftraggeber
- Projektträger

Sekundäre Aufgabenträger:

- Generalunternehmer als technischer Projektplaner und Projektersteller mit entsprechender Koordinierungsfunktion
- Subunternehmer als technische Projektplaner und Projektersteller
- Finanziers
- Betreiber.

Das *Controlling* ist neben Finanzierung, Vertragsgestaltung und Risikomanagement eine der wichtigsten Querschnittsfunktionen im Rahmen von BOT-Projekten. Generell hat das *Controlling* das gesamte *Entscheiden und Handeln* in Unternehmungen durch eine entsprechende Aufbereitung von Führungsinformationen *ergebnisorientiert auszurichten* – unter *Beachtung steter Liquiditätssicherung.* Dabei basieren Planungs-, Dokumentations- und Kontrollrechnungen des Controlling primär auf dem Zahlenwerk des Rechnungs- und Finanzwesens im Rahmen einer betriebswirtschaftlich-technischen Datenbank (Hahn, 1996).

Im folgenden interessiert das Controlling von BOT-*Projekten primär aus Sicht der Projektträger* und diesen gegebenenfalls übergeordneten Konzerngesellschaften und Konzernzentralen. Die Projektträger werden im Rahmen eines mit den Auftraggebern vereinbarten Projektrahmenvertrages (i.d.R. Konzes sionsvertrag) verpflichtet, das übertragene Projekt eigenverantwortlich zu realisieren. Die Gesamtkoordination des Projektes sowie die Auftragsvergabe an die sekundären Aufgabenträger erbringen die Projektträger dabei vielfach durch eine projektspezifisch gegründete Projektgesellschaft. Mögliche Projektträger sind international tätige Projektersteller (z.B. Anlagenbauer, Bauunternehmungen) oder Betreiber, zum Teil Abnehmer oder Lieferanten während des Projektbetriebes sowie auf Projektentwicklung spezialisierte Dienstleistungsunternehmungen. In Abhängigkeit von Projektparametern, wie Projektgegenstand, -volumen, -komplexität und -standort, realisieren die Projektträger das Projekt autonom oder in Kooperation mit anderen Projektträgern.

2 Ziele, Aufgaben und Organisation des Controlling von BOT-Projekten

Ziel des Controlling von BOT-Projekten ist *die Sicherstellung ergebnis- und liquiditätsoptimaler Entscheidungen* bezogen auf BOT-Projekte. Hierzu ist es *Aufgabe* des Projektcontrolling, projektbezogen Ergebnisplanungen und -kontrollen sowie Finanzplanungen und -kontrollen im Projektlebenszyklus durchzuführen, wobei Aufgaben vor Vertragsabschluß zwischen Auftraggeber und Projektträger und nach Vertragsabschluß bzw. Auftragsvergabe zu unterscheiden sind.

Vor Vertragsabschluß sind *als Kennzahlen für die Beurteilung von Projekten und Projektphasen* (Projektentwicklung, Projektierung, Projektausführung, Projektbetrieb, Projekttransfer und Projektstillegung) insbesondere *Kapitalwerte*, d.h. die jeweiligen diskontierten Aus- und Einzahlungen im Projektlebenszyklus, sowie *Renditen* zu ermitteln. Zudem sind in Verbindung hiermit für die Betriebsphase perioden- und ggf. stückbezogen *Kosten und Erlöse* sowie *Ergebnisse* zu berechnen.

Abbildung 2 verdeutlicht den Zusammenhang von Aus- und Einzahlungen sowie Kosten und Erlösen im Projektlebenszyklus. Monetäre Zielgrößen wie Kapitalwerte, Renditen, Perioden- und Stückergebnisse sowie Zahlungsüberschüsse dienen als *vorvertragliche Entscheidungsgrundlagen*

- für die Projektträger bei der Angebotserstellung,
- für die Finanziers bei der Projektbeurteilung und
- für den Auftraggeber bei der Angebotsbeurteilung.

Durch die Projektträger sind hierbei im Rahmen der Angebotserstellung grundsätzliche Entscheidungen im Hinblick auf die Annahme des Projektes und hinsichtlich alternativer Projektgestaltungen (z.B. Kooperationspartner, Finanzierung, Preisgestaltung während der Betriebsphase, Verträge) zu treffen. Von besonderer Bedeutung ist in diesem Zusammenhang die Einschätzung der mit der Übernahme der Projektträgerschaft verbundenen Risiken. Diese sind in solche endogener und exogener Art zu differenzieren.Während *exogene Risiken* in Ungewißheiten hinsichtlich der Umfeldentwicklungen begründet sind, entstehen *endogene Risiken* aufgrund von Informationsasymmetrien hinsichtlich der Eigenschaften (hidden characteristics), Absichten (hidden intention) und Leistungen (hidden action) der Vertragspartner (Picot/Dietl, 1993; Spremann, 1990). Die mit derartigen *Principal-agent-Situationen* verbundenen Informationsnachteile des principal bergen insbesondere die Gefahr einer Auswahl unerwünschter Vertragspartner (adverse selection) und eines opportunistischen Verhaltens des agent zu Lasten des principal (moral hazard). Sie entstehen im Rahmen der vertraglichen Delegationsbeziehung zwischen dem Auftraggeber und den sekundären Aufgabenträgern (Abb. 1). Hierbei haben der Generalunternehmer und der Betreiber als agents gegenüber dem Projektträger als principal einen Informationsvorsprung, während sich für den Projektträger als agent gegenüber den Finanziers als principal verdeckte Handlungsspielräume ergeben. Daher muß das Controlling mögliche und wahrscheinliche Verhaltens- und Umfeldkonstellationen und die sich daraus ergebenden Veränderungen in den Zielgrößen im Rahmen einer differenzierten *Chancen- und Risikoanalyse* darstellen.

Das Controlling vor Vertragsabschluß verstehen wir demnach als ein *ergebnis- und risikoevaluierendes Controlling im Rahmen der Projektentwicklung.* Als Instrumente zur Durchführung gesamtprojektbezogener, mehrperiodiger Ergebnis- und Finanzplanungen mit Errechnung von Kapitalwerten, Renditen und Liquiditätsgrößen dienen vornehmlich *EDV-gestützte Simulationsmodelle.*

Nach Vertragsabschluß dienen detaillierte Informationen der Leistungserstellung (Qualitäts-, Mengen- und Zeitgrößen) sowie die hierauf aufbauenden ergebnis- und liquiditätsorientierten Kennzahlen zur Planung, Steuerung und Kontrolle der Projektabwicklung und zur Beurteilung von Änderungsentscheidungen. Es erfolgt hiernach ein *begleitendes Controlling der Projektabwicklung* als Periodencontrolling mit Schwerpunkt auf der Überwachung des Projektfortschritts. Als Instrumente dienen vornehmlich *EDV-gestützte mehrstufige Netzplanmodelle.*

Organisatorisch sind die mit dem BOT-Controlling verbundenen Aufgabenstellungen drei hierarchischen Ebenen zuordenbar (Abb. 1).

Das BOT-Controlling hat als *Einzelprojektcontrolling* stets zunächst und primär *auf der Ebene der jeweiligen Projektgesellschaften* zu erfolgen mit der Zielsetzung einer ergebnisoptimalen Planung, Steuerung und Kontrolle des jeweiligen Projektes.

Vielfach bearbeiten Projektträger mehrere Projekte unterschiedlicher Art und Phasenreife gleichzeitig und sind nicht selten neben dem projektorientierten auch in einem nichtprojektorientierten Tätigkeitsfeld engagiert.

Für das Controlling bedeutet das zum einen, daß neben dem Controlling des einzelnen Projektes ein *projektübergreifendes Multiprojektcontrolling auf Projektbereichs- bzw. Unternehmungsbereichs- und/oder Funktionsbereichsebene* eingerichtet werden muß, um die technisch-organisatorische sowie erfolgs- und finanzwirtschaftliche Koordination der unterschiedlichen Projektaktivitäten zu unterstützen (Lachnit, 1994).

Zum anderen ist auf *Gesamtunternehmungsebene*, als dritter hierarchischer Stufe projektbezogener Controllingaufgaben, eine Ergebnis- und Risikobeurteilung aller Großprojekte vorzunehmen. Diese beinhaltet einen Vergleich der BOT-Projekte als Infrastruktur- und Prozeßprojekte und darauf aufbauend einen Vergleich mit allen anderen Großprojekten der Unternehmung. Bewertungsmaßstäbe sind die in den einzelnen Risikoklassen geforderten Zielrenditen. Letztlich dient die Beurteilung der monetären Wirkungen auf Gesamtunternehmungsebene als Entscheidungsgrundlage für die Inangriffnahme von neuen Projekten und die Weiterführung oder den Abbruch laufender Projekte (Alter, 1991).

Auf Gesamtunternehmungsebene interessieren ferner – aus Sicht des *Treasuring* – das Volumen der durch Eigenmittel vorzufinanzierenden Beträge und die Zeitpunkte ihres Anfalls im Rahmen der Finanzplanung. Im *Rechnungswesen* auf Gesamtunternehmungsebene interessiert schließlich, in welchem Umfang die Unternehmung am Eigenkapital von BOT-Projektgesellschaften (als Finanzanlage) direkt oder indirekt beteiligt ist. Es sind Bilanzveränderungen, insbesondere auch Variationen des Haftungsvolumens bei der Muttergesellschaft und für den Konzern (konsolidiert) insgesamt zu ermitteln und zu beurteilen (off-balance-sheet-Problematik).

In diesem Beitrag stehen Aufgaben und Instrumente des *einzelprojektbezogen BOT-Controlling* im Vordergrund.

3 Grundlagen des BOT-Controlling: Projektcharakterisierung und lebenszyklusorientierte Bildung von Aus- und Einzahlungspaketen sowie Kosten- und Erlöspaketen

Ausgangspunkt der Arbeiten des BOT-Controlling ist eine *Projektcharakterisierung*, die insbesondere anhand der folgenden Kriterien erfolgen sollte:

(1) Technische Projektmerkmale
- .. statische Anlagen (z. B. Gebäude, Brücken, Tunnels, Straßen)
- .. dynamische Anlagen (z. B. Kraftwerke, Kläranlagen, Meerwasserentsalzungsanlagen, Müllverbrennungsanlagen)

(2) Standort
- .. Inland
- .. Ausland

(3) Art der Einnahmenerzielung (Merna, 1994b)
- .. sichere Einnahmen („contract led projects"): Absicherung durch langfristige Abnahmeverträge mit festgelegten Preisen und Mengen (z. B. Energielieferungsverträge und Einspeiseverträge bei Kraftwerksprojekten)
- .. unsichere Einnahmen („market led projects"): lediglich geschätzte Betriebseinnahmen, da keine vertraglich gesicherten Abnahmemengen und -preise (z. B. Mautautobahnen, Wasserentsorgungsanlagen, Müllverbrennungsanlagen ohne staatlich garantierte Mindestabnahmemengen und -preise)

(4) Projektzeitraum und Betriebsdauer.

Hierauf aufbauend kann der *Projektlebenszyklus mit Projektphasen* abgeleitet werden. Dabei sind in sechs Projektphasen z.B. folgende *Aufgaben* zu nennen:

1. *Projektentwicklung:* Ideenfindung, Anfragenselektion, Standortanalyse, Bedarfsanalyse, Opportunity Study, letter of intent, Feasibility Study, Financial Engineering, Technical Engineering, Vertragsverhandlung und -abschluß. Mit dem Abschluß der Primärverträge (z.B. Konzessionsvertrag, Abnahmeverträge) endet die Projektentwicklung. Projektentwicklung wird hier verstanden als Projektentwicklung i.e.S., d.h. als Oberbegriff für diejenigen Aufgaben, die notwendig sind, um ein Projekt von der ersten Projektidee bis zur Auftragserteilung heranzubilden (zu „entwickeln"). Projektentwicklung i.w.S. endet nicht mit dem Abschluß der Primärverträge, sondern umfaßt den gesamten Projektlebenszyklus bis zur Projektstillegung (Diederichs, 1994).
2. *Projektierung:* Technische Detailplanung, Genehmigungsplanung, Ausschreibungen, Vergabeverhandlungen, Vergabe, Ausführungsplanung.
3. *Projektausführung:* Ausführung der Gewerke, Bauüberwachung, Abrechnung, Projektdokumentation.
4. *Projektbetrieb:* Inbetriebnahme, Betreibermanagement, Inspektion, Wartung, Instandsetzung.
5. *Projekttransfer:* Übergabe der Einrichtung an den Auftraggeber, Schulung des neuen Betriebspersonals.
6. *Projektstillegung:* Abbruch und Entsorgung der Einrichtung.

Als Grundlage der Kapitalwertrechnungen, Kosten- und Erlösrechnungen und Risikoanalyse schlagen wir die Bestimmung von *Aus- und Einzahlungspaketen* im Projektlebenszyklus (in den Projektphasen) vor. Auf der obersten Betrachtungsebene sind dabei vier Zahlungspakete unterscheidbar, die projektspezifisch zu konkretisieren sind (Abb. 2).

- *Investitionsauszahlungen:* Auszahlungen für Projektentwicklung, technische Projektplanung, Erstellung der Einrichtung.
- *Fremdfinanzierungszahlungen:* Finanzierungseinzahlungen durch Fremdkapitalaufnahme (Zwischen- und Endfinanzierung), Finanzierungsauszahlungen durch Fremdkapitalrückzahlung und Zinszahlungen (Kapitaldienst) bis zur Aufnahme des Projektbetriebs (Zwischenfinanzierung) und während des Projektbetriebs (Endfinanzierung).
- *Betriebsauszahlungen:* Auszahlungen für Betrieb, Wartung, Instandhaltung und Modernisierung der Anlage. Dies sind Auszahlungen für die Beschaffung von Einsatzgütern bzw. -leistungen, also vor allem Material- und Energieauszahlungen sowie Auszahlungen für Personal und Dienstleistungen.
- *Betriebseinzahlungen:* Einzahlungen aus der Gebührenerhebung bei den Abnehmern der Projektleistung, ggf. Abschlußzahlungen der Auftraggeber an die Projektträger.

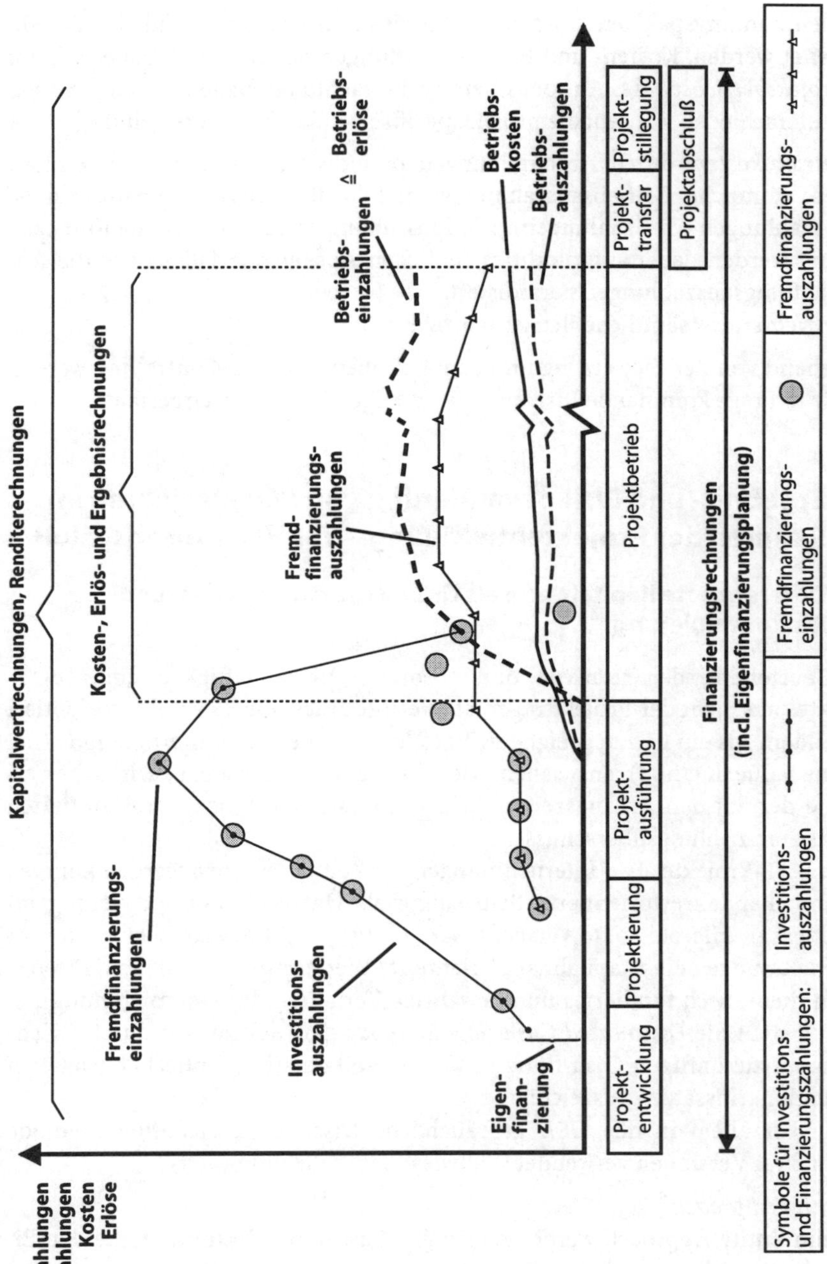

Abb. 2. Lebenszyklusphasen und zugehörige Aus-/Einzahlungen bzw. Kosten eines BOT-Projektes

Aus den Zahlungspaketen können die *Kosten- und Erlöspakete* für das Projekt abgeleitet werden. Kosten- und Erlösbetrachtungen beziehen sich dabei nur auf die *Projektbetriebsphase.* Auf der obersten Betrachtungsebene können zwei Pakete unterschieden werden, die projektspezifisch zu konkretisieren sind:

- *Betriebskosten:* durch Abschreibungen periodisierte Investitionsauszahlungen, sämtliche Betriebsauszahlungen und kostenwirksame Finanzierungsauszahlungen (Zinszahlungen). Die Zinszahlungen für die Zwischenfinanzierung werden dabei aufgrund des zeitlichen Auseinanderfallens wie die Anschaffungsauszahlungen periodisiert.
- *Betriebserlöse:* sämtliche Betriebseinzahlungen.

Ausgehend von der Zielsetzung und den Aufgaben des BOT-Controlling werden hierfür in Frage kommende Instrumente im folgenden näher dargestellt.

4 Ergebnis- und Risikoevaluierung von BOT-Projekten im Rahmen der Projektentwicklung – vor Vertragsabschluß

4.1 Differenzierte Kapitalwerte als Grundlage der Ergebnis- und Risikoevaluierung

Zur Beurteilung der relativen und absoluten Vorteilhaftigkeit eines BOT-Projektes aus Sicht der Projektträger ist es erforderlich, dieses ergebnisorientiert abzubilden. Als ein hierzu geeignetes Verfahren ist die *Kapitalwertmethode* (net present value method) anzusehen. Der Kapitalwert berechnet sich dabei als Summe der auf den Anfangszeitpunkt des analysierten Projektes diskontierten spezifischen Zahlungsüberschüsse.

Da BOT-Projekte als „Unternehmungen auf Zeit" angesehen werden können, ist deren kapitalwertorientierte Beurteilung als Unternehmungsbewertung interpretierbar. Hierbei sollte versucht werden, für BOT-Projekte ebenso wie für Unternehmungen eine kapitalmarktorientierte Wertermittlung durchzuführen.

Ein theoretisch fundiertes und bewährtes Verfahren der Unternehmungsbewertung stellt die *Discounted Cash-flow-Methode* dar, welche sich durch Orientierung an zukünftigen Cash-flows sowie an kapitalmarktorientiert abgeleiteten Kalkulationszinssätzen auszeichnet.

Die vor allem in den USA gebräuchliche Discounted Cash-flow-Methode wird in zwei Versionen verwendet (Ballwieser, 1995; Schmidt, 1995):

(1) *Entity Approach*
Beim Entity Approach werden diejenigen Cash-flows diskontiert, die den Eigenkapitalgebern und den Fremdkapitalgebern zur Verfügung stehen. Ergebnis der Wertermittlung ist demnach ein *Gesamtkapitalwert des Projektes.* Dessen Berechnungsgrundlage sind *freie Cash-flows* des BOT-Projektes, die aus den hier bereits dargestellten Zahlungspaketen Investitionsauszahlungen, Betriebsauszahlungen und Betriebseinzahlungen abgeleitet werden. Die so ermittelten freien Cash-flows nach Investitionen stellen zur Verfügung

stehende Zahlungsüberschüsse vor Fremdfinanzierungseinzahlungen und -auszahlungen sowie vor eigenkapitalgeberbezogenen Zahlungen dar (Rappaport, 1986; Copeland/Koller/Murrin, 1990). Der Zinssatz zur Diskontierung der freien Cash-flows wird als ein der Kapitalstruktur entsprechend *gewichteter Kapitalkostensatz* berechnet.

(2) *Equity Approach*
Beim Equity Approach werden diejenigen Cash-flows diskontiert, die den Eigenkapitalgebern zur Verfügung stehen. Berechnungsgrundlage sind daher die um fremdkapitalgeberbezogene Zahlungen korrigierten freien Cash-flows nach Investitionen. Der Zinssatz zu deren Diskontierung wird als Eigenkapitalkostensatz berechnet. Durch Addition der so ermittelten und abgezinsten Cash-flows ergibt sich der Eigenkapitalwert des Projektes.

Da ein positiver Gesamtkapitalwert eines BOT-Projektes eine über die geforderte Mindestverzinsung des Eigen- und Fremdkapitals hinausgehende Vermögensmehrung im Betrachtungszeitpunkt zeigt, ist er eine wichtige Informationsgröße für die Projektträger, die gleichermaßen die Interessen aller Eigen- und Fremdkapitalgeber - sowie aller übrigen Interessengruppen - berücksichtigt. Dies gilt auch im umgekehrten Falle eines negativen Gesamtkapitalwertes. Als *Fremdkapitalgeber* sind insbesondere Geschäftsbanken, Exportfinanzierungsinstitutionen und öffenliche Entwicklungsbanken von Bedeutung. Neben den Projektträgern kommen als weiteres *Eigenkapitalgeber* (Projektsponsoren), die Auftraggeber sowie private und institutionelle Anleger, die sich an der Projektgesellschaft beteiligen, in Betracht. Als monetäre Beurteilungsgröße, die ausschließlich den Erfüllungsgrad der Ergebnisziele der Eigenkapitalgeber widerspiegelt, kann der Eigenkapitalwert herangezogen werden.

Das Ergebnis der Kapitalwertberechnung wird maßgeblich durch die Höhe des zugrunde gelegten Kapitalkostensatzes beeinflußt. Der zur Bestimmung des Gesamtkapitalwertes (nach Entity-Methode) herangezogene Kapitalkostensatz berechnet sich als gewogener Mittelwert aus den Eigen- und Fremdkapitalkostensätzen („Weighted Average Cost of Capital - WACC"), wobei die Gewichtungsfaktoren entsprechend den Anteilen des Eigen- und Fremdkapitals am Gesamtkapital bestimmt werden. Die Kapitalkosten eines BOT-Projektes werden hiernach von den drei Parametern Fremdkapitalkosten, Eigenkapitalkosten sowie Eigen- und Fremdkapitalanteil bestimmt. Während sich die projektspezifischen Fremdkapitalkosten und die projektspezifische Kapitalstruktur aus den Finanzierungskonditionen des Projektes ableiten, ist für die projektspezifischen Eigenkapitalkosten eine differenzierte Ermittlung erforderlich. Hierzu müssen insbesondere die *projektspezifischen Risiken als Determinanten eines entsprechenden Risikoaufschlages* Berücksichtigung finden.

Erstens kann dies erfolgen, indem man - dem Opportunitätsprinzip folgend - Eigenkapitalrenditen vergleichbarer Projekte oder ähnlicher Anlagemöglichkeiten gleichen Risikos heranzieht. Zweitens läßt sich das Risiko - der Discounted Cash-flow-Methode und damit einem kapitalmarkttheoretischen Vorgehen folgend - in Ausrichtung auf das Capital Asset Pricing Model (CAPM) quantifizieren. Die risikoadjustierten Eigenkapitalkosten des Projektes werden hiernach unter Einbeziehung der Verzinsung risikofreier Anlagen, der Marktrendite risikobehafteter Anlagen und des Beta-Faktors als projektspezifischem Risikofaktor berechnet (Serfling/Pape, 1996): Während die Rendite risikofreier Anlagen (z.B. aus den Renditen von Staatsanleihen der betreffenden Länder) und die Rendite des Gesamtmarktes (z.B. aus der durchschnittlichen Veränderung eines breit angelegten Börsenindexes) relativ problemlos ermittelt werden können, ist für die Bestimmung eines projektspezifischen Beta-Faktors als Risikomaß für das Projekt eine fundierte Ableitung erforderlich. Hierzu bietet sich ein Rückgriff auf Projekte oder Unternehmungen an, deren Tätigkeitsfeld mit dem des geplanten Projektes unmittelbar vergleichbar ist; ersatzweise können branchenspezifische Beta-Faktoren herangezogen werden (Serfling/Pape, 1994). Teilweise sind auch einzelne Großprojekte börsennotiert, so daß hier Beta-Faktoren im Analogieschluß abgeleitet werden können. Ein Beispiel für ein börsennotiertes Betreibermodell ist der Ärmelkanaltunnel, dessen Eigenkapital an der Börse plaziert wurde.

4.2 Projektselektion anhand eines Kriterienkataloges (Schnellauswertungsverfahren)

Kernstück der Projektentwicklung ist die Erstellung eines Angebotes für den Auftraggeber bzw. einer Projektbewilligungsunterlage für die Projektträgerunternehmung. Die Angebotserstellung umfaßt die gedankliche Vorabklärung des Projektes in wirtschaftlicher, technischer, rechtlich-administrativer und organisatorischer Hinsicht bis zu einem konkret festlegbaren Konzept mit Verbindlichkeitscharakter (Lachnit, 1994). Diese ist bei BOT-Projekten aufgrund der Komplexität und der Dauer der erforderlichen Aufgaben auf der einen Seite mit der Bindung von Kapazitäten und hohen Kosten verbunden. Auf der anderen Seite ist die Wahrscheinlichkeit einer Auftragserteilung oftmals nur sehr gering. Die Selektion von BOT-Projekten sollte daher Schrittweise über verschiedene Detaillierungsstufen erfolgen, um so unattraktive Projekte bereits frühzeitig zu identifizieren und unnötige Kapazitätsbindungen zu vermeiden.

Grundlage der in mehreren Schritten und auf unterschiedlichem Detaillierungsniveau ablaufenden Projektbeurteilung sind qualitative und quantitative Beurteilungskriterien, deren Ausprägung Aussagen insbesondere über die technische Realisierbarkeit des Projektes, die wirtschaftliche Lebensfähigkeit des Projektes und das Projektrisiko zulassen. Für die quantitative Beurteilung der Attraktivität und des Risikos von Projekten lassen sich Simulationsmodelle einsetzen, die sowohl einfache als auch komplexe Projektrechnungen gestatten.

Das Ziel der Projektselektion auf der Grundlage eines Kriterienkataloges und der zunächst noch vereinfachten Durchführung von Projektrechnungen besteht darin, im Sinne einer Schnellauswertung möglichst frühzeitig die wesentlichen Projektinformationen zu sammeln und Empfehlungen zu erarbeiten, ob das Projekt verworfen oder die Angebotserstellung mit dem entsprechenden Ressourceneinsatz fortgeführt werden soll.

Wichtig ist dabei eine unternehmungs- und projekteinheitliche Vorgehensweise, die den Einfluß subjektiver Wertungen oder anderer Einflußfaktoren, die nicht in den Projektmerkmalen begründet sind, auf die Projektbeurteilung möglichst gering hält. Vereinheitlichte Verfahren zur Vorabbeurteilung von Projektentwicklungen werden z.B. bereits in großen Bauunternehmungen verwendet. Die im folgenden beschriebene Ablaufstruktur der Projektselektion lehnt sich zum Teil an das von A. Merna, University of Manchester Institute for Sience and Technology, Manchester, vorgestellte Verfahren RAM („Rapid Appraisal Method") an (Merna/Adams, 1994). Das Vorgehen der Schnellauswertung zeigt Abb. 3.

Nach jedem Schritt des Schnellauswertungsverfahrens kann es zum Abbruch der Angebotserstellung kommen oder zur Neuverhandlung der durch die Auftraggeber formulierten Ausschreibungsbedingungen, weil sich das Projekt aus Sicht der Projektträger als nicht realisierbar erweist.

Die Beurteilungskriterien und die Ergebnisse der einzelnen Evaluierungsschritte sind in *Checklisten* übersichtsartig zusammenzufassen. Diese lassen sich ähnlich der Anwendung der Simulationsmodelle in unterschiedlichem Detaillierungsgrad erstellen. Eine Vorabselektion der Projekte sollte sich allerdings stets auf wichtige ausgewählte Kriterien beschränken.

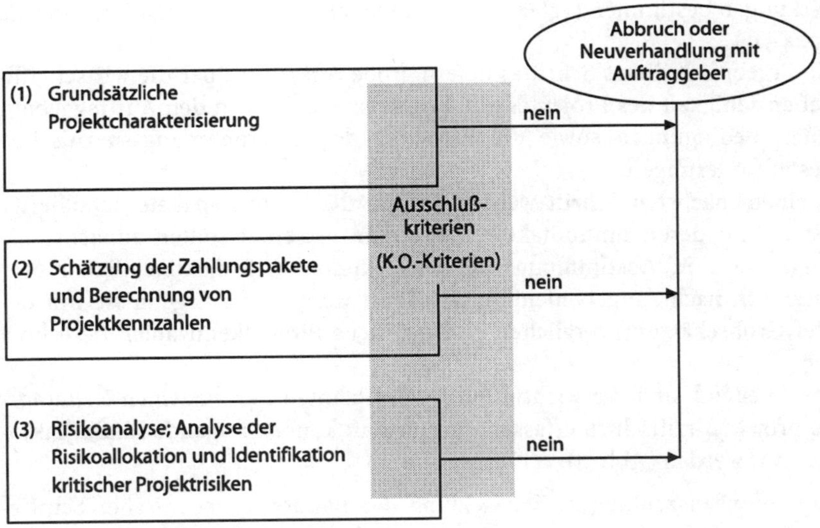

Abb. 3. Schnellauswertungsverfahren für BOT-Projekte

(1) Grundsätzliche Projektcharakterisierung

Ausgangspunkt der Projektbeurteilung ist eine grundsätzliche Charakterisierung des ausgeschriebenen BOT-Projektes anhand vorwiegend qualitativer Kriterien, insbesondere nach Auftraggeber, technischen Projektmerkmalen, Projektregion, Projektgröße und -laufzeit, eigenem Wertschöpfungsanteil, potentiellen Konsortialpartnern, der Marktfähigkeit der in der Betriebsphase angebotenen Produkte, der Auftragswahrscheinlichkeit sowie der strategischen Bedeutung des Projektes – hier auch nach der Bedeutung als Referenzanlage.

Speziell für das Controlling bilden die technischen Projektmerkmale, der Standort, die Art der Einnahmenerzielung sowie der Projektzeitraum und die Betriebsdauer wichtige Informationen für die anschließende Projektrechnung Kap. 3).

Informationsbasis sind die durch die Auftraggeber in der Ausschreibung formulierten Anforderungen und die gegebenen Projektrahmenbedingungen.

(2) Schätzung der Zahlungspakete und Berechnung von Projektkennzahlen
Basierend auf einem ersten Grobkonzept, das in Abstimmung mit sekundären Projektbeteiligten (z.B. Projektplanern, Projekterstellern, Projektfinanziers) entsprechend den in der Ausschreibung genannten Anforderungen erarbeitet wurde, erfolgt eine grobe Schätzung der vier Zahlungspakete Investitionsauszahlungen, Fremdfinanzierungszahlungen, Betriebsauszahlungen und Betriebseinzahlungen (Abb. 2). Die Schätzung der Zahlungspakete erfolgt dabei auf der Basis von Vergleichs- und Erfahrungswerten.

Hierauf aufbauend werden die wichtigsten Projektkennzahlen wie Kapitalwert, (modifizierter) interner Zinsfuß, Kapitalwertrate und Pay-Back-Periode berechnet. Ferner lassen sich z.B. Eigenfinanzierungsanteile und bilanzielle Auswirkungen bestimmen (vgl. auch die Ausgabeblätter der Simulationsmodelle in Kap. 4.3).

Die Ergebnisse dieses Schrittes liefern grobe Aussagen über die wirtschaftliche Lebensfähigkeit des Projektes, die Realitätsnähe der von den Auftraggebern gestellten Bedingungen sowie die Erfüllung der unternehmungsspezifischen Mindestanforderungen.

In einem nächsten Schritt werden sodann die Zahlungspakete detaillierter analysiert und deren Einflußfaktoren bestimmt. Hierbei sollten zunächst die Zahlungspakete in Abstimmung mit den sekundären Projektbeteiligten projektspezifisch nach Aufgabenfeldern detailliert werden, die Ergebnisse mit denen der Grobschätzung verglichen und ggf. neue Projektkennzahlen berechnet werden.

Anschließend sind die wichtigsten Determinanten der einzelnen Zahlungspakete projektspezifisch zu erfassen. Beispielhaft können folgende Einflußfaktoren genannt werden (Abb. 4):

- Investitionsauszahlungen: Entwicklung der Baupreise, technischer Schwierigkeitsgrad des Projektes, Witterungsbedingungen beim Projektstandort, Wechselkursveränderungen;
- Fremdfinanzierungszahlungen: Wechselkursentwicklung, Entwicklung der Kapitalmarktzinsen, Bonität der Finanziers;
- Betriebsauszahlungen: Technische Merkmale der Anlage, Preisentwicklung für Roh-, Hilfs- und Betriebsstoffe, Personalkostenentwicklung;
- Betriebseinzahlungen: Nachfrageentwicklung, Konkurrenzsituation, Preisentwicklung, Wechselkursentwicklung.

(3) Risikoanalyse: Analyse der Risikoallokation und Identifikation kritischer Projektrisiken

Aufbauend auf den Einflußfaktoren der vier Zahlungspakete erfolgt in diesem Schritt eine Analyse der Risikoallokation, wie sie sich aus den Ausschreibungsunterlagen nach den Vorstellungen der Auftraggeber ergibt.

Kapitalwert

Investitionsauszahlungen	**Fremdfinanzierungszahlungen**	**Betriebsauszahlungen**	**Betriebseinzahlungen**	**Zahlungspakete**
- Projektentwicklung - Projektierung - Projekt-	- Fremdkapitalaufnahme - Fremdkapitalrückzahlung u. Zinszahlung	- Betreibermanagement - Modernisierung - Wartung	- Gebührenerhebung - Abschlußzahlungen durch	**Aufgabenfelder**
- Technische Komplexität - Baupreisentwicklung - Witterung	- Kapitalmarktzinsen - Bonität des/der Finanziers	- Techn. Anlagenmerkmale - Preise für Roh-, Hilfs- und Betriebsstoffe - Personalkosten	- Nachfrage - Konkurrenz - Preise	**Einflußfaktoren**
Fertigstellungsrisiko	Finanzierungsrisiko Zinsänderungsrisiko	Zulieferrisiko Verfahrenstechn. Risiko Betriebs- und Managementrisiko	Absatzrisiko	**Technische und wirtschaftliche Risiken**
Wechselkursrisiko				
Inflationsrisiko				
Konjunkturrisiko				
Änderung politischer und rechtlicher Rahmenbedingungen				**Politische und Force-Majeur-Risiken**
Enteignung und Verstaatlichung				
Unruhen				
Naturkatastrophen				

Abb. 4. Zahlungspakete, Aufgabenfelder und Projektrisiken

Für die beim Projektträger verbleibenden Risiken können basierend auf der Analyse der Einflußgrößen erste grobe Sensitivitätsrechnungen für einzelne Zahlungspakete durchgeführt werden, die zur Identifikation kritischer Projektrisiken führen.

Voraussetzung für eine erfolgreiche Risikoanalyse ist eine weitgehend vollständige und überschneidungsfreie Systematik von Projektrisiken, wie sie im folgenden kurz geschildert wird (Abb. 4) (vgl. auch Arbeitskreis „Internes Rechnungswesen", 1991).

- *Technische und wirtschaftliche Risiken:*
  Paketbezogene Risiken:
  * Investitionsauszahlungen: Fertigstellungsrisiken
  * Finanzierungszahlungen: Finanzierungs- und Zinsänderungsrisiken
  * Betriebsauszahlungen: Zulieferrisiken, Verfahrenstechnische Risiken, Betriebs- und Managementrisiken
  * Betriebseinzahlungen: Absatzrisiken

  Paketübergreifende Risiken:
  * Wechselkursrisiken, Inflationsrisiken, Konjunkturrisiken.
- *Politische und Force-Majeure-Risiken:*
  Diese wirken immer paketübergreifend: Änderung politischer und rechtlicher Rahmenbedingungen, Enteignung und Verstaatlichung, Unruhen, Naturkatastrophen.

Entsprechend der in den Ausschreibungsunterlagen formulierten Risikoallokation kann der Projektträger durch die Risikoanalyse beurteilen, ob die durch den Auftraggeber angestrebte Risikoallokation tragbar oder ob eine Neuverhandlung der Konditionen bzw. ein Abbruch der Angebotserstellung erforderlich ist.

4.3 Simulationsmodelle

Simulationsmodelle dienen hier der Erarbeitung von Kapitalwert-, Kosten- und Erlösinformationen sowie von Risikoanalysen. Da im Rahmen des Projektverlaufs ein unterschiedlicher Informationsstand gegeben ist, sollten sie sowohl für einfache als auch komplexe Projektrechnungen einsetzbar sein.

Während der Angebotserstellung dient ein Simulationsmodell der genauen Bestimmung der Preise für die Betriebsphase (Tarifstruktur), aber auch der Beurteilung weiterer alternativer Projektgestaltungen. Überdies liefert es über den gesamten Projektlebenszyklus hinweg Kapitalwert-, Kosten- und Erlössowie Liquiditätsinformationen und ist daher neben Planungs- auch zu Kontrollzwecken geeignet (Kap. 5).

Hierzu werden die Zahlungspakete detailliert erfaßt und im Hinblick auf die Parameter zeitlicher Anfall, Mengenkomponente und Preiskomponente spezifiziert. So können alternative Gestaltungen im Hinblick auf die einzelnen Zahlungspakete beurteilt werden. Beispielhaft seien folgende Gestaltungsmöglichkeiten genannt:

- Investitionsauszahlungen: Abrechnungsmodi – regelmäßige Abschlagszahlungen oder Einmalzahlung für einzelne Gewerke;
- Fremdfinanzierungszahlungen: Tilgungspläne – Endtilgung oder Annuitätentilgung; Zinsfestschreibung – Festzinsvereinbarung oder variable Zinsen;
- Betriebsauszahlungen: Liefervereinbarungen – Festpreise oder variable Preise für Rohstoffe;
- Betriebseinzahlungen: Tarifstruktur – nur variable Komponenten oder fixe und variable Komponenten.

Im Projektverlauf können zu Kontrollzwecken die jeweils aktuellen Werte erfaßt und die Entwicklung der Projektkennzahlen für jede Projektphase berechnet werden.

Besonders geeignet für derartige Simulationen sind nach unseren Recherchen und unserem Vergleich zwei Modelle:

1. Das Rechenmodell *COPE* („computer oriented project evaluation") der Kreditanstalt für Wiederaufbau (KfW), Frankfurt/Main.
2. Das Rechenmodell *COMFAR III – Expert* („computer model for feasibility analysis and reporting") der United Nations Industrial Development Organization (UNIDO), Wien.

COPE-Modell der KfW

COPE ist ein Simulationsmodell mit dem Charakter eines Gesamtunternehmungsmodells zur ergebnis- und liquiditäts-/finanzierungsorientierten Durchführung von Prognose- und Ex-post-Rechnungen für große Investitionsprojekte im In- und Ausland. Als Basissoftware und Programmiergrundlage des COPE-Modells dient Lotus 1-2-3 ab Version 4.

Ergänzend zu dem Grundmodell wurde *sCOPE* („simplified computer oriented project evaluation") für ausschließlich betriebswirtschaftliche Rechnungen in einer Währung entwickelt. Während sCOPE bereits als Windows-Version lauffähig ist, befindet sich COPE als Windows-Version noch in der Testphase, wobei mit einer Fertigstellung im Jahr 1997 zu rechnen ist.

Der Detaillierungsgrad der Berechnungen kann variabel dem jeweiligen Informationsstand im Projektablauf angepaßt werden, so daß COPE sowohl zur Grob- als auch zur Detailbeurteilung einsetzbar ist. Hier bietet das Programm vordefinierte Konfigurationen an.

COPE ist in deutscher und englischer Sprache anwendbar. Es besteht aus 25 Eingabeblättern und 29 Ausgabeblättern (Abb. 5).

Die *Eingabeblätter* setzen sich im wesentlichen aus fünf Blöcken zusammen, die mit der in Kap. 3 getroffenen Unterscheidung in Zahlungspakete kongruent sind: Allgemeine Daten, Investitionen (Investitionsauszahlungen), Finanzierung (Fremdfinanzierungszahlungen), Produktionskosten (Betriebsauszahlungen), Absatzdaten (Betriebseinzahlungen).

Charakteristische Eingabemasken für vordefinierte Projekttypen befinden sich in der Entwicklung.

Für den leistungswirtschaftlichen Bereich eines internationalen Projektes sind eine Inlands- und eine Auslandswährung, für den finanzwirtschaftlichen Bereich fünf weitere Währungen differenzierbar.

Im einzelnen bietet COPE folgende Rechnungen für die *volks- und betriebswirtschaftliche Beurteilung*:

- betriebs- und volkswirtschaftliche Investitionsrechnungen (Kapitalwert, Interner Zinsfuß), Errechnung der dynamischen Gestehungskosten pro Produkteinheit (Gebührenkalkulation);
- betriebswirtschaftliche Unternehmungsrechnungen (GuV, Bilanz) einschließlich Cash-flow-/Finanzierungsplanung;
- Investitionskostenaufstellung und Finanzierungsplan;
- Kosten- und Leistungsrechnung für bis zu fünf Produkte, einschließlich produktweiser Deckungsbeitragsrechnung;
- betriebs- und volkswirtschaftliche Devisenrechnung.

Der *Rechenzeitraum* kann dabei bis zu 30 Jahre betragen.

Die *Ausgabeblätter* umfassen die wichtigsten Ergebnistabellen (Informationen der Investitionsrechnung, Kostenrechnung, Cash-flow-/Finanzrechnung, GuV, Bilanz) sowie die entsprechenden Tabellen zum Nachvollziehen der Ergebnisermittlung.

Basierend auf zwei unterschiedlichen Cash-flows – einem Cash-flow ohne externe Finanzierung und einem Cash-flow mit externer Finanzierung (Kap. 4.1) – werden zwei Interne Zinsfüße ausgewiesen. Auf der Grundlage der Cash-flows ohne externe Finanzierung wird ein Kapitalwert berechnet.

Eingabe- und Ausgabemasken können den individuellen *Nutzeranforderungen* angepaßt werden. Zusätzlich sind Verknüpfungen mit Berechnungen auf externen Arbeitsblättern möglich.

Durch die Berücksichtigung der Auswirkungen von Änderungen der güter- bzw. produktspezifischen Preisentwicklungen, der allgemeinen Inflationsrate und des Wechselkurses sind im Rahmen der Risikoanalyse detaillierte Sensitivitäts- und Zielerreichungsrechnungen mit der Abbildung eines Lösungskorridors möglich.

Das integrierte Graphikpaket und die Executive Summary stellen die Ergebnisse anschaulich dar.

Eingabeblätter		Ausgabeblätter
0010 - Allgemeine Eingaben 0020 - Trendraten/-indizes 0030 - Devisenkurse 0040 - Diskreter Devisenkurs	**Basisdaten**	0510 - Preisindexreihen 0520 - Wechselkursentwicklung
1005 - Bezeichnungen Investitionen 1010 - Investitionskosten 1020 - Reinvestitionen (man.) 1030 - Investitionsparameter 1040 - Abschreibungen (man.) 1050 - Umlaufvermögen (man.)	**Investition**	1510 - Investition 1530 - Gesamtinvestition 1540 - Anlagevermögen 1610 - Umlaufvermögen (Detail) 1620 - Umlaufvermögen Inl/Dev
2005 - Bezeichnungen Kredite 2010 - Finanzierung 2020 - Kreditkonditionen 2030 - Tilgungs-/Zinsplan (man.)	**Finanzierung**	2510 - Kreditziehung/Schulden-dienst 2520 - Tilgungs-/Zinsplan 2530 - Bilanzwerte Kredite 2610 - Investition/Finanzierung
3005 - Bezeichnungen Produkte/Kostenarten 3010 - Produktionsdaten 3020 - Erlöse 3030 - Betriebsausgaben 3040 - Erlöse (man.) 3050 - Kosten (man.)	**Produktion**	3510 - Produktionsdaten 3520 - Mengengerüst Kostenart 3530 - Erträge (Detail) 3540 - Kosten (Detail) 3550 - Erträge/Kosten (fix/var) 3560 - Erträge/Kosten (Inl/Dev) 3570 - Erträge/Kosten (Produkte) 3580 - Stück-/Herstellungskosten 3590 - Produktübersicht 3591 - Übersicht Produkt 1
4010 - Investitionsrechnung	**Investitions-rechnung**	4510 - Investitionsrechnung
5010 - Gewinn- und Verlustrechnung 5020 - Verteilung Fixkosten	**Finanzrechnung**	5510 - Gewinn- und Verlust-rechnung 5520 - Lagerbestandsbewertung 6510 - Bilanz 7510 - Cash-flow 7520 - Devisen-Cash-flow
8510 - Sensitivitätsrechnung 8520 - Zielerreichung	**Risiko/Zielsuche**	8510 - Sensitivitätsrechnung 8520 - Zielerreichung

↓

Graphiken

Executive Summary

Abb. 5. Ein- und Ausgabeblätter des Rechenmodells COPE (Quelle: Kreditanstalt für Wiederaufbau, Frankfurt/Main)

COMFAR III – Expert-Modell der UNIDO

COMFAR III ist ein EDV-gestütztes Simulationsprogramm, das als Totalmodell projektbezogene Ergebnis- und Liquiditätsrechnungen ex ante und ex post gestattet. Es ist ein eigenständiges Anwendungsprogramm, das in der Programmiersprache C erstellt wurde.

Indem man zu Beginn der Analyse auswählt, ob eine „Opportunity Study" oder „Feasibility Study" durchgeführt werden soll, entscheidet man über die Anzahl der Eingabeoptionen und den *Detaillierungsgrad der Rechnungen.*

Das Programm ist - teilweise gegen Aufpreis - u.a. mit den *Sprachen* Deutsch, Englisch, Französisch, Spanisch und Russisch ausgestattet.

COMFAR III besteht aus einem Eingabe- und einem Ausgabemodul. Das Eingabemodul (Ausgabemodul) besteht aus 15 Eingabegruppen (8 Ausgabegruppen), die sich jeweils in detaillierte Eingabefelder (Ausgabefelder) aufspalten (Abb. 6).

Durch die Wahl eines Projekttyps zu Beginn der Analyse gelangt man zu vordefinierten Eingabemasken. Vordefiniert werden fünf Projekttypen: Industrial, Agricultural, Infrastructure, Tourism, Mining.

Neben einer lokalen Währung können bis zu 19 andere Währungen berücksichtigt werden. Für den gesamten Betrachtungszeitraum ist für jede Währung ein konstanter Wechselkurs festzulegen.

Im Rahmen der betriebs- und volkswirtschaftlichen Analyse (financial & economic analysis) bietet COMFAR folgende *Ergebnistabellen*:

- Projektübersicht (Zusammenstellung wichtiger Projektdaten);
- Investitionskostenaufstellung;
- Produktionskostenaufstellung;
- Produktions- und Absatzprogramm;
- Finanzierungsplan;
- Betriebswirtschaftliche Unternehmungsrechnung als Cash-flow-, Kapitalwert-, Break-Even-, GuV- und Bilanzrechnung;
- Volkswirtschaftliche Kosten-/Nutzenanalyse.

Der *Rechenzeitraum* kann dabei bis zu 60 Jahre betragen.

Im einzelnen werden – basierend auf zwei unterschiedlichen Cash-flows – zwei Kapitalwerte berechnet: zum einen bezogen auf das „total capital invested", zum anderen bezogen auf das „total equity invested" (Kap. 4.1). Hierzu werden unterschiedliche Kalkulationszinssätze berücksichtigt, insbesondere auch gesellschafterspezifische Mindestverzinsungsansprüche. Ferner werden Kapitalwertrate und modifizierter interner Zinsfuß ausgewiesen.

Eine Anpassung der Ein- und Ausgabemasken ist ebenso wie eine Verknüpfung mit externen Arbeitsblättern nicht möglich.

Für verschiedene Variablen wie Verkaufspreise, Stückkosten und Absatzvolumen können im Rahmen der *Risikoanalyse* Sensitivitätsbetrachtungen und Berechnungen kritischer Werte angestellt werden.

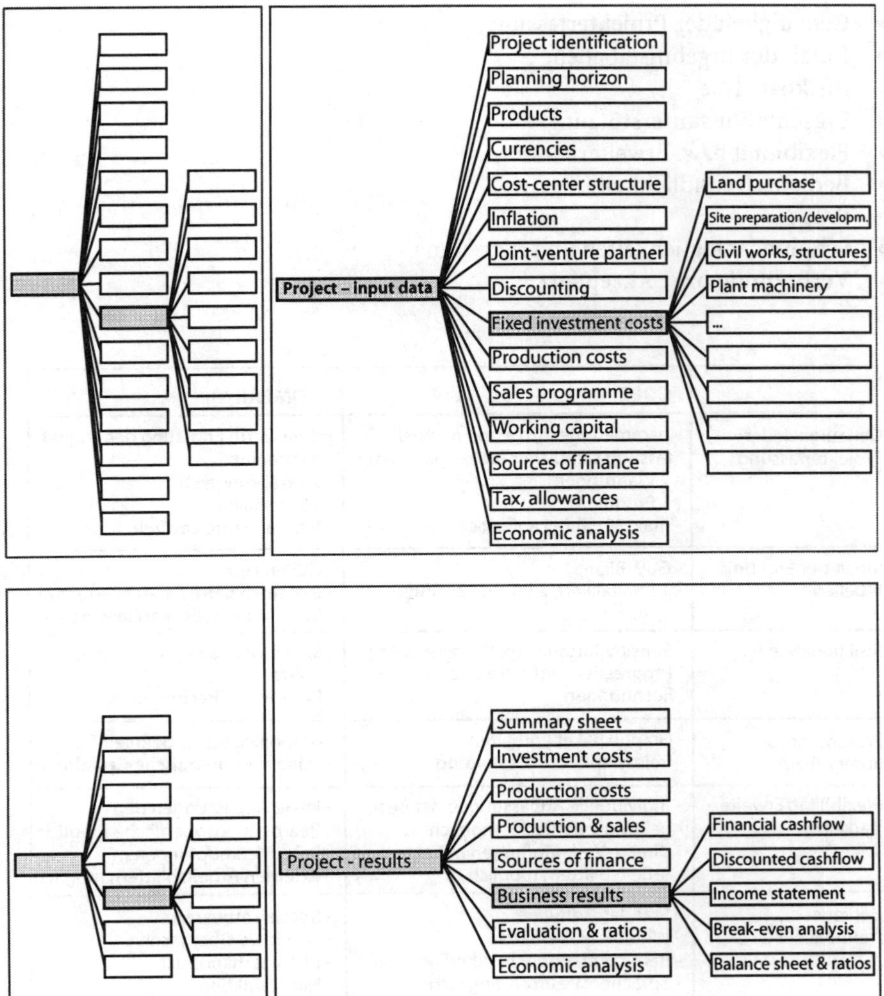

Abb. 6. Ein- und Ausgabeblätter des Rechenmodells COMFAR III (Quelle United Nations Industrial Development Organization, Wien)

Das Programm bietet einige vordefinierte Präsentationsgraphiken.

Abbildung 7 zeigt zusammenfassend im Überblick *einen Vergleich der dargestellten Rechenmodelle*. Als Beurteilungskriterien für den Modell-Vergleich dienen:

- Genauigkeit der Projekterfassung,
- Inhalt der Ergebnistabellen,
- Risikoanalyse,
- Präsentationsunterstützung,
- Flexibilität bzw. Erweiterbarkeit,
- Bedienerfreundlichkeit,
- Preis,
- Schulungsmöglichkeiten und Betreuung,
- Verbreitung bzw. Akzeptanz.

	COPE	**COMFAR**
Genauigkeit der Projekterfassung	- parametergestüzte und manuelle Erfassung sämtlicher Projektparameter - 7 Währungen - 5 Produkte - max. 30 Jahre Laufzeit	- detaillierte Erfassung der Projektparameter - 20 Währungen - 20 Produkte - max. 60 Jahre Laufzeit
Inhalt der Ergebnistabellen	- GuV, Bilanz - 1 Kapitalwert, 2 Interne Zinsfüße	- GuV, Bilanz - 2 differenzierte Kapitalwerte und Interne Zinsfüße, Kapitalwertrate
Risikoanalyse	- Sensitivitätsanalyse, Kritische Werte - Progressive und retrograde Rechnungen	- Sensitivitätsanalyse, Kritische Werte - Progressive Rechnungen
Präsentationsunterstützung	- Graphikpaket enthalten - freie graphische Gestaltung	- Graphikpaket vordefiniert - keine freie graphische Gestaltung
Flexibilität/Erweiterbarkeit	- individuelle Anpassungen der Bearbeitungsoberfläche möglich - direkte Verknüpfungen mit externen Arbeitsblättern möglich	- keine Anpassungen der Bearbeitungsoberfläche möglich - keine Verknüpfungen mit externen Arbeitsblättern möglich
Bedienerfreundlichkeit	- Standardsoftware - Windows-Oberfläche - Benutzerhandbuch, Hilfe-Funktion - Sprachen: Deutsch, Englisch	- Spezialsoftware - Windows-Oberfläche - Benutzerhandbuch, Hilfe-Funktion - Sprachen: Deutsch, Englisch, Französisch, Spanisch, Russisch
Preis	- ca. DM 2.000,-	- ca. US $ 5.000,- - Sprachmodul: je ca. US $ 500,-
Schulung/Betreuung	- Schulungen werden angeboten	- Einführungs- und Schulungsveranstaltungen - Schulungen vor Ort und projektbezogen - Zusammenarbeit mit externen Beratern
Verbreitung/ Akzeptanz	- bisher vor allem KfW-interner Gebrauch - geringe Verbreitung	- intensive Vermarktung - weite Verbreitung (»bankable«)

Abb. 7. Vergleich zwischen COPE und COMFAR III

5 Leistungs- und Ergebnisplanung und -überwachung von BOT-Projekten im Rahmen der Projektabwicklung – nach Vertragsabschluß

Mit Beginn der *Projektierung* und bis zum Ende der Projektausführung bzw. bis zur Inbetriebnahme stellt sich *das Problem der detaillierten Planung und Kontrolle* der mit dem BOT-Projekt verbundenen Aktionsfolgen und technischen sowie ökonomischen Kennzahlen.

Während der Projektierung und der Projektausführung ergeben sich dabei folgende Aufgaben des projektbegleitenden BOT-Controlling (Verband Deutscher Maschinen- und Anlagenbau VDMA (Hrsg.), 1985):

- detaillierte Planung der mit der Leistungserstellung im Projektfortschritt verbundenen Aus- und Einzahlungen auf der Basis entsprechender Qualitäts-, Mengen-, Zeit- und Preiskomponenten;
- laufende Kontrolle der mit der Leistungserstellung im Projektfortschritt verbundenen Aus- und Einzahlungen und Durchführung von Abweichungsanalysen.

Geeignetes Instrument hierfür ist *ein mehrstufiges Netzplanmodell als Darstellungs- und Rechentechnik* für komplexe Aktionsfolgen. Es sollte mit seinem Zahlenmaterial auf dem des Simulationsmodells bei Vertragsabschluß aufbauen und muß um weitere detaillierende und abgrenzende Informationen ergänzt werden. Es ermöglicht die Ermittlung von periodenbezogenen und kumulierten Aus- und Einzahlungen während der Projektabwicklung als Soll-/Ist-Zahlenwerk.

Aufgrund der Komplexität von BOT-Projekten ist es erforderlich, einen mehrstufigen Netzplan als Führungsinstrument zugrundezulegen. Dieser ist dadurch gekennzeichnet, daß den Aufgabenträgern Informationen entsprechend ihres – aus der systemhierarchischen Stellung ableitbaren – Bedarfs mit spezifischem Aggregationsgrad bereitgestellt werden.

Die *Projektplanung* beinhaltet dabei stets eine inhaltliche Leistungszielplanung, Terminplanung sowie Ein- und Auszahlungsplanung – auch für Projektabschnitte – sowie eine gesamte und abschnittsweise Aktionsstrukturplanung (Hahn, 1996).

Neben der Planung eignet sich ein Netzplan auch besonders *zur Kontrolle des Projektfortschritts* (Abb. 8) – in Form eines zeitlichen und zahlungsorientierten Soll-/Ist-Vergleichs, der auf Leistungskontrollen aufbaut.

Zugleich kann im Zuge einer *Ex-post-Betrachtung* und *Prämissenkontrolle* eine Berechnung der wichtigsten Projektkennzahlen innerhalb des Simulationsmodells erfolgen – als Grundlage zur Beurteilung von möglicherweise notwendig werdenden Änderungsentscheidungen und als controllingspezifische Erfahrungsgrundlage zur Abwicklung künftiger BOT-Projekte.

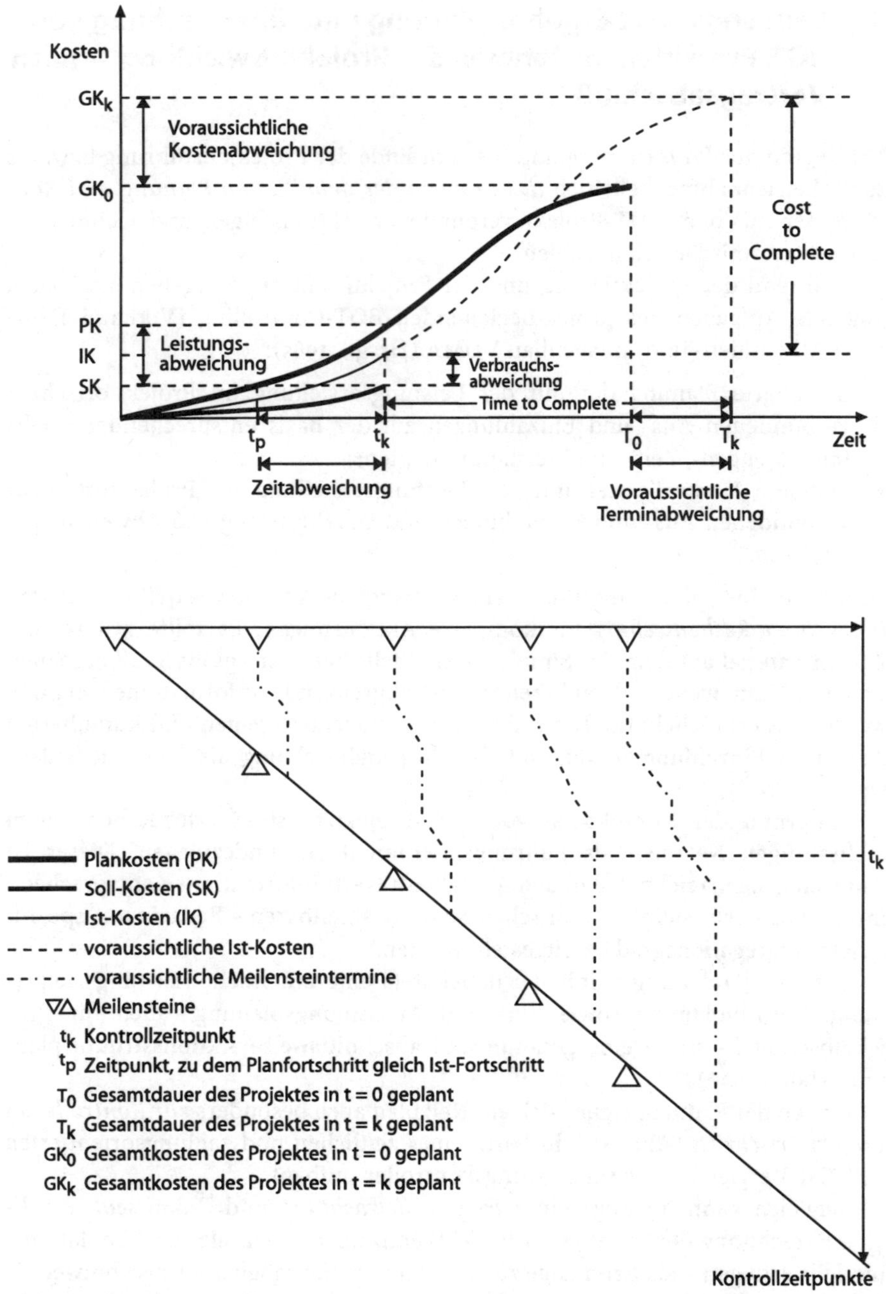

Abb. 8. Integrierte Projektfortschrittskontrolle (Quelle: Straube, 1992, S. 193)

Summary

Next to financing, drawing up contracts, and risk management, control can be said to one of the most important cross-sectional management functions in any BOT (Build, Operate, Transfer) project. The function of control is supply management with information so as to ensure that the entire decision-making process and all commercial transactions run as cost-effectively as possible – and that liquidity is at all times guaranteed. In BOT projects, the controller discharges this task essentially on behalf of the company or enterprise holding the contract and, if the case arises, an affiliated company and group management ranged above it. The primary aim of control in BOT projects is to ensure that all decisions taken are consistent with the achievement of optimal results and liquidity. Before conclusion of a contract, the two most important indicators to be used for the appraisal of projects and project-phases are Net Present Values (NPV) and Internal Rate of Peturn (IRR). The NPV is the sum resulting from the deduction of the discounted value of the expected costs from the discounted value of the expected return, and is to be calculated for the life-cycle of the project. Control is also responsible for producing a differentiated analysis of the chances and risks involved in a project with which to present the effects that possible and probable actions and other ambient conditions might have on target volumes. When gauging the absolute and comparative advantage accruing to a company or enterprise holding a BOT project, these values must be characterized in terms of the results. Project selection is made initially upon the basis of a catalog of criteria and a simplified accounting procedure so as to be able to evaluate as rapidly as possible whether the project should be rejected, or if it is worth the expense of putting together a comprehensive offer. Here, it is very important to standardize procedure within the company, and at the level of the project itself, so as to be able to hold in check the influence of subjective evaluations or other factors which are irrelevant to the project. Simulation models can also be used to produce risk analyses as well as information on NPVs, IRRs, costs, and revenue. From beginning to end (or up until commissioning), all projects are accompanied by detailed planning and control procedures. Not only must such procedures be able to anticipate and respond to the kind of events which are part of a BOT project, but they also have to take account of a range of economic and technical indicators too. Appropriate help here is offered in the shape of multi-level network analysis or a program evaluation and review technique (PERT), which aids in the presentation and calculation of the results of complex actions and their consequences. Such analysis should be initially based on the figures derived when using simulation models before the conclusion of the contract, and then supplemented with more detailed and precisely defined information.

Literatur

Alter, R. (1991): Integriertes Projektcontrolling: Ein ganzheitlicher Ansatz auf der Grundlage des Lebenszyklus von Systemen. Gießen.

Arbeitskreis „Internes Rechnungswesen" der Schmalenbach-Gesellschaft - Deutsche Gesellschaft für Betriebswirtschaft e.V. (1991): Beiträge zur Betriebswirtschaft des Anlagenbaus. In: (Hrsg.) Höffken E./Schweitzer M., ZfbF-Sonderheft, Nr. 28,: Düsseldorf - Frankfurt/Main.

Ballwieser, W. (1995): Unternehmensbewertung. In: HWF, Hrsg. Gerke W./Steiner M., 2. Aufl., Stuttgart, Sp. 1867 - 1882.

Copeland, T./Koller T./Murrin, J. (1990): Valuation: Measuring and Managing the Value of Companies, New York u. a.

Diederichs, C. J. (1994): Grundlagen der Projektentwicklung. Teil 1. In: BW, Heft 11, S. 43 - 49.

Hahn, D. (1996): PuK-Controllingkonzepte. 5. Aufl., Wiesbaden.

Lachnit, L. (1994): Controllingkonzeption für Unternehmen mit Projektleistungstätigkeit, München.

Merna, A. (1994a): Concession Contracts. In: Projects Procured by Privately Financed Concession Contracts. Hrsg. Merna A./Smith N. J., Manchester, S. 1 - 20.

Merna, A. (1994b): Preparation and Evaluation of Concession Contract Packages. In: (Hrsg.) Merna A./ Smith N. J., Projects Procured by Privately Financed Concession Contracts. Manchester, S. 21 - 38.

Merna, A./Adams, C. (1994): Appraisal of Risks in Concession Projects. In: (Hrsg.) Merna A./Smith N. J., Projects Procured by Privately Financed Concession Contracts. Manchester, S. 88 - 101.

Merna, A./Smith, N. J. (1993): Leitfaden für die Erstellung und Beurteilung von Angeboten bei BOOT (Build, Own, Operate, Transfer) - Projektausschreibungen. Hrsg. Verband öffentlicher Banken, Bonn.

Picot, A./Dietl, H. (1993): Neue Institutionenökonomie und Recht. In: (Hrsg.) Ott, C./ Schäfer H. B., Ökonomische Analyse des Unternehmensrechts. Heidelberg, S. 306 - 330.

Rappaport, A. (1986): Creating Shareholder Value. New York - London.

Schill, J. (1988): Finanzielle Beziehungen. Vertrags- und Kooperationsformen beim Industriegüter-Export aus der Bundesrepublik Deutschland. Kiel.

Schmidt, J. G. (1995): Die Discounted Cash-flow-Methode - nur eine kleine Abwandlung der Ertragswertmethode? In: ZfbF, S. 1088 - 1117.

Serfling, K./Pape, U. (1994): Der Einsatz spartenspezifischer Beta-Faktoren zur Bestimmung spartenspezifischer Kapitalkosten. In: WISU, S. 519 - 526.

Serfling, K./Pape, U. (1996): Strategische Unternehmensbewertung und Discounted Cashflow-Methode. In: WISU, S. 57 - 64.

Spremann, K. (1990): Asymmetrische Information. In: ZfB, S. 561 - 586.

Straube, P. (1992): Integriertes Forschungs- und Entwicklungs-Controlling, Gießen.

VDI-Gesellschaft Entwicklung, Konstruktion, Vertrieb (Hrsg.) (1991): Projektkooperation beim internationalen Vertrieb von Maschinen und Anlagen. Düsseldorf.

Verband Deutscher Maschinen- und Anlagenbau VDMA (Hrsg.) (1985): Projekt-Controlling bei Anlagengeschäften. 4. Aufl., Frankfurt/Main.

Währungsrisikomanagement der Unternehmung

Th. Herbeck, K. Spremann

"What are we to make of the losses that a few people have reported from derivatives? We should be surprised that there are so few!"
(Fisher Black 2/1995, 7).

1 Einleitung

In vielen Unternehmungen verfehlt Währungsrisikomanagement seinen Zweck. Die Leidtragenden sind dann die Aktionäre. Dieser Beitrag will eine Gesamtübersicht geben, setzt aber auch klare Akzente. Die Hauptbotschaften lauten: Erstens: Prüfe, ob das Währungsrisikomanagement der unternehmerischen Zielsetzung, den Aktionärswert zu erhöhen, förderlich ist. Zweitens: Identifiziere Währungsrisiken korrekt. Drittens: Beziehe realwirtschaftliche Maßnahmen in das Währungsrisikomanagement mit ein.

2 Das Management von Währungsrisiken

2.1 Der freie Cashflow als offene Position

Währungsrisiken sind direkte und indirekte Folgen von unvorhergesehenen Änderungen der Wechselkurse. Verschiedene Ergebnisgrößen einer Unternehmung können hier betroffen sein: Wechselkursschwankungen können auf den Wert von Devisenbeständen einer Unternehmung, den Jahresgewinn, auf die Bilanzierung von Aktiva und Passiva und auf den Cashflow wirken – um nur einige wichtige zu nennen. Die Frage, welche Ergebnisgröße nun im Zentrum des Währungsrisikomanagements steht, sollte sich an der Zielsetzung der Unternehmung orientieren. Der vorliegende Beitrag nimmt die Perspektive einer Unternehmung ein, die dem „Shareholder Value"-Ansatz folgt.

Nach dem Shareholder Value-Ansatz sollen Entscheidungen des Managements darauf ausgerichtet sein, *zusätzlichen Wert für die Risikokapitalgeber – die Aktionäre – einer Unternehmung* zu generieren. Dies wird dem Management nur dann gelingen, wenn es immer wieder Geschäftsopportunitäten verfolgen kann, die auch unter Berücksichtigung ihres Geschäftsrisikos Cashflows versprechen, deren Barwert den Barwert der Investitionskosten übersteigt. Zentrale Ergebnisgröße beim Shareholder Value-Ansatz ist daher der *Cashflow*.

Die Vorhaben, Transaktionen und Projekte, die zu Cashflows führen, sind in einem *Geschäftsplan* zusammengefaßt. Wie formal der Geschäftsplan festgehalten ist, ist dabei genau genommen unerheblich. Bei größeren Unternehmungen wird es ablauforganisatorische Prozeduren zur Erstellung, Revision und Verabschiedung von Plänen geben, die – ob so benannt oder nicht – die Geschäftspläne dieser Unternehmungen bilden. Der Geschäftsplan leitet sich dann meist aus einer Strategie ab. Dagegen ist der Geschäftsplan einer kleineren Einzelunternehmung vielleicht nur durch das rein gedankliche Vorhaben der Unternehmerpersönlichkeit bestimmt.

Durch die Vorschau und Budgetierung künftiger Cashflows im Geschäftsplan wird unterstellt, daß gewisse Ersatz- und Erweiterungsinvestitionen durchgeführt werden. Ein Teil der prognostizierten Cashflows wird daher benötigt, um diese Investitionen zu bezahlen. Als Differenz zwischen den Cashflows und jenen Auszahlungen, die für die Investitionen aufgewendet werden, bleibt *der freie Cashflow* übrig. Er könnte ausgeschüttet werden, ohne daß Gefahr besteht, die im Geschäftsplan vorgesehenen Projekte und Geschäfte nicht durchführen zu können, weil finanzielle Mittel fehlen. Auch wenn der freie Cashflow nicht faktisch ausgeschüttet wird – schon weil die rechtlichen Rahmenbedingungen dies ohne eine förmliche Kapitalherabsetzung oftmals gar nicht zuließen – und in der Unternehmung verbleibt, kann er von den Eignern einer Unternehmung beansprucht werden. Deshalb legen die freien Cashflows auch fest, welchen Wert die Beteiligung an einer Unternehmung für die Eigner hat: Der Marktwert des Beteiligungskapitals, der Aktionärswert, entspricht dem Barwert aller für die Zukunft prognostizierten freien Cashflows einer Unternehmung.

Den im Geschäftsplan prognostizierten freien Cashflows kommt eine doppelte Funktion zu: Einerseits bilden sie die Berechnungsgrundlage für den Shareholder Value. Gleichzeitig legen sie damit die *offenen Positionen* einer Unternehmung fest, die vor allem den Geschäftsrisiken, aber eben auch potentiellen Paritätsschwankungen ausgesetzt sind. Die Währungsrisiken ausgesetzten offenen Positionen einer Unternehmung ergeben sich daher einzig aus den im Geschäftsplan prognostizierten freien Cashflows.

Der Shareholder Value-Ansatz hat sich in der Praxis durchgesetzt. Ursprünglich in Amerika entwickelt, verschreiben sich seit Anfang der 90er Jahre auch im deutschsprachigen Raum immer mehr Unternehmungen der Maxime einer Aktionärswertsteigerung. Viele Unternehmungen sehen daher bereits heute den Cashflow als zentrale Ergebnisgröße für geschäftsstrategische wie auch risikopolitische Überlegungen an. Dies zeigte eine Studie der Wharton School of Business in Zusammenarbeit mit der Chase Manhattan Bank, an der sich 530 Unternehmungen außerhalb des Finanzsektors beteiligten. Die Studie ergab, daß 67 % der Unternehmungen als wichtigstes Ziel ihrer Absicherungsstrategien die Verminderung von Schwankungen der realen Cashflows ihrer Geschäfte sehen. Noch 28 % führten an, den auszuweisenden Jahresgewinn abzusichern und nur 5 % der Unternehmungen versuchen auf Bilanzkennziffern Einfluß zu nehmen (Wharton/Chase, 1995).

2.2 Direkte und indirekte Währungsrisiken

Folgt man der Argumentation, daß einzig die freien Cashflows als offene Positionen zu betrachten sind, lassen sich „Währungsrisiken" als jene Teile der Unsicherheit über zukünftige freie Cashflows definieren, die ihren Ursprung in unvorhergesehenen Schwankungen der Währungsparitäten haben. Es ist nun zweckmäßig, sich Währungsrisiken als aus zwei Komponenten zusammengesetzt vorzustellen (Spremann, 1994):

- Unter dem *direkten Währungsrisiko* versteht man die durch unvorhersehbare Schwankungen der Währungsparitäten ausgelöste Unsicherheit hinsichtlich der zu späteren Zeiten vorzunehmenden *Währungsumrechnung* aller freien Cashflows des Geschäftsplanes, die auf fremde Währung lauten.

Gegenstand des direkten Währungsrisikos ist nur die Unsicherheit über die Höhe der späteren Umrechnungskurse. Die Höhe der zuküftigen Zahlungsströme des Geschäftsplanes in den jeweiligen Lokalwährungen wird dagegen als gegeben angesehen. Dies gilt unabhängig davon, ob die zukünftigen lokalen Cashflows tatsächlich schon genau bekannt sind, weil sie auf vertraglichen Vereinbarungen beruhen (wie bei Bestellungen bei Lieferanten oder bei eingegangenen Aufträgen), oder ob lediglich Prognosen für die künftigen Umsatzerlöse oder Kosten vorliegen.

Direkte Währungsrisiken entstehen, weil auf fremde Währung lautende Cashflows in eine *Basiswährung* umgerechnet werden. *Welche* Währung die Basiswährung der Unternehmung ist, ergibt sich oft, aber nicht notwendigerweise, aus dem Sitz der Unternehmung oder aus dem Land, in dem die Aktionäre ihr Leben führen. Grundsätzlich gilt: Basiswährung ist jene, in der die Aktionäre die freien Cashflows umgerechnet sehen wollen. Ist der Aktionärskreis groß und heterogen (Publikumsgesellschaft) wird kein der Aktionärsherkunft entsprechender Währungskorb als Basis gewählt, sondern *eine* Basiswährung durch Mehrheitsentscheidung festgelegt. Damit wichtige Entscheidungen wie die Wahl der Basiswährung (oder auch die Dividendenpolitik) mit einer gewissen Kontinuität verfolgt werden können und nicht bei jeder Generalversammlung neu festgelegt werden müssen, *signalisiert* das Management dem Aktionärskreis die Grundzüge der Finanzpolitik der Unternehmung. Aktionäre können dies dann bei ihren Portfolioentscheidungen berücksichtigen (siehe zur Basiswährung z.B. Eaker, 36/1981).

Das Geschehen auf den Devisenmärkten kann auch auf die geschäftlichen Aktivitäten einer Unternehmung ausstrahlen. Änderungen der Währungsparitäten führen dann zu Änderungen der *Höhe* der freien Cashflows in den Lokalwährungen. Diese indirekten Wirkungen, die Paritätsschwankungen entfalten können, stehen im Vordergrund der zweiten Komponente des Währungsrisikos:

- Unter dem *indirekten Währungsrisiko* versteht man die durch unvorhersehbare Schwankungen der Währungsparitäten ausgelösten Unsicherheiten hinsichtlich der *Höhe* der späteren freien Cashflows in ihren jeweiligen Währungen.

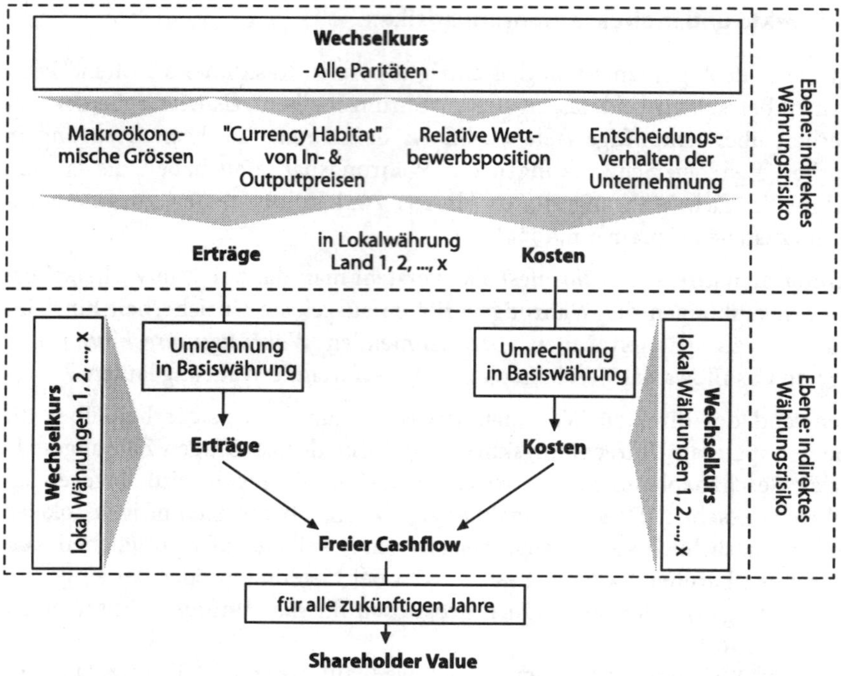

Abb. 1. Einflüsse von Wechselkursen auf den Shareholder Value

Worauf ist das indirekte Währungsrisiko zurückzuführen? Man kann idealtypisch vier mögliche „Kanäle" isolieren, durch die Wechselkurse - abgesehen von der reinen Umrechnung in die Basiswährung - auf die Höhe von Cashflows Einfluß nehmen können (Abb. 1).

1. Zunächst einmal treten Wechselkursschwankungen im allgemeinen nicht isoliert auf, sondern sind - zumindest mittelfristig - in Zusammenhang mit anderen *makroökonomischen Größen* wie Zinssätzen, Inflationserwartungen oder Niveaus gesamtwirtschaftlicher Auslastung und Nachfrage zu sehen. Da auch die freien Cashflows einer Unternehmung mittelbar oder unmittelbar von diesen makroökonomischen Größen abhängen, können von Paritätsänderungen positive oder negative Impulse auf die Geschäftstätigkeit und die freien Cashflows ausgehen.
2. Zweitens gibt es zahlreiche Rohstoffe, Zwischenprodukte und Fertigerzeugnisse, deren Preise an die Entwicklung einer bestimmten Währung geknüpft sind. Dies kann daran liegen, daß diesen Gütern der Charakter von „Commodities" zukommt (Erdöl, Speicherchips, Holz), die auf dem Weltmarkt in einer Währung - oft ist dies der Dollar - gehandelt werden. Man spricht in diesem Zusammenhang, dem angelsächsischen Sprachgebrauch folgend, von der *„Currency Habitat"* der Preise oder der „Currency of Determination" (Flood & Lessard, 1986; Lessard & Lightstone, 1987; Giddy,

1993). Wenn die Fakturierung beim Ein- oder Verkauf dieser Produkte nicht in der Currency of Determination erfolgt (weil vielleicht in der Basiswährung der Unternehmung abgerechnet wird), besteht zwar kein eigentliches Umrechnungsrisiko mehr, wohl aber die Gefahr, daß *Wechselkursschwankungen Preisschwankungen* auslösen. Eine Fakturierung in der Basiswährung führt in diesen Fällen lediglich dazu, daß das direkte Währungsrisiko durch das indirekte substituiert wird.

3. Von der Höhe der Wechselkurse sind in der Regel auch die Wettbewerber einer Unternehmung betroffen, die gegebenenfalls mit Anpassungen im operativen oder strategischen Bereich ihrer Aktivitäten - die Preispolitik ist hier hervorzuheben - reagieren werden. Insbesondere bei nachhaltigen Verschiebungen im Paritätengefüge kann so massiver Druck auf die *relative Wettbewerbsposition* der eigenen Unternehmung ausgehen. Eine Folge ist, daß auch viele ausschließlich im Inland tätige Unternehmungen Währungsrisiken ausgesetzt sein können, da eine Abwertung oder Aufwertung des Außenwertes der eigenen Währung die Marktposition ausländischer Produzenten im Inland schwächen oder sie stärken kann (Glaum, 23/1990).
4. Viertens sind Wechselkurse relevante Größen für viele betriebliche *Entscheidungen*. Änderungen der Wechselkurse können dazu führen, daß die Unternehmungsführung den Geschäftsplan revidiert und Entscheidungen anders trifft, als ursprünglich vorgesehen war. Beispielsweise hängt vom Wechselkurs die Höhe der Grenzkosten und Grenzerträge ausländischer Produktions- und Vertriebseinrichtungen in international tätigen Unternehmungen ab. Längerfristige und größere Verschiebungen im Wechselkurssystem können deshalb Anpassungen im Produktionsprogramm und beim Marketing-Mix nach sich ziehen: sei es, daß die Produktionshöhe neu festgesetzt wird, ursprünglich eingesetzte Rohstoffe und Materialien durch billigere substituiert oder die Verkaufspreise der Erzeugnisse angepaßt werden. Auch Auslandsinvestitionen wie Akquisitionen ausländischer Gesellschaften, die bei früheren Wechselkursniveaus verworfen wurden, können auf einmal attraktiv werden.

Indirekte Währungsrisiken können direkte Währungsrisiken verstärken oder abschwächen. Wie bedeutend indirekte Währungsrisken für eine Unternehmung sind, hängt vor allem davon ab, in welchen Märkten eine Unternehmung tätig ist, wie stark der internationale Wettbewerb ausgeprägt ist und wie schnell eine Unternehmung Veränderungen im wirtschaftlichen Umfeld mit Anpassungen im realwirtschaftlichen Bereich begegnen kann.

Definitionen und Begriffsabgrenzungen zum Währungsrisiko sind in Literatur und Praxis nicht einheitlich. Eine vor allem in der englischsprachigen Literatur gebräuchliche Terminologie verwendet die Begriffe „Transaktionsrisiko" und „ökonomisches Währungsrisiko". Das Transaktionsrisiko entspricht dem direktem Währungsrisiko. Unter ökonomischem Währungsrisiko (auch „real operating exchange risk" bezeichnet) wird das gesamte Währungsrisiko einer Unternehmung - direktes und indirektes Währungsrisiko - verstanden (Rawls & Smithson, 2/1990; Gamper, 1995 und Eiteman et al., 1995).

2.3 Währungsrisikomanagement: Eine Übersicht

Währungsrisikomanagement führt nicht automatisch zu einer Erhöhung des Marktwertes der Unternehmung. Selbst für den Fall, daß es einer Unternehmung gelänge, durch geeignete Sicherungsmaßnahmen Währungsrisiken vollständig zu beseitigen und dies Aktionären auch glaubhaft zu signalisieren, wäre noch nicht gesagt, daß die Beteiligungspapiere dieser Unternehmung eine Wertsteigerung erfahren würden. Ob durch Risikomanagement zusätzlicher Shareholder Value generiert wird oder nicht, hängt von zwei Faktoren ab (Abb. 2).

- Von der Höhe des *Wertsteigerungspotentials bei vollständiger Eliminierung des Währungsrisikos.* Das Wertsteigerungspotential gibt den maximalen zusätzlichen Shareholder Value an, den eine Reduktion des Währungsrisikos bestenfalls erzielen könnte. Zwei Determinanten bestimmen die Höhe des Wertsteigerungspotentials: Zum einen kommt es darauf, wie groß der Anteil der wechselkursbedingten Unsicherheit am gesamten Cashflow-Risiko einer Unternehmung ist. Zweitens kommt es darauf an, wie vorteilhaft eine Reduktion des Cashflow-Risikos für die Unternehmung wäre.
- Von der *Hedgebarkeit des Währungsrisikos.* Unter „Hedgebarkeit" soll verstanden werden, inwieweit es einer Unternehmung im konkreten Fall möglich ist, eine Verringerung des Währungsrisikos zu erreichen. Zwei Umstände sind hier relevant: Zum einen die Frage, wie genau und wie zuverlässig direkte und indirekte Währungsrisiken ermittelt werden können. Zum zweiten die Frage, welche finanz- und realwirtschaftlichen Maßnahmen zur Risikobegrenzung das Management im konkreten Fall ergreifen kann. Sind Währungsrisiken gut hedgebar, kann auch ein Großteil des gesamten Wertsteigerungspotentials ausgeschöpft werden. Ist hingegen die Hedgebarkeit des Währungsrisikos schlecht (weil beispielsweise indirekte Währungsrisiken nur schwer zu identifizieren sind oder geeignete Sicherungsinstrumente fehlen), besteht die Gefahr, daß Hedgemaßnahmen das Cashflow-Risiko einer Unternehmung zusätzlich vergrößern und Aktionärswert zerstört wird.

Die beiden Faktoren sollen im weiteren näher ausgeführt werden:

Kapitel 3 behandelt das Wertsteigerungspotential. Ausgangspunkt bilden zwei Bedingungen, unter denen kein Wertsteigerungspotential besteht (3.1). Auf Basis dieser Irrelevanzbedingungen können – im Umkehrschluß – die Werterzeuger im Risikomanagement abgeleitet werden (3.2). Es folgt eine Darstellung empirischer Untersuchungen (3.3). Sie zeigt, daß entgegen verbreiteter Auffassung Wechselkursschwankungen in vielen Unternehmungen nur für einen kleinen Teil des gesamten Cashflow-Risikos verantwortlich sind.

Gegenstand von Kap. 4 ist die Hedgebarkeit von Währungsrisiken. Zunächst wird argumentiert, warum in vielen Fällen eine Erfassung des Währungsrisikos schwierig ist und welche Konsequenzen für das Währungsrisikomanagement daraus entstehen (4.1). Es folgt eine kritische Diskussion zur Eignung derivativer Instrumente zur Absicherung von Währungsrisiken in Unternehmungen. Dabei wird argumentiert, daß Derivate Liquiditäts-, Kredit-, und Bilanzierungsrisiken erzeugen können. Aus diesem Grund muß besonders bei einer längerfristigen Absicherung auf realwirtschaftliche Maßnahmen zurückgegriffen werden (4.2). Schließlich werden Notwendigkeit und Gestaltungsaspekte eines integrierten Währungsrisikomanagements besprochen (4.3). Integriertes Währungsrisikomanagement bildet eine wichtige Voraussetzung, die nötige Informationsbasis für die Identifikation und Absicherung von Währungsrisiken zu schaffen. Hier sind vor allem hohe Anforderungen an das Management-Informationssystems zu stellen.

Kapitel 5 enthält ein Beispiel und Kapitel 6 beendet die Arbeit mit einer Zusammenfassung der wichtigsten zehn Punkte.

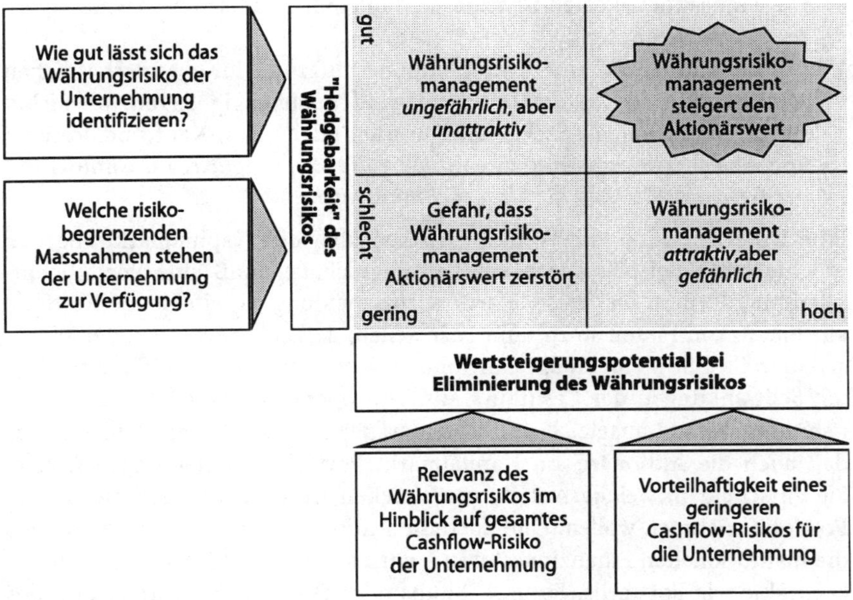

Abb. 2. Währungsrisikomanagement ist nur in einer Situation erfolgversprechend

3 Shareholder Value-Steigerung durch Wechselkurssicherung?

3.1 Wann ist Währungsrisikomanagement relevant?

Wenn man weiß, unter welchen Umständen und aus welchen Gründen eine Steigerung des Shareholder Value durch währungsrisikobegrenzende Maßnahmen nicht zu erwarten ist, kann man im Umkehrschluß auch jene Umstände und Gründe ableiten, die zu einer Wertsteigerung führen werden. Sind folgende *zwei kapitalmarkt- und unternehmungsseitige Voraussetzungen* erfüllt, kann vom

Währungsrisikomanagement keine Wertsteigerung für die Aktionäre der Unternehmung erwartet werden (frühe Beiträge zu diesem Thema finden sich bei Giddy, 1976 & 1977 und Dufey & Srinivasulu, 12/1984):

(V1) Der Kapitalmarkt weist eine Reihe von *idealtypischen Merkmalen* auf: Es wird schnell bekannt, ob und welche privaten Zusatzinformationen einzelne Marktteilnehmer haben. Neue Informationen werden von den Marktteilnehmern zum Anlaß genommen, geplante oder bereits getroffene Anlageentscheidungen unter Rendite-Risiko-Gesichtspunkten zu überdenken und gegebenenfalls Umstrukturierungen in ihren Portfolios vorzunehmen. Ferner wird unterstellt, daß alle Aktionäre und Unternehmungen zu gleichen Konditionen Zugang zum Kapitalmarkt haben. Die Transaktionskosten bewegen sich in einer praktisch vernachlässigbaren Größenordnung.

(V2) Die Cashflows, die eine Unternehmung aufgrund ihrer wirtschaftlichen Aktivität für die Zukunft erwartet, sind unabhängig davon, ob Sicherungstransaktionen durchgeführt werden oder nicht. Kauf und Verkauf von Absicherungsinstrumenten *ändert die ursprünglichen Cashflows aus der Geschäftstätigkeit der Unternehmung nicht.*

- Eine Unternehmung, die Währungsrisiken über den Kapitalmarkt abgeben möchte (zum Beispiel durch ein Termingeschäft), muß eine Portfolioentscheidung treffen. Ziel dieser Portfolioentscheidung ist, ein Hedge-Portfolio aus Finanzkontrakten so zusammenzustellen, daß Schwankungen der Wechselkurse Cashflows im Hedge-Portfolio auslösen, die die wechselkursbedingten Schwankungen der Cashflows aus dem operativen Geschäft der Unternehmung gerade ausgleichen. Dabei darf jedoch nicht übersehen werden, daß auch die Aktionäre am Kapitalmarkt Portfolioentscheidungen treffen: Sie entscheiden, welche Anteile von welchen Unternehmungen sie in ihre Portfolios nehmen wollen. Und auch die Aktionäre – unter ihnen besonders die institutionellen Finanzinvestoren – entscheiden, welche weiteren Finanzkontrakte wie Forwards, Futures, Swaps oder Optionen sie ihren Portfolios noch hinzufügen, sei es aus spekulativen Motiven oder eben auch, um Währungsrisiken gering zu halten. Sowohl Unternehmungen wie Aktionäre treffen also Portfolioentscheidungen, können Hedge-Portfolios erwerben und auch Währungsrisiken absichern. Für die einzelne Unternehmung besteht damit keine Notwendigkeit mehr, selbst Wechselkurssicherung zu betreiben. Dieser Gedanke steht in der Tradition der Modigliani-Miller-Thesen zur Irrelevanz der Verschuldungspolitik für den Unternehmungswert. Modigliani und Miller (1958) zeigten, daß (unter den genannten Voraussetzungen) die Verschuldungspolitik den Wert einer Unternehmung nicht verändert, weil die Aktionäre die Hebelwirkung einer Verschuldung auf die Eigenkapitalrendite der Gesellschaft durch einen kreditfinanzierten Erwerb der Aktien genauso gut selber herbeiführen können (Homemade Leverage). Und in ähnlicher Weise können die Aktionäre die Wirkung der Verschuldungspolitik auch wieder neutralisieren. Die Hauptbotschaft von Modigliani-Miller lautet damit: Finanzwirtschaftliche Maßnahmen des Managements erhöhen den Aktionärswert nicht, wenn die Shareholder die Ergebnisse dieser Maßnahmen zu gleichen Bedingungen auch selbst erreichen können.

- Auch beim zweiten Irrelevanzargument wird eine Unternehmung betrachtet, die ihr Währungsrisiko durch das Zeichnen von Finanzkontrakten an andere Marktteilnehmer abgegeben möchte. Die Unternehmung erwirbt zu diesem Zwecke am Kapitalmarkt ein Portfolio von Finanzkontrakten. Annahmegemäß hat der Erwerb dieses Portfolios keinen Einfluß auf die Cashflows des operativen Geschäfts der Unternehmung. Der Wert der gehedgten Unternehmung ergibt sich aus dem Wert der ungehedgten Unternehmung zuzüglich dem Wert des Portfolios aus den Sicherungskontrakten. Nun entspricht auf einem effizienten Kapitalmarkt die erwartete Rendite einer Investition in einen beliebigen Finanzkontrakt gerade seinen (das Risiko des Kontraktes berücksichtigenden) Kapitalkosten. Mit einer Investition in ein Portfolio aus Finanzkontrakten kann daher kein zusätzlicher Aktionärswert geschaffen werden. Und dies gilt unabhängig davon, ob vor der Investition schon ein Portfolio bestand (wie das Cashflow-Portfolio einer Unternehmung) oder nicht.
- Ein drittes Argument zur Irrelevanz der Wechselkurssicherung leitet sich aus dem Umstand ab, daß die Kurse von Finanzkontrakten, die in der Zukunft zu Absicherungszwecken erworben werden können, in einem früheren Zeitpunkt selbst noch unbekannt und damit unsicher sind. Zur Illustration stelle man sich folgende Situation vor: Eine in der Schweiz ansässige Unternehmung exportiert den Großteil seiner Produktion ins Ausland. Die Kunden der Unternehmung zahlen in ihrer jeweiligen Heimatwährung, wobei sie das ihnen eingeräumte Zahlungsziel von 30 Tagen ab Zustellung der Faktura auch regelmäßig ausschöpfen. Es stehen zwei Alternativen zur Verfügung, mit dem von der Unternehmung getragenem Währungsrisiko zu verfahren: Die erste Alternative sieht vor, jeweils bei Ausstellung der Faktura die späteren Fremdwährungseinnahmen auf Termin (Fälligkeit 30 Tage) zu verkaufen. Die zweite Alternative sieht vor, das Währungsrisiko zu tragen und keine Sicherungsmaßnahmen zu ergreifen. Vergleicht man die beiden Alternativen, und wählt man eine längerfristige Betrachtung, fällt auf, daß beide Alternativen risikobehaftet sind: Werden die Hedgingmaßnahmen ergriffen, tritt lediglich an die Stelle der Unsicherheit über die zukünftigen Kassa-Wechselkurse die Unsicherheit über die zukünftigen Terminkurse, zu denen in der Zukunft die Absicherungsinstrumente gezeichnet werden.

3.2 Werterzeuger im Risikomanagement

Risikomanagement wird nur irrelevant sein, wenn die beiden kapitalmarkt- und unternehmungsbezogenen Voraussetzungen erfüllt sind. In der Praxis ist dies nur selten der Fall.

Kapitalmarktbezogene Werterzeuger

Zunächst zur Bedeutung von *Marktzugangskonditionen*: In der Wirklichkeit haben nicht alle Unternehmungen und Aktionäre zu gleichen Konditionen und mit gleichen Transaktionskosten Zugang an Kapitalmärkten. Theoretisch sollte daher jene Partei Finanzkontrakte zeichnen, die zu günstigeren Konditionen und Gebühren abschließen kann. In der Praxis hilft dies jedoch nicht immer weiter: Denn einerseits erhalten Unternehmungen regelmäßig bessere Konditionen als private Kleinanleger, was für eine Wechselkurssicherung auf Unternehmungsebene sprechen würde. Andererseits halten auch viele Großunternehmungen Anteile an anderen, oft kleineren Gesellschaften. Die Kosten von Kapitalmarkttransaktionen sind dann für die Halter der Beteiligungspapiere geringer. Komparative Kostenvorteile der einen oder anderen Seite können daher überhaupt nur bei einer weitgehend homogen zusammengesetzten Aktionärsgemeinschaft ausgenützt werden. Dies trifft für viele kleinere Gesellschaften oder Familienunternehmungen zu. Bei größeren Publikumsgesellschaften sprechen Transaktionskostenvorteile nicht für ein Währungsrisikomanagement in den Unternehmungen.

Wichtig ist, daß Unternehmungen und Banken ihrer Aktionärsgemeinschaft signalisieren müssen, wie genau ihr Cashflow-Portfolio gestaltet ist, damit die Aktionäre bei ihren eigenen Portfolio-Entscheidungen entsprechende Korrekturen und Ergänzungen anbringen können. Diese *Kosten für die Kommunikation* (Spremann, 1994) sind tendenziell um so größer, je internationaler eine Unternehmung ist und je größeren Schwankungen das Währungsrisiko der Unternehmung im Zeitablauf unterworfen ist. Statt unentwegt offene Währungspositionen des Geschäftsplanes zu kommunizieren – was auch bedeuten könnte, betriebliche Informationen preiszugeben, die sonst nicht für die Öffentlichkeit bestimmt wären – verfolgen viele Gesellschaften die einheitliche und der Investorengemeinschaft bekannte Strategie, Währungsrisiken möglichst vollständig gegenüber der Basiswährung abzusichern. Hinzu kommt, daß zumindest im deutschsprachigen Raum ein gleichmäßiger Ergebnisausweis – ob ökonomisch gerechtfertigt oder nicht – von vielen Anlegern geschätzt wird: zum einen ist er einer kontinuierlichen Dividendenpolitik dienlich, zum anderen wird er ganz einfach als Indiz für die Qualität der Unternehmungsführung interpretiert. Bei einem größerem Verlustausweis fällt es den Anlegern im Bewußtsein der weitreichenden Möglichkeiten des „Window Dressing“ schwer, zu erkennen, wieviel auf (externe) Währungseinflüsse, und wieviel auf Mißmanagement in Unternehmungen zurückzuführen ist. Empirische Studien deuten darauf hin, daß Kapitalanleger im Zweifelsfalle vorsichtig bewerten und der Aktienkurs in einem solchen Fall einen Abschlag erfahren kann, der oft größer ausfällt, als es die tatsächliche Situation nahelegen würde. Aber auch bei einem positiven Verlustausweis besteht die Gefahr, daß das operative Geschäft in Zukunft solche Gewinne nicht mehr möglich macht, und daß dann, später, eine Revision der Perspektiven der Unternehmung eintritt, die erhebliche Marktwertschwankungen auslöst.

Unternehmungsbezogene Werterzeuger

1. Ein wichtiger Werterzeuger des Währungsrisikomanagements liegt darin, Situationen von *Financial Distress* und die damit verbundenen Kosten zu vermeiden oder zumindest ihre Eintrittswahrscheinlichkeit zu verringern (Smith & Stulz 20/1985). Unter Financial Distress wird hier neben der eigentlichen Zahlungsunfähigkeit vor allem auch die Situation eines finanziellen Engpasses verstanden, der mit Nachteilen für die Unternehmung verbunden ist:
   - In Branchen, in denen Reputation ein wichtiger Wettbewerbsfaktor ist – wie in der Software- oder Bauindustrie oder bei Finanzinstituten – können schon Gerüchte über finanzielle Schwierigkeiten dazu führen, daß Kunden und gute Mitarbeiter zur Konkurrenz abwandern. Solche Folgen sind dann nicht selten nachhaltig oder gar irreversibel.
   - Distress-Kosten entstehen ferner, wenn es zur Abwendung einer drohenden Zahlungsunfähigkeit nötig wird, Teile des Vermögens (Liegenschaften oder Tochtergesellschaften etwa) zu veräußern, die die Unternehmung bei vorhandenem finanziellen Spielraum noch behalten würde.
   - Schließlich fallen auch nach einer Zahlungsunfähigkeit Kosten an – etwa im Zuge des Liquidationsverfahrens und der Bedienung von Gläubigeransprüchen – deren Eintrittswahrscheinlichkeit durch Maßnahmen der Risikobegrenzung verringert werden kann. Bei Aktiengesellschaften tragen zwar die Fremdkapitalgeber diese Kosten (zusammen mit dem Ausfallrisiko ihrer Kredite), da sich die Aktionäre auf ihre Haftungsbeschränkung berufen können; indirekt wirken sich solche Bonitätsaspekte auch vor Eintritt einer Zahlungsunfähigkeit durch die Höhe der Fremdkapitalkosten gleichwohl auch auf den Aktionärswert aus.

Gelingt es, währungsbedingte Cashflow-Schwankungen abzufangen, werden potentielle Distress Kosten reduziert. Es gibt aber noch einen weiteren Vorteil: Die größere Kreditwürdigkeit erhöht den faktisch möglichen und ökonomisch sinnvollen *Verschuldungsgrad*, was im Hinblick auf die steuerliche Abzugsfähigkeit von Fremdkapitalzinsen ebenfalls positiv zu bewerten ist.

2. Eine vielbeachtete *Weiterführung des Distress-Ansatzes* wurde jüngst durch Froot, Scharfstein und Stein (1993, 1994) vorgestellt. Entscheidender Baustein in ihrem Modell ist die theoretisch (Majluf & Myers, 13/1984) und empirisch (Fazzari et al., 1988) motivierte Annahme, daß Manager klare Präferenzen bei der Finanzierung von Geschäftsopportunitäten haben: Innenfinanzierung wird der Kreditfinanzierung vorgezogen, und eine Kapitalerhöhung ist mit so erheblichem Zeit- und Kostenaufwand verbundenen, daß sie in der Gunst der Treasurers am tiefsten liegt. Neben dieser „Finanzierungs-Hackordnung" wird weiterhin vorausgesetzt, daß sich einer Unternehmung laufend Investitionsmöglichkeiten bieten, die abnehmende Grenzerträge erzielen. Die Überlegung ist nun, daß ohne Hedging der intern generierte Cashflow volatiler ist, was entweder zu größeren Schwankungen des durch Außenfinanzierung beschafften Kapitals führt (bei unveränderten Investitionsvorhaben),

oder zu größeren Schwankungen im Investitionsbudget. Da annahmegemäß die Grenzkosten des Kapitals mit dem Außenfinanzierungsvolumen steigen, können Schwankungen im Cashflow dazu führen, potentiell wertsteigernde Investitionen auszulassen, weil interne Mittel fehlen und externe Mittelbeschaffung zu teuer wäre. Es gelingt den Autoren somit zu zeigen, daß Hedging den Aktionärswert erhöht, weil die Stabilisierung der Innenfinanzierung gewährleistet, daß mehr Geschäftsopportunitäten wahrgenommen werden können.

3. Geht mit der Wechselkurssicherung auch eine Glättung der gegenüber dem *Fiskus* ausgewiesenen Gewinngröße einher, können Steuerersparnisse resultieren, falls progressive Grenzsteuersätze angesetzt werden. Von Praktikern wird solchen Effekten allerdings eher nachrangige Bedeutung zugesprochen (Smith & Stulz, 20/1985; Zwirner, 1989; Copeland, et al., 1995).
4. Sicherheit vereinfacht Planung. Und Planung ist ein wichtiges Hilfsmittel, um bevorstehende Aufgaben vorzubereiten und effektiv und effizient zu bewältigen. Erfahrungsberichte bestätigen (Lewent & Kearney 2/1990), daß die Reduktion von Unsicherheit zur Verbesserung der *unternehmungsinternen Führungseffizienz* beitragen kann, zum Beispiel, wenn so die Beurteilung der Zielerreichung von Budgetvorgaben vereinfacht wird, da der Einfluß geschäftsfremder Größen reduziert ist. Bei dieser Argumentation treten also an die Stelle linearer Zusammenhänge im Rahmen des Rendite-Risiko-Paradigmas kapitalmarkttheoretischer Kalküle sozial-psychologische Einflüsse eher unbekannter Qualität. Man sollte solche Argumentation nun nicht mit dem Hinweis abtun, eine Quantifizierung der behaupteten Vorteile falle schwer, auch den Investoren, die Unternehmungen tagtäglich an Börsen bewerten. Sind solche Vorteile für eine Unternehmung tatsächlich praktisch bedeutsam, verbessern sich die Perspektiven der Unternehmung in einer Weise, die die Marktteilnehmer in ihrer Bewertung berücksichtigen werden.

Das Management von Währungsrisiken kann auf den Shareholder Value Ansatz ausgerichtet werden. Die Vorteilhaftigkeit einer Bewirtschaftung von Währungsrisiken hängt davon ab, wie die eben beschrieben Werterzeuger im konkreten Fall einer Unternehmung zur Zuge kommen.

Umfaßt die Portfolioselektion einer Unternehmung neben der Auswahl der einzugehenden Geschäftsrisiken auch das Management damit verbundener Preisänderungsrisiken, sollte das den Aktionär nun aber nicht veranlassen, auf seine eigene Portfolioselektion zu verzichten. Untersuchungen zeigen nämlich, daß auch große multinationale Konzerne als Einzelanlage schlechtere Rendite-Risiko Eigenschaften aufweisen, als ein über mehrere nationale Märkte gut diversifiziertes Wertpapier-Portfolio (z.B. Jacquillat & Solnik, 1978).

3.3 Lohnt sich der Aufwand?

Je nachdem, wie die Werterzeuger des Risikomanagements in einer konkreten Situation zum Zuge kommen, ist eine Verringerung des Währungsrisikos für eine Unternehmung mehr oder weniger vorteilhaft. Das Wertsteigerungspotential ist dabei um so größer, je höher der Anteil der wechselkursbedingten Unsicherheit am gesamten Cashflow-Risiko der Unternehmung ist. Letzter Punkt ist auch Gegenstand einer kürzlich von McKinsey vorgestellten Studie. Größere potentielle Vorteile, so die Überlegung der Autoren, würde man nur dann vermuten, falls eine Wechselkursabsicherung tatsächlich auch eine substantielle Dämpfung der Cashflow-Schwankungen bewirken könnte. Es zeigte sich, daß selbst bei einer Hedgingstrategie, die sich *im nachhinein* als optimal erwiesen hätte, nur für einen kleinen Teil der Unternehmungen eine deutliche Risiko-Verminderung erzielt worden wäre: Lediglich bei 9,6 % der 198 betrachteten amerikanischen Gesellschaften wäre eine Reduktion der Cashflow-Volatilität um mehr als 20 % möglich gewesen. Für den weitaus überwiegenden Teil der Unternehmungen waren im Beobachtungszeitraum Währungseinflüsse für das Cashflow-Risiko von eher untergeordneter Bedeutung (Copeland & Joshi, 1996). Hält man die Ergebnisse der Studie für repräsentativ, sind von einer Wechselkurssicherung in vielen Unternehmungen kleinere Vorteile zu erwarten als oftmals angenommen wird. Dabei ist auch zu sehen, daß ein nicht unbeträchtlicher Einsatz an *Ressourcen* erforderlich ist, um Währungsrisiken erfolgversprechend beobachten und bewirtschaften zu können: Qualifizierte Risk Manager, informatorische und organisatorische Infrastrukturen, und die Zeit von Führungskräften sind nicht umsonst. Bevor die Identifikation und Absicherung von Währungsrisiken angegangen wird, sollte daher zunächst geprüft werden, ob das Wertsteigerungspotential den nötigen Aufwand überhaupt rechtfertigt.

4 Identifikation und Absicherung von Währungsrisiken

Neben dem Wertsteigerungspotential legt als zweite Determinante die Hedgebarkeit des Währungsrisikos fest, inwieweit von Maßnahmen zur Begrenzung des Währungsrisikos auch tatsächlich eine Generierung von zusätzlichem Aktionärswert erhofft werden darf. Die Hedgebarkeit des Währungsrisikos hängt davon ab, wie genau und zuverlässig direkte und indirekte Währungsrisiken identifiziert werden können und welche Maßnahmen zu ihrer Begrenzung einer Unternehmung im konkreten Fall zur Verfügung stehen.

4.1 Identifikation von Währungsrisiken

Die Identifikation des Währungsrisikos sollte sowohl das direkte als auch das indirekte Währungsrisiko umfassen. Direkte Währungsrisiken entstehen, weil Fremdwährungs-Cashflows in eine Basiswährung umgerechnet werden. Indirekte Währungsrisiken entstehen, weil Wechselkurse auch die Höhe von Cashflows beeinflussen können. Zwei Schritte werden bei der Identifizierung des Währungsrisikos einer Unternehmung durchlaufen:

- In einem ersten Schritt werden *Annahmen* aufgestellt: Es müssen Annahmen getroffen werden über Erwartungswerte und Volatilitäten der Wechselkurse und über die Korrelationen der Wechselkurse untereinander. Ferner müssen Annahmen getroffenen werden über Höhe und Volatilität der exponierten Cashflows und die Korrelationen der Cashflows untereinander. Schließlich müssen noch Annahmen getroffenen werden über die Korrelationen der Wechselkurse mit den exponierten Cashflows.
- In einem zweiten Schritt kann dann auf Basis der getroffenen Annahmen mit Hilfe der Portfoliotheorie das Währungsrisiko einer Unternehmung *quantifiziert* werden (siehe z.B. Zwirner, 1989 oder Drummen & Zimmermann, 6/1992).

Die Quantifizierung des Währungsrisikos ist um so zuverlässiger, je genauer die aufgestellten Annahmen den tatsächlichen Gegebenheiten entsprechen. Hier sind drei Faktoren relevant: Erstens: Der betriebene *Aufwand* beim Research: Je breiter und zuverlässiger die Informationsbasis ist, desto zuverlässiger auch wird die Risikoidentifikation. Zweitens: Der Fälligkeitstermin der Währungsrisiken ausgesetzten offenen Positionen. Tendenziell gilt: Mit zunehmender Länge des *Fälligkeitstermins* wird es immer schwieriger, Erwartungswerte und Volatilitäten für die Cashflows aus dem operativen Geschäft der Unternehmung anzugeben. Auch der Einfluß von Währungsparitäten auf die Höhe der Cashflows wird dann nur vage prognostizierbar. Drittens: Die *Dynamik des wirtschaftlichen Umfeldes*, in dem eine Unternehmung operiert: Je dynamischer das Umfeld ist, desto größer ist die Ungewißheit über die zukünftigen Cashflows einer Unternehmung. Und auch hier gilt, daß mit zunehmender Umweltdynamik eine Einschätzung der indirekten Wirkungen von Paritäten auf die Höhe der Cashflows erschwert wird.

In der Praxis bereitet es vor allem Schwierigkeiten, Annahmen über die Korrelationen zwischen Wechselkursen und der Höhe der Cashflows aus der Geschäftstätigkeit zu treffen. *Eine Identifikation der indirekten Währungsrisiken ist dadurch erschwert:*

- Der Versuch einer Quantifizierung indirekter Währungsrisiken kann schnell an der nicht mehr handhabbaren *Komplexität* möglicher Auswirkungen von Paritätsänderungen auf den Geschäftsgang einer Unternehmung scheitern: Wechselkursschwankungen können Preisschwankungen von Roh-, Halb- und Fertigfabrikaten auslösen; die Entwicklung der Paritäten kann mit anderen gesamtwirtschaftlichen Variablen korreliert sein, von denen die umzurechnenden freien Cashflows abhängen; schließlich können Änderungen der Währungsparitäten zu einer Verschiebung der relativen Wettbewerbsposition der Unternehmung führen, und dazu, daß Entscheidungen anders getroffen werden als ursprünglich vorgesehen. Die Folgen möglicher Paritätsänderungen auf die Cashflows einer Unternehmung sind dann angesichts der Vielfalt möglicher Einflußwirkungen oft ungewiß.
- Hinzu kommt, daß mit dem Währungsrisikomanagement betraute Spezialisten meist nur über wenig oder gar keine Erfahrung im eigentlichen Kernge-

schäft der Unternehmung verfügen. Wird keine intensive Kommunikation mit den Geschäftseinheiten gepflegt, kann es vorkommen, daß indirekte Währungsrisiken *übersehen* werden, die Linienverantwortlichen der Geschäfts- oder Regionalbereiche grundsätzlich bekannt wären. Aus diesem Grund kann es auch gefährlich sein, mit der Bewirtschaftung von Währungsrisiken externe Institutionen wie die Hausbank zu betrauen.

Indirekte Währungsrisiken können direkte Währungsrisiken verstärken oder abschwächen. Werden indirekte Währungsrisiken übersehen oder ist eine Identifikation nicht möglich, wird das identifizierte Währungsrisiko von dem tatsächlichen abweichen. Für das Risikomanagement einer Unternehmung kann dies aus zwei Gründen *nachteilig* sein: Erstens, wenn das Wertsteigerungspotential nicht richtig ermittelt wird. Zweitens, da ein effektiver Einsatz von risikobegrenzenden Maßnahmen erschwert wird. Dies trifft insbesondere für den Einsatz derivativer Finanzkontrakte zu. Der Grundgedanke beim Hedging mit derivativen Instrumenten ist, Kontrakte ins Portfolio zu nehmen, deren Cashflows bei Paritätsänderungen gerade spiegelverkehrt zu den Cashflows aus dem operativen Geschäft anfallen. Wurde das Währungsrisiko unterschätzt, wird der Hedge das Währungsrisiko auch nur teilweise reduzieren. Wurde das Währungsrisiko überschätzt, kann der Hedge das gesamte Cashflow-Risiko der Unternehmung noch zusätzlich erhöhen. Gerade dieser letzte Punkt kann dazu führen, daß Aktionärswert zerstört wird. Dazu ein Beispiel:

Lufthansa hatte 1984 bei Boeing für rund 3 Mrd. Dollar Flugzeuge bestellt. Da mit einer Aufwertung der amerikanischen Währung gerechnet wurde, entschied man, zur Absicherung etwa 1,5 Mrd. Dollar auf Termin zu kaufen. Vermutlich wurde die Bestellung nur zur Hälfte abgesichert, da bekannt war, daß auch Lufthansas operativer Cashflow positiv mit der Dollarentwicklung korrelierte und so eine Gegenposition zum Dollarrisiko des Cashflows der Bestellung bildete. Lufthansa besaß damit einen natürlichen Hedge, und man hoffte, das direkte Währungsrisiko der Bestellung sei durch diesen natürlichen Hegde bereits teilweise gedeckt. Das traf in der Folge zwar auch zu, doch hat man hier wohl Größenordnungen falsch eingeschätzt: Wie berichtet wird (Bishop, 1996), hätte der natürliche Hedge alleine ausgereicht, das Dollarrisiko der Bestellung abzufangen. Für die Termintransaktion bestand damit de facto keine Gegenposition mehr. Als schließlich 1985 der Dollar in kurzer Zeit unerwartet um 30 % abwertete, war ein massiver Verlust nicht mehr abzuwenden. Dollars mußten zum Terminpreis teuer abgenommen werden, die am Kassamarkt günstig gehandelt wurden.

Welche Folgen hat die oftmals problematische Risikoidentifikation für die Absicherung von Währungsrisiken? Ein populärer Vorschlag lautet, nur jene Cashflows abzusichern, über deren Höhe kaum Unsicherheit besteht, etwa, weil sie aus vertraglichen Verpflichtungen erwachsen (zu denken ist an Lieferaufträge, Debitoren-Bestände, Bestellungen oder Lohnvereinbarungen). Allerdings kann diese scheinbar sichere Strategie gefährlich sein. Das Währungsrisiko einer Unternehmung resultiert aus ihrer gesamten *Portfoliosituation*, die von *allen* Cashflows und den Abhängigkeiten aller Cashflows untereinander bestimmt wird. Bei einer isolierten Absicherung einzelner offener Positionen besteht schnell die Gefahr, *überhedgt* zu sein: Zum einen ist das gesamte Risiko des Cashflow-Portfolios wegen des *Diversifikationseffektes* regelmäßig geringer als die Summe der Einzelrisiken. Dies liegt daran, daß sich die Cashflow-Schwankungen einzelner offener Positionen teilweise gegenseitig aufheben. Zum zweiten besteht oftmals ein *natürlicher Hedge* aus der Geschäftstätigkeit (wie im Beispiel von Lufthansa). Tatsächlich zeigen Fallstudien, daß viele Unternehmungen, die Derivate zu Sicherungszwecken einsetzen, zu große Hedge-Positionen aufbauen (siehe z.B. Copeland & Joshi, 1996).

Eine Möglichkeit, den beschriebenen Problemen bei der Risikoidentifikation zu begegnen, bieten *Sensitivitätsanalysen*. Mit Hilfe von Sensitivitätsanalysen kann untersucht werden, wie gut ein vorgeschlagener Hedge ist, wenn der Einfluß von Paritätenänderungen auf die Cashflows anders ausfällt, als ursprünglich für den Hedge angenommen wurde. Sensitivitätsanalysen können auch aufzeigen, wie groß die Fehlertoleranz für die unterstellten Annahmen ist, bevor einmal eingeleitete Sicherungsmaßnahmen so uneffektiv werden, daß sie das Cashflow-Risiko der Unternehmung sogar noch zusätzlich erhöhen.

4.2 Derivative Instrumente oder realwirtschaftliche Maßnahmen

Neben der Frage der Risikoidentifikation bestimmt auch die Auswahl der verwendeten Instrumente die Hedgebarkeit von Währungsrisiken. Drei Gruppen von Instrumenten sind zu nennen: Derivative Instrumente, Finanzhedges und realwirtschaftliche Maßnahmen.

Derivative Finanzkontakte

Werden zur Absicherung derivative Finanzkontrakte eingesetzt, müssen Liquiditäts-, Kredit-, und Bilanzierungsrisiken berücksichtigt werden:

- An Börsen gehandelte Futures und auch viele Optionskontrakte unterliegen dem „Markt-to-Market". Damit wird die börsentägliche Abrechnung von Kursänderungen bezeichnet. Der Cashflow aus dem Sicherungsgeschäft wird also während der Laufzeit des Kontraktes realisiert - nicht erst bei Fälligkeit. Ein Vorteil dieser Instrumente ist neben ihrer Handelbarkeit, daß der Erwerber kein Kreditrisiko trägt, da als Gegenpartei die Clearingstelle der Börse auftritt. Ein Nachteil dieser Instrumente ist allerdings, daß eine negative Kursentwicklung während des Absicherungszeitraumes zu einem Abgang von Zahlungsmittel führen kann. Will der Hedger dieses *Liquiditätsrisiko* gering halten, muß er eine ausreichende Kapitalunterlegung als Zahlungsmittelreserve bereitstellen. Dies wiederum kann eine Absicherung der Währungsrisiken teuer machen.

  Nicht börsengehandelte derivative Instrumente (Over-the-Counter-Instrumente) unterliegen nicht dem Markt-to-Market. An die Stelle des Liquiditätsrisikos tritt hier allerdings das *Kreditrisiko*, daß die Gegenpartei die Leistungen des Kontraktes nicht erfüllt. Zudem sind die Transaktionskosten bei diesen Instrumenten relativ hoch.

* *Bilanzierungsrisiken* können entstehen, wenn beim Einsatz derivativer Kontrate der Bilanzstichtag vor dem Fälligkeitstermin der abzusichernden offenen Position liegt. Zwei Situationen müssen unterschieden werden: Erstens: Die abzusichernde offene Position steht ihrer Höhe nach schon genau fest und stellt einen bilanzierungsfähigen Posten dar. In diesem Fall können Grund- und Sicherungsgeschäft zusammen als eine Bewertungseinheit buchhalterisch erfaßt werden. Gewinne und Verluste aus beiden Geschäften, müssen dann, soweit sie sich gegenseitig kompensieren, nicht im Jahresabschluß erscheinen. Dieser Fall ist unproblematisch. Bilanzierungsrisiken entstehen erst im zweiten Fall: Die abzusichernde offene Position wird lediglich antizipiert. Dies trifft meistens zu, wenn erwartete Umsatzerlöse oder Materialeinkäufe frühzeitig kursgesichert werden sollen. In diesem zweiten Fall ist die Bilanzierung und Bewertung von Grund- und Sicherungsgeschäft als eine Bewertungseinheit rechtlich ausgeschloßen. Weist bei einer für die offene Position günstigen Entwicklung die Hedge-Position Verluste aus, müssen diese bilanziert werden, während das die Verluste kompensierende, jedoch noch schwebende Grundgeschäft nicht ausgewiesen werden darf. Andererseits sind bei einer für die offene Position ungünstigen Währungsentwicklung wegen des Imparitätsprinzips auch hier absehbare Verluste vor ihrer Realisierung im Jahresabschluß zu berücksichtigen. Die buchhalterische Behandlung von Sicherungsinstrumenten nach dem deutschen Handelsgesetzbuch führt also dazu, daß die Absicherung einer offenen Position, die ihrer Höhe nach noch unsicher ist, *immer* zu einem ungünstigen Bilanzausweis führt, wenn sich unerwartete Währungsparitäten am Bilanzstichtag einstellen (siehe ausführlich dazu Franke & Menichetti, 1994).

Finanzhedges

Neben derivativen Instrumenten ist die Möglichkeit eines *Finanzhedges* zu prüfen: Fremdkapital wird nicht in der Basiswährung, sondern in jener Währung aufgenommen, in der ein Exposure besteht. Die so erzielbare Risikoverkleinerung ist aber im allgemeinen eher gering.

Realwirtschaftliche Maßnahmen

Übrig bleiben dann nur noch Maßnahmen auf *realwirtschaftlicher Ebene*: Die Verlagerung von Verkaufs- oder Produktionsstätten in das oder von dem Ausland sind hier sicher Extremlösungen. Daneben sind vor allem Anpassungen im Produktionsprogramm (bei der Produktionshöhe und/oder beim Inputfaktor-Mix) und bei den Absatzpreisen in Betracht zu ziehen. Weitere Maßnahmen umfassen die Lagerhaltungspolitik der Unternehmung und die Steuerung der Fristigkeit von Zahlungsströmen, etwa bei Debitoren und Kreditoren (leading und lagging). Unrealistisch wäre, mit diesen Maßnahmen eine vollständige Eliminierung des Währungsrisikos erreichen zu wollen.

Realwirtschaftliche Maßnahmen greifen eher langsam und für ein Feintuning im Währungsrisikomanagement sind sie nicht geeignet. Auch sind dem Handlungsspielraum im realwirtschaftlichen Bereich einer Unternehmung oft schon aus geschäftsstrategischen Überlegungen enge Grenzen gesetzt. Dennoch weisen realwirtschaftliche Maßnahmen zwei Vorteile auf. Sie wirken in der Regel langfristig. Und sie können dazu beitragen, einen *natürlichen* Hedge aufzubauen, der bei geänderten Währungsparitäten einer allzu divergierenden Entwicklung von Kosten einerseits und Erträgen andererseits entgegenwirkt.

4.3 Integriertes Währungsrisikomanagement

Um auch dem indirekten Währungsrisiko bei der quantitativen Risikoanalyse gerecht zu werden, wäre es wünschenswert, den Einfluß auf die Cashflows zu kennen, der von *allen* Währungen (und nicht nur jenen, die irgendwo im Geschäftsplan erscheinen) ausgeht. In der Praxis würde man sich freilich schon damit zufriedengeben, die wichtigsten indirekten Folgen von Paritätenänderungen zuverlässig abschätzen zu können. Um hier den Risk Managern die nötige Informationsgrundlage bereitzustellen, ist nicht nur die Treasury gefordert. Vielmehr sind auch alle weiteren Funktionsbereiche wie Marketing, Einkauf und Produktion einzubeziehen, denen bei der strategischen Unternehmungsplanung im konkreten Fall einer Unternehmung eine Schlüssel rolle zukommt. Neben Kenntnis quantitativer Methoden der mit der Absicherung Betrauten kommt es daher vor allem auch auf persönliche Erfahrung und Intuition der Linienverantwortlichen in den einzelnen Geschäftsbereichen an. Das Währungsrisikomanagement muß hier einen schwierigen Spagat vollziehen: Einerseits verlangt der Portfolioansatz, bei der Risikoidentifikation und -absicherung einen alle Geschäftseinheiten umspannenden Standpunkt einzunehmen. Eine organisatorische Aufhängung des Risikomanagements als hierarchisch hoch angesiedelte *Stabstelle* in der Unternehmung wird zum Imperativ. Andererseits kommt gerade wegen der aufbauorganisatorischen Entkoppelung der Stabsstelle von den einzelnen Funktions- und Geschäftsbereichen dem *Transfer* aller relevanten Informationen eine entscheidende Bedeutung zu, um auch indirekte Wirkungen potentieller Paritätsschwankungen berücksichtigen zu können. Diesen Transfer zu unterstützen ist vor allem Aufgabe des *Management Informationssystems*, das so eine Informationsplattform für das eigene Research schaffen muß. Dem Research kommt dabei weniger die Rolle zu, Einschätzungen über künftige Wechselkursentwicklungen abzugeben – hier kann man sich bei entwickelten Kapitalmärkten auf die allgemeine Marktmeinung verlassen –, es geht vielmehr darum, die Einflüsse der Paritäten auf die operative Geschäftstätigkeit möglichst gut zu untersuchen.

5 Ein Beispiel

Ein Beispiel soll folgende Punkte illustrieren: Direkte Währungsrisiken können einfach und effektiv abgesichert werden (Situation 1). Das Hedging von direkten Währungsrisiken kann aber schnell die Volatilität der Cashflows einer Unternehmung erhöhen, wenn vorhandene indirekte Währungsrisiken übersehen werden (Situation 2). Sensitivitätsanalysen sind ein nützliches Hilfsmittel, um die Auswirkungen möglicher Schätzfehler bei der Risikoidentifikation auf das Cashflow-Risiko aufzuzeigen (Situation 3).

5.1 Ausgangslage

Die X-AG ist eine deutsche Unternehmung, die als Zulieferer elektronische Komponenten für die Investitionsgüterindustrie produziert. Ihre Kunden sind Technologieunternehmungen in den U.S.A., der Schweiz und in Deutschland. Die Produktion findet ausschließlich in Deutschland statt. Tabelle 1 enthält die wichtigsten Eckdaten der X-AG, wie sie im Geschäftsplan für das kommende vierte Quartal budgetiert sind. Die Prognose für den freien Cashflow beläuft sich auf 198.700 DM. Für die X-AG wäre es vorteilhaft, wenn die Cashflow-Schwankungen eine *Bandbreite* von rund ±100.000 DM um den prognostizierten Wert von 198.700 DM nicht überschreiten würden. Zur Umrechnung der erwarteten Dollar- und Schweizer Franken-Umsätze werden die vier-Monats-Terminkurse herangezogen (1,53 DEM/USD und 1,16 DEM/SFR). Die Volatilitäten der Kurse von Dollar und Schweizer Franken sowie ihre Korrelation werden anhand historischer Zeitreihen geschätzt. Danach betragen die Volatilitäten 0,202 DEM/USD und 0,087 DEM/SFR und für die Korrelation zwischen Dollar-Kurs und Kurs des Schweizer Franken wird – 0,35 angenommen.

Tabelle 1. Cashflows leiten sich aus dem Geschäftsplan ab

Geschäftsplan 4. Quartal				
Lokalwährung	**DEM**	**USD**	**SFR**	**Total in DEM**
Umsatz				**2.398.700**
Umsatzerlös lokal	400.000	950.000	470.000	
Erwarteter Wechselkurs	1,00	1,53	1,16	
Umsatzerlös in DEM	400.000	1.453.500	545.200	
Kosten				**-2.200.000**
Materialkosten	-1.300.000			
Produktion & sonstiges	-900.000			
Cashflow-Prognose				**198.700**

5.2 Situation 1: Hedging des direkten Währungsrisikos

In Situation 1 wird unterstellt, daß die X-AG keinen indirekten Währungsrisiken ausgesetzt ist und auch über die Höhe der Umsätze und Kosten keine Unsicherheit besteht. Das gesamte Cashflow-Risiko der X-AG ist daher eine Folge des direkten Währungsrisikos. Die gegenüber dem direkten Währungsrisiko exponierten Cashflows sind der Dollar-Umsatz in Höhe von 950.000 USD und der Umsatz in Schweizer Franken in Höhe von 470.000 SFR.

Risikoidentifikation: Abb. 3 zeigt das direkte Währungsrisiko der X-AG in grafischer Form. (Auf eine Darstellung der Berechnung von Standartabweichungen wird hier verzichtet. Siehe z.B. Franke & Menichetti 1994a für eine anschauliche Einführung). In der Abbildung ist auf der Abszisse die Wahrscheinlichkeit abzulesen, mit der sich der aufgrund des direkten Währungsrisikos unsichere Cashflow (in DEM) innerhalb der „Cashflow-Trompete" befinden wird. Der Zielkorridor für den Cashflow von ±100.000 DM um den prognostizierten Wert von 198.700 DM ist grau unterlegt. Aus der Abbildung ist ersichtlich, daß die Wahrscheinlichkeit, mit der der tatsächliche Cashflow in vier Monaten innerhalb des Zielkorridors liegen wird, lediglich etwas unter 40 % (durchgezogene Linie) beträgt. Dabei ist bereits ein Diversifikationseffekt berücksichtigt (die gestrichelte Cashflow-Trompete zeigt das Cashflow-Risiko, falls keine Risikodiversifikation zu erwarten wäre). Zum Diversifikationseffekt kommt es deshalb, da der Dollarkurs nicht eins-zu-eins mit dem Kurs des Schweizer Franken korreliert (es wird eine Korrelation von -0,35 unterstellt). Die Folge ist, daß sich Schwankungen der in Deutsche Mark umgerechneten Dollar- und Franken-Umsätze teilweise gegenseitig aufheben. Damit bewirkt der Diversifikationseffekt, daß das direkte Währungsrisiko des gesamten Cashflow-Portfolios einer international tätigen Unternehmung regelmäßig kleiner ist als die Summe der wechselkursbedingten Volatilitäten der einzelnen exponierten Cashflows.

Maßnahmen: Dem Management der X-AG ist das Cashflow-Risiko zu groß. Es prüft daher die Eignung von drei Hedging-Alternativen. Die Höhe der Transaktionskosten soll ebenfalls berücksichtigt werden (Abb. 4):

- Hedge 1 sieht vor, den gesamten Betrag der in vier Monaten erwarteten Fremdwährungsumsätze auf Termin zu verkaufen, also 950.000 USD und 470.000 SFR. Durch Hedge 1 kann das Cashflow-Risiko *vollständig* eliminiert werden. Allerdings fallen Transaktionskosten für *zwei* Termingeschäfte an.
- Hedge 2 sieht daher vor, nur ein Termingeschäft über Dollars abzuschließen. Weil auch ohne Absicherung ein Teil des direkten Währungsrisikos durch den Diversifikationseffekt verschwindet, erweist es sich hier als optimal, nur einen Betrag von 880.780 USD auf Termin zu verkaufen. Hedge 2 kann das Cashflow-Risiko zwar nicht vollständig elimieren, immerhin aber ausreichend genug reduzieren.
- Hedge 3 schließlich sieht nur eine Transaktion in Schweizer Franken vor. Wegen des hohen Anteils des Dollar-Umsatzes am gesamten Umsatz der X-AG und der negativen Korrelation des Schweizer Frankens mit dem Dollar

wäre es hier die optimale Strategie, die bestehende Position in Schweizer Franken durch einen Terminzukauf in der Höhe von 320.176 SFR aufzustokken.

Hedging-Alternative 3 wird schnell verworfen, da sie keine Verbesserung der Risiko-Situation verspricht (Abb. 4). Die vorteilhafteste Absicherungs-Alternative für die X-AG ist *Hedge 2*. Er weist gegenüber Hedge 1 günstigere Transaktionskosten bei ausreichender Reduktion des Cashflow-Risikos auf.

Fazit: Identifikation und Hedging indirekter Währungsrisiken ist vergleichsweise einfach. Unter Berücksichtigung von Transaktionskosten kann ein Abweichen von der risikominimierenden Absicherung vorteilhaft sein. Allerdings sind die Annahmen sehr restriktiv und oft unrealistisch, die einer Risikoidentifikation und -absicherung zugrundeliegen, die nur auf direkte Währungsrisiken ausgerichtet ist.

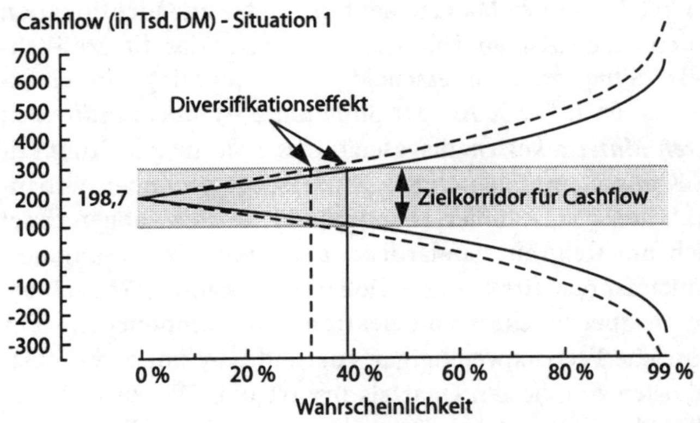

Abb. 3. Das direkte Währungsrisiko: Mit welcher Wahrscheinlichkeit sich der in Referenzwährung DEM umgerechnete Cashflow in welcher Bandbreite bewegen wird (Cashflow-Trompete)

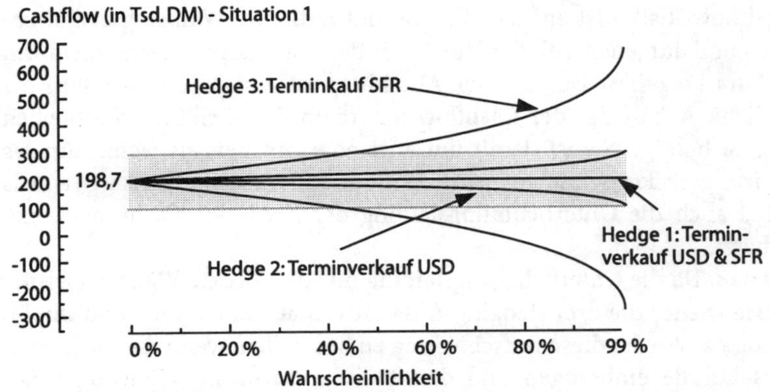

Abb. 4. Veränderung der Cashflow-Trompete für drei Hedge-Strategien

5.3 Situation 2: Hedging bei Vernachlässigung des indirekten Währungsrisikos

Wie die X-AG in Situation 1 identifizieren viele Unternehmungen Währungsrisiken: Sie betrachten nur die auf fremde Währung lautenden Cashflows des Geschäftsplans. Als Währungsrisiko wird dann nur das reine Konvertierungsrisiko angesehen. Mit anderen Worten: *Viele Unternehmungen identifizieren nur das direkte Währungsrisiko.* Dieses Vorgehen ist nicht immer schlecht. Es ist zum Beispiel dann vertretbar, wenn das Währungsrisiko des Cashflow-Portfolios einer Unternehmung für einen kurzen Fälligkeitstermin (ein paar Tage oder wenige Wochen) ermittelt wird. In diesem Fall sind indirekte Währungsrisiken eher unbedeutend und die exponierten Fremdwährungs-Cashflows gut prognostizierbar. Je weiter in der Zukunft die exponierten Cashflows jedoch liegen, desto mehr kommen auch indirekte Währungsrisiken zum Tragen. Dies soll Situation 2 verdeutlichen.

Auch in Situation 2 betrachtet das Management der X-AG zur Identifikation von Währungsrisiken den Geschäftsplan. Und wieder wird nur das direkte Währungsrisiko identifiziert. Situation 2 unterscheidet sich allerdings in einem wichtigen Punkt von Situation 1: Die X-AG der Situation 2 ist *einem indirekten Währungsrisiko bei ihren Materialkosten* ausgesetzt: Obschon die zur Produktion der elektronischen Komponenten benötigten Prozessoren und Speicherbausteine von einem deutschen Großhändler bezogen und in DEM abgerechnet werden, handelt es sich um weltweit standardisierte Produkte mit Commodity-Charakter, deren Einkaufspreis direkt an die Dollarentwicklung gekoppelt ist. Zudem sind die Preise für Speicherchips und elektronische Komponenten sehr volatil. Legt man historische Preisschwankungen zugrunde, ist mit einer Volatilität für die Materialkosten des vierten Quartals um 150.000 DM zu rechnen. Die Korrelation zwischen den Materialpreisen und dem Kurs des Dollars betrug in der Vergangenheit rund 0,8 (zwischen der Entwicklung der Materialpreise und dem Kurs des Schweizer Franken bestand keine Korrelation).

Risikoidentifikation: Abb. 5 zeigt das gesamte Cashflow-Risiko der X-AG. Das gesamte Cashflow-Risiko ist auf das direkte und indirekte Währungsrisiko zurückzuführen und auf jenen Teil der Volatilität der Materialpreise, der nicht mit dem Dollarkurs korreliert ist. Aus der Abbildung ist ersichtlich, daß nun die Wahrscheinlichkeit, mit der der Cashflow innerhalb des Zielkorridors bleiben wird, fast 70 % beträgt. Sie ist damit um etwa 30 % größer, als wenn nur das direkte Währungsrisiko betrachtet wird. Wie im Falle des Lufthansa-Beispiels (Kap. 4.1) hat auch die Unternehmungsleitung der X-AG ihr Cashflow-Risiko weit überschätzt.

Maßnahmen: Da die Unternehmungsleitung nur das direkte Währungsrisiko sieht, prüft sie wieder die drei Hedging-Alternativen aus Situation 1 und implementiert Hedge 2. Wie ist diese Entscheidung zu beurteilen, wenn die indirekten Wechselkurseinflüße einbezogen und damit das *tatsächliche* Währungsrisiko der X-AG berücksichtigt wird? Aus Abb. 6 ist ersichtlich, daß Hedge 2 (wie auch Hedge 1 und Hedge 3) das Cashflow-Risiko der X-AG erhöht. Unbeabsichtigt vom Management, wurde durch Hedge 2 die Wahrscheinlichkeit, daß sich der Cashflow innerhalb des Zielkorridors bewegen wird, um 20 % verringert. Besser wäre es gewesen, überhaupt nicht abzusichern, da die Unternehmung durch die Dollarkoppelung der Materialkosten bereits über einen *natürlichen Hedge* verfügt. Durch die Fehlidentifikation ihres Währungsrisikos wurden Terminpositionen für die drei Sicherungsalternativen berechnet, denen keine der Höhe nach angemessenen offenen Positionen im operativen Bereich gegenüberstehen. Der Derivate-Hedge der X-AG wird zur Devisenspekulation.

Fazit: Nur auf Konvertierungsrisiken zu schauen, kann gefährlich sein. Der Geschäftsplan sagt oft nur wenig über das eigentliche Währungsrisiko einer Unternehmung aus. Werden vorhandene indirekte Währungsrisiken, gewollt oder unbeabsichtigt, vernachlässigt oder übersehen, können Hedgingmaßnahmen schnell das Cashflow-Risiko einer Unternehmung zusätzlich erhöhen.

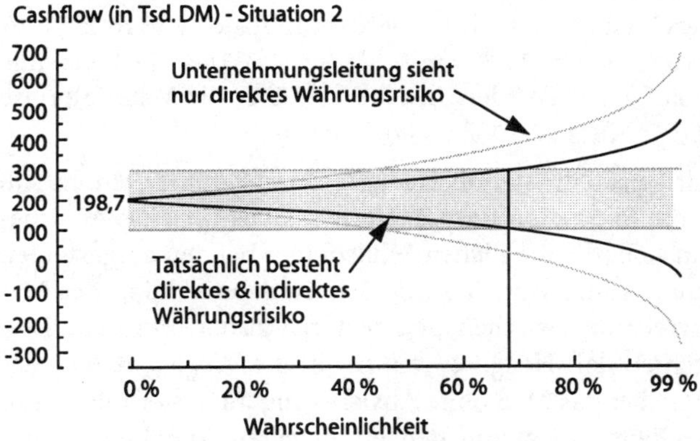

Abb. 5. Die korrekte Identifikation des Währungsrisikos (Beachtung des indirekten Risikos) führt auf eine neue Cashflow-Trompete

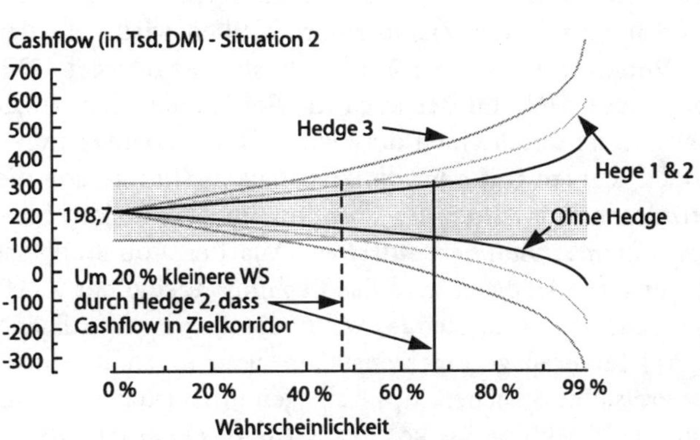

Abb. 6. Die zuvor betrachteten drei Hedge-Strategien erhöhen das Risiko

5.4 Situation 3: Sensitivitätsanalysen als Hedging-Tool

Risikoidentifikation: In Situation 3 berücksichtigt das Management der X-AG auch das indirekte Währungsrisiko der Materialkosten. Als beste verfügbare Schätzung für die Volatilität (Standardabweichung) der Materialkosten wird 150.000 DM angenommen. Ferner wird eine Korrelation zwischen der Höhe der Materialkosten und dem Kurs des Dollars von 0,8 unterstellt. Das Management der X-AG identifiziert damit ihr Cashflow-Risiko wie es in Abb. 5 durch die innere Cashflow-Trompete dargestellt wird.

Maßnahmen: Das gesamte Währungsrisiko der X-AG – direktes und indirektes Währungsrisiko – soll so abgesichert werden, daß das Cashflow-Risiko minimiert wird. Auf Basis der Standartabweichung der Materialkosten und der Korrelation mit dem Dollar, wird eine Hedging-Alternative 4 berechnet:

- Hedge 4 sieht vor, 273.009 USD auf Termin zu verkaufen und den Betrag von 93.097 SFR auf Termin zu kaufen. Die Wahrscheinlichkeit, mit der der Cashflow innerhalb des Zielkorridors liegen wird, erhöht sich von rund 70 % ohne Hedge auf etwas über 80 % mit Hedge 4. Das verbleibende Cashflow-Risiko geht auf jenen Teil der Unsicherheit über die Materialpreise zurück, der nicht mit dem Kurs des Dollars korreliert ist.

Bei der X-AG ist man sich unschlüssig, ob Hedge 4 durchgeführt werden soll oder nicht. Zwar würde die Reduktion des Cashflow-Risikos für eine Absicherung sprechen. Doch man sieht die möglichen Schätzfehler bei den aufgestellten Annahmen zum indirekten Währungsrisiko (die Standardabweichung der Materialkosten und die Korrelation zwischen den Materialkosten und dem Dollar-Kurs). Es wird befürchtet, daß Hedge 4 – einmal in die Wege geleitet – das Cashflow-Risiko der X-AG über das Maß ohne Absicherung hinaus erhöht, wenn die tatsächlichen Gegebenheiten nicht mit den unterstellten Annahmen übereinstimmen.

Sensitivitätsanalyse: Abb. 7 zeigt eine Sensitivitätsanalyse für Hedge 4. Auf der Abszisse ist diesmal die Wahrscheinlichkeit angetragen, mit der der Cashflow in vier Monaten innerhalb des Zielkorridors bleiben wird. Auf der Ordinate sind mögliche Volatilitäten für die Materialkosten angetragen. Die erwartete Volatilität von 150.000 DM, auf der auch die Beträge der Termingeschäfte von Hedge 4 basieren, ist durch einen dunklen Balken gekennzeichnet. Im Schnittpunkt der beiden Kurven mit dem dunklen Balken sind gerade die Wahrscheinlichkeiten abzulesen, mit denen der Cashflow im Zielkorridor bleiben wird, *falls die unterstellten Annahmen zutreffen.* Aus der Abbildung ist ersichtlich: Bei Durchführung von Hedge 4 wird das Cashflow-Risiko der X-AG immer deutlich geringer sein als ohne Hedge, wenn die durchschnittlichen Preisschwankungen für das Material geringer ausfallen als unterstellt wurde. Wurde die Volatilität der Preise für Speicherchips hingegen unterschätzt, ist nur eine sehr kleine Erhöhung des Cashflow-Risikos der X-AG zu erwarten. Abb. 8 zeigt eine ähnliche Analyse für die Korrelation zwischen Materialkosten und Dollar-Kurs. Die Abbildung macht deutlich: Selbst wenn in Zukunft die Entwicklung der DEM-Preise für Speicherchips geringer mit der Entwicklung des Dollar-Kurses korreliert als für Hedge 4 unterstellt (weil zum Beispiel dem Kurs des japanischen YEN in Zukunft eine größere Bedeutung bei der DEM-Preisberechnung der Speicherchips zukommt), ist eine Erhöhung des Cashflow-Risikos gegenüber der No-Hedge Alternative nicht zu befürchten.

Die Sensitivitätsanalyse offenbart: Hedge 4 sollte implementiert werden – selbst wenn das indirekte Währungsrisiko nicht korrekt identifiziert wurde.

Fazit: Sensitivitätsanalysen sind ein nützliches Tool im Werkzeugkasten eines Treasurers. Ein Einsatz empfiehlt sich insbesondere, wenn indirekte Währungsrisiken relevant, aber nur schwer genau zu identifizieren sind.

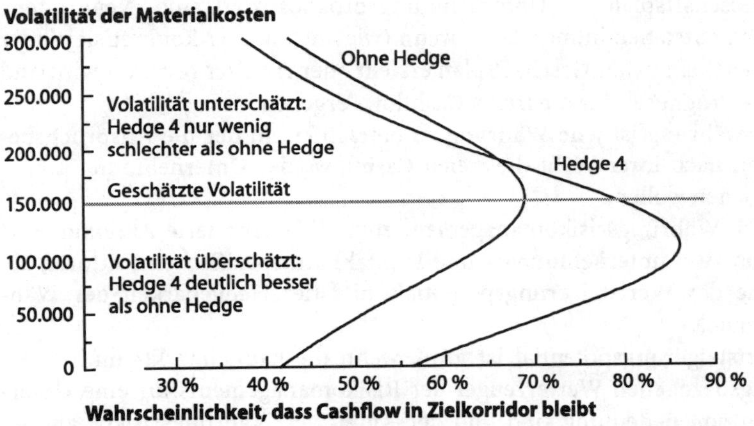

Abb. 7. Sensitivitätsanalyse für Hedge 4: Einfluß der Volatilität der Materialkosten auf die Wahrscheinlichkeit, daß der Cashflow im gewünschten Bereich (Zielkorridor) bleibt

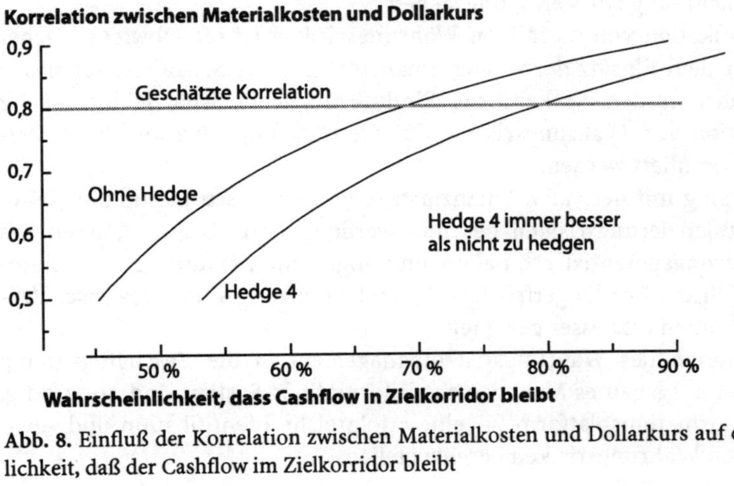

Abb. 8. Einfluß der Korrelation zwischen Materialkosten und Dollarkurs auf die Wahrscheinlichkeit, daß der Cashflow im Zielkorridor bleibt

6 Zehn Merksätze

Die wichtigsten Hauptbotschaften dieser Arbeit seien noch einmal zusammengefaßt:

- Währungsrisiken sind jener Teil der Unsicherheiten über die zukünftigen freien Cashflows, ausgedrückt in einer Basiswährung, welcher auf die Unsicherheit über zukünftige Währungsparitäten zurückgeht.
- Direkte Währungsrisiken entstehen, weil Fremdwährungs-Cashflows in eine Basiswährung umgerechnet werden. Indirekte Währungsrisiken entstehen, weil Wechselkurse auch die Höhe von Cashflows beeinflussen können.
- Offene Positionen sind die freien Cashflows der zukünftigen Perioden, so wie sie im Geschäftsplan der Unternehmung prognostiziert sind. Neue offene Positionen entstehen immer dann, wenn (wie auch immer konkretisiert oder formalisiert) ein neuer Geschäftsplan erstellt oder ein alter revidiert wird und sich neue Prognosen für die freien Cashflows ergeben.
- Als Basiswährung ist jene Währung zu betrachten, in der die Anspruchsberechtigten nach ihrer Wahl die freien Cashflows der Unternehmung umgerechnet sehen wollen.
- Der durch Währungsrisikomanagement zusätzlich generierte Aktionärswert hängt von zwei unternehmungs- und kapitalmarktspezifischen Faktoren ab: der Höhe des Wertsteigerungspotentials und der Hedgebarkeit der Währungsrisiken.
- Das Wertsteigerungspotential ist groß, wenn die kapitalmarkt- und unternehmungsbezogenen Werterzeuger des Risikomanagements für eine Unternehmung von Bedeutung sind und der Anteil des Währungsrisikos am gesamten Casflow-Risiko hoch ist.
- Die Hedgebarkeit hängt davon ab, wie gut sich Währungsrisiken im konkreten Fall identifizieren lassen und welche risikobegrenzenden Maßnahmen einer Unternehmung zur Verfügung stehen.
- Die Identifikation von indirekten Währungsrisiken ist oft schwierig. Daher sollten vor dem Einsatz derivativer Finanzinstrumente Sensitivitätsanalysen durchgeführt werden. So kann der Einfluß möglicher Schätzfehler bei der Identifikation von Währungsrisiken auf die Cashflow-Situation der Unternehmung simuliert werden.
- Beim Hedging mit derivaten Finanzinstrumenten müssen Liquiditäts-, Kredit- und Bilanzierungsrisiken beachtet werden. Diese Risiken können das Wertsteigerungspotential schmälern und sogar zur Zerstörung von Aktionärswert führen. Zur längerfristigen Risikobegrenzung sind realwirtschaftliche Maßnahmen oft besser geeignet.
- Die Integration des Währungsrisikomanagement in die Geschäftsplanung und ein gut ausgebautes Management-Informations-System sind notwendig, um die Informationsplatform für eine erfolgreiche Identifikation und Absicherung von Währungsrisiken bereitzustellen.

Summary
Foreign-exchange risks are the direct or indirect consequence of unanticipated changes to the exchange rate. This can hit a range of variables in a company's results: exchange rate fluctuations can affect a company's foreign exchange reserves, its annual profit, the balancing of assets and liabilities, and the cash flows of future periods. When deciding which variables should constitute the principal criterion in a foreign exchange-risk management strategy, it is important to take into account what targets the company has set itself. For many companies today, cash flow is the decisive factor which determines decisions in both a commercial strategy and risk management alike. Given the argument that free cash flows are the only open items, foreign-exchange risks can be defined as that factor in the uncertainty over future free cash flow which arises from unanticipated fluctuations in exchange parities. Direct foreign-exchange risks arise because cash flow reckoned in a foreign currency is then converted into a base currency; indirect foreign-exchange risks arise because cash flow levels can be affected by the exchange rate. A reduction of foreign-exchange risks is more or less advantageous for a company depending on the way in which in any concrete situation the value generators in a risk management strategy are allowed to play a role. Here, potential for increase in value increases in relation to the extent to which uncertainty over exchange rates contributes to the overall cash-flow risk of a company. Identifying indirect foreign-exchange risks is often a difficult business. It is therefore important to conduct sensitivity analyses before derivative financial instruments are used. In this way, it becomes possible to simulate the influence of possible erroneous assumptions when identifying cash flow-related exchange risks.

In order to build up a sound information base for the identification and prevention of foreign-exchange risks, it is necessary to integrate foreign-exchange risk management within overall corporate strategy and to establish a broad-based information system for the use of management.

Literatur

Bishop, M. (1996): Corporate Risk Management. The Economist. Sonderbeilage zum Heft vom 10. Februar 1996.

Black, F. (2/1995): The Journal of Derivatives, S. 7-8.

Copeland, T. E./Koller, T., Murrin, J. (1995): Valuation – Measuring and Managing the Value of Companies. New York.

Copeland, T. E./Joshi, Y. (1996): Why Derivatives don´t reduce FX Risk. The McKinsey Quarterly 1996, S. 66-79.

Coppé, B./Graham, M./Koller, T. M. (1996): Are you taking the wrong FX Risk? The McKinsey Quarterly 1996, S. 81-89.

Drummen, M./Zimmermann, H. (6/1992): Portfolioeffekte des Währungsrisikos. Finanzmarkt und Portfoliomanagement, S. 81-103.

Dufey, G./Srinivasulu, S. L. (12/1984): The Case for Corporate Management of Foreign Exchange Risk. Financial Management, S. 54-62.

Eaker, M. R. (36/1981): The Numeraire Problem and Foreign Exchange Risk. Journal of Finance, S. 419-426.

Eitemann, D. K./Stonehill, A. I., Moffet, M. H. (1995): Multinational Business Finance. 7. Auflage, Reading.

Fazzari, S./Hubbard, G. R./Petersen, B. (1/1988): Financing Constraints and Corporate Investment. Brookings Papers on Economic Activity.

Flood, E./Lessard, D. R. (1986): On the Measurement of Operating Exposure to Exchange Rates: A Conceptual Approach. Financial Management, Spring, S. 25-36.

Franke, G./Menichetti, M. (1994): Das Management von Währungsrisiken. In: Siegwart, H./Mahari, J./Abresch, M. (Hrsg.): Meilensteine des Managements. Finanzielle Führung, Finanzinnovationen & Financial Engineering. Stuttgart, S. 667-683.

Froot, K. A./Scharfstein, D. S./Stein, J. C. (48/1993): Risk Management: Coordinating Corporate Investment and Financing Policies. Journal of Finance, S. 91-102.

Froot, K. A./Scharfstein, D. S./Stein, J. C. (1994): A Framework for Risk Management. Harvard Business Review, S. 91-102.

Gamper, P. C. (1995): Währungs-Exposure Management. Bewirtschaftung von Währungsrisiken in international tätigen Unternehmen. Bern.

Giddy, I. H. (1976): Why it doesn´t pay to make a habit of forward hedging. Euromoney, Dezember, S. 96-100.

Giddy, I. H. (1977): Exchange Risk: Whose View? Financial Management.Summer, S. 23-33.

Giddy, I. H. (1993): Global Capital Markets. New York.

Glaum, M. (23/1990): Strategic Management of Exchange Rate Risks. Long Range Planning, S. 65-72.

Jacquillat, B./Solnik, B. H. (1978): Multinationals are poor Tools for Diversification. Journal of Portfolio Management, Winter, S. 8-12.

Jorion, P. (63/1990): The Exchange Rate Exposure of U.S. Multinationals. Journal of Business, S. 331-345.

Lessard, D. R./Lightstone, J. B. (1987): Wechselkurse - Die unbekannten Gefahren. Harvard Manager, Februar, S. 69-75.

Lewent, J. C./Kearney, J. A. (2/1990): Identifying, Measuring, and Hedging Currency Risk at Merck. Journal of Applied Corporate Finance, S. 19-28.

Nance, D. R./Smith, C. W./Smithson, C. W. (48/1993): On the Determinants of Corporate Hedging. Journal of Finance, S. 267-284.

Majluf, N./Myers, C. (13/1984): Corporate Financing and Investment Decisions when Firms have Information that Investors do not have. Journal of Financial Economics, S. ?

Modigliani, F./Miller, M. H. (48/1958): The Cost of Capital, Corporate Finance, and the Theory of Investment. American Economic Review, S. 261-297.

Rawls, W. S./Smithson, C. W. (2/1990): Strategic Risk Management. Journal of Applied Corporate Finance, S. 6-18.

Scheuenstuhl, G. (1992): Hedging-Strategien zum Management von Preisänderungsrisiken. Bern.

Smith, C. W./Smithson, C. W./Wilford, S. (1995): Managing Financial Risk. Kap. 4 & 19. Chicago.

Smith, C. W./Stulz, R. (20/1985): The Determinants of Firms' Hedging Policies. Journal of Financial and Quantitative Analysis, S. 391-405.0

Spremann, K. (16/1996): Wirtschaft, Investition und Finanzierung. München.

Spremann, K. (1994): Das Management von Währungsrisiken. In: Handbuch Bankcontrolling. Schierenbeck H./Moser, H. (Hrsg.). Wiesbaden, S. 839-862

Spremann, K./Herbeck, T. (1995): Zur Metallgesellschaft und ihrer Risikomanagement-Strategie. Working Paper am Institut für Banken und Finanzen der Hochschule St. Gallen.

Spremann, K./Scheuenstuhl, G. (1993): Risikomanagement. Kap. 10. Die Bank-Unternehmung im Spannungsfeld ihrer Märkte (Kästli, R. und Aeberhard, K., Hrsg.), OCOM Verlag, Brig.

Wharton/Chase (1995): Survey of Derivatives Usage by U.S. Non-financial Firms. Weiss Center for International Research of the Wharton School, University of Pennsylvania, März 1995.

Zwirner, T. (1989): Devisenkursrisiko, Unternehmen und Kapitalmarkt. Wiesbaden.

BOT – Finanzierung im internationalen Anlagenbau

E. Zur

1 Finanzierungs-Trends im internationalen Anlagenbau

Betreiber-Modelle in ihren vielfältigen Ausprägungen gewinnen - vorzugsweise bei internationalen Vorhaben - im komplexen Anlagenbau, insbesondere als Finanzierungs-Instrument, an Bedeutung (Zur, 1996). Der weltweite Trend zu verstärkten Neu- und Ersatzinvestitionen im Infrastrukturbereich, verbunden mit zunehmend knapper werdenden Mitteln zur Finanzierung, zwingen „öffentliche Hände" zu neuen Wegen. Hierbei zeigt es sich, daß die frühere Domäne des Staates, die jeweilige Infrastruktur für wirtschaftliches Handeln bereitzustellen, verlassen und eine verstärkte Einbeziehung privatwirtschaftlicher Komponenten erkennbar wird. Eine Tendenz, die übrigens nicht neu ist: Bereits in der Gründerzeit der 80er Jahre des letzten Jahrhunderts wurden z.B. im Bereich des Verkehrs Großprojekte aufgrund privater Initiativen realisiert. Ein Beispiel ist die Australische Eisenbahn, für die das Osmanische Reich im Jahre 1888 einem Finanzkonsortium unter Führung der Deutschen Bank die Konzession erteilte (Schmitz, 1996). Neben der Überwindung von Finanzierungsengpässen ist es auch ein Anliegen, durch die Anwendung der Regeln privatwirtschaftlichen Handelns den Wirkungsgrad im staatlichen Bereich zu erhöhen. Hoheitliche Funktionen mit der Leistungskraft privatwirtschaftlichen Handelns zusammenzuführen, muß ein Anliegen auch staatlichen Handelns werden, da so für den Bürger ein Optimierungsprozeß begonnen wird, was letztendlich zu einer Entlastung der Kassen führt.

2 Bedeutung internationaler Infrastrukturinvestitionen

Infrastrukturinvestitionen sind eine Funktion wirtschaftlichen Wachstums und stellen ein wesentliches Element für die Wettbewerbsfähigkeit nationaler Volkswirtschaften dar. Es gibt Stimmen, die diese Investitionen als Voraussetzung für wirtschaftliches Wachstum benennen. Die Weltbank schließt aus einem Ländervergleich, daß ein 1 %iger Anstieg des Infrastrukturbestandes ein durchschnittliches Wachstum des Sozialproduktes in gleicher Höhe ermöglicht. Diese sog. Elastizität beträgt sogar 1,5 % bei Infrastrukturkapital im Energie- und 1,7 % im Telekommunikationsbereich (Siemens, 1995).

Folgende, von der Weltbank ermittelte Angaben, sollen das Potential unterstreichen, das Eingang finden kann:

- bis Ende 1993 wurden allein im Bereich der Infrastruktur 148 Projekte mit einem Wert von 63 Mrd. US-Dollar als Projektfinanzierung realisiert. 84 Projekte oder 29 Mrd. US-Dollar entfallen auf Entwicklungs- und Schwellenländer;
- weitere 358 Projekte mit 235 Mrd. US-Dollar waren im Planungsstadium, davon 251 Projekte mit 123 Mrd. US-Dollar in Ländern der Dritten Welt (siehe Abb. 1).

Auch wenn man unterstellen muß, daß nicht alle Projekte realisiert werden, ist der Schluß zulässig, daß es sich hier um ein erhebliches Wachstumspotential handelt. Aus dem riesigen Volumen ist ferner herzuleiten, daß zur Realisierung dieser Projekte eine Kombination mehrerer großer Industrieunternehmen erforderlich ist, die sich der Unterstützung kompetenter, finanzstarker und erfahrener Bankinstitute versichern müssen (Merna/Smith, 1993; VDI-Gesellschaft Entwicklung, Konstruktion, Vertrieb, 1991).

Nachdem der Begriff „Betreibermodell" häufiger verwendet worden ist, soll im folgenden der Versuch einer Systematisierung unternommen werden.

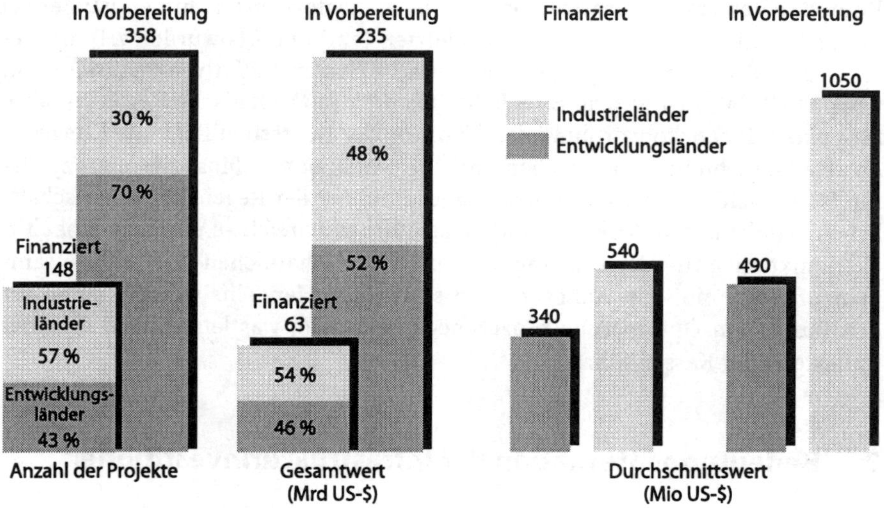

Abb. 1. Weltweite Projektfinanzierung für Infrastrukturvorhaben (Stand Oktober 1993; Quelle: Weltbank)

3 Begriff und Formen von Betreibermodellen

Es kann nicht verwundern, daß der noch relativ junge Begriff „Betreibermodell" unterschiedliche Deutungen erfährt, zumal darunter eine bemerkenswerte Vielzahl von kooperativen Finanzierungsformen fällt. Im Kern beinhaltet die Abwicklung von Projekten nach dem Betreibermodell neben der Planung, dem Bau und der Finanzierung der Anlage auch und gerade deren endgültigen oder zeitweisen Betrieb sowie die Vermarktung des Outputs des Systems.

Das Engagement in einem Betreibermodell bedeutet für den bisherigen Anlagen- und Systemlieferanten sowie für den Generalunternehmer eine Ausweitung der unternehmerischen Aktivitäten um die Funktionen der Finanzierung und der Betreiberschaft. Eine erste Systematisierung der unterschiedlichen Formen von Betreibermodellen kann anhand der Merkmale „Eigentümer" und „Betreiber" vorgenommen werden. Dabei zeigt sich, daß

- Eigentum und Betreiberschaft nicht zwangsläufig von derselben Institution wahrgenommen werden (BTO, BL) und
- daß das Eigentum ggf. erst zu einem späteren Zeitpunkt auf den Kunden übergeht, dieser jedoch nicht Betreiber sein muß (BOT, BOOT, BLOT).

Viele Betreibermodelle sind alternative Bezeichnungen für BOOT-Projekte, wobei die Bezeichnung BOOT für „built, own, operate, transfer" steht. Andere Kürzel benennen Projekte, die zwar von der vorstehenden BOOT-Definition in einem oder mehreren spezifischen Punkten abweichen, aber dennoch der BOOT-Strategie weitgehend entsprechen. Eine Übersicht gängiger Formen/Unterformen von Betreibermodellen zeigt Abb. 2.

BOOT-Projekte, die gelegentlich auch als Konzessionsverträge bezeichnet werden, sind dadurch gekennzeichnet, daß ein Auftraggeber, meist eine Regierung, einem Bauträger (Konzessionsinhaber) eine Konzession erteilt. Dieser Bauträger ist während des Konzessionszeitraums für den Bau, die Finanzierung, das Betreiben und die Wartung einer Einrichtung verantwortlich bis zu dem Zeitpunkt, an dem die funktionstüchtige Anlage ohne Kosten für den Auftraggeber an diesen übergeben wird. Während des Konzessionszeitraums besitzt und betreibt der Bauträger die Anlage und erhält die Einnahmen. Davon sind die Finanzierungs- und Investitionskosten zurückzuzahlen. Ebenfalls aus den Einnahmen abzudecken sind die Kosten für die Einrichtung, Wartung und Betrieb inklusive der kalkulierten Gewinnspanne (Merna/Smith, 1993; VDI-Gesellschaft Entwicklung, Konstruktion, Vertrieb, 1991).

Bisher größte praktische Bedeutung dürften derzeit neben den BOT und BOOT-Modellen noch BOO-Modelle haben. Allerdings erscheint eine Prognose der Entwicklung einzelner Erscheinungsformen von Betreibermodellen in ihrer zukünftigen Bedeutung als Finanzierungsform noch nicht möglich. Zudem ist zu erwarten, daß weitere Formen kooperativer Projektfinanzierung entwickelt werden.

BLOT	- build, lease, operate, transfer (bauen, leasen, betreiben, übergeben)
BOD	- build, operate, deliver (bauen, betreiben, liefern)
BOL	- build, operate, lease (bauen, betreiben, leasen)
BOO	- build, own, operate (bauen, besitzen, betreiben)
BOOST	- build, own, operate, subsidise, transfer (bauen, besitzen, betreiben, bezuschussen, übergeben)
BOT	- build, operate, transfer (bauen, betreiben, übergeben - oft mit „Ozal-Formel" bezeichnet)
BRT	- build, rent, transfer (bauen, mieten, übergeben)
BTO	- build, transfer, operate (bauen, übergeben, betreiben)
DBOM	- design, build, operate, maintain (entwerfen, bauen, betreiben, warten)
DBOT	- design, build, operate, transfer (entwerfen, bauen, betreiben, übergeben)
FBOOT	- finance, build, own, operate, transfer (finanzieren, bauen, besitzen, betreiben, übergeben)

Abb. 2. Formen von Betreibermodellen

4 Ziele des Einsatzes von Betreibermodellen

Die Ziele des Einsatzes von Betreibermodellen lassen sich im Hinblick auf die Anbieter- und Nachfragerposition etwa wie folgt kennzeichnen:

In jedem Fall ist es das Ziel des/der Anbieters/Anbieter, Marktanteile im (internationalen) Wettbewerb zu gewinnen bzw. abzusichern. Dies kann auf der einen Seite dadurch geschehen, daß das Angebot von Betreibermodellen als Finanzierungshilfe überhaupt für den Erwerber erst die Möglichkeit eröffnet, mit keinem oder nur geringem eigenen Kapitaleinsatz eine Komplettlösung zu erwerben. Zum anderen ist es ein Ziel, durch das Angebot eines neuen Projektes, nämlich der Diensleistung in Form des Betreibens einer Anlage, die eigene Wettbewerbsposition zu verbessern.

Solchen Chancen stehen Risiken aus denjenigen Aktivitäten entgegen, die wegen ihrer Komplexität und wegen ihrer Ungewißheit für die Abwicklungszeiträume der ersten Projekte einer sorgfältigen Prüfung vor Ort unterzogen werden müssen und risikobehaftet Eingang in die entsprechende Kalkulation finden. In die Position der Anbieter sind auch die finanzierenden Banken einzuordnen. Zielsetzung für sie ist die Mitwirkung bei der Vorfinanzierung des Projektes mit jeweils großem Kreditvolumen, allerdings auch mit stark erweiterter Risikolage.

Aus Sicht der Nachfrager (Kunden) sind es neben dem Bedarf an komplexen technischen Systemen und ihrem Output insbesondere Fragen der Finanzierung, die solche Modelle attraktiv, ja zunehmend mehr als den einzig gangbaren Weg zur Realisierung hochtechnischer, komplexer Problemlösungen erscheinen lassen. Zur Erreichung des Versorgungsziels von Volkswirtschaften speziell in Entwicklungs- und Schwellenländern sowie Industrienationen mit Problemen der Finanzierung von Großanlagen, erscheint der zeitweise oder gar vollständige Verzicht auf deren Betrieb und die Vermarktung der erstellten Produkte/Dienstleistungen hinnehmbar. Konflikte mit anderen wirtschafts- und ordnungspolitischen Zielen der Nachfragestaaten seien hier lediglich angedeutet.

5 Voraussetzungen für das Betreibermodell-Geschäft

5.1 Notwendige Kernkompetenzen

Als Voraussetzungen für den Einstieg in das Betreibermodell-Geschäft sind aus Sicht der anbietenden Unternehmung eine langjährige Internationale Erfahrung, finanzielle Stärke, Management-Kapazität sowie ein existentes Netzwerk von Kontakten zu möglichen Partnern für das Betreibermodell (Konsortialpartner) und (internationalen) Finanzierungsunternehmungen unabdingbar.

Um Generalunternehmergeschäfte und Betreibergeschäfte abwickeln zu können, müssen folgende Voraussetzungen im Sinne von Kernkompetenzen auf der Anbieterseite vorgehalten werden, die zugleich die Wertschöpfungsstufen (Abb. 3) der Projektplanung und -realisierung nach dem Betreibermodell markieren:

- Bedarfsanalysen/Akquisition
  - Identifizieren
  - Analysieren
  - Bewerten
- System Engineering
  - Planen
  - Realisieren
- Financial Engineering
  - Planen
  - Realisieren
  - Verträge gestalten
- Betreiberschaft/Management Engineering
  - Planen
  - Realisieren
  - Betreiben.

Hinzu kommt das Instrument des durchgängigen Projektmanagements im Hinblick auf

- Beschaffung/Subunternehmer
- Controlling
- Political Engineering (politische und administrative Betreuung).

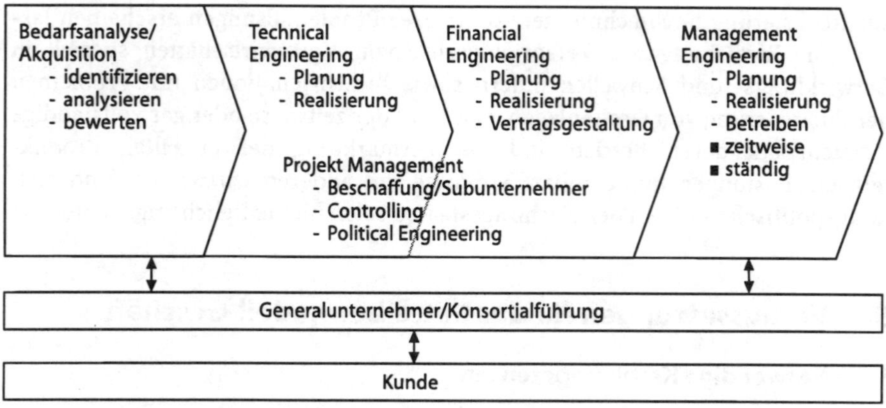

Abb. 3. Wertschöpfungsstufen des Betreibermodells

Diese Funktionen sind integrale Bestandteile der Prozeßkette (Servatius, 1994) des Generalunternehmer- und Betreibergeschäfts und zugleich deren Erfolgsfaktoren. Eine weitgehende oder vollständige Bündelung dieser Funktionen dürfte sich anbieten, um schlagkräftig am Markt auftreten zu können.

Die für ein Betreibermodell notwendigen Voraussetzungen fordern das Bereitstellen von sehr unterschiedlichen Qualifikationen, über die in der Regel ein Anbieter selten allein verfügt.

Traditionelle Anlagenlieferanten weisen insbesondere Leistungslücken im financial engineering, im konsortialen Führen komplexer Projekte, im political engineering sowie im Betreiben von Anlagen/Systemen auf.

Fehlende Fähigkeiten müssen daher entweder intern aufgebaut oder extern beschafft werden. Das Vorhalten aller notwendigen Kompetenzen in der Unternehmung erweist sich insbesondere unter dem Aspekt eher geringerer Häufigkeit solcher komplexer Betreibermodelle als unwirtschaftlich. Daher erscheint es wichtig, die richtigen Partner (Konsortialpartner) mit entsprechenden Erfahrungen auszuwählen und deren Leistungen aufeinander abzustimmen.

Die Ermittlung geeigneter Partner kann mit Hilfe eines Partnerprofils erfolgen. In einem solchen Profil sind die erforderlichen Fähigkeiten/Qualifikationen für das Gelingen eines Betreibermodells erfaßt. Dazu gehören insbesondere:

- Markt-Know-how
- Produkt-Know-how
- Diversifizierte Produktpalette mit:
  * Standardisierten Lösungen
  * Flexibilität der Lösungen
- Systemfähigkeit, besonders bezüglich
  * Systemkonzeption
  * Systemintegration
  * Projektmanagement

- Fähigkeiten zur Generalunternehmerschaft mit:
  * Vertrags-Know-how
  * Konsortialführungs-Know-how
  * Fähigkeit zur Risikoverwertung
  * Vorhandensein lokaler Vertriebsstrukturen
- Fähigkeiten zum effizienten Management komplexer Systeme mit
  * Political Engineering
  * Logistik-Know-how
  * Dienstleistungskultur
  * In-house-Unternehmertum.

5.2 „Financial Engineering" als spezifischer Erfolgsfaktor der Finanzierung

Zwingend zu integrieren in den Kreis der Partner sind die finanzierenden Banken mit ihren jeweiligen Fähigkeits-/Qualifikationsprofilen.

Vereinfacht kann die Rolle der Banken (Schmitz, 1996) auf zwei Aufgaben bezogen werden:

(1) die Bank als Berater der Industrie und
(2) die Bank als Finanzier von Projekten.

In ihrer Funktion als Berater der Industrie ist besonders die Fähigkeit des „financial engineerings" gefragt; nämlich intensive Kenntnisse aller in Frage kommender Finanzierungsinstrumente und deren Zusammenführung zu einem Gesamtpaket. Verhandlungsgeschick zur Abstimmung der unterschiedlichen Interessenlagen von Kapitalgebern, Industrie und Regierungsstellen sind gleichermaßen gefragt.

Hierin kann durchaus – falls noch nicht vorhanden – eine Erweiterung der Dienstleistungsfunktion von Banken gesehen werden. Je mehr Teilnehmer mit jeweils spezifischen Stärken und Fähigkeiten als Partner für die Kooperation in einem Betreibermodell gewonnen werden können, umso stärker steigt neben der Chance zur bestmöglichen Problemlösung auch die Problematik der Führung so entstehender strategischer Netzwerke (Sydow, 1993).

Die Planung und Realisation von internationalen Projekten nach dem Betreibermodell führt sehr schnell zu äußerst komplexen Strukturen und Prozessen des Aufbaus und der Abwicklung dieser Form von Komplettlösung im internationalen Anlagengeschäft. Dabei verwischen nicht selten die traditionellen Grenzen der beteiligten Unternehmungen und erwecken aus der Gesamtsicht den Anschein virtueller Organisationen (Davidow/Malone, 1993).

Im Mittelpunkt dieser komplexen Unternehmungs- und Vertragsstrukturen (Abb. 4) steht die Beziehung zwischen dem Auftraggeber und dem Bauträger (Betreiber) (Merna/Smith, 1993). Entsprechend dem BO(O)T-Modell trägt der Auftraggeber die Verantwortung für Gewährung der Konzession zum Betrieb der Anlage. Nach Übergabe der Anlage durch den Betreiber ist er der endgültige Eigentümer.

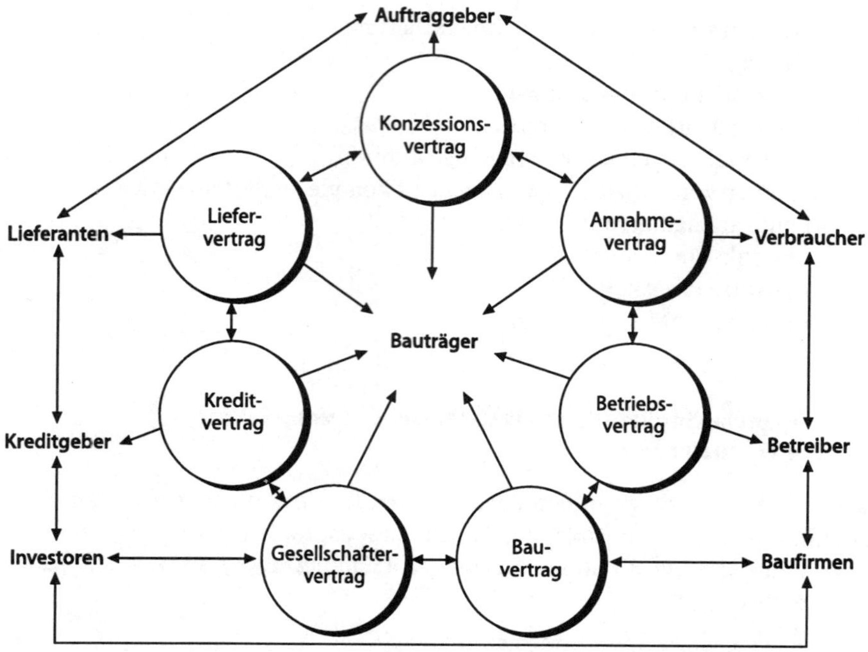

Abb. 4. Unternehmungs- und Vertragsstrukturen bei Betreibermodellen

6 Realisation von Betreibermodellen

6.1 Prozesse der Planung und Durchführung

In prozessualer Betrachtung ergeben sich etwa folgende Abläufe im Zusammenhang mit der Planung und Realisation des Anlagengeschäfts am Beispiel des BO(O)T.

- Phase 1: Festlegung der BO(O)T-Projektstrategie auf Basis einer Machbarkeitsstudie und Auswahl geeigneter Betreiberorganisationen durch den Auftraggeber;
- Phase 2: Bewertung der wirtschaftlichen Lebensfähigkeit des Projektes durch die Betreiber und Erstellung eines detaillierten Angebots;
- Phase 3: Auftragserteilung durch den Auftraggeber (Abschluß des Konzessionsvertrags) auf Basis der Auswertung abgegebener Angebote von Betreibern;
- Phase 4: Erstellung und (Vor-)Finanzierung der Anlage bis zur nutzungsreifen Fertigstellung;
- Phase 5: Betrieb der Anlage durch den (die) Betreiber und Abwicklung der (Vor-)Finanzierung;
- Phase 6: Nutzung des Outputs der Anlage auf Basis von Abnahmeverträgen mit den Verbrauchern der Produkte/Dienstleistungen der nach dem Betreibermodell erstellten Anlage;

- Phase 7: Übergabe der Anlage an den Auftraggeber nach Ablauf der im Betreiber- und Betriebsvertrag vorgesehenen Fristen sowie Erfüllung der dort genannten Bedingungen.

6.2 Risikopotential und Risikobegrenzung

Die Planung und Realisation sowie speziell die Finanzierung von internationalen Anlagengeschäften nach dem Betreibermodell sind mit Risiken behaftet, die erheblich über das ohnehin schon große Risikopotential des internationalen Anlagenbaus hinausgehen. Sie erhöhen als externe, schwer beeinflußbare Risiken das Gesamtrisiko zusätzlich zu den bereits erwähnten Risiken. Diese Risiken können wie folgt skizziert werden:

- Politisch bedingte Risiken: implizieren Vorfälle wie Regierungswechsel, politische Instabilität, Verstaatlichung von Unternehmungen, Sperrung von Kapitaltransfer in das Ausland.
- Wirtschaftliche/finanzielle Risiken: unvorhersehbare Anhebung von Steuern und Zöllen, Verfall/Abwertung der Landeswährung, Zinsänderung, Wechselkursschwankungen etc.
- Rechtsrisiken: bergen insbesondere die Durchsetzbarkeit des anzuwendenden Rechts in sich.
- Risiken aus Arbeits-/sozialem Umfeld: umfassen soziale Unruhen, Forderungen der Gewerkschaften, Streiks, Sabotage, schlechte Arbeitsmoral.
- Risiken aus sozialdemographischem Umfeld beziehen sich hauptsächlich auf den Absatz der von der erstellten Anlage erzeugten Produkte/Dienstleistungen im jeweils relevanten, lokalen Markt.

Zur Sicherung der dominanten Ziele im Hinblick auf Betreibermodelle können z.B. die in Tabelle 1 vorgeschlagenen Maßnahmen zur Risikobegrenzung eingesetzt werden.

Im Interesse einer soliden Entwicklung der Geschäftsaktivitäten nach dem Betreibermodell sollten grundsätzlich spätestens bei Übernahme konkreter Projekte folgende Kriterien erfüllt sein:

- möglichst hohe Wertschöpfung in der eigenen Unternehmung; mindestens 20 %;
- angemessene Rendite;
- Betreiberschaft nur in Fällen mit eindeutiger Risikobegrenzung;
- Projekte in stabilen Regionen;
- überschaubares Volumen;
- verläßliche(r) Partner;
- überschaubare Laufzeit
- Projekt mit Chance der Serie/Systemmultiplikation.

Tabelle 1. Risikobegrenzung bei Betreibermodellen

Ziel	Maßnahmen
Absicherung der Einnahmen aus dem Betreibermodell	■ Verhandlung von Garantien der Behörde bezüglich - Mindestabnahmevolumen - Zahlung der Erträge in stabiler Währung - Kapitalausfuhr - ggf. Hinterlegung von Sicherheiten im Ausland - ggf. Aufrechterhaltung des Liefermonopols - ggf. Wettbewerbsverbot auf diesem Sektor ■ Ausgleich für - Streiks, soziale Unruhen - Inflationsausgleich für die Erträge ■ Ausgleich für unvorhergesehene Ereignisse - Versicherung - Bürgschaften
Absicherung des operativen Betriebs	■ Gezielte Selektion der Arbeitskräfte durch den Betreiber ■ Gezielte Schulung der Mitarbeiter ■ Ausgleich von Produktivitätsengpässen aufgrund mangelnder MA-Qualifikation
Garantie der Eigentumsverhältnisse bis zum definierten Übergang	■ Eindeutige Klärung der Rechtslage ■ Übereignung von Sicherheiten durch die Regierung
Minimieren von Risiken im Falle des Scheiterns	■ Definition von Abbruchkriterien ■ Vereinbarung eines angemessenen Trennungs-Procederes

7 Praktische Anwendungsgebiete von Betreibermodellen

BOT-Finanzierung findet trotz des vorhandenen Risikopotentials international immer neue Anwendungsgebiete. Neben Müllverbrennungsanlagen und Wärmekraftwerken findet das Betreibermodell z.B. auch im Postbereich bereits Anwendung. So betreibt Pitney Bowes in den USA Mail Room Management: Das beinhaltet das Vorsortieren von Postsendungen vor deren endgültiger Auflieferung bei der US-POST. Der Anreiz für die privaten Kunden besteht darin, daß die US-POST für bereits vorsortierte Post attraktive Rabatte gewährt.

Die italienische Unternehmung Elsag Bailey betreibt ein Hybrid Mail Druckzentrum in Italien. Hybrid Mail bedeutet, Nachrichten werden physisch angeliefert, elektronisch übertragen, am Empfangsort ausgedruckt und physisch zugestellt, da der Empfänger elektronisch nicht erreichbar ist. Gleiches trifft ein, wenn aus Rechtsgründen das physische Dokument (Hard Copy) benötigt wird. Einen Überblick über aktuelle BOT/BOO-Projekte im asiatischen Raum gilt Tabelle 2.

Tabelle 2. Größere BOT/BOO-Projekte in Asien (Quelle: Nikkei Weekly, Far Eastern Economic Review)

Vorhaben	Umfang	Typ
China		
Wärmekraftwerke, Distrikt Dapeng, Provinz Shenzhen	2500 Mio US$	BOT
Wärmekraftwerke, Provinz Zhejiang	2600 Mio US$	BOT
Wärmekraftwerke, Provinz Hebei	720 Mio US$	BOT
Eisenbahn / Schnellstraße Hong Kong Shenzhen	1100 Mio US$	BOT
Eisenbahn, Provinz Wuhan	nicht bekannt	BOT
Straßentunnel in Guangzhou	1200 Mio US$	BOT
Schnellstraße Shenzhen-Guangzhou	1200 Mio US$	BOT
Schnellstraße Guangzhou-Hengyang	1600 Mio US$	BOT
Flüssigkohle-Pipeline, Shandong, Provinz Shangxi	900 Mio US$	BOT
Indonesien		
Kohlekraftwerke Paiton I und II	5000 Mio US$	BOO
Wärmekraftwerk, Distrikt Asam, Sumatra	750 Mio US$	BOO
Wärmekraftwerke, Zentral-Java	2000 Mio US$	BOT
Erdwärmekraftwerk, Bali	220 Mio US$	BOT
Erdwärmekraftwerk, Ost-Java	800 Mio US$	BOT
U-Bahn, Djakarta-Nord	1000 Mio US$	BOO
Kommunikationsnetz mit 2 Mio Anschlüssen	2000 Mio US$	BOT
Philippinen		
Erdwärmekraftwerke Pagbilao I und II	900 Mio US$	BOT
Sanierung der früheren US Clark Air Base	3000 Mio US$	BOT
Thailand		
Eisenbahnstrecke MRTA	1300 Mio US$	BOT
Schnellstraßen Nr. 2 und Nr. 3	nicht bekannt	BOT
Pakistan		
Wärmekraftwerk Hub River	2000 Mio US$	BOO
Wärmekraftwerk Lahore	135 Mio US$	BOO
Indien		
Kohlekraftwerk, Bundesstaat Maharashtra	750 Mio US$	BOO
Verschiedene Straßenbauprojekte	nicht bekannt	BOT
Laos		
Telekommunikations-Infrastruktur	200 Mio US$	BOT
Vietnam		
Kraftwerke und Verkehrswege	nicht bekannt	BOT
Kamboscha		
Flughäfen, Verkehrswege, Touristikeinrichtungen	nicht bekannt	BOT

8 Betreibermodelle als aussichtsreichste Finanzierungsform des internationalen Anlagengeschäfts

Das Erschließen der Märkte für Betreiberschaften dürfte trotz der erhöhten Risikolage bei Vorhandensein der zuvor genannten Voraussetzungen künftig von nahezu überlebenskritischer Bedeutung sein:

- Vorrangig können Betreibergeschäfte als weiterer Absatzweg für das Produkt- und Systemgeschäft international tätiger Unternehmungen dienen. In bestimmten Fällen dürfte der Verkauf der angestammten Produkte und Systeme in Zukunft erst durch die Bereitschaft zu solchen Geschäften ermöglicht werden.
- Betreiberaktivitäten können zusätzliche und eigenständige Geschäfte zu den traditionellen Produkt- und Systemgeschäften darstellen und eröffnen neue (regionale) Wachstumsmärkte durch Integration von Produkt-, Anlagen- und von Dienstleistungsgeschäften.
- I.d.R. werden überdurchschnittliche Gewinne aus der Übernahme hoher Risiken generiert.

Insgesamt scheinen Betreibermodelle zu den aussichtsreichsten Formen des Anlagengeschäftes der Zukunft zu gehören. Darüber darf neben den in der Tat gegebenen Chancen neuer unternehmerischer Betätigung das erhöhte Risikopotential nicht vergessen werden. Ebenso wie es noch vieler Anstrengungen bedarf, um die zahlreichen, noch ungelösten Probleme dieser Form von unternehmungsübergreifender Kooperation zu lösen (Davidow/Malone, 1993).

Summary

In highly complex system integration projects, especially those of an international nature, a wide variety of BOT models are becoming more and more significant, particularly the financial aspects of such models. Basically, the completion of such system integration projects using the BOT model do not only consist of planning, delivery, financing and marketing but also of operating such systems. By using BOT models the system integrator or main contractor, respectively, expands its scope of activity by offering the additional services of financing and operating these systems.

From the perspective of companies active in such projects, the main target for the use of BOT models is to win additional or keep existing market shares against international competitors.

On the part of the customer, on the other hand, not only do BOT models satisfy a need for complex integration systems, they also bring along financing solutions which increasingly represent for the customer the only feasible means of proceeding with such highly technical projects. Companies wishing to engage in the BOT model sector generally require many years of international experience behind them as well as financial muscle, management capacity, and an already existing network of contacts to potential partners and international financial organizations. Generally speaking, BOT models seem to be amongst the most promising forms on offer in the system integration business of the future.

However, BOT models have to be drafted with care to cover risk potentials sufficiently.

Literatur

Davidow, W. H./Malone, M. (1993): Das virtuelle Unternehmen. Der Kunde als Co-Produzent. Frankfurt, M./New York.

Merna, A./Smith, N. J. (1993): Leitfaden für die Erstellung und Beurteilung von Angeboten bei BOOT-Projekt-Ausschreibungen. Hrsg. vom Verband öffentlicher Banken, o. O.

Schmitz, R. (1996): Die Rolle der Banken bei Projektfinanzierung und Betreibermodellen – Berater, Finanzier und Projektpartner –. In: Bundesverband der Deutschen Industrie e.V. (Hrsg.): Projektfinanzierung und Betreibermodelle auf Auslandsmärkten: Das Geschäft der Zukunft? Köln, S. 33 ff.

Servatius, H.-G. (1994): Reengineering-Programme umsetzen. Stuttgart.

Siemens, (Hrsg.) (1995): Betreibermodelle im internationalen Anlagengeschäft. Voraussetzungen und Möglichkeiten aus der Sicht des Herstellers. München/Erlangen.

Sydow, J. (1993): Strategische Netzwerke. Evolution und Organisation. Wiesbaden.

VDI-Gesellschaft Entwicklung, Konstruktion, Vertrieb, (Hrsg.) (1991): Projektkooperation beim Internationalen Vertrieb von Maschinen und Anlagen. Stuttgart.

Zur, E. (1996): Betreiberschaft als unternehmerische Herausforderung! In: Kreditpraxis, Nr. 4, S. 2309 ff.

6 Information/Kommunikation

Anforderungen an die Rechnungslegung und Publizität internationaler Unternehmen

B. Pellens, R. U. Fülbier

1 Einführung

Wenn Unternehmen ihre wirtschaftlichen Aktivitäten über die Grenzen des Heimatlandes hinaus ausdehnen, werden sie mit den abweichenden gesellschaftlichen, wirtschaftlichen, geistigen und künstlerischen Regeln des Zusammenlebens des Auslandes konfrontiert. Für die auf internationalen Märkten agierenden Unternehmen hat dies zur Konsequenz, daß sie sich mit dem jeweiligen sozio-ökonomischen Umfeld und der aus der Wirtschaftsordnung abgeleiteten Unternehmensverfassung des Gastlandes auseinandersetzen müssen, um dort erfolgreich operieren zu können (Großfeld, 1995).

Diese Forderung gilt gleichermaßen für Unternehmen, die ihren externen Finanzierungsbedarf über die Inanspruchnahme ausländischer Kapitalmärkte, z.B. durch Kreditaufnahme oder die Emission von Anleihen und Aktien, zu befriedigen suchen. Die Berücksichtigung ausländischer Anlegerschutz- und Rechnungslegungsvorschriften wird hier eine notwendige Voraussetzung zur erfolgreichen Plazierung. Die Präsenz auf ausländischen Kapitalmärkten setzt insbesondere voraus, daß sich die ausländischen Kapitalgeber über die Rendite-Risiko-Position ihres finanziellen Engagements in das Unternehmen hinreichend informiert glauben. Dazu sind periodisch oder aperiodisch zu veröffentlichende Unternehmensinformationen erforderlich.

Da in den USA der mit Abstand größte und damit für viele Unternehmen interessanteste Risikokapitalmarkt der Welt existiert, sind ausländische und verstärkt auch deutsche Unternehmen bestrebt, diesen Markt als Finanzierungsquelle zu nutzen. Die im internationalen Vergleich konkurrenzlos hohe Marktkapitalisierung und die damit verbundene Aufnahmekapazität des dortigen Aktienmarktes war z.B. für die Deutsche Telekom AG bei ihrem Börsengang 1996 ein wesentlicher Grund, eine zusätzliche Notierung an der New York Stock Exchange (NYSE) anzustreben. Mit einem geschätzen Plazierungsvolumen von 15 bis 20 Mrd. DM wäre der wenig liquide deutsche Aktienmarkt überstrapaziert worden.

Neben der ungleich höheren Aufnahmefähigkeit des US-amerikanischen Kapitalmarktes sprechen auch sonstige Finanzierungsaspekte, z.B. geringere Kapitalkosten als Entlohnung für die Beachtung strengerer Anlegerschutzvorschriften oder die größere Risikobereitschaft US-amerikanischer Anleger insbesondere bei High-Tech-Unternehmen, für den Gang an eine US-Börse. Hinzu kommen Image- und Marketingaspekte, die es opportun erscheinen lassen, im

Ausland nicht nur die eigenen Produkte, sondern auch die eigene Aktie anbieten zu können, und wenn es nur die Steigerung des Bekanntheitsgrades durch Unternehmensberichte sowie die tägliche Notierung im Börsenteil der Finanzzeitungen ist.

Trotz des hohen Marktvolumens und der sonstigen finanzierungs- und marketingpolitischen Vorteile sind ausländische Gesellschaften am US-amerikanischen Aktienmarkt bisher allerdings nur unterdurchschnittlich repräsentiert. Ein wesentlicher Grund hierfür liegt in den detaillierten Registrierungs- und Publizitätsvorschriften der US-amerikanischen Börsenaufsicht, der Securities and Exchange Commission (SEC), denen sich auch ausländische Emittenten unterwerfen müssen. Insbesondere deutsche Unternehmen klagen über die strengen, im wesentlichen von der SEC vorgegebenen Börseneinführungs- und -handelsmodalitäten, obwohl inzwischen immer mehr deutsche Unternehmen, wie z.B. die Daimler-Benz AG 1993, Fresenius Medical Care AG, Pfeiffer Vacuum Technology AG, SGL Carbon AG und die Deutsche Telekom AG 1996, ihre Aktie in Form von American Depositary Receipts (ADRs) an der NYSE listen lassen (Pellens, 1997).

Die Bedeutung des US-amerikanischen Aktienmarktes und die wenig nachgiebige Haltung der SEC zeigen sich dafür verantwortlich, daß die stark vom Anlegerschutzgedanken geprägten US-amerikanischen Rechnungslegungs- und Publizitätsstandards weltweite Bedeutung erlangen. Auch im internationalen Harmonisierungsprozeß der Rechnungslegung entwickeln sich die US-amerikanischen Bilanzierungsgrundsätze (US-GAAP) zu den zentralen Rechnungslegungsstandards. So können auch die in der internationalen Rechnungslegungspraxis immer wichtiger werdenden International Accounting Standards (IAS) des International Accounting Standards Committee (IASC) kaum noch losgelöst von den US-GAAP und ihrem sozio-ökonomischen Umfeld betrachtet werden (Pellens, 1997). Neben der starken anglo-amerikanischen Ausprägung der IAS hängt ihre internationale Akzeptanz von der erfolgreichen Zusammenarbeit vom IASC und der internationalen Organisation der Börsenaufsichtsbehörden, der International Organisation of Securities Commissions (IOSCO) ab, welche die IAS in Zukunft als Teil der weltweit akzeptierten Börsenzulassungsstandards anzuerkennen plant. Das IASC muß sich insofern mit den Forderungen der IOSCO auseinandersetzen und sich damit auch an den Vorstellungen der in der IOSCO stark vertretenen SEC orientieren. Vor diesem Hintergrund ist eine weitere Annäherung zwischen IAS und US-GAAP zu erwarten, da zu vermuten ist, daß sich die SEC über die IOSCO auch maßgeblich an der Erstellung, Interpretation und der künftigen Auslegung der IAS beteiligen wird. Dabei scheint es naheliegend, daß sie die IAS überwiegend aus dem Blickwinkel der US-GAAP interpretieren wird (Gelhausen/Fey, 1996).

Vor diesem Hintergrund werden künftig internationale Unternehmen kaum umhin kommen, sich mit US-amerikanischen Rechnungslegungs- und Publizitätsstandards auseinanderzusetzen. Sie sehen sich entweder über den Gang an den US-Kapitalmarkt oder aufgrund der zunehmenden Internationalisierung der Finanzanalyse zu diesem Schritt veranlaßt. Im folgenden sollen die Ausrichtung und die wesentlichen Charakteristika der US-amerikanischen Reguliersungsphilosophie dargestellt werden, aus der sich letztlich die Anforderungen an die Rechnungslegung und Publizität internationaler Unternehmen ableiten lassen.

2 Anforderungen an eine kapitalmarktorientierte Rechnungslegung

Die US-amerikanische Rechnungslegung basiert auf der Vorstellung, daß die asymmetrische Informationsverteilung, die zwischen Unternehmensführung und Anteilseignern über die wirtschaftliche Lage des Unternehmens besteht, durch zu veröffentlichende Unternehmensinformationen weitmöglichst abzumildern sei (Ordelheide, 1995). Das gesamte Financial Reporting soll auf die Informationsvermittlung ausgerichtet werden und damit unternehmensspezifische Informationen für die Unternehmensbeteiligten bereitstellen, die wirtschaftliche Entscheidungen hinsichtlich ihrer Zusammenarbeit mit dem Unternehmen zu treffen haben. Aufbauend auf der normativ abgeleiteten Erkenntnis, daß mit Rechnungslegungsdaten weniger konkrete Verfügungsrechte einzelner Unternehmensbeteiligter zu koordinieren seien, sollen die Unternehmensbeteiligten möglichst zeitnah über die wirtschaftliche Entwicklung informiert werden. Durch die Vermittlung von Unternehmensinformationen soll ein Beitrag zur Effizienz des Kapitalmarktes und damit ein positiver Effekt auf die Allokation knapper Ressourcen geleistet werden (FASB, SFAC No. 1, 1993; Siebert, 1996).

Das in den USA für die Weiterentwicklung der US-GAAP primär zuständige Financial Accounting Standards Board (FASB) geht davon aus, daß die Unternehmensbeteiligten für ihre ökonomischen Entscheidungen u.a. spezielle Informationen über das Unternehmen benötigen. Diese Informationen sollen den potentiellen Erfolg des Unternehmens aufzeigen sowie dem Entscheidungsträger das mit seiner Entscheidung verbundene Risiko verdeutlichen. Als potentielle Nutzer der Unternehmensinformationen werden alle Unternehmensbeteiligten gesehen (FASB, SFAC No. 1, 1993). Bei näherer Betrachtung wird allerdings deutlich, daß die Informationsbedürfnisse der aktuellen und potentiellen Eigen- und Fremdkapitalgeber eindeutig im Vordergrund stehen. Insbesondere die Informationsbedürfnisse der aktuellen und potentiellen Publikumsaktionäre und Fremdkapitalgeber mit geringen Einflußnahmemöglichkeiten sind nach Auffassung des FASB zu berücksichtigen, da diese einerseits für die Funktionsfähigkeit des US-amerikanischen Kapitalmarktes bedeutend sind, sie andererseits aber meist nicht in der Lage sind, die gewünschten Unternehmensinformationen, z.B. durch vertragliche Vereinbarungen, vom Unternehmen zu erhalten (Haller, 1994).

Ausgehend von der Überlegung, daß sämtliche potentielle Nutzer der Unternehmensinformationen „... are generally interested in its ability to generate favorable cash-flows..." (FASB, SFAC No. 1, 1993, Par. 25), und zwar in Form von Dividenden, Zinszahlungen, Löhnen und Gehältern, Fremdkapitaltilgungen oder Bezahlung von Gütern und Dienstleistungen, wird die Zielsetzung des Financial Reporting vom FASB lediglich noch aus dem Blickwinkel der Kapitalgeber konkretisiert. Sie sollen umfassende Informationen erhalten, die sie für ihre Investitions- und Kreditvergabeentscheidungen benötigen. Insofern soll die Höhe, der zeitliche Anfall und das Risiko künftiger Zahlungseingänge abschätzbar werden. Hierfür sind Daten über die wirtschaftlichen Ressourcen, das Eigenkapital und die Schulden des Unternehmens sowie Informationen darüber, wie sich einzelne Geschäftsvorfälle auf diese Größen auswirken, bereitzustellen. Das FASB geht davon aus, daß für die Cash-flow-Prognose des Unternehmens insbesondere auch Informationen zur Gewinnsituation und zu den Erfolgsquellen von Bedeutung sind, die dann z.B. für den Kapitaldienst bzw. für Dividendenzahlungen zur Verfügung stehen. Aus allen diesen Daten sollen die Rechnungslegungsadressaten ableiten können, welche künftige Rendite-Risiko-Struktur sie bei ihrem Unternehmensengagement zu erwarten haben. Zusammenfassend läßt sich feststellen, daß der veröffentlichte Informationsumfang dazu geeignet sein soll, dem Ziel der Unternehmensberichterstattung hinsichtlich des Decision-Usefulness-Gedankens zu entsprechen.

Insofern ist in den USA die Informationsvermittlungsaufgabe das übergeordnete Ziel des Financial Reporting und damit auch der Jahresabschlußerstellung. Die Konzentration der gesamten Rechnungslegung auf die Informationsfunktion ist ein wesentlicher Unterschied zwischen dem US-amerikanischen und dem deutschen Rechnungslegungssystem (Pellens, 1997). Neben der auf potentielle Rechtsstreitfälle ausgerichteten Dokumentationsfunktion existieren in Deutschland die Einkommensbemessungs- und Informationsfunktion, wobei in der Literatur meist noch von einer Dominanz der Einkommensbemessungsaufgabe ausgegangen wird. Lediglich dem handelsrechtlichen Konzernabschluß kommt wie in den USA überwiegend eine Informationsaufgabe zu (Baetge, 1996; Busse von Colbe/Ordelheide, 1993; Coenenberg, 1994; Schneider, 1994; Streim, 1988).

Das Decision-Usefulness-Zielsystem (Abb. 1) beeinflußt die gesamten US-amerikanischen Rechnungslegungsnormen. Rechnungslegungsdaten haben insbesondere den Grundsätzen der Verläßlichkeit und Relevanz sowie der Verständlichkeit und Vergleichbarkeit zu entsprechen, damit sie der Entscheidungsunterstützung des Investors dienen können (FASB, SFAC No. 2, 1993). Das in Deutschland dominante Vorsichtsprinzip besitzt in den USA dahingegen keine hervorgehobene Bedeutung, da es mit der Informationsfunktion der Rechnungslegung kollidieren kann.

Auch im Umfang des Jahresabschlusses zeigt sich der Decision-Usefulness-Gedanke. Während der Jahresabschluß in Deutschland für Kapitalgesellschaften nur aus einer Bilanz, einer Gewinn- und Verlustrechnung (GuV) sowie einem Anhang besteht, ist in den USA zudem noch eine Kapitalflußrechnung sowie eine Eigenkapitalveränderungsrechnung vorgeschrieben (Pellens, 1997).

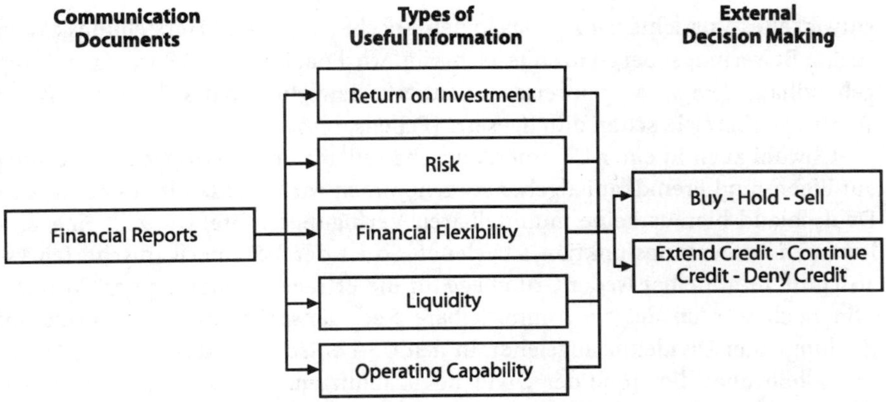

Abb. 1. Zusammenhang zwischen Financial Reports, Useful Information und Decision Making (Quelle: Nikolai/Bazley, 1994, S. 35)

Bei der Interpretation einzelner Bilanz- und GuV-Positionen setzt sich die Dominanz der Decision Usefulness fort. So werden z.B. Vermögensgegenstände (Assets) definiert als „... probable future economic benefits obtained or controlled by a particular entity as a result of past transactions or events" (FASB, SFAC No. 6, 1993, Par. 25). Diese Definition hat einen dynamischen Charakter, weil sie ausschließlich auf den künftigen wirtschaftlichen Nutzen abstellt, der sich direkt oder indirekt in künftigen Netto-Einzahlungsströmen auf Unternehmensebene konkretisiert. In Deutschland ist der Begriff des Vermögensgegenstandes im Vergleich dazu enger gefaßt. So gehören beispielsweise aktive latente Steuern in den USA zu den Assets, während diese in Deutschland nicht unter der Vermögensgegenstandsdefinition zu subsumieren sind. Im Hinblick auf die bilanzrechtliche Zuordnung eines Vermögensgegenstandes zum Vermögen eines Vertragspartners wird grundsätzlich sowohl in Deutschland als auch in den USA die wirtschaftliche Betrachtungsweise zugrunde gelegt.

Bei der Definition der Schulden (Liabilities) wird auf künftige Belastungen des Unternehmens abgestellt, die aus bestehenden Verpflichtungen hervorgehen. „Liabilities are probable future sacrifices of economic benefits arising from present obligations of a particular entity to transfer assets or provide services to other entities in the future as a result of past transactions or events" (FASB, SFAC No. 6, 1993, Par. 35). Die Verpflichtung des Unternehmens hat aus vergangenen Transaktionen oder Ereignissen zu resultieren und muß gegenüber Dritten existieren (Solomons, 1986). Rückstellungen fallen somit inklusive der Kulanzrückstellungen ebenfalls unter den Schuldenbegriff, nicht hingegen Aufwandsrückstellungen. Verglichen mit den deutschen Regelungen ist die Liabilities-Definition damit enger gefaßt.

In der US-amerikanischen Rechnungslegung orientieren sich auch die Bewertungsregeln an dem Gedanken der auf den Anlegerschutz ausgerichteten Decision Usefulness. Ein in Deutschland unter Gläubigerschutzgesichtspunkten entwickeltes Vorsichtsprinzip, das in den Anschaffungs- und Herstellungskosten strikte Bewertungsobergrenzen festschreibt, wird nach US-GAAP weniger streng gehandhabt. Die an Marktpreisen orientierte Bewertung hat sich dort, z.B. im Wertpapierbereich, schon durchgesetzt (Pellens, 1997).

Obwohl auch in einer US-amerikanischen Bilanz eine Vermögenszuordnung auf Eigen- und Fremdkapitalgeber vorgenommen wird, werden im Gegensatz zu Deutschland hieraus keine unmittelbaren Verfügungsrechte, wie z.B. eine Einkommensbemessungsfunktion, abgeleitet. So ist der US-amerikanische Jahresabschluß unmittelbar weder Grundlage für die Ertragsbesteuerung der Corporation noch werden aus ihm unmittelbare Rechtsansprüche der Aktionäre auf Zahlung einer Dividende abgeleitet. In den USA entscheidet das Board of Directors allein über die Höhe der Dividendenzahlungen. Gesetzliche, an Jahresabschlußgrößen gebundene Verfügungsrechte, vergleichbar § 58 AktG i.V.m. § 174 AktG bzw. § 29 GmbHG, existieren in den USA nicht. Das Vermögensrecht der Aktionäre auf Dividendenzahlung ist weder an Rechnungslegungsdaten gebunden noch in anderen gesetzlichen Regelungen kodifiziert. An Stelle der staatlichen Regulierung treten hier Markt- bzw. Vertragsmechanismen, die aus dem Blickwinkel der Aktionäre eine „zu geringe" Dividendenzahlung verhindern und einen diesbezüglichen Aktionärsschutz garantieren sollen (Lenel, 1992; Mathis, 1992; Pellens, 1994; Pellens, 1997; Schneider, 1992).

Die Wirkungsweise dieser Marktmechanismen im Vergleich zu den in Deutschland meist noch präferierten gesetzlichen Regulierungen einzelner Verfügungsrechte ist im Rahmen von empirischen Untersuchungen über das Ausschüttungsverhalten deutscher und US-amerikanischer Unternehmen bereits mehrfach aufgezeigt worden (Pellens, 1995).

3 Kapitalmarktinformationen in den USA

3.1 Stellenwert und Systematisierung US-amerikanischer Publizitätsvorschriften

Die bisherigen Ausführungen haben verdeutlicht, daß die US-amerikanischen Rechnungslegungsgrundsätze, -methoden und -verfahren in erster Linie vor dem Hintergrund entwickelt werden, die wirtschaftliche Lage des Unternehmens möglichst wahrheitsgetreu abzubilden. Die Dominanz der Informationsfunktion der Rechnungslegung, die Konzentration auf börsennotierte Unternehmen und die primäre Ausrichtung an den aktuellen und potentiellen Kapitalgebern sind wesentliche Ursachen für Abweichungen gegenüber dem deutschen gläubigerschutzorientierten handelsrechtlichen Rechnungslegungssystem. Die Fokussierung auf die Informationsfunktion der Rechnungslegung bedingt insofern eine zweckorientierte Offenlegung. Insofern nehmen die Publizitätsregulierungen im US-amerikanischen Kapitalmarktrecht eine wichtige Stellung ein. Die Gesamtheit der Publizitätspflichten geht dabei weit über die Veröffentlichung reiner Rechnungslegungsdaten hinaus und umfaßt vielfältige sonstige Angaben zur wirtschaftlichen Lage und Tätigkeit (Hopt, 1980; Kropff, 1993).

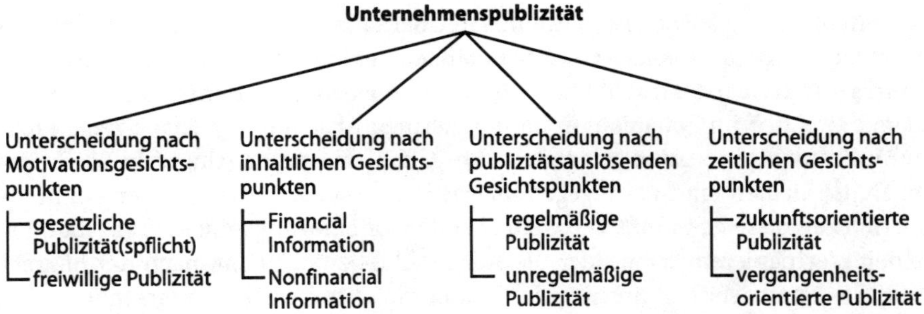

Abb. 2. Systematisierung der Unternehmenspublizität

Die vom Bundesgesetzgeber zur Umsetzung und Konkretisierung der kapitalmarkt-rechtlichen Bestimmungen geschaffene SEC hat unter dem Motto: „Disclosure, again disclosure and still more disclosure" (Loss, 1988, S. 7) seit den dreißiger Jahren im Rahmen der Ausgestaltung kapitalmarktrechtlicher Vorgaben eine Fülle von konkreten (Mindest-) Publizitätsstandards erlassen, die von börsennotierten Unternehmen zu beachten sind (Abb. 2). Die Gesamtmenge der von börsennotierten Unternehmen an die SEC weiterzuleitenden Unternehmensinformationen wird in Financial und Nonfinancial Information unterteilt. Financial Information umfassen insbesondere die Rechenwerke des Jahresabschlusses und damit die Bilanz, GuV, Kapitalflußrechnung und Eigenkapitalveränderungsrechnung. Darüber hinaus werden auch die sich ergänzend auf diese Rechenwerke beziehenden Notes und die meist tabellarisch aufbereiteten sonstigen Anlagen (Schedules), die funktional mit den Notes vergleichbar sind, als Financial Information angesehen. Auch die detaillierte Segmentberichterstattung, die entweder in die Notes zu integrieren oder in ein separates Schedule aufzunehmen ist, ist als Bestandteil der Financial Statements einzuordnen. Darüber hinaus haben alle direkt aus den Basic Financial Statements abgeleiteten Rechnungslegungsdaten, wie z.B. Angaben zum operativen Ergebnis, zum Umsatz und Vermögen oder zum Ergebnis je Aktie (Earnings per Share), den Charakter von Financial Information.

Im Sinne einer Negativabgrenzung werden alle Berichtsinhalte, die nicht Bestandteil des US-amerikanischen Jahresabschlusses sind, wie z.B. die dem deutschen Lagebericht ähnelnde Management's Discussion and Analysis of Financial Condition and Results of Operations (MD&A), als Nonfinancial Information definiert. Darunter sind alle qualitativen und quantitativen Informationen zu verstehen, die sich lediglich indirekt oder überhaupt nicht auf das vom betrieblichen Rechnungswesen generierte Zahlenmaterial beziehen. Ein Großteil dieser Informationen beruht auf subjektiven Schätz-, Bewertungs- oder Prognoserechnungen sowie Absichtsbekundungen. Trotz der weitgehend fehlenden intersubjektiven Nachprüfbarkeit besitzen diese Informationen für die Unternehmensbeteiligten meist eine hohe Entscheidungsrelevanz (Brotte, 1996).

Neben der Unterteilung in Financial und Nonfinancial Information lassen sich die Publizitätspflichten auch hinsichtlich des Zeitpunktes der jeweiligen

Veröffentlichung sowie des Zeitraums der Berichterstattung in regelmäßige und unregelmäßige differenzieren. Regelmäßige Publizitätspflichten existieren für Jahres- und Quartalsabschlüsse und schreiben den betroffenen Unternehmen damit eine sich im Zeitablauf in immer gleichen Abschnitten meist unter Beachtung bestimmter Fristen wiederholende Offenlegung vor. Unregelmäßige Publizitätspflichten sind dahingegen an bestimmte, mehr oder weniger konkretisierte Ereignisse geknüpft. Die weitgehenden Offenlegungspflichten im Rahmen einer Wertpapieremission oder die Ad-hoc-Publizitätspflicht, nach der börsennotierte Unternehmen unverzüglich bestimmte, für die Kapitalmarktteilnehmer als besonders entscheidungsrelevant angenommene Informationen veröffentlichen müssen, können als diesbezügliche Beispiele angeführt werden.

Das US-amerikanische Publizitätssystem enthält eine Vielzahl von regelmäßigen und unregelmäßigen Veröffentlichungspflichten, die sowohl Financial als auch Nonfinancial Information betreffen. Die börsennotierten Unternehmen müssen einerseits in festen zeitlichen Abständen gegenüber der SEC und den Aktionären berichten und andererseits, bei Eintritt bestimmter wirtschaftlich wichtiger Ereignisse weitere Informationen beibringen. Weitreichende Sanktionsmechanismen sollen dabei die Einhaltung der bundesgesetzlichen Publizitätspflichten garantieren. Bei Verstößen müssen die Unternehmen bzw. das Board mit Schadensersatzforderungen der Aktionäre, mit Geld- und Freiheitsstrafen sowie mit einem vorübergehenden oder endgültigen Börsenausschluß rechnen (Pellens, 1997).

3.2 Publizitätssystem der SEC

3.2.1 Basis-Informations-Paket

Die SEC hat zu Beginn der achtziger Jahre das sogenannte Integrated Disclosure System geschaffen. Alle berichtspflichtigen Unternehmen haben im Rahmen dieses Publizitätssystems der SEC ein Basis-Informations-Paket (Basic Information Package) einzureichen, das je nach Anlaß erweitert oder eingegrenzt wird (Brotte, 1996; Haller, 1994). Im Zuge dieser standardisierten Informationsmenge sind der SEC ein testierter Konzernabschluß und eine mehrere Jahre umfassende Zusammenstellung wichtiger Financial und Nonfinancial Information einzureichen. Der Abschluß ist um bestimmte Schedules (z. B. Aufstellungen über Abschreibungen und Verbindlichkeiten) zu ergänzen. Für die GuV, die Eigenkapitalveränderungsrechnung und die Kapitalflußrechnung müssen die Werte der letzten drei Jahre angegeben werden. Als weitere Financial Information werden ausgewählte und für die Beurteilung der wirtschaftlichen Lage des Konzerns wichtige Rechnungslegungsdaten der letzten fünf Jahre verlangt, die im wesentlichen den Netto-Umsatz (Net Sales or Operating Revenues), den operativen Erfolg (Income/Loss from Continuing Operations), den operativen Erfolg pro Stammaktie (Income/Loss from Continuing Operations per Common Share), das Gesamtvermögen (Total Assets), die langfristigen Verbindlichkeiten (Long-term Obligations), die einziehbaren Vorzugsaktien (Redeemable Preferred

Stock) und die Bardividende pro Stammaktie (Cash Dividends declared per Common Share) umfassen. Im Rahmen der Nonfinancial Information hat das Management, u.a. in der MD&A, die Kapital-, Liquiditäts- und Ertragssituation des Konzerns über die letzten fünf Jahre hinweg zu analysieren (Brotte, 1996; Skousen, 1991).

Das Basis-Informations-Paket ist inhaltlich Grundlage insbesondere der Berichte, die der SEC unregelmäßig im Rahmen der Emissionspublizität und regelmäßig im Rahmen der jährlichen Berichtspflichten eingereicht werden. Die je nach publizitätsauslösendem Anlaß differierenden Erweiterungen oder Eingrenzungen ergeben sich aus den Forms, die von der SEC den berichtspflichtigen Unternehmen für die jeweiligen speziellen Anlässe zwingend vorgegeben werden. Auch für den unmittelbar an die Aktionäre gerichteten Emissionsprospekt und den Annual Report stellt das Basis-Informations-Paket die Grundlage dar. Vor diesem Hintergrund ist es den Unternehmen erlaubt, die für die Aktionäre erstellten Unterlagen auch im Rahmen der SEC-Berichterstattung zu verwerten und diese der SEC unter Hinzufügung der zusätzlich von ihr in den jeweiligen Formblättern geforderten Informationen anstelle der eigens erstellten Berichte einzureichen.

3.2.2 Emissionspublizität

Für die Vollregistrierung neu emittierter Wertpapiere sieht das Integrated Disclosure System für US-amerikanische Emittenten die S-Forms vor. Im Mittelpunkt steht Form S-1, das aus zwei unterschiedlich umfangreichen Teilen besteht. Der erste und weitaus größte Teil des Registrierungsberichts ist dekkungsgleich mit dem unmittelbar an die Aktionäre auszuhändigenden Emissionsprospekt. Er umfaßt neben dem Basis-Informations-Paket eine Fülle emissions- und managementbezogener Daten, von denen erwartet wird, daß sie relevant für die Investitionsentscheidung der Anleger sind. Der zweite Teil des Berichts wird für den durchschnittlichen Investor als nicht besonders entscheidungsrelevant angesehen und ist daher aus Kostengründen kein Prospektbestandteil. Er dient der SEC als Grundlage ihrer Aufsichtstätigkeit. Die Angaben dieses Teils sind der Öffentlichkeit über die SEC zugänglich und werden insbesondere von professionellen Anlegern in der Hoffnung auf weitere interessante Hinweise zur marginalen Verbesserung ihrer Entscheidungsbasis genutzt.

Die SEC sieht in der damit einhergehenden Ausdünnung des Inhalts des Verkaufsprospekts kein Anlegerschutzproblem, da sie den Kapitalmarkt für ausreichend effizient hält, daß bereits veröffentlichte Daten in den jeweiligen Börsen- oder Emissionskursen reflektiert sind (Brotte, 1996).

Neben Form S-1 existieren weitere S-Formblätter, die unter bestimmten Bedingungen von den Emittenten anstelle von Form S-1 benutzt werden können, und die z.T. wesentliche Erleichterungen vorsehen. Weil sämtliche Publizitätsanforderungen der SEC lediglich einen Mindeststandard definieren, können die Emittenten, die eine vereinfachte Registrierung durchführen dürften, auf freiwilliger Basis auch alle in Form S-1 geforderten Informationen der SEC übermitteln und insbesondere in den Emissionsprospekt einfließen lassen (Skousen, 1991; Wiemann, 1987).

Da neu emittierte Wertpapiere in den meisten Fällen auch zum Börsenhandel oder zum Handel im Freiverkehr zugelassen werden sollen, ist neben der Primärmarktregistrierung auf der Grundlage eines der S-Formblätter eine Sekundärmarktregistrierung erforderlich. Hierfür müssen US-amerikanische Emittenten i.d.R. Form 10 benutzen. Die emissionsbezogenen Informationen, die sich z.B. mit den Risiken der Emission, ihren Gebühren und Kosten und der Verwendung des Emissionserlöses auseinandersetzen, werden in Form 10 verständlicherweise nicht mehr verlangt. Der Grundidee des Integrated Disclosure Systems folgend kann bei einer Registrierung auf der Basis von Form 10 auf die in den jeweiligen Formblättern oder Aktionärsberichten gegebenen Informationen verwiesen werden.

Für ausländische und somit auch deutsche Emittenten steht in Analogie zu Form S-1 das weitgehend identische Formblatt F-1 als Standardformular bei der erstmaligen Registrierung zur Verfügung. Da der testierte und nach US-amerikanischem Recht erstellte Jahresabschluß einen wesentlichen Bestandteil von Form F-1 darstellt, müssen deutsche Unternehmen entweder neben dem in Deutschland pflichtgemäß zu erstellenden HGB-Abschluß quasi parallel einen Abschluß nach US-GAAP aufstellen oder den nach deutschen Normen aufgestellen Jahresabschluß um die sachlichen Unterschiede zum US-Abschluß ergänzen. Diese Unterschiede sind zu erläutern und in ihren zahlenmäßigen Auswirkungen zu quantifizieren. Einzelne Positionen wie der Jahresüberschuß oder -fehlbetrag und das Eigenkapital werden in Form einer Überleitungsrechnung (Reconciliation) offen angepaßt.

Die zusätzliche Sekundärmarktregistrierung ist für ausländische Emittenten ohne großen Mehraufwand durchführbar, weil das hierfür vorgesehene Formblatt 20-F in vielen Teilen mit Form F-1 identisch ist. Im Vordergrund steht auch hier der nach kapitalmarktrechtlichen Regulierungen aufgestellte oder per Reconciliation angepaßte Jahresabschluß. Sofern die Börsennotierung nicht mit einer Primärmarktemission und einem nachfolgenden öffentlichen Verkauf der jungen Aktien einhergeht, hat die Registrierung von Aktien ausschließlich über Form 20-F zu erfolgen (Pellens, 1997; Sullivan & Cromwell, 1993).

3.2.3 Jahresberichterstattung

Börsennotierte US-amerikanische Unternehmen haben regelmäßige jährliche Berichtspflichten gegenüber der SEC und den Aktionären zu beachten. Innerhalb von 90 Tagen nach Ende eines jeden Geschäftsjahres ist der SEC ein nach Form 10-K erstellter Jahresbericht einzureichen. Darüber hinaus ist den aktuellen Aktionären zur Vorbereitung der jährlich stattfindenden Hauptversammlung ein Annual Report zu übermitteln. Sofern das Management oder Dritte bei den Aktionären um die Erteilung von Stimmrechtsvollmachten werben, was in den USA der Regelfall ist, wird auch die Versendung sogenannter Proxy Statements als weitere jährliche Publizität obligatorisch.

Die inhaltliche Übereinstimmung dieser drei jährlichen Berichtsinstrumente ist jedoch groß. Im Sinne des Integrated Disclosure Systems können die Unternehmen daher auch im Rahmen der jährlichen Berichterstattung auf vorhandene Dokumente verweisen. Der an die SEC adressierte Form 10-K-Bericht stellt dabei die umfangreichste jährliche Informationsquelle dar, bei dessen Erstellung z.B. ein bereits veröffentlichter Annual Report berücksichtigt werden kann (Skousen, 1991; Haller, 1994). Aufbauend auf dem Basis-Informations-Paket werden in den insgesamt vier Teilen des 10-K-Berichts die schon aus Form S-1 bekannten managementbezogenen Angaben sowie sonstige, hauptsächlich die Geschäftstätigkeit, Betriebsstätten, Klageverfahren und Hauptversammlungsentscheidungen betreffende Informationen angegeben. Der letzte und vierte Teil von Form 10-K widmet sich u.a. den bereits im Rahmen der Ad-hoc-Publizität auf Form 8-K gemeldeten Sachverhalten und führt die zum Jahresabschluß gehörenden Schedules auf (Brotte, 1996; Larkin/Bebout/Lenz, 1991).

Einige Unternehmen senden ihren Aktionären auf freiwilliger Basis den 10-K-Bericht zu, um sie mit der gesamten jährlichen Informationsmenge zu versorgen. Sofern sie das unterlassen und den Aktionären lediglich den weniger umfangreichen Annual Report zur Verfügung stellen, müssen sie in diesem jedoch explizit darauf hinweisen, daß ein 10-K-Bericht auf Anfrage kostenlos zugeschickt wird. Darüber hinaus gilt für jeden SEC-Bericht und so auch für Form 10-K, daß er für die interessierte Öffentlichkeit in den Büros der SEC zugänglich und einsehbar ist.

Während die Berichterstattung börsennotierter Unternehmen gegenüber der SEC bundesgesetzlich vorgeschrieben ist und zudem von der SEC durch Rules und Regulations sowie entsprechende Forms konkretisiert wird, leitet sich die Verpflichtung zur unmittelbaren jährlichen Information der aktuellen Aktionäre nicht direkt aus behördlichen oder bundesgesetzlichen Vorschriften ab. Dem Bundesgesetzgeber steht für die unmittelbare Berichterstattung gegenüber den aktuellen Aktionären nicht die Gesetzgebungskompetenz zu. Börsennotierte Unternehmen haben einen unmittelbar an die Aktionäre adressierten Annual Report nur im Zusammenhang mit den bundesgesetzlich geregelten Pflichten bei der Einholung von Stimmrechtsvollmachten (Proxies) zu erstellen. Die über das deutsche Depotstimmrecht hinausgehende Möglichkeit US-amerikanischer Aktionäre, sich bei der Hauptversammlung durch Delegierte ihrer Wahl vertreten zu lassen, geht mit bestimmten Informationspflichten der Gesellschaft gegenüber ihren Aktionären einher, die in Form der den Aktionären unmittelbar zugehenden Proxy Statements erfüllt werden. Da i.d.R. verschiedene Parteien mit divergierenden Interessen und Abstimmungsvorschlägen um die Stimmrechte werben, sollen die Aktionäre vor ihrer Stimmrechtsdelegation mit allen entscheidungsrelevanten Informationen versorgt sein. Dadurch soll auch einem etwaigen Mißbrauch bei der Einholung der Proxies, insbesondere wenn das betroffene Management selbst um die Stimmrechte der Aktionäre wirbt, vorgebeugt werden (Larkin/Bebout/Lenz, 1991; Wiemann, 1987).

Proxy Statements beinhalten hauptsächlich managementbezogene Angaben und Informationen, die darüber hinaus durch einen jährlichen Geschäftsbericht zu ergänzen sind. Wegen fehlender Vorschriften wurde letzterer von den Unternehmen lange Zeit als reines Investor Relations-Instrument angesehen, ehe die SEC auf dem Umweg über die Proxy Regulations durch Formulierung inhaltlicher Anforderungen eine Aufwertung des Annual Report erreicht hat (Haller, 1994; Wiemann, 1987). Der Annual Report besteht im wesentlichen aus dem Basis-Informations-Paket.

Für ausländische Emittenten, die an einer US-amerikanischen Börse im Interstate Commerce notieren, stellt Form 20-F das Äquivalent zu Form 10-K dar. Form 20-F ist also nicht nur im Rahmen der Registrierung zu verwenden. Eine pauschale Verweisungsmöglichkeit auf den im Heimatland des Emittenten veröffentlichten Geschäftsbericht gibt es allerdings nicht. Die SEC setzt hier den ihren Vorgaben entsprechenden Annual Report, der insbesondere einen nach US-GAAP erstellten und testierten Jahresabschluß beinhaltet, voraus (Pellens, 1997).

3.2.4 Quartalsberichterstattung

Neben der jährlichen Berichterstattung sind börsennotierte US-amerikanische Unternehmen auch zur regelmäßigen Quartalsberichterstattung gezwungen. Jeweils innerhalb von 45 Tagen nach Ende eines der ersten drei Quartale eines Geschäftsjahres hat die Gesellschaft der SEC einen nach Form 10-Q erstellten Bericht einzureichen. Für das vierte und letzte Quartal ist kein Quartalsbericht zu erstellen. Parallel zur SEC hat auch die Vorgängerorganisation des FASB mit der heute noch gültigen APB Opinion No. 28 "Interim Financial Reporting" Regelungen zur Zwischenberichterstattung erlassen, die von börsennotierten Unternehmen gleichermaßen zu beachten sind (Goebel, 1995; Mottola/Cherny, 1991).

Form 10-Q besteht aus zwei Teilen. In dem ersten Teil wird ein Quartalsabschluß gefordert, der in verkürzter und zusammengefaßter Form eine Bilanz, GuV und Kapitalflußrechnung beinhaltet. Eine Ergänzung durch Notes ist nur in eingeschränktem Maße erforderlich. In einer ebenfalls verkürzten MD&A hat das Management der Gesellschaft darüber hinaus die wesentlichen Entwicklungen seit Ende des letzten Geschäftsjahres zu erläutern. Der zweite Teil des Quartalsberichts fordert in sechs verschiedenen Items bestimmte Angaben zu laufenden Gerichtsverfahren (Item 1: Legal Proceedings), Veränderungen bei Wertpapieren der Gesellschaft sowie Eingriffe in die Rechte der Halter (Item 2: Changes in Securities), Zahlungsverzug bei Verbindlichkeiten bestimmter Höhe sowie Vorzugsdividenden (Item 3: Defaults on Senior Securities) und Abstimmungsgegenstände sowie -ergebnisse abgehaltener Aktionärsversammlungen (Item 4: Submission of Matters to a Vote of Security Holders). In Item 6 (Exhibits and Reports on Form 8-K) sollen zudem alle der SEC im Zuge der Adhoc-Publizität im letzten Quartal gemeldeten Sachverhalte aufgeführt werden, während Item 5 (Other Information) als Auffangbecken für alle sonstigen, nicht ad hoc publizierten, aber dennoch wichtigen Informationen dient (Grosse, 1988; Larkin/Bebout/Lenz, 1991).

Trotz der im zweiten Teil aufgeführten Informationen überwiegen in der Quartalsberichterstattung auf der Basis von Form 10-Q die Financial Information. Über die meisten der in Regulation S-K aufgelisteten Nonfinancial Information ist meist nur jährlich im Rahmen der 10-K-Berichterstattung zu informieren (Brotte, 1996).

Eine unmittelbar an die Aktionäre gerichtete Quartalsberichterstattung wird von seiten der SEC weder direkt noch indirekt vorgeschrieben. Allerdings existiert eine derartige Verpflichtung auf der Ebene der Börsen, die als Selbstverwaltungsorgane in ihren Bestimmungen den gelisteten Gesellschaften vorschreiben, Quartalsberichte an die Aktionäre zu senden. Dem Integrated Disclosure System folgend kann bei der Erstellung des 10-Q-Berichts auf diese Unterlagen verwiesen werden (Grosse, 1988).

Im Gegensatz zu den Basic Financial Statements des S-1- oder 10-K-Berichts, die von einem US-amerikanischen Wirtschaftsprüfer geprüft und testiert werden müssen, existiert für die Quartalsberichterstattung keine generelle Prüfungspflicht. Die börsennotierten Gesellschaften, die der SEC gegenüber berichtspflichtig sind, müssen ihre Quartalsberichte jedoch von einem Wirtschaftsprüfer durchsehen (Review) lassen (AICPA, 1995; Brotte, 1996; Haller, 1994).

Ausländische Emittenten unterliegen nicht grundsätzlich der Pflicht zur Quartalsberichterstattung. Sie müssen der SEC jedoch sämtliche Zwischenberichte, die sie nach den Vorschriften ihrer Heimatbörse erstellt haben, auf Form 6-K einreichen. Deutsche Emittenten müssen demnach den gem. § 44b BörsG zu erstellenden halbjährigen Zwischenbericht einreichen und sind insofern von einer weitergehenden Quartalsberichterstattung befreit. Eine Quartalsberichterstattung auf freiwilliger Basis steht dem nicht entgegen (Goebel, 1995).

3.2.5 Ad-hoc-Publizität

Nach der US-amerikanischen „Disclosure Philosophy" soll der Kapitalmarkt zeitnah mit allen Informationen versorgt werden, die für die Bewertung der gehandelten Wertpapiere von Bedeutung sind. Entsprechend sehen die US-amerikanischen Publizitätsanforderungen für börsennotierte Unternehmen seit Jahrzehnten neben den regelmäßig zu veröffentlichenden Jahres- und Quartalsabschlüssen auch eine unregelmäßige Ad-hoc-Publizitätspflicht bei Eintritt besonderer Unternehmensereignisse vor. So müssen alle börsennotierten Unternehmen die Marktteilnehmer auch zwischen den Jahres- und Quartalsstichtagen mit wichtigen Unternehmensinformationen versorgen. Die Ad-hoc-Publizität ist damit eine Ergänzung zu den periodischen Publizitätsanforderungen (Gruson/Wiegmann, 1995; Pellens/Fülbier, 1995).

Im Rahmen ihrer legislativen Ausarbeitungskompetenz hat die SEC den betroffenen Unternehmen mit Form 8-K (Current Report) acht Sachverhalte vorgegeben, die unverzüglich zu veröffentlichen sind. Dabei handelt es sich z. B. um Veränderungen in der Eigentümerstruktur des Unternehmens (Item 1), den Erwerb oder die Veräußerung bedeutsamer Vermögensgegenstände (Item 2), Konkurs- oder Vergleichsanträge (Item 3), Wechsel des Wirtschaftsprüfers

(Item 4) oder um personelle Veränderungen in der Geschäftsführung (Item 6). Bei Eintritt dieser Sachverhalte sind der SEC die geforderten Informationen mit einer eingehenden Darstellung einschließlich der zu erwartenen Konsequenzen einzureichen. Dabei müssen bestimmte Fristen beachtet werden, die von fünf bis zu 15 Tagen reichen. Neben dem formellen Weg über Form 8-K sind die berichtspflichtigen Ereignisse umgehend durch Presseerklärungen bekanntzugeben. Der erst nach einigen Tagen einzureichende Current Report wird somit durch eine informelle Sofortmeldung ergänzt (Larkin/Bebout/Lenz, 1991; Pastena, 1979; Pellens/Fülbier 1994).

Ad-hoc-publizitätspflichtige Informationen werden von börsennotierten Unternehmen i.d.R. mehrmals jährlich veröffentlicht (Lurie/Pastena, 1975). Neben dem der SEC einzureichenden Current Report sind auch noch die Bestimmungen zur Ad-hoc-Publizität der jeweiligen Börsen zu beachten. Anders als der in Form 8-K enthaltene Sachverhaltskatalog, der aus Gründen der Rechtssicherheit auf sieben konkrete Ereignisse beschränkt wurde, existiert in den Börsenbedingungen aller großen US-amerikanischen Börsen eine allgemein gehaltene Generalklausel zur Ad-hoc-Publizitätspflicht (Gruson/Wiegmann, 1995). Die Bestimmungen der NYSE schreiben beispielsweise vor, sämtliche Informationen durch unverzügliche Pressemeldungen bekanntzugeben, die sich unmittelbar auf den Wert der registrierten Wertpapiere auswirken oder die Investitionsentscheidungen der Marktteilnehmer beeinflussen können und an deren Veröffentlichung folglich die Anleger, aber auch die Öffentlichkeit und die Börse ein berechtigtes Interesse haben. Man spricht in diesem Zusammenhang von wesentlichen (material) Informationen, unter denen z.B. bedeutende Unternehmenszusammenschlüsse, Akquisitionen, Gewinnfeststellung oder Festlegung der Dividende zu subsumieren sind. Neben reinen Tatsachen können auch Pläne oder Verhandlungen als wesentlich eingestuft und damit publizitätspflichtig werden (Gruson/Wiegmann, 1995; Pellens/Fülbier, 1995).

Um der Bildung eines False Market entgegenzuwirken, verlangen die US-amerikanischen Börsen neben der Veröffentlichung wesentlicher Informationen auch die unverzügliche Richtigstellung oder Bestätigung von Berichten und Gerüchten, die sich auf den Marktwert der Wertpapiere auswirken können. Das Richtigstellungs- und Aktualisierungsgebot gilt im besonderen Maße für die vom Unternehmen in der Vergangenheit selbst veröffentlichten und sich inzwischen als nicht (mehr) zutreffend erweisenden Informationen. Damit „findige Wirtschaftsjournalisten" mit der Streuung falscher Nachrichten nicht eine Unternehmensreaktion provozieren und so die gewünschten Informationen erhalten können, nehmen US-amerikanische Gerichte in derartigen Fällen allerdings keine Richtigstellungspflicht des Emittenten an (Hopt, 1995).

3.3 Abgrenzung zum deutschen System der Publizitätspflichten

Im Gegensatz zu dem kapitalmarktrechtlich geprägten US-amerikanischen Publizitätssystem sind die Publizitätspflichten in Deutschland traditionell mehr gesellschaftsrechtlicher Natur. Daher orientieren sich die Publizitätspflichten ursprünglich auch weniger an der Börsennotierung, sondern vielmehr an der Rechtsform, Größe und dem Tätigkeitsbereich eines Unternehmens. Das deutsche Handelsrecht differenziert bei den in §§ 325 - 328 HGB kodifizierten Offenlegungspflichten für den Jahresabschluß und Lagebericht vor allem hinsichtlich der Rechtsform und Unternehmensgröße. Umfassende Publizitätsanforderungen gelten hiernach für Kapitalgesellschaften (AG, KGaA, GmbH), die über die bestehende Haftungsbegrenzung bei diesen Gesellschaften gerechtfertigt werden (Buschmeyer, 1993). Hinsichtlich der Börsennotierung eines Unternehmens wird im HGB nur wenig differenziert. Nach § 267 Abs. 3 Satz 2 HGB entfallen für börsennotierte Unternehmen die größenbedingten Erleichterungen und nach § 293 Abs. 5 HGB sind auch kleine Konzerne mit börsennotierten Mutter- und/oder Tochterunternehmen zur Aufstellung eines Konzernabschlusses und Konzernlageberichts verpflichtet.

Die Differenzierung der Publizitätspflicht hinsichtlich Rechtsform und Unternehmensgröße setzt sich auch in §§ 9, 15 PublG fort. Nichtkapitalgesellschaften werden unabhängig von ihrer Rechtsform bei Erreichen bestimmter Größenkriterien auf die Stufe einer großen Kapitalgesellschaft gestellt und zum gleichen Offenlegungsumfang verpflichtet. Weitere rechtsformabhängige Publizitätspflichten existieren gem. § 339 HGB für eingetragene Genossenschaften. Tätigkeitsbedingte Publizitätspflichten bestehen u.a. für Banken, Versicherungen und Kapitalanlagegesellschaften (§ 340 l HGB; § 26 KWG; § 55 VAG; § 19 KAGG) (Kropff, 1993).

Erst in jüngerer Zeit sind in Deutschland, insbesondere im Zuge der Transformation entsprechender EU-Richtlinien und durch den Zwang, den deutschen Kapitalmarkt auch für ausländische Investoren attraktiver machen zu müssen, Publizitätspflichten ausschließlich für börsennotierte Unternehmen auf kapitalmarktrechtlicher Ebene kodifiziert worden. Neben die bereits existierende Verpflichtung zur Erstellung eines Börsenzulassungsprospektes (§ 36 Abs. 3, 4 BörsG, §§ 13 - 47 BörsZulV) trat im Zuge der Novellierung des Börsengesetzes 1987 die halbjährliche Zwischenberichterstattung (§ 44b BörsG, §§ 53 - 62 BörsZulV) sowie die Ad-hoc-Publizität (§ 44a BörsG a.F.). Letztere ist inzwischen durch das Zweite Finanzmarktförderungsgesetz aus dem Börsengesetz herausgelöst und in weitgehend identischer Form in das neu geschaffene Wertpapierhandelsgesetz (§ 15 WpHG) integriert worden. Mit dem gleichen Gesetz wurden in Annäherung an die weitreichenden anglo-amerikanischen Publizitätsvorschriften bei Unternehmenskäufen und -übernahmen auch Mitteilungs- und Veröffentlichungspflichten in Abhängigkeit von wesentlichen Änderungen in der Anteilseignerstruktur börsennotierter Gesellschaften geschaffen (§§ 21 - 30 WpHG) (Pellens/Fülbier, 1994).

Auch wenn die Publizitätspflicht in Deutschland stärker im Gesellschaftsrecht reguliert ist, sind die regelmäßigen und fallweisen Veröffentlichungspflichten durchaus vergleichbar. Lediglich bei der Zwischenberichterstattung stehen die in den USA zu veröffentlichenden Quartalsberichte dem Halbjahresbericht in Deutschland gegenüber. Von daher sind die wesentlichen Unterschiede zwischen den beiden Publizitätssystemen weniger in der Häufigkeit der publizitätsauslösenden Merkmale zu finden. Vielmehr sind der Umfang, die Art und Weise der Veröffentlichung, die Rechtsfolgen einer Veröffentlichung und die Informationsqualität mögliche Differenzierungsmerkmale zwischen US-amerikanischen und deutschen Publizitätspflichten.

In den USA sind die Offenlegungsbestimmungen umfassender und vor allem sehr viel detaillierter ausgelegt als in Deutschland, woraus quantitative und qualitative Unterschiede resultieren. Unabhängig von möglichen qualitativen Unterschieden, die sich aus der ausschließlich auf die Informationsfunktion ausgerichteten US-amerikanischen Rechnungslegung ergeben, dokumentiert sich die höhere US-amerikanische Publizitätsdichte schon im Umfang des zu veröffentlichenden Jahresabschlusses.

Die geringere deutsche Publizitätsdichte fällt noch deutlicher auf, wenn der inhaltliche Umfang der gesamten regelmäßigen und unregelmäßigen Berichterstattung in den USA betrachtet wird. Mit Form 10-K, Annual Report und Proxy Statement steht dort die jährliche Berichterstattung gleich auf drei Säulen. Im Vergleich zu Form 10-K wirken die gem. § 325 Abs. 1 und 3 HGB offenzulegenden Unterlagen (Einzel- und Konzernabschluß mit Bestätigungs- bzw. Versagungsvermerk, (Konzern-)Lagebericht, Bericht des Aufsichtsrats, Vorschlag und Beschluß über die Gewinnverwendung) eher bescheiden. Die zur Erfüllung der Vorlagepflicht gegenüber den Aktionären gem. §§ 175 Abs. 2, 176 Abs. 1 AktG beizubringenden Unterlagen gehen über die handelsrechtlich geforderten nicht hinaus. Es ist insbesondere die große Menge der Nonfinancial Information, die in der Jahresberichterstattung in Deutschland bisher keine oder nur eine untergeordnete Rolle spielt.

US-amerikanische Unternehmen erstellen und veröffentlichen ihre Jahresabschlüsse und damit einhergehend ihre Annual Reports zudem meist früher als deutsche Unternehmen. Der Unterschied liegt u.a. in den längeren Fristen begründet, innerhalb derer eine publizitätspflichtige Gesellschaft in Deutschland die handelsrechtlich geforderten Unterlagen offenlegen muß. Große und mittelgroße Kapitalgesellschaften können sich diesbezüglich gem. § 325 Abs. 1 HGB bis zu neun und kleine Kapitalgesellschaften gem. § 326 HGB bis zu 12 Monate Zeit lassen. Der 10-K-Bericht muß der SEC dahingegen schon innerhalb von 90 Tagen eingereicht werden. Nicht selten bezieht er sich dann auf einen bereits veröffentlichten Annual Report. Neben den offiziell vorgegebenen Fristen ist vermutlich auch der höhere Druck von seiten des US-amerikanischen Kapitalmarktpublikums für die frühere Offenlegung verantwortlich (Pellens, 1997).

4 Schlußbemerkungen

US-amerikanische Bilanzierungs- und Publizitätsvorschriften haben weltweit, nicht zuletzt wegen der Dominanz des US-Kapitalmarktes, eine wesentliche Bedeutung bzw. eine Vorbildfunktion erlangt. International agierende Unternehmen können kaum noch umhin, sich mit diesen Regeln auseinanderzusetzen. Ausgehend von der zentralen Stellung der Kapitalmarktanleger hat demnach die Rechnungslegung in den USA überwiegend den Zweck der Informationsvermittlung. Über die Publizität dieser Rechnungslegungsdaten und darüber hinausgehender Unternehmensinformationen soll es dem Anleger ermöglicht werden, seine Investitionsentscheidung unter Zugrundelegung aller entscheidungsrelevanten Informationen zu fällen.

Seit der Vorlage des Entwurfs eines Kapitalaufnahmeerleichterungsgesetzes im Juni 1996 wird zudem deutlich, daß US-amerikanische Vorstellungen zur Rechnungslegung möglicherweise auch Einzug in das deutsche Recht halten (Ordelheide, 1996; Pellens, 1997). Die deutsche Rechnungslegung steht damit vor einem Paradigmenwechsel: weg von der Ausschüttungsbemessungs- und Gläubigerschutzfunktion, hin zur anlegerorientierten Informationsfunktion. Eine Verlagerung von der gesellschaftsrechtlichen Rechnungslegung mit vergleichsweise eingeschränkter Publizität zur entscheidungsorientierten kapitalmarktrechtlichen Rechnungslegung mit sehr weitgehenden Publizitätspflichten deutet sich an (Busse von Colbe, 1995). Es bleibt abzuwarten, ob auch die US-amerikanischen Publizitätspflichten in ihrem gesamten Umfang auf deutsche Unternehmen zukommen. Vor dem Hintergrund der sich auch in Deutschland durchsetzenden Shareholder-Value-Bewegung scheint dies allerdings nur eine Frage der Zeit zu sein.

Summary

The accounting and disclosure regulations in the USA have attained – not least because of the dominance of the US capital market – a notable importance, not to say preeminence. In view of the centrality accorded to capital investors in the USA, accounting there has predominantly the function to inform. In this respect, the principles, methods, and procedures guiding the drawing up of accounts in the USA are all aimed at presenting a picture as close to reality as possible of the economic situation of the company. This dominance of an accountancy style designed to provide such information – along with the focus on stock market-oriented companies and the concentration upon actual and potential investors of capital – is the primary explanation for the deviations of the American system in comparison with the German, which is in line with commercial law and tailored much more towards protecting the creditor. Since presentation of a paper in June 1996 proposing an easing of the law regulating the raising of capital, it has become clear that US styles of accounting are likely to come to permeate German law. German accounting stands therefore before a paradigm change, and may soon no longer be used merely for the purpose of calculating taxes and dividends and protecting creditors, but rather become more and more an instrument to provide information for present and future investors alike. In this respect, German accounting is likely to mutate from an exercise subject purely to commercial law - with minimal publicity function - into one attuned to the imperatives of the capital markets, with an immense value as an instrument of publicity and source of information for investors. It remains to be seen if the full extent of the responsibility for publicity which the US system has assumed will filter down to the German. Against the background of the shareholder-value movement, which is also currently making large inroads into German corporate culture, this transformation seems only a matter of time.

Literatur

AICPA (1995): Professional Standards, Vol. I und II, as of June 1, 1995, New York.

Baetge, J. (1996): Bilanzen, 4. Auflage, Düsseldorf.

Brotte, J. (1996): Nicht-finanzielle Publizität börsennotierter Aktiengesellschaften - Handels- und kapitalmarktrechtliche Offenlegung deutscher und US-amerikanischer Unternehmen. (Noch unveröffentlichte) Dissertation Bochum.

Buschmeyer, K.-D. (1993): Publizität als Korrelat der Haftungsbeschränkung, Köln.

Busse von Colbe, W. (1995): Deutsche Kapitalgesellschaften auf dem Wege zur Internationalisierung ihrer Rechnungslegung. In: Der Schweizer Treuhänder, 69. Jg., S. 551 - 560.

Busse von Colbe, W./Ordelheide, D. (1993): Konzernabschlüsse - Rechnungslegung für Konzerne nach betriebswirtschaftlichen Grundsätzen und gesetzlichen Vorschriften, 6. Auflage, Wiesbaden.

Coenenberg, A. G. (1994): Jahresabschluß und Jahresabschlußanalyse, 15. Auflage, Landsberg am Lech.

FASB (1993): Statement of Financial Accounting Concepts (SFAC) No. 1, Objectives of Financial Reporting by Business Enterprises. In: FASB (Hrsg.): Original Pronouncements, Vol. 2, 1993/94er Auflage, Norwalk, S. 1005 - 1020.

FASB (1993): Statement of Financial Accounting Concept (SFAC) No. 2, Qualitative Characteristics of Accounting Information. In: FASB (Hrsg.): Original Pronouncements, Vol. 2, 1993/94er Auflage, Norwalk, S. 1021 - 1055.

FASB (1993): Statement of Financial Accounting Concept (SFAC) No. 6, Elements of Financial Statements. In: FASB (Hrsg.): Original Pronouncements, Vol. 2, 1993/94er Auflage, Norwalk, S. 1108 - 1161.

Gelhausen, W./Fey, G. (1996): Schwierige Auslegung der Accounting Standards, Traditionelle Unterschiede im Rechtssystem zwischen Angelsachsen und Kontinentaleuropäern. In: Blick durch die Wirtschaft, Nr. 75 vom 17.04.1996, S. 9.

Goebel, A. (1995): Möglichkeiten der Entschlüsselung von Konzernkrisen mit der Methodik der integrativen Konzernabschlußanalyse, Bergisch Gladbach u. a.

Grosse, H. W. (1988): Die kurzfristige Rechnungslegung in den USA, Frankfurt a. M.

Großfeld, B. (1995): Vergleichendes Bilanzrecht. In: Die Aktiengesellschaft, 40. Jg., S. 112 - 119.

Gruson, M./Wiegmann, W. J. (1995): Die Ad-hoc-Publizitätspflicht nach amerikanischem Recht und die Auslegung von § 15 WpHG. In: Die Aktiengesellschaft, 40. Jg., S. 173 - 181.

Haller, A. (1994): Die Grundlagen der externen Rechnungslegung in den USA, 4. Auflage, Stuttgart.

Hopt, K. J. (1980): Die Publizität von Kapitalgesellschaften - Grundsätzliche Überlegungen zum Stand nach der 4. EG-Richtlinie und zur Reformdiskussion in den USA. In: Zeitschrift für Unternehmens- und Gesellschaftsrecht, 9. Jg., S. 225 - 253.

Hopt, K. J. (1995): Grundsatz- und Praxisprobleme nach dem Wertpapierhandelsgesetz – insbesondere Insidergeschäfte und Ad-hoc-Publizität. In: Zeitschrift für das gesamte Handelsrecht und Wirtschaftsrecht, Bd. 159, S. 135 - 163.

Kropff, B. (1993): Publizität. In: Chmielewicz, K./Schweitzer (Hrsg.): Handwörterbuch des Rechnungswesens, 3. Auflage, Stuttgart, Sp. 1669 - 1678.

Larkin, S. P./Bebout, E. W./Lenz, J. W. (1991): SEC Reporting Requirements. In: Carmichael, D. R./Lilien, S. B./Mellmann (Hrsg): M. Accountants' Handbook, 7. Auflage, New York u.a., Chapter 3.

Lenel, H.-O. (1992): Über den Markt für Unternehmenskontrolle. In: Gröner, H. (Hrsg.): Der Markt für Unternehmenskontrollen, Berlin, S. 9 - 26.

Loss, L. (1988): Fundamentals of Securities Regulation, 2. Auflage, Boston u. a.

Lurie, A. J./Pastena, V. S. (1975): How promptly do corporations disclose their problems. In: Financial Analysts Journal, Vol. 31, S. 55 - 61.

Mathis, P. J. (1992): Mechanismen zur Kontrolle von Managern in großen Kapitalgesellschaften. Eine ökonomische Analyse, Saarbrücken.

Mottola, A. J./Cherny, J. (1991): Interim Financial Statements. In: Carmichael, D. R./Lilien, S. B./Mellmann (Hrsg): Accountants' Handbook, 7. Auflage, New York u.a., Chapter 9.

Nikolai, L. A./Bazley, J. D. (1994): Intermediate Accounting, 6. Auflage, Cincinnati.

Ordelheide, D. (1995): Brauchen wir für die Unternehmensüberwachung mehr Publizität? In: Picot, A. (Hrsg): Corporate Governance, Unternehmensüberwachung auf dem Prüfstand, Stuttgart, S. 89 - 109.

Ordelheide, D. (1996): Internationalisierung der Rechnungslegung deutscher Unternehmen, Anmerkungen zum Entwurf eines Kapitalaufnahmeerleichterungsgesetzes. In: Die Wirtschaftsprüfung, 49. Jg., S. 545 - 552.

Pastena, V. (1979): Some Evidence on the SEC's System of Continuous Disclosure, The Accounting Review, Vol. 54, S. 776 - 783.

Pellens, B. (1994): Aktionärsschutz im Konzern, Wiesbaden.

Pellens, B. (1995): Berücksichtigung der Aktionärsinteressen bei der Gewinnverwendung im Konzern. In: Elschen, R. (Hrsg.): Unternehmenssicherung und Unternehmensentwicklung, Stuttgart, S. 163 - 191.

Pellens, B. (1997): Internationale Rechnungslegung, Stuttgart.

Pellens, B./Fülbier, R. U. (1994): Publizitätspflichten nach dem Wertpapierhandelsgesetz - Ausgestaltung unter Berücksichtigung anglo-amerikanischer Regulierungen. In: Der Betrieb, 47. Jg., S. 1381 - 1388.

Pellens, B./Fülbier, R. U. (1995): Gestaltung der Ad-hoc-Publizität unter Einbeziehung internationaler Vorgehensweisen. In: Baetge, J. (Hrsg.): Insiderrecht und Ad-hoc-Publizität, Düsseldorf, S. 23 - 64.

Schneider, D. (1992): Märkte zur Unternehmenskontrolle und Kapitalstrukturrisiko. In: Gröner, H (Hrsg.): Der Markt für Unternehmenskontrollen, Berlin, S. 39 - 62.

Schneider, D. (1994): Betriebswirtschaftslehre, Band 2: Rechnungswesen, München u. a.

Siebert, H. (1996): Grundlagen der US-amerikanischen Rechnungslegung, Ziele und Inhalte der Verlautbarungen der SEC und des FASB sowie ihre Unterschiede zum deutschen Bilanzrecht, Köln.

Skousen, F. K. (1991): An Introduction to the SEC, 5. Auflage, Cincinnati.

Solomons, D. (1986): The FASB's Conceptual Framework: An Evaluation. In: Journal of Accountancy, Vol. 161, S. 114 - 124.

Streim, H. (1988): Grundzüge der handels- und steuerrechtlichen Bilanzierung, Stuttgart u.a.

Sullivan & Cromwell (1993): Memorandum, Emission, Eigentum und Handel von Aktien nicht-amerikanischer Gesellschaften im amerikanischen Markt, New York u. a.

Wiemann, H.-U. (1987): Unternehmenspublizität nach amerikanischem Kapitalmarktrecht, Baden-Baden.

Frühaufklärung länderspezifischer Chancen und Bedrohungen

U. Krystek, E. G. Walldorf

1 Länderspezifische Frühaufklärungsinformationen als kritische Größe der Internationalisierung

Zu den informationellen Grundlagen von Internationalisierungsstrategien zählt als eine besondere Herausforderung das *frühzeitige* Erkennen von Chancen und Bedrohungen aus denjenigen Ländern, die entweder erst Ziel oder schon Gegenstand der Internationalisierung sind. *Frühaufklärungsinformationen* werden sogar zu einer wahrhaft kritischen Größe der Internationalisierung, wenn man die immer wieder herausgestellte Umweltdynamik und -diskontinuität berücksichtigt. Eine sich für das Management öffnende *Zeitschere* (Bleicher, 1995) zwischen benötigter und erforderlicher Reaktionszeit bei extrem gestiegener Veränderungsgeschwindigkeit auf Auslandsmärkten wird zum kritischen Führungsproblem im Internationalisierungsprozeß. Zwar sind Auslandsabsatzforschungen als notwendige informationelle Basis von internationalen Geschäftsaktivitäten in ihren vielfältigen Erscheinungsformen längst bekannt und etabliert (Walldorf, E. G., 1987), doch werden speziell die Möglichkeiten einer *Frühaufklärung latenter Chancen und Bedrohungen auf Auslandsmärkten* häufig (noch) nicht oder nur teilweise genutzt.

Diese Aussage mag angesichts der Fülle in der Praxis verwendeter Methoden zur Analyse und Prognose speziell von Auslandsrisiken zunächst verwundern, hat aber in eben dieser angebotenen Vielfalt vielleicht sogar eine ihrer Ursachen. Der Markt der Informationsangebote wird derzeit beherrscht von sog. *Country-Ratings* (oder Country-Risk-Ratings). Ihre Einbindung in Frühaufklärungssysteme bis hin zur Nutzung weltweiter strategischer Netzwerke als Träger von Systemen länderspezifischer Früherkennung/-aufklärung ist allerdings noch weit in den Anfängen.

Früherkennungssysteme wollen – anders als *Frühwarnsysteme* – nicht einseitig nur latente (d.h. verdeckt bereits vorhandene) Bedrohungen frühzeitig signalisieren. Sie gehen vielmehr von der durch die Praxis verifizierten Annahme aus, wonach mit demselben Instrumentarium sowohl latente Bedrohungen als auch verdeckt bereits vorhandene *Chancen* frühzeitig erkannt werden können.

In diesem Sinne repräsentieren sie eine spezielle Art von Informationssystemen, die ihren Benutzern latente Chancen *und* Bedrohungen mit zeitlichem Vorlauf vor deren akutem Eintritt signalisieren. Sie vergrößern damit den Aktionszeitraum und beugen so einer zunehmenden Vernichtung von Handlungsmöglichkeiten durch Zeitablauf vor.

Frühaufklärungssysteme signalisieren ebenfalls latente Chancen und Bedrohungen, beziehen aber darüber hinaus die Initiierung von Gegenmaßnahmen in ihr Aktionsfeld mit ein. Sie wollen damit die oftmals bestehende Kluft zwischen Informationsermittlung und darauf aufbauenden Aktionsprogrammen überwinden (Krystek, U./Müller-Stewens, G., 1993).

2 Country-Ratings: Traditionelle Ansätze der Frühaufklärung

Traditionell wird eine gezielte Früherkennung länderspezifischer Chancen und Bedrohungen mit Hilfe von Country-Ratings durchgeführt.

2.1 Grundsätzliches zu Country-Ratings

Country-Ratings sind außerbetriebliche Informationsquellen zur Beurteilung, Beobachtung und Kontrolle von Auslandsmärkten.

Ihre generelle Aufgabe ist es, politische und darauf aufbauend wirtschaftliche Chancen und Bedrohungen frühzeitig zu signalisieren, die in jeweiligen Ländern und deren Märkten zu erwarten sind. Damit scheinen sie zunächst eher gesamtwirtschaftlichen Charakter zu haben, da sie nicht auf einzelne Wirtschaftssubjekte fokussiert sind, sondern politische und wirtschaftliche Entwicklungen eines Landes insgesamt erfassen wollen (Krystek, U./Walldorf, E. G., 1992).

Allerdings ist es nicht Absicht ihrer Benutzer/Betreiber, darauf aufbauend primär volkswirtschaftliche Entscheidungen begründen bzw. fällen zu wollen. Vielmehr werden solche Informationssysteme überwiegend von Unternehmungen und anderen einzelwirtschaftlichen Einheiten genutzt, um *individuell* auslandsmarktspezifische Chancen und Bedrohungen speziell im Hinblick auf Investitionstätigkeiten frühzeitig zu erkennen. Insoweit kommt ihnen ein stark einzelwirtschaftlicher Charakter zu.

Ein weiteres Kennzeichen von Country-Ratings, das zugleich begriffsprägend ist, wird in einer *wertenden Rangfolge* (Ranking) deutlich, die sich als Ergebnis der Bewertung der betrachteten Länder ergibt. Darin liegt auch zugleich ihre Gefahr im Sinne einer „selffullfilling prophety".

Speziell für Unternehmungen, die den Prozeß der Internationalisierung beginnen oder schon als Internationale Unternehmungen auf unterschiedlichen Auslandsmärkten agieren, sind Country-Ratings gewiß besonders bedeutsame Informationsquellen. Dies nicht nur für die Investitionsrisiken jeweiliger Länder, sondern generell für die Früherkennung von latenten Chancen und Bedrohungen während des gesamten Zyklus einer unternehmerischen Betätigung in jeweiligen Ländern, von der Planung einer (Direkt-) Investition bis hin zum sukzessiven oder schlagartigen Rückzug aus jeweiligen Ländern.

2.2 Ausgewählte Ansätze von Country-Ratings

In Literatur und Praxis sind zahlreiche Ansätze von Country-Ratings mit unterschiedlichem Erfolg in der praktischen Anwendung entwickelt worden. Ihr Schwerpunkt liegt auf der Früherkennung politischer und wirtschaftlicher *Risiken*, also dem Bereich, der Markt*chancen* nicht in der Vordergrund stellt. Eine besonders günstige (geringe) Einschätzung von Risiko-(Bedrohungs)situationen und -entwicklungen wird damit als ausreichend angesehen, diesen Auslandsmarkt zu forcieren et vice versa.

Zu den bekanntesten Country-Ratings gehören:

- mm-Ländertest
- Business Environment Risk Index (BERI),
- Länderrating des „Institutional Investor" (USA),
- Euromoney (Großbritannien).

Abbildung 1 gibt einen Überblick über bekannte „Country-Ratings".

Stellvertretend für die Vielzahl bekannter Country-Ratings werden nachfolgend der mm-Ländertest sowie der BERI Index kurz skizziert (Tümpen, M., 1987).

mm-Ländertest

Bei dem *mm-Ländertest* handelt es sich um das erste Country-Rating, das aus deutscher Sicht erstellt worden ist.

An der dazu 1980 erstmals durchgeführten Experten-Befragung beteiligten sich 1982 (1981): Deutscher Industrie- und Handelstag (DIHT) mit 33 (33) Auslandshandelskammern (AHK), drei (drei) Banken, fünfzehn (17) Industrieunternehmungen, zwei (zwei) Speditionen und drei (vier) Länderinstitute bzw. -vereine. Es galt, 53 Länder nach 30 Kriterien im Hinblick auf ökonomische, rechtliche und soziale Rahmenbedingungen sowie in Bezug auf politische Risiken zu beurteilen. Durch die Vergabe einer Höchst- und Mindestpunktzahl für jedes Kriterium wurde eine (subjektivere) Vorgewichtung der einzelnen Merkmale erreicht.

Abbildung 2 enthält die dem Scoring-Modell des mm-Ländertest zugrunde gelegten Kriterien.

BERI (Business Environment Risk Intelligence)

Die vom BERI-Institut in Genf 1968 entwickelte Methode zur Beurteilung und Früherkennung von Länderrisiken beruht auf einer Kombination quantitativer und qualitativer Methoden und drückt das jeweilige Länderrisiko durch eine Indexzahl aus. Sie ergibt sich aus den Indices für folgende drei Komponenten (Indices) des Länderrisikos (Hake, B., 1986):

- Geschäftsklima
- politische Stabilität
- Transferrisiko.

Konzepte	Herkunft der Konzepte	Zielgruppe; Anwendungsbereich	Untersuchungs-zeitraum
mm-Ländertest	Manager-Magazin und Institut zur Erforschung techn. Entwicklungslinien	Exporteure und Investoren; erfaßt alle Länderrisiken	1x jährlich (1980/81/82)
BERI-Informations-system	Business Environment Risk Informations-institut (BERI-Institut)	Investoren; erfaßt alle Länderrisiken	3x jährlich - ORI seit 1972 - PRI seit 1978 - R-F seit 1973 - POR seit 1978
FORELAND-Informations-system	BERI-Institut	Banken; erfaßt die Zahlungsunfähigkeit	3x jährlich seit 1978
Euromoney Index	Euromoney Zeitschrift	Banken; erfaßt die Bonität	2x jährlich seit 1979
BI-Country Ratings	Business Inter-national Corporation (Marktforschungs-institut)	Exporteure und Investoren; erfaßt alle Länderrisiken	1x jährlich seit 1976
Institutional Investor-Country Rating	Institutional Investor Magazine (New York)	Banken; erfaßt die Bonität	2x jährlich seit 1979
ESI (Econo-mic Survey International)	IFO-Institut für Wirtschaftsforschung (München)	Exporteure und Investoren; erfaßt alle Länderrisiken	2x jährlich seit 1981

Abb. 1. Country Ratings – Überblick (Quelle: Walldorf, 1987)

Prognose-zeitraum	inhaltliche Beschreibung	Methodik
augenblickliche Lage mit Prognosecharakter	Überkriterien: - Politische Stabilität - Binnenwirtschaft - Außenwirtschaft - mm-Ländertest 53 bis 55 Länder	Scoring-Modell: - 23 qualitative Kriterien (Expertenbefragung) - 7 quantitative Kriterien (statistische Daten)
1-Jahres-Prognosen, 5-Jahres-Prognosen	Überkriterien: - Operation Risk Index = ORI - Political Risk Index = PRI - R-Factor = R-F - Profit Opportunity Recommendation = POR 48 Länder	Scoring-Modell: - 31 qualitative Kriterien (Expertenbefragung) - 9 quantitative Kriterien (statistische Daten)
1-Jahres-Prognosen, 5-Jahres-Prognosen	Überkriterien: - LRquant - LRqual - LRenvir - Recommended Lender Action 50 Länder	Scoring-Modell: - 29 qualitative Kriterien (Expertenbefragung) - 20 quantitative Kriterien (statistische Daten)
gegenwartsbezogen	ab 1979: 1 Kriterium, den weighted average Spread ab 1982: 3 Überkriterien für 66 bis 117 Länder	ab 1979: Formel mit quantitativen Größen ab 1982: Scoring-Modell mit anderen Kriterien
augenblickliche Lage mit Prognosecharakter	Überkriterien: - pol., gesetzl. und soz. Entwicklungen - Wirtschafts-, Finanz- und Währungssituation - Energieversorgung - Gesamturteil 57 Länder	Scoring-Modell: - qualitative Kriterien (Expertenbefragung) - quantitative Kriterien (statistische Daten) - 34 Unterkriterien
Lage in nächster Zukunft	1 Kriterium, die Bonität 105 bis 109 Länder	- qualitatives Kriterium (Expertenbefragung; 75 bis 100 Banken)
gegenwartsbezogen	keine Gesamtbeurteilung pro Land, sondern Aggregation der Länderwerte pro Kriterium 50 Länder	- 8 qualitative Kriterien (Expertenbefragung)

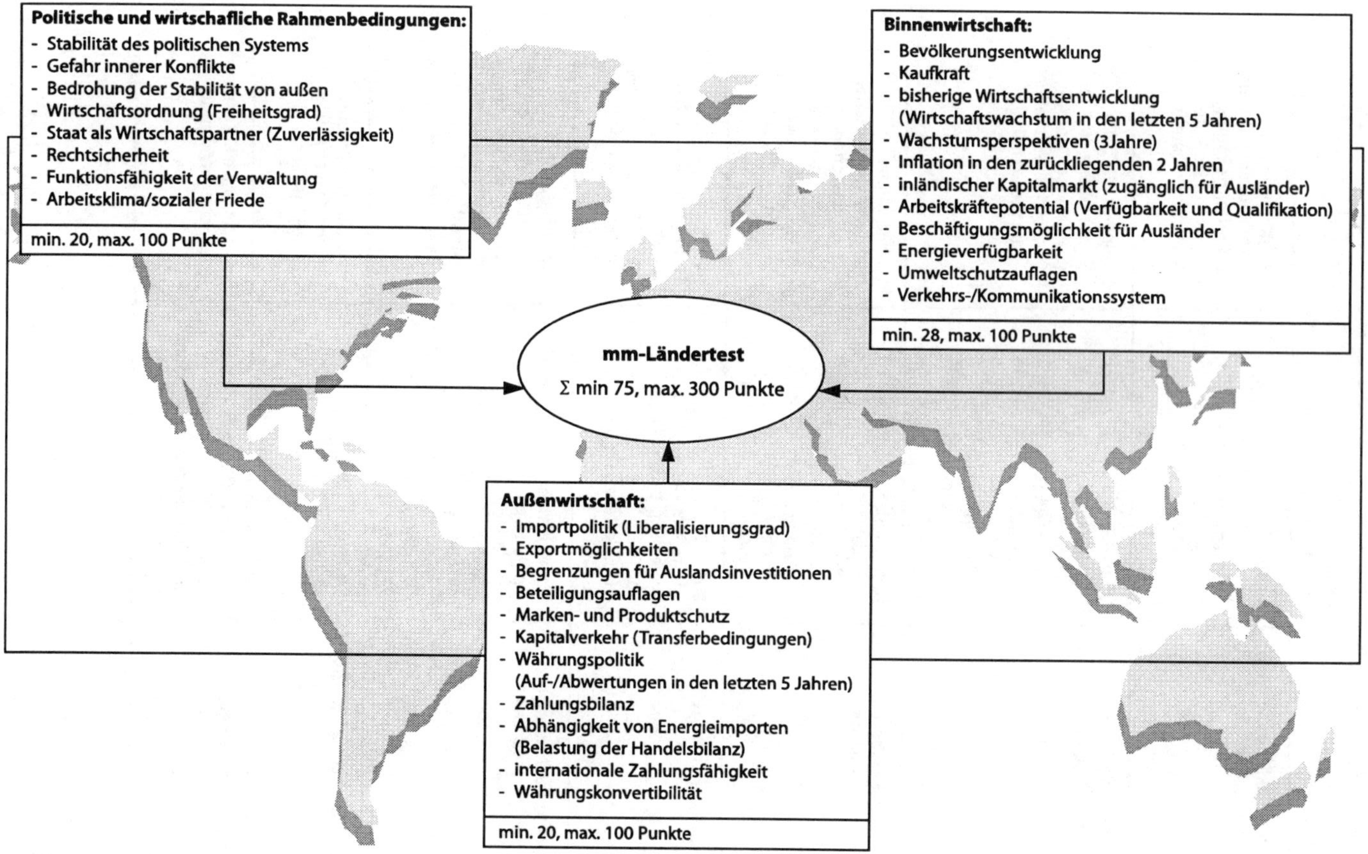

Abb. 2. Subindices und Kriterien des mm-Ländertests

In Abb. 3 sind die Einzelkriterien der drei Indices angeführt, die jeweils von Experten der jeweiligen Länder in Form von Noten (4 = sehr gut, 0 = sehr schlecht) beurteilt werden. Im Idealfall würde sich als Summe aller Noten ein Index von 100 Punkten pro Index ergeben. Auf Basis des Durchschnitts der drei Indices werden die jeweils von Experten beurteilten Länder unterschiedlichen Risikostufen zugeordnet, die als Rahmenempfehlungen für die Investitions- und Geschäftspolitik von Unternehmungen gelten können.

Eine unternehmungsspezifische Interpretation der jeweiligen BERI-Komponenten gilt dabei als unerläßlich.

2.3 Ansatzpunkte zur praxisorientierten Verbesserung von Country-Ratings

Unter *speziellen Aspekten einer einzelbetrieblichen Anwendung* ergeben sich in Bezug auf aktuelle Country-Ratings folgende Kritikpunkte und Ansätze einer praxisorientierten Verbesserung (Walldorf, 1987):

- Von allen Modellen sind relativ gut nutzbare Informationen über die in einzelnen Ländern anzutreffenden und nach Expertenmeinung künftig zu erwartenden Rahmenbedingungen und Grundlagen zu erhalten;
- diese für einzelne Länder ausgewiesenen Früherkennungsinformationen sind allerdings zu generell und weisen keine branchenspezifische Züge auf;
- es werden weiterhin keine (Detail-)Informationen bezüglich außenhandelsbezogener/außenwirtschaftlicher Rahmenbedingungen gegeben, z. B. daüber, wie und in welchem Umfang in einzelnen Ländern Handelshemmnisse vorhanden oder ad hoc zu befürchten sind.
- Country-Ratings können eine (absehbare) Situation und deren Auswirkungen überbetonen und zu falschen Konsequenzen führen. Dies wurde u. a. am Beispiel Irans sehr deutlich, wo in vielen Fällen lediglich eine Neuorientierung bzw. Umstrukturierung der Geschäftsbeziehungen erforderlich gewesen wäre;
- mm-Ländertest und BERI zeigen – mit Schwergewicht Auslandsinvestition – Auslandsmärkte auf, die in Zukunft insgesamt, also ohne Beachtung spezieller Begleitumstände (Branchenzugehörigkeit, Erscheinungsform des Auslandsgeschäfts, etc.), wirtschaftlich besonders (un)attraktiv sind und sichern alle Ergebnisse durch eine Risikobeurteilung ab. In eine Gesamtbewertung gehen demzufolge – meist mit einer höheren Gewichtung der politischen Stabilität (BER-Index) – ökonomische und politische Wertungen ein. Hierdurch kann ein Land in der Rangskala nach hinten ge(d)rückt werden, das für einzelne Unternehmungen (die z. B. nicht investieren, sondern lediglich exportieren wollen) wirtschaftlich sehr attraktiv wäre bzw. ist und umgekehrt.

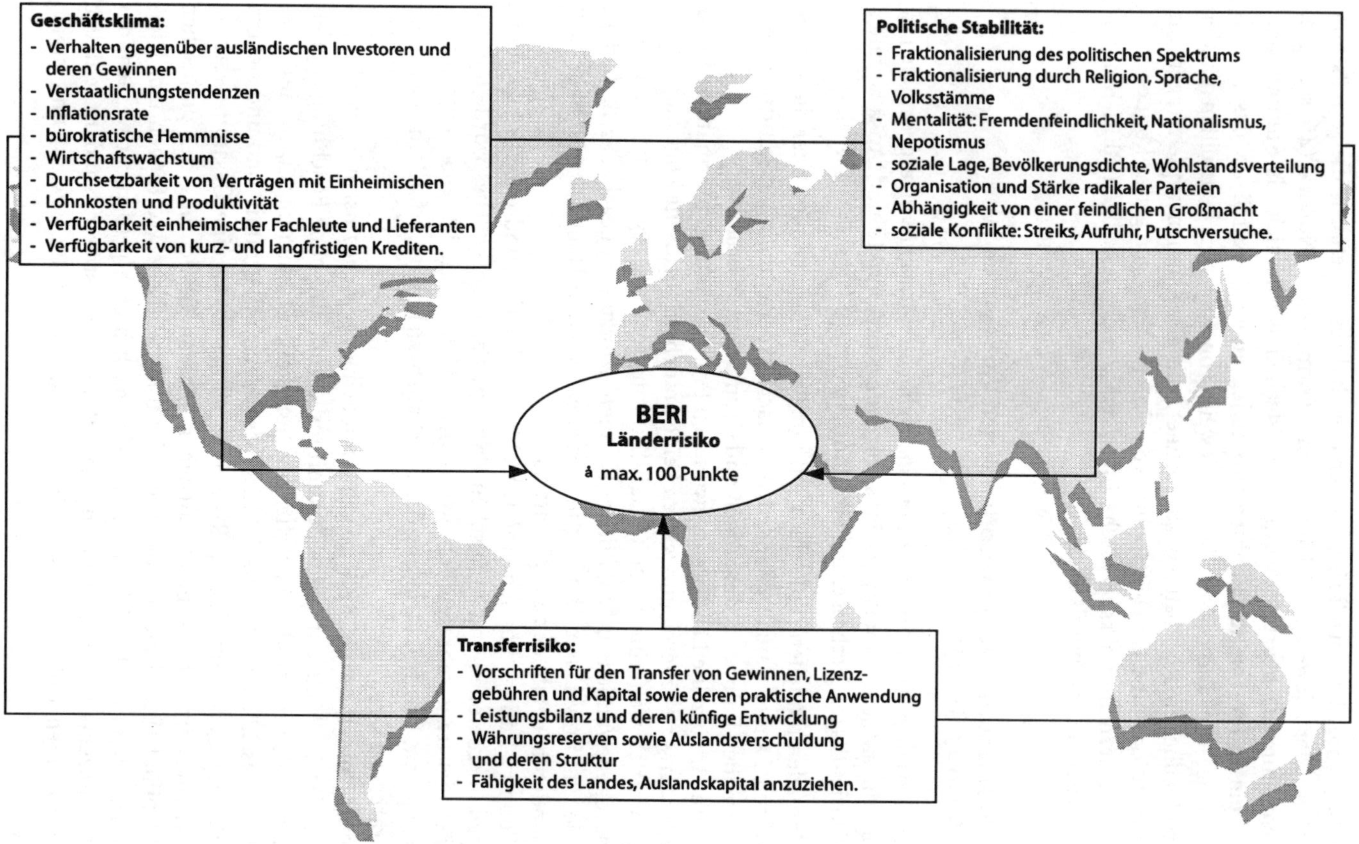

Abb. 3. Ausgewählte Einzelkriterien der drei Indices des BER-Index (Quelle: Hake, 1996)

Unternehmungen sollten aufgrund der oben dargestellten Punkte versuchen, in Eigeninitiative ein außerbetriebliches Früherkennungssystem für einzelne bestehende Auslandsmärkte zu etablieren, wobei insbesondere folgende *Voraussetzungen* beachtet werden müßten:

- Aktueller und künftiger Stellenwert des betreffenden Auslandsmarktes: Welche Gefährdung resultiert z.B. aus einer Umsatzbuße für das Gesamtunternehmung?
- Art und Erscheinungsform der Betätigung auf dem einzelnen Auslandsmarkt: Hieraus lassen sich – insbesondere in Abhängigkeit von Kapitalengagement im Zielland – unterschiedliche Gefährdungspunkte und -möglichkeiten ableiten. So wird z.B. eine Unternehmung, die im Ausland produziert bzw. Fertigteile montiert, von einer Enteignungsgefahr bzw. von Streiks oder sonstigen sozialen Unruhen stärker getroffen und zu Gegenmaßnahmen gezwungen werden, als dies bei einer Unternehmung der Fall ist, die lediglich über Exporteure im Stammland bzw. über Importeure im Käufer- oder Drittland auf diesem Auslandsmarkt tätig ist.
- Die Möglichkeiten zur Nutzung von Kontakten mit Experten (In-/Ausland) sollte intensiviert werden: Im Zentrum stehen „regelmäßige, gegenwartsbezogene und sachlich fundierte Informationen mit eindeutigem Bezug auf den Branchenmarkt sowie auf die spezielle Problemstruktur einer Unternehmung in Verbindung mit der aktuellen bzw. angestrebten Betätigung auf einem konkreten Auslandsmarkt.
- Die Integration von Untersuchungsschritten, die sich unter Einsatz von *Primärmethoden* (Interviews) direkt im Absatzmarkt vollziehen, also die Meinung und Verhaltenstendenzen bzw. Reaktionsbereitschaften aktueller und potentieller Kunden, sollte verstärkt werden. Dieser Ansatz, der sich z.B. über wiederholbare Befragungen anläßlich branchenrelevanter Messen relativ leicht und mit Repräsentativaussagen realisieren läßt, stellt eine ganz wesentliche absatzmarkt-/wettbewerbs- sowie branchen- und unternehmungsbezogene Ergänzung des Standard-Angebots an Country-Ratings-Informationen.
- Kosten-/Nutzen-Aspekte: Dem Informations-Nutzen sind die damit verbundenen Kosten gegenüber zu stellen. Aus diesem Grund empfiehlt es sich, eine zwischenbetriebliche Kooperation mit Unternehmungen aus dem eigenen Lande bzw. aus Drittländern anzustreben. Hier ergäbe sich auch ein sehr guter Ansatzpunkt für einzelne Fachverbände im Hinblick auf die Verbesserung der Serviceleistungen für Mitgliedsunternehmungen – evtl. in Zusammenarbeit mit IHK, AHK, BfAi, etc.

3 Integration von Country-Ratings in Formen betrieblicher und überbetrieblicher Frühaufklärungssysteme

Als ein weiterer Weg zur unternehmungsindividuellen Verbesserung der Früherkennungsqualität länderspezifischer Chancen und Bedrohungen kann die Integration von Aussagen aus Country-Ratings – unter Berücksichtigung der zuvor skizzierten Verbesserungsvorschläge – in betriebliche und/oder überbetriebliche Frühaufklärungssysteme empfohlen werden (Abb. 4). Aus einer so ermöglichten Gesamtschau latenter Chancen und Bedrohungen kann sich eine unternehmungsindividuelle Verbreiterung der Informationsbasis sowie eine Relativierung von Fehl- oder Überinterpretationen jeweiliger Länderrisiken/-chancen ergeben.

3.1 Integration in betriebliche Frühaufklärungssysteme

Betriebliche Frühaufklärungssysteme sind in insgesamt drei Generationen (Entwicklungsstufen) bekannt, von denen im hier interessierenden Zusammenhang lediglich solche der zweiten und dritten Generation relevant erscheinen (vgl. grundsätzlich zu betrieblichen Frühaufklärungssystemen aller Generationen Krystek, U./Müller-Stewens, G., 1993).

Indikatororientierte Frühaufklärungssysteme als 2. Generation betrieblicher Frühaufklärung

Indikatoren mit spezifischen Frühaufklärungseigenschaften (leading indicators) sind die tragenden Elemente der zweiten Generation von Frühaufklärungssystemen. Sie unterscheiden sich von Ansätzen der ersten Generation, die auf Kennzahlen/Hochrechnungen beruht, insbesondere durch eine bei ihnen angestrebte, systematische Suche und Beobachtung von relevanten Erscheinungen/Entwicklungen innerhalb und außerhalb der Unternehmung mit Hilfe dafür ausgewählter *Frühaufklärungsindikatoren*. Dies erfolgt durch eine ständige und gerichtete Überwachung von zuvor definierten Beobachtungsbereichen. Solche *Indikatoren* sind Anzeigen für verborgene, nicht direkt erfaßbare Erscheinungen/Entwicklungen, die zunehmend auch qualitativ ausgedrückt werden. Sie grenzen sich von *Kennzahlen* dadurch ab, daß sie das aufzuklärende Phänomen (Indikandum) nur indirekt und hilfsweise abbilden, da sich dieses Indikandum einer direkten, vollständigen und operationalen Abbildung entzieht. Gleichwohl werden in indikatororientierten Frühaufklärungssystemen auch Kennzahlen als Indikatoren verwendet.

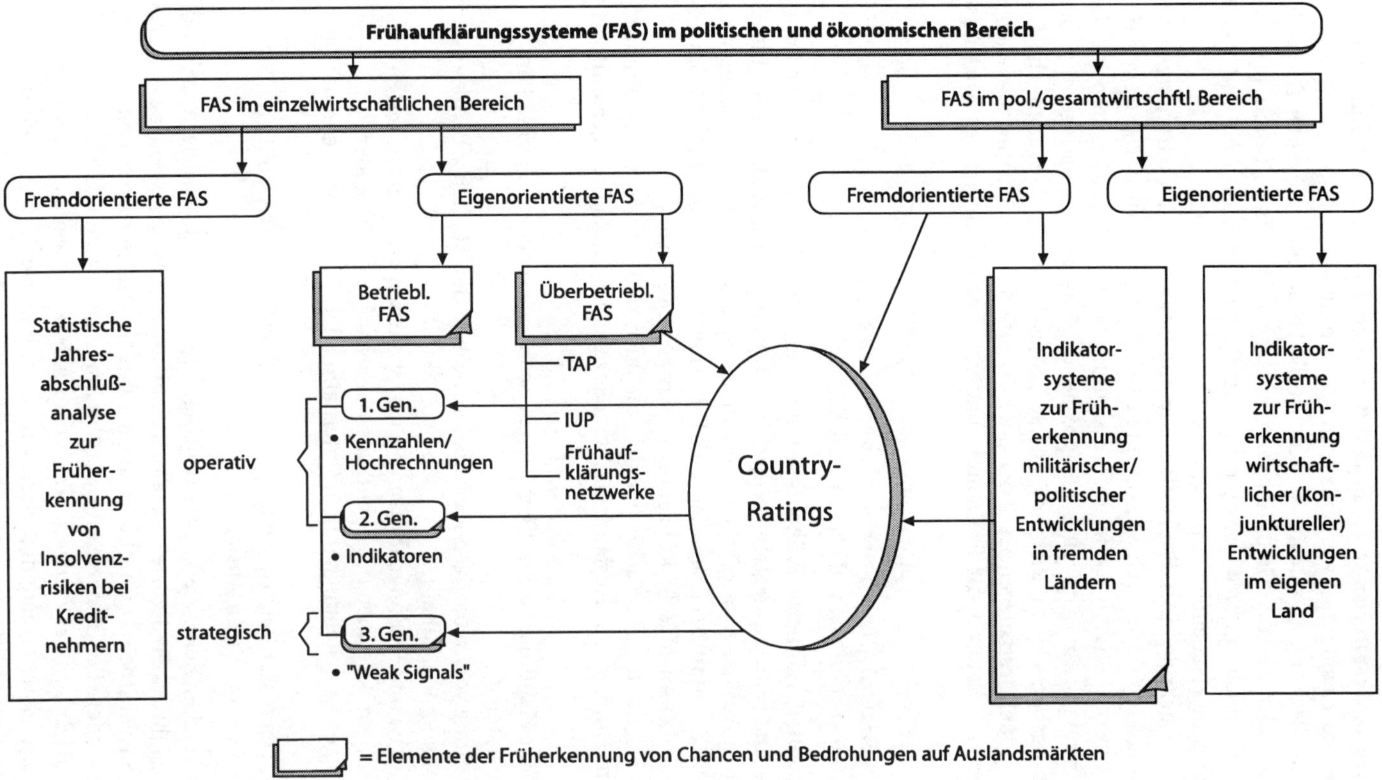

Abb. 4. Frühaufklärungssysteme für Auslandsmärkte im Rahmen von FAS für den ökonomischen Bereich

Der Aufbau *indikatororientierter Frühaufklärungssysteme* kann in fünf charakteristische Stufen eingeteilt werden, die in Abb. 5 dargestellt sind.

Basis für den Aufbau solcher Systeme ist die Festlegung relevanter Beobachtungsbereiche sowie die Definition von aussagefähigen Indikatoren pro Beobachtungsbereich. Abb. 6 nennt mögliche *Beobachtungsbereiche* und dafür generell wichtig erscheinende *Indikatoren.*

Die Einbeziehung einer Frühaufklärung von Chancen und Bedrohungen auf Auslandsmärkten findet sich schwerpunktmäßig im Rahmen der *externen Beobachtungsbereiche* (Abb. 6). Je nach Bedeutung von Auslandsmärkten für die Unternehmung kann sich eine entsprechende Schwerpunktverlagerung der Beobachtungsbereiche in Richtung auf ausländische Märkte ergeben, die betriebsindividuell festzulegen ist. Aber auch in *internen Beobachtungsbereichen* finden sich Indikatoren zur Frühaufklärung von Entwicklungen auf Auslandsmärkten.

Erfolgspotentialorientierte Frühaufklärungssysteme als dritte Generation betrieblicher Frühaufklärung

Erfolgspotentialorientierte Frühaufklärungssysteme gehören der dritten Generation an und sind strategisch ausgerichtet (Strategisches Radar). Die bisher entwickelten Ansätze strategischer Frühaufklärung/strategischer Früherkennung sind neben Erkenntnissen aus der sog. Diffusionstheorie ganz maßgeblich geprägt durch das Ansoff'sche Konzept der „Schwachen Signale“.

Als Beispiele für „Schwache Signale“, die auch und gerade für die Frühaufklärung im Hinblick auf Auslandsmärkte Relevanz haben, können genannt werden:

- plötzliche Häufung gleichartiger Ereignisse in einem oder mehreren Ländern/Regionen;
- Verbreitung von neuartigen Meinungen/Ideen in den Medien z.B. mit anthropologischem Inhalt;
- Meinungen und Stellungnahmen von sog. Schlüsselpersonen aus unterschiedlichen Bereichen des öffentlichen Lebens jeweiliger Länder;
- Meinungen und Stellungnahmen (internationaler) Organisationen und Verbände;
- Tendenzen in der Rechtsprechung und Gesetzgebung sowie politische Strömungen im jeweiligen Ausland.

Die Reihe solcher Beispiele könnte beliebig fortgesetzt werden. Die Anzahl potentieller „Schwacher Signale“ ist annähernd unbegrenzt, was ein besonderes Informationsverarbeitungsproblem speziell für die strategische Frühaufklärung und insbesondere bei Einbeziehung der Vorgänge im Ausland darstellt.

Der *Prozeßcharakter strategischer Frühaufklärung* ist weniger scharf strukturiert als beispielsweise derjenige der indikatororientierten Frühaufklärung. Vereinfacht lassen sich dennoch etwa folgende Prozeß-Stufen beschreiben (Abb. 7).

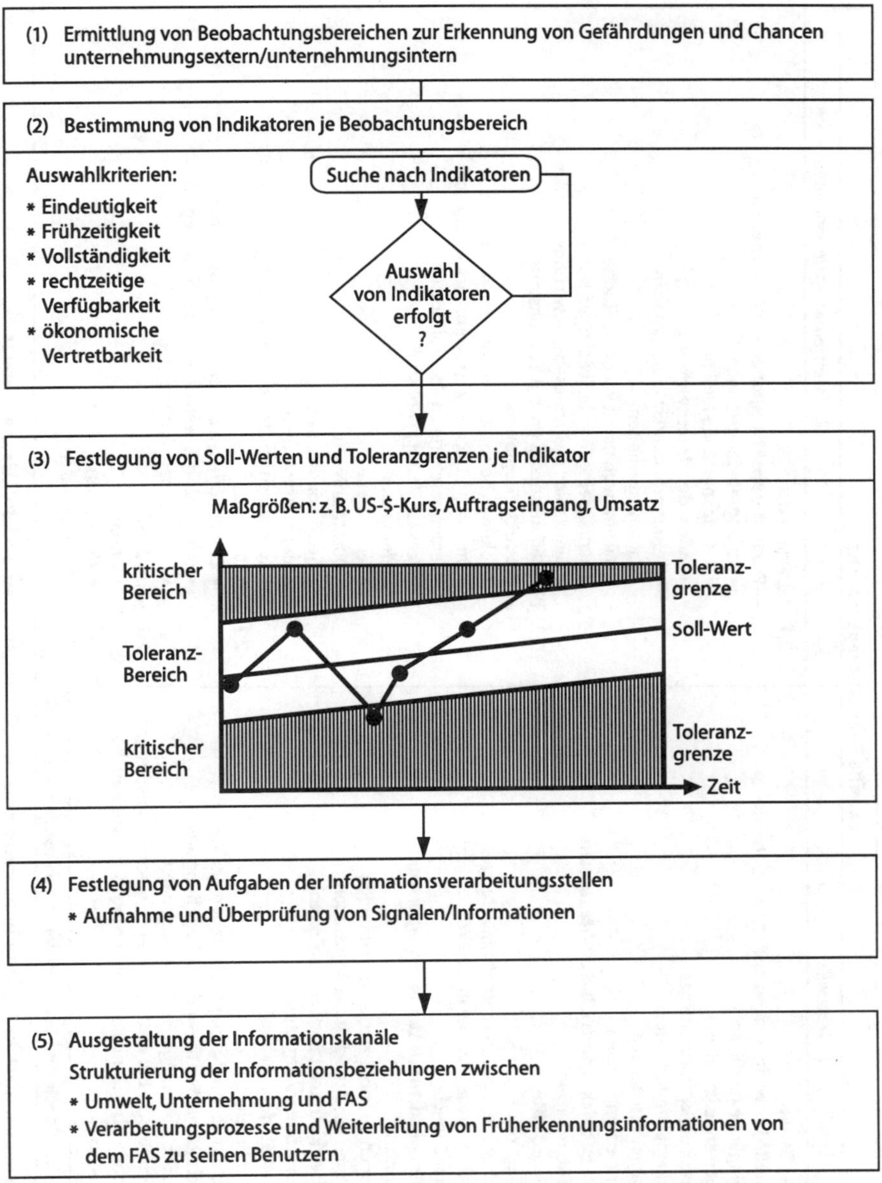

Abb. 5. Aufbaustufen eines indikatororientierten Frühaufklärungssystems (FAS)

Externe Beobachtungsbereiche	
1. Generelle	***2. Unternehmungsindividuelle***
1.1 Wirtschaftlicher Bereich - **Konjunkturelle Entwickl. (nach Ländern/Regionen):** ● * Auftragseingänge (amtliche) * Auftragsbestände (amtliche) * Beurteilung der Fertigwarenläger * Geschäftsklima (Ifo-Indikator) * Kreditzusagen von Banken * Konsumentenstimmungen - **Strukturelle Entwickl. (nach Ländern/Regionen):** ● * Investitionstendenzen * Bevölkerungsdichte * Bruttosozialprodukt pro Kopf * Berichte über sonstige relevante Veränderungen (z. B. Aufnahme neuer Partner in die EWG) 1.2 Sozio-Politischer Bereich: - **Politische Entwickl. (nach Ländern/Regionen):** ● * Wahlergebnisse * Informationen aus pol. Parteien u. Verbänden * Informationen aus Ausschüssen/Ministerien - **Soziale Entwickl. (nach Ländern/Regionen):** ● * Bevölkerungszahlen/-struktur * Lebensqualität (Ifo-Indikator) 1.3 Technologischer Bereich: * Informationen über mögliche Änderungen der Verfahrenstechnol. bei Wettbewerbern/Forschungsinst. * Informationen über mögliche Änderungen der Produkttechnologie bei Wettbewerbern/Forschungsinstituten * Informationen über signifikante Änderungen der Verbrauchergewohnheiten	2.1 Absatzmarkt - **Produkte/Absatzregionen der Unternehmung:** ● * Auftragseingänge (eigene) * Auftragsbestände (eigene) - **Kunden der Unternehmung:** * Bestellverhalten/Einkaufsverhalten * Zahlungsverhalten * Nachfragevolumen wichtiger Kunden * Auftragseingänge bei wichtigen Kunden * Kennzahlen aus Jahresabschl. wichtiger Kunden 2.2 Beschaffungsmarkt (insbes. für Rohstoffe) - **Produkte/Regionen:** ● * Volumen bekannter Vorkommen je Rohstoff * Durchschnittlicher Jahresverbrauch je Rohstoff * Termingeschäfte an Rohstoffbörsen * Vorratshaltung je Rohstoff - **Lieferanten:** * Termintreue * Qualitätsniveau * Preise/Konditionen * Angebotsvolumen * Kennzahlen aus Jahresabschl. wichtiger Lieferanten 2.3 Arbeitsmarkt: * Zahl der offenen Stellen(Berufsgr./Regionen) * Zahl zukünft. Erwerbsträger (Berufsgr./Regionen) * Gewerkschaftsforderungen 2.4 Kapitalmarkt: ● * Zinsen * Wechselkurse * Inflationsraten
● = **Zur auslandsmarktorientierten Frühaufklärung besonders geeignet**	

Abb. 6a. Mögliche Beobachtungsbereiche und Indikatoren eines indikatororientierten Frühaufklärungssystems

Interne Beobachtungsbereiche	
3. Gesamtunternehmungsbezogene	***4. Funktionsorientierte***
3.1 **Produktprogramm:** ● * Altersstruktur (-) * Programmweite (-) * Programmtiefe (-) * Anteil der Nachwuchs-, Star-, Cash- und Problemprodukte 3.2 **Mitarbeiter:** * Altersstruktur (-) * Fluktuationsraten (-) * Krankenstände (-) * Lohn-/Gehaltszuwächse 3.3 **Maschinelle Ausrüstung:** * Altersstruktur/Technologiebestand (-) * Energieverbrauch * Umweltbelastung * Instandhaltungskosten 3.4 **Ergebnis- und Finanzlage:** * Kalkulatorisches Ergebnis (Hochrechnung) * Bilanzielles Ergebnis (Hochrechnung) * Cash-flow (Hochrechnung) * Liquiditätsreserve (Hochrechnung) * Bilanzkennzahlen (-)	4.1 **Forschung und Entwicklung:** * F&E-Kapazitäten (-) * Anzahl eigener Patente (-) * Anzahl vergebener Lizenzen * Anzahl erworbener Lizenzen * F&E-Kosten (-) 4.2 **Absatz:** ● * Umsätze (Hochrechnungen) * Umsätze pro Absatzmitarbeiter (-) * Preise (Netto) * Lagerbestände * Gemeinkostenanteil (Hochrechnungen) 4.3 **Produktion und Beschaffung:** * Ausstoß (Hochrechnungen) * Ausschußquote (-) * Lohnkosten (Hochrechnungen) * Lohnkostenanteil (-) * Beschaffungspreise (-) 4.4 **Verwaltung:** * Verwaltungskosten (-) 4.5 **Großprojekte:** ● * Verhältnis von erhaltenen Anfragen zu weltweit vorgesehenen Projekten * Verhältnis von Anfragen gegenüber Plan * Zahl der Aktionsfolgeänderungen gegenüber Plan * Zahl der zeitlichen Abweichungen gegenüber Plan
(-) = im Vergleich zur Konkurrenz ● = **Zur auslandsmarktorientierten Frühaufklärung besonders geeignet**	

Abb. 6b. Mögliche Beobachtungsbereiche und Indikatoren eines indikatororientierten Frühaufklärungssystems

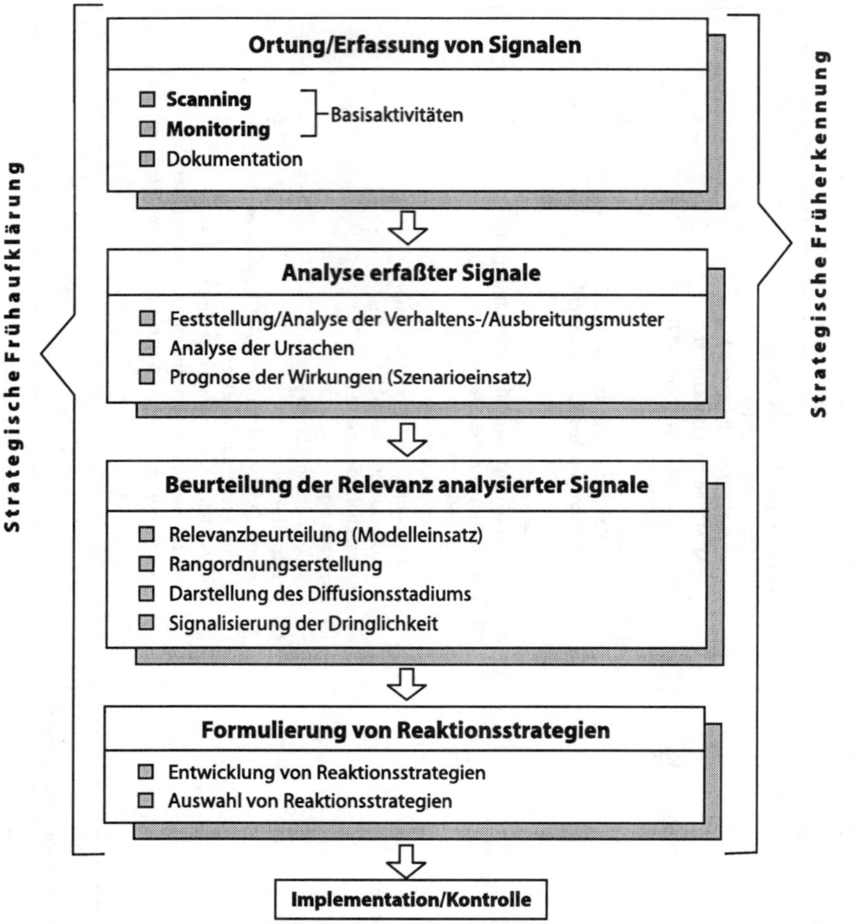

Abb. 7. Prozeß der strategischen Frühaufklärung

3.2 Überbetriebliche Frühaufklärungssysteme: Verbreiterung der Basis für auslandsmarktorientierte Frühaufklärung

Die bisher dargestellten Ansätze gehen von einer Trägerschaft/Nutzung durch nur eine Unternehmung aus. Zunehmend komplexer werdende Entwicklungen innerhalb und außerhalb von Unternehmungen machen es aber angesichts *limitierter Informationsaufnahme* – und *-verarbeitungskapazität* für die einzelne Unternehmung immer schwieriger, das gesamte Spektrum relevanter Chancen und Bedrohungen rechtzeitig zu erfassen und zu beobachten. Weiterhin verschließen sich insbesondere komplexe externe Entwicklungen häufig einer hinreichend vollständigen Wahrnehmung durch betriebliche Frühaufklärungssysteme, da ihnen die zur Gesamtbeurteilung solcher Entwicklungen notwendigen Informationen/Beurteilungskriterien nicht oder nur teilweise zugänglich sind. Schließlich ist die einzelne Unternehmung bei der Auswertung spezifischer Frühaufklärungsinformationen häufig nur auf wenige Experten angewiesen, will sie nicht die relevanten Informationen von Dritten käuflich erwerben.

Erfolgt dennoch eine unternehmungsindividuelle Beobachtung und Auswertung aller Indikatoren ausschließlich im Rahmen betrieblicher Frühaufklärungssysteme, so bedeutet dies eine parallele Informationsgewinnungs- und -verarbeitungstätigkeit in den einzelnen Unternehmungen, die jedenfalls in Teilbereichen (z.B. bei der Frühaufklärung gemeinschaftlich relevanter Bedrohungen) zu einer *vermeidbaren Doppelarbeit* und zu einer wenig effektiven Bindung von Ressourcen führt. Die hier vorgetragenen Argumente erhalten sicher ihr besonderes Gewicht, wenn es um die Frühaufklärung von Entwicklungen auf Auslandsmärkten geht, da hier das unternehmungsinterne *Expertenwissen* und die *Informationskapazität* besonders leicht an Grenzen stoßen. Eines der großen Risiken von Auslandsgeschäften liegt denn auch in einer auf Mangel an Informationen beruhenden Fehleinschätzung der Chancen und Bedrohungen auf ausländischen Märkten durch die einzelne Unternehmung.

Eine *überbetriebliche Zusammenarbeit* bei der *Ermittlung* von *Früherkennungsinformationen aus definierten Beobachtungsbereichen* liegt daher durchaus nahe und wird in der Praxis bereits erfolgreich durchgeführt.

Das älteste Beispiel eines überbetrieblichen Frühaufklärungssystems ist das sog. TAP-Modell (Trend Analysis Program) des American Council of Life Insurance.

Ebenfalls bewährt hat sich im deutschsprachigen Raum das überbetriebliche Frühaufklärungssystem des *IUP* (Institut für Unternehmungsplanung, Gießen), dessen Aufbau und Funktionsweise in Abb. 8 skizziert sind (Krystek, U./Müller-Stewens, G., 1993).

Eine deutliche *Begrenzung* in ihrer *Anwendbarkeit* erfahren *überbetriebliche Frühaufklärungssysteme* immer dann, wenn es um die Früherkennung spezifischer *Marktchancen* geht. Die individuelle Nutzung früherkannter Chancen auf in- und ausländischen Märkten und die damit verbundene Realisierung eines zeitlichen Vorsprungs vor Mitbewerbern begrenzen die Zusammensetzung und ggf. die Anzahl der zu beobachtenden Bereiche.

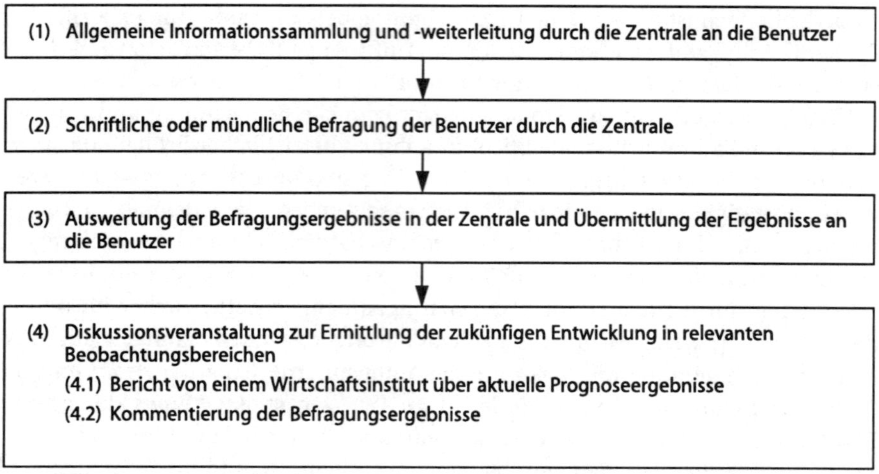

Abb. 8. Überbetriebliches Frühaufklärungssystem nach dem IUP-Modell

4 Strategische Allianzen und Netzwerke als Träger einer internationalen Frühaufklärung

Parallel zu den dargestellten Ansätzen der Verbesserung auslandsmarktorientierter Frühaufklärungssysteme scheint eine neue Form überbetrieblicher Zusammenarbeit zur Frühaufklärung länderspezifischer Chancen und Bedrohungen zukünftig an Bedeutung zu gewinnen. Ihr Ziel ist der Aufbau eines weltweiten *Frühaufklärungsnetzwerkes* z.B. zwischen Kunden und Lieferanten. Angesichts der im Rahmen von Internationalisierungsstrategien immer enger werdenen, strategisch ausgerichteten Kooperationen *(Strategische Allianzen)* zwischen Marktpartnern, wie sie z.B. in *Just-in-Time-Konzepten,* Global-Sourcing-Strategien oder dem sog. *Upstream-Management* zum Ausdruck kommen, wird der Austausch von frühaufklärungsrelevanten Informationen etwa zwischen Kunden und Lieferanten immer leichter möglich (Abb. 9).

Solche, zwar zu anderen Zwecken der Kooperation auf vertraglicher Basis eingegangenen, netzwerkartigen Beziehungen, lassen sich zum Aufbau eines *weltweiten Frühaufklärungsnetzwerkes* nutzen. Dabei kann Aufbau und Prozeß eines solchen Informationsnetzwerkes nach den zuvor beschriebenen Grundprinzipien überbetrieblicher Frühaufklärungssysteme erfolgen (Abb. 8). Als zentrale Informationssammelstelle eines solchen Systems könnte das *strategische Zentrum* (fokale Unternehmung oder hub-firm) eingesetzt werden (Sydow, J., 1993). In seiner Rolle als „Orchestrator im Spinnennetz" (Weber, B., 1996) käme diesem Führungszentrum des strategischen Netzwerkes ohnehin die Aufgabe zu, für die Bereitstellung und Pflege einer offenen Informations- und Kommunikationsstruktur zu sorgen. Diese Funktion wäre um die Rolle der Zentrale eines internationalen Frühaufklärungsnetzwerkes ohne grundsätzliche Probleme und mit vergleichsweise geringem Aufwand erweiterungsfähig.

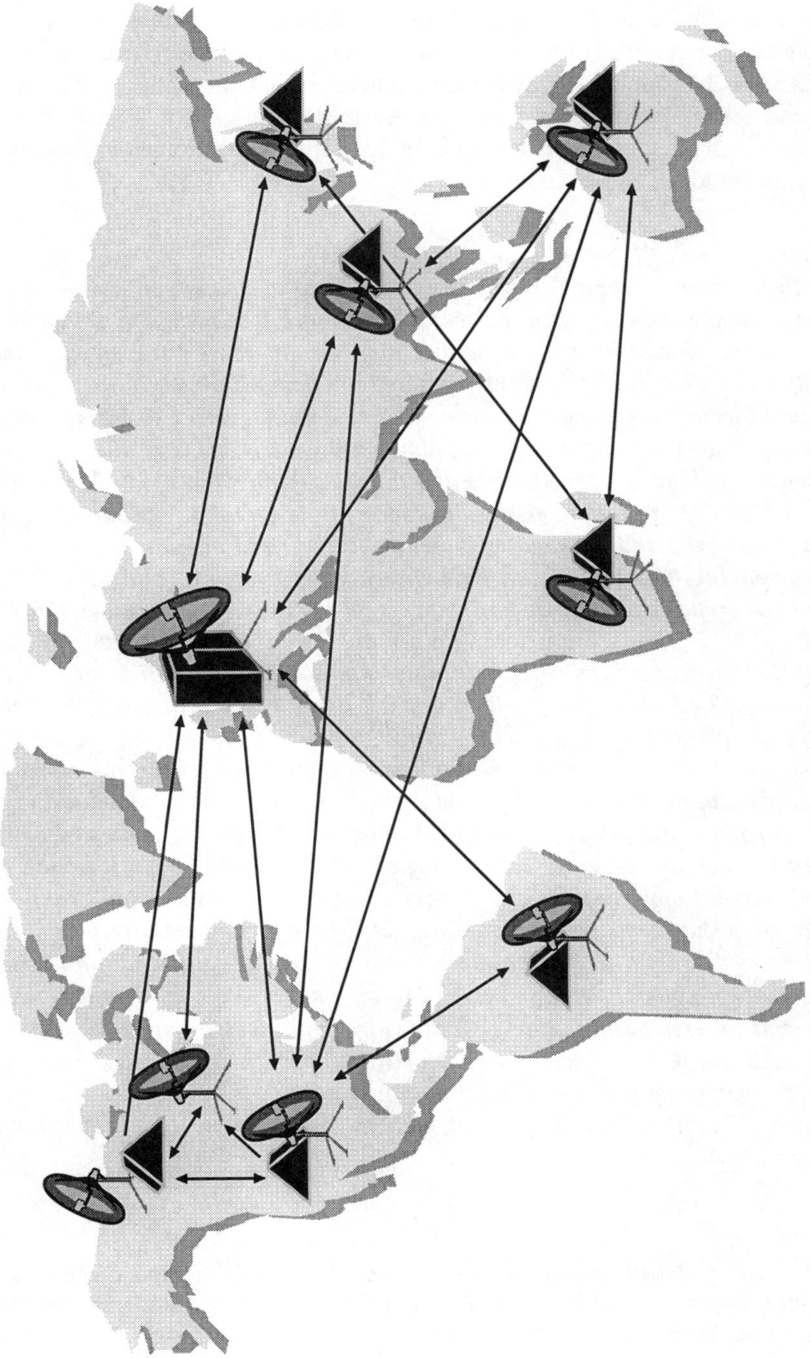

Abb. 9. Internationales Frühaufklärungs-Netzwerk zwischen Kunden und Lieferanten

Die Grundidee einer Nutzung weltweit bestehender Kontakte über Strategische Netzwerke etc. im Hinblick auf eine gemeinsame Frühaufklärung länderspezifischer Chancen und Bedrohungen scheint bisher allerdings noch nicht genügend erkannt und systematisch umgesetzt worden zu sein. Hierin ist ein erhebliches Potential an branchen- und unternehmungsspezifischen Frühaufklärungsinformationen zu vermuten.

Summary

The difficulty that companies experience in adapting to changes on foreign markets has escalated massively in the recent past. More specifically, as companies engage in the process of internationalization, the difference between the time actually required to react to such changes and the time within which such reaction should ideally take place has become a critical management problem. Traditionally, so-called country ratings are used to provide advanced and targeted warning of the kind of opportunities and threats specific to individual national markets. Country ratings are essentially derived from information sources outside of the company and are used to evaluate, observe, and monitor foreign markets. In general, they provide advanced warning of both the political and the derived economic opportunities and dangers on the horizon for various foreign markets. However, since country ratings are not always entirely suitable for detecting the particular kind of opportunities and dangers for which individual firms are on the lookout in specific countries, it is advisable to integrate them within the advance warning systems already in place at the company or the supra-company level. For given the increasingly complex developments taking place both inside and outside companies, the limited capacity of the individual companies to collate and process the relevant information makes it more and more difficult for them to recognize early enough and monitor the whole spectrum of directly-relevant opportunities and dangers. This is why, as successful examples have already shown, it makes good sense for different companies to pool their resources in this area. As yet, however, the basic idea of setting up and using contacts along a global strategic network to provide this kind of advanced warning seems to have been neither systematically implemented nor, indeed, sufficiently recognized. Nevertheless, such a network appears to offer enormous potential for providing the kind of information required for advanced warning of market opportunities and dangers for both individual companies and specific commercial sectors.

Literatur

Barth, P. (1994): Krisenfrüherkennung unter veränderten sicherheitspolitischen Rahmenbedingungen. In: Farwick, D. (Hrsg.): Krisen, die große Herausforderung unserer Zeit, Frankfurt, M./Bonn, S. 145 ff.

Bleicher, K. (1995): Das Konzept Integriertes Management. St. Galler Management-Konzept. Bd. 1, 3. Aufl., Frankfurt, M./New York.

Hahn, D./Krystek, U. (1989): Krisenmanagement, internationales. In: Macharzina, K./Welge, M. (Hrsg.): Handwörterbuch Export und Internationale Unternehmung, Stuttgart, Sp. 1220 ff.

Hake, B. (1996): Länderrisiken. In: Schulte, Chr. (Hrsg.): Lexikon des Controlling, München, S. 485 ff.

Jaegler, F.J. (1982): mm-Ländertest - Wegweiser für den Weltmarkt. In: manager magazin 13. Jg., Nr. 1, S. 76 ff.

Köglmayer, H.G. (1986): Country Risk Ratings. In: MIR, Vol. 26, No 4, S. 12 ff.

Krystek, U./Müller-Stewens, G. (1993): Frühaufklärung für Unternehmen. Identifikation und Handhabung zukünftiger Chancen und Bedrohungen, Stuttgart.

Krystek, U./Walldorf, E.G. (1992): Früherkennungssysteme (FES) in bezug auf Marktchancen und Marktbedrohungen auf Auslandsmärkten. In: Haussmann, M./ Kumar, R. (Hrsg.): Handbuch der Internationalen Geschäftstätigkeit, München, S. 341 ff.

Sydow, J. (1993): Strategische Netzwerke. Evolution und Organisation, Wiesbaden.

Tümpen, M. (1987): Strategische Frühwarnsysteme für politische Auslandsrisiken, Wiesbaden.

Walldorf, E.G. (1987): Auslandsmarketing. Theorie und Praxis des Auslandsgeschäfts, Wiesbaden.

Weber, B. (1996): Die Fluide Organisation. Konzeptionelle Überlegungen für die Gestaltung und das Management von Unternehmen in hochdynamischen Umfeldern, Stuttgart/Wien.

Denkwerkzeuge für Global Player

A. von Müller

1 Einleitung

Die meisten Unternehmen steuern geradewegs auf eine Kulturrevolution zu. Diese Kulturrevolution ist von zwei sich überlagernden Entwicklungen bestimmt. Über eine der beiden, nämlich die zwangsläufige *„Globalisierung der unternehmensstrategischen Perspektive"* wird heute schon viel gesprochen und geschrieben.

Die zweite hingegen rückt erst langsam ins Zentrum der Aufmerksamkeit. Es handelt sich dabei um den *Übergang von der Informations- zur Wissensökonomie* bzw. um das Phänomen, daß die Fähigkeit, Wissen zu erzeugen und Wissen zu bewirtschaften für immer mehr Unternehmen zur eigentlichen Kernkompetenz wird.

Das Thema „Denkwerkzeuge für Global Player" fokussiert den Zusammenhang und die Wechselwirkung beider Prozesse: Ein dauerhaft erfolgreicher Global Player braucht einen gegenüber traditionellen Unternehmen radikal erweiterten und beschleunigten *„Wissens-Metabolismus"*.

Zu skizzieren, welche neuen Herausforderungen damit auf Unternehmen zukommen und mit welchen neuen Methoden und Instrumenten man ihnen begegnen kann, ist die Aufgabe der nachfolgenden Überlegungen.

Dabei soll in einem ersten Schritt kurz aufgezeigt werden, was Denkwerkzeuge (think tools) überhaupt sind und wie sie Planer und Entscheidungsträger heute unterstützen können.

In einem zweiten, dritten und vierten Schritt wenden wir uns sodann dem spezifischen Wissens-Metabolismus eines Global Player zu. Hierbei geht es um die Frage, welche informationellen Anforderungsprofile sich stellen, wie aus einzelnen Informationen systemisches Wissen erzeugt werden kann und welche grundlegende Tool-Architektur für einen Global Player erforderlich ist.

2 Was sind Denkwerkzeuge?

Was ist Denken? Dieser Grundfrage der Philosophie soll an dieser Stelle nicht nachgegangen werden. Wir beschränken uns vielmehr auf eine ganz einfache, pragmatische Funktionsbestimmung für den aktuellen Kontext.

Unter „Denken" verstehen wir dabei diejenigen kognitiven Leistungen, bei denen wir vorliegende Informationen oder Sinnesdaten in einen sinnvollen Zusammenhang stellen und daraus entweder (a) eine umfassendere Betrachtung oder (b) eine Bewertung oder (c) Schlüsse ableiten, wobei letztere wiederum sowohl erkenntnisbezogener als auch handlungsbezogener Natur sein können.

Die Aufgabe von Denkwerkzeugen ist es, das gesamte Spektrum derartiger Denkprozesse zu unterstützen. Dabei geht es nicht darum, menschliches Denken zu ersetzen. Es soll vielmehr in die Lage versetzt werden, auch sehr anspruchsvolle Problemstellungen, wie sie sich etwa beim Verstehen und Gestalten von komplexen Transformationsprozessen stellen, erfolgreich zu bewältigen.

Warum brauchen wir überhaupt Werkzeuge fürs Denken? Im Rahmen der Entfaltung der modernen Industriegesellschaft haben sich in Technik und Wirtschaft, Politik und Gesellschaft immer komplexere Organisationsmuster herausgebildet. Ursache dafür ist die modulare Struktur der modernen Wissenschaft und Technik, die zu einer Selbstbeschleunigung des techno-ökonomischen Fortschritts führt.

Evolutionsbedingt sind wir für die Aufgaben des „complexity management" jedoch relativ schlecht gerüstet. Schon die Wechselwirkung nur weniger Faktoren können wir „mit bloßem Auge" kaum abschätzen, von der Eigendynamik komplexer Transformationsprozesse ganz zu schweigen.

Ursache dieser „Blindheit" für komplexe Strukturen und Dynamiken sind die Rahmenbedingungen, unter denen sich unsere Denk- und Wahrnehmungsfähigkeit entwickelt hat. Hier kam es vor allem auf die rasche und sichere Gestalt- und Mustererkennung trotz verrauschter Signale an („Ist das hinter dem Gebüsch ein Tiger oder nicht"), und dementsprechend sind diese Fähigkeiten bei uns auch außerordentlich gut entwickelt.

Die Steuerung und Gestaltung komplexer Systeme hingegen war bislang kein Thema, weil die Handlungen des Menschen im Verhältnis zur Natur viel zu unbedeutend waren. Erst im Rahmen der wissenschaftlich-technischen Zivilisation hat sich unser instrumenteller Handlungsspielraum auf einmal explosionsartig ausgeweitet. Aus evolutionsgeschichtlicher Sicht handelt es sich hierbei um eine explosionsartige Veränderung. Der Zeitraum, in dem all dies geschehen ist, nämlich die letzten 200 Jahre, ist viel zu kurz, als daß sich unser Wahrnehmungsapparat und unsere kognitive Disposition darauf hätten einstellen können.

Der große evolutive Erfolg des Menschen beruht jedoch auf seiner Fähigkeit, die Schwächen seiner natürlichen Disposition durch das Zuhilfenehmen von Werkzeugen zu kompensieren. Wir stehen heute somit vor einer neuen, faszinierenden Aufgabe.

> Es gilt, eine Zivilisationsleistung zweiter Ordnung in Angriff zu nehmen. Wir müssen uns in die Lage versetzen, mit dem zurechtzukommen, was wir im Rahmen der Zivilisationsleistung erster Ordnung selbst aufgebaut haben, nämlich eine bis dato völlig beispiellose Komplexität und Dynamik der Funktionszusammenhänge, in denen wir uns bewegen und von denen unser Überleben abhängt.

Genau damit aber ist ein völlig neues Arbeitsgebiet definiert: Es geht um die Entwicklung von Denkwerkzeugen, die uns dabei unterstützen, komplexe Zusammenhänge in ihrer Struktur und Dynamik wahrzunehmen, zu verstehen und zu gestalten.

Aufbauend auf langjährigen Forschungsarbeiten im Rahmen der Max-Planck-Gesellschaft haben wir vor sieben Jahren damit begonnen, die wichtigsten Methoden und Verfahrensansätze des complexity management in rechnergestützte Denkwerkzeuge für Planer und Entscheidungsträger umzusetzen.

Ergebnis ist ein modular aufgebauter Satz von Werkzeugen, die einzeln oder in Kombination miteinander eingesetzt werden können und die sämtliche Denkfunktionen bei der Wahrnehmung und Gestaltung komplexer Zusammenhänge unterstützen.

Hinsichtlich der Methoden sind bei komplexen Veränderungsprozessen exakte Modellierungen und Prognosen nur in Ausnahmefällen möglich. Dennoch können für Planer und Entscheidungsträger in höchstem Maße wichtige Einsichten und Erkenntnisse gewonnen werden. Sie erfordern nur weitaus subtilere, methodologisch anspruchsvollere Verfahren als das „sture Durchrechnen" exakter Daten und linearer Kausalzusammenhänge.

Entscheidend kommt es vielmehr auf die Fähigkeit an, qualitative Einsichten bzw. unscharfe und weiche Aussagen – wie sie für fast alle entscheidenden Fragen in Politik und Wirtschaft charakteristisch sind – zu einer richtigen Einschätzung der Gesamtproblematik zusammenzufügen und aus dieser dann die entsprechenden Bewertungen und Schlüsse bzw. konkrete Handlungsempfehlungen abzuleiten.

3 Das Anforderungsprofil eines „Global Player"

Unter dem Schlagwort „Global Player" verstehen wir in erster Linie eine Geisteshaltung. Nicht jedes Unternehmen mit weltweiten Aktivitäten qualifiziert sich allein deshalb schon als Global Player.

Was den Global Player ausmacht, sind die Fähigkeit und der Wille, sämtliche unternehmensstrategischen Entscheidungen grundsätzlich unter dem Gesichtspunkt der globalen Wettbewerbsdynamik zu treffen. Die Fragen, wo man forscht und entwickelt, produziert, vertreibt, Kapital beschafft oder Gewinne anfallen läßt etc. – sie alle werden vom Global Player im Kontext einer globalen Standortkonkurrenz gesehen und entschieden.

Das informationelle Anforderungsprofil, bzw. genauer formuliert der „Wissens-Metabolismus" eines Global Player, unterscheidet sich deshalb grundlegend von dem eines „Traditional Player" – und zwar nicht nur in inhaltlicher, sondern auch in methodologischer Hinsicht.

In bezug auf die Methoden der Wissensbildung und Entscheidungsfindung können die Unterschiede grob zusammenfaßt werden (Abb. 1).

In inhaltlicher Hinsicht geht es für den Global Player darum, aus einem breiten Spektrum von Informationen, die zu den unterschiedlichsten Themen und mit stark variierender Auflösung und Zuverlässigkeit vorliegen, das für sein Handeln ausschlaggebende „operative Wissen" zu erzeugen.

	Traditional Player	Global Player
Systemdynamik	• kontinuierlich, „zähflüssig“	• diskontinuierlich, turbulent
Kernproblem	• Optimierung von Subsystemen und Einrichtung von Kontrollmechanismen	• Gestaltung des Wandels und neue Ordnungsmuster
Hauptgefahr	• Umschlag von Ordnung in Erstarrung	• Prozesse der fraktalen Desintegration (structural change hick-up)
Informationsbedarf	• hochauflösender Informationsbedarf • zentrale Bedeutung statistischer Daten • lange Halbwertzeit des Wissens	• Notwendigkeit der Echtzeitinformation und des kontinuierlichen Monitoring • zentrale Bedeutung schwacher, konstellationsabhängiger und deshalb interpretationsbedürftiger Signale • enorme Informationsflut und deshalb großer Bedarf für intelligente Selektion und Verdichtung
Analysebedarf	• quantitativ extrapolationsorientiert • zentrale Bedeutung von Netzwerkplanung und Simulation • mittel- und langfristige Projektplanung möglich • modular-hierarchische Struktur der Untersuchungsergebnisse	• Analyse von Strukturwandel- und Strukturbildungsprozessen als Basisverfahren • konstellationsorientierte Mustererkennung und Denken in alternativen Ereignissequenzen notwendig • „Zwiebelstruktur“ der Aussagen, d. h. klare Unterscheidung von langfristiger Fundamentaldynamik, mittelfristigen Verhaltensmustern und aktuellen Ereignissen
Strategieentwicklung	• Optimierung von Subsystemen als zentraler Ansatzpunkt • Paradigma der Konsolidierung und Expansionsstrategien • große Bedeutung hochauflösend ausdefinierter Mittel- und Langfriststrategien sowie spieltheoretische Optimierung unter ceteris paribus-Bedingungen	• zentrale Bedeutung von Transformationskonzepten • Paradigma der „bifurkationsorientierten Prozeßgestaltung“ • kairos-orientierte Strategieentwicklung als offener Prozeß, der parallel zu Informationsbeschaffung, Analyse und Entscheidungsprozeduren abläuft
Umsetzung	• hierarchische, mittel- und langfristig stabile Zuordnung von Kompetenzen möglich • Dominanz von linearen Minimax-Kalkülen • zeitaufwendige Konsensbildung und Entscheidungsprozeduren möglich	• Online-Einbeziehung von Last Minute-Informationen und externem Know-how notwendig • Leitmotiv der „Evolutionary Fitness“ • zentrale Bedeutung des Kriteriums der Nachsteuerbarkeit • Integration von Mittel- und Langfrist-Strategien mit laufendem Update auf der Basis kontinuierlicher Trend- und Transformationsanalysen

Abb. 1. Traditional Player versus Global Player

Ein möglicher Ansatz zur Strukturierung der Inhalte besteht darin, zunächst einmal die vier *Grundfelder* zu definieren, zu denen qualifizierte Information vorliegen muß, um erfolgreich unternehmerisch handeln zu können. Es kann sich dabei z. B. um die folgenden Grundfaktoren handeln:

- *Rahmenbedingungen des eigenen Handelns*
- *Nachfrage-Profile der aktuellen und potentiellen Kunden*
- *Marktdynamik und Verhalten der Wettbewerber*
- *Relevante Technologie- und Prozeß-Innovationen.*

Kennzeichnend für den Global Player ist, daß diese vier Bereiche jeweils parallel auf unterschiedlichen Zoom-Ebenen behandelt werden müssen.

Eine oberste Ebene sollte dabei eine *global-makroskopische Zoom-Ebene* bilden. Inhaltlich kann es dort z. B. um die folgenden Themen gehen:

- *Geo-politische Entwicklungstrends*
- *Geo-ökonomische Wettbewerbssituation und Handelsströme*
- *Eigendynamik der zivilisatorischen Entwicklung und Verschiebungen der grundlegenden Bedürfnisse und Werte.*

Auf einer zweiten Zoom-Ebene können sodann die *regional- bzw. landesspezifischen Faktoren* behandelt werden. Dabei kann es um die folgenden Inhalte gehen:

- *Politische, gesetzliche, infrastrukturelle und konjunkturelle Rahmenbedingungen der betreffenden Region*
- *Landesspezifische Nachfragemuster und Bedarfsentwicklung*
- *Landesspezifische Marktdynamik und Wettbewerbssituation*
- *Lokale Arbeitsmarkt-, Kosten- und ggf. Subventionsfaktoren.*

Parallel dazu können, ebenfalls auf der zweiten Zoom-Ebene, *technologie- und branchenspezifische Faktoren* bearbeitet werden. Dabei kann sich die Aufmerksamkeit beispielsweise auf die folgenden vier Themen richten:

- *Grundlagenforschung und neue Basistechnologien*
- *Branchenspezifische Technologie- und Innovationsdynamik*
- *Produktspezifische Anforderungs- und Präferenzprofile*
- *Produktspezifische Wettbewerbssituation.*

Bei Bedarf können weitere Zoom-Ebenen und Informationsbereiche analog erfaßt und in den Informationsfluß eingefügt werden. Die Bereitstellung eines kontinuierlichen Informationsflusses zu all diesen, für das jeweilige Unternehmen relevanten Bereichen ist jedoch nur der erste Schritt. Entscheidend kommt es sodann auf die echtzeitnahe Integration und „Veredelung“ dieser punktuellen Informationen zu handlungsrelevantem Wissen an.

4 Die Veredelung von Information zu Wissen

Viele Unternehmen leiden derzeit an informationellen Pathologien. Die wohl häufigste kann man als „zufallsbestimmte Informationsbasis" definieren. Ursache dafür ist meist, daß die Grundlagen der Informationsbeschaffung und -verarbeitung irgendwann einmal entstanden sind und sich über die Jahre hinweg mehr oder weniger wildwüchsig weiterentwickelt haben.

Um ein auf die Dauer erfolgreicher Global Player zu sein, ist es jedoch unverzichtbar, den eigenen Informationsbedarf und Informationsfluß strategisch zu analysieren und zu gestalten.

Eine zweite, ebenfalls sehr weit verbreitete Informations-Pathologie ist die „informationelle Selbstlähmung". In diesem Fall können die wichtigsten Informationen sogar vollständig vorliegen, es gelingt der Unternehmensführung jedoch nicht mehr, diese vielfältigen und heterogenen Informationen in praktisch nutzbaren, entscheidungsrelevanten Wissenshintergrund zu integrieren.

Nur wenn es gelingt, die vorliegenden Informationen erstens zu Wissen zu verarbeiten und zweitens dieses Wissen dann als „operationales Wissen", d.h. als interaktiv zugängliches Wissen, für die eigene Strategieplanung und bei den laufenden Entscheidungen zu nutzen, ist das Ziel erreicht.

Schon bei der Bereitstellung der grundlegenden Informationsflüsse bestehen derzeit beachtliche Defizite, sogar bei Unternehmen, die sich selbst als „Global Player" charakterisieren würden. Ursache dafür ist nicht zuletzt die Tatsache, daß im Rahmen der allgemeinen Globalisierung die Bedeutung der Schnittstelle zur politischen Sphäre dramatisch zugenommen hat, die meisten Unternehmen jedoch für die Gewinnung und Nutzung von Informationen aus diesem Bereich besonders schlecht gerüstet sind.

Die Defizite in diesem Bereich können jedoch, sobald das Problem als solches erkannt wurde, relativ rasch und kostengünstig beseitigt werden. Es handelt sich hierbei nämlich um Wissen, das gut gepoolt werden kann, d.h. daß die Informationen in einem Arbeitsgang für mehrere Abnehmer aufbereitet werden können.

Wesentlich schwieriger und anspruchsvoller ist der zweite Schritt, die Weiterverarbeitung und Veredelung der vorliegenden Informationen zu operationalem Wissen. Hierbei geht es um eine neue Herausforderung, deren Grundzüge im folgenden kurz skizziert werden: Wir unterscheiden definitorisch zwischen *Daten, Information und Wissen*:

- Als *Daten* bezeichnen wir die symbolische Repräsentation von Sachverhalten. (Zum Beispiel den auf einem digitalen Thermometer ablesbaren Anzeigewert von „25 °Celsius".)
- Als *Information* bezeichnen wir ein Bündel von Daten, das in eine propositionale Struktur zusammengefaßt ist. Die Aussage: „In München sind es heute, am 27.7.1996 um 13 Uhr, 25 Grad im Schatten" ist eine Information im Sinne dieser Definition.
- Als *Wissen* schließlich bezeichnen wir die systemische Verknüpfung von Informationen dergestalt, daß prognostische oder explanatorische Erklärun-

gen abgegeben werden, d.h. sinnvolle Fragen richtig beantwortet werden können. (Beispiel: „Wenn sich vom Atlantik her ein Tiefausläufer nähert und zugleich kein robuster Hochdruckkern über dem Kontinent besteht, steigt die Wahrscheinlichkeit von Niederschlägen auf 80 %.")

Der große qualitative Unterschied zwischen Information und Wissen besteht also darin, daß Information einen punktuellen Charakter hat, während Wissen das Verständnis von Zusammenhängen ermöglicht.

(Es sei an dieser Stelle angemerkt, daß die umgangssprachliche Verwendung der Begriffe „Information" und „Wissen" häufig nicht mit dem hier entwickelten terminologischen Gebrauch der Begriffe übereinstimmt. Sowohl verwenden wir „Wissen" häufig schon für die Ansammlung punktueller Informationen. Darüber hinaus verwenden wir den Begriff „Wissen" häufig, in Abgrenzung gegenüber „Glauben" und „Vermuten", im Sinne eines höherwertigen bzw. validierten erkenntnistheoretischen Status einer Aussage. All dies ist hier jedoch nicht gemeint.)

Der als nächstes anstehende technologisch-ökonomische Paradigmen-Wandel wird derjenige von der Informationstechnik zur Bewirtschaftung von Wissen sein. Derzeit sind noch alle damit befaßt, die Informationstechnik hard- und softwareseitig auszubauen. Und wir reden dementsprechend auch von der „Informationsgesellschaft", dem „Informationszeitalter" etc.

In dem Maße, in dem durch den Erfolg der Informationstechnik die Fülle und Verfügbarkeit von Information explosionsartig zunimmt, wird Information ihrerseits zum Rohstoff. Daraus ergibt sich die Notwendigkeit eines weiteren „Veredelungsschrittes", nämlich die Aufgabe, aus Information Wissen zu erzeugen. Genau diese Fähigkeit wird bei dem vor uns liegenden technologisch-ökonomischen Paradigmenwechsel zur Schlüsselkompetenz.

Es ist das Wesen von Denkwerkzeugen, daß sie einzelne Informationen in einen systematischen Kontext einbringen. Dabei kann es sich z.B. um die Abschätzung möglicher Entwicklungspfade, um die Beurteilung komplexer, zeitlich gestaffelter Konsequenzmengen oder um die Zusammenstellung und Erprobung kosteneffizienter Strategien handeln.

Der gemeinsame Nenner ist immer, daß punktuelle Informationen in einen systematischen Zusammenhang gebracht werden, der es dann ermöglicht, handlungsrelevante Fragen zu beantworten. Denkwerkzeuge sind in diesem Sinne Instrumente, die uns dabei helfen, aus Information Wissen zu erzeugen.

5 Eine Tool-Architektur für Global Player

Für den Global Player stellen Denkwerkzeuge eine einzigartige Chance dar. Indem sie helfen, aus Informationen Wissen zu erzeugen, ermöglichen sie sowohl die Bewältigung der Informationsflut wie auch eine sprunghaft verbesserte Orientierungs- und Entscheidungsfähigkeit angesichts der dramatisch angewachsenen Umweltkomplexität und der immer rascheren Veränderung der Rahmenbedingungen des eigenen Handelns.

Der spezielle Wissens-Metabolismus eines Global Player erfordert dabei eine spezielle Tool-Architektur. Deren Kernaufgaben lassen sich wie folgt zusammenfassen:

- Zum einen ist ein kontinuierlicher Informationsfluß zu dem gesamten *Spektrum der relevanten Umfeldinformationen* zu gewährleisten, und zwar möglichst auf unterschiedlichen Zoom-Ebenen, wie oben skizziert.
- Zum anderen ist der *unternehmensinterne Informationsfluß* ebenfalls auf eine entsprechende Taktfrequenz sowie eine vergleichbare Qualität der Aufbereitung zu bringen.
- Drittens gilt es, die Informationen aus beiden Quellen zu integrieren und zu veredeln, so daß daraus *operatives Wissen* entsteht d.h. der interne und der externe Wissenshorizont *wechselseitig aufeinander abgebildet* werden können bzw. der kleine und der große „Blutkreislauf" des Wissens-Metabolismus unmittelbar ineinander greifen.

In der praktische Umsetzung kann eine derartige Tool-Architektur z.B. wie in Abb. 2 dargestellt aussehen.

Selbstverständlich muß die Tool-Architektur jeweils im Einzelfall auf den spezifischen Bedarf eines Unternehmens abgestimmt werden. Die hier aufgeführten Komponenten bilden jedoch gleichsam die Grundausstattung für den Wissens-Metabolismus eines auf Dauer erfolgreichen Global Player.

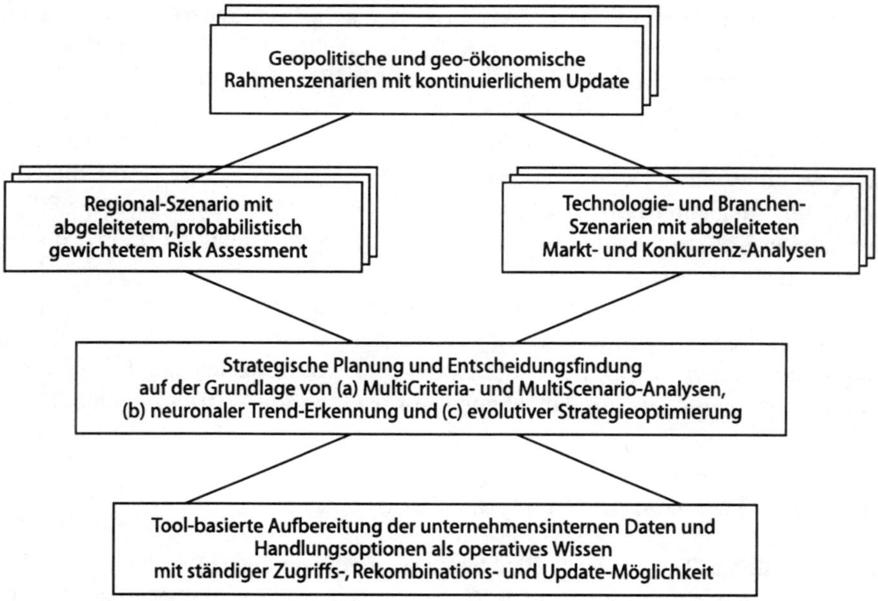

Abb. 2. Eine Tool-Architektur für Global Player

Der Einsatz von Denkwerkzeugen, wie sie in den letzten Jahren, aufbauend auf langjähriger Grundlagenforschung, entwickelt wurden, eröffnet dabei ganz neue Möglichkeiten, die Struktur und Dynamik komplexer Zusammenhänge zu verstehen, zu gestalten und aus punktuellen Informationen handlungsrelevantes Wissen zu erzeugen.

Summary
As the age of information technology marches triumphantly on, and the mass and the availability of information continues to explode, the very stuff of information itself turns into a raw material. As a consequence, the necessity arises to refine this raw information into knowledge. To a much greater extent than traditional companies, today's global players need - if they are to secure lasting success - to be able to select from amongst an immense spectrum of information, much of which varies radically in clarity and reliability, and sift out that precise element of "operative knowledge" that is decisive for their commercial sector. To be recommended here are "think tools", which can be used to integrate separate pieces of information within a systematic context. Such tools can be used, for example, to appraise potential developmental sequences; to assess the likelihood and possible effects of complex, temporally-separated sets of consequences; or to conceive and test cost-efficient strategies.

Internationalisierung: Herausforderung an Kommunikationsformen und -infrastruktur in der Unternehmung

I. Behrendt

1 Problemstellung

Nicht selten wird bei Internationalisierungsprozessen von Unternehmungen die Bedeutung einer technisch reibungslosen Kommunikation unterschätzt. Um effiziente Kommunikation sicherzustellen, müssen neue Standorte, Filialen oder ausgelagerte Funktionen in den betrieblichen Informationsfluß so integriert werden, als existierten die räumlichen Entfernungen nicht. Geschäftsprozesse machen nicht am Werkstor oder an Grenzen halt, sondern laufen quer durch eine Organisation hindurch und müssen *standortübergreifend und zum Kunden hin optimiert* werden. Die Internationalisierung, d.h. der Wandel vom lokalen Anbieter zum globalen Wettbewerber mit internationaler Präsenz, ist auch im Kommunikationsbereich mit einer Reihe von Herausforderungen verbunden. Themen wie:

- Ausufernde Kosten durch Reisetätigkeiten
- Entscheidungsengpässe durch hohe Abwesenheitszeiten
- Zeitverzug und Erreichbarkeitsprobleme durch unterschiedliche Zeitzonen
- Verständigungsschwierigkeiten durch sprachliche und kulturelle Unterschiede
- Doppelarbeiten durch inkonsistente Datenbasen und Inkompatibilität der Datenformate

sind häufige Begleiterscheinungen, denen Unternehmungen begegnen müssen. Die hinter solchen Themenstellungen verborgenen Probleme können eine ernsthafte Gefahr für die Funktionsfähigkeit einer internationalen Struktur bedeuten. Hinzu kommt, daß die reibungslose Kommunikation zwischen den Standorten eine *Grundvoraussetzung* ist, um wesentlich tiefgreifendere Kommunikationsprobleme internationaler Unternehmungen, wie z.B. Sprachbarrieren, unterschiedliche Werte und Normen oder Erwartungen an die Arbeitswelt, zu bewältigen.

Der ausschließliche Verweis auf die Internationalisierung ist bei der Diskussion über technische Kommunikationsprobleme jedoch zu eng umrissen. Internationalisierung wird von einer Reihe betriebswirtschaftlicher Entwicklungen begleitet, die gleichfalls als Herausforderungen für die Kommunikationsinfrastruktur verstanden werden müssen. Hier sind als wesentliche Aspekte zu nennen:

- *Prozeßorientierte* Organisationsstrukturen und virtuelle Organisationsformen führen in vielen Fällen zu *räumlich getrennter Leistungserbringung* und damit zu veränderten Kommunikationsformen.
- Die zunehmenden *„Global-Sourcing-Tendenzen"*, d.h. das Ausnutzen weltweiter Beschaffungsmärkte für die Produkterstellung, führt zu höheren Anforderungen an die *Kommunikationsintensität* zwischen den weltweit tätigen Partnern (z.B. im Rahmen eines Upstream-Managements).
- Die *Kommunikation mit Kunden* wird immer mehr zu einem Differenzierungsmerkmal im Wettbewerb. Die Schlagworte „Präsentation von Produkten im Internet", „Telefonbanking" oder „Einsatz von Spracherkennung bei Bestellvorgängen" stehen stellvertretend für neuartige Entwicklungen in der Kundenkommunikation, mit denen Unternehmungen Differenzierungsmerkmale schaffen.

Zur Erzielung internationaler Wettbewerbsfähigkeit ist es heute unabdingbar, diese Entwicklungen zu beobachten und in die Unternehmungsprozesse zu integrieren. Neuen Medien und Kommunikationstechnologien (KT) kommt dabei die Aufgabe zu, zeit- und raumunabhängige Kommunikation zu ermöglichen, um *international ohne störende Friktionen* agieren zu können. Gleichzeitig müssen Innovationspotentiale neuer Medien genutzt werden, um die *Kommunikation mit dem Kunden* erfolgversprechend zu gestalten.

Der vorliegende Beitrag nimmt die hier skizzierte Problemstellung auf und zeigt, wie eine Unternehmung auf diese Herausforderungen reagieren kann und welche Nebenbedingungen zu beachten sind. Dabei wird auf Erfahrungen der AEG Electrocom GmbH, Konstanz hingewiesen.

2 Aspekte der Unternehmungskommunikation

Der Begriff der Kommunikation ist in seiner Breite nur schwer zu fassen. Zunächst wird vom nachrichtentechnischen Aspekt der Kommunikation gesprochen. Hierunter ist die Verschlüsselung, der Transport und die Entschlüsselung von Informationen zu verstehen. Dieser Aspekt der Kommunikation ermöglicht die Verständigung, jedoch noch nicht das Verstehen. Das Verstehen ist die sozialwissenschaftliche Komponente der Kommunikation. In ihr wird die Frage des einheitlichen Interpretierens von Informationen diskutiert. Schulz v. Thun (Schulz v. Thun, 1981) zeigt in seinem „Modellstück der zwischenmenschlichen Kommunikation", daß das Verstehen von vier insgesamt gleichrangigen Aspekten abhängt (vgl. Abb. 1):

1. *Sachaspekt:* Die Frage, wie Sachverhalte klar und inhaltlich verständlich mitgeteilt werden.
2. *Beziehungsaspekt:* Die Frage, welche Wertschätzung für den Gesprächspartner durch die Kommunikationsart zum Ausdruck gebracht wird.
3. *Selbstoffenbarungsaspekt:* Die Frage, welche Persönlichkeitsmerkmale durch die Kommunikation dem Gesprächspartner vermittelt werden.

4. Appellaspekt: Die Frage, was mit der Kommunikation bewirkt werden soll.

Unternehmungen müssen bei der Auswahl von KT sowohl die *nachrichtentechnische* als auch die *sozialpolitische* Komponente in ihren Wechselwirkungen beachten. Die Möglichkeit, ungestört über Medien kommunizieren zu können (nachrichtentechnische Kommunikation) ist dabei zwar eine wesentliche Voraussetzung, jedoch längst noch kein Garant für das gegenseitige Verstehen (sozialpolitische Aspekte). Der Stellenwert effizienter Kommunikationsprozesse für die Wirtschaftlichkeit wird schon durch die Betrachtung des Zeitanteils deutlich, der in Unternehmungen auf Kommunikation entfällt. In einer Studie der TU München wird gezeigt, daß z.B. Top-Manager ca. 90 % ihrer Arbeitszeit für Kommunikation aufwenden. Face-to-face-Kommunikation nimmt dabei derzeit den weitaus größten Teil ein (vgl. Abb. 2).

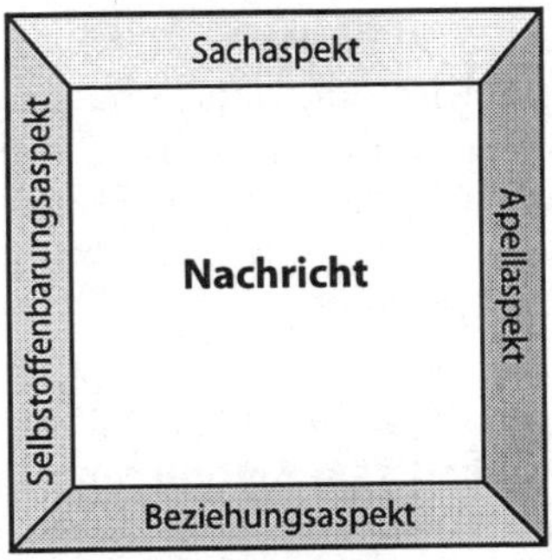

Abb. 1. Modell zwischenmenschlicher Kommunikation (Schulz v. Thun, 1981, S.14)

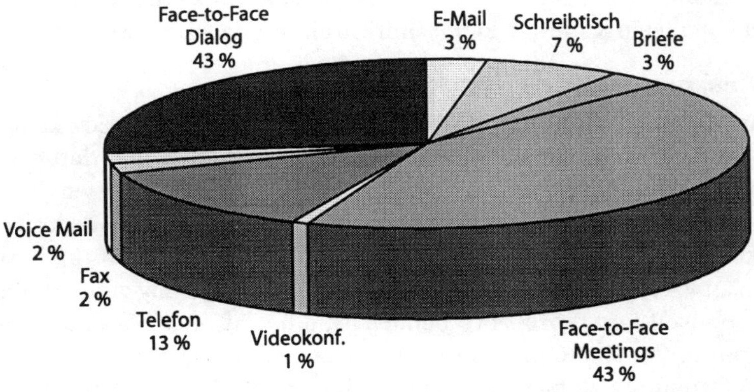

Abb. 2. Zeitanteil der Kommunikation eines Top-Managers; (o.V., 1996, S. 1)

Gleichzeitig wird in der Untersuchung deutlich, daß asynchrone KT (Telefax, E-Mail, Voice Mail u.a.) eine zunehmende Bedeutung erhalten. Diese Entwicklung wird mit der Zeitfalle begründet, in der sich global operierende Manager heute befinden. Extremer *Zeitdruck* und ein hohes Aufgabenvolumen, das sich im Vergleich zur Situation von vor 25 Jahren fast verdoppelt hat (Pribilla et al, 1996), zwingen Manager dazu, ihre Haupttätigkeit, das Kommunizieren, rationeller zu gestalten. Insbesondere neue KT zeigen Wege auf, wie diese Zeitfalle umgangen werden kann.

3 Ausgangssituation veränderter Kommunikationsanforderungen

Angetrieben von den sich immer schneller verändernden internationalen Märkten, haben Unternehmungen in den letzten Jahren einschneidende Strategien und Maßnahmen ergriffen, die in vielen Fällen zu strategischer Neupositionierung und zu einer Neudefinition der Geschäftsabwicklung geführt haben. Analog zu diesen Entwicklungen haben sich auch neue Anforderungen an die Kommunikationsinfrastruktur ergeben. Im wesentlichen sind *hier drei Veränderungsbereiche* zu nennen:

1. *Internationalisierung der Unternehmung*

Die Kommunikation, die häufig auf lokale Strukturen oder sogar auf eine „Ein-Standort-Unternehmung" ausgerichtet ist, muß den veränderten Anforderungen einer internationalisierten Struktur angepaßt werden. Unterschiedliche Zeitzonen, die teilweise nur kurze Kommunikationsfenster zulassen und die Unbequemlichkeiten bei Brief-, Telefon- und Faxverbindungen haben häufig zur Folge, daß Reisezeiten und Reisekosten ausufern. Weiterhin hängen die Erfolge einer „Global-Sourcing-Strategie" von der Effizienz der Kommunikation zwischen den internationalen Partnern ab. In dieser Situation wird die Notwendigkeit einer neu gestalteten Kommunikationsinfrastruktur offensichtlich.

2. *Prozeßorientierung der Unternehmungsorganisation*

Viele Unternehmungen haben in letzter Zeit Reengineering-Projekte zur Reduzierung von Prozeßkosten und zur Verkürzung der Durchlaufzeiten durchgeführt (Servatius, 1994). Kommunikationstechnologien spielen in diesen Programmen eine entscheidende Rolle, da ein radikales Prozeß-Redesign ohne den kreativen Einsatz dieser Technologien nicht durchführbar ist (Hammer/Champy, 1993). Hinzu kommt, daß Prozeß-Reengineering zumeist mit der Konzentration auf Kernprozesse verbunden ist, d.h., daß viele Sekundärprozesse an externe Unternehmungen vergeben werden. Um die daraus entstehenden virtuellen Strukturen zu managen, ist der Einsatz von KT unabdingbar geworden (Krystek, 1996).

3. Ausrichtung der Unternehmung auf Erhöhung des Kundennutzens

Neben dem nach innen gerichteten Prozeß-Redesign müssen die Kommunikationsprozesse mit den Kunden ebenfalls effizienter und innovativer gestaltet werden. Für die Bereiche Vertrieb, Projektmanagement und Service z.B. gilt es, neue Wege der technischen Kundenkommunikation zu nutzen und Wettbewerbsvorteile zu erzielen und auszubauen. Die Veränderung der Kommunikationsinfrastruktur bezieht sich dabei sowohl auf die Übertragungsstruktur (Netze) als auch auf die Kommunikationstechnologien an sich.

4 Auswahl geeigneter Kommunikationstechnologien (KT)

Die Technologieauswahl wird entscheidend von der Frage beeinflußt, welche technische Kommunikationsform für die Aufgabenerfüllung geeignet ist. Wie in einer Reihe von empirischen Studien gezeigt wurde (Picot/Reichwald, 1987), sind Technologien nicht nur hinsichtlich ihres technischen Potentials zur Überwindung von Entfernungen zu untersuchen, sondern müssen auch sehr stark mit der zugrundeliegenden *Aufgabenstruktur* in Verbindung gebracht werden.

Um bei der Auswahl der geeigneten KT eine strenge Aufgabenorientierung zu gewährleisten, erscheint es sinnvoll, drei grundlegende Fragen als *Leitfaden* zu nutzen:

- Welche Aufgaben sind durch KT konkret zu unterstützen?
- Welche Kommunikationskomplexität ist bei diesen Aufgaben gefordert?
- Welche KT können die Kommunikationsaufgabe technisch unterstützen und passen zu ihrem Komplexitätsgrad?

1. Aufgabenbereiche, die durch KT unterstützt werden

Die folgende Themenliste (Abb. 3) zeigt beispielhaft drei Aufgabenbereiche mit einer Reihe von Unteraufgaben, die durch Kommunikationstechnologien unterstützt werden sollen:

Bereich 1: Informationen austauschen	Bereich 2: Gemeinsam Dokumente bearbeiten	Bereich 3: Informationen suchen
• Führungsgespräche	• Angebote erstellen	• Literaturinformationen
• Fachbesprechungen	• Planungen erarbeiten	• Marktinformationen
• Kurze Abstimmungen	• Dokumentationen erstellen	• Technische Informationen über eigene Produkte
• Schriftliche Mitteilungen	• Genehmigungsläufe	• Beschaffungsinformationen
• Kurznachrichten	• Abstimmung an Dokumenten	• Kaufmännische Informationen
• Präsentationen		• Expertenmeinungen
• Daten austauschen		

Abb. 3. Themen der Kommunikationsunterstützung

In der Themenliste wird deutlich, daß die Anforderungen an die Kommunikationsunterstützung *sehr weit* gefaßt wurden. Während der Bereich *„Informationen austauschen"* sich im wesentlichen auf den Ersatz bzw. die Unterstützung von „Face-to-face-Kommunikation" bezieht, wird für die Aufgabe *„Gemeinsam Dokumente bearbeiten"* schon die Unterstützung operativer Aufgaben gefordert. So kann z.B. die Angebotserstellung - die im Anlagenbau die Zuarbeit unterschiedlicher Bereiche erfordert - wesentlich effizienter gestaltet werden, wenn nicht sequentiell, sondern von verschiedenen Bereichen gleichzeitig an einem Angebot gearbeitet wird. Das Thema *„Informationssuche"* bezieht sich auf technische Kommunikation im Sinne eines „Informations-Retrieval". Informationslieferant kann in diesem Fall sowohl eine Person (z.B. ein „Information Broker") als auch eine Datenbank sein.

2. *Die Komplexität der Kommunikationsaufgabe*

Die Komplexität einer Kommunikationsaufgabe ist bei der Technologieauswahl von Interesse, da man von der Annahme ausgehen kann, daß bei ansteigender Komplexität der Kommunikation der Grad der *sozialen Präsenz* steigen muß, um effizient zu kommunizieren (Rice, 1992). Das heißt also, daß bei Kommunikationsaufgaben mit hoher Komplexität (z.B. Führungsgespräche) der persönliche Dialog oder Videokommunikation zu empfehlen ist, während weniger komplexe Kommunikationsaufgaben (z.B. Monatsberichte übermitteln) mit einfacheren Mitteln z.B. Telefax oder Electronic Mail wahrgenommen werden können. Rice (Rice, 1992) spricht in diesem Zusammenhang von *der „Media Richness"* einer Technologie. In Abb. 4 wird beispielhaft gezeigt, wie Kommunikationskomplexität und Technologieauswahl miteinander in Beziehung stehen. Dabei befindet sich in der Mitte der Matrix der Bereich der effektiven Kommunikation, die Ränder sind jeweils als ineffizient zu bezeichnen, da die Kommunikationskomplexität der Aufgabe nicht im Einklang mit dem Medium steht.

3. *Positionierung der geeigneten Kommunikationstechnologien*

Dieser dritte Schritt der KT-Auswahl dient der Zuordnung von identifizierten Aufgaben *zu konkreten* Technologien. In Abb. 4 wird beispielhaft dargestellt, wie KT gemäß der Komplexität der Kommunikationsaufgaben zugeordnet werden. So ist z.B. die Aufgabe „Übermittlung von Kurznachrichten" von geringerer Komplexität und könnte den Technologien „Electronic Mail" oder „Voice Mail" zugeordnet werden. Anders verhält es sich bei Genehmigungsläufen oder Führungsgesprächen, die eine höhere Kommunikationskomplexität haben und demnach durch andere Technologien unterstützt werden sollten.

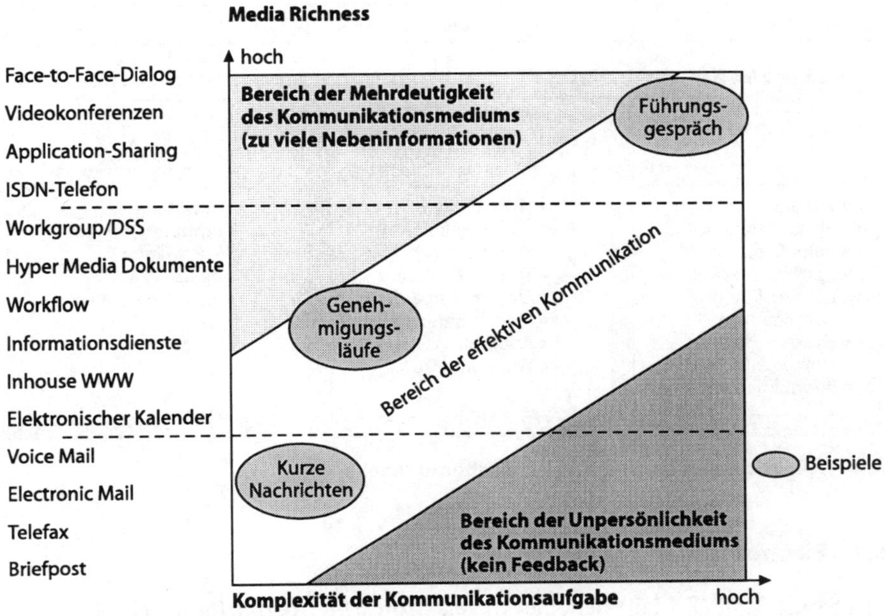

Abb. 4. Positionierung der Aufgaben nach Komplexitätsgrad (Rice, 1992, S. 477)

5 Beispiele relevanter Kommunikationstechnologien

Über das Verstehen ihrer Funktionen und Möglichkeiten hinaus ist es wichtig, Kommunikationstechnologien hinsichtlich *ihrer Einsatzmöglichkeiten in den Geschäftsprozessen* zu untersuchen. Hier gilt es, kreative Lösungen zu erarbeiten, die zu echten Wettbewerbsvorteilen führen und den Einsatz der Technologien wirtschaftlich rechtfertigen.

Zur Verdeutlichung dieses Aspektes werden Kommunikationstechnologien im Folgenden kurz *systematisiert* und anhand einiger Beispiele vertiefend diskutiert. Dabei werden nur einige kurze „High-Lights" herausgegriffen, die sowohl hinsichtlich ihrer *technischen Realisierung* als auch im Hinblick auf ihre *internen* und ihre *kundenbezogenen Anwendungen* dargestellt werden.

Kommunikationstechnologien können grundsätzlich in *asynchrone* und *synchrone* sowie in reine *präsentationsunterstützende* Technologien unterschieden werden. Während asynchrone Technologien eingesetzt werden, um zu unterschiedlichen Zeiten an unterschiedlichen Orten zu kommunizieren, werden synchrone Medien eingesetzt, um an unterschiedlichen Orten zu gleichen Zeiten zu kommunizieren. Kommunikationstechnologien als Präsentationsunterstützung kommen dabei eine Sonderrolle zu, da sie sich häufig unterschiedlicher Dienste bedienen und daher „anytime/anyplace" eingesetzt werden. Abbildung 5 gibt einen Überblick über eine Reihe von Technologien, die heute in Unternehmungen eingesetzt werden.

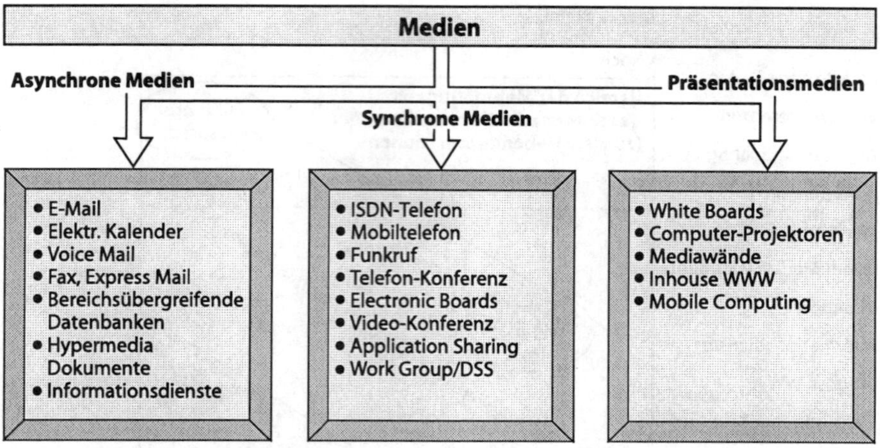

Abb. 5. Übersicht über aktuelle Kommunikationstechnologien

5.1 Electronic-Mail

Electronic-Mail (E-Mail) bedeutet die *elektronische Übermittlung von Nachrichten*. Nachrichten können dabei Texte, Daten oder auch Grafiken sein. E-Mail ist ein asynchrones Medium, d.h. unabhängig von der Präsenz des Empfängers können Nachrichten ausgetauscht werden. E-Mail wird mit Hilfe von Personal-Computern genutzt, die über ein Modem an die Telefonleitung oder an ein Local Area Network (LAN) angeschlossen werden. Die *Telefonleitung oder das LAN* dient dabei der Übertragung der Daten. Der Wechsel zwischen unterschiedlichen Datenübertragungsnetzen wird durch sogenannte Router ermöglicht, wobei standardisierte Übertragungsprotokolle (X.400 oder SMTP) die Verständigung zwischen unterschiedlichen Protokollen ermöglichen. E-Mail-Anwender erhalten Kennungen, über die sie adressiert werden können. Ein- und ausgehende Nachrichten werden in Mail-Boxen gespeichert. Die Vorteile der Anwendung von E-Mail lassen sich wie folgt zusammenfassen:

- Adressaten sind *ständig erreichbar*, unabhängig ob der Arbeitsplatzrechner abgeschaltet ist.
- Nachrichten haben sehr *kurze Übertragungszeiten*.
- Die Anwendung ist *sehr einfach*, so daß fast keine DV-Kenntnisse erforderlich sind.
- E-Mail *erleichtert* das Versenden von Nachrichten durch eine Reihe von *Funktionen*:
  * Automatische Adressierung von Verteilern
  * Möglichkeit, Empfangsbestätigungen zu verlangen
  * Verschlüsselung von Nachrichten
  * Anhängen von Daten-, Grafik-, Video- oder Sprachfiles an die Nachricht.

E-Mail wird bereits seit vielen Jahren in zahlreichen Universitäten, Unternehmungen und Behörden eingesetzt. In Unternehmungen hat die zunehmende innerbetriebliche Vernetzung, verbunden mit den wachsenden Client-Server-Installationen, in den letzten Jahren zu einem regelrechten E-Mail-Boom geführt. E-Mail kann von daher bereits heute als etablierter Kommunikationsweg im geschäftlichen und im privaten Bereich bezeichnet werden.

5.2 Der elektronische Kalender

Der elektronische Kalender ist als eine Art Subsystem des E-Mails zu bezeichnen. Elektronische Kalender werden eingesetzt, um Termine, Aufgaben, Aktivitäten und teilweise Ressourcen (z.B. Besprechungszimmer oder Fuhrpark) *elektronisch zu verwalten*. Die Kommunikationsfunktion entsteht durch die Möglichkeit, die Terminkalender anderer Teilnehmer einzusehen, Termine anzufragen oder einzutragen. Elektronische Kalender bedienen sich dabei der technischen Grundfunktionen des E-Mails und werden ebenfalls in Verbindung mit dem PC angewandt. Der Vorteil von elektronischen Kalendern liegt in der Möglichkeit, aus verschiedenen Kalendern automatisch optimale Zeitfenster für gemeinsame Termine zu generieren. Desweiteren können Ressourcen weitaus effizienter verwaltet werden. Das häufig zeitaufwendige Anfragen nach gemeinsamen Terminen oder zur Verfügung stehenden Besprechungszimmern wird durch diese Anwendungen erheblich erleichtert.

5.2.1 Interne Anwendung von E-Mail/Elektronischem Kalender

Die AEG Electrocom (AEC) nutzt E-Mail und elektronische Kalender im wesentlichen innerhalb der Unternehmungsgruppe. Zunächst wurden die Anwendungen in Sekretariaten und dann schrittweise in den Abteilungen eingeführt. Wesentliche Motivation der Einführung war es, die Erreichbarkeit der Mitarbeiter zu erhöhen und Arbeitserleichterungen bei Standardaufgaben der Bürokommunikation zu ermöglichen. Hier wird hauptsächlich das Versenden von Nachrichten, Terminabsprachen, Kalenderanfragen und File-Transfers genutzt. Die Akzeptanz dieser Medien innerhalb der AEC ist groß, da sie den Bedürfnissen der Mitarbeiter unmittelbar entsprechen.

5.2.2 Kundenbezogene Anwendung von E-Mail

E-Mail-Anwendungen können nicht nur interne Kommunikationsprozesse optimieren, sondern können auch zu *Markterfolgen* beitragen. Ein anschauliches Beispiel ist bei den Discount-Brokern zu beobachten. Discount-Broker, die i.d.R. keine Geschäftsstellen unterhalten, nutzen die Tatsache aus, daß viele Privatanleger heute zuhause über PC und Modem verfügen. Sie bieten an, daß Orderaufträge per E-Mail zu jeder Zeit aufgegeben werden können und zum nächstmöglichen Zeitpunkt ausgeführt werden. Weiterhin werden eine Reihe von Servicediensten, wie z.B. Depotverwaltung, Kursaktualisierung oder Chart-

Auswertungen angeboten. Der Vorteil für den Kunden liegt darin, daß die elektronische Plazierung von Aufträgen kostengünstiger ist als z.B. über Fax oder Telefon und daß Aufträge unabhängig von Geschäftszeiten plaziert werden können.

5.3 Videokonferenzen

Die Übertragung von Bewegbildern und Ton ermöglicht es heute, Konferenzen mit Partnern an verschiedenen Orten der Welt abzuhalten und gleichzeitig die Vorteile des *„Sich-sehens"* zu nutzen. Durch die Anwendung spezieller Kompressionsverfahren können Inhouse-Video-Konferenzanlagen die Übertragung von Bildern und Ton über normale ISDN-Leitungen vornehmen. Dabei können bis zu 384 kbit/s übertragen werden, wenn mehrere ISDN-Leitungen gleichzeitig genutzt werden (Multiplexer). Akzeptable Bildqualität wird bereits bei 128 kbits/s erreicht. Für die Übertragung wird ein international anerkannter Standard verwandt, so daß unterschiedliche Konferenzanlagen miteinander kommunizieren können. Zur Ausstattung einer Konferenzanlage gehören i.d.R. zwei Bildschirme, eine Videokamera und eine Dokumentenkamera. Die Vorteile der Anwendung von Videokonferenzen lassen sich wie folgt zusammenfassen:

5.3.1 Vorteile von Videokonferenzen

- Konferenzen können zwischen unterschiedlichen Orten nahezu in *Face-to-face-Qualität* abgehalten werden.
- Die *Intensität* der Kommunikation mit Außenstellen verbessert sich signifikant.
- Erhebliche *Reisekosten* und *Reisezeiten* können eingespart werden.
- Die Anwendung ist *sehr einfach*, so daß keine DV-Kenntnisse erforderlich sind.
- Videokonferenzen bieten eine Reihe von Funktionen, die Konferenzen effizienter machen:
  - Hochauflösende Übertragung von Dokumenten (z.B. Konstruktionszeichnungen) ist über die Dokumentenkamera möglich.
  - Es ist möglich, mehrere Standorte in eine Konferenz einzubinden (Multipoint).
  - Konferenzen können auf Video aufgenommen werden.

Allgemein wird Videokonferenzanlagen eine sehr schnelle Verbreitung vorausgesagt (Pribilla et al, 1996). Insbesondere die Nähe zur Face-to-face-Kommunikation sowie die schnell sinkenden Investitions- und Kommunikationskosten lassen dieses Medium attraktiv erscheinen.

5.3.2 Anwendung von Videokonferenzen

Die AEC nutzt Videokonferenzen insbesondere zur Kommunikation mit verbundenen Unternehmungen in USA und in Deutschland. Der wesentliche Vorteil in der Anwendung liegt in der Möglichkeit, sich *regelmäßig* auszutauschen, ohne daß erhebliche Reisezeiten und -kosten in Kauf genommen werden müssen. So haben nahezu alle Unternehmungsbereiche mit der Schwestergesellschaft feste Termine vereinbart, an denen Informationen per Videokonferenz ausgetauscht werden. Die Einrichtung ermöglicht auch Arbeitssitzungen, in denen gemeinsam Konzepte, Angebote oder Präsentationen ausgearbeitet werden.

Über diese Anwendungen hinaus haben sich eine Reihe von *Kunden* dazu entschlossen, Projektbesprechungen zunehmend per Videokonferenz abzuhalten. So haben Kunden in Hongkong, Singapur, aber auch in Deutschland eigene Anlagen beschafft, um eine regelmäßige Kommunikation mit der AEC zu ermöglichen. Für die AEC bieten diese Konferenzen zusätzlich die Möglichkeit, *Akquisitionsbemühungen* zu konzentrieren und Kunden neue Produkte aufzuzeigen.

5.4 Application Sharing

Eine der Videokonferenz verwandte KT ist das Application Sharing mit Video-Unterstützung. Diese Technologie ermöglicht zwei Partnern an verschiedenen Standorten, gemeinsam an demselben Datenfile zu arbeiten und gleichzeitig frei kommunizieren zu können. Es handelt sich hierbei um ein synchrones Medium, wobei die Kommunikationspartner mit Hilfe von PC und Videokamera über die Telefonleitung oder ein LAN verbunden sind.

Application Sharing hat damit *zwei Funktionen*. Zum einen wird auf ein *gemeinsames File* (z.B. ein Excel-File) zugegriffen, wobei jeder Partner am Bildschirm die vom Gegenüber veranlaßten Veränderungen verfolgen bzw. selbst Veränderungen vornehmen kann. Das gemeinsam editierte File wird dann im Netz oder lokal abgespeichert und steht den Partnern zur Verfügung.

Die zweite Funktion ist *die Sprach- und Videokommunikation*, die während der Bearbeitung eines Files möglich ist. Über eine Videokamera werden die Gesprächspartner aufgenommen und dem Gegenüber in einem Fenster auf dem PC dargestellt. Die Sprachkommunikation wird über Freihand-Mikrophone aufgenommen und durch PC-Lautsprecher wiedergegeben. Die Qualität der Videoübertragung ist relativ gering, was an der begrenzten Datenübertragungsrate (i.d.R. 64 kbits/s) und der Auflösung der PC-Bildschirme liegt. Die Qualität der Sprachübertragung ist dagegen gut.

5.4.1 Vorteile von Application Sharing

Die Vorteile der Anwendung von Application Sharing lassen sich wie folgt zusammenfassen:

- Gemeinsame Bearbeitung von Dokumenten bei örtlicher Trennung der Mitarbeiter reduzieren *Transport- und Liegezeiten* bei der Vorgangsbearbeitung.
- Frühzeitige Abstimmung an Dokumenten reduziert *Blindleistungen und Doppelarbeit.*
- Die Kommunikationsfunktion kann *Dienstreisen ersetzen.*
- Application Sharing *erleichtert* das Bearbeiten von Dokumenten *durch* eine Reihe von *Funktionen:*
  * Übertragung von Kamera-Standbildern (z. B. Fotos) in hoher Auflösungsqualität.
  * Schriftlicher Dialog zwischen den Teilnehmern.
  * File-Transfer ist im Rahmen des Programmes möglich.

Obwohl Application Sharing seit ein paar Jahren von der Deutschen Telekom im Zusammenhang mit der ISDN-Einführung gefördert wurde, ist es erst in letzter Zeit vermehrt in praktischen Anwendungen zu finden. Die neu entwickelte Möglichkeit, das System im Inhouse-LAN zu nutzen, dürfte wesentlich zur Verbreitung dieser Technologie beitragen.

5.4.2 Anwendung von Application Sharing

Die AEC hat sich zur *selektiven* Anwendung dieser Technologie entschlossen, um zwei verschiedenartige Geschäftsprozesse zu unterstützen. Zum einen soll die *Angebotserstellung*, die in Zusammenarbeit der Bereiche Vertrieb, Entwicklung, Produktion und Service durchgeführt wird, parallelisiert werden. Hintergrund dieser Maßnahme ist, daß die Beiträge der Funktionsbereiche zur Angebotserstellung bisher weitgehend sequentiell abgearbeitet wurden. Das bedeutet, daß der Vertriebsmitarbeiter die Beiträge nach Rücklauf korrigiert und den Funktionsbereichen wieder zustellt. Diese Art der Abstimmung kann nunmehr per Application Sharing schon frühzeitig vorgenommen werden, wodurch Wege- und Liegezeiten eingespart werden.

Eine weitere Anwendung wird im Rahmen der *Auftragsabwicklung* unterstützt. Im Anlagenbau ist es üblich, daß zwischen dem Kunden und der Auftragsabwicklung der Lieferfirma sehr eng zusammengearbeitet wird. Es wird häufig gemeinsam an Terminplänen oder an Kostenaufstellungen gearbeitet. Um diesen Kontakt zu intensivieren und gleichzeitig Reisekosten und Reisezeiten einzusparen, setzt die AEC auch in diesem Bereich Application Sharing selektiv ein. Die ersten Erfahrungen mit diesem Medium sind positiv zu bewerten.

5.5 Bereichsübergreifende Datenbanken

„Wenn die Firma wüßte, was die Firma weiß !“ Mit diesem resignierten Ausspruch wird in Unternehmungen vielfach beklagt, daß in der Unternehmung vorhandene Informationen nicht zur *richtigen Zeit am richtigen Ort* zur Verfügung stehen, oder ihre Existenz nicht bekannt ist. Dies gilt sowohl für Markt- und Einkaufsinformationen als auch für bestehende Entwicklungsergebnisse,

Angebotstexte oder Produktgraphiken. Bereichsübergreifende Datenbanken können helfen, dieses Kommunikationsdefizit zu reduzieren. Die Idee dabei ist, daß wiederverwendbare Informationen in Datenbanken zentral *„archiviert"* werden und von anderen Mitarbeitern in der Unternehmung abgerufen und genutzt werden können. Die technische Realisierung wird in der Regel mit Hilfe elektronischer Archivierungssysteme umgesetzt. Diese Systeme basieren auf einer Datenbank, die unterschiedliche Dateiformate mit den zugehörigen Schlagworten verwalten kann. Über diese Schlagworte können Dateien (Texte, Graphiken, Videos u.a.) von Anwendern dann gesucht, abgerufen und weiterverarbeitet werden. Bereichsübergreifende Datenbanken werden zunehmend über sogenannte *„Intranets"* zur Verfügung gestellt. Analog zur Konzeption des „Internet" und des darauf aufbauenden Dienstes „World-Wide-Web" werden betriebsintern *Informationen* angeboten, auf die alle Mitarbeiter zugreifen können. Das Intranet ist damit sozusagen die firmeninterne Informationsbörse, auf der Mitarbeitern unterschiedliche Informationen angeboten werden. Weitere Beispiele für Informationen, die im Intranet zur Verfügung stehen, sind aktuelle Stellenausschreibungen der Personalabteilung, Informationen der Werkszeitung oder auch Diskussionsforen (news groups) über unterschiedliche Fachthemen.

5.5.1 Vorteile von bereichsübergreifenden Datenbanken

Die Vorteile bereichsübergreifender Datenbanken lassen sich wie folgt zusammenfassen:

- *Interne Informationen* können sehr leicht zugänglich gemacht werden.
- *Arbeitsergebnisse* können transparent gemacht und Doppelarbeiten vermieden werden.
- Durch die sofortige digitale Verfügbarkeit von Arbeitsergebnissen können *Wege-*, *Liege-* und *Abstimmzeiten* reduziert werden.
- Der gemeinsame Zugriff auf Standardgraphiken und -texte ermöglicht einen einheitlicheren und abgestimmteren Marktauftritt.

5.5.2 Anwendungen von bereichsübergreifenden Datenbanken

Bereichsübergreifende Datenbanken werden für unterschiedliche Aufgaben eingesetzt. Insbesondere im kaufmännischen Bereich (Rechnungsarchivierung) sind diese Systeme seit langem bekannt. Neuerdings ergeben sich jedoch auch in anderen Bereichen Anwendungsmöglichkeiten, die weitere Effizienzpotentiale erschließen können. So wird bei der AEC beispielsweise ein *Graphik-Pool* eingeführt, in dem wiederverwendbare Graphiken zentral archiviert werden und für Mitarbeiter zum Abruf bereitstehen. In der Vergangenheit sind inhaltlich identische Produkt- und Präsentationsgraphiken in den Unternehmungsbereichen in unterschiedlichen Ausführungen erstellt worden. Folge dieses Vorgehens waren vermeidbare Doppelarbeiten und ein teilweise inkonsistentes Erscheinungsbild. Mit dem Graphik-Pool werden diese Nachteile vermieden, indem die wesentlichen Akteure für bestimmte Produkte oder Präsentationen zu sogenannten

„Key-Usern" des Graphik-Pools ernannt werden und dafür Sorge tragen, daß die jeweils aktuellsten Graphiken archiviert und damit unternehmungsweit zur Verfügung stehen. Der Graphik-Pool wird im Rahmen des AEC Intranets realisiert, so daß eine Vielzahl von Mitarbeitern auf die Graphiken zugreifen kann. Ein weiteres Beispiel einer bereichsübergreifenden Datenbank ist die *Dokumentationsdatenbank.* Die Entwicklungsabteilungen stellen ihre Dokumentationen in einem vorgegebenen Format in diese Datenbank ein, so daß die Dokumentationsabteilungen zügig und standardisiert die redaktionelle Bearbeitung beginnen können. Die fertigen Dokumentationsergebnisse dienen als Kundendokumentation ebenso wie Vertriebs- und Marketingmitarbeitern als Informationsquelle. Die technischen Daten sind untereinander nach dem Hypertext-Prinzip vernetzt, so daß in den Dokumenten komfortabel navigiert werden kann. Hier steht eine Wissensdatenbank zur Verfügung, die Aufwand reduziert und Informationen transparent macht.

6 Der Nutzen von KT in den Unternehmungsprozessen

Die Art der Neuausrichtung der KT-Infrastruktur muß in starkem Maße von den Nutzenaspekten der Technologien abhängig gemacht werden. Auch bei KT muß gelten, daß nur wirtschaftliche Investitionen getätigt werden und sogenannte *„Nice-to-have-Investitionen"* vermieden werden. Es zeigt sich jedoch sehr häufig, daß es unzureichend ist, KT allein mit den bekannten Methoden der Investitionsrechnung zu bewerten. Auf der einen Seite existieren KT, die sich in der Industrie mittlerweile als Standard durchgesetzt haben (z.B. E-Mail), und die somit häufig als „Muß-Investition" zu bezeichnen sind. Auf der anderen Seite tritt bei KT das Problem auf, daß sich Zeiteinsparungen, die auf viele Mitarbeiter verteilt sind (z.B. 20 Mitarbeiter sparen durch Application-Sharing 10 Minuten am Tag), zwar quantifizieren lassen, eine konkrete Umsetzung der Personalkosteneinsparungen jedoch nur sehr schwer zu erreichen ist. Daher sollten Kosten-Nutzen Betrachtungen von KT mit einer Bewertung der *schwer* quantifizierbaren Nutzenfaktoren kombiniert werden. Auf diese Weise wird untersucht, welchen Beitrag eine KT zu den Zielen der KT-Einführung leisten kann. Wie in Abb. 6 dargestellt, können die schwer quantifizierbaren Nutzenfaktoren beispielsweise durch Tendenzpfeile bewertet werden. In der Gegenüberstellung aller Faktoren kann dann eine qualitative Gesamtbewertung vorgenommen werden, die als *Entscheidungsgrundlage* geeignet ist.

Technologie: z. B. Videokonferenzsystem Schwer quantifizierbarer Nutzen	Beitrag zur Zielerreichung
KT verbessern die Kommunikation mit dem Kunden	⇧
KT entsprechen dem Standard einer High-Tech-Unternehmung	⇨
KT intensivieren die Kommunikation innerhalb der Unternehmung und mit verbundenen Unternehmungen	⬀
KT verkürzen Prozesse und Durchlaufzeiten	⇩
Quantifizierbarer Nutzen	**Einsparungen**
KT reduziert Kommunikationskosten (inkl. Reisekosten)	DM ...
KT reduzieren Prozeßkosten	DM ...

Abb. 6. Nutzenbewertung von Kommunikationstechnologien

7 Einführungsstrategie und Benutzerakzeptanz

Der wohl wichtigste Erfolgsfaktor bei der Einführung neuer Kommunikationstechnologien ist die *Benutzerakzeptanz.* Dabei ist nicht so sehr die technische Komplexität der Medien die wesentliche Akzeptanzhürde. Erheblich stärker ins Gewicht fällt es, das *Kommunikationsverhalten* der Mitarbeiter nachhaltig zu verändern. Daher muß im Rahmen der Einführungsstrategie ein klares Vorgehen vereinbart werden, wie Mitarbeiter an die neuen Medien herangeführt werden und welche Unterstützung sie erhalten. Als Richtlinie für die Einführungsstrategie kann ein vierstufiges Akzeptanzmodell herangezogen werden (Abb. 7).

Jede, der dort spezifizierten Schritte und Maßnahmen sollte bei der Einführung einer neuen KT abgearbeitet werden. Am Ende einer jeden Phase wird eine Bestandsaufnahme über die Zielerreichung durchgeführt und entschieden, ob die nächste Phase begonnen werden kann. Herzstück des Akzeptanzmodells ist der in der Implementierungsphase einzusetzende Prozeßbegleiter. Der *Prozeßbegleiter* ist innerhalb dieser Phase wesentlicher Garant für die Akzeptanz der neuen Technologie. Die Rolle des Prozeßbegleiters kann dabei wie folgt umrissen werden:

- Prozeßbegleiter kommen aus der *Fachabteilung,* die von der Einführung der Technologie am stärksten betroffen ist.
- Prozeßbegleiter werden für die Einführungsphase der Technologie von ihren Fachaufgaben *freigestellt.*
- Sie erhalten eine intensive *Schulung* über die Technologie. Gleichzeitig werden sie geschult, andere Mitarbeiter zu schulen.
- Sie übernehmen die Einführungsschulung der Mitarbeiter und stellen sich als *Ansprechpartner* der Einführungsphase vor.
- Sie bieten eine „*Helpline*" an, die bei akuten Problemen erreichbar ist.
- Sie gehen durch die Abteilungen und bieten Mitarbeitern Nachschulungen *und Hilfe bei akuten Problemen* an.
- Sie treten als Problemlöser auf und verstehen sich als *Dienstleister* einer neuen Kommunikationskultur.

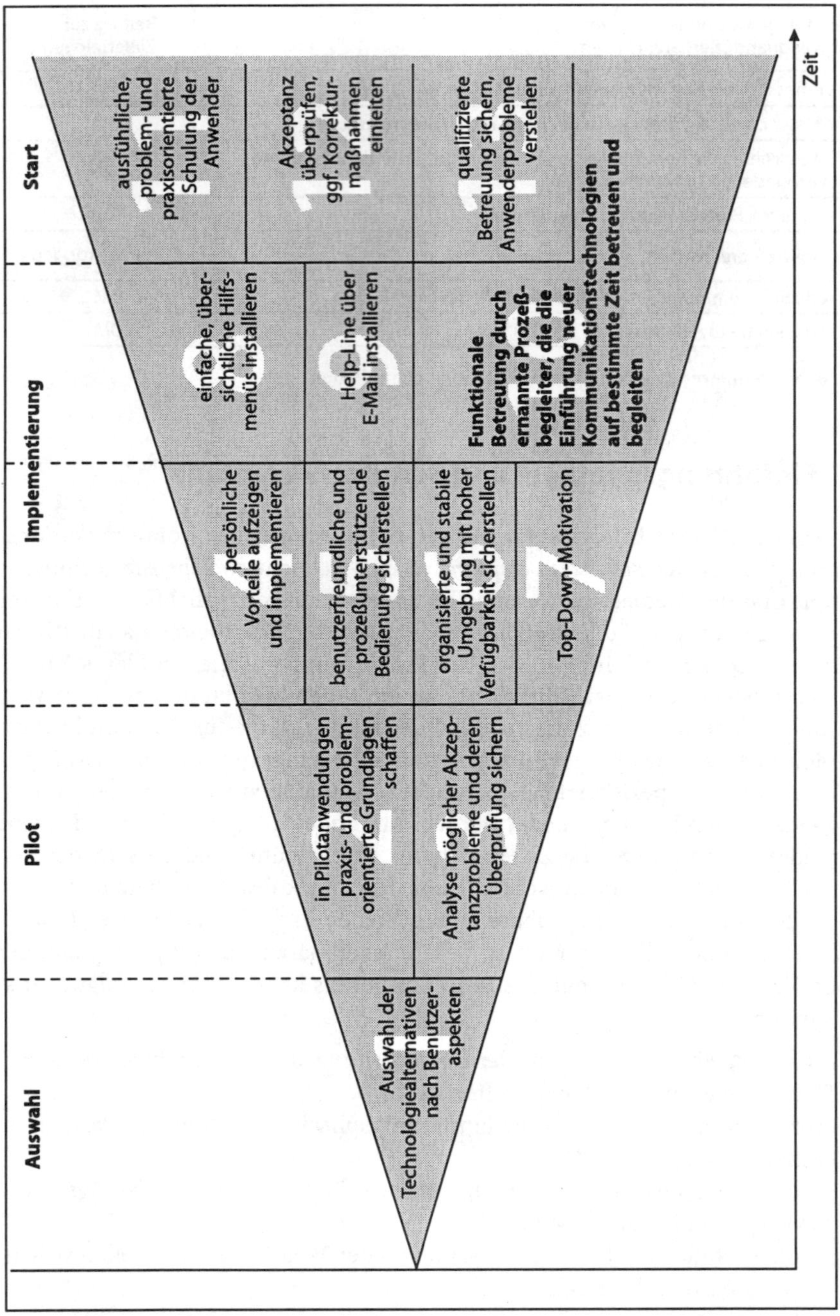

Abb. 7. Vierstufiges Akzeptanzmodell

Mit dieser Vorgehensweise wird sichergestellt, daß neue KT von den Mitarbeitern mit Begeisterung aufgenommen werden und die nötige Prozeßbeherrschung vorhanden ist. Obwohl die aufgezeigten Maßnahmen mit erheblichem finanziellen Aufwand verbunden sind, müssen diese Investitionen als eine absolute Notwendigkeit für die erfolgreiche Einführung moderner KT in Internationa-lisierungsprozessen angesehen werden.

8 Zusammenfassung und Ausblick

Der vorliegende Beitrag hat gezeigt, daß bei der Auswahl von Kommunikationstechnologien nicht die Technik im Vordergrund steht, sondern vielmehr die zu unterstützende Aufgabe der bestimmende Aspekt ist. Das zur Auswahl von KT vorgestellte Konzept geht explizit auf diesen Aspekt ein und ermöglicht einen zielgerichteten und wirtschaftlichen Einsatz neuer Technologien. Es wurde weiterhin dargestellt, daß im Rahmen gezielter Analysen durch Kommunikationstechnologien erhebliche Potentiale erschlossen werden können. Hierbei muß jedoch gelten, daß jede Investition in KT einer strengen Wirtschaftlichkeitskontrolle unterliegen muß, um „Nice-to-have-Investitionen" zu verhindern. Dabei müssen auch schwer quantifizierbare oder qualitative Aspekte in die Betrachtung einbezogen werden, um eine ganzheitliche Sichtweise auf die Investitionsentscheidung zu gewährleisten.

Die kurze Vorstellung ausgewählter Kommunikationstechnologien und deren praktische Anwendung hat gezeigt, daß viele Technologien sich bereits in der Reifephase befinden und ihre Einführung kein technisches Risiko mehr darstellt. Es gilt vielmehr, die Rationalisierungspotentiale der Technologien zu erkennen und Einsatzmöglichkeiten im konkreten betrieblichen Umfeld kreativ zu erarbeiten.

Einer der wesentlichen Erfolgsfaktoren bei Investitionen in neue Kommunikationstechnologien ist die Einführungsstrategie. Nur wenn es gelingt, das Kommunikationsverhalten der Mitarbeiter langfristig zu ändern und Benutzerakzeptanz für KT auf breiter Basis zu erlangen, werden die Investitionen auch die erhofften Effekte erzielen können. Unter diesem Aspekt ist einer gezielten Einführungsstrategie eine hohe Bedeutung beizumessen.

Der kreative Einsatz neuer Kommunikationstechnologien wird immer mehr zu einem entscheidenden Wettbewerbsfaktor. Dies gilt für innerbetriebliche Anwendungen und noch wesentlich mehr für die Kundenkommunikation. Um uns herum entstehen Beispiele neuer Kommunikationskonzepte, die etablierte Vertriebs- oder Servicestrukturen revolutionieren, Kostenstrukturen nachhaltig verändern und damit gänzlich neue Spielregeln im Wettbewerb vorgeben. Unternehmungen, die übersehen, daß der kreative Einsatz von Kommunikationstechnologien zu verstärkter Kundenbindung und zu Kostenreduzierungen führen kann, werden schon sehr bald in die Defensive geraten.

Summary
In the field of communications, too, the process of internationalization poses immense challenges. Communications systems are still often only geared up to function within local structures, or even merely within a commercial operation based in one location. Today, however, this must be modified in order to take account of the changing demands posed by the international structures within which many companies now operate. Time-zone differences sometimes only leave a short period each working day within which to communicate with overseas partners or clients. Added to which, the drawbacks associated with the traditional forms of communication such as correspondence, telephone, and fax result in a significant increase in travelling time and costs. Modern media and communications technology are therefore charged with providing new ways of overcoming the barriers of time and space so as to allow companies to operate more smoothly on the international stage. At the same time, the innovatory potential on offer with such new media forms must be exploited so that communications with the customer can be organized successfully. In addition, the success of any "global sourcing strategy" quite clearly depends upon the efficiency of the channels of communication that exist between the international partners. Against this backdrop, the necessity for new forms of communication is obvious. When opting for a new communications technology, however, it is less the actual technology itself that is the decisive factor, but rather what one wishes to do with it. If an investment in new communications technology is to be a success, one of the most important criteria is the way in which it is introduced. It is only when the introduction of such technology is accompanied by a successful attempt to change employees' communications habits, thereby bringing about a broad basis of acceptance amongst the user group, that the investment can really achieve the desired effect.

Literatur

Abele, K.-P./Eichler, H./Fröschle, H.-P. (3/1996): Telekommunikation für verteilte Unternehmensstandorte. Office Management, S. 40-45.

Behrendt, I. (3/1994): Strategische Informationssystemplanung als Beratungsleistung. zfo, Zeitschrift Führung und Organisation, S. 170-177.

Hammer, M./Champy, J. (1993): Reegineering the Corporation: A Manifesto for Business Revolution. New York.

Krystek, U. (1996): Die Organisation des virtuellen Unternehmens: Beschleunigung von Geschäftsprozessen bedeutet Beschleunigung des Weges zu virtuellen Unternehmen. In: Riekhoff, H. Chr. (Hrsg.): Beschleunigung von Geschäftsprozessen. Stuttgart, Druck in Vorbereitung.

O'Hara-Deverajx, M./Johansen, R. (1994): Global work, Bridging Distance, Culture and time. San Francisco.

o.V. (1996): Top-Manager kommunizieren direkt. In: PM, Beratungsbrief für Produktmanager und Marketingleiter, Nr. 423, S. 1.

Picot, A./Reichwald, R. (1987): Bürokommunikation - Leitsätze für den Anwender. 3. Auflage, Halbermoos.

Plank, K.-L./Kaderali, F. (1993): Informations- und Kommunikationstechniken: Entwicklungstrends und Nutzenpotentiale. Braunschweig/Wiesbaden.

Pribilla , P./Reichwald, R./Goecke, R. (1996): Telekommunikation im Management: Strategien für den globalen Wettbewerb. Stuttgart.

Rice, R. (1992): Task Analysis, Use of New Media and Effectiveness: A Multi-Site Exploration of Media Richness. In: Organization Science, S. 475-500.

Schulz v. Thun, F. (1981): Miteinander Reden 1. Reinbek bei Hamburg.

Servatius, H.-G. (1994): Reengineering-Programme umsetzen: Von erstarrten Strukturen zu fließenden Prozessen. Stuttgart.

Teil III
Rahmenbedingungen der Internationalisierung

1 Unternehmenskultur und Unternehmensethik

Interkulturelle Kompetenz und internationales Denken

A. Bittner

1 Einleitung

Ist dazu nicht längst alles gesagt? „Think global, act local!", „all business is local" und ähnliche Maximen dürfen mittlerweile als angejahrte Platitüden gelten. Wir wissen doch längst, wie der Umgang mit fremden Kulturen im Wirtschaftsleben zu gestalten ist: „Respektvoll" allemal, vielleicht sogar „partnerschaftlich", geprägt von der Suche nach der „Synergie", der Kombination der Stärken der beteiligten Kulturen, die sich gegenseitig „befruchten". Wissen wir, machen wir, abgehakt!

Machen wir doch eigentlich schon immer! Oder doch zumindest, seit eine Generation herangewachsen ist, die sehr sensibel gegen Vorurteile, deutschnationales Überheblichkeitsgefühl und Rassismus ist, weil sie verstanden hat, daß ohne diese Haltungen die Verbrechen des Nationalsozialismus nicht denkbar gewesen wären. Die Führungskräfte der Wirtschaft stammen heute alle aus jenen Nachkriegsgenerationen, die Fremdenfeindlichkeit für ebenso peinlich wie schädlich halten. Und prägen den Umgang ihrer Unternehmen mit fremden Kulturen entsprechend.

Ganz so sei es nicht? Nein, ganz so ist es nicht. Wahr ist sicher, daß unter heutigen Führungskräften Fremdenfeindlichkeit nicht üblich ist und wahr ist auch, daß man auf breite Zustimmung zu den eingangs geschilderten Maximen stoßen wird. Aber es ist auch zutreffend, daß die Generation der heute Vierzig-, Fünfzig- und Sechzigjährigen überwiegend „monokulturell" aufgewachsen ist. In den Gymnasien, in den Jugendcliquen waren Ausländerkinder noch äußerst rar, in den Universitäten blieben die ausländischen Kommilitonen meist unter sich. Gelernt haben wir das Bekenntnis zur „Weltoffenheit", nicht die Weltoffenheit selbst.

Erst recht haben wir nicht die interkulturelle Zusammenarbeit im Wirtschaftsleben gelernt. Gastarbeiter gab es genug, aber Ausländer auf den Ebenen, auf denen ein Manager agiert, äußerst selten. Und ich spreche hier natürlich nicht von Österreichern. Vor allem aber war in den Jahren des Wirtschaftswunders und weit darüber hinaus das Preis-Leistungs-Verhältnis der meisten deutschen Produkte derart günstig, daß es tatsächlich kaum einen Grund gab, die Maxime „hier forschen, entwickeln und produzieren – weltweit verkaufen" in Frage zu stellen. Das Hochlohnland USA mit seinem starken Dollar pflegte seine Produktionsniederlassungen in Europa, Volkswagen *exportierte* seine Käfer, es sei denn, abgeschottete Märkte erforderten wie in Südamerika ein anderes Vorgehen.

Man kann durchaus auch bei Exportaktivitäten in „Fettnäpfchen" treten, aber solange Preis und Produkt stimmen, wird der Kunde manchen Fehltritt verziehen. Erst wenn wirklich alltäglich mit selbstbewußten Fach- und Führungskräften aus fremden Kulturen zusammengearbeitet werden soll, muß man die „hohe Schule" der interkulturellen Zusammenarbeit lernen. Aber auch im Vertrieb, wenn das Produkt nicht mehr für sich selbst spricht.

Beide Voraussetzungen sind bei den meisten großen deutschen Unternehmen schon lange gegeben und zunehmend auch bei Mittelständlern. Aber es dauert immer eine Weile, bis sich das Bewußtsein neuen Situationen anpaßt, und so ist es nicht verwunderlich, daß die Beschäftigung mit „interkulturellem Management" erst in den letzten fünf Jahren wirklich in Gang gekommen ist. Damit soll nicht gesagt werden, daß man sich nicht auch vorher schon bemüht hat, Mitarbeiter für das internationale Geschäft auszuwählen, die „vorurteilsfrei und offen" an die Aufgabe herangehen. Denn wenn von „interkulturellem Management" die Rede ist, geht es um mehr: Offenheit und Vorurteilsfreiheit sind zweifelsfrei wichtige Voraussetzungen für produktive internationale Kooperationen, aber keine hinreichenden. Zu glauben, daß erfolgreiches Agieren in einer fremden Kultur nur eine Frage des „richtigen" Bewußtseins, der „richtigen" Haltungen ist, gleicht der Annahme, daß das Lernen einer fremden Sprache nur eine Frage des Bewußtseins sei. Man muß sie lernen wollen, das ist klar. Aber dann geht die Arbeit erst los: Grammatik, Wortschatz und üben, üben, üben! Sprachen sind komplex, und weder beim Hören noch Sprechen darf man sich bewußt auf die Sprache konzentrieren, sonst geht der Inhalt verloren.

Kulturen sind noch komplexer. Und wer mit fremdkulturellen Partnern Ziele erreichen will, muß die Kultur ganz unbewußt und selbstverständlich mitberücksichtigen, sonst gerät ihm das Ziel aus den Augen.

Unter dem Sammelbegriff „Interkulturelles Management" stehen mittlerweile eine Vielzahl gut aufbereiteter Informationen über grundlegende Unterschiede in arbeitsrelevanten Denk- und Verhaltensweisen zur Verfügung. Vielleicht nicht für Usbekistan, aber ganz sicher für die wichtigsten Partnerländer der deutschen Wirtschaft. Man kann Grundkonzepte und zentrale Herangehensweisen fremder Kulturen gezielt lernen, bevor man in Geschäftskontakt mit ihren Angehörigen tritt. Und man sollte es tun, denn das Versuchs-und-Irrtums-Lernen „on the job" ist nicht nur sehr beschwerlich, sondern die zwangsläufigen Irrtümer können für den Arbeitgeber auch extrem teuer werden.

Daß dies zunehmend verstanden wird, das ist die Veränderung der letzten Jahre.

2 Kultur: Das unbekannte Phänomen

Manager, die sich diesem Lernprozeß gezielt unterziehen wollen, erfahren meist schmerzlich, daß es ihnen nicht nur an konkretem Faktenwissen fehlt, sie beispielsweise nicht wissen, was ein Brasilianer unter einer Geschäftsbeziehung versteht, ein Amerikaner für den Zweck eines Meetings hält oder ein Chinese für die angemessenen Verhandlungstechniken. Sie merken oft, daß sie gar nicht genau wissen, was „Kultur" eigentlich bedeutet. Die eigene haben sie intuitiv gelernt und ihre Spielregeln erfolgreich angewendet. Wer sich eine fremde bewußt erschließen will, muß zunächst verstehen, wie Kulturen „funktionieren". Nur dann hat er eine Chance, die Komplexität einer Kultur sinnvoll zu reduzieren und für sich faßbar zu machen.

Wenn wir von „Kulturen" reden, begeben wir uns ins Reich der Abstraktionen. „Kultur" ist ein Kürzel für die empirisch belegbare Tatsache, daß gewisse Gruppen von Menschen untereinander gelernte Gemeinsamkeiten im Denken, Fühlen und Handeln aufweisen, die sie von anderen Gruppen unterscheiden.

„Alle Menschen sind gleich!", nicht verstanden als politische Maxime, sondern als Beschreibung der Tatsache, daß der Homo Sapiens eine biologische Gattung darstellt, die sich deutlich unterscheidet vom Regenwurm, dem Mauersegler oder der Giraffe, ist eine zutreffende Aussage. „Jeder Mensch ist ein einzigartiges Individuum, das man in dieser Form kein zweites Mal findet", ist eine ebenso korrekte Aussage. Menschliche Existenz verwirklicht sich zwischen diesen beiden Polen: Jawohl, wir finden bei allen Menschen Liebe und Haß, Neid und Mitgefühl, Hoffnung und Enttäuschung, Lächeln und Weinen. Recht hat der Weltenbummler, der letztlich resümiert, die Menschen seien überall gleich. Recht hat aber auch, wer darauf abhebt, daß ihm jede Begegnung mit jedem Menschen den Einblick in eine ganz eigene „Welt" eröffnet habe.

Recht haben auch alle, die den Begriff „Kultur" benutzen, um zu beschreiben, daß manche Menschen auf gewisse Reize ihrer Umwelt ähnlich reagieren, während andere Menschen auf die gleichen Reize ganz anders reagieren. Alle Menschen können lachen und jeder hat seine eigene Vorstellung, was er „lächerlich" findet, aber dennoch läßt sich empirisch belegen, daß „Deutsche" auf gewisse Reize *wahrscheinlich* mit Lachen reagieren, während Thais wahrscheinlich Zeichen von „peinlicher Berührung" zeigen und umgekehrt. Es gibt jene anerzogenen Gemeinsamkeiten, die wir „Kultur" nennen! Aber wir tun uns äußerst schwer, sie zu beschreiben. Hier helfen drei Erkenntnisse weiter:

- Kulturen sind im wesentlichen in sich stimmig. Bestimmte Grundmuster müssen durchgängig sein. Ein solches Grundmuster ist beispielsweise „Umgang mit Autorität": Wo sich Eltern nicht in Frage stellen lassen, werden auch Lehrer, Professoren, Vorgesetzte kaum in Frage gestellt. Entsprechend wird man sie mit „Ehrfurcht" behandeln, ihre Statussysmbole akzeptieren, etc. etc. Ein anderes Grundmuster ist das Verhältnis des Einzelnen zu seiner Bezugsgruppe: Was schuldet er der Gruppe, was schuldet sie ihm?
- Kulturinhalte sind Problemlösungen für menschliche Grundfragen, die nicht willkürlich gewählt werden können. Jede menschliche Gesellschaft muß beispielsweise die Frage lösen, wie Junge und Alte miteinander umgehen sollen, welche Rechte und Pflichten sie wechselseitig haben. Die Lösung wird aber wesentlich davon abhängen, was beide Gruppen einander zu bieten haben. In einer traditionellen bäuerlichen Gesellschaft erwirbt sich Know-how vor al-

lem durch Erfahrung, durch langjährige Beobachtung von Wachstumszyklen. Es ist daher höchst funktional, die Weisheit des Alters zu ehren, Alte sind „weise" auch und gerade im zentralen Produktionsbereich. In unserer Gesellschaft können Alte Jungen meist nicht einmal erklären, wie ein Internet-Browser downgeloaded wird. Ihre Lebenserfahrung ist nur noch in wenigen Bereichen relevant. Der „Respekt vor dem Alter" muß sich völlig anders begründen, und das schlägt sich auch in einem völlig anders gearteten Umgang von Alten und Jungen nieder. Kulturen als Problemlösungen zu verstehen, lenkt den Blick auf die Frage: Unter *welchen Bedingungen* muß eine Gesellschaft welche Probleme lösen?

- Den Mitgliedern einer Gruppe ähnliche Reaktionen auf bestimmte Reize im Laufe der Sozialisation beizubringen, bedeutet nichts anderes als die Interaktionen der Gruppenmitglieder einfacher und damit „effizienter" zu machen, weil exakter vorhersehbar wird, wie andere eine Situation bewerten. Die „Normierung" ist kein Selbstzweck, sondern sie erfüllt so eine Funktion für die Gruppe. So ist es kein Zufall, daß unsere Gesellschaft im Arbeitsleben stärkeren Wert auf klare Regelung legt als in anderen Bereichen. Im Arbeitsleben müssen die Aktionen sehr unterschiedlicher Individuen möglichst reibungslos zueinander passen. In der Freizeit mag dann jeder seiner Wege gehen und „nach seiner Façon selig werden".

3 Kultur im Arbeitsleben

Der letzte Aspekt bringt uns zurück zu „interkulturellem Management": Weil Standardisierung im Arbeitsleben besonders wichtig ist, lassen sich erheblich präzisere Aussagen darüber treffen als über den Freizeitbereich. Es ist schwer vorauszusagen, welche Kleidung ein dreißigjähriger deutscher Bankangestellter an einem Sonntagnachmittag trägt. Hängt davon ab, was für ein Typ er ist, was er gerade tut und so weiter. Aber es ist relativ einfach vorherzusagen, was er am Montag um 9:00 Uhr am Kassenschalter anhat. Hier ist seine Rolle und die Situation, in der er sich befindet, sehr klar definiert. Und die „normiert" nicht nur seine Kleidung, sondern auch, wie er mit seinen Interaktionspartnern spricht. Und was er dabei denkt. Und was seine Kunden denken und wie sie antworten.

Wieso Kultur? Ergibt es sich nicht einfach aus der Sachlogik, daß man am Bankschalter über Bankgeschäfte spricht? Gewiß, aber wie spricht man darüber? „Gewähren wir Ihnen ein Darlehen über 10.000.- DM" mag die deutsche Sparkasse dem Kunden mitteilen, und der mag es erleichtert zur Kenntnis nehmen. Wieso eigentlich „gewähren"? Könnte es nicht auch heißen: „Bedanken wir uns herzlich, daß Sie von uns einen Kredit über 10.000.- DM in Anspruch nehmen und uns somit die Gelegenheit geben, jährlich 800.- DM an Zinsen zu verdienen". Das würde den Sachverhalt „objektiv" ebenso korrekt beschreiben. Nur würde dieselbe Geschäftstransaktion von beiden Partnern ganz anders wahrgenommen, die Frage „wer braucht wen vor allem?" würde unterschiedlich beantwortet und es bedarf wenig Phantasie, um sich vorzustellen, daß dies auch das Verhalten von Bankangestelltem und Kunden in ihrer Interaktion wesentlich beeinflussen würde.

„Was hat das mit Kultur zu tun?", mag der erfahrene Bankangestellte fragen: „Wir haben auch Kunden, die sehr heftig darauf pochen, daß sie jederzeit zur Konkurrenz gehen können, wenn wir uns nicht entgegenkommend genug zeigen." Gewiß: „auch Kunden", auch! Doch wäre dieser Kundentyp der Regelfall, lautete die Standardmitteilung eben nicht herablassend „gewähren". Wenn wir von „Kulturen" reden, reden wir von „Normalfällen", vom „Üblichen", von der „Norm". Ausnahmen bestätigen die Regel! „Ausnahmen" rufen Sanktionsbedürfnisse hervor: „Dann gehen Sie doch zur Konkurrenz ..." wird der Bankangestellte angesichts des „unverschämten" Kunden denken und vielleicht sogar sagen.

Daß die kulturell geprägten Rollenerwartungen im Arbeitsleben besonders klar definiert sind, ist kein Naturgesetz, sondern eher eine neue Entwicklung, die auch nicht alle Kulturen umfaßt. Früher legten kulturelle Regeln bei uns auch im Privatbereich sehr viel klarer fest, was als „gut und richtig" zu gelten hatte. Wie man sich Sonntags zu kleiden hatte, nämlich im „Sonntagsstaat", wie sich wohlerzogene Kinder bei Tisch gegenüber ordentlichen Eltern zu betragen hatten, alles! In unseren zunehmend liberaleren, pluraleren Gesellschaften hat ein Großteil dieser Regeln ihre allgemeine Gültigkeit verloren. Wobei wahrscheinlich beide Aspekte eine Rolle gespielt haben: Die Pluralität hat nicht die Bedeutung der Regeln aufgelöst, wohl aber ihren Geltungsbereich eingeschränkt. Man kann durch unangemessene Kleidung immer noch Unwillen hervorrufen, aber was als „unangemessen" gilt, unterscheidet sich je nach Subkultur. Auch früher herrschten unter Adligen andere Regeln als unter Bürgern und Bauern, doch die Zahl von Subkulturen, die ihre eigenen Versionen der Regeln definieren, ist in den entwickelten Industriegesellschaften zweifelsohne stark angewachsen. Und viele dieser Subkulturen haben ihre Regeln aufgeweicht, sind in diesem Sinne auch „liberaler" geworden. Man kann Sonntags barfuß und in abgeschnittenen Jeans herumlaufen oder im Anzug. Who cares?!

Für die Beschäftigung mit fremden Kulturen bleibt es im Kern gleich, ob sie diese Entwicklung durchlaufen haben: Sind die Verhaltensvorschriften im Privat- und Freizeitbereich noch sehr stark normiert, kann man sie auch vermitteln. Sind sie es nicht, bedarf es keiner Vermittlung.

4 Kulturkontakt: Die Schwierigkeiten ergeben sich aus der Rolle

Wer sich nur in seiner eigenen Kultur und seinen eigenen Subkulturen aufgehalten hat, hat weder je erlebt, wie stark er in seinem eigenen Verhalten auf die kulturellen Normierungen zurückgreift, noch, wie sehr es das Leben erleichtert, daß dies alle anderen auch tun. Man bewegt sich in der vertrauten sozialen Umgebung wie in der vertrauten räumlichen: routiniert. Ein Lichtschalter muß nicht gesucht werden, man greift nach ihm, ganz selbstverständlich und ohne das Bewußtsein, ein „Problem“ lösen zu müssen. Im fremden Hotel sieht das anders aus: Wie geht das verdammte Badezimmerlicht an? Ein lösbares Problem, gewiß. Aber wer will schon nachts im Halbschlaf einen Lichtschalter suchen müssen?

Im sozialen Leben empfinden wir ähnlich: Solange wir in unseren Routinen aufgehoben sind, mögen wir begierig auf Neues sein. Doch wenn wir uns in einer fremden Kultur wiederfinden, wird es sehr belastend, ständig über die Deutung des Verhaltens Anderer nachdenken zu müssen, ständig überlegen zu müssen, durch welches Verhalten man eigene Absichten erreichen kann. „Kulturschock“ nennt man die Überlastung, die diese ständigen Problemlöseprozesse auslösen.

Deutsche sind „Weltmeister in Auslandsreisen“. *So* belastend kann es wohl doch nicht sein, sich in fremder Kultur zu bewegen. Wäre der Aufenthalt auf den Malediven nur Streß, ginge es den Charterfluganbietern wesentlich schlechter. Aber es ist eben entscheidend, in welcher Rolle agiert wird: Die Rolle „Tourist“ bringt den Reisenden vornehmlich in Kontakt mit „Profis“, die den Umgang mit „Touristen“ gewöhnt sind. Vom Tourist wird nur jene minimale Anpassung erwartet, die einen gebildeten Menschen nicht vor große Probleme stellt: Nicht im Bikini in die Moschee gehen! Den schwarzen Kellner nicht mit „He, Nigger“ herbeirufen! Geschenkt! Wenn interkulturelle Sensibilität nicht mehr bedeutet, besitzt sie fast jeder. Und kränkt der Tourist doch einmal einen Einheimischen, sind die Konsequenzen meist erträglich. Der Kellner ist sauer, na und? Zeigt er es zu deutlich, beschwert man sich. Zeigt er es dezent, verbucht es der Tourist unter „schlechter Service“.

Wer hingegen als Auslandsmitarbeiter in ständigem Kontakt mit einheimischen Mitarbeitern, Vorgesetzten, Kollegen, Geschäftspartnern oder Kunden steht, kann sich dieses nonchalante „na und?“ nicht leisten. Er darf darauf vertrauen, daß Menschen kulturübergreifend dazu neigen, auf Beleidigungen – und seien sie noch so ungewollt – zu reagieren, wenn sie eine Chance dafür sehen. Mitarbeiter, Kollegen, Vorgesetzte, Geschäftspartner oder Kunden sehen diese Chance nicht nur, sie haben sie. Und nutzen sie.

Wie schwierig es ist, sich in einer fremden Kultur zu bewegen, und wie notwendig es daher wird, etwas über sie zu wissen, hängt also davon ab, welche „Rolle“ man in ihr übernehmen will: Sie hatten als Tourist in Frankreich ebenso wenig Probleme wie bei Ihrer Zwischenlandung in Dubai, wie als Kongreßbesucher in England oder Teilnehmer einer Kanzlerreise nach China? Sehr schön, aber das ist selbstverständlich! Bitte ziehen Sie nicht den Schluß daraus, daß ein gebildeter Deutscher bei der *Alltagsarbeit* in Frankreich, England, den Golfstaaten oder in Ostasien nicht auf massive Probleme stoßen wird.

5 Nichts Menschliches ist uns fremd!

Umgekehrt ist uns nichts Menschliches fremd! Und da wir Menschen sind und mit Menschen zu tun haben, ist uns kein kulturelles Phänomen *wirklich* fremd. Diese Erfahrung verblüfft Teilnehmer an interkulturellen Trainings immer wieder: „Eigentlich findet man das bei uns ja auch" staunen sie, wenn sie die Logik eines auf den ersten Blick völlig bizarren Verhaltens verstanden haben. Stimmt, aber für das Alltagshandeln unter Streß macht es eben doch einen entscheidenden Unterschied, ob die Reaktion des Gegenübers die übliche und erwartete ist oder eine, die ich in wenig geschätzten Ausnahmefällen auch schon einmal erlebt habe, oder mir wenigstens „irgendwie" vorstellen kann.

Beispiel Japan

Wie sich jemand verhält, der sich nicht von seiner Bezugsgruppe entfremden möchte, verstehen wir ohne weiteres. Doch wie funktioniert ein Unternehmen, in dem die weit überwiegende Mehrzahl der Mitarbeiter große Scheu davor empfindet, sich von ihrer Bezugsgruppe zu entfremden, eine eigene Meinung öffentlich zu vertreten, eine Beförderung „vor der Zeit" eher als Last denn als Lohn empfindet, etc. etc.? Das ist weit weniger klar.

Beispiel USA

Wie sich jemand verhält, der um seinen Job fürchtet, können wir leicht nachvollziehen. Doch wie geht man mit Mitarbeitern um, die in einer wesentlich auf- wie abwärtsmobileren Gesellschaft aufgewachsen sind und daher schnell annehmen, daß *jeder jederzeit* um seinen Job fürchten muß? Jedenfalls anders als mit Mitarbeitern, die wissen, daß eine Kündigung schon sehr guter Argumente bedarf, will sich der Vorgesetzte nicht in endlose Streitereien mit Betriebsrat und Arbeitsgerichten verstricken, was er sich nur selten erlauben darf, will er nicht seine eigene Karriere gefährden.

Beispiel Mexiko

Wie sich jemand verhält, der die Zukunft für unplanbar hält und Improvisation für die eigentliche Überlebenskunst, wissen wir. Doch wie kann man in einer Kultur die Einhaltung von Plänen durchsetzen, in der fast alle glauben, daß sich Pläne ohnehin keineswegs so realisieren werden, wie es die Planer gedacht haben? Und deswegen überaus „locker" mit dem Plan umgehen, weshalb er selbst dann nicht verwirklicht wird, wenn es „eigentlich" ohne weiteres möglich gewesen wäre.

Beispiel Südostasien

Paternalistische Vorgesetzte sind uns nicht fremd: Aber wie soll sich jemand verhalten, der als Vorgesetzter in eine Kultur kommt, in der es keineswegs hochgeschätzt wird, daß er sich *nicht* paternalistisch, sondern „demokratisch" verhält, sondern in der die Mitarbeiter paternalistisches Verhalten mehr oder weniger deutlich verlangen. Wie verhält sich dann die Führungskraft, die selbst fest überzeugt ist, daß ein demokratischer Führungsstil dem paternalistischen meilenweit überlegen ist?

Genug der Beispiele: Natürlich sind fremde Kulturen nicht unverständlich, denn sie stellen ja „menschliche" Lösungen für menschliche Probleme dar. Wer das Problem und seinen Kontext erkennt, kann die gefundene „kulturelle Lösung" unschwer nachvollziehen. Doch es dauert eine Weile, bis er die dreißig, vierzig oder fünfzig Jahre an Lebenserfahrung überwunden hat, die ihn dazu verleiten, das Problem im Kontext seiner eigenen Gesellschaft zu betrachten und daher die Lösung der eigenen Kultur als die einzig mögliche, oder doch zumindest überlegene zu betrachten. „Individuelle Initiative" zu zeigen ist „gut", „demokratischer Führungsstil" ist wünschenswert und sich um Planerfüllung zu bemühen höchst zweckdienlich! Unter den Bedingungen unserer Gesellschaft. Aber die sind andernorts nicht zwangsläufig gegeben, und deshalb mögen dort andere, bei uns durchaus bekannte, aber wenig geschätzte Vorgehensweisen „angemessener" sein.

6 Von fremden Kulturen lernen?

„Angemessener" bedeutet nicht „besser" im Sinne einer Wertentscheidung. Es geht nicht darum, fremde Kulturen zu romantisieren, nach dem Motto: „Schaut, wie menschlich sie dort mit ihren Alten umgehen!" Oder: „Diese Gastfreundschaft ist wirklich beeindruckend!". Mag sie sein! Aber Gastfreundschaft ist dort notwendig, wo es keine Gasthäuser gibt, weil kaum Fremde vorbeikommen. Dort ist sie verpflichtend, weil sie die effizienteste Lösung für eine infrastrukturelle Gegebenheit darstellt. In Deutschland gibt es Hotels, weil sehr viele Fremde auftauchen. Vom Großstadtbürger die gleiche Gastfreundschaft zu erwarten wie vom Bewohner einer abgelegenen Oase ist moraliserender Unfug! Von ihm darf erwartet werden, daß er dem Fremden freundlich den Weg zu nächsten Hotel weist. Mehr nicht!

Man muß auch nicht überzeugter Kulturrelativist sein, um kulturübergreifend fruchtbar zusammenarbeiten zu können. Man darf ruhig die Lösungen, die unsere Kultur für unsere Probleme entwickelt hat, „besser" finden als die Lösungen andere Kulturen. Die Chance, das für besser erachtete in einer fremden Kultur einzuführen, ist jedoch nur klein.

Kulturen können voneinander lernen und das tun sie, seit es Kulturkontakte gibt. Aber sie können nicht *Beliebiges* voneinander lernen, sondern nur andere Lösungen für ähnliche Probleme. Die deutsche Gesellschaft kann „Gastfreundschaft" nicht vom anatolischen Dorf lernen, weil sich dort das Problem „Umgang mit Ortsfremden" ganz anders stellt.
Oder, um es an einer unternehmensnaheren Frage festzumachen: Deutsche Unternehmen konnten „Just-in-time"-Zulieferung übernehmen, weil die infrastrukturellen Voraussetzungen ähnlich waren. Japanische Personalführungskonzepte können sie nur sehr begrenzt übernehmen, weil das Konzept zum Mitarbeiter passen muß. Und der hat in Japan wie in Deutschland bereits mindestens fün-

fundzwanzig Jahre Erfahrungen mit „Autorität", mit „Gruppe", mit „Motivationsmethoden" gemacht, bevor er zum ersten Mal die Schwelle des Unternehmens überschreitet. Aber völlig unterschiedliche! Das wußten die deutschen Unternehmen auch recht gut und darum haben sie sich auch darauf beschränkt, rund um Tarifverhandlungen gelegentlich das Lob des Einsatzwillens und der Loyalität japanischer Mitarbeiter zu singen und die alte Idee der Gruppenarbeit wieder zu stärken, aber keine ernsthaften Versuche gemacht, japanische Personalkonzepte zu kopieren.

Wenn es um den *Import* fremder Konzepte und Verhaltensweisen in die eigene Kultur geht, haben die meisten Menschen ein ziemlich klares Gespür dafür, was paßt und was nicht. Was nicht heißt, daß man den „Import" begrüßen muß. Rock 'n' Roll und später McDonalds haben sich durchgesetzt, obwohl viele den „Untergang des Abendlandes" für gekommen hielten. Doch die zelebrierte Aufregung der Kulturwächter war ja gerade Ausdruck ihrer korrekten Einschätzung, *daß* sich diese Importe durchsetzen werden. Mit Bedauern sahen sie, daß die „Zeit reif" dafür war.

Wenn es um den *Export* der eigenen Konzepte in fremde Kulturen geht, fehlt hingegen den meisten Menschen nicht nur das Wissen, sondern auch der sichere Instinkt, was „paßt" und was nicht, solange sie die Grundlogik der fremden Kultur nicht durchschaut haben. Tausendundeine Rahmenbedingung muß stimmen, damit das fremde Konzept wirklich eine Lösung für die Probleme der fremden Gesellschaft sein kann. Ein „Fremder" kann sie nicht alle kennen. Aber er kann zentrale Bedingungen erkennen und Einheimische fragen.

7 Produktexport

Wenn es darum geht, einzuschätzen, welches Produkt sich in welchem Markt wie gut verkaufen wird, ist die Sache noch vergleichsweise einfach. Dennoch tun sich deutsche Unternehmen hier keineswegs durch besondere Findigkeit hervor. Sie agieren noch überwiegend nach dem Muster: „was in Deutschland läuft, wird schon überall laufen!" Daß es in Asien Massenmärkte für Einfachautos gibt, nach denen sich die Millionen der Mopedfahrer sehnen, wie unsere Väter nach ihrem ersten Käfer, interessiert deutsche Automobilhersteller nur begrenzt. In Deutschland ließe sich derlei nicht verkaufen. Hier muß auch der Kleinwagen so konstruiert sein, daß er in seiner „aufgemotzten" Spitzenversion Tempo 200 verträgt, selbstverständlich mit Airbag und ABS und intelligentem Fahrwerk. Von diesem Fahrzeug träumt der Indonesier, der es satt hat, bei Monsunregen seine 125er Honda zu benützen, nicht! Er träumt von einer „Familienkutsche", die ruhig eine Starrachse und Blattfedern haben darf, damit sie der Dorfschmied gegebenenfalls schweißen kann. Führen wir nicht, obwohl der Bedarf leicht zu durchschauen ist. In zehn Jahren wird sich der Mann ja wohl einen Polo leisten können! Nur ist er dann längst Stammkunde bei anderen.

Dieses Problem stellt sich nicht nur bei Konsumgütern: Auch Investitionsgüter „Made in Germany" werden überwiegend mit Blick auf deutsche Sicherheits-

und Umweltnormen, mit Blick auf deutsche Lohnkosten und unter selbstverständlicher Voraussetzung deutscher Infrastruktur entwickelt. Teure Anlagen, aber „Welt-Spitze“! Präzision des damit hergestellten Produkts wird in der Tat jeder Käufer erwarten, der weltmarktfähig sein will. Ob sich bei drastisch niedrigeren Lohnkosten auch der gleiche Automatisierunggrad für ihn rechnet, ist oft fraglich.

8 Export von Management-Konzepten

Richtig schwierig wird es, wenn es um den Export von Führungs- und Planungskonzepten geht, von Methoden zur Risikoabschätzung, von Konzepten der Qualitätssicherung etc. Im Feld der Managementmethoden mühen sich Heerscharen deutscher Auslandsmanager seit Jahrzehnten darum, andere vom Vorteil deutscher Vorgehensweisen zu überzeugen und lassen sich wie Sysiphos von ihrem Scheitern nicht beirren. „Am deutschen Wesen soll die Welt genesen?“ Nein, so verstehen sie ihr Vorgehen nicht. Aus langer beruflicher Erfahrung wissen sie: So funktioniert es! In Deutschland. Und erleben: In ihrem Einsatzland funktioniert nichts!

Tatsächlich funktioniert sehr vieles, nur nicht so, wie der deutsche Auslandsmanager erwartet. Kann es auch nicht, wird es auch nicht, weil einfach die gesellschaftlichen Rahmenbedingungen nicht stimmen. „Synergie“ bedeutet nicht, aus den Stärken zweier Kulturen theoretisch eine ideale Synthese zu destillieren – „gründlich wie die Deutschen, risikofreudig wie die Amerikaner: das wär's doch!“ – und als Auslandsmitarbeiter diese Kopfgeburt dann in der Niederlassung durchzusetzen. Synergie bedeutet: Auf der Basis der eigenen Erfahrungen zusammen mit Einheimischen die lokale Situation optimieren. Wenn dabei deutsche Anregungen passen: Sehr schön! Aber es ist eigentlich naheliegend, daß sich die Produktivität in einem chinesischen Werk eher verbessern läßt, wenn man sich an Singapur, Hongkong oder Taiwan orientiert als an Deutschland. Nur erfordert das ein völlig anderes Selbstverständnis des Auslandsmitarbeiters, der seinen Aufenthalt nicht mehr dadurch rechtfertigen kann, daß er weiß, wie es geht.

Die lokalen Partner sind dabei nicht unbedingt eine Hilfe. Sie kennen ihre Kultur, gewiß! Und sie haben daher in der Regel auch jenes „stimmige Gefühl“, was in ihrer Kultur „geht“ und was nicht. Aber sie sind genauso wenig „Kulturexperten“ wie ihre deutschen Kollegen. Sie tun sich schwer, zu *erklären*, warum ein Vorschlag des deutschen Partners in ihrer Kultur nicht paßt. Und in vielen Kulturen wird sie schon die gebotene Höflichkeit gegenüber dem Chef oder dem Mann aus der Zentrale davor zurückschrecken lassen, ihre Bedenken deutlich zu artikulieren. Also werden sie dem deutschen Vorschlag zustimmen, sich auch mühen, ihn umzusetzen, aber mit der Einschränkung, daß sie nicht wirklich glauben, daß er einen Fortschritt bringen wird. Der Deutsche wird das zu Recht als „mangelndes Engagement“ erleben und daraus seine Schlußfolgerungen ziehen. Aber meist nicht die, daß sein Vorschlag unangemessen war.

9 Interkulturelles Bewußtsein: Nicht nur für Auslandsmitarbeiter

Doch nehmen wir an, daß der deutsche Mitarbeiter, der im direkten Kontakt mit fremdkulturellen Partnern steht, die Logik der fremden Kultur tatsächlich soweit durchschaut hat, daß er sich angemessen verhalten und mit Hilfe seiner lokalen Kollegen „passende" Vorschläge entwickeln kann. Die Annahme ist nicht utopisch, denn trotz aller Klagen über „mangelnde Mobilitätsbereitschaft" finden Unternehmen meist doch Mitarbeiter, die Bereitschaft und Voraussetzungen mitbringen, sich eine fremde Kultur zu erschließen. Immer mehr Unternehmen investieren auch in deren interkulturelle Schulung, weil sie verstanden haben, daß auch beim Erlernen einer fremden Kultur „Versuch-und-Irrtumslernen" der aufwendigste Weg ist. Die Annahme, daß wir einen Mitarbeiter vor uns haben, der einigermaßen stimmig beurteilen kann, was bei seinem fremdkulturellen Partnern „ankommt", ist also keineswegs weltfremd.

Dieser Mitarbeiter benötigt die Rückendeckung und die Unterstützung von weiteren Mitarbeitern, die die betreffende Kultur nicht kennen müssen, aber verstanden haben müssen, daß erfolgreiches Agieren in fremden Kulturen andere Vorgehensweisen erfordert als in Deutschland, und darauf vertrauen, daß das „Frontschwein" weiß, warum er so agiert, wie er agiert. Das ist noch keineswegs selbstverständlich!

Ein Beispiel

Wichtige Verhandlungen in den USA: Ein ganzer Unternehmensbereich soll verkauft werden. Es geht um viel Geld. Verantwortlich ist der deutsche USA-Chef des Unternehmens. Es gibt auch einen amerikanischen Kaufinteressenten, mit dem man lang und hart verhandelt. Im Prinzip ist man sich einig, aber es geht noch um den endgültigen Kaufpreis. Je nach Verhandlungsgeschick lassen sich einige Dutzend Dollarmillionen verdienen oder verlieren. Der US-Chef steht unter Druck der Zentrale und „unter Strom". Doch seine amerikanischen Mitarbeiter finden gerade dies bedenklich: „Wir sagen immer (wahrheitswidrig), daß wir keineswegs unbedingt verkaufen wollen: Okay, wenn der Preis stimmt, sonst eben nicht! Der Interessent will kaufen. Es ist entscheidend, daß er nicht den Eindruck bekommt, daß wir unbedingt verkaufen wollen." Soweit, so klar! Doch nun steht die entscheidende Verhandlungsrunde an. Und was empfehlen die amerikanischen Kollegen? „Fahren Sie in Urlaub, Sie waren schon viel zu präsent! Wir machen das schon! Wenn Sie jetzt in Urlaub fahren, ist das genau das Signal, daß uns das Geschäft nicht wirklich wichtig ist!"

Der USA-Chef tat sich äußerst schwer dem Rat zu folgen: „Scheitern die Verhandlungen – warum auch immer – brauche ich mich in der Zentrale gar nicht mehr sehen zu lassen: Während der entscheidenden Verhandlungsphase waren Sie nicht präsent, ja man sagt sogar, Sie seien *in Urlaub* gefahren? Wie verstehen Sie eigentlich Ihre Verantwortung?! Scheitern hingegen die Verhandlungen, obwohl ich anwesend war, oder bekommen wir eben nicht den Preis, den wir erwartet haben, ist das für mich auch nicht optimal, aber das läßt sich darstellen."

Der Mann hat das Risiko auf sich genommen und war damit erfolgreich. Glück gehabt!

Sein Dilemma kennen auch andere: Wer es nach deutschen Normen „richtig" macht, aber (deshalb?) erfolglos bleibt, bekommt in der Regel mit seiner Zentrale geringere Probleme als derjenige, bei dem etwas schiefgeht, während er eine Vorgehensweise einschlägt, die lokal zwar sehr passend ist, aber nicht den üblichen Vorstellungen seiner deutschen Vorgesetzten entspricht.

Der Auslandsmitarbeiter muß „Mittler zwischen den Kulturen" sein. Das klingt gut, wer wollte widersprechen? Aber „Mittler" heißt eben auch, daß er bei den unvermeidlichen Konflikten zwischen Zentrale und Niederlassung beispielsweise nicht einseitig als „unser Mann in Peking" verstanden wird, sondern sich auch als „Pekings Mann in München" verstehen kann. Denn das ist die Erwartung der chinesischen Partner: Daß dieser Deutsche, der die Situation in China verstehen gelernt hat, den legitimen Interessen der Chinesen bei „seinen Leuten in Deutschland", die er persönlich kennt und deren Denkweise er besser kennt als jeder Chinese, Gehör verschafft. In einem wirklich weltoffenen Konzern wird die Funktion des „Kulturwechslers" auch genau so verstanden: Er ist derjenige, der beide Seiten kennt! Er ist derjenige, dessen Hinweisen in der Zentrale vertraut wird, weil er den Interessen des Unternehmens verpflichtet ist und weiß, wie ihnen in seinem Einsatzland optimal entsprochen werden kann.

Doch diese Haltung ist in den weltweit tätigen deutschen Unternehmen noch wenig verbreitet. Der Auslandsmitarbeiter wird überwiegend noch als „unser Mann in ..." verstanden, dessen zentrale Aufgabe ist, den Niederlassungen in aller Welt die Sichtweise der Zentrale beizubringen, nicht umgekehrt. Man schafft damit ein Klima, das es dem Auslandsmitarbeiter enorm erschwert, sich auf die Kultur seines Einsatzlandes einzulassen. Man investiert zwar in interkulturelles Training, aber mit der impliziten Erwartung, daß dieses den Auslandsmitarbeiter in die Lage versetzen wird, die deutschen Ideen in der ausländischen Niederlassung mit weniger Reibung umzusetzen. Nicht mit der Erwartung, daß es ihn befähigt zu prüfen, welche deutsche Idee für die Niederlassung paßt und was zu tun ist, wenn sie nicht paßt.

Man erlebt in interkulturellen Trainings immer wieder Teilnehmer, die nach einer Trainingssequenz fassungslos äußern: „Wenn stimmt, was wir eben diskutiert haben, ist ein Teil meines Auftrags völlig sinnlos." Da soll jemand beispielsweise ein bestimmtes Personalbeurteilungssystem in der Auslandsniederlassung einführen und erkennt plötzlich, daß dessen Kriterien für die Kultur seines künftigen Einsatzlandes überhaupt nicht passen. Gut, wenn er es rechtzeitig erkennt! Er erspart sich einen sicheren Mißerfolg. Nur ist durch diese Erkenntnis sein Auftrag noch nicht „vom Tisch". Es wird nicht einfach sein, Vorgesetzte, welche die Denk- und Verhaltensweisen in seinem Zielland nicht kennen, zu überzeugen, daß sie das Ziel der Entsendung überprüfen sollten.

Fazit

Daß man sich in den letzten Jahren in deutschen Großunternehmen stärker mit interkulturellen Fragestellungen auseinandersetzt, ist sicher zu begrüßen. Man hat verstanden, daß andernorts anders gefühlt, gedacht, gehandelt wird und daß es für den Unternehmenserfolg entscheidend ist, dies zur Kenntnis zu nehmen. Dies ist ein wesentlicher Fortschritt, denn vor einem Jahrzehnt hielt man in deutschen Unternehmen interkulturelle Unterschiede noch überwiegend für vernachlässigbare „Folklore-Phänomene", die im Urlaub reizvoll sein mögen, den Geschäftsalltag jedoch nicht wesentlich beeinflussen.

Die nächsten notwendigen Schritte auf dem langen Weg von der weltweit tätigen deutschen Firma zum wirklichen Weltkonzern bestehen in zwei weiteren Bewußtseinsveränderungen:

- Es muß deutlicher werden, daß die Beschäftigung mit interkulturellen Unterschieden nicht dazu dient, den ausländischen Partnern und Mitarbeitern deutsche Standards „sanfter" beizubringen, sondern konsequent Abschied zu nehmen von dem nur allzu verständlichen Wunsch, deutsche Standards weltweit durchzusetzen. Dies bedeutet notwendigerweise eine Dezentralisierung von Entscheidungen und Vorgehensweisen und damit auch einen höheren Aufwand in der Koordinierung. „Weltweite Konzernstandards" machen die Arbeit einfacher und damit vordergründig billiger. Doch wenn sie lokal nicht passen, das lokale Optimum verhindern, kommt die Einsparung in der Koordination sehr teuer zu stehen.
- Es muß deutlicher werden, daß „interkulturelle Sensibilität" eine sehr wichtige Eigenschaft ist, obwohl sie für denjenigen nicht ausreicht, der konkret mit fremdkulturellen Partnern zusammenarbeitet. Letzterer braucht mehr als Sensibilität: konkretes Wissen über diejenige Kultur oder Kulturen, für die er zuständig ist. Doch im gesamten Unternehmen muß sich diese Sensibilität in dem Sinne als Haltung durchsetzen, daß man stets mitbedenkt, daß die eigene Arbeit – wie indirekt auch immer – Angehörige von völlig fremden Kulturen betreffen mag: Entwickler müssen mitbedenken, daß es andere Erwartungen an Produkte gibt als die, die auf dem deutschen Markt vorherrschen. Personalentwickler müssen verstehen, daß das, was deutsche Mitarbeiter motiviert, andernorts kontraproduktiv sein kann. Marketing-Spezialisten müssen verstehen, daß ihre Art ein Produkt zu präsentieren von europäischen Vorstellungen geprägt ist. Sie alle wären überfordert damit, bei allen ihren Entscheidungen Hunderte von Kulturen im Detail mitzubedenken. Aber sie müssen sehr deutlich im Bewußtsein haben, daß ihre Entscheidungen Hunderte von Kulturen betreffen. Sie müssen zumindest lernen, lokale Anpassungen einfach zu machen.

Auf allen Unternehmensebenen muß also ein internationales Bewußtsein entstehen, eine veränderte Grundhaltung. Nicht mehr der deutsche Markt und die deutsche Unternehmenslogik darf das Maß aller Dinge darstellen, von dem man anschließend „Abstriche" oder Korrekturen vornimmt, wenn es sich als unumgänglich herausstellt. Die wichtigsten Kulturen der Welt müssen ständig mitbedacht werden. Dahin ist es noch ein weiter Weg. Aber es führt nichts daran vorbei, diesen Weg zu beschreiten.

Summary

That expectations of work roles should be conditioned by specific cultural determinants is less a law of nature than the product of a new development, which is itself not to be found in every culture. The difficulty of moving within a foreign culture, and the necessity that thereby arises to find something out about it depend very much upon which role one wishes to adopt in that culture. Employees working with colleagues from abroad must adopt the role of a "cultural mediator". Here, it is important to underline the fact that when one is involved in this way with the question of intercultural differences, the prime aim is not to find a "gentle" means of inculcating foreign partners and colleagues with German standards, but rather to distance oneself rigorously from the all too understandable wish to impose German standards on a global basis. In this respect, the person who works together with colleagues from foreign cultures needs more than a mere "intercultural sensibility": in addition, he or she must possess concrete knowledge of the culture(s) for which he or she has special responsibility. Although it is evident that cultures can learn from one another, and indeed have done so ever since different cultures first came into contact with one another, it is important to remember that they do not discover thereby the answer to every question there is, but merely different solutions to similar problems. Therefore, a synergy between two cultures must not be understood in the sense of an attempt to distill the strengths of both in a theoretical manner so as to produce an ideal synthesis. Synergy must rather mean the attempt to work together with foreign colleagues to optimize each specific situation upon the basis of one's own personal experiences. In addition, those working in product development must remember that there may be different expectations than those which dominate the German market; personnel staff must come to understand what motivates the German employee can be counterproductive elsewhere; and marketing specialists must understand that their methods of product presentation are characterized by European ideas.

Unternehmenskultur, Strategie und Akquisition

U. Krystek, E. Zur

1 Problemstellung

Internationalisierung als eines der wichtigsten Instrumente für Unternehmenssicherung muß strategiegeleitet sein. Eine nur an günstigen Gelegenheiten oder anderen, eher irrationalen Motiven orientierte Internationalisierung bleibt in ihren Zielwirkungen zufällig und unkalkulierbar. Strategiegeleitete Internationalisierungsprozesse müssen jedoch noch weiteren Anforderungen genügen, um erfolgreich zu sein. Dazu gehört ihre Kulturverträglichkeit, die in ihrer Bedeutung häufig noch immer verkannt wird. Akquisitionen als wichtige Form externer Profilverbesserung (Pausenberger, 1992) sind vor allen anderen Varianten internationaler Unternehmenstätigkeit kultursensibel und in ihrem Erfolg von dem „Fit" aufeinanderprallender Kulturen abhängig. Mehr noch: Als eine Art Basis-Erfolgsfaktor bestimmt die Unternehmenskultur den gesamten Prozeß dieser Internationalisierungsform, von der Strategiebildung über die Akquisitionsplanung bis hin zur Integration des Akquisitionspartners. Sie ist dabei in ihren konstruktiven oder destruktiven Wirkungen schwer erfaßbar und wird in der Praxis – wenn überhaupt – zu häufig noch als „Randproblem der Eingliederung des Akquisitionsobjektes" abgehandelt.

Die schädlichen Wirkungen einer solchen Vorgehensweise können den Internationalisierungsprozeß insgesamt gefährden. Als Ursache werden sie jedoch selten identifiziert, was kulturunsensiblen Internationalisierungen zusätzlich Vorschub leisten mag.

2 Unternehmenskultur: Prägender Faktor des Internationalisierungserfolges

2.1 Zum Begriff Unternehmenskultur

Unternehmenskultur wird nach allgemeinem Verständnis als ein historisch gewachsenes, von den Erlebnissen der Vergangenheit geprägtes, gruppenspezifisches Phänomen betrachtet, das von gemeinsam geteilten Werthaltungen bestimmt ist. (Perlitz, 1995). Als eine solche Grundgesamtheit kollektiver Denk- und Verhaltensmuster bestimmt Unternehmenskultur maßgeblich die Entscheidungen, Handlungen und Unterlassungen der Unternehmensmitglieder (u.a. Heinen/Dill, 1986; Bleicher, 1995). Unternehmenskultur ist, einem Eisberg gleich, nur zu einem geringeren Teil sichtbar, etwa durch kulturelle Artefakte, Symbole,

Rituale, Sprache, Kleidung usw. Solche expliziten Elemente des Kulturphänomens reflektieren jedoch lediglich die tieferliegenden Schichten von Unternehmenskultur, die aus den internalisierten Wertvorstellungen, Normen, Denkweisen und Grundeinstellungen bestehen (Trompenaars, 1993).

Visionen und Leitbilder der Gründergeneration, die zu Determinanten für Entscheidungen und vorbildliches Verhalten wurden, sich in der nachfolgenden Praxis auch erfolgreich bestätigten, zeigen die ersten Stationen des Entstehungsprozesses kultureller Werte auf. Ein solcher Prozeß verleiht den Unternehmen spezifische Eigenschaften, die sie für bestimmte Entwicklungslinien sensibilisieren, entsprechende (erprobte) Lösungspotentiale bereitstellt und zudem eine Differenzierung gegenüber anderen Unternehmen bewirkt.

Unternehmenskultur zu einem Erfolgsfaktor eigener Art zu erheben, ist keinesfalls neu. Es ist vielmehr die zyklische Wiederkehr eines bekannten Forschungsgebietes, angereichert um aktuelle Erkenntnisse (Matenaar, 1983). Maßgeblich beeinflußt wurde die derzeitige Kulturdiskussion wohl durch das bekannte 7-S-Modell von Peters/Waterman (1985), das von einer zumindest gleichberechtigten Beteiligung „weicher Faktoren" am Unternehmenserfolg ausgeht.

2.2 Bedeutung von Unternehmenskulturen

Ausgeprägte Unternehmenskulturen geben in erheblichem Umfang Orientierungshilfen und Stabilität gerade in einer Zeit zunehmender Umweltturbulenzen. Sie stehen andererseits aber auch in der Gefahr, sich durch immer wieder stattfindende Selbstbestätigung und Rückgriff auf bewährte Problemlösungen so zu verfestigen, daß Notwendigkeiten einer Anpassung an veränderte Umweltbedingungen nicht mehr wahrgenommen werden. Dies mit allen strategisch wirksamen Konsequenzen, bis hin zur Unfähigkeit des Wandels.

Während einerseits starke, aber entwicklungsfähige Unternehmenskulturen eine erfolgreiche Unternehmensentwicklung stützen und wesentlich verstärken können, sind zu schwach oder zu starr ausgeprägte Kulturen in der Lage, die Unternehmensentwicklung dysfunktional zu beeinflussen.

Die Gefahr destruktiver Wirkungen von Unternehmenskulturen legt den Wunsch nach Kulturbeeinflussung, nach „Kulturmanagement" nahe. Der Machbarkeit von Unternehmenskultur sind allerdings Grenzen gesetzt, da sie stark in der Vergangenheit verankert ist, sich nur allmählich entwickelt und deshalb eine bemerkenswerte Resistenz gegenüber Änderungsimpulsen aufweist. Unternehmenskultur kann weder verordnet noch abgeschafft werden.

2.3 Besondere Bedeutung von Unternehmenskulturen für den Internationalisierungserfolg

Unternehmenskulturen dürfen nicht losgelöst von den sie umgebenden Umkulturen betrachtet werden (Krystek, 1992). Von ihnen gehen jeweils vielfältige Einflüsse auf die Unternehmenskultur aus, wie umgekehrt Unternehmenskulturen ihre Umkulturen beeinflussen. Insgesamt lassen sich drei für die Unternehmenskultur relevante Umkulturen erkennen (Bleicher, 1992):

- Privatkultur als Summe kultureller Standards des Individuums,
- Branchenkultur als Summe kultureller Standards einer Branche oder Branchengemeinschaft,
- Gesellschaftskultur (i.w.S.) als Summe kultureller Standards einer Gesellschaft sowie der Werthaltungen ihres politischen und wirtschaftlichen Systems.

Generell muß darum angenommen werden, daß Kulturen von Unternehmen unterschiedlicher Länder und Gesellschaften, aber auch unterschiedlicher Branchen besonders große Unterschiede aufweisen. Die Relevanz länderspezifischer Kulturunterschiede im internationalen Rahmen ist offensichtlich (Reineke, 1990). So betont etwa Bleicher (1989) die Bedeutung nationaler Unternehmenskulturen im internationalen Wettbewerb zwischen USA, Japan und Europa. Auch Meffert (1990) sieht die Gefahr eines „Kulturschocks" dann als besonders groß an, wenn die jeweiligen Länderstrukturen der Wirtschaftspartner stark voneinander abweichen.

Für Internationalisierungsprozesse von Unternehmen wird insgesamt deren Kultursensibilität zu einem besonderen Merkmal ihres Erfolgs oder Mißerfolgs (Steiner, 1995). Dies allerdings nicht erst in der akuten Phase des Zusammenpralls unterschiedlicher Kulturen, z.B. nach beschlossener Akquisition, sondern auch und gerade in den vorgelagerten Phasen der Strategiebildung und -auswahl.

3 Unternehmenskultur und Strategie

Strategiebildung und -auswahl im Sinne strategischer Planung haben starke Bindungen an die (eigene) Unternehmenskultur mit ambivalentem Charakter: Unternehmenskultur prägt Strategie wie umgekehrt Strategie auch kulturprägend wirkt.

3.1 Unternehmenskultur prägt Strategie

Auf Basis genereller Ziele des Unternehmens (z.B. Unternehmenssicherung und -wachstum sowie Unternehmenswertsteigerung) erfolgt im Rahmen der strategischen Planung die Festlegung der langfristig orientierten Vorgehensweise zur Zielerreichung und darunter im hier interessierenden Fall die Wahl der Internationalisierung als präferierter Alternative.

- Unternehmenskultur und strategische Planung

Bereits die strategische Planung mit sämtlichen Phasen (Hahn, 1996) ist geprägt durch die vorhandene Unternehmenskultur und abhängig von ihrer Stärke (Krystek/Zur, 1990).

Strategische Planung als die für das Unternehmen bedeutsamste Planung ist unabdingbare Aufgabe der obersten Führung. In ihr werden die zukünftigen Erfolgspotentiale festgelegt; mit ihr bindet sich das Unternehmen in der Verteilung ihrer Ressourcen auf lange Sicht. Die oberste Führung, selbst „Produkt" und zugleich auch ganz maßgeblich „Produzent" der Unternehmenskultur, wird im Prozeß der strategischen Planung von Normen und Werten geleitet, die in der Unternehmenskultur verankert sind. Unternehmenskultur wirkt somit als Filter, als eine Form von Komplexitätsreduktion. Mit einer solchen kulturfiltrierten Wahrnehmungsfähigkeit des Managements werden strategische Probleme angegangen (Problemstellungs- und Zielbildungsphase) oder aber verkannt bzw. verdrängt.

Ebenso bedeutsam ist die durch Unternehmenskultur geprägte Präferenzbildung der obersten Führung gegenüber zu suchenden, zu beurteilenden und final zu entscheidenden Strategien (Such-, Beurteilungs- und Entscheidungsphase). Die Unternehmenskultur begleitet strategische Planung in all diesen Phasen als eine Art Selektionsmechanismus (Bleicher, 1992).

Beide – die kulturgesteuerte Wahrnehmung und die Präferenzbildung im Prozeß der strategischen Planung – können in ihren Wirkungen konstruktiv oder destruktiv sein. Einerseits bewahrt das von der Unternehmenskultur gespeicherte Wissen um Erfolge und Mißerfolge früherer Strategien vor künftigen Fehlschlägen. Andererseits verstellt Unternehmenskultur möglicherweise aber auch den Blick für innovative Strategien, die kein Vorbild in früheren Erfolgen oder Mißerfolgen haben. Eine zu starke, sich nur auf erfolgreiche Vergangenheit abstützende Kultur muß in ihren Wirkungen als tendenziell destruktiv, zumindest hemmend betrachtet werden.

Dies kann gerade dann von erheblicher Bedeutung sein, wenn die Unternehmen z.B. bisher kaum Erfahrung mit internationaler Geschäftstätigkeit hatten, oder erste Kontakte mit ausländischen Partnern negativ verliefen. Andererseits können positive Auslandserfahrungen der Unternehmen und ihrer Führungskräfte ein offenes und günstiges Klima für Internationalisierungsstrategien erzeugen, vielleicht auch bereits Präferenzen für bestimmt Regionen deutlich machen.

- Unternehmenskultur und Strategie-Implementierung

Noch direkter als im Rahmen der strategischen Planung sind die Einflüsse von Unternehmenskultur auf die Implementation der Strategie (strategische Steuerung und Kontrolle). Dies ebenfalls wieder im Sinne einer Unterstützung oder Beeinträchtigung des Erfolges von (Internationalisierungs-)Strategien. Akzeptanzwiderstände gegen Strategien, die ansonsten aussichtsreiche Strategien zu Mißerfolgen werden lassen sind ebenso bekannt wie Strategien, deren Implementation von einer Woge der Motivation, ja Begeisterung getragen werden. Beide Reaktionsformen auf Strategien können ihre Ursache in dem Verhältnis zwischen strategischem Wollen und kultureller Bindung haben.

So dürfte z.B. gerade eine von stark national verwurzelter Unternehmenskultur (zwangsläufig) abweichende Internationalisierungsstrategie allein wegen dieses „Misfits“ zu Reibungsverlusten bei ihrer Umsetzung schon im eigenen Hause führen.

3.2 Strategie prägt Unternehmenskultur

In vergangenen Perioden entwickelte und implementierte Strategien gehen in die Unternehmenskultur ein und werden als historische Ereignisse zu ihrem unverrückbaren Bestandteil (Bleicher, 1991). Sie bereichern und entwickeln die bereits bestehende Kultur des Unternehmens, wobei besonders erfolgreiche oder erfolglose Strategien entsprechend tiefe Spuren hinterlassen. „Strategien, die in der Vergangenheit zu positiven Ergebnissen geführt haben, werden fortgeführt und kristallisieren sich bei nachträglicher Bestätigung zu quasi unantastbaren Erfolgsregeln.“ (Simon, 1990, S. 8). Ebenso werden erfolglose Strategien quasi stigmatisiert, und es dürfte auf große Akzeptanzprobleme stoßen, vergleichbare Strategien - auch bei veränderten, wesentlich günstigeren Prämissen - erneut aufgreifen und durchsetzen zu wollen (Krystek/Zur, 1990)

3.3 Harmonisierung von eigener Kultur und Strategie

Anders als dies in vielen Ansätzen der Literatur zum Ausruck kommt, muß bereits in der Phase der gedanklichen Vorbereitung auf zukünftige Internationalisierung ein „Kulturmanagement“ im Sinne einer Harmonisierung von Kultur und (Internationalisierungs-)Strategie stattfinden. Seine Extrempositionen findet dieser Konvergenzprozeß entweder in der Anpassung der Strategie an die Kultur (Management arround the culture) oder einer Anpassung der Kultur an die Strategie (Greipel, 1988).

Das Ideal wäre eine „Lernkultur“, bei der einerseits herausragende Grundinhalte über die Zeit konstant bleiben, die aber andererseits offen ist für notwendige Anpassungen (Simon, 1990). Ebenso erforderlich ist eine lernfähige und lernwillige Strategie-Entwicklung und -Implementation, die bereit und in der Lage ist, Kulturimpulse aufzunehmen und umzusetzen. Realistische Konsequenzen eines beiderseitigen Lernprozesses könnten sowohl die Zurücknahme von zuviel Progressivität beabsichtigter Strategien (vom rein nationalen Anbieter übergangslos zum Global Player) auf ein kulturverträgliches Maß, als auch die erforderliche Weiterentwicklung von Werten und Normen (Öffnung gegenüber anderen Kulturen) im Sinne einer zielorientierten Kulturpolitik sein (Bleicher, 1991).

4 Unternehmenskultur und Akquisitionsprozeß

Konkrete Alternativen von Internationalisierungsstrategien können Formen des internen und/oder externen Unternehmenswachstums im Ausland sein. Im Hinblick auf den hier interessierenden Kulturaspekt erscheinen Formen des externen Wachstums besonders relevant und unter ihnen speziell die *Akquisition* als mehrheitlicher oder vollständiger Erwerb von Kontrollmacht über fremde Unternehmen. Kulturelle Unterschiede werden hier besonders deutlich und ihre Überwindung zum entscheidenden Erfolgsfaktor.

Somit kann der *Akquisitionsprozeß* als hervorragendes Beispiel für Bedeutung von Unternehmenskultur(en) im Internationalisierungsprozeß gelten. Abbildung 1 stellt diesen komplexen Prozeß mit seinen Elementen sowie seine Beziehungen zu Unternehmenskulturen dar (Gomez/Weber, 1989).

4.1 Unternehmenskulturen und Akquisitionsplanung

Wie für Internationalisierungsstrategien insgesamt, ist (auch) für die Akquisitionsplanung eine Bestimmung der eigenen Kultur Ausgangspunkt aller nachfolgenden Harmonisierungsbestrebungen.

Zu den geeigneten Instrumenten einer solchen *Kulturdiagnose* zählen insbesondere (Kobi/Wüthrich, 1986):

- Dokumentenanalysen,
- Firmenrundgänge/Beobachtungen,
- Fragebogenaktionen,
- Interviews.

In der anschließenden Phase einer Identifikation und Bewertung geeigneter Partner stehen die Ermittlung der Kultur des (potentiellen) Akquisitionspartners und deren Vergleich mit der eigenen Kultur im Mittelpunkt. Die Instrumente einer Kultur-Ermittlung des Akquisitionspartners entsprechen im Kern denjenigen der eigenen Kulturbestimmung. Dennoch ist hier eine ungleich größere Problematik zu erkennen; nicht zuletzt aus Gründen der verständlichen Informationsrationierung vor Transaktionsabschluß. Der eigentliche *Kulturvergleich* erfolgt dann durch Vergleich der über beide Partner zu erstellenden Kulturprofile, die das Ausmaß der Abweichungen/Übereinstimmung beider Unternehmenskulturen verdeutlichen.

Die Entscheidung über die Durchführung der Akquisition muß schließlich – neben anderen Faktoren – als Ergebnis des Kulturvergleichs auch das Ausmaß des Kultur-Fits (Hermann, 1989) einbeziehen. In Fällen besonders starker Kulturgegensätze sind die Wahl eines anderen Partners oder andere Alternativen internationalen Wachstums zu prüfen. Dies insbesondere dann, wenn die Kultur des Akquisitionspartners Basis seines bisherigen Erfolges war und eine Bewahrung seiner Kultur nach der Übernahme nicht realistisch erscheint.

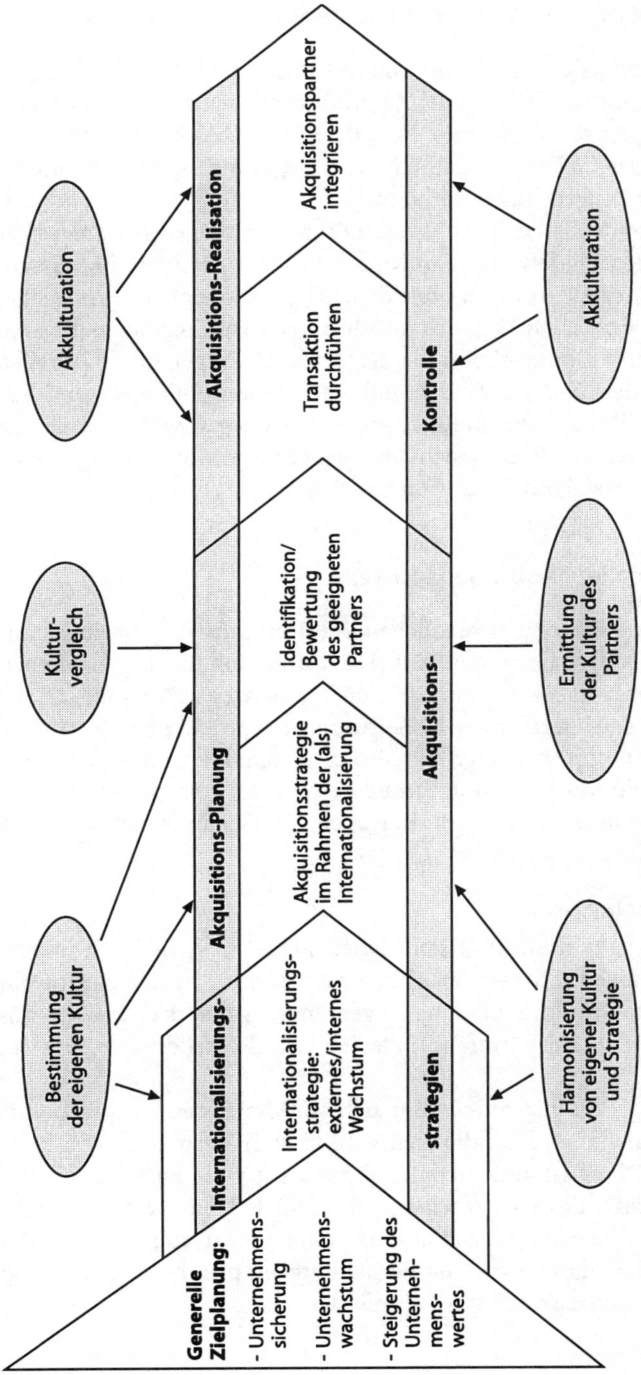

Abb. 1. Akquisitionsprozeß und Unternehmenskultur(en)

4.2 Unternehmenskulturen, Akquisitionsrealisation und -kontrolle

Spätestens nach der Entscheidung für die Akquisitionsdurchführung mit einem konkreten Partner beginnt der Prozeß der *Akkulturation,* des unternehmenskulturellen Anpassungsprozesses (Reineke, 1990). Er durchzieht die Realisationsphase und ist wesentlicher Bestandteil der Integration des Akquisitionspartners in den neuen Unternehmensverbund.

Die Akquisitionskontrolle begleitet als spezifische Ausprägung strategischer Kontrolle den gesamten Prozeß der Akquisition. In ihrer Form als Prämissenkontrolle dient sie einer Überprüfung der dem Akquisitionsplan zugrundeliegenden Ausgangsannahmen im Hinblick auf ihre noch vorhandene Gültigkeit. Elemente einer solchen Prämissenkontrolle müssen auch Fragen der kulturellen Verträglichkeit zwischen Kultur, Zielsetzung und Strategiebildung sein. Als Durchführungskontrolle hat eine kulturorientierte strategische Kontrolle die Aufgabe, den Prozeß der Akkulturation zu überwachen und Abweichungen vom gesetzten Akkulturationsziel möglichst früh zu erkennen.

4.3 Kulturanpassung im Akquisitionsprozeß

Ein Zusammentreffen stark unterschiedlicher Kulturen führt zur Beeinträchtigung ihrer individuellen Ordnungs- und Entlastungsfunktion für die betroffenen Unternehmen. Je stärker dabei der Rückgriff auf Tradiertes und damit auf die Kultur in den beteiligten Unternehmen bisher war, desto problematischer dürfte die kulturelle Konfrontation sein. Je größer also insgesamt die zu überwindende unternehmenskulturelle Kluft ist, desto größeres Gewicht kommt dem Prozeß der Akkulturation zu; desto größer ist aber auch die Gefahr eines negativen Verlaufs dieses Prozesses.

- Prozesse der Kulturanpassung

Die Kulturanpassung (Akkulturation) stellt einen Prozeß dar, der sich in verschiedene Phasen einteilen läßt, wie in Abb. 2 dargestellt. Allgemein wird ein U-förmiger Verlauf der Kulturanpassung angenommen, der drei Phasen mit jeweils unterschiedlichen Akkulturationsgraden enthält (Reineke, 1990; Krystek, 1992).

Am Anfang steht der *Kulturkontakt,* der sich von der ersten Gesprächsaufnahme über die Akquisitionsverhandlungen bis hin zum Vertragsabschluß erstrecken kann. Diese Phase ist annahmegemäß zunächst von einem hohen Akkulturationsgrad geprägt, dessen Ursachen wahrscheinlich in einem anfänglichen Enthusiasmus und in einer Art Aufbruchstimmung („Auf zu neuen Ufern") liegen. Dies insbesondere dann, wenn die Verhandlungen positiv verlaufen, und beide Partner sich als Wunschkandidaten empfinden.

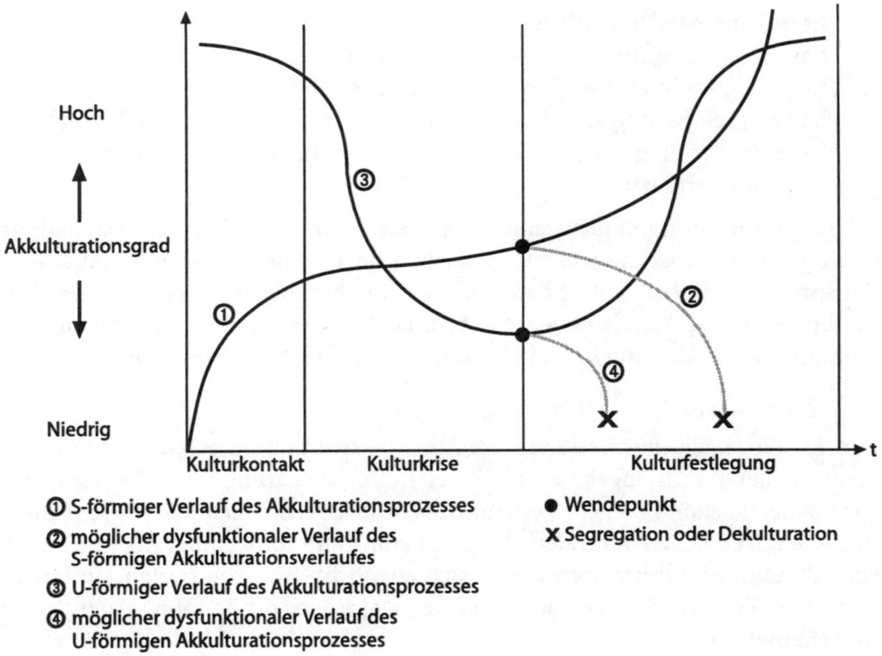

Abb. 2. Mögliche Verläufe des Akkulturationsprozesses

Die sich anschließende Phase der *Kulturkrise* (auch als „merger syndrom" bezeichnet; Hermsen, 1994) zeigt häufig eine Ernüchterung nach anfänglicher Begeisterung aus unterschiedlichsten Gründen. Sie läßt ein mehr oder weniger stark ausgeprägtes Tief im Verlauf des Akkulturationsgrades zwischen akquirierten und akquirierenden Unternehmen deutlich werden, dessen Wendepunkt dann den Beginn der Phase der *Kulturfestlegung* signalisiert. Es erfolgt nun ein gegenseitiger Abbau kultureller Ressentiments bis auf ein akzeptables Minimum bei gleichzeitigem Anstieg des Akkulturationsgrades.

Die Überwindung der Kulturkrise kann jedoch auch ausbleiben. Kulturelle Unvereinbarkeiten bewirken dann einen dysfunktionalen Verlauf des Akkulturationsprozesses, der schließlich sogar die Auflösung der Akquisition erforderlich machen kann.

Neben dem U-förmigen Verlauf ist auch ein S-förmiger Prozeßverlauf denkbar, der von anfänglicher Antipathie gegenüber dem akquirierenden Unternehmen geprägt ist. Die „Krisenphase" wird dann eher als eine (vielleicht zwangsweise) Intensivierung des Akkulturationsgrades empfunden, die dann ebenfalls in eine erfolgreiche Akkulturation einmünden kann, oder aber destruktiv und mit einer kulturbedingten Auflösung der Unternehmensverbindung enden kann.

Von R. Moss Kanter (1995) stammt eine andere, an persönliche Beziehungen orientierte Darstellung des idealtypischen Prozesses der Akkulturation:

1. Phase: Umeinander Werben
2. Phase: Entwurf gemeinsamer Zukunftspläne und Heirat
3. Phase: Begründung eines gemeinsamen Hausstandes
4. Phase: Vereinbarung von Verfahren und Regeln der Konfliktbewältigung
5. Phase: Entdeckung der (eigenen) Veränderung durch Anpassung während der Partnerschaft.

Mit ihrem Rückgriff auf menschliche Partnerschaften entbehrt diese Darstellung gewiß nicht der Anschaulichkeit, auch wenn sie negativ verlaufende Akkulturationsprozesse explizit ausschließt und so ein sehr idealisiertes Bild der Kulturanpassung bei Akquisitionen entwirft. Die Vergleichbarkeit der beiden Phasenmodelle von Akkulturationsprozessen ist dabei einfach erkennbar.

- Ergebnisse von Kulturanpassungsprozessen

Den im Einzelfall angemessenen Weg für die übernommene Gesellschaft zwischen totaler Kulturaufgabe und völliger Kulturbewahrung unter Berücksichtigung eines auskömmlichen Verhältnisses zum übernehmenden Unternehmen zu finden, ist eine der zentralen Aufgaben von Kulturanpassung. Als Ergebnisse von Akkulturationsprozessen lassen sich aus Sicht des akquirierten Unternehmens vier Formen der Akkulturation kennzeichnen, die in Abb. 3 dargestellt sind (Reineke, 1990).

- *Integration* kann als die ideale Form der Akkulturation bezeichnet werden, die ein Fließgleichgewicht zwischen hoher eigener Kulturbewahrung und Anpassung an die übernehmende Gesellschaft aufrecht erhält.
- *Assimilation* meint eine erfolgreich verlaufende Akkulturation mit allerdings geringer Kulturbewahrung bei der übernommenen Gesellschaft.
- *Segregation* steht für eine negativ verlaufende Akkulturation mit jedoch hoher (eigener) Kulturbewahrung.
- *Dekulturation* gilt als erfolglos verlaufende Akkulturation mit einem geringen Maß an Kulturbewahrung des akquirierten Unternehmens.

Besonders kritisch müssen „Dekulturation" und „Segregation" als Ergebnisse von Kulturanpassungsprozessen bewertet werden. Sie sind Formen kultureller Dysfunktionalitäten, die Akquisitionen durchaus scheitern lassen können.

Aus Sicht der *akquirierenden Gesellschaft* können sich zwei Extremtypen von Unternehmenskulturen nach Akquisition im internationalen Rahmen ergeben, zwischen denen beliebige Abstufungen denkbar sind (Steiner, 1995):

- *Universelle Unternehmenskultur* als vereinheitlichte Unternehmenskultur zwischen Stammhaus und Tochtergesellschaft sowie
- *Fragmentarische Unternehmenskultur*, bei der sich die Kultur der Tochtergesellschaft in dem Maße von derjenigen des Stammhauses unterscheidet, in der sich die nationalen Kulturen voneinander unterscheiden.

Universelle Unternehmenskulturen dürften dabei zu einem tendenziell schlechteren Verhältnis zwischen der Tochtergesellschaft und dem Stammhaus führen als fragmentarische Unternehmenskulturen (Abb. 3). Eine Überlegenheit einer der beiden Kulturtypen kann nicht generell behauptet werden. Wichtig erscheint vielmehr, wie man die Vorzüge der jeweiligen Unternehmenskultur-Typen nutzen bzw. wie man deren Probleme und Schwierigkeiten meistern kann (Steiner, 1995).

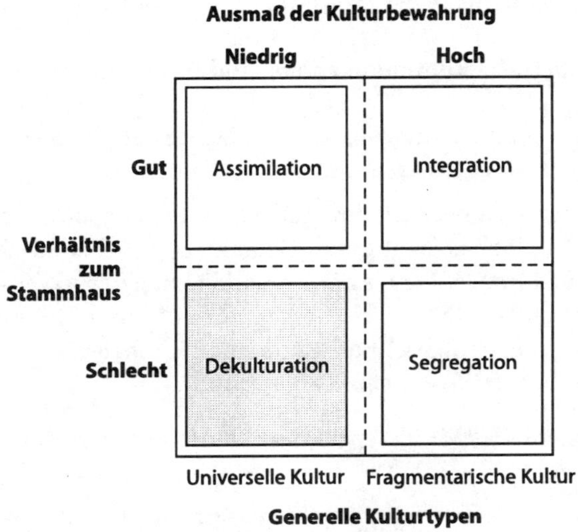

Abb 3. Ergebnisse der Akkulturation

5 Möglichkeiten und Grenzen der Gestaltung von Kulturanpassungsprozessen

Eine generelle Bereitschaft zur Berücksichtigung kultureller Aspekte speziell bei grenzüberschreitenden Akquisitionen kann vielerorts durchaus unterstellt weden. Allerdings ist das „richtige" Bewußtsein oder die „angemessene Grundhaltung" gegenüber anderen Kulturen bei weitem nicht ausreichend (Bittner, 1996). Vielmehr bedarf es konkreter und nachhaltiger Aktionen der Kulturgestaltung. Dazu stehen unterschiedliche Ansätze zur Verfügung, die aber wiederum nicht zu einem Glauben an die universelle Machbarkeit energischen „Kulturmanagements" verleiten dürfen. Der bewußten Gestaltung von Akkulturationsprozessen sind auch Grenzen gesetzt (nachfolgend Krystek, 1992).

5.1 Ansätze zur Gestaltung von Kulturanpassungsprozessen

(1) Generelle Ansätze mit kulturgestaltender Wirkung

Allein die Komplexität und Varietät des Phänomens „Unternehmenskultur" machen es schwer, gezielte und in ihren Wirkungen prognostizierbare Instrumente anzugeben, die eine Gestaltung im Sinne einer zielorientierten Beeinflussung des ansonsten autonom verlaufenden Akkulturationsprozesses ermöglichen. Dennoch gelten folgend generelle Ansätze und Instrumente als aussichtsreich (Reineke, 1990):

- Strategische Instrumente (neue Unternehmensphilosophie einschließlich neuer Unternehmensziele, neue Geschäftsfeld- und Organisationsstrategien)
- Führungsspezifische Instrumente (neue Führungsgrundsätze, Führungsformen/-stile)
- Kommunikative Instrumente (neue Kommunikations- und Informationspolitik)
- Physische Instrumente (Büro- und Gebäudeausstattung, Neugestaltung des Firmen-Logo).

All diese Instrumente können richtungsweisend im Hinblick auf eine neue oder weiterentwickelte Kultur sein. Sie haben häufig den Charakter von eher hard fact-orienterten Sollvorgaben, bedürfen aber zu ihrer Verwirklichung der Akzeptanz durch die Mitarbeiter schlechthin. Eine solche Akzeptanz auf breiter Front zu erreichen, ist Aufgabe eines strategisch orientierten, um die Eigenheiten einer Kulturveränderung wissenden *Human-Resource-Management.*

(2) Human-Resource-Management (HRM) als spezieller Ansatz zur Akkulturationsgestaltung

HRM im Sinne eines strategisch orientierten Personalmanagements ist der zentrale Ansatzpunkt aller gezielten Aktionen zur Kulturanpassung. Zu seinen Möglichkeiten der Akkulturationsgestaltung gehören etwa folgende Instrumente:

- Key-People-Management,
- Anreizsysteme,
- Personalrekrutierung/Personalentwicklung,
- Integrationsmanagement.

Key-People-Management

Naheliegend erscheint zunächst eine Besetzung von Schlüsselpositionen der Führung durch Personen, die als Repräsentanten neuer Kulturelemente gelten und diese glaubwürdig vorleben. Man hofft, dadurch eine Orientierungshilfe für übrige Mitarbeiter zu geben. In seiner schärfsten Form bedeutet *Key-People-Management* die Besetzung sämtlicher Schlüsselpositionen mit kulturkonformen Führungskräften einschließlich der Besetzung von Positionen in Zentren „kulturellen Widerstandes" (Bleicher, 1989). Vor einer solchen – in der Praxis nicht selten beobachtbaren – Radikallösung ist jedoch zu warnen, da sie sehr schnell ein Sieger-Opfer-Syndrom entstehen lassen kann, was den Akkulturationsprozeß dysfunktional beeinflussen muß (Hermsen, 1994). Nicht zuletzt natürlich auch wegen des zu fürchtenden Know-how-Abflusses ist ein radikales Key-People-Management kritisch zu beurteilen.

Anreizsysteme

Motiviertes (Führungs-)Verhalten wird durch eine Vielzahl sozialpsychologischer Faktoren bestimmt. Dabei sind die gewährten materiellen und nicht materiellen Anreize zur Erreichung von Unternehmenszielen und Individualzielen von besonderer Bedeutung. Die Konzipierung eines *Anreizsystems* ist daher auch im Hinblick auf ein kulturkonformes Verhalten von Führungskräften und Mitarbeitern als wichtiges Instrument zu betrachten. Da Akkulturation als ein langfristiger Prozeß verstanden werden muß, ist ein solches Anreizsystem unter Berücksichtigung strategischer Aspekte auszugestalten (Arbeitskreis „Integrierte Unternehmensplanung", 1992). Allerdings kann die Neugestaltung des Anreizsystems in dem akquirierten Unternehmen nur dann glaubwürdig und damit funktional sein, wenn es von dem akquirierenden Unternehmen in ähnlicher Weise praktiziert oder konzipiert wird. Trotz seiner unbestrittenen Bedeutung dürfen insbesondere finanzielle Anreizsysteme in ihrer akkulturatorischen Wirkung nicht überschätzt oder gar als einziges Instrument der kulturellen Anpassung eingesetzt werden (Sprenger, 1995; Krystek/Becherer/Deichelmann, 1995).

Personalrekrutierung/Personalentwicklung

Bei der *Rekrutierung* neuer Mitarbeiter kann deren kulturelle Kompetenz durch Culture-Assessment-Centers beurteilt werden. Entsprechende Ergebnisse sollten dann neben anderen Kriterien zur Einstellungsentscheidung herangezogen werden.

Personalentwicklung beinhaltet den systematischen Aufbau und die dauerhafte Erhaltung der Qualifikation von Mitarbeitern, insbesondere von Führungskräften (Hungenberg, 1992). Ihre Gestaltung ist Gegenstand strategischer Planungen (Hinterhuber/Handlbauer, 1995) und es ist eine unabdingbare Forderung jeder zielorientierten Akkulturationsgestaltung, die Vermittlung neuer kultureller Werte in die Programme der Personalentwicklung einzubeziehen.

Integrationsmanagement

Die *Integration* der Mitarbeiter des übernommenen Betriebes in einen neuen Unternehmensverbund ist ein Prozeß, der ebenfalls durch akkulturationsorientierte Instrumente erleichtert und beschleunigt werden kann (Gomez/Weber, 1989). Dazu zählen zunächst die Errichtung eines Integrationsteams, das sich aus Führungskräften beider Unternehmen (ggf. unterstützt durch externe Berater) zusammensetzt. Es widmet sich allen im Zusammenhang mit der Integration aufkommenden Problemen und damit auch allen Akkulturationsproblemen. Da ein solches Team als Anlaufstelle für Integrationsprobleme sehr schnell an qualitative und quantitative Kapazitätsgrenzen stoßen kann, empfiehlt sich als flankierende Maßnahme die Errichtung eines *Mentorensystems* (Hungenberg, 1992). Mit dem Aufbau und der Nutzung eines solchen Systems können viele Integrationsprobleme auf der individuellen Basis einer Mentor-Protegeé-Beziehung gelöst werden. Als Mentoren kommen dabei i.d.R. obere, kulturtragende und

-symbolisierende Führungskräfte in mittleren oder späteren Karrierephasen in Betracht.

Als weitere Möglichkeit einer Integration empfiehlt sich die Errichtung gemeinsamer Projektgruppen und Kollegien (Redel, 1982), denen Aufgaben mit strategischer Bedeutung zugeordnet werden sollten.

5.2 Grenzen der Gestaltung kultureller Anpassungsprozesse

Der Notwendigkeit einer aktiven Gestaltung von Akkulturationsprozessen stehen Grenzen kultureller Einflußnahme gegenüber. Sie müssen beachtet werden, will man nicht Gefahr laufen, durch zu massive Eingriffe kulturgestaltender Maßnahmen adverse Reaktionen hervorzurufen.

Unternehmenskultur als ein sich weitgehend autonom entwickelndes, aus der Vergangenheit lebendes und sich Neuerungen nur begrenzt öffnendes Phänomen kann nicht durch die unreflektierte „Verordnung" einer neuen Soll-Kultur verändert werden, sei sie auch noch so zukunftsweisend und überlegen. Ein solches Vorgehen dürfte ebenso auf Ablehnung stoßen wie die völlige Mißachtung kultureller Werte im Akquisitionsprozeß. Zu der hier vertretenen Forderung nach einer stärkeren Berücksichtigung des Kulturphänomens im *gesamten* Prozeß der Internationalisierung sowie speziell im Akquisitionsprozeß gehört auch die Warnung vor extremen Verhaltensweisen. Dies entweder im Sinne einer völligen Ignoranz kultureller Aspekte oder eines unsensiblen Nivellierungsstrebens durch Anordnung einer gemeinsamen Soll-Kultur; wenn auch in bester, sogar kulturbewußter Absicht.

Summary

From strategy formation right through to takeover planning, and subsequent integration of the acquired partner, corporate culture leaves its mark on the entire process of a company's move towards internationalization. Here, corporate culture is regarded as the product of a historical evolution – a phenomenon stamped with the experiences of the past, which has currency amongst a specific group, and represents the object of a general and shared appreciation within that group. When engaged in strategic planning, the highest level of management – itself at once „product" and, to a very great extent, „producer" of a corporate culture – will be led by norms and values that are anchored in that corporate culture. In this sense, corporate culture acts as a kind of filter, as a way of reducing complexity. In turn, management's ability to perceive things is subject to this filter, so that strategy problems – particularly during the initial problem-formulation and target-setting phases – are approached in a specific way, or even ignored and repressed. This is why even at the thinking and planning phase preliminary to future internationalization, it is important to implement a program of so-called „culture management" designed to bring (corporate) culture and (internationalization) strategy into line with one another. Crucial to the phase during which potentially suitable partners are identified and evaluated is that the corporate culture of the potential partner to the takeover be investigated and compared with that to be found in the home company. The process of acculturation and of harmonizing the two corporate cultures should begin at the very latest once the decision has fallen to go ahead with the takeover. Concrete and ongoing measures are required here to bring about a reformation of corporate culture. Although cultural hurdles often stand in the way of attempts to shape the acculturation process in an active manner, they should be respected. If not, the danger arises that the implementation of too heavy-handed measures to shape corporate culture will produce an adverse reaction.

Literatur

Arbeitskreis „Integrierte Unternehmensplanung“ der Schmalenbachgesellschaft/Deutsche Gesellschaft für Betriebswirtschaft e.V. (1992): Integrierte Führungskräfteplanung. In: Hahn, D./Taylor, B. (Hrsg.): Strategische Unternehmungsplanung – strategische Unternehmungsführung. 6. Aufl., S. 424 ff.

Bittner, A. (1996): Der Umgang mit fremden Kulturen. In: Gablers Magazin, Nr. 2, S. 14 ff.

Bleicher, K. (1989): Chancen für Europas Zukunft. Führung als internationaler Wettbewerbsfaktor. Frankfurt, M./Wiesbaden.

Bleicher, K. (1991): Zum Verständnis von Kulturen und Strategien der Unternehmung. In: Dülfer, E. (Hrsg.): Organisationskultur. 2. Aufl., Stuttgart, S. 111 ff.

Bleicher, K. (1992): Unternehmungskultur und strategische Unternehmungsführung. In: Hahn, D./Taylor, B. (Hrsg.), a.a.O., S. 852 ff.

Bleicher, K. (1995): Das Konzept Integriertes Management. Das St. Galler Management Konzept. 3. Aufl., Frankfurt,M./New York.

Gomez, P./Weber, B. (1989): Akquisitionsstrategie. Wertsteigerung durch Übernahme von Unternehmungen. Stuttgart.

Greipel, P. (1988): Strategie und Kultur – Grundlagen und mögliche Handlungsfelder kulturbewußten strategischen Managements. Bern, Stuttgart.

Hahn, D. (1996): PuK-Controllingkonzepte. 5. Aufl., Wiesbaden.

Heinen, E./Dill, P. (1986): Unternehmenskultur. In: Zeitschrift für Betriebswissenschaft, S. 202 ff.

Hermann, G. (1989): Joint Venture-Management: Strategien, Strukturen, Systeme und Kulturen. Gießen.

Hermsen, Ch. (1994): Mergers & Acquisitions: Integrationsmanagement von Akquisitionsobjekten – dargestellt anhand der Aufgabe des Personalmanagement. Diss. St. Gallen Nr. 1492.

Hinterhuber, H./Handlbauer, G. (1995): Strategisches Human Resource Management in turbulenten Zeiten. In: Krystek, U./Link, J. (Hrsg.): Führungskräfte und Führungserfolg. Wiesbaden, S. 353 ff.

Hungenberg, H. (1992): Gestaltung eines Systems der Führungskräfteplanung. In: Hahn, D./Taylor, B., a.a.O., S. 443 ff.

Kobi, J.M./Wüthrich, H.A. (1986): Unternehmenskultur verstehen, erfassen und gestalten. Landsberg/L.

Krystek, U. (1992): Unternehmungskultur und Akquisiton. In: Zeitschrift für Betriebswirtschaft, Heft 5, S. 539 ff.

Krystek, U./Becherer, D./Deichelmann, K.-H. (1995): Innere Kündigung. Ursachen, Wirkungen und Lösungsansätze auf Basis einer empirischen Unterstützung. 2. Auflg. München/Mering.

Krystek, U./Zur, E. (1990): Verträglichkeit von Kultur und Strategie. In: Gablers Magazin, Nr. 10, S. 17 ff.

Matenaar, D. (1987): Vorwelt und Organisationskultur. In: Zeitschrift für Organisation und Führung, S. 20 ff.

Meffert, H. (1990): Implementisierungsprobleme globaler Strategien. In: Welge, M. (Hrsg.): Globales Management, Stuttgart, S. 93 ff.

Moss Kanther, R. (1995): Unternehmenspartnerschaften: Langsam zueinander finden. In: Harvard Business-manager. Nr. 2, S. 33 ff.

Pausenberger, E. (1992): Unternehmensakquisitonen und strategische Allianzen. In: Fischer, G. (Hrsg.): Marketing. Loseblatt-Ausgabe, Grundausstattung, Nr. 6, Landsberg/L., S. 1 ff.

Perlitz, M. (1995): Internationales Management. 2. Aufl., Stuttgart/Jena.

Peters, Th.J./Waterman, R. H. jun. (1985): Auf der Suche nach Spitzenleistungen. 5. Aufl, Landsberg/L.

Redel, W. (1982): Kollegienmanagement. Bern/Stuttgart.

Reineke, R.-D. (1989): Akkulturation von Auslandsakquisitionen. Eine Untersuchung zur unternehmungskulturellen Anpassung. Wiesbaden.

Simon, H. (1990): Unternehmungskultur - Modeerscheinung oder mehr? In: Simon, H. (Hrsg.): Herausforderung Unternehmenskultur. USW Schriften für Führungskräfte Bd. 17, Stuttgart, S. 1 ff.

Sprenger, R.K: (1995): Mythos Motivation. Wege aus einer Sackgasse. 9. Auflg., Frankfurt, M./New York.

Steiner, M. (1995): Internationalisierung mittelständischer Unternehmungen. Das Kulturmanagement aus Sicht des Stammhauses. Diss. Nr. 1651, St. Gallen.

Trompenaars, F. (1993): Riding the waves of culture - understanding cultural diversity in business. London.

Unternehmensethik als Erfolgsfaktor in globalen Kooperationen

J. Wieland

Zunächst wird die Bedeutung moralischer Werte in globalen Wirtschaftsbeziehungen erläutert. Dabei zeigt sich, daß stabile Kooperationsbeziehungen in dieser Umwelt nicht zu haben sind ohne bewußtes Management moralischer Werte. Da Werte Bestandteil von Unternehmenskulturen sind, wird im zweiten Abschnitt der Zusammenhang von Unternehmenskultur und Unternehmensethik erklärt. Es folgt eine Systematisierung der ökonomischen Effekte unterschiedlicher und konfliktärer moralischer Kulturen. Im vierten und fünften Abschnitt schließlich wird nach der Diskussion „Werterelativismus vs. Werteuniversalismus" mit dem „Globalen Wertekreis" ein Instrument präsentiert, mit dem das erfolgreiche Management multikultureller Wertkonflikte möglich scheint.

1 Unternehmensethik und Globalität

Die Globalisierung wirtschaftlicher Transaktionen hat zwei zu unterscheidende Dimensionen. Einerseits geht es um die Fähigkeit eines Unternehmens, Konsumentenpräferenzen international zu standardisieren und diese über die Schaffung eines weltumspannenden Vertriebsnetzes zu befriedigen. Andererseits steht für immer mehr Unternehmen die Schaffung einer globalen Wertschöpfungskette durch „global sourcing" auf der Tagesordnung. Ausschließlich mit diesen Aspekten der Globalisierung beschäftigt sich dieser Aufsatz. Noch enger formuliert: Es geht um die Interaktion und Kooperation von Wirtschaftsakteuren in der Weltökonomie.

International orientierte Absatzsicherung und Kostenmanagement sind nicht nur Sache transnationaler oder großer Unternehmen. Eine neuere Studie (Institut der Deutschen Wirtschaft, 1995) zeigt vielmehr, daß gerade für kleinere, mittelständische und weniger exportintensive Unternehmen das investive Auslandsengagement zur Überlebensfrage geworden ist. Die Verlagerung der Vorproduktion aus Kostengründen stand dabei bei etwa 30 % der befragten Betriebe im Vordergrund. Damit steht die Planung und Organisation globaler Kooperationen, also Strategische Allianzen, Netzwerke, Joint Ventures, Lizenzverträge, Franchising etc. in allen Sektoren der Wirtschaft auf der Agenda.

In dem Umfang nun, in dem Märkte und Unternehmen in diesem Sinne international operieren, gewinnt das Management von kulturell bedingten Wertungs- und Wertdifferenzen an Bedeutung. Denn Kooperation von Organisationen ist immer Kooperation von Personen. Es geht darum, die von Land zu

Land verschiedenen Perspektiven zu verstehen und produktiv zu nutzen, aus denen Mitarbeiter und Partner die vertraglich vereinbarte Zusammenarbeit mit Sinn füllen. (Hofstede, 1979) Es macht eben einen Unterschied, ob eine Investition in einer Region mit einem hohen Arbeitsethos und einem ausgebildeten Sinn für Vertragstreue oder mit einer Präferenz für Freizeit und opportunistische Vertragsausbeutung getätigt wird. Aufgrund der bekannten notorischen Schwierigkeiten bei der Durchsetzung des internationalen Vertragsrechtes, gewinnen die „soft facts" in internationalen Kooperationsbeziehungen an Bedeutung. Es geht dann um Bewertungen und um Werte. Nicht nur zur wort- und sinngemäßen Sicherstellung der Vertragserfüllung, sondern zur Realisierung aller angestrebten produktiven Potentiale und Kompetenzen.

Die nachfolgende exemplarische Auflistung derjenigen Aspekte globaler Kooperationen, in denen die Werte und die Moral der Kooperationspartner eine strategisch und operativ zentrale Rolle spielen, wird die bisherige Argumentation weiter erläutern:

Mitarbeiterorientierung: Die organisatorische Integration der Individualität multinationaler Teammitglieder und die Unterschiedlichkeit ihres Wissens und ihrer kulturellen Erfahrung sind eine direkte Erfolgsvoraussetzung internationaler Tätigkeit. Nur so können die Kostenvorteile globaler Arbeitsteilung realisiert und das weltweit innovativste Wissen erreicht und genutzt werden. Die Diversifität der Persönlichkeiten und die Individualität ihrer Kompetenzen und ihres innovativen Wissens sind allerdings nur zu mobilisieren, wenn die Mitglieder globaler Teams neben ihrer ökonomischen Rolle auch als moralische Akteure gesehen und gewürdigt werden. Der Umgang mit unterschiedlichen Traditionen und moralischen Standards ist in der globalen Ökonomie kein zu minimierender Störfaktor sondern eine produktive Ressource. Dies um so mehr, als die damit immer verbundene Aufweichung organisatorischer Kontrollmöglichkeiten durch individuelle Selbstkontrolle kompensiert werden muß.

Partnerorientierung: Fast alle vertraglichen Arrangements zur Etablierung globaler Wertschöpfungsketten (Strategische Allianzen etc.) sind nicht lückenlos spezifizierbar. Noch seltener sind sie zu akzeptablen Kosten durchsetzbar. Die unausweichliche Unvollständigkeit solcher Verträge und die aus ihnen folgende Abhängigkeit der Vertragspartner machen den Aufbau von Vertrauen in die Moralität und Integrität des Partners notwendig. Ehrlichkeit, Offenheit, Integrität, Vertragstreue sind hier direkte Erfolgsfaktoren, von denen das Gelingen der Kooperation ebenso abhängt wie von der richtigen Wahl des Marktsegments. Gleiches gilt für eine zumindest partielle Homogenisierung der Wertvorstellungen der Kooperationspartner. Die Nichtbeachtung und das Nichtgelingen dieser beiden Faktoren sind häufig Ursachen für das Scheitern weltweiter Kooperationen.

Verantwortungsorientierung: Die Legitimität moralisch sensibler Transaktionen kommt immer dann ins Spiel, wenn es um Wirtschaftsbeziehungen zu Ländern und Partnern geht, die nach westlichem Verständnis Menschenrechte verletzen. Produktionsanlagen, die Menschen und Umwelt schädigen, umgangene bzw. unzureichende Umweltschutzbestimmungen, Kinderarbeit und die Unterdrückung von Minderheiten sind Beispiele für ethische Konflikte, wie sie ein ökonomischer Standortvorteil mit sich bringen kann. Der Punkt ist, daß westliche Unternehmen von der öffentlichen Meinung für die jeweiligen Zustände in diesen Ländern moralische Verantwortung zugerechnet bekommen, weil ihnen Vorteilsnahme aus Unrecht unterstellt wird. Das Management dieser Fragen sollte daher nicht auf die reaktive und defensive Stillstellung von gesellschaftlichen Protesten im In- und Ausland zielen. Letztlich leben in allen Regionen und Gesellschaften dieser Welt potentielle Kooperationspartner eines Unternehmens (Kunden, Mitarbeiter, Partner, Behörden), die das Gesamt aller möglichen Kooperationschancen ausmachen. Ihnen müssen die Werte, für die das Unternehmen steht und für die es lebt, kommuniziert und plausibilisiert werden. Gelingt das nicht, kann die daraus folgende gesellschaftliche Mißachtung prohibitive Folgen für das Reputationskapital des Unternehmens haben.

Ökonomisch geht es demnach bei der globalen Unternehmensethik einerseits um die produktive, organisatorische Integration unterschiedlicher Moralkulturen. Andererseits ist aber auch der kostenminimierende und produktive Umgang mit der Unvollständigkeit und Unsicherheit in komplexen Vertragsbeziehungen angestrebt. Dazu braucht es eine auf Werte orientierte Organisationskultur, die Dezentralisierung, flache Hierarchien und Netzwerkstrukturen ermöglicht und zugleich die Identität und Integrität der Kooperationspartner sichert. Aus der ethischen Perspektive handelt es sich dabei um den akzeptablen Umgang mit nichtidentischen multikulturellen Wertvorstellungen.

2 Unternehmensethik und Unternehmenskultur

Damit sind wir im Bereich der Unternehmenskultur. Wir benutzen einen werteorientierten Ansatz und definieren:

Unternehmenskultur ist das Gesamt aller entstandenen und akzeptierten Normen und Werte, die das Entscheiden, Handeln und Verhalten der Mitglieder von Unternehmen prägen.

Freilich handelt auch die Unternehmensethik von Normen und Werten. Es stellt sich daher als erstes die Frage, in welchem Verhältnis Unternehmenskultur und Unternehmensethik zueinander stehen. Das folgende Schaubild versucht diese Frage zu beantworten.

Eine Unternehmenskultur besteht aus einem *Symbolsystem*, einem *Normensystem* und einem *Wertesystem*. Auf jeder dieser drei Ebenen sind die moralischen Werte die Grundlage der Unternehmenskultur.

Symbole, die die Firmenidentität kommunizieren und die Legenden und Geschichten, die in diese Identität einfließen, sind nicht denkbar ohne „moral leadership“. Moralische Werte und ein lebendiges Programm zu ihrer Umsetzung sind immer „Chefsache“. Chefsache heißt: Die Verantwortung für ein solches Programm liegt bei der Unternehmensführung. Sie hat eine Vorbildfunktion und sie muß schwierige und konfliktreiche Entscheidungen treffen.

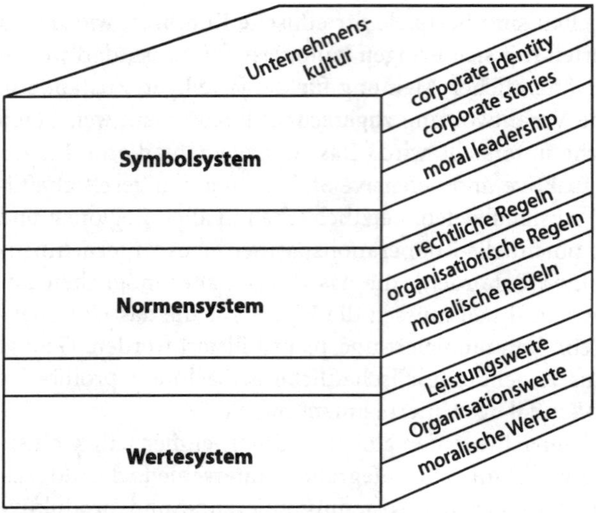

Abb. 1. Ethik in der Unternehmenskultur (Quelle: Wieland, 1996)

Normen sind Regeln darüber, was sein und geschehen soll. Nicht alle Normen sind moralischer Natur. Rechtliche oder organisatorische Regeln (Kommunikations- und Entscheidungsregeln) gehören zu jeder Unternehmenskultur. Allerdings entscheiden erst die moralischen Standards eines Unternehmens und seiner Mitarbeiter darüber, wie effizient die rechtlichen und organisatorischen Vorschriften durchgesetzt werden können. Bloße Kontrolle und materielle Anreize sind hier zwar wichtig, aber ohne moralische Akzeptanz wenig effizient und effektiv.

Werte sind eine Relation zwischen einer Gegebenheit und dem Maßstab eines wertenden Menschen. Sie gelten objektiv und signalisieren ein subjektiv verbindliches Sollen. Auch Werte müssen nicht unbedingt moralischer Natur sein. Leistungswerte, sagen wir Marktführerschaft oder Qualitätsorientierung, enthalten eine Vorstellung über ein gewünschtes Gut oder eine Präferenz. Organisatorische Werte, sagen wir Effizienz und Effektivität, enthalten Vorstellungen über Richtig und Falsch hinsichtlich der Durchführung einer Aufgabe. Wenn wir aber über moralische Werte sprechen, dann meinen wir: Arbeitsfreude, Aufrichtigkeit, Ehrlichkeit, Fairneß, Gerechtigkeit, Integrität, Loyalität, Offenheit, Solidarität, Verantwortlichkeit und Versprechen halten.

Erneut wollen wir festhalten, daß die Werte der Leistung, der Effizienz und der Effektivität in letzter Analyse davon abhängen, ob das System der moralischen Werte eines Unternehmens sie fördern oder nicht. Sicherlich kann man sie ein Stück weit erzwingen. Sicherlich kann man sie ein weiteres Stück weit pekunär anreizen. Aber wer darüber hinaus gelangen will, der muß seine Organisation für Fragen der Moral atmosphärisch sensibilisieren.

Symbolisiert und codifiziert wird eine in dieser Weise ethisch gesteuerte Unternehmenskultur in Verhaltensstandards oder „code of ethics". In ihnen werden folglich alle Werte (also nicht nur die moralischen), für die ein Unternehmen und seine Mitarbeiter stehen, festgehalten. Sie dienen damit einerseits zur Identifikation mit den Zielen des Unternehmens. Andererseits aber signalisieren sie die Erwartungssicherheit gegenüber allen externen „stakeholdern" und globalen Partnern. Die folgende Abbildung zeigt den „Code" der Firma Levi Strauss in San Francisco, der diese Aufgabe vorbildlich löst.

Business Partner Terms of Engagement

Our concerns include the practices of individual business partners as well as the political and social issues in those countries where we might consider sourcing.

This defines Terms of Engagement which addresses issues that are substantially controllable by our individual business partners.

We have defined business partners as contractors and suppliers who provide labor and/or material (including fabric, sundries, chemicals and/or stones) utilized in the manufactrue and finishing of our products.

1. **Environmental Requirements**
   We will only do business with partners who share our commitment to the environment. (Note: We intend this standard to be consistent with the approved language of Levi Strauss & Co.'s Environmental Action Group.)

2. **Ethical Standards**
   We will seek to identify and utilize business partners who aspire as individuals and in the conduct of their business to a set of ethical standards not incompatible with our own.

3. **Health & Safety**
   We will only utilize business partners who provide workers with a safe and healthy work environment. Business partners who provide residentioal facilities for their workers must provide safe and healthy facilities.

4. **Legal Requirements**
   We expect our business partners to be law abiding as individuals and to comply with legal requirements relevant to the conduct of their business

5. **Employment Practices:**
   We will only do business with partners whose workers are in all cases present voluntarily, not put at risk of physical harm, fairly compensated allowed the right of free association and not exploited in any way. In addition, the following specific guidelines will be followed.

- **Wages and Benefits**
  We will only do business with partners who provide wages and benefits that comply with any applicable law or match the prevailing local manufactruing or finishing industry practices. We will also favor business partners who share our commitment to contribute to the betterment of community conditions.

- **Working Hours**
  While permitting flexibility in scheduling, we will identify prevailing local work hours and seek business partners who do not exceed them except for appropriately compensated overtime. While we favor partners who utilize less than sixty-hour work weeks, we will not use contractros who, on a regularly scheduled basis, requrie in excess of a sixty-hour week. Employees should be allowed one day off in seven days.

- **Child Labor**
  Use of child labor is not permissible. "Child" is defined as less than 14 years of age or younger than the compulsory age to be in school. We will not utilize partners who use child labor in any of their facilities. We support the development of legitimate workplace apprenticeship programs for the educational benefits of younger people.

- **Prison Labor/Forced Labor**
  We will not knowingly utilize prison or forced labor in contracting or subcontracting relationships in the manufacture of our products. We will not knowingly utzlize or purchase materials from a business partner utilizing prison or forced labor.

- **Discrimination**
  While we recognize and respect cultural differences, we believe that workers should be employed on the basis of their ability to do the job, rather than on the basis of personal characteristics or beliefs. We will favor business partners who share this value.

- **Disciplinary Practices**
  We will not utilize business partners who use corporal punishment or other forms of mental or physical coercion.

Abb. 2. Ethischer Verhaltensstandard (Quelle: Levi Strauss & Co.)

Wir können daher abschließend feststellen, daß die moralischen Vorstellungen eines Unternehmens der grundlegende Bestandteil einer wirksamen Kultur sind. Die Unternehmensethik behandelt die inhaltliche und organisatorische Implementierung der dieser Kultur zu Grunde liegenden moralischen Werte.

3 Unternehmensethik und Gesellschaftskultur

Damit haben wir allerdings die Sachlage erst hinsichtlich *einer* Unternehmenkultur in *einer* bestimmten gesellschaftlichen Kultur erörtert. Nichts wissen wir damit für den Fall, der uns vor allem interessiert: globale Kooperation unter der Bedingung unterschiedlicher Unternehmens- und Gesellschaftskulturen. Dieser Sachverhalt läßt sich in zwei Versionen diskutieren. In der ersten interessiert man sich für die erhofften positiven betriebswirtschaftlichen Konsequenzen. In der zweiten interessiert man sich für die Schwierigkeiten, die sich damit dem Management stellen.

Ebenso wie die Kultur eines Unternehmens auf Wertvorstellungen basiert, so basiert auch die Kultur einer Gesellschaft auf Werten. Diese Analogie läßt sich dahingehend verlängern, als wir wissen, daß die wirtschaftliche Leistungsfähigkeit einer Gesellschaft entscheidend von ihrer moralischen Kultur bestimmt wird. Max Weber (Weber, M., 1920/1988) hat gezeigt, daß die Entstehung der modernen Marktwirtschaft undenkbar wäre ohne die „Protestantische Ethik“ des Berufes, der Arbeit und des weltlichen Erfolgsstrebens. Auch in der ökonomischen Theorie ist schon seit langem bekannt, daß dem Grad der Wertschätzung von Sparsamkeit eine positive wirtschaftliche Bedeutung zukommt. Freilich gibt es nicht nur ökonomisch positive Werte in einer Kultur. So ist etwa die Wertschätzung von Eigentums- und Verfügungsrechten und von Vertragstreue in einigen Kulturen nur gering ausgeprägt. Wirtschaftliche Tätigkeit in solchen Kulturen bedarf daher, wenn sie überhaupt möglich ist, zusätzlicher Absicherungen und generiert damit zusätzliche Transaktionskosten. Transaktionskosten sind in unserem Fall die Kosten der Anbahnung (also z.B. Partnersuche, Umfang der vertraglichen Sicherheiten) und der Sicherstellung (also z.B. das Niveau der nötigen Kontrolle, rechtliche Erzwingbarkeit) vertraglich vereinbarter Leistungen. Wenn man bedenkt, daß in westlichen Gesellschaften die Transaktionskosten bei mindestens 55 % des Bruttosozialprodukts (mit steigender Tendenz) liegen, dann bekommt man eine Vorstellung darüber, auf welches Kostenpotential die Implementierung von Unternehmensethik zielt.

Denn es ist offensichtlich, daß die moralischen Standards einer bestimmten Kultur und deren Übernahme durch einen Geschäftspartner eine kostensenkende und eine kostensteigende Wirkung haben können. Die Systematik dieses Mechanismus zeigt Abb. 3.

Abb. 3. Ökonomische Konsequenzen der Kultur (Quelle: Wieland, 1996)

Moralische Werte in Kulturen können als informale Institutionen verstanden werden, die in der Wirtschaft negative (Opportunismus etc.) oder positive (Ehrlichkeit etc.) Wirkungen haben. Sie beeinflussen nämlich die formalen Institutionen, die zur Steuerung (Governancestruktur) von wirtschaftlicher Tätigkeit notwendig sind. In einer Gesellschaft mit negativen wirtschaftsethischen Werten kann ökonomisches Leben nur bei entsprechend hohem Sicherstellungsaufwand (organisatorische Kontrolle, rechtliche Erzwingung, private oder staatliche Ausfallbürgschaften) spärlich gedeihen. Im umgekehrten Fall kann in dieser Hinsicht abgerüstet werden und die frei werdenden Mittel können produktivitätssteigernden Zwecken zufließen. Die Höhe der Transaktionskosten beeinflußt daher in unserem Schaubild auch die Höhe der Produktionskosten. Addiert man beide, ergeben sich die Gesamtkosten einer globalen Transaktion. Diese können entweder ein Wettbewerbsvor- oder nachteil sein, der darüber entscheiden kann, ob es zwischen verschiedenen Ländern oder Regionen der Welt überhaupt zu wirtschaftlichem Austausch kommt oder nicht. Die sich nur zögerlich entwikkelnde Wirtschaftspartnerschaft mit Rußland und die prosperierenden mit Tschechien und Ungarn seien hier als entgegengesetzte Beispiele angeführt.

Wir haben unsere Fragestellung jetzt soweit entwickelt, daß wir folgendes feststellen können. Moralkulturen beinflussen in Organisationen und in Gesellschaften das wirtschaftliche Leistungsniveau über die Transaktionskosten positiv oder negativ. In der Globalisierung der produktiven Wirtschaftsbeziehungen gilt daher für alle Unternehmen der folgende Imperativ: Wähle dasjenige Unternehmen aus demjenigen Land zum Produktions- oder Vertriebspartner, dessen moralische Kultur positive Einflüsse auf die Gesamtkosten der angestrebten wirtschaftlichen Transaktionen hat!

4 Unternehmensethik – Relativismus oder Universalismus?

Imperative sind keine unmittelbaren Handlungsanleitungen, sondern eher Orientierungsmarken in unwegsamem Gelände. Wie immer, steckt der Teufel im Detail. Das entscheidende und bis heute ungelöste Problem Internationaler Unternehmensethik betrifft die Frage, welches der involvierten Moralsysteme unterschiedlicher kultureller Traditionen gelten soll. Thomas Donaldson (1989, 1993) hat dieses Dilemma als ein Entscheidungsproblem beschrieben. Gilt die alte Weisheit des Gastes im fremden Land: „When in Rome, do as the Romans do"? Oder gilt es die moralische Homogenität innerhalb einer Organisation durchzusetzen: „When at Mc Donald's, do as the Mc Donald's do."? Demnach scheint es nur die Wahl zwischen einem lokalen *Werterelativismus* und einem zentralen *Werteuniversalismus* zu geben.

Werterelativismus beschreibt eine Unternehmenspolitik im Ausland, die sich mit Hinweis auf ihren Gaststatus an die dort herrschenden Üblichkeiten anpaßt. In einer ganzen Reihe von Fragen des täglichen Geschäfts ist diese Haltung gegenüber fremden Gerechtigkeits- und Moralvorstellungen sicherlich unproblematisch. So wird man bei Beförderungen und bei der Vergabe von Führungspositionen im iberianischen Kulturkreis das Kriterium „Seniorität" nicht zugunsten einer rigiden Anwendung des Kriteriums „Leistung" zurückstellen. Wie aber geht man mit der politischen Unterdrückung von Minderheiten, rassistisch begründeten Niedriglöhnen, religiös verankerter Unterdrückung der Frau, traditionell üblicher Kinderarbeit, unentwickelte Arbeitssicherheitsvorschriften und so weiter um? In solchen Fällen werden zwar durch Anpassung nicht die Spielregeln des Gastlandes verletzt, wohl aber möglicherweise das eigene moralische Empfinden, das der Öffentlichkeit im Mutterland oder im gesamten Kulturkreis der Unternehmung. Das Problem des Werterelativismus besteht offenbar darin, daß ökonomische Kosten in beiden Fällen anfallen können. Entweder als Verlust von friktionsfreien Geschäftsmöglichkeiten im Gastland oder als Verlust von Reputation und Akzeptanz im Mutterland.

Es sind besonders europäische Unternehmen, die zum Werterelativismus neigen. Positiv daran ist das Bekenntnis zu Toleranz und Wertepluralismus, das der Tradition europäischer Aufklärung entspricht. Die negative Seite des Werterelativismus ist seine fließende Grenze zum Opportunismus, der um des Geschäfts willen (oder schlicht aus Sorglosigkeit) Menschenrechte und den eigenen „moral point of view" verdrängt. Am Beispiel der Firma Shell in Nigeria kann man gegenwärtig am deutlichsten ablesen, was hier für ein Unternehmen auf dem Spiel stehen kann.

Der *Werteuniversalismus* kann zumindest die zuletzt genannte Kostenquelle schließen. Er besagt, daß bestimmte Werte prinzipiell für jeden Menschen in jedem Land dieser Erde gelten. Vor allem nordamerikanische Unternehmen streben danach, ihrem gültigen „code of ethics" weltweit Anerkennung und Durchsetzung zu verschaffen. Auch die Überzeugung der universalistischen Gültigkeit moralischer Werte ist ein Erbe der christlichen Kultur, der europäischen Aufklärung und der Gründungsdeklaration der Vereinigten Staaten von

Amerika. Ihr bedeutendster Ausdruck sind die Menschenrechte. Aber für den Werteuniversalismus sprechen weitere Gründe.

Der erste ist juristischer Natur und speist sich aus der Tatsache, daß amerikanische Unternehmen nach amerikanischem Recht auch für das illegale Verhalten ihrer Auslandstöchter in den U.S.A. haftbar gemacht werden können. Der zweite Grund liegt in Vorstellungen über Organisationsentwicklung begründet. Knapp formuliert lautet die Überlegung: Flache Hierarchien, Interne Märkte, Globale Netzwerke und „global sourcing" führen zu einer betriebswirtschaftlich gewollten Desintegration des Unternehmens, die organisatorisch nur durchhaltbar ist, wenn gleichzeitig über eine starke Kultur die relativ autonomen Teilbereiche eines Unternehmens integriert werden. Der dritte Grund bezieht sich auf die Erhaltung des Reputationskapitals oder des „brand". Er ist Ausdruck einer konsequenten Kundenorientierung. So hat Robert D. Haas, CEO von Levi Strauss & Co., seine Weigerung, Levis Hosen an die VR China aufgrund der Menschenrechtsverletzungen zu liefern, unter anderem wie folgt begründet:

„Companies with strong corporate reputation have been shown to outperform the S&P 500, have higher sales, sustain greater profits and have stocks that outperform the market. These are results that no bottom-line fixated manager can ignore. Similarly, a recent study suggests that how a company conducts itself affects consumer purchasing decisions and customer loyalty." (Haas, 1994:509)

Haas kann sich mit dieser Haltung auf die Verhaltensstandards von Levis stützen, in denen es heißt: „We should not initiate or renew contractual relationships in countries where there are pervasive violations of basic human rights." Damit ist aber auch schon das grundlegende Problem des Werteuniversalimsus benannt: Was berechtigt eigentlich eine amerikanische Firma, den Verkauf ihrer Hosen vom moralischen Wohlverhalten eines Kunden aus einem chinesischen Kulturkreis abhängig zu machen? Schlägt da nicht der Werteuniversalismus in *Werteimperialismus* um?

In der Tat, das europäische moralische Erbe beinhaltet zwei Dimensionen, nämlich Toleranz und Universalismus, die leicht miteinander in Konflikt geraten können. Und da ist ja auch noch die andere Frage: Ist es nicht nur unrealistisch, sondern auch moralisch unverantwortlich, wenn ein Unternehmen aus moralischen Gründen einen Auftrag ablehnt, den es ökonomisch zur Sicherung seiner Existenz dringend braucht? Auch hier kann es zu einem Konflikt nicht nur zwischen Leistungs- und moralischen Werten kommen, sondern auch zwischen zwei moralischen Werten. Wie verrechnen wir eigentlich Lebenschancen in Europa gegen Entwicklungschancen in der 3. Welt?

Wir können daher zusammenfassend festhalten, daß der in der unternehmensethischen Literatur häufig diskutierte Gegensatz „Werterelativismus vs. Werteuniversalismus" nur sehr unvollkommen das wahre Problem globalen Moralmanagements abbildet. Denn Widersprüche und Konflikte zwischen ökonomischen und moralischen Werten und zwischen moralischen Werten (Zielkonflikte) sind eine völlig normale Eigenschaft aller Moralsysteme. Sie treten sowohl in lokalen als auch in universalen, in moralisch homogenen und heterogenen Kontexten auf. Das, was in globalen Ökonomien anders und neu ist, ist die fehlende gemeinsame Erfahrung über den Vorzug oder die Ablehnungswürdigkeit bestimmter moralischer Werte. Dieser „moral gap“ aber läßt sich nicht einfach durch eine wie auch immer begründete Entscheidung für relativistische oder universalistische Praktiken oder einem Mix aus beidem überspringen. Weder die moralischen noch die ökonomischen Probleme werden dadurch geringer. Es geht vielmehr darum, institutionelle und organisatorische Arrangements zu schaffen, die einen gemeinsamen moralischen Lernprozeß und damit prospektiv eine gemeinsame moralische Kultur ermöglichen.

5 Unternehmensethik – „Globaler Wertekreis“

Auf die institutionelle Gestaltung globaler moralischer Lernprozesse und die Herausbildung einer lokalen gemeinsamen Moralkultur zielt das Instrument „Globaler Wertekreis“ (Abb. 4) ab.

Der Wertekreis erlaubt eine Differenzierung *in inkompatible, kompatible und komplementäre moralische Werte.* Während das Konfliktmodell „Relativismus vs. Universalismus“ auf moralische Verlierer und ökonomische Kosten abstellt, focussiert das Modell des Globalen Wertekreises moralische Gemeinsamkeit und ökonomischen Gewinn. Es geht darum, den Sektor „Inkompatibel“ in Richtung kompatibler und komplementärer Werte zu verlassen.

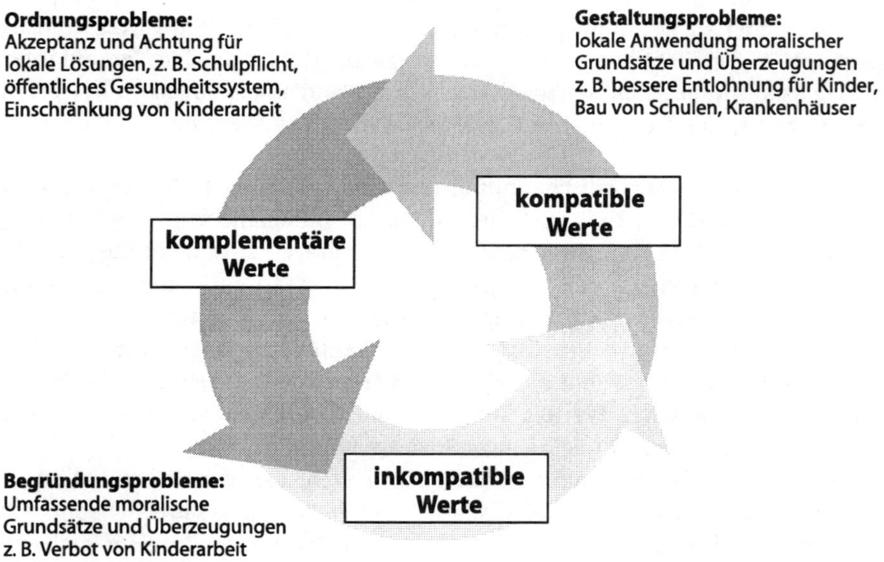

Abb. 4. Globaler Wertekreis (Quelle: Wieland, 1996)

Bevor man den Wertekreis in diese Richtung in Bewegung setzt, sollte man die folgenden drei Aufgaben erledigt haben:

1. Identifiziere die Gemeinsamkeiten zwischen Dir und Deinem Kooperationspartner hinsichtlich der Bewertung von Handlungen als moralisch geboten. Das Einhalten von Versprechen und der Aufbau von Vertrauen sind in fast allen Kulturen dieser Welt Werte mit einem hohen moralischen Gehalt.
2. Identifiziere die Gemeinsamkeiten zwischen Dir und Deinem Kooperationspartner hinsichtlich der Bewertung von Handlungen als moralisch nicht geboten. Das Nichteinhalten von Zahlungsversprechen und unwahre Preisangaben werden in fast allen Kulturen dieser Welt als unmoralisch angesehen.
3. Identifiziere die Differenzen zwischen Dir und Deinem Kooperationspartner hinsichtlich der Bewertung von Handlungen als moralisch geboten oder nicht geboten. Nur auf dieses dritte Set von Werten bezieht sich der Globale Wertekreis. Er beginnt demnach mit der Dokumentation moralischer Inkompatibilität.

Die *Inkompatibilität* der Werte zweier Kulturen bezieht sich nach diesem Modell immer auf die Ebene umfassender moralischer Grundsätze und Überzeugungen. Die Bedeutung der Religion, die Stellung der Frau, die Bewertung von Kinderarbeit sind einschlägige Beispiele im Bereich der Menschenrechte. Aber auch Werte, die das Alltagsgeschäft steuern, können in diese Kategorie fallen. So hat eine Untersuchung (Puffer/McCarthy, 1995) der Wertvorstellungen russischer und amerikanischer Manager gezeigt, daß mit Blick auf Gewinnmaximierung, starke Einkommensunterschiede, Entlassungen, „whistleblowing", Nepotismus, Preisabsprachen, Datenmanipulierung, Mißachtung von sinnlosem Recht starke unternehmensethische Inkompatibilitäten herrschen. Moralität ist auf dieser Ebene universalistischer Grundsätze und alltäglicher Wertevorstellungen nicht immer friedensstiftend sondern kann fundamentalistischen Streit erzeugen. Sie kann dazu führen, daß wirtschaftliche Kooperation auch dann nicht möglich oder verlustreich ist, wenn sie für beide Partner ökonomisch und moralisch vorteilhaft sein könnte. Was damit gemeint ist, zeigt sich im Fortgang in den Sektor der Kompatabilität.

Die *Kompatibilität* von Werten ist das Ergebnis der lokalen Anwendung moralischer Grundsätze und Überzeugungen. Es geht allerdings nicht um wechselseitige Kompromisse oder Nachsicht. Vielmehr gehört zur Kompatibilität die Akzeptanz weiterhin bestehender Inkompatibilität der Grundsätze. Hier ein Beispiel aus der Praxis von Levi Strauß, einem Unternehmen, das die Arbeit von Kindern bei seinen Partnern ablehnt (Abb. 2). So kann etwa die Inkompatibilität hinsichtlich der grundsätzlichen Bewertung von Kinderarbeit akzeptiert werden, wenn ihre Zulassung mit einer besseren Entlohnung für Kinder, dem Bau von Schulen oder speziellen Gesundheitseinrichtungen einhergeht. Selbstverständlich fallen dafür Kosten bei demjenigen an, der Kinderarbeit aus moralischen Gründen ablehnt und auf eine Verbesserung der Situation abzielt. Aber diese Kosten sind zugleich Investitionen in das Reputationskapital der Firma. Diese Drehung des Wertekreises von „Inkompatibel" zu „Kompatibel" ist dabei keineswegs willkürlich oder von opportunistischen Interessen diktiert. Sie basiert vielmehr auf der Beantwortung folgender moralökonomischen Fragen:

1. Wie lange ist ein junger Mensch überhaupt ein Kind? Gelten unsere westlichen Vorstellungen oder die kulturell tradierten?
2. Welche ökonomischen Konsequenzen hätte ein Abbruch der Geschäftsbeziehungen für das Kind?
3. Welche für die Familie des Kindes?
4. Welche Konsequenzen sind für die weitere Entwicklung des Kindes zu erwarten?
5. Wie lassen sich diese Sachverhalte überhaupt dokumentieren unter der Bedingung, daß solche Partner oft in sehr abgelegenen Regionen der Welt ihre Produktion betreiben.
6. Welche Konsequenzen fallen für die Firma aus dem Wechsel des Zulieferers an?
7. Was bedeutet das für den Konsumenten?

Es ist klar, daß die Antworten auf diese Fragen erneut zu dem bereits erwähnten Phänomen konfligierender Werte führt. Die Wahrheit ist, daß es keine moralisch verantwortbare Grundsatzlösung für das Problem der Kinderarbeit gibt. Es geht vielmehr um die Balancierung verschiedener Werte (ökonomischer, moralischer, politischer) und Wertekulturen in einer von allen Seiten akzeptierten Entscheidung. Die Palette der Möglichkeiten reicht bei unserem Beispiel vom Geschäftsabbruch über den Bau einer Schule bis hin zur Nichtintervention. Alle diese Lösungen sind in der Praxis von Levis vorgekommen und alle können moralisch legitim und begründbar sein. Aber ein Unternehmen, das sich um diese Dinge nicht kümmert und über keine klaren Standards und nachvollziehbaren Entscheidungsverfahren verfügt, begeht einen ökonomischen und einen moralischen Fehler.

Daraus leiten wir folgendes Prinzip ab: Wenn sich inkompatible Werte oder Wertesysteme auf der Ebene lokaler Anwendung nicht in kompatible und allseits akzeptierte Werte transformieren lassen, existiert keine Basis für erfolgreiche globale Transaktionen. Kompatible Lösungen sind solche, die inkompatible Grundsätze und Überzeugungen akzeptieren und die Problemstellung in kompatible lokale Werte transformieren, die einen gemeinsamen moralischen Lernprozeß starten und fördern.

Die *Komplementarität* von Werten bezeichnet eine Stufe in diesem Lernprozeß, auf der die gefundene lokale Lösung weiter verallgemeinert wird. Um in dem gewählten Beispiel zu bleiben: Der Bau einer Schule wird ergänzt um die Schulpflicht und die Errichtung eines Krankenhauses um ein öffentliches Gesundheitssystem. Das alles muß noch nicht auf gemeinsamen Vorstellungen über das Wesen der Kinderarbeit beruhen, kann aber zu deren Einschränkung führen. Man kann unterschiedliche Auffassungen zum *Verbot von Kinderarbeit* haben und dennoch gemeinsame Überzeugungen hinsichtlich des Rechts von Kindern auf Ausbildung und *auf körperliche Unversehrtheit*. Ob man jemals von der Stufe der Komplementarität zur Gemeinsamkeit der grundsätzlichen moralischen Überzeugungen (Identifikationen 1 und 2) gelangen kann und soll, ist eine Frage, die hier offen gehalten werden soll. Sie verläßt den Aufgabenbereich globaler Unternehmensethik und gehört zum Grad der erwünschten (unerwünschten?) Homogenität der Moralkultur einer möglichen (unmöglichen?) Weltgesellschaft. Allerdings läßt sich dennoch sagen, daß der Globale Wertkreis auf die Dauer mit einer Verminderung der Menge inkompatibler Werte endet. Dort schließt sich der Kreis.

Die Überzeugungen, die das Instrument des Globalen Wertekreises zum Ausdruck bringt, sind daher zusammengefaßt die folgenden: In globalen Wirtschaftsbeziehungen ist es nicht die moralische Pflicht des Unternehmens oder des Unternehmers, stets und überall die moralischen Grundsätze und fundamentalen Überzeugungen seiner Kultur durchzusetzen oder zur Voraussetzung für wirtschaftliche Kooperationen zu erheben. Was aber von ihm moralisch verlangt wird, ist die Suche nach moralisch akzeptablen und ökonomisch praktikablen Lösungen für lokale Wertekonflikte, die das Ergebnis der fundamentalen Inkompatibilitäten sind. Deren Umwandlung in lokale Gestaltungs- und politische Ordnungsaufgaben aber gehört zu den Aufgaben des globalen unternehmensethischen Managements. Wenn es denn jemals so etwas wie ein gemeinsames „Weltethos" oder eine „Globale Wirtschaftsethik" geben sollte, dann nur durch die Erfahrung und gemeinsame Abarbeitung von Wertkonflikten hindurch. Gemeinsame moralische Überzeugungen einer Kultur sind stets das Produkt langwieriger und konfliktreicher sozialer Evolution gewesen. Zu dekretieren gab und gibt es hier nichts, was Aussicht auf Erfolg haben soll. Dafür ist allerdings Voraussetzung, daß Inkompatibilitäten moralischer Kulturen nicht verschleiert oder verwischt, sondern benannt und auch durchgehalten werden. Toleranz und Universalismus werden damit in einen gemeinsamen Entwicklungsprozeß integriert, damit opportunistische Anpassung und Imperialismus vermieden werden können. Das Modell der globalen Wertekreise erlaubt dem Management, sowohl seiner ökonomischen als auch seiner moralischen Verantwortung gerecht zu werden. Dies setzt allerdings eine starke Unternehmenskultur voraus, das heißt, daß das Unternehmen die leitenden Werte seiner Kultur codifiziert hat und nach innen und außen kommuniziert und lebt. Wirtschaftlich geht es um die Erfassung, Strukturierung und Bewertung des möglichen moralischen Konfliktpotentials von internationalen Kooperationsbeziehungen. Moralisch geht es um die Entwicklung einer globalen Unternehmensethik, die sich durch Konflikte und Widersprüche in multikulturellen Wertesystemen nicht vor die Wahl „Kapitulation oder Eroberung" stellen läßt, sondern nach akzeptablen Entwicklungsmöglichkeiten für gemeinsame moralische Lernprozeße sucht.

Es ist offensichtlich, daß globales Wertemanagement nicht nur eine starke und klare Unternehmenskultur verlangt, sondern allein auf einem hohen Grad von Professionalität möglich ist. Nur so lassen sich die hier liegenden Gefährdungen und Chancen für das Unternehmen frühzeitig erkennen und vermeiden beziehungsweise nutzen. Dies ist einer der Gründe, warum ein Drittel aller großen amerikanische Unternehmen über „ethics offices" und „ethics officer" verfügen, die „ethics programs" implementieren und organisieren. Ich habe diese

Organisationsformen für moralische Kommunikation an anderer Stelle (Wieland 1993) beschrieben und kann mich daher hier auf eine kurze Notiz beschränken: Sicherlich liegt in der bloßen Kopie dieser Einrichtungen kein für Europa gehbarer Weg. Aber es scheint doch an der Zeit, die dahinter stehende Botschaft zu verstehen. Die Moral der Partner ist ein strategischer und operationaler Erfolgsfaktor globaler Kooperationen. Es gehört zum Tagesgeschäft und ist ein Vorteil im Qualitätswettbewerb, sie bewußt und systematisch in die Unternehmenspolitik einzubauen.

Summary

With markets and companies alike operating on a more and more international scale, the question of how to manage the sort of problems that can arise from differences in culture and values takes on an ever increasing significance. Indeed, on closer observation it rapidly becomes evident that in order to build up the kind of stable relations necessary for good international cooperation, a certain conscious management of moral values is absolutely essential. In this context, I understand corporate culture to be the equivalent of the sum of all the values espoused or propounded by a company. A corporate ethic, on the other hand, is used to denote the way in which the values upon which this culture is based are expressed within the company itself and implemented in its organizational policy. The so-called "Circle of Global Values" is a model which is aimed at both shaping a global moral learning process on the institutional or corporate level and developing a local and shared moral culture. Once equipped with such a model, management can begin to do full justice not only to its economic, but also its moral responsibilities. This nevertheless supposes that a strong corporate culture is already in place – one where the company has codified and internalized the principal values of its culture, communicating and "living" them both within and beyond the confines of its own corporate environment. On the economic front, the central task is to be able to recognize, evaluate, and manage the potential for moral conflict that exists in the field of international cooperation. On the moral front, on the other hand, the important thing is to develop a global corporate ethic which can transcend the simple alternative of "Conquer or Capitulate" and progress towards the development of acceptable methods for devising a shared moral learning process.

Literatur

Donaldson, Th. (1989): The Ethics of International Business. New York-Oxford.

Donaldson, Th. (1993): When in Rome, Do ... What? International Business and Cultural Relativism. In: Minus, P.M. (ed): The Ethics of Business in a Global Economy. Dodrecht.

Haas, R. D. (1994): Ethics - A Global Business Challenge. Charakter and Courage. In: Vital Speeches of the Day, Vol. LX, No. 16.

Hofstede, G. (1979): Value Systems in Forty Countries: Interpretation, Validation and Consequenes for Theory. In: Eckensberger, L. et al (eds): Cross Cultural Contributions to Psychology. Lisse.

Institut der Deutschen Wirtschaft (1995): Arbeitsplatzverlagerung ins Ausland. Standortschwäche oder Überlebensstrategie? In: iw-trends, Heft 3.

Puffer, Sh. M. /McCarthy, D.J. (1995): Finding the Common Ground in Russian and American Business Ethics. In: California Management Review, Vol. 37, No. 2.

Weber, M. (1920/1988): Die Protestantische Ethik und der Geist des Kapitalismus. In: Gesammelte Aufsätze zur Reglionssoziologie I. Tübingen.

Wieland, J. (1993): Formen der Institutionalisierung von Moral in amerikanischen Unternehmen. Bern-Stuttgart.

Vertrauen als vernachlässigter Erfolgsfaktor der Internationalisierung

U. Krystek

1 Die Mißtrauensfalle der Internationalisierung

Die Bedeutung von Vertrauen als Erfolgsfaktor in und zwischen Unternehmungen wird zwar von der jüngeren Literatur erkannt (Albach, 1991; Bleicher 1985; Krystek/Zumbrock, 1993; Krystek 1995; Loose/Sydow, 1994), scheint jedoch in der Praxis zumindest unseres Kulturkreises wenig Beachtung zu finden. Während etwa die große Leistungsfähigkeit der japanischen Wirtschaft maßgeblich auf ein hohes Vertrauensniveau in und zwischen Unternehmungen zurückgeführt wird (Casson, 1990), scheinen in westlichen Industrienationen eher noch Mißtrauenskulturen und -organisationen in Unternehmungen vorzuherrschen und die Beziehungen zwischen Unternehmungen zu bestimmen (Bleicher, 1989).

Speziell im Rahmen von Internationalisierungsprozessen muß befürchtet werden, daß bestehende (nationale) Mißtrauensorganisationen über Grenzen hinweg ausgedehnt werden und Mißtrauen als eher diffuse Grundhaltung oder als bewußte Strategie durch die Begegnung mit fremden Personen, Systemen und Kulturen neue Nahrung erhält.

So wird leicht eine Falle des Mißtrauens aufgestellt, in der sich ansonsten aussichtsreiche Internationalisierungsprozesse verfangen können.

Auch und gerade die Internationalisierung zu einem Prozeß der Ausweitung von Vertrauensorganisationen über Ländergrenzen hinweg werden zu lassen, ist sicher eine weitgehende Forderung. Der Falle des Mißtrauens zu entgehen, erscheint dagegen als eine notwendige, wenn auch nicht hinreichende Bedingung für erfolgreiche internationale Unternehmungstätigkeit.

Zu den Herausforderungen der Internationalisierung dürfte zukünftig eine wesentlich höhere Bereitschaft zu Vertrauensinvestitionen ebenso gehören wie die Fähigkeit, Mißtrauen in Grenzen zu halten.

2 Vertrauen: Riskante Vorleistung der Internationalisierung

2.1 Zum Begriff „Vertrauen"

Im allgemeinen Sprachgebrauch wird Vertrauen generell mit dem Glauben an die Zuverlässigkeit, Integrität, Ehrlichkeit und Gerechtigkeit der in Betracht kommenden Person(en), aber auch Sachen und Systeme gleichgesetzt. So versteht z. B. auch Meyers Enzyklopädisches Lexikon Vertrauen als „... festes Überzeugtsein von der Verläßlichkeit, Zuverlässigkeit jemandes/einer Sache". Darüber hinaus existieren jedoch viele fachspezifische Begriffsdeutungen, die Vertrauen aus ihrer jeweiligen Sicht mit teilweise sehr unterschiedlichen Inhalten belegen, wie etwa die Psychologie, die Soziologie oder die Philosophie.

Als eine Definition von interdisziplinärer Gültigkeit hat sich - soweit ersichtlich - das Verständnis von Vertrauen als einer generalisierten Einstellung gegenüber interpersonalen Beziehungen etabliert, „... die sich in der Bereitschaft und/oder Fähigkeit äußert, unter bestimmten Bedingungen auf unmittelbare Belohnungen zugunsten späterer, dafür aber positiverer Interaktionsergebnisse zu verzichten" (Piontrowski, 1976, S. 170). Vertrauen ist damit eine in die Zukunft gerichtete, von üblichem Normverhalten abweichende *Vorleistung* in Erwartung späterer, günstigerer Ergebnisse. Allerdings ist Vertrauen jeweils risikobehaftet und mit einer empfindlichen *Verlustgefahr* verbunden (Deutsch, 1976). Aus soziologischer Sicht stellt sich Vertrauen ebenfalls als eine *riskante Vorleistung* dar (Luhmann, 1989). Vertrauen erscheint dort sogar als eine grundsätzlich frei wählbare Strategie, bei der das erhöhte Vorleistungs-Risiko einer (kalkulierbaren) Chance der Honorierung von erwiesenem Vertrauen durch Gegenvertrauen gegenübersteht. Gegenseitiges Vertrauen kann dann in eine nach oben offene Vertrauensspirale übergehen (Zand, 1972).

2.2 Wirkungen von Vertrauen

Angesichts des mit Vertrauen verbundenen Risikos, der erheblichen Verlustgefahr sowie des Zwangs zum Einsatz einer Vorleistung drängt sich die Frage auf, warum eine solche riskante Vorleistung erbracht werden sollte. Es müssen konkrete Gründe sein, die Vertrauen als Erfolgsfaktor qualifizieren und es von einer eher gefühlsbetonten, angenehmen Grundhaltung abheben, die Vertrauen vordergründig generell vorziehenswürdig erscheinen lassen.

Soweit ersichtlich, lassen sich etwa folgende vorteilhafte Wirkungen von Vertrauen kennzeichnen (Krystek/Zumbrock 1993; Krystek 1997).

(1) Komplexitätsreduktion

Zunehmende, kaum noch beherrschbare Komplexität wird mit Recht als eines der großen Erschwernisse, aber auch als eine Herausforderung für Unternehmungsführung betrachtet. Der Weg in eine internationale Unternehmungstätigkeit steigert diese Komplexität noch weiter. An diesem Punkt setzt *Vertrauen als eine mögliche Strategie zur Komplexitätsreduktion* an. Durch Vertrauen werden gewisse Entwicklungsmöglichkeiten von der Berücksichtigung ausgeschlossen. So werden einige Gefahren neutralisiert, die zwar nicht ausgeräumt werden können, aber das Handeln nicht belasten sollen. Der Vertrauende setzt sich willentlich über einen Mangel an Information hinweg und reduziert Komplexität letztlich durch das Vertrauen in das zweckgerichtete Handeln und Entscheiden anderer. Das Gewähren eines Vertrauenskredits überbrückt somit zugleich die zeitliche Lücke zwischen heutiger Entscheidung und zukünftigem Erfolg (Luhmann, 1989).

(2) Ansporn zur Übernahme von Verantwortung

Vertrauen ist ein Geschenk. Der Beschenkte wird in seinem Selbstvertrauen gestärkt und zur Übernahme von Verantwortung angespornt. Wem nicht viel zugetraut wird, wer sich auch selbst nichts zutraut, der kann und will kaum *Verantwortung* tragen. Somit ermöglichen letztlich erst Vertrauen und Selbstvertrauen eine erfolgreiche Delegation von Aufgaben.

(3) Verbesserung von Kommunikation und Gruppeneinfluß

Vertrauen erhöht den *kommunikativen Austausch* der Partner, insbesondere durch:

- Verringerung der Angst vor Mißbrauch von Selbstöffnung,
- größere Offenheit für den Einfluß des Kommunikationspartners,
- größere Akzeptanz gegenseitiger Abhängigkeiten,
- Freisetzung von Kreativität durch Wegfall von Angst,
- Verringerung von Informationsfilterung,
- Vergrößerung der Bereitschaft zu wahrheitsgemäßer und zeitgerechter Informationsweitergabe,
- Vergrößerung der Möglichkeit, reale Probleme ausfindig zu machen und sie in wechselseitig akzeptabler Weise zu lösen.

Neben seiner kommunikationsfördernden Wirkung ermöglicht Vertrauen auch nonkonformes Verhalten in Gruppen, ohne daß ein Gruppenausschluß riskiert werden muß. Einer Person, die das Vertrauen der Gruppe genießt, wird ein bestimmter, von der Gruppennorm abweichender *Verhaltensspielraum* zugestanden. Erst durch diese Art von Vertrauenskredit (Idiosynkrasiekredit) wird es auch möglich, die Normen und das Verhalten von Gruppenmitgliedern zu beeinflussen und einem blinden "Groupthink" entgegenzuwirken (Hollander, 1972).

(4) Verbesserung von Kooperation und Problemlösung in Gruppen

Vertrauen ist Basis und Stimulus von *Kooperation* in Unternehmungen und zwischen Unternehmungen. Als Alternative zur Konkurrenz auf personaler Ebene gilt Vertrauen - nicht zuletzt wegen seiner komplexitätsreduzierenden Wirkungen - dabei als grundsätzlich überlegen und vorziehenswürdig. Auf der Beziehungsebene zwischen Unternehmungen gilt diese Aussage natürlich nur mit großen Einschränkungen. Dort sind es vor allen Dingen strategische Allianzen und -Netzwerke, in denen eine (partielle) Kooperation erfolgreich praktiziert wird.

Vertrauende Partner verhalten sich selten unkooperativ, wie am Beispiel des sogenannten „Gefangenen-Dilemma" deutlich wird. Dabei bedeutet kooperativ auch, zugunsten langfristig besserer Ergebnisse auf kurzfristig maximalen Gewinn zu verzichten. Einschränkend ist jedoch zu betonen, daß Vertrauen allein

Kooperation nicht garantieren kann. Voraussetzung ist vielmehr, daß Kooperationspartner gleichgerichtete Kooperationsziele verfolgen.

Vertrauen kann weiterhin als wesentlicher Faktor für die *Problemlösung in Gruppen* angesehen werden. Es bewirkt:

- größere Offenheit beim Austausch von Ideen und Gefühlen,
- bessere Ziel- und Problemklärung,
- höheren gegenseitigen Einfluß,
- intensivere Suche nach Handlungsmöglichkeiten,
- größere Motivation zur Entscheidungsdurchsetzung, größere interpersonale Übereinstimmung, größeren Gruppenzusammenhalt.

(5) Verringerung von Kosten

Viele der zuvor dargestellten Wirkungen von Vertrauen tragen letztlich - direkt oder indirekt - zu einer Verringerung von Kosten bei; lassen einige Kostenarten vielleicht sogar entfallen.

Dieser Effekt wird insbesondere im Rahmen der Transaktionskostenanalyse (implizit) bereits berücksichtigt (Loose/Sydow, 1994).

Die Verringerung von Transaktionskosten durch Vertrauen kann als sicher gelten (Bierich, 1995) und bezieht sich sowohl auf externe Transaktionskosten (insbesondere Anbahnungs-, Vereinbarungs-, Kontroll- und Anpassungskosten) als auch auf interne Transaktionskosten (insbesondere Kosten der Lenkung und Kontrolle).

Die theoretische Diskussion um die Bedeutung von Vertrauen als Voraussetzung und effizientes „Schmiermittel" ökonomischer Austauschprozesse steht allerdings auch in der Gefahr, Vertrauen in ihr zu einem weiteren, bloß rationalistischen Kalkül verkommen zu lassen, das von den beteiligten Führungskräften nach Belieben strategisch aufgebaut und genutzt werden kann (Loose/Sydow, 1994).

(6) Wirkungen von Vertrauen zwischen Unternehmungen

Speziell bezogen auf die Beziehung zwischen Unternehmungen können noch weitere Vorteile von Vertrauen als Grundhaltung oder Strategie genannt werden (Sydow, 1995):

- Erleichterung der Planung und Realisation kollektiver Strategien,
- Koordination ökonomischer Aktivitäten zwischen Unternehmungen,
- Förderung interorganisationalen Lernens und
- interorganisationaler Konfliktlösung sowie eines organisatorischen Wandels.

Auch hier wird wieder der Aspekt der Reduktion von (externen) Transaktionskosten in allen genannten Punkten deutlich.

2.3 Formen von Vertrauen

Die bisherige Darstellung von Vertrauen scheint sich auf das *Vertrauen in Personen* zu konzentrieren. Tatsächlich aber spielt für die Vertrauensthematik gerade auch im Hinblick auf internationale Unternehmungstätigkeit das Vertrauen *in* (fremde) *Systeme* eine ebenfalls große Rolle. Als Vertrauensobjekte kommen dabei soziale und technische Systeme in Betracht. Häufig ist uns das Ausmaß des zu erbringenden Systemvertrauens, etwa in die Funktionstüchtigkeit technischer Systeme (z.B. Verkehrssysteme, Systeme der Energiegewinnung) im täglichen Leben kaum noch bewußt. Und ohne ein Mindestmaß an Vertrauen in solche Systeme wäre die moderne Industriegesellschaft auch nicht vorstellbar. Speziell bezogen auf die Internationalisierung von Unternehmungstätigkeit fordert dabei neben dem Vertrauen in Verkehrssysteme das Vertrauen in die Funktions- und Leistungsfähigkeit von Informations- und Kommunikationssystemen immer größeres Systemvertrauen. Als eine andere Form von Systemvertrauen mit besonderem Risikocharakter kann das Vertrauen in fremde Währungen (Luhmann 1989) genannt werden. Wahrscheinlich noch problematischer erscheint aber das Vertrauen in fremde soziale Systeme. Fremde Kulturen, Rechts-, Sozial- und Wirtschaftssysteme fordern ein hohes Maß an riskanter Vorleistung, will man sich ihnen vertrauend öffnen. Schließlich sind auch (fremde) Unternehmungen soziale Systeme, denen z.B. im Rahmen internationaler Kooperationen Systemvertrauen entgegengebracht werden kann und muß. Allerdings wird gerade bei dem Vertrauen zwischen Unternehmungen eine Überlagerung von Systemvertrauen durch personales Vertrauen deutlich. So wird etwa ein Netzwerk internationaler Unternehmungskooperationen letztendlich wahrscheinlich erst tragfähig durch ein *zusätzliches personales* Netzwerk, das über persönliche Vertrauensbeziehungen die Möglichkeit bietet, „... sich besser über geteilte oder unterschiedliche Sichtweisen und Normen sowie tatsächliche Handlungsweisen zu verständigen“ (Sydow, 1995, S. 191).

3 Mißtrauen: Mehr als das Gegenteil von Vertrauen

3.1 Zum Begriff „Mißtrauen“

Zunächst scheint es, als sei Mißtrauen lediglich eine Art von fehlendem Vertrauen. Tatsächlich aber erweist sich dieses Phänomen als komplexer und in der Unternehmungspraxis sogar erprobt erfolgreich.

„Mißtrauen ist jedoch nicht nur das *Gegenteil* von Vertrauen, sondern als solches zugleich ein funktionales Äquivalent für Vertrauen. Nur deshalb kann (und muß) man nämlich zwischen Vertrauen und Mißtrauen wählen“ (Luhmann, 1989, S. 78).

Mißtrauen bedeutet kurz gefaßt eine Zuspitzung der Erwartungen ins Negative gegenüber Personen, Sachen und Systemen sowie gegenüber Informationen. Mißtrauen äußert sich dabei in vielfältigen Erscheinungsformen, wie:

- Verschlossenheit,
- Manipulierbarkeit,
- Fremdheit,
- Verunsicherung,
- Perspektivlosigkeit,
- Streß, Panik und Angst

bei den mißtrauenden Personen und Gruppen (Schneider, 1992). Obwohl uns all diese Symptome aus unserem alltäglichen Leben bekannt erscheinen, wir werden sie kaum mit einer ursächlich dahinterstehenden Grundhaltung oder Strategie des Mißtrauens in Verbindung bringen. Gerade darin liegt die Gefahr der unreflektierten Selbstverständlichkeit des Mißtrauens und ihrer „automatischen" Übertragung auf internationale Geschäftsaktivitäten.

Wäre Mißtrauen lediglich das Gegenteil von Vertrauen, so wären alle die zuvor als positive Wirkungen von Vertrauen genannten Fakten nur in ihr jeweiliges Gegenteil zu übersetzen, und die Wirkungen von Mißtrauen wären erklärt. Für einige solcher Wirkungen scheint dies auch tatsächlich zuzutreffen.

Zur Reduktion von Komplexität etwa reicht allerdings das mißtrauende Unterlassen allein nicht aus, sind bloße Vermeidungsstrategien in ihren Wirkungen zu wenig erfolgversprechend. Vielmehr muß der Mißtrauende hier aktiv eigene, äquivalente Strategien entwickeln, muß auf *„Negativstrategien"* zurückgreifen.

3.2 Mißtrauen als Erfolgsfaktor der Unternehmungsführung?

Mißtrauen verfügt als Grundhaltung oder Strategie offenkundig über Vorteile, erscheint sogar zum Überleben von Menschen und Unternehmungen notwendig. Mehr noch: Mißtrauensorganisationen sind durchaus und nachweisbar erfolgreich und die Selbstverständlichkeit des Mißtrauens in Unternehmungen läßt es gerechtfertigt erscheinen, von Mißtrauen als einem Paradigma jedenfalls traditioneller Unternehmungsführung zu sprechen. Mißtrauende Strategien und Maßnahmen ermöglichen nämlich zweifellos zweckrationales, „normales" Handeln und werden zu nicht (mehr) hinterfragter Selbstverständlichkeit (Luhmann, 1989).

Dabei wird die Selbstverständlichkeit des Mißtrauens in Unternehmungen wesentlich durch die traditionelle Führungslehre und das sie prägende, konstruktivistische *Menschenbild* des „rational economic man" genährt. Dieses von tiefem Mißtrauen selbst gegenüber eigenen Mitarbeitern geprägte, pessimistische Paradigma aus einer gern als überwunden dargestellten Zeit scheint noch weit häufiger Realität zu sein, als Festreden und Unternehmungsbroschüren dies glauben machen wollen.

Konkret lassen sich etwa die nachfolgenden Fakten nennen, die als Elemente von Unternehmungserfolg auf Basis von Mißtrauen gedeutet werden könnten (Krystek, 1995):

- Mißtrauen vermeidet Fehler,
- Mißtrauen vermeidet Risiken,
- Mißtrauen sichert vor Täuschung oder Betrug,
- Mißtrauen vermeidet Enttäuschungen,
- Mißtrauen vermeidet Vorwürfe und Rechtfertigungen,
- Mißtrauen entspricht einem weit verbreiteten Rollenverhalten von Führungskräften.

Diese Auflistung könnte fortgesetzt werden und liefert gewiß gute Gründe für Mißtrauen als Grundhaltung oder Strategie. Meistens werden es jedoch Vermeidungs-, Abwehr- oder Verweigerungsstrategien sein, die eher Mißerfolg abwehren als Erfolg suchen und gewinnen. Sie sind zudem im weitesten Sinne aufwendig, schwierig und belastend.

4 Vertrauen und Mißtrauen im Internationalisierungsprozeß

4.1 Internationalisierung als Vertrauens-/Mißtrauensextension

Die Ausdehnung von Geschäftsaktivitäten über Ländergrenzen hinweg bedeutet eine quantitative und qualitative Vergrößerung des Ressourceneinsatzes (i.w.S.). Naheliegenderweise werden in diesem generellen Extensionsprozeß auch bislang als erfolgreich erkannte Grundannahmen und Werthaltungen der Unternehmungsführung auf die erweiterten Aktivitäten übertragen. Im Rahmen von Internationalisierungsprozessen ist daher auch eine Extension von Vertrauen oder Mißtrauen als Erfolgsfaktor für die Unternehmungsführung zu erwarten.

Das Ausmaß an Vertrauens- oder Mißtrauensextension ist dabei sicher sehr unterschiedlich. So bedürfen etwa über Hermes-Deckung abgesicherte Exporte kaum einer Ausweitung des Vertrauenspotentials, sind umgekehrt auch nicht Ausdruck besonderen Mißtrauens. Dagegen führen dauerhafte Formen der Zusammenarbeit mit ausländischen Unternehmungen sicher zu einer weit größeren Extension von Vertrauen oder Mißtrauen. Doch auch hier sind wieder Unterschiede in Ausmaß und Struktur der Vertrauens-/Mißtrauensextension zu erkennen: So setzen z.B. Akquisitionen ein hohes und besonders problematisches „Ausgangsvertrauen" in die noch nicht vertraute Unternehmung voraus, die mehrheitlich übernommen werden soll. Berichte über Kaufpreissummen im Rahmen internationaler Akquisitionen von zweistelliger Milliardenhöhe illustrieren dies eindringlich. Dafür wird dem Akquisiteur allerdings i.d.R. ein beherrschender Einfluß auf die Geschäftsführung des Akquisitionsobjektes gewährt, was die Höhe des notwendigen Vertrauens in den Akquisitionspartner während der gesamten Dauer der Zusammenarbeit wesentlich verringern mag.

Im Gegensatz dazu scheint das „Ausgangsvertrauen" bei strategischen Allianzen allein schon wegen des entfallenden Kaufpreisrisikos und der vergleichsweise einfachen Beendigungsmöglichkeiten der Kooperation wesentlich geringer zu sein. Dafür aber kommen strategische Allianzen während der Zeit ihres Bestehens nicht ohne ein hohes Maß gegenseitigen Vertrauens aus.

Eine mittlere Position im Hinblick auf notwendige Vertrauens-/Mißtrauensextension im Rahmen von Internationalisierungsprozessen nehmen vielleicht Direktinvestitionen durch Aufbau eigener Kapazitäten im Ausland ein. Hier ist - bei einem üblicherweise stufenweisen Aufbau - das „Ausgangsvertrauen" relativ gering, zugleich ist auch das Ausmaß von notwendigem Vertrauen in die Niederlassung während der gesamten Dauer ihrer Geschäftstätigkeit im Ausland vergleichsweise gering.

Aus dieser komplexen Problematik der Vertrauens-/Mißtrauensextension im Internationalisierungsprozeß sollen bespielhaft die Zusammenarbeit mit ausländischen Unternehmungen in Form von Akquisitionen oder strategischen Allianzen herausgegriffen werden.

4.2 Mißtrauensextension: Naheliegende Basis der Internationalisierung?

(1) Mißtrauensorganisationen im Mutterland als Ausgangspunkt

Viele Indikatoren sprechen dafür, daß noch immer auch in Unternehmungen von *Mißtrauensorganisationen* ausgegangen werden muß, die in Deutschland als Mutterland ansässig sind und von hier den Ausgangspunkt ihrer Internationalisierung nehmen. Solche Mißtrauensorganisationen sind zumeist in entsprechend disponierten Unternehmungskulturen angelegt und werden von einer - wie auch immer geprägten - Unternehmungsethik wegen ihrer scheinbaren Normalität toleriert. Von Unternehmungsphilosophien bleiben sie entweder unbeachtet oder werden sogar als tradiertes Kulturgut bewußt - weil erfolgreich - fortgeführt. Ihre hauptsächlichen Merkmale sind in Abb. 1 skizziert und dort den Elementen einer Vertrauensorganisation gegenübergestellt.

Unter den in Abb. 1 genannten Merkmalen von Mißtrauensorganisationen sei ihr Hang zu ausgeprägter *Fremdkontroll-Zentrierung* hervorgehoben, der sich in dem uns nur zu vertrauten Übermaß an Fremdkontrolle mit ihren filigranen Systemen der Vielfach- und Detailkontrolle äußert. Eine besonders problematische Rolle scheint dabei die in ihrer Bedeutung unbestrittene Controllingfunktion und -institution einzunehmen, die *Controlling* insgesamt zu einer Art *Speerspitze von Mißtrauensorganisationen* denaturieren läßt (Krystek, 1991; Hungenberg, 1992).

Mißtrauensorganisationen der zuvor skizzierten Art bilden den Ausgangspunkt und das Fundament aller Führungsentscheidungen und -handlungen auf dem Weg der Internationalisierung, der immer auch ein Prozeß der Begegnung mit fremdartigen Eindrücken, Fakten, Vorurteilen und Mutmaßungen darstellt. Ihnen mit Mißtrauen zu begegnen liegt nahe und kann pauschal auch gewiß nicht verurteilt werden. Dies speziell dann nicht, wenn Mißtrauen als Erfolgsfaktor aus dem bisherigen Weg der Unternehmungsentwicklung vertraut ist.

Abb 1. Mißtrauens- versus Vertrauensorganisation (Quelle: Krystek/Zumbrock, 1993, S. 32)

(2) Mißtrauensverstärkende Faktoren der Internationalisierung

Ganz ohne Zweifel birgt der Internationalisierungsprozeß eine Fülle von *mißtrauensverstärkenden Faktoren*, die als Stressoren die Emotionen und Handlungen der Unternehmungsführung belasten.

- Fremde Kulturen und Kulturelemente

Zu ihnen gehört zunächst die Begegnung mit fremden Kulturen und Kulturelementen, zu denen nicht nur die Kultur des Ziellandes der Internationalisierung zählt. Als ein Schachtelmodell darstellbar (Abb. 2), prallen Kulturelemente unterschiedlicher, miteinander verwobener Ebenen in dem Prozeß der Internationalisierung aufeinander, die sehr wohl in der Lage sind, Mißtrauen zu verstärken. Es wäre dabei ein Irrtum, anzunehmen, daß der Verstärkungseffekt mißtrauensinduzierender Kulturelemente eine Funktion der Entfernung des Ziellandes vom Mutterland ist. Dies bestätigen Erfahrungen von Kooperationen zwischen Unternehmungen aus den alten und neuen Bundesländern (Krystek, 1992).

- Fremde Politik- und Wirtschaftssysteme

Internationalisierungsprojekte sind eingebunden in die Regeln des Politik- und Wirtschaftssystems im jeweiligen Zielland und abhängig von seiner Funktionsfähigkeit. Trotz aller Bemühungen um eine Frühaufklärung daraus erwachsender Chancen und Bedrohungen bleibt ein erhebliches Potential an Unsicherheit, das bestehende Dispositionen zu Mißtrauen als Grundhaltung und/oder Strategie verstärken wird. Hier sind es nicht nur die vordergründig vielleicht als besonders fremdartig empfundenen Politik- und Wirtschaftssysteme von sog. Schwellenländern oder Ländern der dritten Welt. Auch innerhalb der Europäischen Gemeinschaft sind solche Mißtrauensbarrieren durchaus spürbar, man denke etwa an die von Ängsten und Mißtrauen geprägte Diskussion um eine einheitliche europäische Währung.

- Fremde Unternehmungen als Kooperationspartner

Beladen mit den zuvor skizzierten, mißtrauensverstärkenden Faktoren wird die ausländische Unternehmung als Partner des Internationalisierungsprozesses bereits im Vorfeld der Kooperation betrachtet und beurteilt. Hier sind es neben den Führungskräften und Mitarbeitern auch die Stakeholder, deren Ziele, Strategien und Strukturen häufig allein durch ihre Andersartigkeit mißtrauensverstärkend wirken.

(3) Konsequenzen der Mißtrauensextension

Soweit die mißtrauensverstärkenden Faktoren vorgesehene Internationalisierungsstrategien nicht schon im Planungsstadium scheitern lassen, werden sie doch Konsequenzen haben und Ziele sowie Strategien/Maßnahmen der Internationalisierung substantiell beeinträchtigen.

Dies in erster Linie durch eine Anwendung „altbewährter" Struktur- und Prozeßelemente von Mißtrauensorganisationen und deren Übertragung auf den/die ausländischen Kooperationspartner. Die damit bewirkte *Extension von Mißtrauen* über Landesgrenzen hinweg kann dabei durch eine unglückliche Verstärkung über kulturelle Misfits noch kontraproduktivere Wirkungen haben, als sie im nationalen Rahmen zu erwarten wären.

Konkret äußert sich die Extension von Mißtrauen fast uniform in einem verstärkten Wunsch nach Einflußnahme und damit nach (Fremd-) Kontrolle über den/die Kooperationspartner.

Beste Voraussetzung dafür ist die *Akquisition* als mehrheitliche Übernahme, die Kontrollmöglichkeiten in fast jedem gewünschten Ausmaß gewährleistet. Die amerikanische Bezeichnung „Market for Corporate Control“ weist auf solche Zielsetzungen von internationalen Akquisitionsprojekten hin.

Formal durch Mehrheitsbesitz legitimiert, erfolgt so - scheinbar nur zu konsequent - die Ausübung von *Kontrollmacht.* Nicht selten werden dabei eigene Standards der (Fremd-) Kontrolle im Mutterhaus noch überzogen, zum Teil ohne Rücksicht auf Größe, Struktur und erst recht auf Kultur des „Kontrollobjektes“.

Die strategische Notwendigkeit von Akquisitionen soll und kann an dieser Stelle nicht in Zweifel gezogen werden. Wenn allerdings Mißtrauen als unreflektierte Grundhaltung oder Strategie *allein* zum bestimmenden Grund für Akquisitionen (als Vehikel der Fremdkontrolle) wird, scheint hier eine deutliche Warnung angebracht: Nicht nur das Argument der drastischen Erhöhung von (internen) Transaktionskosten durch aufwendige Mechanismen der Fremdkontrolle ist von Bedeutung. Die so in Gang gesetzte *Spirale des Mißtrauens* (Zand, 1972) ist weit über ihren quantifizierbaren Effekt hinaus zu fürchten. Wird Mißtrauen mit Mißtrauen beantwortet und führen Formen der Fremdkontrolle zu immer neuen Formen ihrer Umgehung, droht jedwede Form partnerschaftlicher Zusammenarbeit in einer Geröllhalde gegenseitigen Mißtrauens zu ersticken. Wenn häufig kulturelle Misfits als Ursache für das Mißlingen von internationalen Akquisitionen genannt werden, ist darin zu einem vermutlich sehr erheblichen Teil Mißtrauen mit seinen Auswüchsen in Strategie und Struktur zu vermuten.

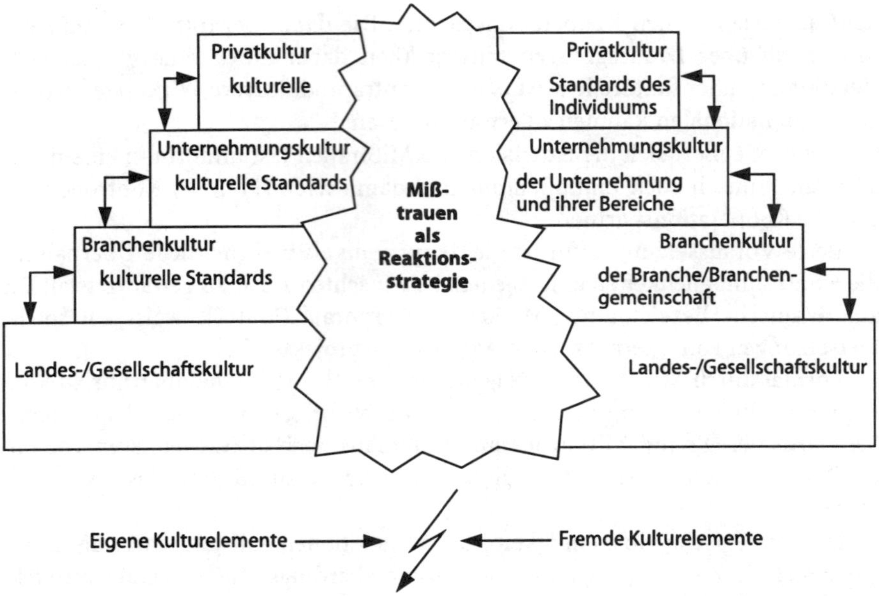

Abb. 2. Schachtelmodell von Kulturelementen im Internationalisierungsprozeß: Mißtrauen als Reaktionsstrategie

4.3 Vertrauensextension: Illusionäre Basis der Internationalisierung?

(1) Überwindung der Mißtrauensorganisation im Mutterland als Ausgangspunkt

Könnte am Beginn des Internationalisierungsprozesses tatsächlich davon ausgegangen werden, daß die zu (Direkt-)Investitionen im Ausland bereite Unternehmung in ihrem Mutterland und Stammhaus schon Grundzüge einer Vertrauensorganisation realisiert hat, so ginge es „nur" noch um die Frage, ob und in welchem Ausmaß der Internationalisierungsprozeß auch zu einem Prozeß der Ausweitung von Vertrauen werden soll und kann. Dies allein schon wäre diskussionswürdig, bedeutet doch jede Vertrauensextension zugleich eine Ausdehnung des Risikopotentials, *zusätzlich* zur Vergrößerung rein ökonomischer Risiken aus einer Internationalisierung der Geschäftstätigkeit.

Aber nicht einmal diese bereits riskante Ausgangssituationen können angesichts des Mißtrauenspotentials in Mutterländern/-gesellschaften als gegeben angenommen werden.

Wenn Vertrauenextension als Alternative zur (aufwendigen) Mißtrauensextension die Basis des Internationalisierungsprozesses werden soll, müßte der Ausgangspunkt eine Überwindung der Mißtrauensorganisation im Mutterland/Stammhaus sein.

Wird Vertrauensextension damit bereits zur Illusion?

Gewiß, der Weg von der Überwindung der Mißtrauensorganisation im Stammhaus bis hin zu einer Ausweitung von so gewonnenen Vertrauensstrukturen auf ausländische Partnerunternehmungen wird länger und beschwerlicher. Eine Gegenfrage kommt aber auf und relativiert den Illusionscharakter von Vertrauensextension erheblich: Können internationalisierte Mißtrauensstrukturen mit ihren im Kern menschenfeindlichen Paradigmen und höchst aufwendigen Führungs- und insbesondere Fremdkontrollsystemen wirklich noch eine *zukunftsorientierte* Alternative darstellen?

Ansätze einer Antwort erschließen sich vielleicht über das Aufzeigen möglicher Wege und Stationen zu vertrauensbasierten, internationalen Strukturen.

(2) Vertrauensbildung und -verstärkung auf dem Weg zu vertrauensbasierten, internationalen Strukturen

Vertrauensbildung beginnt nicht mit der formalen Abschaffung mißtrauensgeprägter Strukturen, sondern mit einem von Einsichten geprägten Umdenkprozeß bei Führungskräften und Mitarbeitern, der kultur- und philosophieprägend wirkt und (nationale) vertrauensbasierte Strukturen erst als Ergebnis hat.

Es mag in diesem Zusammenhang befremdlich wirken, aber als ein Beispiel für den Aufbau von Vertrauen können die konzeptionellen Überlegungen im internationalen sicherheitspolitischen Bereich aus der Aera des „Kalten Krieges" herangezogen werden, wie sie in einer Studie über vertrauensbildende Maßnahmen formuliert wurden:

> „Eine Vertrauensgrundlage kann nur gelegt und diese Grundlage nur erweitert werden in einem dynamischen Prozeß konkreter Maßnahmen, die Schritt für Schritt innerhalb des Rahmens geeigneter politischer Entscheidungen unternommen werden. Da Vertrauensbildung ihrer Natur nach ein Prozeß ist, in dem jede vorangegangene Maßnahme die Grundlage für weitere Maßnahmen bildet, die fortschreitend und kumulierend die Vertrauensbildung festigen und stärken, müssen die Staaten in jedem Stadium in der Lage sein, die bis dahin erzielten Ergebnisse zu messen und zu bewerten" (Lutz/Müller, 1982, S. 197).

Vertrauensbildung beginnt aber auch ganz im Detail bereits in vertrauenskonstituierenden Maßnahmen und Verhaltensweisen in den Beziehungen zwischen Führungskraft und Mitarbeiter, wie sie beispielhaft in Abb. 3 dargestellt sind.

Solche, vielleicht schlicht anmutenden, aber eben doch keinesfalls selbstverständlichen Maßnahmen und Verhaltensweisen auf der Mikro-Ebene zwischen Führungskraft und Mitarbeiter sind von großer Bedeutung und zugleich auch transformationsfähige Beispiele für vertrauensbasierte Interaktionsbeziehungen zwischen international kooperierenden Unternehmungen.

Vertrauensverstärkung wird in der Literatur als ein Prozeß der Eskalation von Vertrauen oder als eine nach oben offene Spirale des Vertrauens beschrieben (Krystek/Zumbrock, 1993). Den Modellen der Vertrauenseskalation liegt die empiriegestützte Annahme zugrunde, daß gewährtes Vertrauen mit Vertrauen beantwortet wird und sich nach dem „Prinzip der kleinen Schritte" eine sukzessive und wechselseitige Vertrauensextensivierung in Gang setzt, die bis zu einem als optimal empfundenen Vertrauensniveau anwächst und auch zunehmend resistenter gegen gelegentliche Vertrauensverstöße wird.

Folgende Merkmale eines solchen modellhaften Verlaufs der Vertrauensextensivierung lassen sich herausstellen (Plötner, 1995, S. 118):

- Die Vertrauensextensivierung vollzieht sich in der Regel in kleinen Schritten. Nur in Ausnahmefällen kann Vertrauen aufgrund von „Meilensteinereignissen" sprunghaft ansteigen.
- Durch vertrauensextensivierende Stimuli werden bisherige Vertrauenserwartungen „belohnt".
- Stimuli, die bisherige Erwartungen übertreffen, führen zu Vertrauensextensivierung. Informationen, die existente Erwartungen bestätigen, führen zu einer Stabilisierung bisherigen Vertrauens.
- Das Ausmaß des Vertrauens zeigt sich in der Höhe des „Kreditspielraums".
- Vertrauensextensivierung erfolgt, nicht zuletzt wegen des anzuwendenden Prinzips der kleinen Schritte, üblicherweise relativ langsam und sukzessiv. Dagegen verläuft der Prozeß der Vertrauenszerstörung in der Regel relativ abrupt und schnell.
- Das maximale Vertrauen muß nicht zugleich das optimale Vertrauen sein. Vertrauen sollte nur bis zur Erreichung der gewünschten sozialen Distanz verstärkt werden.

Der Verzicht auf maximales Vertrauen deutet zugleich auf die Notwendigkeit einer Begrenzung von Vertrauen hin, die einer „nach oben offene Spirale des Vertrauens" Schranken zuweist.

Maßnahmen und Verhaltensweisen zur Konstitution von Vertrauen

- Berechenbarkeit
- Ehrlichkeit, Aufrichtigkeit
- Einhaltung von Versprechen, Zusagen
- Zielklarheit
- Deutlichkeit der Aussagen
- Bereitschaft zu vollständiger Information
- Bereitschaft zur Teilung von Verantwortung
- Bereitschaft zu (Fremd-) Kontrollverzicht
- Einschreiten gegen Duldung und Verbreitung von Gerüchten
- Unterlassen von Erfolgspiraterie
- Sensible Wahrnehmung von Ängsten und Widerständen in Gesprächen und deren Abbau
- Strikte Wahrung der Vertraulichkeit

Abb. 3. Beispiele vertrauensbildender Maßnahmen/Verhaltensweisen von Führungskräften

(3) Konsequenzen der Vertrauensextension

Vertrauensextension bedeutet im Rahmen von Internationalisierungsprozessen den Aufbau und Ausbau von Vertrauen zunächst im Mutterland/Stammhaus der Unternehmung sowie das Einbeziehen von ausländischen Partnerunternehmungen in die so entstehenden internationalen Vertrauensorganisationen. Als *Konsequenz* dieser Grundhaltung und/oder Strategie ergibt sich die Möglichkeit einer Nutzung aller Vorteile, die vertrauensbasierte Kooperation in und zwischen Unternehmungen ermöglicht. Zugleich wächst damit aber auch die Gefahr einer Ausdehnung der eigenen Verwundbarkeit durch Vertrauensinvestition in fremde Personen und Systeme. Das ethische Gebot einer Ausdehnung vertrauensvoller Zusammenarbeit auch und gerade auf ausländischen Kooperationspartnern sei hier ausdrücklich betont.

- Neue Kooperationsformen durch Vertrauensextension

Zu den spezifischen Konsequenzen von Vertrauensextension gehört darüber hinaus die Möglichkeit, Kooperationsbeziehungen auch ohne mehrheitlichen Anteilserwerb (Akquisitionen) erfolgreich eingehen zu können. Zu solchen vertraglichen Formen der internationalen Zusammenarbeit gehören insbesondere *strategische Allianzen* sowie die damit häufig verbundene Integration in *strategische Netzwerke.*

Während Akquisitionen wegen der durch sie begründeten Kontrollmacht – neben dem erwähnten „Ausgangsvertrauen“ – während der Zusammenarbeit ohne Vertrauen als Basis der Kooperation, ja sogar mit einem erheblichen Maß an institutionalisiertem Mißtrauen auskommen können, ist dieser Weg für strategische Allianzen und Netzwerke gänzlich verschlossen. Vertrauen wird geradezu als ein konstituierendes Merkmal von Interorganisationsbeziehungen betrachtet, die als Allianzen und Netzwerke zu bezeichnen sind (Loose/Sydow, 1994).

Viele der an diesen Kooperationsformen geschätzten Vorteile setzen ein hohes Maß an gegenseitigem Vertrauen voraus, das in Hierarchien (wozu hier auch ein mehrheitlicher Erwerb von ausländischen Tochtergesellschaften gezählt wird) verzichtbar erscheint.

Unternehmungen und deren Führung, die Partner speziell in internationalen Allianzen und Netzwerken werden wollen, müssen sich dieser hohen Vertrauensinvestition bewußt sein und ihre *Bereitschaft* dazu ebenso gewissenhaft prüfen wie ihre *Fähigkeit* zu vertrauensbasierter, internationaler Kooperation. Allein schon die Spekulation, durch noch so detaillierte vertragliche Regelungen und ein ausgeklügetes Netz gegenseitiger Fremd-Kontrollen Vertrauen ersetzen oder auf ein geringes Maß reduzieren zu können, verstößt gegen den Charakter solcher Kooperationsformen. Die Durchsetzung und Einhaltung solcher Mechanismen gegenseitigen Mißtrauens erscheint zudem in der Praxis wenig aussichtsreich (Moss Kanter, 1994). Vielmehr zählt zu den wesentlichen Voraussetzungen erfolgreicher (internationaler) Kooperationen gerade die vertrauensvolle Ausfüllung unspezifischer und unkontrollierbarer Handlungsspielräume

(Wurche, 1994). Dagegen gehört mangelnde Vertrauensbildung nach einer empirischen Untersuchung sogar zu den wesentlichen Ursachen des Scheiterns von Kooperationen dieser Art (Fontanari, 1995).

- Merkmale und Management neuer Kooperationsformen

Als vertrauensverstärkende Strukturmerkmale strategischer Allianzen und Netzwerke können genannt werden (Loose/Sydow, 1994):

* große Offenheit der Kommunikation zwischen den Partnern,
* überschaubare Zahl und Gleichartigkeit der beteiligten Unternehmungen,
* beherrschbare Multiplexität der Netzwerkbeziehungen als Maß für die Anzahl der Inhalte, die zwischen den Kooperationspartnern ausgetauscht werden,
* ein ausbalanciertes Verhältnis von Autonomie und Abhängigkeit unter den Partner.

Allein schon die Aufzählung dieser Merkmale macht deutlich, daß eine hinreichende Vertrauensbasis keinesfalls in den Ausgangsbedingungen von Kooperationen angelegt sein muß. Vielmehr sollte ihre Existenz und Ausprägung bei der Entscheidung über den Beitritt zu strategischen Allianzen/-Netzwerken überprüft werden und es bedarf eines *vertrauensbewußten Managements* (Sydow, 1995), um das gegenseitige Vertrauensniveau aufzubauen, zu erhalten und zu verstärken. Angesichts der immer größeren Anzahl gerade internationaler Allianzen und Netzwerke gewinnt diese Fähigkeit den Charakter einer spezifischen Führungsqualität, die immer mehr zu einem komparativen Wettbewerbsvorteil werden dürfte.

5 Grenzen vertrauensbasierter Internationalisierung

5.1 Paradoxie des Vertrauens: Zur Illusion der grenzenlos vertrauenden Unternehmung

Wer vertraut, muß generell seine Risikobereitschaft unter Kontrolle behalten. Er muß sich – sei es auch nur zur Selbstvergewisserung – klarmachen, daß er nicht bedingungslos vertrauen darf, „... sondern in Grenzen und nach Maßgabe bestimmter, vernünftiger Erwartungen“ (Luhmann, 1989, S 31).

In dieser Aussage wird die grundlegende *Paradoxie des Vertrauens* deutlich. Einerseits soll Vertrauen gerade mißtrauende Kontrolle ersetzen und kann letztendlich auch nur so zur Reduktion von Komplexität beitragen. Andererseits ist ein Verzicht auf jegliche Form von Kontrolle ebenso illusionär.

5.2 Strategien und Instrumente zur Begrenzung von Vertrauensrisiken im Internationalisierungsprozeß

Es bedarf daher im Internationalisierungsprozeß spezifischer Strategien und Instrumente zur Begrenzung von Vertrauensrisiken.

(1) Symbolische Kontrollen und Schwellenkontrollen

Nicht jede erfahrene Enttäuschung zerstört bereits Vertrauen, doch muß es *Schwellen* geben, wo diese Absorptionskraft endet (Luhmann, 1989). Durch Vertrauen werden eine Vielzahl von Detail- und Mehrfachkontrollen überflüssig, die angesichts steigender Komplexität ohnehin fragwürdiger werden. Es wird aber eine andere Form von Kontrolle, die sog. *symbolische Kontrolle*, an ihre Stelle treten, die allerdings weitaus weniger aufwendig und belastend sein dürfte. Diese symbolische Kontrolle ist eine Kontrolle des persönlichen Vertrauens – nicht der Fakten – und damit eine an Schwellen orientierte Überprüfung, ob die Redlichkeit und Integrität des Partners auch zukünftig Vertrauensvorschüsse rechtfertigen. Natürlich wird es darüber hinaus auch Fremdkontrollen von Fakten, z.B. im Rahmen eines – allerdings zu modifizierenden – Management by Objective (MbO) geben (Krystek/Zumbrock, 1993).

(2) Vertrauensbasierte Kontrollkultur in und zwischen Unternehmungen

Das Schaffen einer *offenen vertrauensbasierten Kontrollkultur*, in der bedarfsorientiert, unter Verzicht auf Formalisierung und Standardisierung offene Auseinandersetzungen, z.B. über Zielvereinbarungen und Zielerreichungsgrade geführt werden können, muß tragendes Element der Führung in und zwischen Unternehmungen im Internationalisierungsprozeß werden.

(3) Erhaltung der Sanktionsfähigkeit

Der Mißbrauch erwiesenen Vertrauens kann nicht nur mit Vertrauensentzug geahndet werden; damit könnten viele – Mitarbeiter wie Kooperationspartner – wahrscheinlich sogar gut auskommen. Vielmehr müssen Verstöße empfindlich und wirksam, auf Basis vereinbarter oder zumindest bekannter Sanktionen vergolten werden. Hier wird die gerne übersehene Kehrseite von Vertrauen und generell von Kooperationsbereitschaft deutlich: Mit dem Ausmaß gewährter Freiräume wächst auch das Ausmaß zu erwartender Sanktionen. Wem man dagegen aus erwiesenem Mißtrauen, z.B. durch detaillierte Fremdkontrolle, nur sehr geringe Freiräume läßt, der hat bei – zwangsläufig geringen – Verstößen auch nur geringe Sanktionen zu erwarten. Ein Grund übrigens, warum Fremdkontrolle durchaus auch geschätzt wird.

Sanktionsfähigkeit und -bereitschaft unterstreichen zugleich auch den *Wahlcharakter* von Vertrauensstrategien und lassen erkennen, daß Vertrauen nicht der einzige Weg ist, den Unternehmungsführung gehen kann (Luhmann, 1989).

Für Unternehmungskooperationen speziell auch im internationalen Bereich wird die Vereinbarung fester, rahmengebender Spielregeln und Normen (anstelle detaillierter Vertragsvorschriften) zum zwingenden Gebot. Ihre Einhaltung oder Verletzung muß (positiv oder negativ) sanktioniert werden können.

(4) Kritische Personalselektion und Partnerselektion gewinnen zentrale Bedeutung

Vertrauen kann nur vertrauenswürdigen Führungskräften und Mitarbeitern sowie Kooperationspartnern entgegengebracht werden. Damit wird die Personalselektion und Partnerselektion zu einer besonders wichtigen und schwierigen Aufgabe der Unternehmungsführung. Bereits im Vorfeld sind jene Bewerber auszufiltern, die sich in ihren fachlichen und insbesondere in ihren menschlichen Qualitäten eines Vertrauensvorschusses als nicht würdig erweisen. Gleiches gilt im übertragenen Sinne für internationale Kooperationspartner. Eine solche Personalselektion/Partnerselektion verlangt besondere Qualifikationen und viel Erfahrung der verantwortlichen Personalmanager. Speziell im Hinblick auf die Suche nach internationalen Kooperationspartnern wird mit dem Stichwort „Vertrauenswürdigkeit/-fähigkeit" ein neues Merkmal in den Anforderungskatalog der Partner aufgenommen, das (zukünftig) gleichberechtigt neben anderen Merkmalen des strategischen und kulturellen „Fits" stehen sollte.

6 Schlußplädoyer: Vertrauen wird zum kritischen Erfolgsfaktor der Internationalisierung

Vertrauen bleibt ein Wagnis (Luhmann, 1989) und Vertrauensextension im Rahmen von Internationalisierungsprozessen vergrößert den Risikocharakter dieser Vorleistung. Perfekte Fremdkontrolle und absolute vertragliche Sicherung gegenüber den vielfältigen Risiken speziell internationaler Geschäftstätigkeit als Alternative wäre allerdings eine gefährliche Illusion. Zu den Herausforderungen der Internationalisierung gehört der Erhalt eines labilen Gleichgewichts zwischen beiden Extrempositionen als eine Form des Umgangs mit Paradoxien.

Folgende Argumente sprechen dafür, daß Vertrauen zukünftig zum zwar kritischen, dennoch unausweichlichen Erfolgsfaktor der Internationalisierung wird:

- Ein verändertes Menschenbild und ein vollzogener Wertewandel lassen Vertrauen als Grundhaltung und Strategie nicht zuletzt aus ethischen Gründen und im Sinne einer Völkerverständigung geboten erscheinen.
- Die aufwendige Grundhaltung/Strategie des Mißtrauens kann zukünftig nicht mehr subventioniert werden, speziell nicht im internationalen Rahmen und gegenüber weltweiter Konkurrenz.
- Vertrauen eröffnet neue, internationale Kooperationsformen und erst Vertrauen macht sie erfolgreich.
- Mißtrauen als dominantes Motiv für internationale Akquisitionen unterliegt leicht einer Kontrollillusion; erhoffte Synergieeffekte können unter einer „Geröllhalde" des Mißtrauens verschüttet werden.

- Internationalisierungsstrategien sind auf Veränderung und Wandel ausgerichtet und tragen ihnen Rechnung. Mißtrauen mit seinen Versagens- und Vermeidungsstrategien steht den notwendigen Veränderungsprozessen entgegen.

Unternehmungsführungen, die vor der Entscheidung zur Internationalisierung stehen oder bereits international tätig sind, müssen sich *bewußt* mit dem Vertrauensphänomen auseinandersetzen. Der vertraute Weg des Mißtrauens erscheint wenig zukunftsweisend. Das Mißtrauen gegenüber vertrauensbasierter und -bewußter Unternehmungsführung muß überwunden werden. Der Prozeß zu internationalen Vertrauensorganisationen ist nicht frei von Enttäuschungen und erhöht das Risikopotential beträchtlich. Er erscheint allerdings ohne Alternative in dem Versuch, die Chancen der Internationalisierung zu nutzen.

Summary

Amongst the future challenges arising from the process of internationalization we should also count a much greater willingness to place investments on trust. That trusty maxim of never trusting anything has today outlived its usefulness, not least because of the drastic increase in administrative costs which arises once one submits to the elaborate mechanisms associated with foreign controls. Although cultural incompatibility is often cited as the reason for the failure of international acquisitions, in truth it is often the result of mistrust and the way in which this infiltrates strategy and structure. In the context of the processes leading towards internationalization, the development of a climate of trust signifies first of all the establishment and extension of this climate within the home country/parent company, and then the incorporation of foreign partners within the organizations designed to promote trust which are subsequently created. Once a basis of trust is established, a whole host of controls - already so complex as to be increasingly questionable - can be allowed to fall by the wayside. In their place, however, a new kind of control - a so-called symbolic control - arises, which is called on to monitor not so much the details of a particular transaction, but rather the level of personal trust. In this respect, it tests for where the limits of honesty and integrity lie, and if a partner merits another advance of trust.

Literatur

Albach, H. (1991): Vertrauen in der ökonomischen Theorie. In: Albach, H.: Unternehmen im Wettbewerb. Wiesbaden, S. 3 ff.

Bierich, M. (1995): Moral und Effizienz in der Marktwirtschaft. In: ZfbF, S. 186 ff.

Bleicher, K. (1985): Meilensteine auf dem Weg zur Vertrauensorganisation. In: Office Management Nr. 4, S. 2 ff.

Bleicher, K. (1989): Chancen für Europas Zukunft. Frankfurt, M./Wiesbaden.

Casson, M. (1990): Enterprise and competitives. Oxford.

Deutsch, M. (1976): Konfliktregelung: konstruktive und destruktive Prozesse. München/Basel.

Fontanini, M. L. (1995): Voraussetzungen für den Kooperationserfolg. In: Schertler, W. (Hrsg.): Management von Unternehmens-Kooperationen. Wien, S. 115 ff.

Hollander, E. (1972): Konformität, Status und Idiosynkrasie-Kredit. In: Kunczik, N. (Hrsg.): Führung. Düsseldorf, S. 163 ff.

Hungenberg, H. (1992): Controlling in der Sackgasse? Vertrauen als Grundregel. In: Gablers Magazin, Nr. 10, S. 52 ff.

Krystek, U. (1991): Controlling, mißtrauens- oder vertrauensbasiert: Speerspitze einer Mißtrauensorganisation? In: Gablers Magazin, Nr. 5, S. 18 ff.

Krystek, U. (1995): Vertrauen oder Mißtrauen als Determinanten von Führungserfolg. In: Krystek, U./Link, J. (Hrsg.): Führungskräfte und Führungserfolg. Wiesbaden, S. 469 ff.

Krystek, U. (1997): Vertrauen als Basis erfolgreicher strategischer Unternehmungsführung. In: Hahn, D./Taylor, B. (Hrsg.): Strategische Unternehmungsplanung/Strategische Unternehmungsführung. 7. Aufl., Heidelberg, S. 266 ff.

Krystek, U./Zumbrock, St. (1993): Planung und Vertrauen. Die Bedeutung von Vertrauen und Mißtrauen für die Qualität von Planungs- und Kontrollsystemen. Stuttgart.

Loose, A./Sydow, J. (1994): Vertrauen und Ökonomie in Netzwerkbeziehungen - Strukturationstheoretische Betrachtungen. In: Sydow, J./Windeler, A. (Hrsg.): Management interorganisationaler Beziehungen. Opladen, S. 160 ff.

Luhmann, N. (1989): Vertrauen. Ein Mechanismus der Reduktion sozialer Komplexität. 3. Aufl., Stuttgart.

Lutz, S./Müller, E. (1982): Vertrauensbildende Maßnahmen. Zur Theorie und Praxis einer sicherheitspolitischen Strategie. Baden-Baden.

Moss Kanter, R. (1994): Collaborative Advantage: The Art of Alliances. In: Harvard Business Review (HBR) No. 4, S. 75 ff.

Piontrowski, U. (1976): Psychologie der Interaktion. München.

Plötner, O. (1995): Das Vertrauen des Kunden. Wiesbaden.

Schneider, H. (1992): „Vertrauensbildende Maßnahmen" als Komponenten der Unternehmungskultur. In: Managementzeitschrift IO Nr. 7-8, S. 27 ff.

Sydow, J. (1995): Konstitutionsbedingungen von Vertrauen in Unternehmungsnetzwerken - Theoretische und empirische Einsichten. In: Bühner, R./Haase, K. D./Wilhelm, J. (Hrsg.): Dimensionierung des Unternehmens. Stuttgart, S. 177 ff.

Wurche, S. (1994): Vertrauen und ökonomische Rationalität. In: Sydow, J./Windeler, A., (Hrsg.) (1994), S. 142.

Zand, D. (1972): Trust and managerial problem solving. In: Administrative Science Quarterly, No. 17, S. 232 ff.

Der Autor dankt Frau Stefanie Zumbrock für wertvolle Anregungen zu diesem Beitrag.

2 Die Kehrseite der Internationalisierung

Die Internationalisierung der Kriminalität als globales Standortproblem

H.-L. Zachert

1 Problemstellung: Die Beschleunigung der Internationalisierung von Kriminalität

In den zurückliegenden Monaten wurde viel über die Zukunft des Wirtschaftsstandortes Deutschland geschrieben und diskutiert. Angesichts einer immer engeren internationalen Verflechtung der Wirtschaft, verbunden mit wachsenden floatenden Kapital- und Güterströmen, sind komparative Kostennachteile wie hohe Lohnnebenkosten und Abgabenlasten zu zentralen Problemen avanciert. Unter der Prämisse des rational handelnden „homo oeconomicus", dessen Handlungsziel die Gewinnmaximierung darstellt, erscheint es nur konsequent, daß Unternehmen unter Zugrundelegung des gleichen Zieles aus Gründen der Kostenminimierung Produktionsprozesse ins Ausland verlagern oder sich neue Beschaffungsmärkte erschließen. Diese zunehmende Internationalisierung wurde durch veränderte geopolitische Bedingungen beschleunigt, die nicht nur der Wirtschaft, sondern auch kriminellen Organisationen das Überwinden von Staatsgrenzen ermöglichte. Burros (Burros, 1996) spricht in diesem Zusammenhang auch von „the dark side of interdependence".

Der Prozeß der Internationalisierung vollzieht sich in Teilbereichen der Kriminalität, insbesondere der Organisierten Kriminalität (OK), analog der Wirtschaft. Diese Entwicklung erscheint im Ergebnis nicht überraschend, da Erkenntnisse aus Ermittlungsverfahren und ergänzende Forschungsberichte zeigen, daß gerade Organisierte Kriminalität letztlich eine andere Form von Wirtschaft, eine Untergrundwirtschaft (DPA-Hintergrund, 8/1995, S. 3) darstellt. Auch dort existieren Beschaffungs- und Absatzmärkte, auf denen Angebot und Nachfrage den Verkehr von Waren und Leistungen regulieren.

Im Gegensatz zu legalen Unternehmen, bei denen eine kurzfristige Gewinnmaximierung nicht zwangsläufig das vorrangige Ziel darstellt, handelt es sich im illegalen Sektor um die Handlungsmaxime, da das Tatentdeckungsrisiko zu schnellem, deliktischen Vorgehen zwingt. So erfüllt wirtschaftskriminelles Handeln, das nicht nur den Wirtschaftsstandort Deutschland gefährdet, sondern ein globales Standortproblem ist, in vielfacher Hinsicht Merkmale der in der Wettbewerbspolitik behandelten Thematik des „hit and run-entrys". Gut organiserte Straftäter, die über extrem bewegliches Kapital verfügen, betreiben internationale Marktanalysen, treten bei überwindbar erscheinenden Marktzutrittsschranken schlagartig in Märkte ein, schöpfen mit allen ihnen zur Verfügung stehenden Methoden Gewinne ab und bedrohen dadurch das legale Wirtschaftsgefüge ganz erheblich.

In diesem Zusammenhang kann die Wirtschaft gleichermaßen Zielobjekt von Straftaten wie Instrument von Straftätern sein. Deshalb werden im folgenden – auch wegen der noch aufzuzeigenden Interdependenzen – alle Formen der Kriminalität einbezogen, bei denen Institutionen oder Funktionen des Wirtschaftslebens geschädigt oder mißbraucht werden.

2 Lageüberblick

Im Zeitraum von 1970 bis 1990 ist die Zahl der in der alten Bundesrepublik Deutschland registrierten Straftaten von knapp 2,5 auf rund 4,5 Millionen angewachsen. 1993 wurden in der wiedervereinigten Republik 6,75 Millionen Straftaten (PKS 1993) gezählt. Die 6,53 Millionen Straftaten (PKS 1994) des Jahres 1994 (rund 1,4 Millionen entfielen in beiden Vorjahren auf die neuen Bundesländer ohne Berlin) bedeuten vor allem aufgrund erheblicher Rückgänge im Diebstahlsbereich erstmals seit der Wiedervereinigung eine Unterbrechung des Trends. Die Bilanz fiel um etwa 3,2 % niedriger aus als im Jahr zuvor.

Eine Trendwende oder gar eine Entspannung haben diese Zahlen nicht markiert, da bereits 1995 eine Zunahme der erfaßten Kriminalität um 2 % auf 6,67 Millionen registrierte Straftaten (PKS 1995) festgestellt werden mußte. Schon in der Vergangenheit (1973, 1984, 1988) haben rückläufige Gesamtzahlen nicht zu einer auch nur über wenige Jahre anhaltenden Stagnation oder gar einer Umkehrung der langfristigen Entwicklung geführt. Hinzu kommt, daß sich in den Veränderungen des Jahres 1994 möglichweise Erfassungsprobleme in den neuen Ländern aus den Vorjahren niederschlagen haben.

Bundesweit gesunken ist 1995 die Anzahl der registrierten Diebstahlsdelikte (-0,5 % auf 3,85 Millionen). Rückläufig ist auch die Straßenkriminalität um 1,6 %. Sie machte fast ein Drittel (32,9 %) aller Fälle aus (2,2 Millionen). Die Gewaltkriminalität hat sich besorgniserregend entwickelt. 1995 wurden fast 9 % mehr Gewaltdelikte verzeichnet, im Gegensatz zu einem Rückgang 1994 um 2,7 %. Zum Teil erhebliche Zuwachsraten gab es ebenfalls bei Betrugs-, Untreue- und Konkursstraftaten. Gleiches gilt für die registrierten Umweltdelikte.

3 Die Wirtschaftskriminalität und ihre Bezüge zur Organisierten Kriminalität

Im Jahr 1995 wurden in der Polizeilichen Kriminalstatistik für die Bundesrepublik Deutschland mit über 74 000 erfaßten Fällen gegenüber rund 62 000 Fällen im Jahr 1994 deutlich mehr der Wirtschaftskriminalität zuzurechnende Straftaten registriert. Diese Steigerungsrate von fast 19,6 % ist allerdings auch auf komplexe Ermittlungsverfahren mit zahlreichen Einzelfällen zurückzuführen. In diesen Zahlen fehlen allerdings die Wirtschaftsstraftaten, die von Schwerpunktstaatsanwaltschaften oder von den Steuerbehörden unmittelbar ohne Beteiligung der Polizei verfolgt wurden.

Im einzelnen können unter diesen Bereich der Wirtschaftsdelikte folgende Straftaten(gruppen) subsumiert werden (PKS 1994, S. 239):

- Betrugsdelikte
- Insolvenzstraftaten
- Straftaten im Finanz- und Kreditwesen
- Wirtschaftskriminalität im Kapitalanlage-, Beteiligungs- und Finanzierungsbereich
- Wettbewerbsdelikte
- Wirtschaftskriminalität im Zusammenhang mit Arbeitsverhältnissen.

Im weiteren spielen bei der Begehung von Wirtschaftsdelikten Bereiche der Umwelt- und Computerkriminalität sowie des Mißbrauches von Telekommunikationseinrichtungen eine nicht zu vernachlässigende Rolle.

Wirtschaftsstraftäter sind - schon von der Tatgelegenheitsstruktur her - Personen von im Durchschnitt höherem sozialen Status als Straftäter allgemein. Nur eine konsequente Verfolgung der auf diese „Zielgruppe" ausgerichteten unter Strafe gestellten Handlungen schafft in der weiten Bevölkerung das Vertrauen in die Strafverfolgungsorgane, daß diese nicht nur „die Kleinen", sondern auch „die Großen" nicht laufen lassen.

Wirtschaftsdelikte erfüllen - als „herausgehobene" Form von Straftaten sogar wesensimmanent - viele derjenigen Merkmale, die man allgemein der Organisierten Kriminalität zuschreibt, die ja auch eine „herausgehobene" Form der Begehung bestimmter Straftaten ist. Zusammengefaßt erfüllen beide Kriminalitätsbereiche folgende Merkmale:

- arbeitsteiliges Zusammenwirken
- Ausnutzen moderner Infrastrukturen einschließlich der Nutzung und Kenntnis aller einschlägigen Rechtsvorschriften und Technologien
- kurzfristige Gewinnmaximierung
- präzise, professionelle, an den Markterfordernissen ausgerichtete Tatplanung.

Aufgrund der bestehenden Parallelen zwischen Organisierter Kriminalität und Wirtschaftskriminalität spielen aber auch Deliktsbereiche wie Erpressungen, Schutzgelderpressungen und insbesondere Korruption eine nicht zu vernachlässigende Rolle. Im folgenden werden exemplarisch einige Deliktsbereiche und deren Auswirkungen auf das Wirtschaftsgefüge näher betrachtet.

4 Deliktsbereiche der Wirtschaftskriminalität

4.1 Straftaten im Finanz- und Kreditwesen

Den deliktischen Schwerpunkt der Wirtschaftskriminalität bilden nach Interpol-Erkenntnissen Straftaten im Finanz- und Kreditwesen. Der Betrug mit Schecks und Kreditkarten hat sich zu einem Massenphänomen innerhalb der internationalen Kriminalität mit Wirtschaftsbezug entwickelt. Auch in Deutschland spiegelt sich diese globale Entwicklung wider. Recht unterschiedlich verlaufen ist allerdings die Entwicklung bei den Straftaten mit baren und mit unbaren Zahlungsmitteln. Das in Deutschland festgestellte Falschgeld ist, gemessen am gesamten Banknotenumlauf (Ende 1994 waren es rund 2,4 Milliarden Banknoten im Wert von 236 Milliarden Mark), vergleichsweise gering. Nach einem vorübergehenden Rückgang auf 23.000 Falschgeldanhaltefälle im Jahr 1994 ist die Zahl 1995 auf 30.000 Fälle gestiegen. Sie liegt damit aber noch immer weit unter den 41.000 registrierten Delikten in diesem Bereich im Jahr 1993. Für 1995 betrug der Schaden im Zahlungsverkehr rund 4,5 Mio. DM. Nachdem 1994 bei den Farbkopiefälschungen ein deutlicher Rückgang von 60 % zu verzeichnen war, bedeuteten die im Jahr 1995 registrierten 12.000 Fälle eine Zunahme um knapp 30 %. Unbeschadet des Dunkelfeldes kann ein Erfolg der präventiven Zusammenarbeit mit der Deutschen Bundesbank und der Vorverlagerung der polizeilichen Bekämpfung in klassische Herkunftsländer für „Blüten" wie z.B Italien oder Polen vermutet werden.

Einige „Großserien" haben auf der anderen Seite dazu geführt, daß die Fallzahlen beim Betrug mittels unbarer Zahlungsmittel im Vergleich der Jahre 1993 und 1994 um gut 60 % in die Höhe geschnellt sind. 1995 wurden rund 99.000 Fälle erfaßt, was eine erneute Steigerung von 13 % bedeutet. Neben hongkong-chinesischen und südamerikanischen Tätergruppen rücken insbesondere bei der Kreditkartenkriminalität mehr und mehr Schwarzafrikaner in das Blickfeld polizeilicher Ermittlungen. Das zunächst nur arbeitsteilige Vorgehen der Täter hat sich in den letzten Jahren mehr und mehr in eine straff organisierte Begehungsweise gewandelt. Hehler- und Verteilerkreise im In- und Ausland stellen das Bindeglied zwischen der Erlangungs- und der Verwertungsebene dar. Polizeiliche Ermittlungen werden durch diese Form der Arbeitsteilung und Abschottung zunehmend erschwert. Hinzu kommt, daß auch die polizeiliche Zusammenarbeit mit den Herkunftsländern der Täter nicht immer befriedigend ist.

Derzeit wird es international arbeitenden Straftätern noch immer leicht gemacht, wenn z.B. eine lettische Bank in ihrer Moskauer Filiale Kreditkarten gegen die vermeintliche „Sicherheit" von 1.000 $ ausgibt, sich dort unter Vorlage falscher Papiere auch Mitglieder russischer Banden bedienen und wenige Tage nach dem Erwerb solcher Kreditkarten einen Schaden von über 700.000 DM angerichtet haben. Auch verfügen internationale Banden über Kreditkartenprägemaschinen, Magnetkartenlese- und -schreibgeräte sowie existente Kartennummern mit den dazugehörigen Kartenlimits zur Herstellung von Totalfälschungen. Letzteres bedeutet, daß den Tätern der Zugang zum Computersystem der Emittenten gelungen oder von ungetreuen Mitarbeitern in beteiligten Banken zugearbeitet worden ist.

Präventiven Maßnahmen kommt deshalb gerade in diesem Deliktsbereich besondere Bedeutung zu. Hauptansatzpunkte dafür liegen bei den Emittenten und Kreditinstituten. Sie sind deshalb aufgerufen, die Sicherheit ihrer Produkte zu erhöhen. Insbesondere der Chip-Technologie muß dabei – auch vor dem Hintergrund der zunehmenden Verbreitung der Point-of-Sales-Systeme in Deutschland – große Bedeutung beigemessen werden.

4.2 Wirtschaftskriminalität im Kapitalanlagebereich

„Anlagebetrüger richten Schaden in Milliardenhöhe an", berichtete die FAZ am 22.10.95. Der polizeilich registrierte Schaden beläuft sich, bei etwa 20.000 registrierten Fällen des Jahres 1994, auf rund 2,5 Milliarden Mark (BKA, PKS 1994, Anh. Tab. 07, Bl. 6). 1995 ist erneut eine Steigerung von 21,6 % auf nahezu 25.000 Fälle zu verzeichnen. Tatsächlich dürften die Zahl der Fälle und der angerichtete Schaden jedoch erheblich höher liegen, denn die Dunkelziffer bei Kapitalanlagebetrug liegt wegen der geringen Anzeigebereitschaft der Opfer sehr hoch. Immer wieder gelingt es Straftäterorganisationen, mit verheißungsvollen Projekten zahllose Geldanleger hinters Licht zu führen. Die Palette der betrügerischen Kapitalanlagen reicht von stillen Beteiligungen über Wertpapiere bis hin zu Waren- oder Devisentermingeschäften. Nach Darstellung des Deutschen Schutzverbandes gegen Wirtschaftskriminalität in Bad Homburg operieren Anlagebetrüger neuerdings verstärkt mit sogenannten Bankgarantien, die sie als „Schuldtitel erstklassiger Banken" anbieten. Die Behauptung, daß diese Bankgarantien als eine Art Wertpapier auf dem internationalen Kapitalmarkt gehandelt werden, stimmt nicht und führt beim Kauf solcher Garantien zum Verlust des eingesetzten Geldes. Außerdem aktuell sind sogenannte „Wertdifferenzgeschäfte", bei denen angeblich die Differenz zwischen der auf einer Immobilie liegenden Beleihung und ihrem Verkehrswert genutzt werden kann und hohe Renditen bringen sollen. Der Verlust des Hauses bei derartigen Geschäften ist ein durchaus wahrscheinliches Risiko.

Vor allem Unternehmen, aber auch Privatpersonen werden im Zusammenhang mit den von der sogenannten „Nigeria-Connection" verübten Wirtschaftsdelikten konfrontiert.

Von diesen Tätern werden in großem Umfang Betrügereien im Zusammenhang mit fingierten geschäftlichen Kontakten organisiert. Es würde den Rahmen dieses Beitrages sprengen, auch nur ansatzweise das nahezu unerschöpfliche Repertoire dieser professionellen Wirtschaftsbetrüger darstellen zu wollen. Die bevorzugten modi operandi sind einem ständigen Wechsel unterworfen. Gemeinsam ist ihnen, daß in breit angelegten Aktionen tausende Unternehmen und Privatpersonen in aller Welt von angeblichen nigerianischen Geschäftsleuten oder halbstaatlichen Stellen angeschrieben, gelegentlich auch auf Messen angesprochen werden. Die Anfragen richten sich auf die Ausstellung fingierter Rechnungen, die Überlassung von Blanko-Geschäftsbriefen, die Leistung von Vorauszahlungen oder Vorablieferungen für in Aussicht Geschäftsabschlüsse, die Verfügung über private Konten u. ä. Wer darauf eingeht, läuft Gefahr, sämtliche Vorleistungen abschreiben zu müssen bzw. zum Opfer gefälschter Überweisungen und Schecks zu werden.

Auch hier dürfte ein hohes Dunkelfeld der Geschädigten existieren; allerdings ist zu hoffen, daß durch die öffentliche Darstellung dieser speziellen Vorgehensweise, wie sie durch Pressemitteilungen des BKA oder in Fernsehsendungen geschehen ist, zum einen die Anzeigebereitschaft steigt und zum anderen größere Vorsicht bei ähnlichen Geschäftsanbahnungen geübt wird.

Durch solche Delikte der Wirtschaftskriminalität und des Betrugs werden erhebliche Kapitalströme umgelenkt und gehen für eine volkswirtschaftlich sinnvolle Verwendung verloren.

4.3 Illegaler Zigarettenhandel

Volkswirtschaftliche Schäden entstehen in verstärktem Maß auch durch den seit der politischen Wende im kommunistischen Teil Europas in Deutschland aufblühenden illegalen Zigarettenhandel. Was anfangs auf das Gebiet der ehemaligen DDR beschränkt war, dehnt sich mehr und mehr auch auf den Westen Deutschlands aus.

Nach Angaben des Zollkriminalamtes in Köln (ZKA, Lagebericht 1995 zur Situation der Organisierten Kriminalität) lag die Menge der 1991 beschlagnahmten Zigaretten bei 260 Millionen Stück, während es 1994 bereits 725 Millionen Stück waren. 1995 schließlich wurden sogar 758 Millionen Zigaretten sichergestellt. Der festgestellte volkswirtschaftliche Schaden durch Ausfälle von Steuereinnahmen betrug nach Angaben des Bundesfinanzministeriums im Jahr 1995 rund eine Milliarde Mark. Von der Annahme ausgehend, daß nur zehn Prozent der Schmuggelware entdeckt werden, können die wahren Dimensionen nur erahnt werden.

Bedrohlich erscheint in diesem Zusammenhang auch die wachsende Gewaltbereitschaft der straff organisierten Schmugglerbanden, die sich u.a. darin manifestiert, daß in diesem Milieu 1991 ein gewaltsamer Todesfall zu verzeichnen war, allein in der ersten Maihälfte 1996 aber bereits 10 vietnamesische Staatsangehörige im Großraum Berlin getötet wurden.

Auch in diesem Bereich können internationale Strukturen registriert werden. Wird der Zwischen- und Einzelhandel von Vietnamesen beherrscht und organisiert,so läßt sich eine Zusammenarbeit zwischen Vietnamesen und Kriminellen aus Polen und Staaten der GUS beobachten.

4.4 Wirtschaftskriminalität im Zusammenhang mit Arbeitsverhältnissen

Internationale Verbindungen prägen auch das Bild, wenn es um die illegale Überlassung von Arbeitnehmern geht. Kurzfristig gesehen erscheint es für viele deutsche Unternehmen attraktiv, das preiswerte Arbeitskräfteangebot ausländischer Herkunft anzunehmen, doch oftmals verbergen sich hinter potentiellen Geschäftspartnern mit günstigen Angeboten kriminelle Organisationen, die in diesem Bereich lukrative Betätigungsfelder suchen oder bereits gefunden haben. Die Schlepper und Vermittler profitieren zum Teil von den angespannten wirtschaftlichen Verhältnissen in den Staaten Osteuropas und der Dritten Welt, um Arbeitskräfte zu Billigstlöhnen anzuwerben. Steuern und Sozialversicherungsbeiträge werden meist nicht abgeführt. Im Zeichen des gemeinsamen Binnenmarktes drängen aber auch westeuropäische Gruppen nach Deutschland, die hier ihre Dienste, beispielsweise auf dem Bausektor, zu Dumpingpreisen anbieten. Hinterher müssen die Auftraggeber häufig feststellen, daß die angeblich günstige Leistung, die sie nutzen wollten, völlig unfachgerecht ausgeführt wurde.

Neben den Schäden, die durch Steuer- und Sozialversicherungsausfälle entstehen, kann aber auch das gesamte Wirtschaftsleben in Mitleidenschaft gezogen werden. So sehen sich Unternehmen, die ordnungsgemäß Arbeitskräfte beschäftigen, zunehmend einem ruinösen Wettbewerb durch Konkurrenzfirmen ausgesetzt, die durch den Einsatz illegaler Arbeitskräfte erhebliche Kostenvorteile bei ihrer Preispolitik nutzen können.

Das Bestreben, durch dieses Price-Marketing Vorteile gegenüber der Konkurrenz zu erzielen, führt oft dazu, daß sich Unternehmen in der Grauzone der Wirtschaftskriminalität bewegen. Zwar werden hierbei nicht immer Straftatbestände verwirklicht, doch ebnet ein derartiger Verfall der Wirtschaftsethik der Wirtschaftskriminalität den Weg. Als Beispiel hierfür läßt sich die durch Kosten beeinflußte Umgehung von außenwirtschaftlich vereinbarten Textilquoten anführen. So nutzt eine in Hong Kong ansässige Textilfirma die günstigeren Lohnkostenstrukturen im angrenzenden China, um dort das gesamte Produktsortiment produzieren zu lassen. Unter staatlicher Duldung werden dann die gefertigten Waren nach Hong Kong geschmuggelt, um dort mit den Etiketten „Made in Hong Kong" versehen zu werden. Der Export von Hong Kong nach Deutschland erfolgt dann als deklarierte Hong Kong-Ware, wodurch das zwischen Deutschland und China außenwirtschaftlich vereinbarte Textilkontingent unzulässig erweitert wird. Diese Vorgehensweise, die auch als „transshipping" bezeichnet wird, funktioniert natürlich nur, sofern Abnehmer im Empfängerland vorhanden sind. Durch diese unzulässig importierten Textilien wird die Verdrängung der heimischen Textilindustrie gefördert.

4.5 Produkt- und Markenpiraterie

Ebenfalls in Fernost, aber auch auf den Märkten rund um das Mittelmeer bieten Händler immer wieder billig vermeintliche Luxusmarken an, die sich mehr oder weniger schnell als Fälschungen herausstellen. Dennoch floriert das Geschäft und greift zunehmend auf Zentraleuropa und Deutschland über. Produktpiraterie wird zunehmend zur Plage, stellt der Handel fest, zumal Konsumenten gern und ungeniert bei solchen vermeintlichen Sonderangeboten zugreifen – ohne sich allerdings immer über die Folgen bewußt zu sein. Die Qualität von Material und Verarbeitung ist in der Regel mangelhaft, zudem wurden gesundheitsgefährdende Farben und Imprägniermittel festgestellt.

Die Internationale Handelskammer in Paris schätzt den Umfang des weltweiten Geschäfts mit gefälschten Produkten auf mindestens 100 Milliarden US-Dollar im Jahr. Diese Formen der Produktpiraterie führen zu erheblichen Wettbewerbsverzerrungen und Schäden für die seriösen Unternehmen: Umsatzeinbußen, Verlust von Marktanteilen und in der Folge auch Gefährdung oder Verlust von Arbeitsplätzen. Die Interpol-Mitglieder haben deshalb vereinbart, die polizeiliche Zusammenarbeit auf diesem Gebiet zu intensivieren. Künftig soll jährlich bei einem internationalen Arbeitstreffen die Lageentwicklung analysiert und der Informationsaustausch mit der betroffenen Wirtschaft – auch über geeignete Bekämpfungskonzepte – gesucht werden. Die Experten von Polizei und Wirtschaft sind sich über einen umfangreichen Katalog wirksamer Schutzmaßnahmen bereits weitgehend einig. Erfahrungsgemäß nimmt es aber längere Zeit in Anspruch, bis solche Vorschläge umgesetzt werden und dann auch Wirkung zeigen.

4.6 Illegale Abfallbeseitigung

Die negativen Auswirkungen der illegalen Abfallbeseitigung auf Umwelt und Gesellschaft sind immens hoch, ähnlich wie umgekehrt die Gewinnmöglichkeiten, die dieser Deliktsbereich bietet. Die deutschen Gesetze und Vorschriften zum Schutz der Umwelt haben die Kosten für die fachgerechte Entsorgung jeglicher Art von Müll in Bereiche von mehr als 10.000 Mark je Tonne steigen lassen. Hier bieten sich organisierten Kriminellen breite Verdienstspannen, wenn sie Giftmüllexporte in ausländische Empfängerländer durchführen. So wird Problemmüll unter Umgehung der gesetzlichen Auflagen über Scheinfirmen und mit gefälschten Papieren in Länder – beispielsweise Osteuropas oder der Dritten Welt – verbracht, in denen dann keine Kontrollen mehr stattfinden. Allerdings zeigt das Beispiel der illegalen Beseitigung von Giftmüllfässern auf Autobahnparkplätzen in Bayern, daß auch im Bundesgebiet zahlreiche derartige Delikte zu registrieren sind.

In Deutschland wurden 1995 (BKA, PKS 1995) rund 35.600 Fälle von Straftaten gegen die Umwelt bekannt, wobei die illegale Abfallbeseitigung mit über 69 % aller Fälle den Schwerpunkt bildete. Beunruhigend ist der anhaltende Anstieg der Fallzahlen, die 1995 um mehr als 14 % höher lagen als im Vorjahr.

4.7 Erpressungen

Viele der exemplarisch angeführten Deliktsbereiche weisen eindeutige Bezüge zur Organisierten Kriminalität auf, die versucht, auf ihre Weise an Geschäften, beispielsweise der Exportwirtschaft, zu partizipieren. Daraus ergeben sich neue Gefahren, etwa durch die Schutzgelderpressung, der insbesondere Niederlassungen westlicher Unternehmen in Osteuropa ausgesetzt sind. Mit zum Teil menschenverachtender Brutalität wird versucht, dem Anspruch auf Teilhaberschaft Nachdruck zu verleihen. Mit den zuständigen Behörden der östlichen Partnerstaaten arbeitet das BKA eng zusammen, um diese Form des Organisierten Verbrechens zu bekämpfen. Die Verbindungsbeamten des Bundeskriminalamts in verschiedenen Staaten stehen auch als Ansprechpartner vor Ort zur Verfügung.

Auch außerhalb der osteuropäischen Organisierten Kriminalität ist die Erpressung von Wirtschaftsunternehmen anzutreffen. Bevorzugte Opfer sind Lebensmittel-, Kosmetik- und Arzneimittelfirmen. Die Täter versuchen, von den Unternehmen hohe Geldbeträge zu erpressen, indem sie bei Nichterfüllung ihrer Forderungen zumeist damit drohen, Produkte zu manipulieren oder auf Geschäftsräume Anschläge zu verüben. Neben spektakulären Fällen wie dem des Erpressers „Dagobert" oder der Erpressung des Aldi-Konzerns im Frühjahr 1996 gibt es zahlreiche weitere gleichgelagerte Delikte, die in der Öffentlichkeit allerdings weniger beachtet werden. Gleichwohl entstehen insbesondere bei der Androhung von Produktmanipulationen erhebliche Schäden durch Rückrufaktionen und Zurückhaltung der Kunden. So wurden dem Bundeskriminalamt für den Zeitraum von 1987 bis 1995 insgesamt 355 Erpressungsfälle in der Lebensmittelbranche bekannt. Die ermittelten Straftäter - meist Einzeltäter - waren zum größten Teil zuvor nicht polizeilich in Erscheinung getreten. Nach bisherigem Erkenntnisstand wurde in keinem der registrierten Fälle die geforderte Geldsumme gezahlt.

5 Auswirkungen der Wirtschaftskriminalität auf das Wirtschaftsgefüge

Die der Wirtschaftskriminalität inhärenten Gefahren sind weniger in der - gleichwohl immensen - Schädigung des einzelnen zu sehen, als vielmehr in den negativen Auswirkungen auf Wirtschaft und Gesellschaft. Ganz konkret resultieren die Gefahren aus den Taterträgen der Wirtschaftskriminalität beziehungsweise der Organisierten Kriminalität. Denn der Verknüpfung von Legalem und Illegalem kommt insbesondere Bedeutung zu, wenn es um die Finanzströme dieser Deliktsbereiche geht. Sie kursieren nicht nur im verborgenen und auf den Schwarzmärkten, sie werden auch in den offiziellen Wirtschaftskreislauf gelenkt. Bei diesem Vorgang handelt es sich um den Prozeß der Geldwäsche, der am Ende einer Reihe von Straftaten steht und selbst kriminelle Elemente enthält. Die Dimensionen können nur vorsichtig geschätzt werden; weltweit dürfte es sich aber um ein Geschäft von mehreren hundert Milliarden Dollar handeln. Auf der UN-Konferenz zur Bekämpfung der transnationalen Kriminalität im November 1994 in Neapel wurden Beträge von 750 Milliarden Dollar jährlich genannt. Die volkswirtschaftliche Bedeutung dieser Beträge ist immens.

Durch die Verwendung des so eingenommenen Geldes und dessen Transformation und Akkumulation über Jahre hinweg können makroökonomische Variable und Märkte in den Industriestaaten, aber auch in weniger entwickelten Volkswirtschaften, nicht unwesentlich beeinflußt werden. Denkbar sind zum Beispiel (Hetzke, Hirschmann, Potthoff, 1994):

- Wechselkursbeeinflussungen;
- Störungen der Finanz- und Kapitalmärkte;
- Gewinnung ökonomischer Macht durch Unternehmens- und Beteiligungsakquisition (Übernahme, Börsenaktionen), daraus abgeleitet auch politische Macht;

- bei Repatriierung der Gewinne in weniger entwickelte Staaten die Möglichkeit der Kontrolle großer Teile der Wirtschaft, des jeweiligen Sozialproduktes sowie politischer Entscheidungsträger;
- durch jährlich wiedererfolgende Kapitaltransformationen die stetige Potenzierung scheinbar legaler ökonomischer Macht.

International operierenden Syndikaten steht eine Finanzmasse zur Verfügung, die auch die politische und soziale Stabilität ganzer Staaten, besonders der Dritten Welt, untergräbt.

Grundlegend für diese internationalen kriminellen Finanztransaktionen waren geopolitische Veränderungen. Willams (in Burros, 1996, S. 33) nennt in diesem Zusammenhang die Entwicklung eines globalen Finanzsystems und dessen Verknüpfungen bestehend aus Aktien, Bonds, Futures, Währungen, Options-Märkten und vor allem Offshore-Bankzentren als Grundvoraussetzung, um Herkunftsquellen von Kapital zu verschleiern oder Illegales mit legalem Geld zu vermischen.

Noch fehlen dem BKA umfassende Informationen über das Vorgehen der Organisierten Kriminalität im einzelnen. Es lassen sich nur auf den Einzelfall bezogene Aussagen zur Täterlogistik, zu den Tätermethoden sowie zum Verbleib der Gewinne treffen. Tiefergehende Einblicke in die Finanzmechanismen der Organisierten Kriminalität sind jedoch eine Grundbedingung für eine effektive Bekämpfung. Die Finanzströme, Geldwäscheaktivitäten und Schnittstellen zur legalen Wirtschaft müssen aufgedeckt werden. 1993 ist in Deutschland ein Gesetz über das Aufspüren von Gewinnen aus schweren Straftaten, kurz Geldwäschegesetz genannt, in Kraft getreten. Es verpflichtet Bankkunden, sich bei Bareinzahlungen von mehr als 20.000,- DM auszuweisen, wobei als Treuhänder fungierende Rechtsanwälte und Notare die Namen ihrer Mandanten deklarieren müssen. Erhärtet sich in einem Kreditinstitut der Verdacht einer Geldwäscheaktion, so sendet die Bank ein Meldeformular an die Strafverfolgungsbehörden. Die Staatsanwaltschaft darf zwei Tage lang die Stichhaltigkeit des Verdachts prüfen. Die Erfahrungen, die mit der Anwendung des neuen Instrumentariums des Geldwäschegesetzes in der nächsten Zeit gemachen werden, müssen zeigen, ob sich die gesetzlichen Handhaben bewähren.

6 Korruption als Begleiterscheinung der Organisierten Kriminalität

Im Zusammenhang mit der Verwendung von Gewinnen der Organisierten Kriminalität konnten des öfteren auch Korruptionsdelikte festgestellt werden.

Die dem BKA bekannten Hinweise auf Korruption und subtilere Formen der Einflußnahme sind beunruhigend. In der jüngeren Vergangenheit haben intensive Ermittlungen – vor allem im Bundesland Hessen – deutlich werden lassen, daß auch in der Bundesrepublik Deutschland beachtliche Korruptionsverflechtungen bestehen. Weil ein anzeigendes Opfer im klassischen Sinne regelmäßig fehlt, sind Ermittlungen wegen Korruptionsdelikten oft lediglich die Folge von Zufallsfunden und Erkenntnissen aus anderen Verfahren. Es wäre allerdings naiv, Korruption für ein regional, zeitlich oder auf bestimmte Personengruppen begrenztes Phänomen in Deutschland zu halten.

Korruption ist nicht nur ein Problem des öffentlichen Dienstes, sondern gleichermaßen derjenigen, die finanzielle Mittel gezielt einsetzen, um Entscheidungen in ihrem Sinne zu beeinflussen. Gegenmaßnahmen dürfen deshalb nicht allein auf die Korrumpierten abzielen, sondern müssen auch die Korrumpierenden einbeziehen, auch hier sollte der „Hehler wie der Stehler" behandelt werden.

Bestechungspraktiken bei Konzessionserteilungen aller Art, bei der Vergabe öffentlicher Aufträge, der Genehmigung von Bauanträgen, der Gewährung von Arbeits- und Aufenthaltserlaubnissen, der Zulassung von Kraftfahrzeugen und der Ausstellung von Führerscheinen, der Abfallbeseitigung, der Zuteilung von Sozialwohnungen und in vielen anderen Bereichen sind leider keine Einzelfälle. Die Auswirkungen auf das Rechtsbewußtsein der Bürger, auf die allgemeine Wirtschaftsmoral und die Berufsethik sind verheerend. Korruption begünstigt zudem die Organisierte Kriminalität in besonderem Maße und wirkt sich damit problemverschärfend aus.

Als höchst problematisch erweist sich in diesem Zusammenhang die Einstellung, mit der Korruptionsphänomene in Wirtschaftskreisen behandelt werden. Im Rahmen eines im September 1995 veröffentlichten Forschungsprojektes des BKA zur Prävention von Korruptionsdelikten (Vahlenkamp, Knauß, BKA 1995) wurden u.a. Vertreter verschiedener Unternehmen und Fachverbände befragt. Dabei wurde deutlich, daß Unternehmen nicht selten in einem ausgeprägten Spannungsverhältnis stehen. Schmiergelder Dritter an Angehörige des eigenen Unternehmens stoßen auf Ablehnung und sollen verhindert werden. Erscheinen derartige Zahlungen an Dritte aber als unverzichtbar, um Aufträge zu sichern, werden sie als notwendiges Übel, als Mittel zum Zweck betrachtet. Das gilt namentlich im Geschäftsverkehr mit ausländischen Staaten. Vor allem in der sog. Dritten Welt seien Schmiergeldzahlungen üblich und im Konkurrenzkampf unentbehrlich.

Bei der Bewertung der Rolle, die die Wirtschaft spielt, gehen einige Experten noch weiter. So wird der Vorsitzende einer Wirtschaftsstrafkammer mit der Aussage zitiert: „Ohne Schmiergeld scheint in manchen Bereichen der Wirtschaft fast nichts mehr zu gehen." Der Frankfurter Staatsanwalt Schaupensteiner meint: „Die aggressive Beeinflussung von Angehörigen des öffentlichen Dienstes durch Bestechung erfährt eine zunehmende Professionalisierung", „Bestechung und Betrug (seien) ... als Teil der Geschäftspolitik akzeptiert".

Im Zusammenhang mit dem geschilderten Phänomenbereich sollte nicht übersehen werden, daß viele Formen der Wirtschafts- und Konkurrenzspionage eng mit der Korruption verwandt bzw. verbunden sind. Häufig werden zu diesem Zweck Entscheidungsträger eines Unternehmens gezielt angegangen und systematisch korrumpiert. Die gewonnenen Informationen dienen Konkurrenten, Kunden oder Lieferanten, die damit die Geschäftspolitik des geschädigten

Unternehmens unterlaufen bzw. Einfluß auf die Auftragsvergabe bzw. die Lieferbedingungen gewinnen können. Diese Art der kommerziellen Ausspähung wird auch als „Information Brokering“ bezeichnet. Zum Teil werden professionelle Informationshändler tätig, hinter denen die betroffenen Wirtschaftskreise international organisierte Gruppierungen vermuten. Nahezu jedes internationale Großprojekt soll von dieser Form der Ausspähung bedroht sein. Gegenmaßnahmen sind vor allem auf seiten der Wirtschaft eingeleitet worden. Über Interpol sind auch die Polizeibehörden in den Erfahrungsaustausch eingebunden.

Rückschlüsse auf das Korruptionsniveau im internationalen Vergleich können aus wissenschaftlichen Untersuchungen, wie beispielsweise dem von der Organisation „Transparency International“ in Zusammenarbeit mit der Universität Göttingen erstellten „Korruptionsindex“, gezogen werden. Der 1995 in Form einer Rangliste veröffentlichte „Korruptionsindex“ basiert auf sechs Erhebungen, bei denen Geschäftsleute und Finanzjournalisten eine Einschätzung zum Korruptionsniveau der Länder abgaben, mit denen sie geschäftliche Beziehungen pflegten. So wurden beispielsweise die Geschäftspraktiken in Neuseeland, Dänemark und Singapur als nahezu vollkommen integer charakterisiert, während Pakistan, China und Indonesien durchweg als korruptionsanfällig gelten. Deutschland wird in dieser 41 Staaten umfassenden Rangliste auf Rang 13 geführt und liegt damit knapp vor Chile und den USA.

7 Die internationale Bekämpfung der Organisierten Kriminalität durch die Polizei

7.1 Institutionen der internationalen Kriminalitätsbekämpfung

In den geschilderten Beispielen war oft die Rede von der grenzüberschreitenden Dimension des Verbrechens und den Verknüpfungen zwischen Wirtschafts- und Organisierter Kriminaliät. Folgerichtig erhebt sich hier die Forderung nach einer konsequenten internationalen Bekämpfung durch die Polizei, bei der besonders der fortschreitenden Internationalisierung der Kriminalität Rechnung getragen wird. Aus Sicht des BKA sind neben der IKPO vor allem das Schengener Übereinkommen und EUROPOL zukunftsorientierte Projekte für eine effektive internationale Verbrechensbekämpfung.

Eine der tragenden Säulen der internationalen Zusammenarbeit ist seit vielen Jahren die Internationale Kriminalpolizeiliche Organisation (IKPO), die zwischen den mittlerweile 176 angeschlossenen nationalen Polizei- und Justizbehörden Auskunfts-, Fahndungs-, Auslieferungs- und sonstige Rechtshilfeangelegenheiten abwickeln hilft. Weiterhin werden von Interpol zahlreiche Fachveranstaltungen abgehalten, um den Wissensstand in allen Mitgliedsstaaten zu erhöhen, um den Erfahrungsaustausch über erfolgreiche Bekämpfungsmaßnahmen und über Ermittlungsschwierigkeiten zu ermöglichen und um die grenzüberschreitende Zusammenarbeit zu fördern. So findet alle zwei Jahre ein internationales Symposium zu Fragen der Wirtschaftskriminalität statt. Im

Wechsel damit wird ebenfalls im zweijährigen Turnus ein europäisches Symposium zum gleichen Thema ausgerichtet. Ziel dieser Veranstaltungen ist es, allen bzw. den europäischen Interpol-Mitgliedern ein Forum zu bieten, auf dem die jeweils aktuellen Phänomene der Wirtschaftskriminalität und Maßnahmen zu ihrer Bekämpfung im Expertenkreis erörtert werden. Aus der Darstellung neuer Tatbegehungsweisen und aktueller Schwerpunkte ergibt sich ein umfassendes Lagebild der internationalen Wirtschaftskriminalität. Darüber hinaus werden regelmäßig Ermittlungsprobleme in einzelnen Staaten und Schwierigkeiten der grenzüberschreitenden Zusammenarbeit erörtert. Auch Teilnehmer aus den Reihen der Wirtschaft werden eingeladen, um ihnen die Möglichkeit zu geben, Kriminalitätsphänomene darzustellen und konkrete Formen der Zusammenarbeit bei deren Bekämpfung abzusprechen.

Die IKPO hat jedoch weder polizeiliche Befugnisse, noch ermöglicht sie neben dem Informationsaustausch auch eine gezielte, strategische Auswertung von Erkenntnissen. Die auf nationaler Ebene zunehmend praktizierte und perfektionierte „Intelligence"- Arbeit fehlte deshalb im internationalen Rahmen bisher fast völlig. Die fortschreitende Internationalisierung der Kriminalität, namentlich der Organisierten Kriminalität, macht jedoch Auswertungen erforderlich, mit deren Hilfe Kriminalitätssschwerpunkte, neue Kriminalitätsstrukturen und Tatbegehungsweisen aufgedeckt und gezielt bekämpft werden können. Ein Ansatz zu einer erfolgversprechenden derartigen Form der Zusammenarbeit wurde im Rahmen des Vertrages zur Gründung einer Europäischen Union (Vertrag von Maastricht) unternommen. Der Vertrag erklärt bestimmte Sachverhalte – unter anderem die Bekämpfung der Drogenkriminalität und sonstiger schwerwiegender Formen der internationalen Kriminalität – zu Angelegenheiten von gemeinsamem Interesse. Für die Polizei wichtigstes Element dieses Vertrages ist die Schaffung eines Europäischen Kriminalpolizeiamtes, das als Zentralstelle für die Sammlung und Auswertung von Informationen im Bereich der Organisierten Rauschgiftkriminalität tätig werden sollte. EUROPOL, das nach knapp 1 1/2-jähriger Anlaufzeit vor zwei Jahren in Den Haag seine Arbeit aufgenommen hat, beschäftigt sich vor allem mit:

- dem ausschließlich bilateral über Verbindungsbeamte durchgeführten Austausch personenbezogener Informationen nach Maßgabe des jeweiligen nationalen Rechts und
- der Abfassung allgemeiner Lageberichte und Analysen auf der Grundlage nicht-personenbezogener Informationen aus den Mitgliedstaaten oder aus anderen Quellen.

EUROPOL ist in seinem Aufgabenumfang zunächst beschränkt auf die Deliktsbereiche Rauschgiftkriminalität, Kfz-Verschiebung, Schleuserkriminalität und Nuklerarschmuggel, in diesem Rahmen tätige organisierte Gruppierungen sowie damit verbundene Geldwäscheaktivitäten. Trotz aller Schwierigkeiten und offenen Fragen ist EUROPOL ein wichtiger Ausgangspunkt, um international operierenden Straftätergruppierungen ein europäisches Bekämpfungsinstrument gegenüberzustellen, das ein schnelles und wirkungsvolles Agieren zuläßt.

Erwähnenswert für den Bereich der internationalen polizeilichen Zusammenarbeit sind zudem das Schengener Übereinkommen aus dem Jahre 1985 und das Schengener Durchführungsübereinkommen von 1990. Mit deren Hilfe sollen Sicherheitsdefizite innerhalb der Mitgliedsstaaten nach dem Wegfall der Grenzkontrollen durch einer Reihe von Ausgleichsmaßnahmen minimiert werden. Hierzu zählen vor allem

- die Erleichterung der Rechtshilfe und Auslieferung in einigen Bereichen
- die Möglichkeit des polizeilichen Rechtshilfeverkehrs über die nationalen Zentralbüros
- die Gewährleistung von grenzüberschreitender Observation und Nacheile sowie
- die Einrichtung eines gemeinsamen, elektronischen Fahndungssystems für Personen und Sachen (beschränkt auf Kfz, Waffen, Identitätspapiere, Blankodokumente und Banknoten).

Das als Schengener Informationssystem (SIS) bezeichnete Fahndungssystem hat am 26.03.95 den Wirkbetrieb aufgenommen. Allein die Bundesrepublik Deutschland stellt in das Schengener Informationssystem mehr als 1,2 Millionen Datensätze ein. Am SIS wirken derzeit die Staaten Belgien, Niederlande, Luxemburg, Frankreich, Spanien, Portugal und Deutschland mit. Die nationalen Zentralstellen in Griechenland, Italien und Österreich befinden sich noch im Aufbau.

7.2 Bilaterale Kooperationsformen der internationalen Kriminalitätsbekämpfung

Die deutschen Behörden streben bei der Bekämpfung der Wirtschafts- und der Organisierten Kriminalität eine enge und gezielte Kooperation mit anderen Staaten an. In einem besonderen Brennpunkt stehen dabei, wie bereits geschildert, die Staaten des ehemaligen Ostblockes, die in zunehmendem Maße Ausgangspunkte krimineller Organisationen sind. Aus diesem Grund schien es dringend erforderlich, die Zusammenarbeit mit diesen Staaten zu intensivieren und sie in das europäische Sicherheitskonzept zu integrieren. Seit Ende der 80er Jahre sind viele Staaten der GUS sowie u.a. Ungarn, Polen, Bulgarien, Tschechien und die Slowakei als Mitgliedstaaten zu INTERPOL gestoßen. Im Rahmen bilateraler Regierungsübereinkommen über die Zusammenarbeit bei der Bekämpfung der Organisierten Kriminalität und der Rauschgiftkriminalität, die seitdem mit Polen, Tschechien, der Slowakei, Ungarn, Bulgarien, Lettland und Estland sowie der Ukraine und Weißrußland geschlossen worden sind, wurden erste gemeinsame Bekämpfungsansätze geschaffen. Alle diese Abkommen stellen jedoch nur Rahmenbedingungen dar, die mit Leben ausgefüllt werden müssen. So werden die mittel- und osteuropäischen Staaten insbesondere im Rahmen von Ausstattungs-, Ausbildungs- und Beratungshilfen unterstützt, um dort den Aufbau und die Akzeptanz einer demokratischen und rechtsstaatlichen Polizei und die Strafverfolgung zu fördern.

Die Entsendung von Verbindungsbeamten in Staaten der Europäischen Union sowie in andere europäische und außereuropäische Staaten hat sich in der Vergangenheit zu einem bedeutenden Faktor der Bemühungen zur Verbesserung der internationalen polizeilichen Zusammenarbeit entwickelt. Ende 1995 versahen 40 Verbindungsbeamte des BKA an 29 Standorten in 26 ausländischen Staaten ihren Dienst, darunter zur Zeit 10 Beamte in Mittel-, Ost- und Südosteuropa (Polen, Ungarn, Tschechien, Bulgarien, Rumänien, Rußland, Türkei, Zypern). Weitere Besetzungen in Rumänien und der Slowakei, zu einem späteren Zeitpunkt auch im Baltikum, in Weißrußland und der Ukraine sind vorgesehen.

8 Kriminalitätsprävention als gesamtgesellschaftliche Aufgabe

8.1 Praktiziertes Wirtschaftsethos

Daß Wirtschaftskriminalität und Organisierte Kriminalität durch Repression mit den Mitteln der Strafverfolgung allein nur schwer aufgehalten werden können, ist unbestritten.

Zusätzlich muß die plurale und liberale Gesellschaft präventive Kräfte entwickeln, um in Europa ein substanzgefährdendes Vordringen von Wirtschafts- und Organisierter Kriminalität in Politik, Wirtschaft und Institutionen zu verhindern. Die Fähigkeit der Gesellschaft, Risiken zu erkennen, sie zu vermeiden und sozialverträgliche politische, ökonomische, technische und private Verhältnisse zu schaffen bzw. zu erhalten, muß gestärkt werden. In diesem Kontext ist ethischen Aspekten wieder eine zentralere Stellung einzuräumen, da gerade bei der Erforschung gesellschaftlicher Fehlentwicklungen immer wieder einvernehmlich ein Normen-, Sinn- und Wertevakuum konstatiert wird. So könnte beispielsweise ein allgemein akzeptiertes und praktiziertes Wirtschaftsethos dazu beitragen, daß Wirtschaftskriminalität eingedämmt, die horizontale Integration zwischen Organisierter Kriminalität und internationaler Finanzwelt gehemmt und letzlich mafiösen Verhaltensweisen die gesellschaftliche Anerkennung versagt wird. Die Wirtschaftsethik sollte soweit reichen, daß nicht nur kriminelle Aktivitäten verurteilt werden, sondern daß bereits im Vorfeld bzw. der Grauzone der Wirtschaftskriminalität den darin involvierten, geschäftsschädigenden Unternehmen eine unzweifelhaft ablehnende Haltung entgegengebracht wird. So könnte bereits die Diskussion dieses zumindest fraglichen Verhaltens dazu beitragen, daß negative Imageeffekte und damit indirekt verursachte Kosten entstehen, die die Attraktivität dieser Geschäftspraktiken minimieren.

8.2 Prävention durch Eigeninitiative

Neben dieser ethischen Komponente sollte sowohl die Bereitschaft der Bürger als auch die der Wirtschaft gestärkt werden, Mitverantwortung für das eigene

Umfeld – insbesondere bei der Sicherung von Eigentum und Besitz – zu übernehmen.

Die Wirtschaft ist in dieser Beziehung in den vergangenen Jahren keineswegs untätig gewesen, was besonders durch die Schaffung von Selbstschutzeinrichtungen, wie die Verbände für Sicherheit in der Wirtschaft, dokumentiert wird. Allerdings bleibt zu konstatieren, daß die Möglichkeiten präventiver Maßnahmen in zweierlei Hinsicht bei weitem noch nicht ausgeschöpft sind.

Zum einen werden die vielfältigen materiellen technischen Entwicklungen für einen wirksamen Schutz – vor allem wohl aus Kostengründen – nicht immer genutzt. Hier wird möglicherweise zu kurzsichtig gehandelt, da die durch nicht verhinderte Straftaten verursachten Kosten diejenigen der Präventionsmaßnahmen oft übersteigen. Neben diesen nach außen gerichteten Abwehrmaßnahmen sind auch Defizite bei unternehmensinternen personellen und organisatorischen Sicherungen zu verzeichnen. Neben der Sensibilisierung von Mitarbeitern für bestehende Gefahrenquellen, Sicherheitsvorkehrungen beim Umgang mit der Datenverarbeitung und der lückenlosen Sicherheitsüberprüfung von Bewerbern für sensible Arbeitsbereiche, bedarf es auch in der Wirtschaft vorbeugender Konzepte hinsichtlich der Korruption in Unternehmen. Ein nach außen ethisch gefestigter, mit Sanktionsmechanismen gegen Korruption ausgestatteter Betrieb, bietet bei weitem geringere Angriffsflächen für Kriminalität. Die im Zusammenhang mit der Korruptionsstudie des Bundeskriminalamtes durchgeführte Befragung der gewerblichen Wirtschaft läßt erkennen, daß es offenbar noch intensiver Überzeugungsarbeit sowie breit angelegter Sensibilisierungsstrategien bedarf, um die gewerbliche Wirtschaft insgesamt sowie deren Entscheidungsträger auf die bereits eingeschlagene Richtung der Strafverfolgungsbehörden einzustimmen.

Die äußerst facettenreichen, „teilweise schwer zu erkennenden" Phänomene von wirtschaftsbedrohender Kriminalität stellen nicht nur zusätzliche Gefahren für den Wirtschaftsstandort Deutschland dar, sondern sind von globaler Bedeutung. Insbesondere das Gefahrenpotential, das aus den illegalen Gewinnen der Organisierten Kriminalität resultiert, sollte nicht unterschätzt werden. Wenngleich dezidiertere statistische Materialien über die Auswirkungen der Kriminalität auf den nationalen Sektor vorliegen als über den internationalen Bereich, so lassen sich dennoch aufgrund der vorhandenen Kenntnisse die exemplarisch für den deutschen Markt beschriebenen Gefahrenpotentiale analog auf ähnlich entwickelte Wirtschaftsnationen übertragen. Diese gleichgelagerte Bedrohung der einzelnen Wirtschaftsstandorte durch Kriminalität beziehungsweise durch die daraus resultierenden illegalen Finanzströme erforderte konzertierte Gegenmaßnahmen. So wurde beispielsweise erstmalig auf internationaler Ebene im Jahr 1989 während des G 7-Treffens die „Financial Action Task Force" (FATF) gegründet, die geeignete Maßnahmen zur Bekämpfung von Geldwäscheaktivitäten prüfen soll. Die FATF, die derzeit 28 Mitgliedstaaten, darunter alle OECD-Länder, umfaßt, bietet vor allem ein disziplinübergreifendes Symposium für Experten aus den Finanz-, Justiz-, Innen- und Außenministerien sowie den

Strafverfolgungs- und den Finanzaufsichtsbehörden der assoziierten Länder. Als aktuellstes Ergebnis dieser internationalen Kooperation wurde im Juni 1996 auf der G 7-Konferenz in Lyon ein 40 Punkte umfassender Maßnahmenkatalog zur Bekämpfung des internationalen Terrorismus und Verbrechens verabschiedet.

Gerade in Zeiten einer wachsenden Internationalisierung der Wirtschaft und einem oft damit einhergehenden steigenden Wettbewerbsdruck gilt es zu vermeiden, daß durch eine Transformation von illegal erworbenem Geld in legal erscheinendes Realkapital, der scheinbar legale Wirtschaftssektor zu Lasten des tatsächlich legalen Sektors der Volkswirtschaft kontinuierlich vergrößert wird.

Summary

In an analogous movement to that currently taking place in the economy, internationalization is also making itself felt in certain sectors of the criminal world. Organized crime is, after all, a type of economy - an underground economy. In this context, the economy can be just as well the object as the instrument of criminal activities. The list under the heading of economic crimes may be summarized in the form of the following groups of criminal activities: crimes involving fraud, insolvency, malpractice in the financial and credit sectors, unfair competition, economic crime affecting working conditions, product and brand-name piracy, and the illegal disposal of waste. Such economic crimes are characterized by many of the features generally ascribed to organized criminality. Economic and organized crime are capable of exerting no small effect upon the macroeconomic relations within an industrial state. For example, international crime syndicates dispose of financial resources large enough to destabilize the political and social stability of entire states, particularly those in the Third World. In the face of the cross-border dimension of such criminal activities, along with the connections that obtain between economic and organized crime, the only feasible solution is for the police to make a concerted effort to coordinate an international strategy. In this respect, the increasing internationalization of crime also demands a radical evaluation of the way in which the new focus of criminal activities, the types of criminal structures evolving, and the nature of the crimes committed may be identified and so effectively countered. It is urgently necessary to intensify cooperation with Eastern Bloc states and integrate them within an overarching European security concept. In addition, pluralistic and liberal societies must also draw up preventative measures. In conclusion, the author also appeals for "the ethical to assume once more a more central position within our life."

Literatur

Bundeskriminalamt (1993 - 1995) [in Vorbereitung]: Polizeiliche Kriminalstatistik, Wiesbaden.

Burros, W. (1996): Global Security Beyond 2000: Global Population Growth, Environmental Degredation, Migration and Transnational Organized Crime, Conference Report, Pittsburgh/USA.

DPA Hintergrund (8/1995): Deutschland - Zentrum der Organisierten Kriminalität in Europa, Hamburg.

Hetzke, E.; Hirschmann, K.; Potthoff, M. (1994): Die volkswirtschaftliche und politische Bedeutung „illegal erworbenen Geldes" durch global operierende Organisierte Kriminalität, in: Weltwirtschaft und Sicherheit 1994, Bundesakademie für Sicherheitspolitik, Berlin, Bonn.

Vahlenkamp, W.; Knauß, I. (1995): Korruption - hinnehmen oder handeln?, Bundeskriminalamt Forschungsreihe Bd. 33, Wiesbaden.

Zollkriminalamt (1996): Lagebericht zur Situation der Organisierten Kriminalität aus Sicht des Zollfahndungsdienstes 1995, Köln.

Teil IV
Entwicklungstendenzen der Internationalierung

Zwischen Vision und Realität: Die virtuelle Unternehmung als Motor der Internationalisierung

K. Bleicher

1 Einleitung

In einem sich global entfaltenden Wettbewerb spielt der Zeitfaktor einer Neupositionierung eine entscheidende Rolle. Aus eigener Kraft Marktbeziehungspotentiale in wesentlichen Märkten der Welt aufzubauen, würde Zeitdauern erfordern, die ein derartiges Vorhaben von vornherein als unmöglich erscheinen lassen. Das Eingehen von Partnerschaften mit anderen Unternehmungen, die eigene Kernkompetenzen in einen Verbund einbringen, stellt einen passablen Lösungsweg für ein schnelles Erreichen einer internationalen Angebotspalette dar. Dies folgt dem Primat einer Komplementarität von Leistungen und läßt in einem Beziehungsnetzwerk neuartige, einzelne Unternehmungen übergreifende Wertschöpfungsketten entstehen, die über elektronische Märkte verbindbar sind. Im Ergebnis entstehen sogenannte virtuelle Unternehmungen, die als Systemanbieter und -manager von Fall zu Fall ein etabliertes Beziehungsnetzwerk kundenauftragsgebunden aktivieren, um eine umfassende Leistung projekthaft anzubieten. Sie eröffnen neue Wettbewerbssituationen, die sich von den angestammten produktgebundenen Branchenbezügen lösen und auf der Suche nach einer Systemführerschaft schließlich zu einer branchenübergreifenden Positionierung führen. Mit dieser kombinatorischen Form des partnerschaftlichen, branchenübergreifenden Wettbewerbs werden in einer neuen Offenheit grenzüberschreitende Aktivitäten mit einer hohen Dynamik ausgelöst, die zu einer beschleunigten Internationalisierung führen - Die virtuelle Unternehmung stellt gleichsam den Motor einer derartigen Entwicklung dar.

2 Vom lokalen zum globalen Wettbewerb

Nahezu alle Unternehmungen haben ihre historischen Wurzeln in einem lokalen Markt, aus dem heraus sie ihre internationale Entwicklung vollzogen haben. Selbst bei stark geprägter internationaler Tätigkeit ist die dominante traditionelle Betonung des Heimatmarktes im Portfolio der regionalen Verteilung der Geschäftsaktivitäten nach wie vor mehr oder weniger deutlich erkennbar. In den beiden letzten Jahrzehnten dieses Jahrhunderts hat sich der Wettbewerb zunehmend globalisiert und vor allem auf dem Wege von Akquisitionen und Kooperationen zu einer Neuaufstellung von Unternehmungen speziell in den drei Wirtschaftsregionen der Triade Nordamerika, Pazifisches Becken und Europa geführt. Dieser Prozeß ist nach wie vor in vollem Gange. Seine gesellschaftlichen und wirtschaftlichen Konsequenzen für national geprägte Volkswirtschaften sind kaum übersehbar, wie die derzeitige Standortdiskussion der Attraktivität von Regionen eindrucksvoll belegt.

Neben der deutlich gestiegenen Akquisitionstätigkeit einer Übernahme ausländischer Unternehmungen, um eine schnelle Positionierung in internationalen Märkten zu erreichen, tritt vermehrt das Eingehen sogenannter Strategischer Allianzen, also partnerschaflicher Verbindungen auf dem Weg einer Kapitalbeteiligung (Joint Ventures) oder auf vertraglicher Grundlage (Lizenzierungen, Franchizing, usw.) auf. Gegenüber der Problematik der Integration von akquirierten Unternehmungen in das eigene Geschäftssystem gilt als Grund für die Wahl partnerschaftlicher Kooperationsformen das Argument der größeren Flexibilität eines marktwirtschaftlichen Verkehrs, der die Komplexität einer (verrechnungspreisgesteuerten) Koordination in Konzernverbunden vermeidet. In einigen Bereichen ist auch schlicht das Feld akquirierbarer Unternehmung in interessanten Marktregionen erschöpft, so daß gar kein anderer Weg als der einer kooperativen Einbindung in das eigene Geschäftssystem verbleibt. Ein gezielter Aufbau derartiger Unternehmungsverbindungen führt im Systemgeschäft zu systemsteuernden virtuellen Unternehmungen, die als Motor der Internationalisierung begriffen, Gegenstand dieses Beitrages sind.

3 Internationale Positionierung als Zukunftsgebot

3.1 Dynamik verlangt die Öffnung der Grenzen der Unternehmung

Es ist ein gewachsenes Bewußtsein dafür festzustellen, daß eine Unternehmung daran gemessen wird, welchen Nutzen sie für Bezugsgruppen bereitstellt. Als eine Folge dieses Bewußtseins ergibt sich eine zunehmende Öffnung der Unternehmung im Denken und Handeln ihrer Mitarbeiter für eine Zusammenarbeit in gesellschaftlichen und wirtschaftlichen Netzwerken, wie vielfältige Programme (Customer focus, Service- und Quality Improvement-Programme) als Beispiele belegen.

Mit diesem pluralistisch angelegten Bezugsgruppen-Management verbindet sich die Notwendigkeit einer erhöhten Frequentierung grenzüberschreitender Beziehungen zu anderen Systemen, die bislang den Umsystemen zugeschrieben wurden und die nunmehr in einigen ihrer Aktivitäten gleichsam internalisiert werden. Als Vision erscheint die grenzenlose Unternehmung, die sich amöbengleich in verschiedenen Beziehungsnetzwerken bewegt und dabei ihre Stärken im Entwickeln und Nutzen intersystemischer Beziehungen mit hoher Flexibilität zur Erzielung eines überdurchschnittlichen Erfolgs einsetzt. So kennzeichnete der CEO der amerikanischen General Electric, John Welch, seinen Traum für das letzte Jahrzehnt dieses Jahrhunderts: „Our dream for the 90s is a boundary-less company ... where we knock down the wall that seperate us from each other on the inside and from our key constituencies on the outside."

Raymond E. Miles und Charles C. Snow kommen nach empirischen Untersuchungen zum Entstehen von Netzwerk-Organisationen zu dem Ergebnis: „Signs of new organizational-form - such as increased use of joint ventures, subcontracting and licensing activities occuring across international borders, and new business ventures spinning off from established companies - are already evident in several industries, so the realization of this new form simply awaits articulation and understanding ... we have chosen to call this form the dynamic network to suggest that its major components can be assembled and reassembled to meet complex and changing competitive conditions" (Miles/Snow, 1986, S. 56).

Indem sie weiter auf grundsätzliche Veränderungen der Wettbewerbssituation verweisen, die zu einer Veränderung des Management-Denkens im Hinblick auf die Organisation von grenzüberschreitenden Beziehungen geführt haben, bemerken sie weiter: „These shifting alignments will create both competitive challenges and opportunities for managers and policy makers. The greatest barrier to success will be outmoded views of what an „organization" must look like and how it must be managed. Future forms will all feature some of the properties of the dynamic network form, particularly heavy reliance on self-managed work groups and a greater willingness to view organizational boundaries and membership as highly flexible" (Miles/Snow, 1986, S. 65, 66).

3.2 Die Erschließung von Kernkompetenzen durch eine partnerschaftliche Kooperation

Eine vermehrte Öffnung der Unternehmung wird durch eine Vernetzung mit Marktpartnern möglich und wahrscheinlich. Strategische Allianzen bieten die Möglichkeit, den durch das bestehende Know-how und die beschränkten Ressourcen gegebenen eigenen Aktionsradius zu erweitern. Die dabei erzielbare größere strategische Reichweite und Schlagkraft bezieht sich auf verschiedene Dimensionen und kann zu

- neuen Produkt-/Marktkombinationen
- einer erweiterten regionalen Positionierung im internationalen Wettbewerb
- zusätzlichen wirtschaftlich sinnvollen Aktivitäten in der Wertschöpfung auf dem Weg zum Systemgeschäft
- einer verbesserten Absicherung existenznotwendiger Ressourcen und einer
- Weiterentwicklung nutzengenerierender Kernfähigkeiten führen.

Dieser Gewinn an Reichweite bezieht sich auf Machbarkeiten, Risiken und Zeithorizonte. Mit dem im Netzwerk gewonnenen Mehr an Reichweite kann sich gleichzeitig eine Konzentration der Kräfte auf die Nutzung und Pflege besonderer eigener Fähigkeitspotentiale verbinden, ohne die Möglichkeiten der eigenen Unternehmung zu überfordern. In dieser Weise ist strategisch die Schlagkraft im Verbund gleichzeitig zu erhöhen.

Mit der partnerschaftlichen Kooperation - gleich welcher Art - wachsen nicht nur der *Aktionsradius* sowie die *strategische Flexibilität* und *Schlagkraft* der beteiligten Unternehmungen, sondern auch die Probleme, die sich ihrem Management stellen. Galten bislang in der eigenen Unternehmung die Direktionsrechte der Leitung, so verlagern sich nunmehr die Probleme auf das Finden eines Konsenses unter marktwirtschaftlich verbundenen Partnern, die sich unter unterschiedlichen Bedingungen und Situationen zusammenfinden.

3.3 Die strukturelle Öffnung für kundenorientierte Innovationen

Nicht nur die strategische, sondern auch die strukturelle Öffnung sollte auf den Kunden ausgerichtet sein. Die in der Vergangenheit vielfach vorherrschende Beschäftigung des Managements mit einer rationalen Systemgestaltung und der Lösung interner Koordinationsprobleme hat bestenfalls zu einer spartenbezogenen Produkt-, aber kaum zu einer Kundenorientierung der Organisation geführt. In der Folge organisatorischer Bemühungen, eine Öffnung zum Kunden hin zu erreichen, sind inzwischen in der Praxis vielfältige Bemühungen zu verzeichnen, die statt der traditionellen, formalistischen Hierarchien letztlich zur Entwicklung von Netzwerken auch mit Kunden führen.

3.4 Die verhaltensmäßige Öffnung für eine interkulturelle Kooperation

Zur strategischen und strukturellen Öffnung der Grenzen der Unternehmung tritt die Notwendigkeit, auch eine *verhaltensmäßige Öffnung* für eine partnerschaftlich Kooperation in interkulturellen Netzwerken zu erreichen. Da der nationale Hintergrund, vor dem sich Unternehmungskulturen entwickelt haben, von wesentlichem Einfluß auf die Art und Weise ist, wie bestimmte ökonomische, technische und soziale Probleme gelöst werden, sind diese, sich gleichfalls auf Vergangenes und Inneres einer Unternehmung konzentrierende Verhaltensweisen, für die Andersartigkeit anderer Kulturprägungen in Partnerunternehmungen zu öffnen, wenn eine erfolgreiche Kooperation zustande kommen soll. Personalauswahl, -einsatz und -entwicklung haben die Anforderungskriterien einer multikulturellen Offenheit von Führungskräften zu beachten und zu berücksichtigen, wenn eine Internationalisierungsstrategie von Erfolg begleitet sein soll.

4 Die Entwicklung zur virtuellen Unternehmung

Neben den Vorstellungen eines Schaffens *fluider Netzwerkorganisationen* ist auch der Begriff der *„virtuellen" Unternehmung* neu und erklärungsbedürftig. Vermutlich geht das „Virtuelle" auf das lateinische *„virtus"* zurück (moralische Deutung des tugendhaften Einsatzes von Kraft). Über die lateinische *Musikersprache* wird es adjektivistisch im 17. Jahrhundert in die deutsche Sprache übertragen: als *„virtuos"* gelangt es über das Französische, später das Englische zu uns, als *„fähig zu wirken"* oder der *„Möglichkeit nach vorhanden" oder auch „scheinbar"*. Zu Anfang dieses Jahrhunderts greift die *Physik* das Wort auf: In der *Quantenmechanik* steht der gebundene Zustand der Teilchen einem virtuellen gegenüber; in der *geometrischen Optik* kann ein reelles Bild zu einem Abbild im Kopf des Geometers erweitert werden. Inflatorisch wächst der Gebrauch des Wortes allerdings in der *Computersprache.* In der Datenverarbeitung ist ein virtueller Speicher ein scheinbar vorhandener, potentieller Speicher. Hat man das richtige Betriebssystem (und kann es auch richtig bedienen), dann wird der scheinbare doch wieder zu einem reellen Speicher.

4.1 Merkmale virtueller Unternehmungen

Auf der Suche nach „fluiden" Organisationsstrukturen von Unternehmungen, die sich in offenen, fließenden Übergängen einer hochdynamischen Umwelt bewegen, gewinnt der Begriff der *„virtuellen Organisation"* auch *betriebswirtschaftlich* an Bedeutung. In Abkehr von zentralistisch-geschlossenen Organisationsstrukturen wird nach Möglichkeiten gesucht, aufgrund von überall und zu jeder Zeit verfügbaren Informationen flexibel auf sich verändernde Erfordernisse und Möglichkeiten am Markt und bei der Entwicklung von Technologien agieren zu können. Durch die informationstechnologische Vernetzung der Akteure soll eine *zeitliche und räumliche Entkopplung und Verteilung arbeitsteiliger Prozesse und der Aufbau lokaler Kompetenzen und Aktionsradien* ermöglicht werden. Eine Organisation würde damit zum *Abbild ihrer eigenen Informationslogistik,* die sich im theoretischen Idealfall als *„Client-Server-Architektur"* präsentiert. Der Begriff *„Klient"* umfaßt dabei mehr, als der Begriff des *„Kunden"*. Während der Kunde als Leistungsempfänger in einer anonymen Austauschbeziehung gesehen wird („Geld gegen Ware"), ist der Klient als *Interaktionspartner* zu sehen, mit dem gemeinsam Problemlösungen erarbeitet werden. Die unmittelbare, monetäre Austauschhandlung stellt in diesem erweiterten Zusammenhang lediglich einen Teil der Interaktionsprozeße dar. Die sich dabei aus der Problemstellung der Klienten ergebenden Anforderungen an die räumliche und zeitliche Flexibilität der Leistungsprozesse kann dementsprechend hoch sein und sich zusätzlich situationsspezifisch verändern, so daß sich ein „wo" und „wann" der zu erbringenden Problemlösung strukturell nur schwer situations- und raumübergreifend gestalten läßt. Um diesen veränderten Anforderungen genügen zu können, gilt es, eine Unternehmungskonfiguration zu entwickeln, die eine räumliche, zeitliche und auch sachlogische Entkopplung situationsspezifischer Marktleistungsprozeße von zuvor einheitlich gestalteten Unternehmungsstrukturen erlaubt.

Eine derartige Struktur verbindet sich mit der Vorstellung von *netzwerkartigen Konfigurationen.* Netzwerke verfügen über durchlässige, zum Teil sogar „verschwimmende Grenzen" (*„fuzzy boundaries"*) und werden damit zum Ausdruck dynamischer Organisationskonfigurationen. Dank ihrer hochflexiblen, organischen Gestalt befinden sich derartige Netzwerkstrukturen in einem permanenten *„Zustand der Bewegung"* und können, quasi durch ihr Mitfließen im Strom der Umweltentwicklungen, das in rigiden Strukturen besonders deutlich werdende Defizit zwischen der Umweltdynamik und der eigenen Veränderungsgeschwindigkeit verringern. Die Vorstellung von einem derartigen dynamischen *„Mitfließen"* von „ever shifting organizational structures" führt folgerichtig auch zur Bezeichnung *„fluide Organisation"* (Weber/Walsh, 1994).

Die organisatorische Fluidität wird zum Ausdruck eines intelligenten Anpassungsverhaltens der Systemhandelnden, die durch ihre sinnmachenden- bzw. sinnbildenden Interaktionen der Entstehung die Existenz auch die bewußte Wiederauflösung jeweiliger Systeme gestalten (Weber/Walsh, 1994). Eine derartige fluide Organisation läßt sich durch drei Kriterien von einer traditionellen Organisationskonfiguration unterscheiden:

1. *Spontaneität:*
   Fluide Organisationen sind temporäre Systeme mit hoher Spontaneität ihres Entstehens und Vergehens. Als *„Ereignisorganisationen"* bauen temporäre Systeme ihre Strukturen zur Erreichung bestimmter inhaltlicher und zeitlich definierter Zielsetzungen jeweils „von Null" auf, sie sind „temporary instant organizations". Temporäre und damit fließende Systeme lassen sich daher als Aggregation zeitlich begrenzter Interaktionsprozeße auffassen.
2. *Netzwerke:*
   Durch die Vernetzung wird der Austausch von Ideen und Informationen gefördert und die Entstehung von Kommunikationsstrukturen in Richtung ihrer Entwicklung zu Wissensnetzwerken gefördert. Es entstehen *Beziehungs- und Verständigungspotentiale* als eigentliche strategische und normative Kernkompetenzen einer Unternehmung.
   Fluide Strukturen stellen sich in diesem Zusammenhang inter- und intraorganisatorisch als temporäre, integrierte Netzwerke verteilter und interdependenter Ressourcen und Fähigkeiten dar. Für derartige Organisationen ist charakteristisch, daß ihre Grenzen sich auflösen bzw. nicht mehr zu erkennen sind, da sie eine Aneinanderreihung sich immer wieder neu bildender und verschwindender temporärer Systeme bzw. Subsysteme darstellen. Ein Netzwerk hat folglich nur noch zeitlich punktuell – an der Oberfläche – eine „stabile" Struktur und erscheint dem Beobachter im Zeitablauf als fließend, wie es in der Metapher einer *Wolke* in Fern- und Nahbetrachtung bei Starbuck (Starbuck, 1983) zum Ausdruck kommt.
3. *Projekte und Prozesse:*
   Ein zeitlich begrenztes und sachziel-spezifisches Zusammenwirken von Akteuren führt zur Ausbildung temporärer Organisationskonfigurationen einer *„Adhocratie"* (Bennis/Slater, 1968; Mintzberg, 1979; Toffler, 1990) in der Form interorganisatorischer Projektarbeit. Es entstehen *„flüchtige Gemeinschaften"* zur Lösung komplexer Aufgaben, die das Fähigkeitsspektrum einer einzelnen Netzwerkunternehmung übersteigen würden. Ihnen ist ein hohes *Lernpotential* ihrer Mitglieder eigen. Bei der zu organisierenden Abwicklung der interorganisatorischen Projektarbeit bildet sich ein spezifisches *operati-*

ves Know-how aus, das in Ergänzung zum *normativen Verständigungs- und strategischen Beziehungspotential* zur dritten Säule der *Kernkompetenz* einer virtuellen Unternehmung wird (Bleicher, 1995).

4.2 Veränderte strategische Ausrichtung

Die neuen offenen „virtuellen" Formen der Unternehmung nutzen weitgehend Möglichkeiten, die eine funktionierende *zwischenbetriebliche Arbeitsteilung* bieten. Sie führen zu einer *strategischen Neuausrichtung*, die letztlich zu einer veränderten Definition des *Geschäftszwecks* in der normativen Dimension führen kann.

- Kundenbezogene Problemlösungen über *Systemgeschäfte*, deren Komponenten weit über das eigene Aktivitätsspektrum hinausgreifen und einen deutlichen Mehrwert für den Kunden bereitstellen, werden denkbar und angestrebt.
- Eine *Reduktion der Komplexität* durch Beschränkung der eigenen Aktivitäten auf *Kernkompetenzen* die einen überdurchschnittlichen Nutzen gegenüber Anspruchsgruppen haben und die Entwicklung von strategischen Erfolgspositionen im Wettbewerb versprechen, wird möglich
- Diese Konzentration auf eigene, wenig imitierbare Kernkompetenzen bedeutet gleichzeitig die *Aufgabe bisheriger Arbeitsgebiete*, die nach außen vergeben werden (*„outsourcing"*), da sie wirtschaftlicher von außen bezogen werden können und die eigene Komplexität verringern.
- Die *Verlagerung der Wertschöpfungskette* zu höherwertigen Stufen, die in der Pyramide möglichst nahe bei der umfassenden Problemlösung für Letztkunden („an der Spitze der Nahrungskette") angesiedelt sind, verspricht ein höheres Wertschöpfungspotential.
- Eine *Entwicklung integrierender Kernfähigkeiten zum Management* eines ständig wechselnden, auftragsabhängigen Unternehmungsverbundes mit unterschiedlichen Aufgaben und Partnern und *Profilierung am Markt als kompetenter „Systems Provider and Manager"* ermöglicht ein Ausweichen vom Druck des Preiswettbewerbs und eine Plazierung im *Präferenzwettbewerb*, der vertrauensbasierend die Qualität der Interaktion betont.

4.3 Interorganisatorische Vernetzung

Auf diesem Wege

- *entstehen grenzüberschreitende Netzwerke*, die bedarfsweise aktiviert werden. Um eine derartige Zusammenarbeit in Partnerschaft zu ermöglichen, bedarf es einer abgestimmten *Informationstechnik* (insbesondere elektronischer Märkte), damit eine schnelle Einsatzbereitschaft der im Netzwerk verteilten Ressourcen sichergestellt werden kann.

- Problemlösungen werden statt in starren bürokratischen Hierarchien in flexiblen, offenen Netzwerken lockerer *projektgebundener ad-hoc-Strukturen („adhocracies") auf Zeit erarbeitet.*
- Die Art der Steuerung von Projekten erfolgt im Netzwerk auf vertraglicher Basis *marktwirtschaftlich* und nicht bürokratisch durch administrierte Preise.
- Die Zusammenarbeit von internen und externen Projektmitarbeitern erfolgt *teamförmig* in lateraler Kooperation und Kommunikation.

Damit sind die wesentlichen Merkmale beschrieben, die eine virtuelle Unternehmung auszeichnen:

„Unternehmungen fokussieren nur noch einzelne Kernfähigkeiten und bilden in allen anderen vor- und nachgelagerten Bereichen der Wertschöpfungskette essentielle Partnerschaften mit anderen Unternehmungen, die dort über Kernfähigkeiten verfügen. Dabei wird von permanent wechselnden, temporären Unternehmungsnetzwerken ausgegangen, die sich aus der Grundhaltung heraus bilden, flexibel jede sich bietende Marktchance auszuschöpfen" (Kleebach 1994, S. 265).

4.4 Virtuelle Unternehmungen als hybride Organisationsformen

Insgesamt ergibt sich damit ein deutlicher Wandel weg von Formen der traditionellen *„Palast"*-Organisation, also der Anwendung einheitlicher Prinzipien und Regelungen auf Dauer, und hin zu Mustern einer hochflexiblen *„Zelt"*-Organisation in prozeßorientierten Netzen. Diese erlauben eine wachsende Konzentration von Fachkompetenz zur Lösung von umfassenderen Problemlösungen für individuelle oder in Segmenten gruppierten Kunden. Zur Pflege und Weiterentwicklung der notwendigen Kernkompetenzen steht der dezentralen Projektverantwortlichkeit eine zentrale Entwicklungsverantwortung für Marktbeziehungs-, Technologie- und Human- (mit besonderem Gewicht bei den unternehmerisch orientierten Management-)potentialen gegenüber, die zu einem *hybriden Organisationsmodell* führt.

Hybride Modelle sind im allgemeinen Ausdruck einer synthetischen Spannungsbewältigung entgegengerichteter Wirkungsverläufe, wie sie sich im Fall der virtuellen Unternehmung aus dem gleichzeitigen Bemühen ergeben, kundenspezifische Probleme im Sinne eines *„Management of Scope"*, d.h. zur *Nutzensteigerung* für Klienten eines äußerst offenen und flexiblen Eingehens auf die Problemlandschaft eines potentiellen Auftraggebers zum Gegenstand des eigenen Leistungsangebotes zu machen und gleichzeitig im Inneren der Unternehmung alle *kostensenkenden Rationalisierungsvorteile eines „Management of Scale"* zu nutzen.

Paradoxien drücken sich in derartigen bipolaren Spannungsverhältnissen aus. Zu ihrer funktionalen Bewältigung verlangen sie die Herstellung eines *dynamischen Fließgleichgewichts*; denn die ihnen zugrundeliegenden Wirkungseinflüsse verändern in sozialen Systemen laufend ihr Gewicht und entwickeln –

einmal außer Kontrolle geraten – eine Eigendynamik, die die Überlebensfähigkeit eines Systems ernsthaft in Frage stellen kann. Nähert sich die Suche nach einem derartigen Gleichgewicht einem Extremzustand – Pascale (Pascale, 1990, S. 35 ff.) kennzeichnet diesen Prozeß als *„maximizing"* – beginnen pathologische Systemprozesse zu greifen, die nur mit großen Anstrengungen und unter Eingehen hoher ökonomischer und sozialer Kosten begrenzt und schließlich umgekehrt werden können (Bleicher, 1995). Im Beispiel virtueller Unternehmungen enthüllen sich eine Reihe derartiger paradoxer Spannungen, die nur durch eine hybride Gestaltung überwunden werden können (in Anlehnung an Reiss, 1996):

- Kundennahe auftragsgebundene *Flexibilität* bei gleichzeitigem Verlust an *Planungssicherheit*
- Maximierung der *Kompetenz* bei gleichzeitiger Minimierung der benötigten *Organisation*
- *Flexibles Arrondieren* von Aufträgen bei Vorhalten eines *starren Potentials*
- *Vermehrung der Schnittstellen* nach außen durch zwischenbetriebliche Kooperation bei gleichzeitiger *Verminderung* der innerbetrieblichen Schnittstellen
- *Erweiterung des Aktionsraums* durch Generalisierung des Leistungsangebotes bei gleichzeitiger *Erhöhung des Marktrisikos* durch begrenzte eigene Ressourcen
- *Öffnung für kulturelle Umwelteinflüsse* über vielfältige gemeinsame Problemlösungen für Kunden und Partnern bei *Stabilisierung der eigenen Managementkultur*
- *organisatorische „Lernarena"* durch herausfordernde wechselnde Aufgabenstellungen in unterschiedlichen Kontexten bei *gleichzeitigem Abfluß von Know-how* an Kunden und Partnern bei jeder Problemlösung.

Im Sinne von Pascale (Pascale, 1990) gilt es, situationsgerecht eine Synthese der sich widersprechenden Wirkungskräfte herzustellen (*„metamizing"*). Dies setzt entlang der gegenübergestellten Spannungsreihen eine schöpferische Kombination beider Elemente voraus, wie sie bei der Verfolgung von globalen Strategien mit lokalem Handeln („think global, act local") in vielen internationalen Unternehmungen praktiziert wird. Letztlich führt eine derartige Synthese zu hybriden Strukturen eines „sowohl als auch". Das innovative Element liegt dabei weniger in der Selektion hybrider Elemente als vielmehr in ihrer beziehungsmäßigen Kombination. Die Verflechtung hybrider Elemente wirft allerdings neue „Schnitt"- oder besser „Naht"stellenprobleme auf, die zu einer schöpferischen prozeßorientierten Beziehungsgestaltung aufrufen.

5 Internationalisierung über virtuelle Unternehmungen

Die dargestellten Merkmale virtueller Unternehmungen bieten sich als Organisationsstrategien vor allem für international tätige Unternehmungen an. In weltwirtschaftlicher Arbeitsteilung findet eine Konzentration auf Kernkompetenzen einzelner Unternehmungen statt, deren Erfahrung aus einem Kulturkreis gewonnen, spezifische Eigenschaften zu Kompetenzen hat wachsen lassen, die mit anderen Kernkompetenzen in anderen Ländern von Fall zu Fall in Verbindung zu bringen sind, um eine kundengerechte umfassendere Problemlösung zu generieren. Die virtuelle Unternehmung wird damit zugleich zu einem nicht unbedeutenden, auf wirtschaftlichen Notwendigkeiten fußenden *Kulturintegrator.* Aus ihm mögen sich nicht nur *neue weltwirtschaftliche Wettbewerbsverhältnisse* ableiten, sondern auch eine Kulturharmonisation, die professionell länderspezifische kulturgeprägte Verhaltensschranken zu überwinden erlaubt.

Dabei ist ein Weg von einer *ethno*zentrischen, über eine *poly*zentrische zu einer geozentrischen Strategie vorgezeichnet:

- *Eine ethnozentrische* Unternehmungsentwicklung stellt zumeist die Anfangsphase einer Internationalisierung des Unternehmungsgeschehens dar. In dieser Phase werden erste Kontakte der Zusammenarbeit mit ausländischen Unternehmen geknüpft, in denen beispielsweise ergänzend zu eigenen Vertriebsaktivitäten Handelshäuser herangezogen oder Produktionsteile ausländischen Zulieferanten im Zuge von Lizenzvereinbarungen oder in der Form von Joint Ventures übertragen werden. Ausgehend von der vom nationalen historischen Hintergrund geprägten Unternehmungskultur wird versucht, die internationalen Aktivitäten nach den Werten, Normen und Erfolgspotentialen des Stammhauses zu führen oder zu beeinflussen. Ein internationaler Kulturtransfer erfolgt entweder durch die Entsendung von Führungskräften des Stammhauses in die internationale Peripherie oder durch die Enkulturation von ausländischen Mitarbeitern im Stammhaus. Gelingt es den entsandten Stammhausangehörigen oder den durch das Stammhaus geschulten ausländischen Mitarbeitern, neben einer eindeutig durch die Muttergesellschaft oder den das System stark beeinflussenden Partner induzierten Kulturprägung auch internationale Kulturelemente in die Stammhauskultur einzubringen, so können diese neuen Impulse zu einem interkulturellen Lernen beitragen. Dies kann ein erster Schritt auf dem Weg zur Entwicklung einer die Internationalisierung vorantreibenden virtuellen Unternehmung sein.
- *Eine polyzentrische* Unternehmungsentwicklung betont die nationale Eigenständigkeit ausländischer Tochtergesellschaften und Partnerunternehmungen. Die Unterschiedlichkeit nationaler Kulturen und der positive Einfluß eines wirtschaftlichen Operierens mit starken eigenen Subkulturen im System, die sich mit Werten und Normen ihres lokalen Umfeldes verbinden, wird prinzipiell anerkannt und gefördert. Der Vorteil dieses Ansatzes liegt in der starken Korrelation der von den eigenen Mitarbeitern und denen der Partner verinnerlichten Werte mit der jeweiligen nationalen Kultur, die eine marktnahe Ausrichtung an die Bedürfnisse und Wünsche gewährleistet. Damit „vernabelt" sich das System mit den verschiedenen nationalen Märkten, was gerade im Projektgeschäft zur breiteren Erschließung potentieller Aufträge führen kann. Die Möglichkeiten, die eine dezentral, föderalistisch

organisierte, internationale Zeltorganisation bietet, lassen sich auf diesem Weg besser ausschöpfen. Allerdings kann dabei die Gesamtsteuerung des Netzwerkes, die eine gewisse Einheitlichkeit des Vorgehens verlangt, leicht zum Problem werden.

- Eine *geozentrische* Unternehmungsentwicklung versucht zugleich nationalkulturelle Gemeinsamkeiten und Unterschiedlichkeiten zur Grundlage einer intendierten Unternehmungsenwicklung zu machen. Die Entwicklung eigener Tochtergesellschaften, ergänzt durch vielfältige strategische Allianzen, verlangt eine Hinwendung zu weltwirtschaftlichen Gesichtspunkten, die zunehmend die Unternehmungspolitik und die Unternehmungskultur zu prägen beginnen. Die nationale Stammhauskultur verliert an Einfluß, man sucht nach einer internationalen Firmensprache, besetzt die Konzernspitze mit Vertretern unterschiedlicher Nationen und hebt die Bindung der Karriereentwicklung an den Landespaß des Stammhauses auf.

Insgesamt findet eine Verschmelzung nationaler Kulturelemente statt, die ideale Voraussetzungen für ein weltweites Geschäft, das sich in Netzwerken vollzieht, bietet. Es entsteht ein *„global virtual network“* einer jederzeit von Kunden zu aktivierenden Problemlösungskapazität. Es verlangt vom Management den Ausgleich von nationalkultureller Positionierung von Weltbürgern im System und ihrer von kulturellen Gemeinsamkeiten getragenen Kooperation zum Wohle des Ganzen, also einer hybriden Kulturausrichtung in einer hybriden Struktur. In dieser am weitesten entwickelten Form einer geozentrischen Positionierung international tätiger Unternehmungen ist ein Entstehen virtueller Unternehmungen am ehesten zu erwarten. Beginnt die Entwicklung zum Poolen von Kernkompetenzen zumeist auf der Absatzseite, so setzt sie sich in internationalen Produktions- und Logistikverbunden auf Zeit fort. Erstaunlich aber ist der bereits derzeit zu erkennende Trend, die im allgemein intim abgeschirmte Kernkompetenz der Forschung und Entwicklung im Einzelfall in eine interorganisatorische projekthafte Partnerschaft einzubringen. Damit scheint ein Weg vorgezeichnet zu sein, der klassische Vorstellungen eines Wettbewerbs nach dem Muster *„Freund vs. Feind“* drastisch über den Haufen zu werfen droht. Eher ist beim Ringen um Kundenaufträge ein Muster zu erkennen: „Heute Feind, aber morgen wieder Freund und Partner!“ Die sich daraus ergebenden neuen Konstellationen für die mitarbeiterprägende *Identifizierung* mit einer Unternehmung sind kaum absehbar: Führen sie bei einer sich auflösenden *Identität* von Unternehmungen zu einer Rückkehr zu einem persönlichkeitszentrierten Individualismus wahrgenommener Professionalität? Wo arbeiten gerade die kompetentesten Problemlöser? Im Ergebnis stellte eine solche hypothetische Entwicklung nichts anderes dar als einen Trend zur *Personalisierung der Organisation* in Abwendung von der (tayloristischen) Technokratisierung unserer institutionalisierten Systeme.

6 Wettbewerb durch Systemführerschaft

Mit der Entwicklung von Unternehmungen zu virtuellen Formen in Netzwerken verbindet sich die Suche nach einer Systemführerschaft an der „Spitze der Nahrungskette" – also ihrer Positionierung als *„total management systems provider"* beim Letztkunden. Bei den vielen Partnern, die ein virtuelles Netzwerk ausmachen, ist nun aber aufgrund ihrer Rolle als autonome Unternehmungen in einer marktwirtschaftlichen Verbindung keine eindeutige Hierarchie von System-, Subsystem-, Produkt- und Komponentenanbietern in der Weise vorgegeben, daß eine Unternehmung per se die Systemführerschaft in jedem Fall für sich beanspruchen könnte. Die Rolle der Systemführerschaft kann in dem einen Fall von einem Produkt-, in einem anderen Fall von einem Subsystem- und in einem anderen Fall von einem Gesamtsystemanbieter ausgehen, bedingt durch die jeweilige (lokale) Kundennähe, die durch technologische Eigenheiten oder andere Einflußfaktoren hervorgerufen sein kann. Dies kennzeichnet in etwa die gegenwärtige Situation. Auf dem Weg zur virtuellen Unternehmung ist jedoch abzusehen, daß sich aus diesem Geflecht von sich als Systemanbieter darstellenden Unternehmungen einige wenige herauskristallisieren werden, die sich als besonders kompetent erweisen, um als *„full systems management provider"* agieren zu können. Anders ausgedrückt, werden nur wenige Unternehmungen eines derartigen Netzwerks eine eigene Kernkompetenz zum Management von virtuellen Netzwerken entwickeln, die über die Führung von Komponenten- und Produktgeschäften und von kleineren Subsystemen im Verbund hinausgreifen, um im internationalen Rahmen Großprojekte nicht nur zu planen, durchzuführen, sondern auch finanzieren und betreiben zu können. Damit entsteht eine neue *Wettbewerbsarena*, in der branchenübergreifend im internationalen Rahmen Spieler unterschiedlicher Branchen um die Gunst der Systemführerschaft kämpfen. So ist es bereits heute kaum erkennbar, warum in dem einen Fall eines Großprojekts eine Unternehmung der Elektroindustrie, in einem anderen vergleichbaren Fall eine Unternehmung der Bauwirtschaft und in einem weiteren Fall ein Finanzinstitut die Systemführerschaft zugeteilt erhält. Damit verbindet sich die Vermutung, daß es für Unternehmungen auf ihrem Weg zum internationalen, geopolitisch orientierten „full systems management provider" zukünftig wichtig wird, sich nicht nur gegenüber Unternehmungen der eigenen Branche, sondern vermehrt auch gegenüber Unternehmungen anderer Branchen, die sich gleichfalls in der Vergangenheit durch Kernkompetenzen in anderen Zusammenhängen qualifiziert haben, zu positionieren.

7 Denkbare Konsequenzen der Internationalisierung über virtuelle Unternehmungen

Die zunehmende Öffnung der Unternehmung nach außen und innen bringt, verbunden mit der Tendenz zur lateralen Kooperation in marktwirtschaftlich organisierten Netzwerken, erhebliche Zentrifugalkräfte zum Tragen. Damit werden insgesamt die Aufgaben des Managements nur bedingt erleichtert, denn Führung „aus einer Hand" kann größere Zielklarheit und Berechenbarkeit für die Mitarbeiter erbringen als multipersonale Konsensprozeße. Nun gibt es allerdings wesentliche Gegengewichte, die einer derartigen Zentrifugalität entgegenwirken, zu beachten, die sich mit einer weitgehenden Öffnung der Unternehmung verbinden.

Im Übergang zu virtuellen Organiationsformen ist die bisherige Basis einer eher auf zeitlicher Dauererfüllung von Zielsetzungen im Rahmen einer stabilen Grenzziehung gestalteten Organisation zu beachten. Fluides ist mit den vorhandenen starren Potentialen in Einklang zu bringen und ein Übergang zur virtuellen Organisation „sanft" zu orchestrieren. Bei dieser Transformation entstehen *Hybridstrukturen* der Organisation, die aus zeitvariablen Grenzsystemen und einer zeitinvarianten Kerneinheit bestehen. Derartige Konfigurationen, die solch Unterschiedliches miteinander verbinden, erhöhen die Eigenkomplexität des Systems erheblich und stellen hohe Anforderungen an die Formulierung gemeinsam getragener Visionen und Missionen aller Beteiligten.

> „Es geht heute darum, wirksame und leistungsfähige Strukturen zu schaffen, die sowohl an einen Palast erinnern – wehrhaft und uneinnehmbar von Mauern umgeben, einsam gelegen, um sich herum das weite Land, das der Herrscher besitzt und bewirtschaftet – und zum anderen an ein Zeltlager – zum Angriff gerüstet, reaktionsschnell, begünstigt durch seine mobile Infrastruktur, jederzeit verlegbar, falls Notwendigkeiten, Bedürfnisse oder Chancen dies erfordern" (Probst, 1992, S. 580).

Summary

The ongoing process of internationalization of corporations faces a number of obstacles that has to be overcome within a relatively short span of time. A window of opportunity for a repositioning seems to be wide open at present for those corporations that break with their fortress mentality of going alone. A time of transformation needs management that has a vision of how competitive arenas in the future will look like and what kind of strategies and structures will help to position their own organization within a changed setting. This requires creative approaches and an earthbound experience about the feasibility of moving a social system towards changed goals in need of new behavioral patterns: Management of change as such is foremost a change of culturally engrained perceptions and preferences having been enhanced by past experiences. A vision as such is a pattern finding direction and an emotional inducement to drive for personal and collective achievement at the same time. It has to be shaped into a form that can be communicated and comprehended by the members of an organization.

The concept of the virtual corporation provides an answer to these questions. It enables a corporation to reposition itself by a "quantum jump" into a new competitive arena by building a network with partners and even erstwhile competitors on an institutional scale. It demands a move upward on the "nourishment scale" to gain the role of a "primary predator". This leaves erstwhile rivals in the role of offering subsystems, products, parts, and components on command of the systems management. This can be done by establishing the own company as a "total management systems provider" – a specialist in management highly complex systems solutions for individual customers on a project basis. This approach seems to be particularly applicable for European companies considering their uncompetitive wagebasis on the one hand and their high level of expertise in the engineering systems business on the other hand. In essence it is a way to escape from the pressures of an intensifying price competition in trying to achieve economies of scope by creating competitive situations via unique niches, where the level of expertise, quality, and service reliablity establishes a trust between partners that cannot be beaten by simply offering lower prices due to economies of scale and other national competitive advantages.

Virtual corporations act as engines of internationalization by expanding the range of activities in many regions of the world by drawing on the expertise of a multiplicity of global partners that are activated as a certain project demands. They represent a wide network of information-technology based independent competence. Virtual corporations act as highly flexible border-crossing activators and synergists of best practices on a global scale that provide ideal learning grounds for a cross-cultural fertilization of managerial talent.

Literatur:

Bartlett, C. A./Goshal, S. (1990): Managing Across Borders: The Transnational Solution. Boston, MA.

Bennis, W. G./Slater, P. E. (1968): The temporay society. New York, N.Y.

Bleicher, K. (1994): Das Konzept Integriertes Management. 6. Auflage, Frankfurt-New York.

Borys, B./Jemison, D. B. (1989): Hybrid arrangements as strategic alliances. Theoretical Issues in Organizational Combinations. In: Academy of Management Review, 14 (2), S.234-249.

Byrne, J. A. (1993): The Virtual Organization. In: Business Week, 8. Februar, S. 36-41.

Davidow, W. H./Malone, M. S. (1992): The virtual corporation. Structuring and Revitalizing the Corporation for the 21st Century. New York, N.Y.

Gomes-Casseres, B. (1994): Group Versus Group: How Alliance Networks Compete. In: Harvard Business Review, July-Augsut, S.62-70.

Goshal, S./Bartlett, C. A. (1990): The multinational corporation as an interorganizational network. In: Academy of Management Review, 15 (49), S. 603-625.

Handy, C. (1994): The Age of Paradox. Boston, MA.

Kleebach, S. (1994): Strategische Allianzen zur Technologieentwicklung. St. Gallen.

Klein, S. (1994): Virtuelle Organisation. In: WiSt, 23 (6), S. 309-311.

Lautenbacher, S./Walsh, I. (1994): Neue Technologien für virtuelle Organisationen. In: Gablers Magazin, 6/7, S. 28-30.

Miles, R. E./Snow, C. C. (1986): Network organizations: new concepts for new forms. In: The McKinsey Quarterly, Autumm, 53-66.

Miller, D. (1990): The Icarus Paradox. New York, N.Y.

Mintzberg, H. (1979): The Structuring of Organizations. Englewood Cliffs, N.Y.

Pascale, R. (1990): Managing on the Edge: How the smartest Companies Use Conflict to Stay Ahead. New York, N.Y.

Perich, R. (1992): Untemehmungsdynamik. Zur Entwicklungsfähigkeit von Organisationen aus zeitlich-dynamischer Sicht. Bern-Stuttgart-Wien.

Probst, G. J. B. (1992): Organisation. Strukturen, Lenkungsinstrumente, Entwicklungsperspektiven. Landsberg, Lech.

Quinn, J. B. (1992): Intelligent Enterprise. A Knowledge and Service Based Paradigm for Industry. New York, N.Y.

Reiss, M. (1996): Kein Allheilmittel – Grenzen der virtuellen Organisation. Süddeutsche Zeitung, 27.3., S.9.

Starbuck, W. H. (1983): Organization as Actions Grow. In: American Sociological Review 48 (1), S. 91-102.

Suckfüll, H. (1994): Das transnationale Organisationsmodell. St. Gallen.

Sydow, J. (1992): Strategische Netzwerke. Evolution und Organisation. Wiesbaden.

Toffler, A. (1990): Machtbeben. Wissen, Wohlstand und Macht im 21. Jahrhundert. Düsseldorf-Wien.

Vogt, G. (1994): Das virtuelle Unternehmen. In: Der Organisator, 1/2, S. 6-8.

Weber, B. (1996): Die fluide Organisation. Bern-Stuttgart-Wien.

Weber, G. F./Walsh, I. (1994): Die virtuelle Organisation. In: Gablers Magazin, 6/7, S. 24-27.

Wolff, M. F. (1994): Building trust in Alliances. In: Research-Technology Management. May-June, S. 12-15.

Schlußwort

Trade, International Investment, and Protectionism: A Plea for Internationalization

P. Gramm

If ever an idea were bereft of intellectual merit and held in well-reasoned disdain by the full spectrum of informed opinion, it is the idea of protectionism. Since the publication of *The Wealth of Nations* in 1776, serious economists have recognized protectionism as a certain formula for reducing a nation's standard of living.

The drive for protectionism, however, does not flow from economic wisdom but from political greed. Ninety-five out of a hundred people who talk to me about "fair" trade really want to foul trade. An axis of inefficient businesses and security-seeking labor unions collude with special interest politicians against consumers, workers, the American economy and the public interest. They want to limit the competition they face in selling their products in our domestic market. They want an excuse to cheat the American consumer the way that the Japanese governement cheats the Japanese consumer.

Protectionists, it should be noted, rarely try to present an economic argument that their program will raise the standard of living in the United States and increase our gross national product; proponents of such a view would be justly ridiculed. In the new war against trade, the special interests have based their campaign on a false appeal to nationalism and a fraudulent exhortation to save our jobs. Both these appeals are based on misinformation and outright distortion of the facts.

1 The Facts Do Not Sustain the Rhetoric

Though special interests may numbingly repeat the claim that the U.S. trade deficit has caused the loss of millions of jobs to Japan and the European Community, the key thesis of the protectionists collapses under examination. While experiencing chronic trade deficits the United States has created 16 million new jobs over the last decade, more than Europe and Japan combined. The total output of America's factories is over a third higher than ten years ago, compared to only a 10 percent increase for Germany and 18 percent for Japan. And for what protectionists call the heart of the economy, manufacture of durable goods, American production is up by nearly 50 percent. The notion of the deindustrialization of America is sheer myth. The manufacturing sector has not shrunk; it has grown with the economy, holding stable at just over a fifth of gross national product for decades.

These facts expose the incendiary suggestion that world trade has cost us jobs, growth or prosperity. The impressive job creation in the United States is in large part due to imports – the import of capital, underwritten by a huge influx of investment from Europe and Japan. This capital inflow is the direct benefit to us from world trade. It has made possible a long and sustained economic expansion, despite the destructive Federal budget deficit which, in the absence of world trade, would have crushed the recovery.

2 Only One International Market

The most basic principle of international economics is that of comparative advantage, whereby countries mutually benefit through trade, and a look at the record shows that in the global economy America is a resounding winner. Yet consider the reaction to two news items in recent years. First item: a Japanese company constructs an auto plant in the United States and hires thousands of American workers. Reaction: critics object that the Japanese are "taking over" the United States economy and that America is the loser. Next news item: an American computer company constructs an electronics plant in Singapore and hires hundreds of overseas workers. Reaction: critics object that the company is exporting U.S. jobs and that America is the loser. These events are mirror images of one another, and, obviously, they cannot both be bad news for the United States.

The reality of the world is that there is but a single, highly integrated global economy, and it is one in which we are greatly prospering. Even mainland China, after barricading its economy for decades behind an ideological Great Wall, has now realized that escape from poverty is only possible through foreign trade and investment. It is a terrible irony that in the same historic moment in which China is discovering that trade is the answer, many in the United States are arguing that trade is the problem and seeking to drive us toward the isolationism that the Chinese raised to an art form.

3 Protectionism Misses the Target

Congress has been all too eager to join in the chorus for protectionism, in part to hide its own culpability for unnecessarily high interest rates and therefore the trade deficit. But despite all the cries for protectionism to cure the trade deficit, protectionism will not lower the trade deficit. Here is why: tariffs and quotas, by lowering U.S. purchases of foreign goods, lower the number of dollars offered in the foreign exchange market. Fewer dollars tendered for foreign exchange mean a higher value for the dollar. The higher valued dollar raises the price of U.S. goods sold overseas, which causes proportionately lower sales of American exports. A higher valued dollar also lowers the cost in the United States of foreign goods, thereby encouraging the purchase of those imported goods on which there is no tariff. Any reduction in imports from tariffs would, therefore, generally be offset by a reduction in exports and an increase in other imports.

It is true that tariffs raise the cost of specific imports for American consumers, causing domestic goods in previously noncompetitive industries to be bought when they would not otherwise be competitive. But the reduction in U.S. demand for the foreign goods against which tariffs or quotas are placed raises the value of the dollar and reduces U.S. exports and encourages the purchase of other imports. So on balance, while some U.S. jobs are preserved in the protected industry, other U.S. jobs are lost by the decline in exports and increase in other imports. The net effect is that no jobs are really saved; employment and unemployment are simply redistributed, with jobs moving out of America's efficient industries and into inefficient ones. The actual effect of protectionism, of course, gets even worse over time, because it encourages foreign retaliation. Economic efficiency suffers on both sides, and living standards decline. There are no winners in a trade war.

Protectionism would not make sense even if it did not simply sacrifice efficient jobs to save inefficient ones. The cost to the consumer of the jobs saved is patently absurd, costing the consumer several times the wages paid for the job saved. For example, the Federal Trade Commission has found that even under very conservative assumptions, including the assumption that no retaliation occurs, the cost to the consumer of the voluntary restraint quota on Japanese automobiles was approximately $241,000 for each job saved in the United States automobile industry. Tuna tariffs cost the American consumer roughly the same, $240,000 per U.S. job saved. Textile quotas cost $43,000 per textile job saved; steel quotas cost $114,000 per steel job saved.

4 Fix the Budget Deficit

The most important point to be made about the trade deficit is that it is the symptom and not the disease. The United States is not, on net, losing from trade, but creating jobs faster than any of its trading partners. As the world's largest exporting and importing nation, we would be the biggest loser from a reduction in world trade. The fact is that surpluses or deficits in the balance of trade – in and of themselves – are neither good or bad. They are not correlated with growth or decline, competitiveness or noncompetitiveness. What matters is why they occur.

The dark side of our trade deficit is that it is largely the product of the Federal budget deficit.

If the U.S. economy were isolated from world trade, the trillion dollar U.S. Government budget deficit of the last six years would have crushed the economy. But in a world market, the resultant higher U.S. interest rates have attracted hundreds of billions of dollars worth of foreign capital into the United

States to help fund the deficit, though also yielding the massive trade deficit that massive capital inflows generate. In what must surely be one of history's great paradoxes we have sought to blame our trading partners for our problems, when in fact they have been victimized by our high interest rates which have bled capital from Europe and Japan and denied them the capital that might have financed their own economic expansion.

Since Congress is unwilling to deal with the Federal budget deficit, it has attempted to shift public attention to the trade deficit and divert the blame for the U.S.`s problem on "foreigners" who can't vote in the U.S. elections. The public would be well served if Congress got on with the real job of lowering the Federal budget deficit before politics and ignorance reduce world trade, lower world income, and create a world financial crisis, all in the name of buying a few votes on the protectionist issue and running away from the real causes of our problems – the federal deficit. A reduction of the U.S. budget deficit would cut Federal borrowing, lower interest rates, reduce the value of the dollar and free capital to generate more economic growth and jobs in both the United States and around the world.

5 Leading the Advance of World Freedom

In addition to attacking the Federal budget and promoting domestic capital generation. Congress and the President should attack protectionism and export subsidies both at home and abroad. While export subsidies or import restrictions do not directly cause any transfer of jobs between nations, they do misallocate resources and make the world poorer, thereby destroying jobs on all sides. We should be the world leader in working for their elimination. The United States should pursue reciprocal trade relations that encourage our trading partners to open their markets to U.S. products, as we open American markets to world products. We should reward the fair and free trading nations by lowering barriers to additional trade with them. In the process, the bad actors would find themselves facing the choice of continued loss of trade or coming back into line.

Our goal must be to promote more trade, not press for less. What is at stake is more than our standard of living. It is the future of the free world. Compare a map of the world in 1979 with one today and you will see tremendous expansion of freedom in Europe and Africa, Asia, and Latin America. This expansion was not accomplished through the direct or indirect, covert or overt use of military power, other than to keep aggression at bay while the aggressors' economies crumbled.

Our successes have been economic, base on trade. We began the post-war era with the Marshall Plan in Europe, which, more importantly than foreign aid, opened up United States European trade. On the rim of Asia, the hope of freedom was sustained through the economic miracle of trade based capitalism. Today the Communists see the specter of Chiang Kai-shek returning to liberate mainland China not with an army, but through the power of the free market idea, nurtured on Taiwan and now revolutionizing the mainland.

Our victories have been built on the free world's prosperity, and protectionism is a dagger aimed at its heart. The awful, frightening truth is that to begin a trade war is to throw away our victory in the cold war and to imperil the future of freedom and prosperity on this Earth.

Every statesman with the genuine interests of the people at heart should memorize and regularly reflect on this maxim: protectionism makes politicians feel better, but trade lets working people live better.

Vitae*

Dr. Andreas Bausch

Jahrgang 1965 in Weilburg, war Wissenschaftlicher Mitarbeiter am Lehrstuhl für Industrielles Management und Controlling, Justus-Liebig-Universität Gießen, und Mitarbeiter des Instituts für Unternehmungsplanung – IUP, Gießen/Berlin, seit September 1996 Referent in der Zentralabteilung Unternehmensplanung und -entwicklung, Siemens AG, München.

Ingo Behrendt

Jahrgang 1965, Diplom Betriebswirt und Diplom Informationswissenschaftler, hat im Rahmen eines Fulbright Stipendiums an der Clark University in Massachusetts den Master of Business Administration (MBA) absolviert und ist derzeit Leiter der Werkskaufmännischen Aufgaben der AEG Electrocom GmbH in Konstanz.

Roland Berger

Jahrgang 1937, Dipl. Kaufm., studierte Betriebswirtschaftslehre und begann danach seine berufliche Laufbahn als Berater bei führenden internationalen Unternehmensberatungsgesellschaften zunächst in Boston und anschließend in Mailand. 1967 gründete er in München seine eigene Beratungsfirma. Roland Berger ist Mitglied im nationalen Sachverständigenrat „Schlanker Staat", in der Kommission für Zukunftsfragen der Freistaaten Bayern und Sachsen sowie in mehreren nationalen und internationalen Aufsichts- und Beiräten. Er war von 1978 bis 1980 Präsident des BDU, Bundesverband Deutscher Unternehmensberater e.V. sowie mehrere Jahre lang Präsident der FEACO, Fédération Européenne des Associations de Conseils en Organisation. Seit 1992 ist er außerdem Vice-Chairman International der ACME, des Verbandes der großen internationalen Beratungsfirmen.

Andreas Bittner

Jahrgang 1953, Diplom-Psychologe, arbeitet seit zwei Jahrzehnten als Trainer und Programmentwickler im Bereich Interkulturelle Kommunikation. Derzeit ist er Geschäftsführer des IFIM Institut für Interkulturelles Management in Königswinter.

Prof. Dr. Dr. h. c. Knut Bleicher

Jahrgang 1929 studierte Betriebswirtschaftslehre an der Freien Universität Berlin. 1955 Promotion zum Dr. rer. pol. 1956/57 als Faculty Associate an der Wharton School der University of Pennsylvania in Philadelphia in den USA tätig. Im folgenden Übernahme

* Von geringfügigen redaktionellen Änderungen abgesehen, so abgedruckt wie sie von den Autoren formuliert wurden.

von Aufgaben im internationalen Geschäft der Pharmaindustrie. 1964 Habilitation für Betriebswirtschaftslehre an der Freien Universität Berlin mit anschließender Tätigkeit als Privatdozent. 1966 - 1984 o. Professor für Betriebswirtschaft an der Justus-Liebig-Univeristät Gießen: Fachgebiete Unternehmungsführung – Organisation – Personalwesen. Daneben 1970 - 1985 Hauptschriftleiter der zfo – Zeitschrift Führung + Organisation und Direktor des Instituts für Unternehmungsplanung (IUP) Gießen. Mitwirkung am Aufbau verschiedener Fortbildungsinstitute für Management. 1980 als Visiting Professor for International Management an der Indiana University, Bloomington/In. in den USA. Seit dieser Zeit Direktor des IU International Business Forum. 1984 erfolgt der Wechsel in die Schweiz aufgrund einer Berufung als Nachfolger von Prof. Dr. dres. h.c. Hans Ulrich. Bis zur Emeritierung 1994 Professor für Betriebswirtschaftslehre und Vorsitzender der Direktion des Instituts für Betriebswirtschaft (IfB) an der Universität St. Gallen – Hochschule für Wirtschafts-, Rechts- und Sozialwissenschaften. Seit 1990 Präsident der Geschäftsleitenden Ausschüsse der Institute für Führung und Personalmanagement (IFPM), für Technologiemanagement (ITEM). Verleihung der Ehrendoktorwürde durch eine der zehn führenden Business Schools der Vereinigten Staaten – der Indiana University – im Jahre 1995.

Paul D. Coverdell

Born in 1939. He received a B. A. in journalism from the University of Missouri. In 1970, he was elected to the Georgia State Senate as a Republican. He was selected by his peers to serve as Senate minority leader, a post he held for 15 years. In 1989, President Bush asked him to lead the United States Peace Corps. As director, Senator Coverdell revitalized the agency and redefined its mission to serve emerging democracies of Eastern Europe. As chairman of the Senate Foreign Relations Subcommittee on the Western Hemisphere and member of the Agriculture and Small Business committees, Senator Coverdell is looking out for Georgias interests.

Dr. jur. Haro Eden

Jahrgang 1941, wohnhaft in Konstanz. Studium der Rechts- und Wirtschaftswissenschaften. 1967 Dissertation über „Rechtliche Probleme von Tendenzbetrieben". 1970 zweite Juristische Staatsprüfung am Hanseatischen DLG Hamburg und Diplom-Prüfung für Kaufleute an der Universität Erlangen-Nürnberg. Niederlassung als Rechtsanwalt in Hamburg, mehrjährige Tätigkeit in der Geschäftsführung eines mittelständischen Industrieunternehmens. 1976 bis 1978 im Auftrag der DEG Köln Berater im tunesischen Wirtschaftsministerium für technologische Kooperationen. 1978 - 1984 Gründung und Leitung der zu den DIHT-Auslandshandelskammern zählenden Deutsch-Tunesischen Industrie- und Handelskammer. 1984 - 1990 Leitung der Handelskammer Deutschland-Schweiz, Zürich. Seit Juli 1990 Hauptgeschäftsführer der Industrie- und Handelskammer Hochrhein-Bodensee, Konstanz-Schopfheim. Ehrenmitglied der Handelskammer Deutschland-Schweiz, Commandeur des Verdienstordens der Republik Tunesien, Träger des Bundesverdienstkreuzes.

Dr. Volkhard Emmrich

Dipl. Ing. Dipl.-Wirt. Ing., Studium des Erdölwesens an der Montanuniversität Leoben. Wirtschaftswissenschaftliches Aufbaustudium an der TU München. Promotion zum Dr. mont. an der Montanuniversität. Vierjährige Berufstätigkeit in der Bauindustrie. Seit acht Jahren Unternehmensberater, Projektleiter und Partner bei Dr. Wieselhuber & Partner. Mitgesellschafter von Management Focus, International Consulting Group Praha.

Rolf Uwe Fülbier

Jahrgang 1967, Dipl.-Kfm., 1986-1988 Ausbildung zum Bankkaufmann bei der Deutsche Bank AG, Filiale Köln, 1988-1993 Studium der Betriebswirtschaftslehre an der Universität zu Köln, 1991-1993 Stipendiat der Studienstiftung des deutschen Volkes, seit 1994 Wissenschaftlicher Mitarbeiter am Lehrstuhl für Internationale Unternehmensrechnung der Westfälischen Wilhelms-Universität Münster (Promotion bei Prof. Dr. Bernhard Pellens), seit 1988 Mitglied im studentischen Förderkreis der Deutsche Bank AG, seit 1994 Mitglied des Auswahlausschusses der Studienstiftung des deutschen Volkes, seit 1995 Instruktor am Universitätsseminar der Wirtschaft (USW), Schloß Gracht.

Dr. Thomas Gambke

Jahrgang 1949, studierte Physik in Darmstadt und San Diego. Nach 2jähriger Tätigkeit als Technologieberater im VDI-Technologiezentrum Berlin trat er 1983 bei den SCHOTT Glaswerken in Mainz ein. Dort ist er zunächst in der zentralen Forschung und Entwicklung in verschiedenen Funktionen – unter anderem als Projektmanager im Bereich Dünnfilmaktivitäten – tätig gewesen. Seit 1990 hat er – zunächst als kaufmännischer Werkleiter der SCHOTT Glaswerke in Landshut – die Globalisierung des Geschäftes Electronic Packaging mit dem Aufbau der Werke in Tschechien (1992) und Singapur (1994) betrieben. Seit 1996 ist Dr. Gambke Leiter des Geschäftsbereiches Electronic Packaging.

Phil Gramm

Born in 1942. He received B.B.A. and Ph.D. from the University of Georgia. First elected in 1978 as a Democrat, he soon learned that he had more in common with his colleagues on the other side of the aisle. After his own party threw him off of the House Budget Committee, apparently for fraternizing with the „enemy" of Reagan and Company, he left the Democratic Party, resigned his House seat and won easy re-election to it as a Republican in 1983. He ran for Republican presidential nomination in 1996, dropping out of the race in February.

Prof. Dr. Dr. h. c. Dietger Hahn

Jahrgang 1935, Inhaber der Professur für Industrielles Management und Controlling der Justus-Liebig-Universität Gießen, Honorarprofessor an der Technischen Universität Berlin und Wissenschaftlicher Leiter des Instituts für Unternehmungsplanung – IUP, Gießen/Berlin.

Dr. Michael Heinrich

Jahrgang 1951, Studium der Betriebswirtschaftslehre an der Friedrich-Alexander-Universität Erlangen-Nürnberg, Promotion 1980, Mitglied des Vorstands der Müller Weingarten AG.

Thomas Herbeck,

lic. oec. HSG, wurde nach Studium an der Universität St. Gallen (HSG) und Barcelona Mitglied des Schweizerischen Instituts für Banken und Finanzen. Mitwirkung im Beratungsteam einer ausländischen Großbank. Untersuchte Anomalien auf Finanzmärkten. Publikationen über Risikomanagement und Cashflow-Risiken.

Prof. Dr. Dr. habil Arnold Hermanns

Jahrgang 1942, Universitätsprofessor für allgemeine Betriebswirtschaftslehre, insbesondere Marketing, an der Universität der Bundeswehr München, er nimmt mehrere Vorstands- und Beiratsfunktionen in wissenschaftlichen und ökonomischen Institutionen wahr. Schwerpunkte der Forschung: Internationales Marketing, Marketing-Kommunikation, Electronic-Marketing und Fashion-Marketing.

Martin Hintze

Jahrgang 1970, Dipl.-Kfm., in Berlin, Wissenschaftlicher Mitarbeiter am Institut für Betriebswirtschaftslehre, Fachgebiet Strategische Unternehmungsplanung, Technische Universität Berlin, und Mitarbeiter des Instituts für Unternehmungsplanung – IUP, Gießen/Berlin.

Stefan Huber

Jahrgang 1970, Dipl.-Verwaltungswirt, Dipl.-Kfm., Wissenschaftlicher Mitarbeiter an der Universität Potsdam, Lehrstuhl für Betriebswirtschaftslehre mit dem Schwerpunkt Organisation und Personalwesen, Arbeitsschwerpunkte /Veröffentlichungen: Personalcontrolling, Prozeßmanagement, Arbeitszeitmanagement, Internationales Personalmanagement.

Dr. Thomas Klevers

Jahrgang 1958, studierte Elektrotechnik, promovierte in Maschinenbau an der RWTH Aachen und ist seit 1990 einer der Geschäftsführenden Gesellschafter der GEPRO Gesellschaft für Produktionstechnik und Organisation mbH in Aachen. Dr. Klevers ist Lehrbeauftragter an der Universität Paderborn und Direktor des europäischen Beraternetzwerkes CATNet. Als Berater beschäftigt er sich eingehend mit Fragen der Unternehmensentwicklung und Standortplanung.

Prof. Dr. Ulrich Krystek

Jahrgang 1944, studierte, während er seine Kaufmännische Lehre absolvierte, zunächst Musik. Nach Abschluß der Kaufmännischen Lehre und einer ersten Tätigkeit als Sachbearbeiter in seiner Lehrfirma studierte er in Gießen Wirtschaftswissenschaften und wurde später Assistent bei Prof. Dr. Dr. h.c. Dietger Hahn und am Institut für Unternehmensplanung (IUP). Nach der Promotion zum Dr. rer. pol. übernahm er die Leitung der Zentralabteilung „Beteiligung Inland" eines international tätigen Konzerns. 1984 wurde er zum Professor an die Fachhochschule Worms , Fachbereich V, Internationale Betriebswirtschaft, berufen. Seit 1986 ist er Mitglied des Vorstandes des Instituts für Auslandsgeschäfte und Auslandsprojekte, IFAA, Worms. Seit 1996 ist er außerdem Gastprofessor an der Technischen Universität Berlin, Fachbereich 14 (Wirtschaft und Management). Zu seinen Forschungsschwerpunkten zählt: Unternehmungsplanung/Controlling, strategische Unternehmungsführung, Früherkennung und Bewältigung von Unternehmungskrisen und Vertrauensmanagement.

Dr. Lukas Löffler

studierte Elektrotechnik an der Universität Karlsruhe (1978-84) und promovierte am Institut für Werkzeugmaschinen und Betriebstechnik ebendort im Jahr 1989. Seit 1990 arbeitete Dr. Löffler zunächst für die Robert Bosch GmbH im Bereich Industrieautomatisierung und wechselte später zur Daimler-Benz AG in den Bereich Forschung und Technik. 1994 Wechsel zur Electrocom (damals AEG Electrocom GmbH) nach Konstanz als Leiter der Unternehmensentwicklung. Seit 1996 leitet Dr. Löffler den neugeschaffenen internationalen Bereich Produktlinien-Management und ist Mitglied im Board of Management der ElectroCom Inc.

Xavier Mosquet

is an enengineer from the French Ecole Nationale des Mines and holds a master of physics from Paris University and an MBA from INSEAD.Prior to joining The Boston Consulting Group (BCG) in London in 1995 he worked 4 years as Department Head in the international oil company Elf Aquitaine. He is now a Vice President of BCG in Paris and the Chair of the firm's worldwide Innovation Committee. Through his work with clients and his own managing innovation in a global company he has developed a specific understanding of global strategic opportunities and cross-border organizations. He is author of several articles on management.

Prof. Dr. Günter Müller-Stewens

ist seit 1991 ordentlicher Professor für Organisationslehre und Direktor des Instituts für Betriebswirtschaft an der Universität St. Gallen. Zuvor war er seit 1987 ordentlicher Professor für Planung, Organisation und Personalwirtschaft an der Universität Duisburg. Im Wintersemester 1996 nahm er eine Gastprofessur an der University of Michigan Business Scholl in Ann Arbor wahr.

Dr. Albrecht A. C. von Müller

Jahrgang 1954. Nach dem Studium der Philosophie, Physik und Sozialwissenschaften promovierte er über das Thema „Zeit und Logik". von 1982 bis 1984 war er wissenschaftlicher Mitarbeiter am Max-Planck-Institut für Physik und Astrophysik, ab 1984 Direktor eines eigenständigen Forschungsprogrammes im Rahmen der Max-Planck-Gesellschaft. 1989 wurde Dr. von Müller zum Direktor des neu gegründeten „European Center of International Security" (EUCIS) berufen. Diese Funktion nahm er bis Anfang 1996 wahr, als er die Leitung der „European School of Government" (ESG) übernahm. Parallel dazu lehrte er Philosophie an der Universität München und nahm Gastaufenthalte an der Harvard University sowie am MIT wahr. Seit 1989 ist er als wissenschaftlicher Berater zahlreicher europäischer und Außereuropäischen Regierungen und Unternehmen tätig. Sein Hauptarbeitsgebiet sind Fragen des Transformationsmanagements in Wirtschaft und Politik sowie der Einsatz und die Weiterentwicklung der von ihm entwickelten Denkwerkzeuge. Dr. von Müller lebt in Berg am Starnberger See.

Dr. Hendrik Napp

Jahrgang 1950, ist Geschäftsführer der Preussag Noell GmbH, Würzburg. Nach Abschluß des Studiums Wirtschaftsingenieurwesen an der TU Karlsruhe 1976 begann er als Projektleiter bei der Klöckner-Werke AG. Über verschiedene Positionen im Klöckner-Konzern wurde er 1986 Mitglied des Vorstands der Seitz-Enzinger-Noll AG, Bad Kreuznach. Nach Promotion an der WHU Koblenz trat er 1989 als Geschäftsführer der Salzgitter Industriebau GmbH in den Salzgitter-Konzern ein, der 1992 von der Preussag AG übernommen wurde.

Eric Jan Nederkoorn

Jahrgang 1943, studierte ab 1962 in Amsterdam. 1969 absolvierte er zum Registeraccountant. Anschließend war er Finanzdirektor der Playtex Corp., wechselte 1972 zu OEC-von der Grinten NV als Direktor Marketing. Von 1980-1987 war er Vorstand der Unternehmensgruppe Transol International. 1987 berief ihn der Fokker-Konzern zum Finanz- und Marketing-Vorstand, wo er 1991 den Vorstandsvorsitz übernahm. 1994 wechselte er als Vorstandsvorsitzender zu ARKE NV. Seit April 1996 leitet Nederkoorn den Vorstandsbereich International der Deutschen Telekom AG.

Prof. Dr. Bernhard Pellens

geb. 1955, 1976-1981 Studium der Rechts- und Wirtschaftswissenschaften an der Ruhr-Universität Bochum, 1981 - 1986 Wissenschaftlicher Mitarbeiter am Seminar für Theoretische Wirtschaftslehre der Ruhr-Universität Bochum (Prof. Dr. Dr. h.c.mult. Walther Busse von Colbe), 1986-1988 Freier Mitarbeiter bei der K. Neuhaus & Co. GmbH, 1988 Promotion zum Dr. rer. oec., 1988 Dozent an der Tongji-Universität Shanghai/China, 1988-1993 Wissenschaftlicher Assistent am Institut für Unternehmensführung und Unternehmensforschung der Ruhr-Universität Bochum (Habilitation), 1993 - 1994 Vertretung des Lehrstuhls für Rechnungswesen und Controlling der Universität Kaiserslautern, seit 1994 Inhaber des Lehrstuhls für Internationale Unternehmensrechnung der Westfälischen Wilhelms-Universität Münster, seit 1993 Mitglied im Wissenschaftlichen Beirat des Universitätsseminars der Wirtschaft (USW), Schloß Gracht, seit 1994 Mitglied des Prüfungsausschusses für Wirtschaftsprüfer.

Prof. Dr. Wolfgang Redel

Jahrgang 1949. Seit 1991 Professor für Betriebswirtschaftslehre, insbesondere Organisation und Produktion internationaler Unternehmungen, an der Fachhochschule Worms und seit 1994 Dekan des Fachbereichs Internationale Betriebswirtschaft und Außenwirtschaft (IBA). Davor mehrjährige Tätigkeit in den Bereichen Organisation, Produktion und Controlling. Langjährige Beratungs- und Trainingserfahrung in mehreren internationalen Großunternehmen. Fachveröffentlichungen in den Forschungsschwerpunkten: Führungs- und Konzernorganisation, organisatorische Auswirkungen moderner Informationstechnologien, verhaltenswissenschaftliche Aspekte der Organisation sowie aktuelle Ansätze im Bereich der Produktion.

Prof. Dr. Bernd Richter

Jahrgang 1954, Studium der Betriebswirtschaftslehre an der Friedrich-Alexander-Universität Erlangen-Nürnberg, Promotion 1982, Professur für Allgemeine Betriebswirtschaftslehre mit Schwerpunkt Unternehmensführung an der Fachhochschule Konstanz.

Prof. Dr. Rolf Scharwächter

Jahrgang 1938, Mitglied des Direktoriums mit Generalvollmacht der Daimler-Benz AG, verantwortlich für das Geschäftsfeld Verkehr und Telematik, Lehrbeauftragter und Honorarprofessor an der Universität Karlsruhe.

Michael Schäfer

studierte nach dem Abschluß einer Banklehre Betriebswirtschaftslehre in Augsburg (Dipl. Kfm.) und Chigago (MBA). Seit Herbst 1995 promoviert er am Institut für Betriebswirtschaft an der Universität St. Gallen. Darüber hinaus ist er als Chefredakteur der M&A Review tätig.

Anne Schindelhauer

Jahrgang 1972, studiert seit 1991 an der Universität Potsdam und an der University of Lancaster in Großbritannien Betriebswirtschaftslehre.

Christoph Schindler

ist Geschäftsführender Gesellschafter der SBS Corporate Finance, Bad Soden, eine auf Beteiligungsbegleitung und Strategische Planung spezialisierte Beratungsgesellschaft mit Schwerpunkt auf grenzüberschreitenden Transaktionen. Davor war Herr Schindler Partner einer internationalen Wirtschaftsprüfungsgesellschaft im Bereich Corporate Finance.

Dr. Claudia Schlossberger

Jahrgang 1955, studierte in Köln, München, Montpellier und St. Petersburg Wirtschaftswissenschaften, Literatur und Slawistik. 1982 trat sie in die Daimler-Benz AG in den Vertriebsbereich ein und arbeitete 3 Jahre in Moskau. Wieder in Deutschland, wechselte sie in den Personalbereich der Zentrale und baute die Funktion Personalmarketing auf. Daran schlossen sich verschiedene Aufgaben in Personal und Bildung an, u.a. die die kaufmännische Aus- und Weiterbildung im Werk Sindelfingen und – seit 1990 – die Führungskräfteentwicklung Ausland. Seit 1994 leitet Frau Schlossberger den Bereich International HRD der Daimler-Benz AG.

Jürgen E. Schrempp

Jahrgang 1944. Nach seiner Schulzeit absolvierte er eine Kraftfahrzeugmechanikerlehre in der Mercedes-Benz-Niederlassung Freiburg und schloß daran ein Ingenieurstudium an, das er mit einem Diplom abschloß. Seit 1967 arbeitete Schrempp in verschiedenen Bereichen der Zentrale der Daimler-Benz AG. 1974 wurde er in das Management des südafrikanischen Tochtergesellschaft Mercedes-Benz of South Africa berufen. 1982 wurde Jürgen E. Schrempp Präsident der Euclid Inc., Cleveland/Ohio, USA, damals eine 100%-ige Tochtergesellschaft der Daimler-Benz AG. Nachdem er das Desinvestment des Konzerns erfolgreich eingeleitet und abgeschlossen hatte, kehrte Schrempp 1984 als Vizepräsident zur Mercedes-Benz of South Africa zurück. 1985 übernahm er den Vorsitz im Vorstand dieser Tochtergesellschaft. Von 1987 bis 1988 war er im Geschäftsbereich Nutzfahrzeuge als Bereichsleiter verantwortlich für den Vertrieb und gleichzeitig stellvertretendes Vorstandsmitglied der Daimler-Benz AG für den Geschäftsbereich Nutzfahrzeuge. Im Zuge der Umstrukturierung des Daimler-Benz Konzerns wurde Schrempp 1989 zum Vorstandsvorsitzenden der neu gegründeten Deutsche Aerospace AG – heute Daimler-Benz

Aerospace – bestellt und gleichzeitig zum ordentlichen Mitglied des Vorstandes der Daimler-Benz AG ernannt. Während seiner Verantwortung für die Daimler-Benz Aerospace wurden die im Daimler-Benz-Konzern vorhandenen Aktivitäten in der Luft- und Raumfahrt zusammengeführt und neu strukturiert. 1994 berief der Aufsichtsrat der Daimler-Benz AG Jürgen E. Schrempp zum Vorsitzenden des Vorstandes der Daimler-Benz AG. Dieses Amt übernahm er am 24. Mai 1995. Jürgen Schrempp ist zugleich Vorsitzender der Aufsichtsrats-Gremien der Mercedes-Benz AG, der Daimler-Benz Aerospace AG sowie der Daimler-Benz InterServices. Darüber hinaus ist er Mitglied in verschiedenen Gremien in Wirtschaft und Politik, so u.a. Mitglied des Aufsichtsrats der Bayerischen Vereinsbank, des International Council von J. P. Morgan, Vorsitzender Initiative Südliches Afrika der Deutschen Wirtschaft, Mitglied des Präsidiums des BDI und Geschäftsführenden Präsidiums der Deutschen Gesellschaft für auswärtige Politik. Außerdem ist er Honorargeneralkonsul der Republik Südafrika.

Prof. Dr. Klaus Spremann

Jahrgang 1947, studierte Mathematik und Informatik an der TU München. Promotion 1973. Habilitation in Karlsruhe 1975. Professor im Studiengang Wirtschaftsmathematik an der Universität Ulm von 1977-1990. Er lehrte auch in Vancouver B.C., Graz, Wien und Taipei. Zur Zeit lehrt er Finanzierung, Investition, Risikomanagement und Internationale Finanzierung an der Universität St. Gallen (HSG). Er ist zugleich Direktor am Schweizerischen Institut für Banken und Finanzen und Honorarprofessor der Universität of Hong Kong. Verschiedene Beratungsprojekte über Profilierung im Retailgeschäft, Hedging, Eigenkapitalkosten, Bankstrategie, Prozeßkostenrechnung, Performance.

Dr. Kurt Stoffel

Jahrgang 1965, studierte Betriebswirtschaftslehre in Koblenz, Rouen und Chicago. 1994 Promotion an der Wissenschaftlichen Hochschule für Unternehmensführung (WHU) in Koblenz. Daran anschließend Assistent der Geschäftsleitung bei der Fa. Dr. August Oetker, Bielefeld. Seit 1997 ist er Kaufmännischer Direktor der Krostitzer Brauerei GmbH, Krostitz.

Dr. Carsten Suckrow

Jahrgang 1965, ist seit Januar 1996 Marketing- und Strategieberater bei den Schott-Glaswerken in Mainz. Im Rahmen des Inhouse-Consulting bezieht sich sein Aufgabengebiet auf marktorientierte Unternehmensplanung, Asien-Aktivitäten sowie Mergers & Acquisitions. Nach dem Studium der Betriebswirtschaftslehre an der Universität Göttingen/University of California war er wissenschaftl. Mitarbeiter am Institut für Produktionswirtschaft und Marketing der UniBw München sowie Berater einer internationalen Strategieberatung in München. Seine Promotion befaßte sich mit der internationalen Geschäftsfeld-Positionierung in Investitionsgütermärkten.

Klaus von Trotha

Jahrgang 1938. Nach dem Abitur im Jahre 1957 studierte er in Berlin, Bonn und München Rechts- und Politische Wissenschaften. Auf die erste juristische Staatsprüfung 1962 folgten Auslandsaufenthalte und das Referendariat in Bonn, Straßburg und München. Nach der zweiten juristischen Staatsprüfung im Jahre 1967 wurde er Mitglied des Lehrkörpers der Universität Konstanz. Von 1970 bis 1980 wirkte er zugleich als Lehrbeauftragter an der Pädagogischen Hochschule Weingarten. Von Trotha ist seit 1976 Abgeordneter des Wahlkreises Konstanz im baden-württembergischen Landtag. Von 1978 bis 1988 war er Vorsitzender des Landtagsausschusses für Wissenschaft und Kunst, danach stellvertretender Vorsitzender der CDU-Landtagsfraktion. Seit 30.1.1991 gehört von Trotha als Wissenschaftsminister der Regierung des Landes Baden-Württemberg an.

Prof. Karin R. Unger

ist Ausbildungsbereichsleiterin Wirtschaft und Fachleiterin Internationales Marketing an der Berufsakademie/Staatliche Studienakademie Ravensburg. Praktische Erfahrungen sammelte sie während 15 Jahren Tätigkeit u.a. bei einer schweizer Tochtergesellschaft der Celanese Corporation, N.Y. Dort war sie als Leiterin der Abteilung Kostenrechnung und Investitionsplanung für Firmen in der Schweiz, in Holland, Pakistan, Indien und Portugal zuständig. Lehrtätigkeiten in Frankreich, Rußland und den USA vertieften das Interesse an internationalen Problemen.

Prof. Dr. Dieter Wagner

Jahrgang 1947, absolvierte eine kaufmännische Lehre und war als Organisationsprogrammierer tätig. Er machte sein Abitur auf dem Zweiten Bildungsweg und studierte dann Wirtschafts- und Sozialwissenschaften an der Universität Gießen, wo er wissenschaftlicher Mitarbeiter von Prof. Dr. Bleicher war. Nach seiner Promotion 1978 war er in der Führungsorganisation der Reemtsma GmbH Leiter Personalsysteme. 1985 wurde er Professor für Personalwesen an der Universität der Bundeswehr Hamburg. Seit 1993 ist er Lehrstuhlinhaber für Betriebswirtschaftslehre mit dem Schwerpunkt Organisation und Personalwesen an der Universität Potsdam. Von 1994 bis 1996 war er Dekan der Wirtschafts- und Sozialwissenschaftlichen Fakultät der Universität Potsdam. Seine Schwerpunkte in Forschung und Lehre sind: Managementlehre/Unternehmensführung, Innovative Formen der Personalarbeit, Entwicklung der Organisationsfunktion, Moderne Arbeitszeitgestaltung/Arbeitszeitmodelle, neue Technologien in der Arbeitswelt, Führung und Steuerung öffentlicher Institutionen (Public Management) Sozialleistungsmanagement/Cafeteria-Systeme, Managementbildung, Personalmanagement und Organisationsarbeit in den neuen Bundesländern.

Prof. Dr. E. Georg Walldorf

Jahrgang 1946, studierte Betriebswirtschaft an der Universität (WH) Mannheim mit dem Schwerpunkt Absatzwirtschaft/Marketing und Personalwesen/Arbeitswissenschaft-Management (Diplom-Kaufmann). Die anschließende Promotion erfolgte parallel zu leitenden bzw. Managementfunktionen in der Praxis und wurde gleichzeitig mit einem Ergänzungsstudium in Soziologie verbunden (Dr. rer. soc. oec.). 1981 wurde er zum Professor für Internationales Marketing an die FH Rheinland-Pfalz berufen. Außerdem war er an der Universität Straßburg und an der Handelshochschule Leipzig tätig. Er ist Mitbegründer und Gesellschafter von ifh (Institut für Handelsmarketing Prof. Dr. Walldorf GmbH) einem Consulting-Unternehmen – u.a. mit den Schwerpunkten: Standort-/City-Marketing, Internet-/Online-Full-Service für Standorte (Städte, Gemeinden) und Regionen, für internationale Geschäfte und für AGs im Rahmen des Investor Relationship. Seit 1986 ist er Vorstandsmitglied und Direktor des Instituts für Auslandsprojekte, IFAA, Worms.

Prof. Dr. Josef Wieland

Jahrgang 1951. Studium der Ökonomie und Philosophie an der Universität-GHS Wuppertal. Abschluß zum Dipl. Ök. 1985, Promotion zum Dr. rer. oec. 1988. Habilitation im Fach Volkswirtschaftslehre 1995 an der Privatuniversität Witten/Herdecke. Seit dem 1. März 1995 Professor für Allgemeine BWL mit Schwerpunkt Wirtschafts- und Unternehmensethik an der FH Konstanz. Arbeitsschwerpunkte: Neue Institutionen- und Organisationsökonomik, Unternehmensethik, Empirische Gerechtigkeitsforschung, Ökonomische Theoriegeschichte, Organisation und Führung.

Susanne Willeitner

lic. oec. HSG. studierte Wirtschaftswissenschaften an der HEC Lausanne und der Universität St. Gallen. Nach Abschluß des Studiums absolvierte sie ein Europäisches Doktorandenprogramm in Schweden. Seit Herbst 1995 promoviert sie am Institut für Betriebswirtschaft in St. Gallen, an dem sie auch als Assistentin tätig ist.

Hans-Ludwig Zachert

Jahrgang 1937. An der Universität in Bonn studierte er Rechtswissenschaften. Parallel dazu belegte er einige Semester im Studiengang Japanologie. 1963 legte er das erste juristische Staatsexamen ab und war anschließend im Referendardienst am Oberlandesgericht Köln tätig. 1965 wechselte er in das Bundeskriminalamt. Nach Abschluß der dreijährigen fachspezifischen Ausbildung für den höheren Kriminaldienst des Bundes wurde Hans-Ludwig Zachert der Abteilung „Sicherungsgruppe“ des BKA in Bonn-Bad Godesberg zugewiesen, wo er als Referent in mehreren Bereichen des Staatsschutzes eingesetzt war und 1975 zum Gruppenleiter im Arbeitsbereich „Staatsgefährdung“ ernannt wurde. 1976 folgte er einer Berufung zum Fachbereichsleiter für Kriminalistik und Kriminologie an die Polizei-Führungsakademie in Münster Hiltrup. Nach 4jähriger Lehrtätigkeit kehrte er 1980 zum BKA zurück und übernahm als Gruppenleiter den Arbeitsbereich „Polizeiliche Spionagebekämpfung“. 1982 wurde Hans-Ludwig Zachert zum Leiter der Abteilung „Sicherungsgruppe“ bestellt. 1985 übernahm er die Leitung der BKA Hauptabteilung in Meckenheim. Im März 1987 erfolgte seine Berufung zum Vizepräsidenten. 1990 wurde er zum Präsidenten des Bundeskriminalamtes ernannt. Ende März 1996 trat er in den Ruhestand ein. Seit dem Wintersemester 1991/92 nimmt Hans-Ludwig Zachert einen Lehrauftrag im Fach Kriminologie an der Universität Trier wahr. 1995 wurde er zum Honorarprofessor für Angewandte Kriminologie an der Universität Trier bestellt.

Prof. Dr. Ernst Zander

war bis 1975 Vorstandsmitglied der HEW und danach bis 1987 der Reemtsma-Gruppe. Er lehrt jetzt Industrielle Führungslehre an der Universität Hamburg und ist für das Auswärtige Amt bei der Weiterbildung mittel- und osteuropäischer Fach- und Führungskräfte tätig. Er gehört verschiedenen Aufsichts- und Beiräten an und ist Mitglied der Vorstände des Instituts für internationale betriebswirtschafltiche Forschung in Hamburg, des Instituts für Sozial- und Bildungspolitik in Hamburg und der Reemtsma-Stiftung an dem Institut für Unternehmungsführung und Unternehmensforschung an der Ruhr-Universität in Bochum.

Dr. Eberhard Zur

Jahrgang 1934 in Berlin, studierte Wirtschafts- und Sozialwissenschaften sowie Rechtswissenschaften an der Freien Universität Berlin. Er trat 1958 als Informand in die Telefunken GmbH Berlin ein und promovierte 1961 zum Dr. rer. pol. 1971 wurde er Kaufmännischer Leiter des AEG Geschäftsbereichs Hochfrequenztechnik. 1989 übernahm er die Kaufmännische Geschäftsführung der TELEFUNKEN Systemtechnik GmbH, innerhalb der Deutschen Aerospace AG, München. Seit 1992 ist er der Vorsitzende der Geschäftsführung der AEG Electrocom GmbH, Konstanz und seit 1995 in Personalunion Vorsitzender der Geschäftsführung der Electrocom International Inc. in Dallas, Texas. Dr. Eberhard Zur engagiert sich in zahlreichen Verbänden und Organisationen wie dem Bundesverband der Deutschen Luftfahrt, Raumfahrt und Ausrüstungsindustrie e.V. und dem Zentralverband der Deutschen Industrie e.V. Zusammen mit Prof. Dr. Klaus Spremann hat er zwei Bücher zu den Themen „Controlling" und „Informationstechnologie und Strategische Führung" herausgegeben. Außerdem ist er Autor zahlreicher Vorträge und wissenschaftlicher Veröffentlichungen und Lehrbeauftragter der Universität Ulm sowie der FH Konstanz.

Printing: Saladruck, Berlin
Binding: Buchbinderei Lüderitz & Bauer, Berlin